Die Dresdner Oper im 19. Jahrhundert

Musik in Dresden

Schriftenreihe der
Hochschule für Musik „Carl Maria von Weber", Dresden

Herausgegeben von
Michael Heinemann · Hanns-Werner Heister
Matthias Herrmann · Hans John

Band 1:
Die Dresdner Oper im 19. Jahrhundert

Die Dresdner Oper im 19. Jahrhundert

Herausgegeben von
Michael Heinemann und Hans John

Laaber

ISBN 3-89007-310-7

Gesamtherstellung: Friedrich Pustet, Regensburg
Umschlagbild: Johann Carl August Richter, Das Hoftheater zu Dresden gegen Morgen

Inhaltsverzeichnis

Michael Heinemann - Hans John

„... Ein in sich abgeschlossenes Kunstwerk"

Vorbemerkungen zu einer Geschichte der Dresdner Oper im 19. Jahrhundert

Mit Carl Maria von Weber mag sie beginnen: Die Geschichte von Opernaufführungen in Dresden im 19. Jahrhundert, beschrieben als Prozeß künstlerischer Emanzipation deutschen Musiktheaters, den Richard Wagner weiterführen würde. Dessen Flucht und Verbannung scheinen eine Entwicklung zu unterbrechen, die erst Ernst von Schuch fortsetzen sollte, indem er mit der Aufnahme des *Ring des Nibelungen* ins Dresdner Repertoire der 1880er Jahre ein „zweites Wagner-Zeitalter", wie Hans Schnoor es nannte[1], einleitete. Die Aufgabe der Protagonisten, die Weber und Wagner zuvor eingenommen hatten, wies man für die erste Hälfte des 20. Jahrhunderts Richard Strauss zu, und neben diesen nicht nur für die lokale Operngeschichte zentralen Gestalten ließen sich mit dem umfangreichen Personal der Kapellmeister, Sängerinnen und Instrumentalisten mühelos die Positionen der Vertrauten und Verschwörer, Widersacher, Favoriten und Intriganten besetzen.

Erscheint schon diese Rollenverteilung problematisch, die von einer an den Heroen der Tonkunst orientierten Musikgeschichtsschreibung auch des 20. Jahrhunderts ebenso gern gepflegt wurde, wie sie schon Richard Wagner zu seinen Lebzeiten forcierte, so ist der nationalistische Impetus, mit dem die Ablösung einer in barocker Formelhaftigkeit höfischer Repräsentation erstarrten italienischen Oper durch ein auf Wahrheit der Darstellung und Lauterkeit der Charaktere zielendes deutsches Musiktheater beschrieben wurde, gänzlich obsolet; und dies um so mehr, als er – etwa im 1908 vorgelegten Kommentar Georg Kaisers zu Carl Maria von Webers Schriften aus heutiger Sicht geradezu parodistische Züge annimmt: „Sein 'Freischütz' schoß dem auf einem mit tausend bunten Fetzen und Schellen behängten Throne sitzenden Theatermodekönig das Zepter aus der Hand und sammelte eine kräftige Schar von Gefolgsmännern um sich, die sich täglich mehrte, während der Flitterthron des Modehelden immer mehr in bedrohliches Wanken geriet. Nun blies man allerorten deutschen Sieg."[2]

Die Etablierung deutscher Oper, in solch farbiger, an martialischen Tönen reichen Beschreibung als Webersches Husarenstück gedeutet, erscheint bei genauerer Betrachtung insbesondere der spezifischen Dresdner Situation zu Beginn des 19. Jahrhunderts als ein überaus komplexer musikgeschichtlicher Vorgang, bei dem sozialhistorische, politische und finanzielle Motive nicht nur marginale Bedeutung haben. Bereits seit 1790 hatte Joseph Seconda mit einem kleinen Ensemble im Theater auf dem [Linckeschen] Bade deutsche Singspiele zur Aufführung gebracht, die vornehmlich wegen der häufig unzureichenden Leistungen dilettantischer Sänger künstlerisch kein Pendant zur italienisch dominierten, materiell wie personell ungleich besser ausgestatteten Hofoper bilden konnten. Diese wenig vorteilhaften Rahmenbedingungen flankierte ein Mangel geeigneter Libretti, so daß die zunächst zögerliche Akzeptanz des Projekts deutscher Oper trotz der publizistischen Unterstützung immerhin eines E. T. A. Hoffmann kaum verwundert. Nur mählich, mittels eines nicht zuletzt in den Befreiungskriegen gestärkten patriotischen bürgerlichen Selbstbewußtsein konnte die Konzeption eines von italienischen Einflüssen unabhängigen deutschen Musiktheaters deutlichere Konturen gewinnen. Eine Institutionalisierung gelang jedoch erst, nachdem während des russischen Gouvernements des Fürsten Repnin 1814 das Deutsche Schauspiel, die Italienische Oper und die Hofkapelle unter der Leitung von Carl Theodor Winkler zu einem Staatstheater zusammengefaßt wurden und gleichzeitig Seconda das Privilegium für seine Theaterunternehmung verlor. Diese Umstrukturierung der Dresdner Theater ließ der schon 1815 in die sächsische Residenz zurückkehrende König Friedrich August der Gerechte unverändert; er berief jedoch Heinrich Graf Vitzthum von Eckstädt als Intendant, der vornehmlich, um den zu erwartenden Ausfall von Einnahmen des künftig eigenständig geführten Leipziger Theaters auszugleichen, die Einrichtung eines „Deutschen Departements" der Hofoper anregte: „Ganz entschieden ist es, daß das hiesige Publikum, wie das aller anderen großen Orten, die Darstellung deutscher Singspiele mit besonderem Beyfalle und im Durchschnitt häufiger besucht, daher denn auch alle größeren und selbst die meisten kleineren Bühnen der Notwendigkeit und dem Anverlangen des Publikums nachgegeben, und mit dem Schauspiele eine deutsche Oper verbunden haben. Das Dresdner Publikum genoß dies Vergnügen bis jetzt in sehr mangelhaftem Maße durch die Operndarstellungen der Joseph Secondaschen Schauspieler-Gesellschaft auf dem Linckeschen Bade. Aber das Dahinströmen der Menge zu diesen Singspielen, trotz ihrer Mannigfaltigkeit, bewies nur um so deutlicher das Wohlgefallen derselben an dieser Art der Darstellungen."[3]

Keineswegs aber waren die Bemühungen um die Etablierung deutscher Oper in Dresden lediglich finanziell motiviert, konnte doch auch Graf Vitzthum, der in Carl Maria von Weber seinen Wunschkandidaten für die Leitung dieser Abteilung des Hoftheaters sah, nicht verkennen, daß der seinerzeit noch in Prag wirkende Kapellmeister weitreichende künstlerische Konzeptionen zu einem neuen, italienische Formen kontrastierenden deutschsprachigen Musiktheater entwarf. In seinem um 1809 entstandenen Roman-Fragment *Tonkünstlers Leben* hatte Weber bereits einige Grundgedanken formuliert: „Es versteht sich von selbst, daß ich von d e r Oper spreche, die der Deutsche und Franzose will, einem in sich abgeschlossenen Kunstwerke, wo alle Teile und Beiträge der verwandten und benutzten Künste ineinanderschmelzend verschwinden und auf gewisse Weise untergehend eine neue Welt bilden."[4]

Es dürften weniger patriotische oder gar politisch-revolutionäre Motive gewesen sein, die Weber schon früh veranlaßten, gegen die italienische Oper zu polemisieren, als vielmehr die Erkenntnis, daß die Möglichkeiten und Bedingungen, die das Genre höfischer Opera seria prägten, eine künstlerische Weiterentwicklung nur in allzu geringem Maße zuließen. Demgegenüber boten französische Bühnenwerke ungleich vielfältigere und erweiterungsfähige Gestaltungsmomente, die für neu zu schaffende deutsche Opern zu adaptieren waren, und Webers dezidierte Übernahme von Elementen aus Kompositionen von André Ernest Modeste Grétry und Nicolas d'Alayrac in seine eigenen Werke ist ebenso wie die Eröffnung des „Deutschen Departements“ am 17. Januar 1817 mit Méhuls *Joseph und seine Brüder* lediglich als Versuch zu verstehen, die italienische Dominanz des zu Beginn desselben Jahres neugegründeten Hoftheaters zu kontrapunktieren.

Verschiedentlich bemühte sich Weber in den ersten Jahren seiner Dresdner Amtszeit, mit Rezensionen und Artikeln in der *Abendzeitung* seinen opernästhetischen Vorstellungen auch publizistisch Gehör zu verschaffen, zumal die Aufführungen französischer und deutscher Bühnenwerke unter seiner Leitung zunächst nicht hinreichend überzeugend gestaltet werden konnten und von der auswärtigen Presse kritisch beurteilt wurden – *zu* kritisch, wie Weber befand, der seine Idee einer erweiterten, auch schauspielerische Darstellung und Inszenierung umfassenden Opernästhetik schon gefährdet sah und den Leipziger Rezensenten kontraproduktives Verhalten vorwarf.

Gleichwohl wäre es verfehlt, aus den Neuerungsbestrebungen Webers einerseits und konservativen Tendenzen italienischer Musiker und des Hofes andererseits eine Frontstellung zweier nationaler Parteiungen in Dresden zu postulieren, die fundamentaler sei als typische Alltagsquerelen konkurrierender (und nicht selten eitler) Kapellmeister. Weder begegnete Francesco Morlacchi Webers Unternehmungen mit Unverständnis oder Ablehnung, noch sah auch Weber – im Gegensatz nicht nur zu Richard Wagner – in der landessprachlichen Oper ein Medium, das sich für gesellschaftliche Veränderungen oder gar eine Revolution instrumentalisieren ließe.

Nichts bezeichnet den Erfolg von Webers Wirken in Dresden und die Virulenz seiner Ideen deutlicher, als daß sie nach seinem Tode bestimmend blieben, wiewohl die Sache der deutschen Oper hier zunächst keinen ähnlich kompetenten Anwalt fand. Doch reduzierte andererseits der Hof die ehedem offensiv vorgetragene Protektion italienischer Opern, zumal die Werke dieses Genres, die von den Italienern unter den Dresdner Komponisten vorgelegt wurden, kaum verkennbar antiquierte Züge trugen. Die Schließung der italienischen Oper am 31. März 1832 mit einer Vorstellung von Mozarts *Don Giovanni* war zwar die unmittelbare Konsequenz einer im Herbst des Vorjahres beschlossenen Verfassungsänderung, nach der die Finanzierung des Unternehmens der Königlichen Zivilliste übertragen worden war, mithin die wirtschaftliche Basis nicht mehr gesichert schien; doch auch ihr künstlerischer Kredit war aufgebraucht. Und der – freilich erfolglose – Versuch Joseph Rastrellis, mit seiner nur wenige Monate später, am 22. Juli 1832 präsentierten Oper *Salvatore Rosa* auf der Basis überkommener italienischer Techniken neue Gestaltungsmittel zu integrieren, ist nichts weniger als eine Synthese unterschiedlicher Idiome, sondern das signifikante Beispiel eines übersehenen Paradigmenwechsels.

Das Ende einer Ära schließlich illustrieren die Ereignisse des Jahres 1841: der Tod von Francesco Morlacchi und Joseph Rastrelli, der Abbruch des aus der Mitte des 18. Jahrhunderts stammenden, im Auftrag von Pietro Moretti errichteten sogenannten kleinen Hoftheaters, eines durch zahllose An- und Umbauten ästhetisch ebenso unbefriedigenden wie bühnentechnisch inzwischen völlig unzureichenden Gebäudes, und die Fertigstellung des Hoftheaters Gottfried Sempers, in dem Wagners *Rienzi*, *Der fliegende Holländer* und *Tannhäuser* ihre Uraufführung finden sollten.

Ähnlich programmatisch wie die Wahl von Webers *Jubelouvertüre* (neben Goethes *Torquato Tasso*) für die Eröffnung der ersten, 1869 abgebrannten und neun Jahre später neu errichteten Semper-Oper war auch Richard Wagners Versuch, bei seinem Probedirigat 1843 mit der *Euryanthe* einen sinnfälligen Bezug zu einem seiner Amtsvorgänger zu stiften und sich als legitimen (und einzig würdigen) Nachfolger Webers zu empfehlen, der dessen Vorstellungen von deutscher Oper weiterentwickeln würde. Nicht nur seine Invektiven gegen die italienische Oper lesen sich wie eine allerdings stark übersteigerte Fortsetzung von Webers Polemiken; dessen Idee einer Vereinigung aller künstlerischen und darstellerischen Mittel würde er konsequenter noch ausarbeiten und auch zu realisieren wissen – wiewohl bekanntlich nicht mehr in Dresden, das er 1849 verlassen mußte. Und mit dem Brand des Pöppelmannschen Opernhauses am Zwinger – einem Ereignis, das Wagner überaus nüchtern kommentierte – ist das Jahr 1849 mit seinem Revolutionsgeschehen ein zweites Mal in der Dresdner Operngeschichte markiert: Neben der revolutionären ist auch die höfische Dimension von Oper hier nun passé.

In der Folgezeit, eigentlich bis zum Ende des Jahrhunderts, fehlt in Dresden eine ähnlich überragende Musikerpersönlichkeit, wie sie Weber und Wagner waren. Gleichwohl lassen sich durchaus manche spektakulären Erfolge nachweisen, und auch mangelt es nicht an ambitionierten Entwürfen: Doch Edmund Kretschmers *Die Folkunger* wie auch August Bungerts Versuch, Wagners *Ring* mit einer Opernfassung der *Homerischen Welt* in vier Musikdramen zu übersteigern, sind epigonale – oder, mit Worten Theodor Kroyers: circumpolare – Projekte, mit denen einzelne Komponisten auf Fragen zu antworten suchten, die zu ihrer Entstehungszeit ideengeschichtlich weniger obsolet schienen, als sie musikalisch und hinsichtlich ihrer opernästhetischen Konzeption im Rückblick des Historikers wirken.

Wie sehr diese antikisierenden, nordischen oder klassizistischen Sagen- und Mythenwelten einem sich zum Ende neigenden Zeitalter angehörten und welchen radikalen Bruch die ersten Opern Richard Strauss' zu Beginn des 20. Jahrhunderts bezeichneten, belegt das gewaltige publizistische Echo, das ein von Felix Draeseke 1906 verfaßtes Pamphlet *Die Konfusion in der Musik* provozierte: Mit Strauss' *Feuersnot* (1901), mehr noch seiner *Salome* (1905) wurden die Kategorien der dramaturgischen und musikalischen Konzeption von Opern grundlegend anders definiert, und mit kaum verhohlenem Unverständnis begegneten die Neuromantiker einer sich abzeichnenden Moderne.

Ungleich deutlicher als der Beginn bietet somit das Ende des 19. Jahrhunderts die Möglichkeit einer operngeschichtlichen Zäsur. Die Darstellung späterer wie früherer Zeiten der Geschichte der Oper in Dresden soll weiteren Bänden dieser Publikationsreihe vorbehalten bleiben, deren Idee es nicht ist, Bekanntes erneut aufzuführen, sondern – im Sinne Jacques Handschins – auf das bislang weniger Beachtete einen eingehenderen Blick zu werfen. Auf Einführungen etwa zu den großen Opern Webers und Wagners konnte verzichtet werden, da entsprechende Informationen leichter zugänglich sind als zu den Kompositionen von Ferdinando Paer, Francesco Morlacchi, Ferdinand Hiller, Felix Draeseke, Edmund Kretschmer und August Bungert. Hier wie auch zu Carl Gottlieb Reißiger und Karl August Röckel schienen zudem einige biographische Mitteilungen sinnvoll.

Die in diesem Band vorgelegten Beiträge entstanden im Rahmen eines 1985 begonnenen Forschungsprojekts zu Musikgeschichte und Musikleben Dresdens im 19. Jahrhundert; einige Ausführungen wurden bei Fachkonferenzen bereits vorgestellt, für diese Publikation jedoch erweitert und überarbeitet. Gelegentlich divergieren hier vorgetragene Ansichten: Auf eine Angleichung wurde jedoch nicht zuletzt deshalb verzichtet, um das Aufeinandertreffen unterschiedlicher Ansätze und Methoden nicht willkürlich oder vorschnell zu entscheiden, sondern auch Übergange innerhalb von Forschungskonventionen zu dokumentieren.

Für seine Bemühungen um diese Publikation gebührt dem Verleger, Herrn Dr. Henning Müller-Buscher, großer Dank. Druckkostenzuschüsse stellten freundlicherweise die Gesellschaft zur Förderung der Hochschule für Musik „Carl Maria von Weber“, der Unternehmensbereich Buch der Bertelsmann AG und die Hochschule für Musik „Carl Maria von Weber“, Dresden, zur Verfügung. Die Herausgeber sagen hierfür herzlichen Dank.

Inwieweit diese Bemerkungen zur Geschichte der Oper in Dresden im 19. Jahrhundert unvollständig sind, mag ermessen, wer die allenfalls beiläufig angesprochenen Bereiche von Aufführungs-, Institutions- und Baugeschichte in den Blick nimmt; auch zu Sänger-, Kapellmeister- und Intendantenpersönlichkeiten ist vieles zu ergänzen und nachzutragen: Hierzu ist ein explizit der Dresdner Interpretationsgeschichte gewidmeter Band vorgesehen. Doch eine „in sich abgeschlossene“ Darstellung wäre, um ein Wort von Oscar Bie, Weber widerlegend, zu kolportieren, vermutlich so unmöglich wie das Kunstwerk Oper selbst.

ANMERKUNGEN

1 Hans Schnoor, *Dresden – Vierhundert Jahre deutsche Musikkultur. Zum Jubiläum der Staatskapelle und zur Geschichte der Dresdner Oper*, Dresden [1948], S. 230.

2 Carl Maria von Weber, *Sämtliche Schriften*, hrsg. von Georg Kaiser, Berlin u. Leipzig 1908, S. XIV.

3 Hier zit. nach Wolfgang Becker, *Die deutsche Oper in Dresden unter der Leitung von Carl Maria von Weber 1817–1826*, Berlin 1962, S. 24f. (= *Theater und Drama*, Bd. 22).

4 Weber, *Schriften*, S. 469.

Franziska Nentwig

Christian Gottfried Körners Beitrag zur Entwicklung der Oper in Dresden

Als sich der promovierte Appellationsrat Christian Gottfried Körner (1756–1831) im Jahre 1785 gemeinsam mit seiner Familie in Dresden niederließ, zählte die Stadt etwa 50.000 bis 60.000 Einwohner. Die höfische Aristokratie bestimmte das öffentliche Leben in der kurfürstlich-sächsischen Residenz. Der überwiegende Teil des Dresdner Bürgertums verdiente sich den Lebensunterhalt mit gewerblicher Produktion für den Bedarf des Hofes oder stand auf andere Art in dessen Diensten. Kurfürst Friedrich August III. herrschte in feudal-absolutistischer Manier und erfreute sich der ungeteilten Liebe und Verehrung seiner Untertanen. Die Auswirkungen des Siebenjährigen Krieges hatten die wirtschaftliche Entwicklung Sachsens ungünstig beeinflußt und die politische Stellung des Landes im europäischen Machtgefüge schwer erschüttert. Die Glanzzeit höfischer Prachtentfaltung während der Ära Augusts des Starken, dessen Repräsentationsbedürfnis Dresden zu einem unvergleichlichen Sammelpunkt abendländischer Kunst und Kultur werden ließ, schien unwiederbringlich vorüber. Die Musikpflege konzentrierte sich am Hof und wurde auch in ihrer Vielfalt von dessen Geschmack bestimmt. Die wichtigsten Säulen des Dresdner Musiklebens waren zu jener Zeit neben der Hofkapelle, die auch die Musik an der Hofkirche zu besorgen hatte, die italienische Oper und der Dresdner Kreuzchor, – Institutionen, die bereits auf eine lange Geschichte verweisen konnten, in deren Verlauf sie mehrmals glanzvolle Höhepunkte erlebt und europäischen Ruf erlangt hatten.

Neben den Hofkonzerten, kirchlichen Musikereignissen und den Aufführungen der italienischen Hofoper begannen sich im letzten Drittel des 18. Jahrhunderts langsam neue Formen öffentlichen Musizierens durchzusetzen. In den Salons kunsteifriger Aristokraten traf man sich zur musikalischen Unterhaltung. Durchreisende Virtuosen wurden eingeladen, um in diesen Privatzirkeln Proben ihres Könnens zu geben. Auch die in der Stadt weilenden Theatergesellschaften und Wanderbühnen, wie die etwa seit 1775 in Dresden auftretende Seylersche Theatertruppe, vermittelten dem Dresdner Musikleben vielfältige Impulse. Bedeutsam waren die 1779 im Hause des Marschalls von Schönberg ins Leben gerufenen wöchentlichen Subskriptionskonzerte. Unter der Leitung des langjährigen Kirchen- und Kammerkompositeurs des Dresdner Hofes und späteren Hofkapellmeisters Johann Gottlieb Naumann musizierten hier Mitglieder der Hofkapelle gemeinsam mit Dilettanten vor einem musikbegeisterten Publikum, das sowohl der Aristokratie als auch dem gehobenen Bürgertum angehörte. Abgesehen von diesen Ereignissen, befand sich das Niveau der Musikpflege in den Bürgerhäusern um 1780 allgemein auf einem recht niedrigen Stand. In den Jahren bis 1815 nahm jedoch das bürgerliche Musikleben in Dresden einen Aufschwung, an dem Christian Gottfried Körner in einem nicht unerheblichen Maß beteiligt war.

Die Anstellung als Staatsbeamter gestattete Christian Gottfried Körner, sich mit seiner Familie in gesicherten Verhältnissen in der Residenzstadt Dresden zu etablieren. Innerhalb weniger Jahre sammelte sich um Körner ein Kreis von kunstinteressierten Freunden und Bekannten. Beliebteste Treffpunkte waren dabei Körners Wohnung in der inneren Neustadt am Kohlmarkt und sein etwas außerhalb der Stadtgrenzen gelegenes Haus am Fuße des Loschwitzer Weinberges.[1] Christian Gottfried Körners universelle Bildung, seine leidenschaftliche Liebe zur Poesie und der Musik, seine fachliche Kompetenz auf vielen Gebieten und seine Aufgeschlossenheit gegenüber Neuem ließen ihn zu einem anregenden Gesprächspartner für Künstler und Wissenschaftler werden. In seinem Hause weilten die Dichter Friedrich Schiller, Johann Wolfgang von Goethe, Novalis, Heinrich von Kleist, Ernst Moritz Arndt, Ludwig Tieck und die Gebrüder August Wilhelm und Friedrich Schlegel, die Naturwissenschaftler und Philosophen Alexander und Wilhelm von Humboldt und Friedrich Daniel Ernst Schleiermacher, die Maler Anton Graff, Ferdinand Hartmann, Adrian Zingg, Caspar David Friedrich und andere. Auch viele bekannte Musiker und Komponisten zählten zu den Gästen des Körnerhauses, in dem aufgeklärte Adlige und gebildete Bürger ungeachtet des sonst herrschenden Standesdünkels zwanglos zusammenkamen, um sich mit Malerei, Musik und Dichtung zu beschäftigen.

Von großer Bedeutung für Christian Gottfried Körner war dabei die Bekanntschaft mit dem Dresdner Hofkapellmeister Johann Gottlieb Naumann, der als Opernkomponist und Schöpfer zahlreicher Messen und anderer geistlicher Werke in Deutschland, Italien und Nordeuropa Berühmtheit erlangt hatte. Im Jahre 1786 kam es zu einer ersten persönlichen Begegnung. Zum Kreis um Naumann, mit dem Körner bald näher bekannt wurde, gehörten die spätere Lebensgefährtin Ludwig Tiecks, Elisa von der Recke, deren Schwester, die kunstliebende Herzogin Dorothea von Kurland, Graf Brühl, dessen Gattin Tina und der preußische Gesandte in Dresden, Carl Gustav Graf von Geßler. Man traf sich oft zu geselligem Beisammensein und zu musikalischer Unterhaltung. Körner zeigte sich sehr beeindruckt von der Persönlichkeit Johann Gottlieb Naumanns. Beide verband eine enge Freundschaft, die einen intensiven und fruchtbaren geistigen Austausch einschloß.

Johann Gottlieb Naumann hatte sich bereits in den siebziger Jahren des 18. Jahrhunderts um die Entwicklung des deutschen Singspiels verdient gemacht. Damals begann sich eine geistige Strömung unter Dresdner Künstlern zu etablieren, die in der Förderung des deutschen Singspiels eine Möglichkeit sahen, der übermächtigen Präsenz der italienischen Oper ein Äquivalent entgegenzusetzen. Inspiriert durch seine privaten Begegnungen mit seinem Freund Johann Gottlieb Naumann, beschäftigte sich nun auch Christian Gottfried Körner mit der Frage nach dem Für und Wider des deutschen Singspiels und einer künftigen deutschen Oper. An dieser geistigen Auseinandersetzung hatten jedoch noch weitere Persönlichkeiten des Dresdner Kulturlebens teil. Unter Körners Vorsitz konstituierte sich ein „Verein der Griechenfreunde“, dem neben Johann Gottlieb Naumann unter anderem Graf Brühl sowie die

Maler Graff und Zingg angehörten. In diesem Kreis diskutierte man mit großem Ernste die notwendige ästhetische Basis für eine deutsche Nationaloper.

Christian Gottfried Körner versuchte, seinen Weimarer Freund Friedrich Schiller zur Zusammenarbeit mit Johann Gottlieb Naumann zu bewegen und bat ihn um die Dichtung eines deutschen Opernlibrettos für Naumann.[2] Schiller zeigte sich jedoch daran nicht sonderlich interessiert, so daß das Opernprojekt nicht zur Ausführung gelangte.

In späteren Jahren legte Johann Gottlieb Naumann sehr großen Wert auf Körners Meinung und dessen Urteil über seine Kompositionen. So gehörte Christian Gottfried Körner zu den ersten, denen Naumann persönlich am Klavier Teile der Partitur seines *Vater Unser* vorstellte.[3] Gemeinsam mit anderen Musikfreunden bemühte sich Christian Gottfried Körner erfolgreich darum, eine baldige öffentliche Aufführung des Werkes zu arrangieren, das nach einer Textvorlage Klopstocks entstand und zu den bedeutendsten Kirchenkompositionen Naumanns zählt. Von der künstlerischen Qualität dieser Komposition überzeugt, tat Körner alles in seinen Kräften stehende, um dem *Vater Unser* zu weiterer Popularität zu verhelfen. Anfang Oktober des Jahres 1801 sandte er den Text zu Naumanns Komposition mit der Bitte an Schiller, ihn an den Engländer Beresford weiterzuleiten, der sich mit der Übersetzung von deutschen Dichtungen ins Englische befaßte. Es war sein Plan, das englische Manuskript Naumann vorzulegen, um ihm „einen Vertrieb seiner Arbeit in England"[4] zu ermöglichen. Doch konnte das Vorhaben nicht mehr realisiert werden, da Johann Gottlieb Naumann wenige Wochen später starb.

Zum Nachfolger Naumanns im Amt des Dresdner Hofkapellmeisters wurde der Italiener Ferdinando Paer berufen. Über die bevorstehende Ankunft des in Wien gefeierten Opernkomponisten und Kapellmeisters war Körner sehr zeitig informiert. Ungewiß indes bleibt, wann es zu einer ersten persönlichen Begegnung beider kam. Zeugnissen aus den Jahren 1805 und 1806 ist zu entnehmen, daß sich Ferdinando Paer in der Gesellschaft der Familie Körner recht wohl zu fühlen schien. Körners Ehegattin Minna berichtete einem ihrer Verwandten: „Der Genuß von Musik vervollkommnet sich immer mehr und mehr bei uns, der Capellmeister Paer, der sehr den Eintritt in unser Haus gesucht hat, und uns fleißig besucht, giebt uns manchen Genuß, er ist ein musikalisches Genie im engsten Sinne des Wortes."[5]

Ferdinando Paer befaßte sich auch mit der musikalischen Erziehung von Körners Töchtern. Wenn es seine Zeit erlaubte, nahm er zudem gern an Opernaufführungen im Hause der Familie Körner teil. Minna schrieb über solch eine gesellige Zusammenkunft: „Er hat Freude an der Töchter Gesang. Sie tragen seine Sachen vor, er bringt immer neue Sachen von sich, die sie prima vista singen müssen, und tadelt und lobt sie, und singt vor und sagt, wo und wie sie manches machen sollen. So wird sein Besuch uns zur Freude, und den Töchtern zur Belehrung. Den letzten Tag im Jahr werden wir bei uns den Figaro singen, und Paer wird den Figaro machen. Daß giebt nun dem Körner für seine freien Momente die schönsten Erheiterungen."[6]

Zu vermuten ist, daß sich Ferdinando Paer mit Christian Gottfried Körner auch über musikalische und musikästhetische Probleme austauschte. Körner wird dabei sicherlich sehr interessiert den Berichten Paers über das Wiener Musikleben und dessen Begegnungen mit dem gleichaltrigen Beethoven gelauscht haben.

Wenige Jahre später wurde der junge italienische Komponist Francesco Giuseppe Baldasare Morlacchi zum Hofkapellmeister der Dresdner Hofkapelle ernannt. Christian Gottfried Körner begegnete dem dreißig Jahre jüngeren Francesco Morlacchi erstmals im August des Jahres 1810. Dieses Zusammentreffen, aus dem eine langjährige Freundschaft erwuchs, hat Körner, wie ein Brief an seinen Sohn Theodor belegt, sehr beeindruckt: „Am Freitage hatte ich ein musikalisches Diner bei Graf Hatzfeld mit dem neuen Capellmeister Morlacchi und einigen von der Capelle. Wir kamen um 1. [Uhr] zusammen und bis 3. [Uhr] wurden Arien und Duette von Hatzfelden und einigen Operisten gesungen. Morlacchi ist ein junger lebendiger Mann, der gut über seine Kunst spricht, und ohne Anmaßung."[7] Francesco Morlacchi lernte im Hause Christian Gottfried Körners auch Dichtungen Theodor Körners kennen, von denen er einige vertonte. Körner wiederum informierte sich ständig über die neuen Kompositionen des Hofkapellmeisters und bildete sich unvoreingenommen ein eigenes, mitunter auch kritisches Urteil. So berichtete er nach dem Besuch der Generalprobe zu einer Aufführung von Morlacchis Oper *Rudolph von Crequi* im November 1811: „Morlacchi hat viel geleistet, und scheint immer Fortschritte zu machen. Er scheint nicht Originalität genug zu haben, um sich seinen eigenen Weg zu bahnen und hat in diesem Werke, wie er auch gar nicht leugnet, sich Spontini zum Muster gewählt. Vielleicht hatte Paër mehr Genialität, aber ich glaube, daß Morlacchi mehr Kunsteifer und Studium besitzt."[8]

Verschiedene Aufzeichnungen Christian Gottfried Körners belegen, daß er regelmäßig die von Morlacchi geleiteten Konzerte der Hofkapelle besuchte. Mit Interesse verfolgte Körner dessen Bemühungen um eine eigenständige, vom musikalischen Geschmack des Hofes weniger beeinflußte Ausgestaltung solcher Kirchenkonzerte. Er notierte: „Morlacchi hat neuerlich ein Salve Regina gemacht, das viel Gefälliges und doch dabey Andächtiges hat. Er sucht jetzt die alten Musiken, die man hier lange nicht gehört hat, aus dem Vorrathe heraus. [...] In der Abwesenheit des Königs will er uns auch Messen von Mozart und Haydn hören lassen."[9] Möglicherweise hat sich auch Francesco Morlacchi über sein Vorhaben, geistliche Kompositionen der Wiener Klassiker in den Mittelpunkt der Programmplanung für die Aufführungen in der Hofkirche zu rücken, eingehend mit Christian Gottfried Körner beraten.

Zum Freundeskreis um Christian Gottfried Körner zählte auch der 1780 geborene Komponist Christian Theodor Weinlig, ein Neffe des langjährigen Kantors der Dresdner Kreuzkirche, Christian Ehregott Weinlig. Er hatte sich einige Zeit zu Studienzwecken in Bologna aufgehalten und war von 1814 bis 1817 Kreuzkantor in Dresden. Wahrscheinlich lernte Körner Christian Theodor Weinlig nach dessen Rückkunft aus Italien im Jahre 1808 kennen. Es entwickelte sich eine enge Freundschaft, die beider künstlerisches Wirken in bedeutendem Maße inspirierte. Christian Gottfried Körner, erfahren in musikästhetischer Hinsicht, half mit seinem treffsicheren Urteil dem jungen Christian Theodor Weinlig, Fehler und Schwächen bei der Umsetzung von musikalischen Ideen zu vermeiden. Weinlig stellte darum gern viele seiner neuentstandenen Kompositionen zunächst Christian Gottfried Körner vor, der alle handwerklichen Verbesserungen erfreut konstatierte: „Weinlig hat mir nun seine neuen Sachen vorgespielt, das Stabat Mater und den 90sten Psalm. Er hat wirklich von Seiten des lieblichen Gesangs und der prachtvollen Instrumentierung erstaunliche Fortschritte gemacht, und an Tiefe des Gefühls nicht verlohren."[10] Weinligs kompositorisches Talent beeindruckte Körner, und er versuchte, die öffentliche Aufführung einiger Werke zu vermitteln. Dank Körners Engagement und seiner guten Verbindungen zu Mitgliedern der Dresdner Hofkapelle bestand die Möglichkeit, den Weinligschen Psalm dem Dresdner Publikum im Rahmen eines erstklassig besetzten Kapellkonzertes vorzustellen. „Weinligs Psalm wird wahrscheinlich", so schrieb Körner, „nach dem Schluß der Opern aufgeführt. Ich habe den Concertmeister beredet, daß sie nebst mir einen Umlauf unterschreiben, worinnen wir bekannt machen, daß die Aufführung für die Casse der Gesellschaft für Rath und That veranstaltet wird. Weinlig war zu schüchtern die Sache selbst in die Hand zu nehmen, und eine solche Art ihn hier einzuführen ist doch besser, als wenn der Psalm im Dilettanten Concert gegeben wird. Unter der Capelle hat er viele Freunde und sie scheinen bereit umsonst zu spielen. Ich freue mich sehr auf einen guten Erfolg, aber Weinlig fürchtet noch immer, daß der Saal nicht voll werden würde. Mir ist dafür gar nicht bange."[11]

Im Jahre 1810 plante Weinlig die Komposition eines größeren geistlichen Werkes. Christian Gottfried Körner unterstützte diese Idee und bemühte sich, seinen Sohn Theodor für die Dichtung des Textes zu gewinnen. In einem Brief äußerte er klare Vorstellungen über einen möglichen Stoff und dessen Behandlung: „Weinlig hätte Lust ein deutsches Oratorium zu componiren. Könntest Du nicht gelegentlich eines für ihn machen? Sieh doch in Metastasio's Werken den Band der Oratorien durch, ob ein Stoff dich anzieht. Außerdem wäre etwas vorzuschlagen: Noah's Opfer nach der Sündfluth [...] der Tempelbau nach dem babylonischen Gefängnis – die Versammlung der Jünger Christi und der heiligen Frauen nach der Auferstehung – ein Stoff aus der Geschichte der Maccabäer. Es kommt hauptsächlich darauf an, daß es nicht an Chören und mehrstimmigen Sachen fehlt. Niemeyers Oratorium Abraham[,] auch Maria und Lazarus sind für die Musik sehr brauchbar."[12] Der zwar noch recht junge, als Poet aber schon erfolgreiche Theodor Körner blieb zurückhaltend und ging auf das Angebot seines Vaters nicht ein.

Noch im gleichen Jahr entschloß sich Christian Gottfried Körner, selbst für Weinlig den Text zu einer festlichen Musik zu verfassen. In gemeinschaftlicher Arbeit entstand daraufhin die Kantate *Dem Chaos im Dunkel der Nacht*. Sie wurde erstmals zur Einweihung der neuen Räumlichkeiten der Dreyßigschen Singakademie am 4. Oktober 1810 aufgeführt.

Der wohl berühmteste Musiker, der zu Besuch im Körnerhaus weilte, war Wolfgang Amadeus Mozart. Daten und Fakten seines sechstägigen Aufenthaltes in Dresden im Jahre 1789 sind hinlänglich bekannt. Auf eine umfassende Darstellung der Ereignisse darf daher an dieser Stelle verzichtet werden. Die Begegnung mit Mozart stellte eine besondere Denkwürdigkeit im Leben Christian Gottfried Körners und seiner Familie dar. Leider sind keine aussagekräftigen Mitteilungen zu diesem Ereignis überliefert. Eine Anekdote aus den Memoiren des Berliner Hofrates Gustav Parthey, die auf den Erinnerungen seines mit Körner gut bekannten Vaters basiert, läßt jedoch vermuten, daß sich Wolfgang Amadeus Mozart im Kreise der Familie Körner außerordentlich wohl gefühlt haben muß.[13] Jener Beschreibung zufolge fantasierte Mozart begeistert am Klavier. Bei dieser Gelegenheit hat er wahrscheinlich auch Teile seines *Don Giovanni* vorgestellt. Körner schätzte Mozart sehr. Zwischen den gleichaltrigen Männern ergaben sich nicht nur in musikalischer Hinsicht geistige Berührungspunkte, da auch Christian Gottfried Körner Mitglied eines Freimaurerordens war.

Mozarts Musik erfreute sich im Hause der Familie Körner größter Beliebtheit. Oft erklangen hier seine Kompositionen, wobei die Pflege von Vokalwerken im Vordergrund stand. Auch nach dem Tode Wolfgang Amadeus Mozarts war Christian Gottfried Körner stets darum bemüht, ihm noch unbekannte Werke des Wiener Meisters kennenzulernen. 1796 hörte er während eines Besuches in Leipzig erstmalig Teile aus Mozarts *Requiem*. Körner war sich der Ausnahmestellung dieser Komposition bewußt und schrieb wenig später tief gerührt an Johann Wolfgang von Goethe: „[Ich habe] einiges vom Mozartschen Requiem gehört, welches eine seiner letzten und geistvollsten Arbeiten ist – in seiner Art ohngefähr, wie ich mir das jüngste Gericht von Michael Angelo denke."[14]

Christian Gottfried Körner lag nicht nur an der Bekanntschaft mit Dichtern und Musikern, sondern er war auch selbst künstlerisch produktiv. Seine Liebe zur Musik hatte er bereits in der Leipziger Studentenzeit entdeckt. Er spielte recht gut Klavier und besaß eine schöne, volltönende Baßstimme. Um seine musikalischen Kenntnisse zu erweitern, befaßte er sich mit den Grundlagen der Harmonielehre und untersuchte akustische Gesetzmäßigkeiten. Wahrscheinlich entstanden bereits in Leipzig erste kleinere Kompositionen. Doch erst die Bekanntschaft mit dem jungen Friedrich Schiller vermittelte Christian Gottfried Körner den entscheidenden Anstoß zur Profilierung seiner kompositorischen Fähigkeiten. Durch Körners Unterstützung von finanziellen Sorgen unbehelligt, lebte Schiller zwei Jahre in dessen Haus am Loschwitzer Weinberg und widmete sich der Dichtkunst. Im täglichen Umgang mit seinem Freund lernte Schiller das musikalische Talent Körners schätzen, und er ermunterte ihn, sich kompositorisch zu betätigen. Körner wandte sich dem Lied zu, das als kleinste und intimste Form der Vokalmusik im ausgehenden 18. Jahrhundert in der allgemeinen Musizierpraxis immer mehr an Bedeutung gewonnen hatte. In den Jahren 1787 bis 1810 entstand der überwiegende Teil seiner Kompositionen. Neben eigenen Texten vertonte Christian Gottfried Körner mit Vorliebe Dichtungen Schillers, Goethes, Herders und Klopstocks. Im Laufe seiner Dresdner Zeit schuf er wahrscheinlich weit mehr als 30 Liedkompositionen, von denen jedoch nur wenige im Original erhalten sind. Viele der Körnerschen Kompositionen erklangen sowohl im Hause Schillers als auch in Goethes musikalischem Kränzchen. Zeugnisse eines rege geführten Notenaustausches zwischen Weimar und Dresden lassen sich häufig im Schriftwechsel Körners mit Friedrich Schiller finden.

Körner bemühte sich ständig um die Erweiterung seiner musikalischen Kenntnisse. Er beschäftigte sich sehr intensiv mit der Untersuchung metrischer Gesetzmäßigkeiten in Poesie und Dichtung, um zu einem ausgewogenen Wort-Ton-Verhältnis in seinen Liedern zu gelangen. Dabei unterstützte ihn sein Freund Wilhelm von Humboldt, der diese Aktivitäten aufmerksam verfolgte und sich gegenüber einem Bekannten äußerte: „Körner wird vielleicht eine meiner Pindarischen Oden komponieren und geht [...] darauf aus, die Art zu finden, wie man verschiedene Silbenmaße so setzen kann, daß man in der bloßen Musik diese Rhythmen gleich wiedererkennt."[15]

Einen repräsentativen Überblick über das kompositorische Schaffen Christian Gottfried Körners ermöglicht ein im Dresdner Stadtarchiv aufbewahrtes Liederheft. Körner faßte darin elf Kompositionen zusammen, die er wohl selbst für die gelungensten hielt.[16] Darunter befindet sich auch die bisher verschollene Originalvertonung der Schillerschen *Ode an die Freude*; die 1787 entstandene, bekannteste Liedkomposition Körners hat als erste Vertonung dieser Dichtung zu gelten.[17] Sie fand, Schillers Worten zufolge, besonders im thüringischen Raum weite Verbreitung. Friedrich Schiller schrieb an seinen Freund in Dresden: „Wir haben gestern Deine Composition der Freude hier gespielt, und alles war davon enthusiasmirt, von dem Chor besonders. In Gotha [...] kennt man Deine Composition allein und singt sie häufig."[18]

Neben seinen Liedkompositionen hinterließ Christian Gottfried Körner zahlreiche Schriften, mit einer erstaunlichen Themenvielfalt.[19] Das bedeutendste Werk ist dabei der 1795 in Schillers *Horen* erschienene Aufsatz *Über Charakterdarstellung in der Musik*, der die Entwicklung der klassischen Musikästhetik entscheidend beeinflußte.[20] Darüber hinaus lassen verschiedene Briefe Körners Vorhaben erkennen, sich auch auf andere Weise musikpublizistisch zu betätigen. So plante er beispielsweise 1810 gemeinsam mit seinem Sohn Theodor die Herausgabe eines Taschenbuches für Christen. Es sollte sich dabei um ein in jährlicher Abfolge erscheinendes Kunst- und Musikmagazin handeln, das für einen breiten bürgerlichen Leserkreis vorgesehen war und das landesweit vertrieben werden sollte. Körner beabsichtigte, die Redaktion des musikalischen Teils zu übernehmen und hoffte, „von Zelter und anderen gute Beyträge zu bekommen".[21] Allerdings fand Christian Gottfried Körner nicht immer genügend Kraft, alle geplanten schriftstellerischen Ideen auch in die Tat umzusetzen. Er sah jedoch in seiner literarischen Arbeit einen Weg, jener großen menschheitserziehenden Aufgabe der Kunst zu dienen, der er sich verpflichtet fühlte.

Mit den Jahren vervollkommnete sich die Musikpflege im Körnerhaus immer mehr. Mit besonderer Freude widmete man sich der gemeinsamen musikalischen Ausgestaltung kleiner häuslicher Festlichkeiten, die Christian Gottfried Körner als „die Poesie des Lebens" empfand.[22] Unter seiner Leitung hatte sich ein kleiner Kreis von Familienmitgliedern, gleichgesinnten Freunden und Bekannten formiert, der zum gemeinsamen Singen und Musizieren zusammenkam und ab etwa 1805 regelmäßig wöchentlich probte. Einen lebendigen Eindruck von der musischen Atmosphäre, die das Leben im Körnerhaus prägte, vermittelt die Schilderung von Körners Schwägerin Dora Stock: „Unser einfaches glückliches Leben geht noch immer so fort. [...] Des Abends kömmt der kleine Kreis Freunde bey uns zusammen, Musik, Lektüre, oder Gespräch beschäftigt uns wechselweise, und wir gehen nie auseinander, ohne uns auf den folgenden Abend wieder zu freuen. Oft ists eine Kleinigkeit, was uns froh wie Kinder macht, ein Lied, eine schöne Composition, oder eine vorzügliche Stelle aus einem Gedichte.“[23]

In den folgenden Jahren profilierte sich das Ensemble kontinuierlich. Das anfängliche Repertoire vorwiegend geistlicher Kompositionen erweiterte sich bald auch um Opernliteratur. Körners Schwägerin Dora Stock erwähnte in einem Brief die Aufführung mehrerer Opern im Körnerhaus, unter anderem Mozarts *Cosi fan tutte*.[24] Eine szenische Darstellung ließ sich in diesem Rahmen natürlich nur sehr beschränkt realisieren. Auch war es üblich, verschiedene Rollen lediglich mit einem Solisten der entsprechenden Stimmlage zu besetzen, wobei der Orchesterpart durch das Klavier übernommen wurde. Körner führte gewöhnlich selbst die Baß-Soli aus, während sich seine Adoptiv-Tochter Julie Kunze meist den schwierigen Sopranpartien widmete.

Um 1807 war der wöchentlich im Körnerhaus zusammenkommende Zirkel bereits über die Grenzen der Stadt hinaus bekannt. So veröffentlichte die Leipziger *Allgemeine Musikalische Zeitung* einen Beitrag, der die außergewöhnlichen Leistungen des Körnerschen Singkreises hervorhob.[25]

Nicht zuletzt aufgrund des Wirkens von Christian Gottfried Körner regten sich in Dresden immer deutlicher Bestrebungen, eine große öffentliche Chorvereinigung ins Leben zu rufen, ähnlich der Berliner Singakademie. Im Oktober des Jahres 1806 entwarf der mit Körner recht gut bekannte Dresdner Hoforganist Anton Dreyßig ein Rundschreiben.[26] Er beabsichtigte, Liebhaber des Chorgesanges und Dilettantenvereinigungen wie den Körnerschen Singkreis in einem großen Chor zusammenzuführen. Wenige Monate später konzipierte er ein vierzehn Punkte umfassendes Programm, das er Körner vorlegte. Körner unterzeichnete es als einer der ersten neben weiteren Dresdner Persönlichkeiten.[27] Danach sollte sich der neue Chor ganz nach dem Vorbild der Berliner Singakademie vornehmlich der Pflege geistlicher Vokalmusik widmen. Nur „Eifer und Liebe für die Tonkunst“[28] und einige gesangliche Fähigkeiten galten als notwendige Voraussetzungen zur Aufnahme in diese musikalische Liebhabervereinigung, die damit jedem Interessierten unabhängig von gesellschaftlicher Stellung und sozialen Verhältnissen offenstand. Dieses Programm fand nach einigen Änderungen und Ergänzungen allgemeine Zustimmung. Im September des gleichen Jahres erfolgte die öffentliche Bekanntmachung des Aufrufs im wichtigsten Zeitungsblatt der Stadt, dem *Dresdner Anzeiger*. Bald darauf konstituierte sich die Singakademie, deren Aufgabe darin bestehen sollte, „den Sinn für ächte Kirchenmusik zu befriedigen, auszubilden und zu erhalten“.[29] Zu den eingeschriebenen Mitgliedern des neuen Chores zählten neben Körner weitere Mitwirkende seines Singkreises. Es spricht für den großen Enthusiasmus, daß sie sowohl an den Proben der Dreyßigschen Singakademie teilnahmen als auch die Musizierabende im Körnerhaus noch einige Zeit fortführten. Die künstlerische Leitung des neugegründeten Chores lag in den Händen Anton Dreyßigs. Neben ihm wurde auch Christian Gottfried Körner in den Vorstand der Akademie gewählt, der die Gründung dieser Vereinigung sehr vorangetrieben hatte.

Der Vorstand der Singakademie ergänzte später das Programm von 1807 um einen wesentlichen Gedanken, der überzeugend jenen, von hohen Idealen geprägten Anspruch offenbart, den die Mitglieder der Singakademie mit ihrer musikalischen

Betätigung verbanden: „Einzelne Billets zu einzelnen Aufführungen werden an niemanden, wer es auch sey, und um keinen Preis ausgegeben, und jeder Theilnehmer muß sich daher wenigstens für einen ganzen Winter verbindlich machen. Die Idee, daß man für sein Geld ins Concert gehe und die musikalische Unterhaltung gleichsam erkauft habe, muß jedem Theilnehmer durchaus fremd bleiben."[30]

Die Geschichte der Dreyßigschen Singakademie läßt sich in ihrer Anfangsphase nicht mehr dokumentarisch belegen. Doch ist es anzunehmen, daß sich im bescheidenen Rahmen eine kontinuierliche Entwicklung vollzog. Zu den etwa 35 bis 50 Mitgliedern[31], die sich zu den wöchentlichen Proben zusammenfanden, gehörten musikliebende Bürger und kunstinteressierte Adlige. Im Dezember des Jahres 1809 hatte sich der Chor offensichtlich schon soweit profiliert, daß an eine Erweiterung des Instituts gedacht werden konnte. Man beabsichtigte, „während der Wintermonate größere, allgemein beliebte Singstücke berühmter Komponisten, und besonders solche, die hier noch gar nicht gegeben worden sind und die man in Dresden anderwärts zu hören nicht erwarten darf, mit vollständiger Instrumentalbegleitung"[32] aufzuführen.

Zur Verwirklichung dieser Pläne benötigte die Akademie auch ein Orchester. Es formierte sich aus engagierten Dilettanten und Mitgliedern des Stadtmusikkorps, die durch ein geringes Entgelt zur Mitwirkung verpflichtet wurden. Eine Briefnotiz Christian Gottfried Körners belegt sein vielseitiges Wirken für die Belange der Chorvereinigung: „Am Donnerstage wurde das Dreyßigsche Singinstitut zum ersten Male im neuen Saale (in der Post) gehalten. [...] Man wünschte einige Feierlichkeit bey dem Einweihungstage, und ich entschloss mich meinen alten Pegasus zu besteigen. [...] Weinlig hat manches recht glücklich komponirt besonders den Anfang und den Schluß."[33] Bei dieser nach einer Textvorlage Körners entstandenen Komposition handelt es sich um die bereits erwähnte Kantate *Dem Chaos im Dunkel der Nacht*, die am 4. Oktober 1810 zur Uraufführung gelangte.

Christian Gottfried Körner interessierte sich lebhaft für Nachrichten von der Berliner Singakademie, die von Carl Friedrich Zelter geleitet wurde. 1811 reiste Anton Dreyßig nach Berlin, um Zelter einen Besuch abzustatten. Zur gleichen Zeit hielt sich dort auch Theodor Körner auf. Er informierte seinen Vater eingehend über die Berliner Verhältnisse und erwähnte dabei auch den Besuch Dreyßigs bei einer Konzertveranstaltung der Singakademie.[34] Nach seiner Rückkehr aus Berlin traf sich Anton Dreyßig mit Christian Gottfried Körner, um sich mit ihm über die gewonnenen Eindrücke auszutauschen. „Vom SingInstitut spricht er mit großer Wärme"[35], berichtete Körner an seinen Sohn, der sich übrigens auch während seines Aufenthaltes in Berlin der Zelterschen Singakademie angeschlossen hatte. Zu diesem Zeitpunkt hatte sich die Dreyßigsche Singakademie in Dresden mit zahlreichen Konzerten fest in der städtischen Kulturlandschaft etabliert. Zum Höhepunkt der bisherigen Entwicklung gestaltete sich die Aufführung von Joseph Haydns Oratorium *Die Schöpfung* am 2. Dezember 1813 gemeinsam mit der Dresdner Hofkapelle.

Bereits früher war es zwischen Christian Gottfried Körner und Anton Dreyßig zu Unstimmigkeiten über die künftige Ausrichtung des musikalischen Stils der Singakademie gekommen, die Körner dazu bewogen, die Gründung einer neuen Musikvereinigung zu initiieren. Die Forderungen der übrigen Vorstandsmitglieder, das Repertoire der Singakademie hauptsächlich durch geistliche Kompositionen zu erweitern, fand nicht Körners Beifall. Nach seiner Ansicht sollten Möglichkeiten zur Aufführung weltlicher Werke, insbesondere von zeitgenössischen Opernkompositionen, geschaffen werden. So entschloß man sich, 1810 die sogenannte *Philharmonische Gesellschaft* ins Leben zu rufen. Diese Vereinigung setzte sich zum überwiegenden Teil aus Mitgliedern der Singakademie und des Körnerschen Singkreises zusammen, die ebenfalls Interesse an der Pflege von Opern- und Instrumentalmusik sowie Kompositionen des galanten Stils zeigten. Das Orchester der Philharmonischen Gesellschaft vereinigte sowohl Dilettanten als auch Mitglieder des Stadtmusikkorps und stand unter der Leitung von Franz Anton Morgenroth, dem ersten Konzertmeister des Stadtmusikkorps.

Während der Zeit ihres Bestehens – etwa von Januar 1810 bis zur Auflösung im September 1811[36] – gab die Gesellschaft vier große Konzerte im Kuffenhaus der Stadt. Ein Rechnungsjournal belegt, daß jeweils 130 bis 150 Zuhörer, vornehmlich aus Kreisen der Aristokratie und höherer bürgerlicher Beamter, bei diesen Konzertereignissen zugegen waren.[37] In einem Brief an seinen Sohn Theodor berichtet Christian Gottfried Körner über das Programm und den Erfolg des ersten Konzertes: „Gestern war die Aufführung des Don Giovanni in unserem neuen musikalischen Institut. Das Publikum schien zufrieden zu seyn, und im Ganzen ist die Sache ziemlich gut gelungen. Morgenroth hat viel Verdienst um das Orchester. Wir werden diesen Winter [...] noch 2. Concerts geben, wovon eines ein geistliches seyn wird."[38]

Das wohl interessanteste Zeugnis vom Wirken der Philharmonischen Gesellschaft übermittelte Christian Gottfried Körner seinem Sohn im Oktober des Jahres 1810 nach Leipzig. In einem Brief schilderte Körner die Schwierigkeiten, die sich der Verwirklichung seiner künstlerischen Ansprüche entgegenstellten. Gleichzeitig läßt das Schreiben schwere Zerwürfnisse zwischen den Vorstandsmitgliedern erkennen: „Am Sonnabend war das erste philharmonische Concert, Winters Timoteo wurde gegeben. Die Instrumente leisteten uns was man verlangen konnte, aber beym Gesange blieb viel zu wünschen übrig. Das Institut hat radicale Fehler und muß daher ein Flickwerck bleiben. Dreysig hat kein Talent zum Dirigieren, und weiß seinen Schülerinnen nicht fortzuhelfen. Gleichwohl sollen diese vorzüglich bey Solos angestellt werden, und sie leisten doch wenig. Spillner und Loth horchen auf die Urtheile ihrer Bekannten und bestimmen sich darnach bey der Wahl der Stücke, anstatt nach eigener Überzeugung sich für etwas Vorzügliches zu entscheiden. Sie werden Sklaven ihres Publikums, daß sie beherrschen könnten. Unter diesen Umständen habe ich mich von der Direction ganz losgesagt. Ich hatte immer 3 Stimmen gegen mich. Spillner, Loth und Dreysig, und die beiden anderen [...] sind Nullen, auf die ich nicht rechnen konnte."[39] Im Herbst des Jahres 1811 befand sich die Philharmonische Gesellschaft dann auch in einer für ihr Fortbestehen sehr ernsten Lage. Am 29. September traf sich der Vorstand zu einer Krisensitzung, in deren Verlauf die Auflösung des Instituts beschlossen wurde.[40] Die Entscheidung wurde mit erheblichen finanziellen Problemen und dem Mangel an einer geeigneten Räumlichkeit begründet. Die Dresdner Öffentlichkeit nahm diesen Schritt mit großem Bedauern zur Kenntnis. Bekannte Persönlichkeiten äußerten die Hoffnung, daß es sich nur um eine vorübergehende Maßnahme handele. Minister von Nostitz, als Dichter unter dem Pseudonym Arthur v. Winterstein bekannt, erbot sich, der Philharmonischen Gesellschaft bei der Auffindung eines neuen Proben- und Konzertsaales behilflich zu sein.

Leider läßt sich die Geschichte dieser Musikvereinigung auf Grund der ungünstigen Quellensituation nicht mehr bis ins Detail erhellen. Doch erscheint es unwahrscheinlich, daß die im Protokoll der Krisensitzung erwähnten Schwierigkeiten die alleinigen Ursachen für das Scheitern der Institution darstellten. Schließlich hatte es nicht an ernstgemeinten Angeboten zur Unterstützung und Hilfeleistung gefehlt. Entscheidend für die Auflösung der Philharmonischen Gesellschaft waren letztlich die unüberbrückbaren Meinungsverschiedenheiten der Vorstandsmitglieder über das künstlerische Profil der Vereinigung. Obgleich sich die Philharmonische Gesellschaft auf die Dauer nicht als lebensfähig erweisen konnte, verdeutlicht doch die große Resonanz unter dem Dresdner Publikum, daß sie sich in der kurzen Zeit ihres Bestehens einen geachteten Platz im Musikleben der Stadt erworben hatte.

Die Entwicklung der bürgerlichen Musikkultur, an der Körner entscheidenden Anteil hatte, vollzog sich nicht unberührt von den geschichtlichen Ereignissen der Zeit. Zu Anfang des Jahres 1813 bahnte sich die Entscheidung im Kampf der unterdrückten Völker Europas gegen die napoleonische Fremdherrschaft an. Auf dem Territorium Sachsens sammelten sich die Armeen und Truppenverbände der an den kriegerischen Auseinandersetzungen beteiligten Großmächte. Die Residenzstadt Dresden wurde zum Hauptstützpunkt des französischen Heeres. Die Dresdner Bürger hatten schwer an den Lasten der Besatzung zu tragen. Als jedoch preußische Truppen auf Dresden vorrückten, floh der bis dahin Napoleon treu ergebene sächsische König gemeinsam mit seinem Hofstaat außer Landes. Dresden wurde hart belagert; die sich in den Mauern der Stadt verschanzenden französischen Truppenteile mußten schließlich kapitulieren. Mit der Niederlage Napoleons in der Völkerschlacht zu Leipzig und der Festsetzung des sächsischen Königs schien Sachsens künftiges Schicksal besiegelt und die vollständige Übernahme des Landes durch Preußen bevorzustehen. Doch auf Grund verschiedener Vereinbarungen zwischen den Siegermächten geriet Sachsen zunächst unter russische Verwaltung. Dresden blieb weiterhin Hauptstadt und wurde zum Sitz der am 22. Oktober 1813 ausgerufenen Generalgouvernementsregierung, an deren Spitze mit Fürst Repnin ein sehr kunstinteressierter Mann stand. Er kannte Christian Gottfried Körner und schätzte dessen Verdienste um die Förderung der Künste wie auch seine fortschrittlich-liberale Gesinnung. So bemühte er sich darum, den damals Siebenundfünfzigjährigen zur Mitarbeit in der I. Sektion des Generalgouvernements zu bewegen, zu deren Aufgabe neben der allgemeinen Verwaltung auch die Betreuung aller öffentlichen Kunstinstitutionen gehörte.

Das Leben der Familie Körner wurde zu diesem Zeitpunkt von einer Reihe schwerwiegender Probleme überschattet. Christian Gottfried Körner litt unter dem Verlust seines Sohnes Theodor, der als Mitglied des Lützowschen Freikorps im August 1813 bei einem Gefecht ums Leben gekommen war. Außerdem beeinflußte die allgemeine Ungewißheit der Situation im Lande Körners persönliche Lebensumstände nachhaltig, so daß er die Beendigung seines langjährigen Aufenthaltes in Dresden in Erwägung zog. Im Dezember 1813 erfolgte jedoch die Berufung Christian Gottfried Körners in seine neue Stellung an der I. Sektion des Generalgouvernements. So nahm er von seinen Plänen, nach Berlin zu gehen, vorerst Abstand.

Im gleichen Monat beauftragte der russische Generalgouverneur Fürst Repnin Joseph Friedrich Freiherrn von Racknitz mit der Direktion des Hoftheaters, dessen Existenz aus finanziellen Gründen außerordentlich gefährdet war. Seitens des Generalgouvernements wurde beschlossen, das Hoftheater in zwei getrennte Departements aufzugliedern. Künftig sollten nun die italienische Oper und das deutsche Theater separat administriert werden. Freiherr von Racknitz sah sich in seinem neuen Amt mit einer Vielzahl von Problemen konfrontiert. Er wandte sich mit der Bitte an das Generalgouvernement, ihm „eine aus einigen würdigen Mitgliedern desselben bestehende Commission zuzuordnen“[41], um in gemeinsamer Arbeit alle Entscheidungen zur notwendigen Reorganisation beider Departements des Hoftheaters zu treffen. Die vom Generalgouvernement daraufhin bestimmte Kommission setzte sich aus drei bekannten Persönlichkeiten des öffentlichen Lebens der Stadt Dresden zusammen. Neben Freiherrn von Racknitz zählten der in einer anderen Sektion des Generalgouvernements tätige Generalmajor Justus von Vieth und Christian Gottfried Körner hierzu. Die Möglichkeit, an solch exponierter Stelle Verantwortung zu tragen, gestattete Körner, in einer für die weitere Entfaltung der Dresdner Musikkultur wichtigen Phase Einfluß auf die Entwicklung des Hoftheaters und das öffentliche Kulturleben der Stadt zu nehmen.

Als erste Amtshandlung erarbeiteten die Kommissionsmitglieder ein Gutachten, in dem die komplizierte Situation des Hoftheaters und der Hofkapelle um 1813/14 bis ins Detail analysiert und die Richtung der zukünftigen Arbeit der Kommission umrissen wird.[42] Zunächst widmete man sich der Dresdner Hofkapelle und bemühte sich, etwaige Zweifel am Fortbestand dieses Orchesters zu zerstreuen. Eindringlich mahnte die Kommission: „Wenn ferner die Tonkunst überhaupt, ihr Einfluß auf die Sitten und ihre Wirksamkeit zu[r] Erhöhung religiöser Gefühle die Aufmerksamkeit des Staats verdient, so ist selbst mit bedeutenden Aufopferungen die Fortdauer einer Anstalt zu wünschen, wodurch zur Ausbildung vorzüglicher Talente Gelegenheit gegeben, und eine würdigere Aufführung größerer musikalischer Werke möglich gemacht wird.“[43]

Außerdem setzten sich die Kommissionsmitglieder für eine Änderung der bisherigen Verwaltungsstruktur ein. Bisher wurden Oper und Theater im Auftrage des Königs durch Unternehmer verwaltet, die neben den Wünschen des Hofes natürlich die eigenen finanziellen Interessen zu wahren suchten. Nach Ansicht der Kommission wäre mit der Wahl eines fähigen, verantwortungsbewußten Intendanten eher eine höhere „Vollkommenheit dieser Anstalten und eine vollständige Erreichung der dabey beabsichtigten Zwecke zu erwarten [...] als wenn der Zustand der Theater von den Einsichten und Gesinnungen eines Privat Unternehmers abhängt“.[44] Die Unterhaltung des gesamten Hoftheaters war mit einem erheblichen Aufwand verbunden, den es zu reduzieren galt. Im Gutachten schlug die Kommission als erste Maßnahme die Kürzung der Besoldungsgelder, insbesondere für die Sänger, vor. Im Gegensatz zu Freiherrn von Racknitz und Justus von Vieth begriff Körner die notwendige Reformierung des Hoftheaters nicht allein unter kommerziellen Aspekten. Ihm lag vielmehr an einer künstlerischen Neuorientierung des Dresdner Hoftheaters, das sich zu einer vom Staat unterstützten Kunstinstitution mit eigenständigem Profil entwikkeln sollte.[45]

Christian Gottfried Körner wurde mit der Oberaufsicht über das Theaterdepartement betraut. Er übernahm die Leitung mit der festen Absicht, das Dresdner Theater auf den Weg zu einer deutschen Nationalbühne zu führen, deren Hauptanliegen seiner Meinung nach in der Förderung der geistigen Identität des zersplitterten deutschen Volkes bestehen sollte. Ein solches Ziel ließ sich unter den gegebenen komplizierten Umständen nur durch eine gezielte Veränderung des bisherigen Repertoires verwirklichen. Während Körners Amtszeit wurden daher am Theater neben zahlreichen Lustspielen, denen meist eine sozialkritische Komponente innewohnte, bevorzugt Schlüsselwerke der deutschen Klassik wie Schillers *Wilhelm Tell* oder Goethes *Egmont* aufgeführt. Hatte man im Juni 1814 noch geargwöhnt, „daß die Liebhaberey für deutsches Theater ohne Gesang in Dresden nicht groß genug ist, um wöchentlich 6 mal das Haus zu füllen"[46], so erwies sich nun überraschend schnell die Wirksamkeit des Körnerschen Konzepts. Die Resonanz unter den Dresdner Bürgern war so groß, daß den monatlich vier bis neun Opernaufführungen im Durchschnitt etwa 16 Schauspielvorstellungen entgegengesetzt werden konnten.[47] Freiherr von Racknitz kam nicht umhin anzuerkennen, daß „das deutsche Theater [...] jetzt gleichsam zum Bedürfnis des gebildeten Theils der Nation geworden"[48] ist. Dank der engagierten Arbeit Körners erlebte das deutsche Theater in den Jahren 1814/15 einen bedeutenden Aufschwung.[49]

Christian Gottfried Körner machte seinen Einfluß auch auf das Operndepartement geltend, obgleich nicht ihm, sondern Freiherrn von Racknitz die Verwaltung der italienischen Oper an erster Stelle oblag. In der Frage nach der Zukunft der italienischen Oper in Dresden vertraten die Kommissionsmitglieder unterschiedliche Auffassungen. Freiherr von Racknitz, ein getreuer Beamter des Königs, rechnete stets mit der baldigen Rückkunft des Landesherrn und mit der Wiederherstellung früherer Zustände. Christian Gottfried Körner hatte sich jedoch gemeinsam mit Johann Gottlieb Naumann über Jahre hinweg mit der Oper als Kunstform beschäftigt und war dabei zu der Einsicht gelangt, daß die in Dresden überwiegend gepflegte, weitgehend erstarrte höfische Repräsentationsoper italienischer Manier der fortlaufenden gesellschaftlichen und musikalischen Entwicklung nicht mehr Rechnung tragen konnte. Körners Bestrebungen galten daher der künstlerischen Umprofilierung des Operndepartements. Körner versuchte, eine allmähliche Wandlung des bisher ausschließlich vom italianisierten Geschmack des sächsischen Hofes bestimmten Opernrepertoires durchzusetzen, um damit den Weg für eine große deutsche Operninstitution, wie sie einige Jahre später dann auch wirklich unter Carl Maria von Weber in Dresden entstehen sollte, zu ebnen. Da sich die Einstellung von neuen, für die deutsche Oper geeigneten Sängern und der Aufbau eines entspechenden Bühnenfundus aus Kostengründen von selbst verbot, gingen seine Überlegungen nun dahin, das vorhandene Potential der italienischen Oper geschickt zur Wandlung des künstleri-

schen Profils der Hofoper zu nutzen. Vier Opernwerke Wolfgang Amadeus Mozarts – *La Clemenza di Tito*, *Cosi fan tutte*, *Don Giovanni* und *Le Nozze di Figaro* – schienen hierfür besonders geeignet. Die äußeren stilistischen Merkmale dieser Opern entsprachen im wesentlichen noch den Formungsprinzipien der altgewohnten Opera buffa und Opera seria. Doch finden sich in ihnen auch Figuren fern von vorgegebener Typisierung psychologisch gedeutet und menschliche Empfindungen glaubwürdig nachgezeichnet. In *Don Giovanni* und *Le Nozze di Figaro*, den wohl spannungsgeladensten Opern Mozarts, werden Konflikte von höchster gesellschaftlicher Brisanz aufgegriffen, moralische Probleme, wie die Mißachtung der Würde von Menschen aus niederem Stand durch eine aristokratische Oberschicht, offengelegt und menschliche Eigenschaften und Haltungen in all ihrer Zwiespältigkeit mit den Mitteln der Musik dargestellt. In eben jener Wahrhaftigkeit der Gefühle, der unverfälschten Widerspiegelung menschlicher Verhaltensweisen und dem Beharren auf humanistischen Werten sah auch Körner die Zukunft der Oper als musikalischer Kunstgattung. Es gelang ihm, dem für die Erstellung des Spielplanes von Oper und Kapelle verantwortlichen Freiherrn von Racknitz die Aufführung dieser Opern von Wolfgang Amadeus Mozart nahezulegen.
Hatten zu Zeiten des sächsischen Königs zum überwiegenden Teil bekannte Werke von Cimarosa, Paer, Morlacchi oder Fioravanti das Programm des Dresdner Hoftheaters bestimmt, standen nun in der Spielzeit 1814/15 die bereits erwähnten, zuvor nur selten aufgeführten Opernkompositionen Mozarts im Mittelpunkt der gesamten Spielplankonzeption. Aus erstmals zur Auswertung herangezogenen Dokumenten[50] geht hervor, daß zu dieser Zeit monatlich etwa vier bis neun Opernvorstellungen stattfanden. An den übrigen Tagen stand die Spielstätte dem Theaterdepartement zur Verfügung. Von Oktober 1814 bis Anfang Mai 1815 wurden nahezu 50 Opern gegeben. Während Werke Paers und Fioravantis jeweils nur fünf und Spontinis Erfolgskompositionen *La Vestale* und *Ferdinand Cortez* immerhin schon neun Vorstellungen erlebten, kamen die genannten Opern Mozarts sogar an 13 Abenden zur Aufführung. Daß diese erstaunliche Entwicklung tatsächlich auf das Wirken Körners zurückzuführen ist, wird durch die Tatsache belegt, daß sofort nach seinem Ausscheiden aus der Kommission Ende April 1815 Mozarts Opernwerke fast gänzlich aus dem Spielplan verschwanden.

Obwohl die ausgewiesenen Einnahmen des Operndepartements generell unter denen des deutschen Theaters lagen, läßt sich aus ihnen doch eine überwiegend positive Resonanz auf Körners Bemühungen um eine verstärkte Präsentation Mozartscher Opernwerke erkennen. Die Einkünfte aus den Aufführungen der vier Mozart-Opern lagen meist höher als die von anderen italienischen Opern, wobei *La Clemenza di Tito* und *Le Nozze di Figaro* am erfolgreichsten waren.[51]

Der übliche Spielbetrieb des Operndepartements wurde erheblich durch den Umstand erschwert, daß am Dresdner Hoftheater kein festes, ausschließlich dem Hause angehörendes Chorensemble existierte. Man war daher gezwungen, Chorszenen in Opern- und Schauspielaufführungen mit Schülern des Dresdner Kreuzchores zu besetzen, die durch einige Sänger der Hofoper unterstützt wurden. Häufig gelang es nicht, die notwendige Anzahl von geeigneten Choristen zu vereinen. Das minderte die Qualität der Chorszenen oft erheblich und bot Anlaß zu stetem Ärgernis. Der Kommission blieb dieses leidige Problem nicht verborgen. Sie bemühte sich um Abhilfe und bat den Hoforganisten und Leiter der Dresdner Singakademie, Anton Dreyßig, um Rat. Dreyßig skizzierte in einem Schreiben Vorstellungen, wie Verbesserungen zu erzielen seien.[52] Sein Entwurf diente der Kommission als Arbeitsgrundlage und wurde, wie ein auch von Körner unterzeichnetes Dokument an das Generalgouvernement belegt, sorgfältig geprüft.[53] Ein daraufhin von der Kommission erstelltes „Gutachten über die Errichtung einer Singanstalt“[54] greift wesentliche Gedanken des Dreyßigschen Planes auf, modifiziert und ergänzt sie unter Berücksichtigung der komplizierten finanziellen Situation mit detaillierten Vorschlägen. Nach dringlichen Appellen durch die Kommission erfolgte im Frühjahr 1815 endlich die zustimmende Antwort des Generalgouvernements, „daß es [...] zweckmäßig erscheine, auf eine Einrichtung bedacht zu seyn, wodurch die Theilnahme der Kreuzschüler an der theatralischen Vorstellung gänzlich vermieden werden könnte“.[55] Doch trotz des Einverständnisses des Generalgouvernements wurden die nun erforderlichen Schritte zur Formierung eines festen Opernchorensembles nicht mehr eingeleitet, da die Kommission mit vielerlei anderen Problemen belastet war. Als Anton Dreyßig 1815 verstarb, fehlte zudem eine geeignete Persönlichkeit für die Leitung und Ausbildung des Chores.

Christian Gottfried Körner hatte sich stets um die gezielte Förderung des künstlerischen Nachwuchses auf dem Gebiet der Musik bemüht. Bewußt suchte er nun seine Stellung als Mitglied der zur Verwaltung des Hoftheaters eingesetzten Kommission zu nutzen, um in Dresden den Aufbau eines musikalischen Bildungsinstituts voranzutreiben.[56] Obwohl in Deutschland mehrere Städte den Ruf eines bedeutenden Kulturzentrums besaßen, gab es dennoch, abgesehen von kirchlichen Einrichtungen, keine öffentlichen Institute, an denen junge Menschen eine umfassende musikalische Ausbildung erhalten konnten. Auch die Kunstmetropole Dresden bildete keine Ausnahme. Gerade hier aber hatte sich in bürgerlichen Kreisen ein weitgefächertes Kunstinteresse herausgebildet. Die Beschäftigung mit der Musik war vielen, vor allem jungen Menschen zum Bedürfnis geworden. Doch es fehlte überall an Institutionen und Möglichkeiten, die musikalischen Kenntnisse zu vertiefen. Körner war im Laufe seines Lebens zu der Erkenntnis gelangt, daß eine umfassende musische Bildung ebenso wie die vielseitige musikalische Betätigung zu den ursprünglichsten Anliegen einer bürgerlich-humanistischen Erziehung des Menschen gehöre. In der Umsetzung dieses Gedankens erkannte Körner eine persönliche Aufgabe, der er sich mit großem Ernst widmete. Seine Überlegungen zu einem öffentlichen musikalischen Bildungsinstitut in Dresden basierten auf der kritischen Auseinandersetzung mit dem etwa 1813 von Francesco Morlacchi in italienischer Sprache entworfenen Plan zur Errichtung eines philharmonischen Lyzeums, des „Progetto per lo stabilimento di un Liceo Filarmonico di Dresda“.[57] Diesen in 46 Punkte untergliederten Plan analysierte Körner gründlich. Hofkapellmeister Morlacchi äußerte darin neben detaillierten Vorstellungen zur Methodik des Unterrichts viele Voschläge und Ideen zum Verlauf der musikalischen Ausbildung. Er ließ jedoch gänzlich außer acht, daß die sächsische Staatskasse nicht über die notwendigen finanziellen Ressourcen verfügte, um die Voraussetzungen für ein so groß angelegtes Vorhaben zu schaffen. Nach Morlacchis Ansicht sollte in Dresden ein großes Konservatorium für die Gesangs- und Instrumentalausbildung von etwa vierhundert bis eintausend Schülern nach italienischem und französischem Vorbild entstehen. Die nach diesem Plan zu erwartenden Kosten verurteilten Francesco Morlacchis Programm jedoch bereits von vornherein zum Scheitern. Körner erarbeitete deshalb eine eigene Konzeption für eine musikalische Bildungseinrichtung. Er erläuterte sie in seinem Aufsatz „Ueber den Plan des Herrn Kapellmeister Morlacchi zu einem Lyceo Philharmonico in Dresden“[58], der im Anhang dieses Beitrages veröffentlicht wird. Darin beurteilte er die Möglichkeiten des krisengeschüttelten sächsischen Staates wesentlich realistischer.

Körner plädierte in seinem Programm für einen anfänglich mäßigen finanziellen Aufwand. Dies galt auch für die Schaffung der notwendigen räumlichen Voraussetzungen. Francesco Morlacchi wünschte sich ein großzügig bemessenes Schulgebäude mit mindestens sieben Zimmern und einem Saal. Die damit verbundenen Kosten suchte Körner zu vermeiden. Er schlug vor, mit den am Institut unterrichtenden Lehrern eine Vereinbarung zur Nutzung ihrer Privaträume zu treffen. So würde zunächst nur ein größerer Saal für gemeinschaftliche Übungen benötigt. Außerdem korrigierte er die vorgesehene Schülerzahl auf sechzig, um dem Projekt eine realistische Grundlage zu geben. Bezeichnend für Körners hohe Ansprüche an die Qualität einer künftigen musikalischen Bildungsinstitution in Dresden sind seine Vorschläge zur Besetzung der Lehrämter. Neben Hofkapellmeister Francesco Morlacchi, dem Hoforganisten Anton Dreyßig und dem Kantor Christian Theodor Weinlig wählte er hochangesehene, in der Hofkapelle wirkende Künstler. Für die Direktion des Institutes sah Morlacchi einen mit weitgehenden Vollmachten ausgestatteten Präsidenten vor, der von zwei Assistenten unterstützt werden sollte. Körner beabsichtigte dagegen, die Leitung einem Gremium von fünf Lehrern zu übertragen. Diese Administratoren müßten dann wechselweise die Amtsgeschäfte führen. Eine solche Regelung entzöge möglicher persönlicher Willkür, die unter Umständen die Entwicklung des künstlerischen Niveaus dieses Institutes ungünstig beeinflussen könnte, den Boden. Das Bildungsinstitut sollte nach Körners Meinung allen begabten und talentierten Schülern ungeachtet ihrer finanziellen Möglichkeiten offenstehen. In der ersten Zeit wäre deshalb kaum mit bedeutenden Einnahmen zu rechnen. Später könnten dann fähige Schüler bezahlte Substitutendienste in Oper, Kirche und Konzerten übernehmen. Die auf diese Weise gewonnenen Gelder sollten dann zur Erweiterung des Instituts genutzt werden.

Es ist durchaus möglich, daß Francesco Morlacchi Kenntnis von den Vorschlägen Körners hatte, da er seine Ausführungen später um einen Nachtrag erweiterte. Körner befaßte sich auch mit dieser Schrift und legte eine weitere Ausarbeitung mit dem Titel „Ueber den Nachtrag des Kapellmeisters Morlacchi zu seinem Plan eines philharmonischen Lyceums“[59] vor, die ebenfalls im Anhang wiedergegeben wird.

Körner wünschte das Entstehen einer soliden musikalischen Bildungsinstitution, die mit vertretbarem Aufwand schnelle Wirksamkeit für das lokale Musikleben erzielen sollte. Deshalb betonte er immer wieder die Notwendigkeit einer nutzbringenden, gemeinschaftlichen Arbeit zwischen der Hofkapelle, dem Kreuzchor, der Dreyßigschen Singakademie und dem zu gründenden Institut.

Seitens der Kommission wurden alle eingegangenen Vorschläge einer gründlichen Prüfung unterzogen. Abschließend wurde ein gemeinsam verfaßtes Schlußdokument erarbeitet, das im wesentlichen auf Körners Überlegungen basierte.[60]

Die Kommission selbst unterstand dem Generalgouvernement und konnte wichtige Entscheidungen nur mit dessen Einverständnis treffen. Aus diesem Grunde mußten alle Vorlagen dem Chef der I. Sektion, Dietrich von Miltitz, oder dem Generalgouverneur persönlich zur Kenntnis gebracht werden. Dietrich von Miltitz offenbarte jedoch kaum weitergehendes Interesse an den Plänen der Kommission zur Reorganisation von Kapelle, Oper und Theater sowie der Errichtung einer musikalischen Bildungsanstalt. Er sandte einen kurzen Bericht[61] an den Generalgouverneur, in dem er die Beweggründe der Kommission zu verschiedenen Vorschlägen nur in äußerst knapper Form, in einigen Fällen sogar durch beigefügte wertende Sentenzen sachlich entstellt, wiedergab. Nur mit geringer Aufmerksamkeit bedachte er Punkte, zu denen die Kommissionsmitglieder aufwendige Untersuchungen angestellt hatten. Nach seiner Meinung war das Vorhaben, in Dresden ein musikalisches Bildungsinstitut ins Leben zu rufen, undurchführbar.

Fürst Repnin verließ sich in dieser Angelegenheit vollständig auf Dietrich von Miltitz und gab zu dessen Anordnungen sein Einverständnis. Damit wurden den individuellen Bemühungen um dieses Projekt, wie sie insbesondere Christian Gottfried Körner vorgetragen hatte, der Boden entzogen und die einmalige Chance ungenutzt vertan, in den Anfangsjahren des 19. Jahrhunderts in Dresden ein musikalisches Institut für die Heranbildung eines wertvollen Potentials junger, fähiger Künstler zu begründen.[62]

Im Frühjahr 1815 begannen sich in Sachsen politische Veränderungen abzuzeichnen, die auch das Wirken der Kommission beeinflußten. Als ein Ergebnis des Wiener Kongresses sollte dem sächsischen König erneut die Regierung des Landes übertragen werden und Sachsen als selbständiger Staat bestehen bleiben. Die mit der Rückkehr des Hofes zu erwartende Restauration des früheren absolutistischen Machtapparates ließ Körner nicht an die Weiterführung seiner in Oper und Theater begonnenen bürgerlich-aufklärerischen Reformbestrebungen glauben. Es war absehbar, daß der König die Administration des Hoftheaters künftig wieder in die Hände geeigneter Hofbeamter und entsprechender Unternehmer legen würde, die den Spielplan in seinem Sinne gestalteten. Die Auflösung der vom russischen Generalgouvernement ins Leben gerufenen Kommission schien daher nur noch eine Frage der Zeit zu sein. Christian Gottfried Körner zog aus dieser Entwicklung tiefgreifende persönliche Konsequenzen. Anfang Mai 1815 verließ er gemeinsam mit seiner Familie Dresden für immer, um in Berlin eine neue Existenz zu gründen. Damit endete eine dreißigjährige Periode in Körners Leben, in der er auf vielfältige Weise zur Entwicklung der bürgerlichen Musikkultur in Dresden beigetragen hatte.

Anhang

I.
Christian Gottfried Körner:

Ueber den Plan des Herrn Kapellmeister Morlacchi zu einem Lyceo Philharmonico in Dresden

Bei Beurtheilung dieses Planes dürften zwey entgegengesetzte Extreme zu vermeiden seyn. Es wäre auch auf der einen Seite nicht rathsam durch die Begeisterung, welche der löbliche Kunsteifer und die glänzenden Ideen des Verfassers erwecken, sich soweit hinreissen zu lassen, daß man die Schwierigkeiten übersähe, die in dem jetztigen Zeitpunckte sich der Ausführung eines Werkes von solchem Umfange entgegenstellen würden. Auf der anderen Seite aber sollte man auch die günstigen Umstände nicht verkennen, die noch jetzt in Dresden zusammentreffen, um eine solche Unternehmung mit einem mäßigen Aufwande möglich zu machen, wenn man sich begnügte sie im Kleinen anzufangen und in der Folge allmählich zu erweitern.

Endesunterschriebener wird daher zuvörderst die Vortheile bemerklich machen, die gegenwärtig in Dresden zu einer musikalischen Bildungsanstalt benutzt werden können, und sodann hierauf einige Vorschläge gründen, wie nach und nach mit nicht sehr beträchtlichen Kosten ein Institut zur Ausführung gebracht werden könnte, das dem Morlacchischen Plane sich wenigstens näherte.

Vorausgesetzt, daß die hiesige musikalische Kapelle erhalten wird, fehlt es in Dresden nicht an schätzbaren Lehrern der Composition, des Gesanges und der Instrumental Musik. Bekannt sind als solche für die Composition Herr Kapellmeister Morlacchi, Herr Cantor Weinlig, Herr Cammermusicus Franz Schubert, für den Gesang Herr Kapellmeister Morlacchi, Herr Hoforganist Dreysig, und für jedes Instrument wenigstens ein Lehrer unter den dabey angestellten Mitgliedern der Kapelle.

Die von Herrn Hoforganisten Dreyßig errichtete Singakademie und die hiesige Kreuzschule liefern einen Stamm von geübten Sängerinnen und Sängern.

Der Musikalienvorrath der Kapelle ist zum Anfange für das Bedürfnis der Bildungsanstalt größtentheils ausreichend.

Das nöthige Lokal würde ohne bedeutende Kosten etwa in den Gebäuden des Brühlschen Gartens zu verschaffen sein.

Werden die Dienstleistungen der musikalischen Kapelle auf das eigentliche Bedürfnis des catholischen Cultus eingeschränkt, so bleibt für die Mitglieder dieses Künstlervereins viel Zeit übrig in welcher man ihnen bey dem Fortgenuß ihrer zeitherigen Besoldung eine andere Beschäftigung anweisen könnte.

Dieser Umstand und der Vortheil, daß die obgedachten Lehrer bereits mit Besoldungen angestellt sind, und von ihrem Unterricht bey dem Lyceum bloß einen Nebenverdienst zu erwarten hätten, würde die Kosten dieses Unterrichts vermindern.

So lange die Anstalt noch im Kleinen bliebe, bedürfte es bloß eines Saales nebst einem Vorzimmer zu den gemeinschaftlichen Übungen, da jeder Lehrer in seiner Wohnung Unterricht geben könnte.

Wäre nun dieß Lokal gefunden und vorgerichtet, so hätte man die Lehrer für die 15. in dem Morlacchischen Plane angegebenen Classen zu wählen, und mit jedem ein Abkommen zu treffen, daß er höchstens 6. Stunden wöchentlich an höchstens 3. Subjekte unentgeltlichen Unterricht ertheilte. Im Betracht obiger Umstände würde man die Stunde wohl um den Preis von 10 groschen verlangen können. Dieß betrüge auf 10. Monate – unter Voraussetzung von 2. Monaten Ferien – jährlich für jeden Lehrer 100 Thlr. Es wäre aber dabey in Aufschlag zu bringen, daß für diesen Gehalt jeder Lehrer nur ausgewählte Subjekte zu unterrichten hätte, mithin auf einen Erfolg dabey rechnen könnte, der seinen Ruf vermehren und ihm Gelegenheit zu einträglichen Unterrichts Stunden verschaffen würde.

Die Anlagen der Zöglinge wären nehmlich vor der Aufnahme von den 5. Administratoren des Lyceums zu prüfen, welchen vielleicht mit mehrerer Sicherheit als einzigen Präsidenten nach dem Muster des Pariser Conservatoriums die Verwaltung des Instituts anzuvertrauen seyn möchte. Wenn zu diesen Administratoren

Herr Kapellmeister Morlacchi, Herr Concertmeister Babbi oder sein Nachfolger, Herr Cammer Musicus Schubert, Herr Cantor Weinlig und Herr Hoforganist Dreysig gewählt würden, so dürfte hinreichend seyn für jeden von ihnen 200 Thlr. als ein Neben Einkommen wegen der Administration des Lyceums auszusetzen. Jeder Administrator hätte hierbey noch außerdem als Lehrer 100 Thlr. zu erhalten. Herr Kapellmeister Morlacchi und Herr Cantor Weinlig wären zur Hälfte für die Composition und zur Hälfte für den Gesang als Lehrer anzustellen und würden hiernach die von ihnen zu haltenden 6. Stunden wöchentlich einzutheilen haben. Der Hoforganist Dreysig möchte als Lehrer des Accompagnements zu gebrauchen und für den Gesang durch Fortsetzung seiner Singakademie zu benutzen seyn. Zum Gebrauch dieser Singakademie würde der Saal des Lyceums wöchentlich zweymal unentgeltlich eingeräumt und geheizt, dafür aber ausbedungen, daß die von den Administratoren dazu tüchtig befundenen Zöglinge des Lyceums an den Übungen der Singakademie ohne Bezahlung theilnehmen könnten.

Die Zöglinge jeder Classe wären in drey Unterabtheilungen zu sondern, wovon die erste für die Anfangsgründe bestimmt wäre. Ueber das Aufrücken in eine höhere Abteilung hätten die Administratoren nach vorgängiger Prüfung zu entscheiden. Nach zwey Jahren hätten die Zöglinge des Lyceums dieser Anstalt Dienste nach Erachten der Administratoren zwey Jahre unentgeltlich zu leisten, entweder als Sänger oder Instrumentalisten in der Kirche, Concert, oder Theater, oder zum Unterricht in den Anfangsgründen für die Neuaufgenommenen. Es erleichtert sich dadurch nach zwey Jahren das Geschäft der Lehrer, indem ihnen die erste mühsame Bildung abgenommen wird. Notisten sind ganz zu ersparen wenn das Notenschreiben unter die Frey Scholaren gleich vertheilt wird.

Einer von den Administratoren hätte ein Jahr lang die Direction zu führen, und bey diesem wäre sich wegen der Aufnahme zu melden.

Daß nach Errichtung einer solchen Anstalt in Dresden die Aufnahme auch gegen Bezahlung gesucht werden würde, läßt sich erwarten, aber gesetzt daß man unter den jetzigen Umständen von dieser Seite auf gar keine Einnahmen rechnen könnte, so wären doch die Vortheile in Anschlag zu bringen, die man nach zwey Jahren mit Gewißheit von diesem Institute zu erwarten hätte.

Durch die Dienstleistungen der Zöglinge könnte an besoldeten Subjekten in der Kapelle erspart werden:

2. bey den Violinen	mithin ungefähr		300 Thlr.
1. bey der Viola	"	"	200 "
1. bey den Violoncell	"	"	200 "
1. bey den Contraviolen	"	"	200 "
1. bey der Flöte	"	"	200 "
1. bey der Hoboe	"	"	200 "
1. bey der Clarineth	"	"	200 "
1. bey den Waldhörnern	"	"	200 "
1. bey den Fagotts	"	"	200 "
1. bey den Posaunen	"	"	200 "
1. Organisationshilfe	"	"	150 "
			2450 Thlr.

Hierzu käme ein unentgeltlich zu brauchendes Orchester für Musik, Concert und Theater, dessen Dienst man wenigstens zu 800 Thlr. schätzen könnte.

Was solchernach das Lyceum nach 2 Jahren leisten würde, wäre jährlich auf 3250 Thlr. anzuschlagen. Um dieß zu erlangen wäre ein den beiden ersten Jahren aufzuwenden ohngefähr:

500 Thlr.	zur ersten Einrichtung des Saales
2000 Thlr.	Gehalt auf 2 Jahre für 5. Administratoren
3600 Thlr.	zweyjährigen Gehalt für 18. Lehrer nehmlich 1. für jede der 15. Classen, noch außerdem für den Gesang, und Herrn Kapellmeister Morlacchi ingleichen Herrn Cantor Weinlig theils für Composition. theils für Gesang

400 Thlr. übriger Kosten, mithin zusammen
6500 Thlr.
Es würde sich daher dieses Capital nach 2. Jahren zu 50 Procent [amortisieren], wenn man annehmen könnte, daß nach 2. Jahren die alljährlichen Kosten des Instituts an ohngefähr 3000 Thlr. nach obigen Ansätzen durch die Einnahme von den bezahlenden Zöglingen gedeckt wären. Dieß würde 60. dergleichen Zöglinge erfordern, wenn jeder nach dem Morlacchischen Plane 50. Thlr. jährlich zu entrichten hätte.

Gesetzt aber, was gar nicht unwirtschaftlich ist die Zahl der Scholaren, welche diese Vermutung leisteten vermehrte sich im dritten Jahr bis auf 100, so ergäbe sich dadurch außer der Senkung der Kosten eine Einnahme von 2000. Thlr. Diese könnte theils zur Erweiterung der Anstalt, Einrichtung der nöthigen Zimmer, Anstellung eines Cassierers, eines italienischen Sprachmeisters, eines Aufwärters und zu den anderen erweckten Bedürfnissen, theils zur Verbesserung des Einkommens der Lehrer verwendet werden.

Was Herr Kapellmeister Morlacchi von der Einnahme für Diplome und den Gebrauch des Lyceums bey größeren und kleineren Concerts erwartet ingleichen was etwa schon in den ersten beiden Jahren von bezahlenden Zöglingen eingehen könnte, ist bey Obigen gar nicht in Anschlag gebracht worden.

Es scheint daher der Morlacchische Plan alle Aufmerksamkeit zu verdienen, und unter obigen Modificationen ohne bedeutende Schwierigkeiten nach und nach ausgeführt werden zu können.

Dr. Christian Gottfried Körner

II.
Christian Gottfried Körner

Ueber den Nachtrag des Kapellmeisters Morlacchi zu seinem Plan eines philharmonischen Lyceums

---

Wenn die Errichtung des Lyceums von dem Erfolg der Ankündigung abhängig gemacht wird, wodurch das Generalgouvernement verspricht Unterricht gegen Bezahlung den sich meldenden Lehrlingen zu verschaffen, so ist zwar kein neuer Aufwand zu besorgen, aber es fragt sich ob nicht der Umstand erfordert, daß die Anstalt auf Kosten des Staats errichtet und der Gebrauch derselben gegen Bezahlung bloß freigestellt werde.

Bei den Gehalten für die Lehrer wäre anfänglich ein Ersparniß ungünstig, wenn man die Function der Kapelle verminderte (nach dem Vorschlage des Bischoffs von Budessin) und dagegen von einigen Mitgliedern der Kapelle verlangte, daß sie gegen einen gewissen Gehalt Unterricht ertheilten.

Auch möchten für das erste Bedürfniß neue Lehrer des Gesangs, der Violine, des Violoncells und der Composition anzustellen seyn. Aber ohne kleine Stipendien zur Bestreitung der nothwendigsten Bedürfnisse würde man oft die Gelegenheit nicht benutzen können, Subjecte von vorzüglichen Anlagen auszubilden.

Wahr ist allerdings, daß der Nutzen der Kapelle erhöht wird wenn sie zugleich als musikalische Bildungsanstalt dienen kann, und daß das Lyceum der Kapelle und ihrem Theater als Pflanzschüler und durch als dann möglich werdenden Erstgenuß manche Vortheile gewähren würde.

Auch wäre[n] im Fall einer solchen Anstalt Aufführungen großer Musiken in Dresden mit weniger Aufwand zu bewerkstelligen.

Anmerkungen

1 An die im 2. Weltkrieg zerstörte Stadtwohnung der Familie Körner erinnert heute eine Gedenkstele. Das Körnerhaus in Loschwitz ist vollständig erhalten und dient heute als Wohnhaus.
2 *Schillers Briefwechsel mit Körner von 1784 bis zum Tode Schillers*, Bd. 1, Berlin 1847, S. 84f.
3 *Beytrag zu den Annalen der Tonkunst in Dresden 1799, Dresden 1800* (Sign.: Sächsische Landesbibliothek Dresden, Hist. sax. G 939).
4 *Schillers Briefwechsel mit Körner*, Bd. 4, Berlin 1874, S. 238.
5 Brief Minna Körners an Karl Gottlieb Weber vom 7. November 1805, Dresdner Stadtarchiv.
6 Ebd.
7 Brief Christian Gottfried Körners an Theodor Körner vom 24. August 1810, Dresdner Stadtarchiv.
8 Augusta Weldler-Steinberg: *Theodor Körners Briefwechsel mit den Seinen*, Leipzig 1900 u. 1902, S. 132.
9 Brief Christian Gottfried Körners, Staatliches Institut für Musikforschung Berlin, Preußischer Kulturbesitz, Sign.: Doc. orig. 1962–1959.
10 Weldler-Steinberg: *Theodor Körners Briefwechsel*, S. 37.
11 Brief Christian Gottfried Körners, Nationale Forschungs- und Gedenkstätten der Klassischen Deutschen Literatur in Weimar, Goethe- und Schiller-Archiv, Sign.: Handschriften Körner, C. G., Abt. II 1633.
12 Brief Christian Gottfried Körners an Theodor Körner vom 31. August 1810, Dresdner Stadtarchiv.
13 Vgl. Rudolph Genée, *Mitteilung für die Mozart-Gemeinde in Berlin*, Heft 16, Berlin 1903.
14 *Briefe an Goethe, Gesamtausgabe in Regestform*, Weimar 1980, S. 75.
15 Albert Leitzmann, *Wilhelm von Humboldts Briefe an Christian Gottfried Körner*, in: *Historische Studien*, Heft 367, Berlin 1940.
16 Das im Format 21,2 cm x 36,8 cm gehaltene Quartheft vereint folgende Kompositionen: *An die Freude* (Schiller); *Der 46. Psalm "Der Herr ist unsere Wacht"* (Cramer); *Das Saitenspiel* (Herder); *Trinklied* (Blumenau); *Das Lied vom Fischer* (Goethe); *Waffengesang* (Klopstock); *Aufmunterung zur Freude* (Hölty); *Das Röschen* (Gallisch); *Amaliens Lied aus den Räubern* (Schiller); *Vaterlandslied* (Klopstock); *Gewalt der Tonkunst* (Volkslied)
17 Vgl. Franziska Nentwig, *Christian Gottfried Körner - sein Wirken und seine Bedeutung für die Entfaltung der bürgerlichen Musikkultur in Dresden während der Jahre 1785 bis 1815*, Dissertation TU Dresden 1992.
18 *Schillers Briefwechsel mit Körner*, Bd. 4, S. 339.
19 Vgl. Carl Barth, *Körner's des Aelteren Schriften*, Nürnberg 1859.
20 Diese Schrift erfuhr in Wolfgang Seiferts Buch *Christian Gottfried Körner. Ein Musikästhetiker der deutschen Klassik*, Regensburg 1960, eine eingehende Untersuchung. Vgl. ferner Heinrich Besseler, *Mozart und die „Deutsche Klassik"*, in: ders., *Aufsätze zur Musikästhetik und Musikgeschichte*, Leipzig 1978, S. 442ff.
21 Brief Christian Gottfried Körners an Theodor Körner vom 14. März 1810, Dresdner Stadtarchiv.
22 *Schillers Briefwechsel mit Körner*, Bd. 4, S. 206.
23 Brief Dora Stocks vom 14. Februar 1794, Dresdner Stadtarchiv.
24 Brief Dora Stocks an Friedrich Benedikt Weber vom 11. April 1808, Dresdner Stadtarchiv.
25 *Allgemeine Musikalische Zeitung*, Leipzig 1785–1815.
26 Paul Rachel, *Aus der Frühzeit der Dreyßigschen Singakademie in Dresden, Teil I. 1807-1817*, in: *Dresdner Anzeiger*, Nr. 43, 25. Oktober 1903, S. 189 [Sonntagsbeilage].
27 Ebd.
28 Ebd.
29 Otto Schmid, *Geschichte der Dreyßigschen Singakademie zu Dresden*, Dresden 1907.
30 Paul Rachel, *Aus der Frühzeit der Dreyßigschen Singakademie in Dresden, Teil II. 1824-1828*, in: *Dresdner Anzeiger*, Nr. 44, 1. November 1903, S. 193 [Sonntagsbeilage].
31 Rachel, *Aus der Frühzeit. Teil I*, S. 189.
32 Rachel, *Aus der Frühzeit. Teil II*, S. 193.
33 Brief Christian Gottfried Körners an Theodor Körner vom 6. Oktober 1810, Dresdner Stadtarchiv.

34 Brief Theodor Körners an Christian Gottfried Körner vom 18. April 1811, Freies Deutsches Hochstift Frankfurter Goethemuseum.
35 Weldler-Steinberg, *Theodor Körners Briefwechsel*, S. 132.
36 In einigen Quellen wird die Existenz der Philharmonischen Gesellschaft fälschlicherweise auf die Jahre 1809/10 datiert.
37 Dieses Dokument erwähnt Rachel, *Aus der Frühzeit. Teil I*, S. 193. Das Original ging vermutlich im 2. Weltkrieg verloren.
38 Brief Christian Gottfried Körners an Theodor Körner vom 24. Januar 1810, Dresdner Stadtarchiv.
39 Brief Christian Gottfried Körners an Theodor Körner vom 22. November 1810, Dresdner Stadtarchiv.
40 Rachel, *Aus der Frühzeit. Teil II*, S. 193.
41 Sächsisches Hauptstaatsarchiv, *Acta, Die Hof-Theater, die Kirchen- und Opern Sänger, ingl. die mu sikalische Kapelle betr.*, Locat 909 Vol. I, Blatt 146b.
42 Id., Vol. II, Blatt 1ff; vgl. Nentwig, *Christian Gottfried Körner*, S. 82ff.
43 Id., Vol. II, Blatt 2b.
44 Id., Vol. II, Blatt 4b.
45 Vgl. Nentwig, *Christian Gottfried Körner*, S. 86ff.
46 Id., Vol. II, Blatt 11.
47 Sächsisches Hauptstaatsarchiv, *Rechnungen der Hoftheater Dresden und Leipzig* Nr. 1, Blatt 15ff.
48 *Acta, Die Hof-Theater*, Locat 909. Vol. III, Blatt 130b.
49 Vgl. Nentwig, *Christian Gottfried Körner*, S. 100ff.
50 *Rechnungen der Hoftheater*, Blatt 3ff.
51 Ebd.
52 *Acta, Die Hof-Theater*, Locat 909, Vol. II, Blatt 73ff.
53 Id., Vol. II, Blatt 17.
54 Id., Vol. II, Blatt 77ff.
55 Id., Vol. III, Blatt 28.
56 Vgl. Nentwig, *Christian Gottfried Körner*, S. 94ff.
57 Id. Vol. II, Blatt 88ff.
58 Dresdner Stadtarchiv.
59 Dresdner Stadtarchiv.
60 *Plan zu einer musikalischen Bildungsanstalt in Dresden*, in: *Acta, Die Hof-Theater*, Locat 909, Vol. II, Blatt 97ff.
61 Id., Vol. II, Blatt 115ff.
62 Die in der Amtszeit der Kommission entstandenen Pläne gerieten schnell in Vergessenheit. Erst im Jahre 1856 kam es zur Gründung eines Konservatoriums in Dresden.

AGATHA KOBUCH

FERDINANDO PAER IN DRESDEN

PAERS ENGAGEMENT IN DRESDEN IM MAI 1802 UND SEIN WIRKEN BIS ZUM ENDE DES JAHRES 1806

Johann Gottlieb Naumann (1741–1801)[1], 1764 als Kirchenkomponist in Dresden angestellt und 1776 zum Kapellmeister ernannt, hatte internationales Ansehen. Neben ihm wirkten seit 1787 zwei weitere Kapellmeister, Joseph Schuster (1748–1812)[2] und Franz Seydelmann (1748–1806)[3], die infolge der Reisen Naumanns sowie dessen Befreiung von dienstlichen Verpflichtungen öfters seine Aufgaben übernehmen mußten. Da sich Naumanns Gesundheitszustand in seinen letzten Lebensjahren zunehmend verschlechterte, bestand die Notwendigkeit, nach einem jungen Kapellmeister Ausschau zu halten.[4] Die Wahl fiel vor allem unter Berücksichtigung der Vorliebe Kurfürst Friedrich Augusts III. für italienische Tonkunst[5] auf Ferdinando Paer[6], dessen Werke in der Elbestadt seit 1795 aufgeführt wurden. Der 1771 in Parma geborene Musiker war seit 1797/98 in Wien Kapellmeister bzw. musikalischer Direktor am Kärntnertor-Theater.

Paer und seine Ehefrau für Dresden zu gewinnen, gelang dem Hofmarschall Joseph Friedrich Freiherrn von Racknitz, seit dem 3. Mai 1800 Directeur des Plaisirs, dank der Umsicht des Gesandten am kaiserlichen Hof, Johann Hilmar Adolph Graf von Schönberg. Dieser bezeichnete im Frühjahr 1801 in seinen Berichten über die Musikpflege an europäischen Höfen, besonders in Wien und Oberitalien, die Paers als weithin bekannt, geachtet sowie gut honoriert, vermerkte aber, daß es schwer sei, mit ihnen ins Gespräch zu kommen. Außerdem wies der Diplomat darauf hin, daß in Italien zur Zeit nicht viele gute Sänger verfügbar seien.[7] Im Sommer 1801 teilte Schönberg mit, daß er trotz mancher Schwierigkeiten schließlich das Ehepaar Paer überzeugt habe, Wien zu Ostern 1802 zu verlassen, um die Verpflichtungen in der kursächsischen Residenz zu übernehmen.[8]

Durch den Tod Naumanns am 23. Oktober 1801 wurde dessen Position als Kapellmeister in Dresden für Paer frei. Dagegen war die für Francesca Paer vorgesehene Stelle der Primadonna, seit 1794 mit Teresa Poggi-Capelleti besetzt, noch nicht verfügbar.[9] Vom 3. Mai 1802 datiert das auf drei Jahre befristete Engagement für das Ehepaar Paer, dessen Bestätigung durch ein nicht mehr nachweisbares Reskript vom 29. Januar 1803 erfolgte. So sind die Arbeitsbedingungen des Kapellmeisters bis zum Herbst 1804 nur teilweise zu erschließen, etwa, daß er jährlich zwei neue Opern zu komponieren hatte und dafür 750 Taler erhalten sollte. Bei der Ankunft der Paers weilte Schönberg[10], der am 1. und 9. Mai 1802 Audienz beim Kurfürsten hatte, in Dresden, zumal am 30. April 1802 der

Sänger Antonio Benelli eingestellt wurde, den er ebenfalls im Sommer 1801 an den sächsischen Hof vermittelt hatte.[11]

Am 10. Mai 1802 meldete die Leipziger *Allgemeine Musikalische Zeitung* das Eintreffen Paers (sie hatte es bereits im August 1801 angekündigt), und nun informierte sie laufend über die musikalischen Leistungen des Ehepaares.[12] Christian Gottfried Körner, Geheimer Referendar im Geheimen Konsilium in Dresden, der Schiller bereits am 7. Oktober 1801 über Paer berichtete, äußerte sich lobend, ja begeistert über den jungen italienischen Kapellmeister.[13]

Am 22. Januar 1803 trug der Hofmarschall den Wunsch der Paers vor, den Bruder der Sängerin, Luigio Riccardi, der bis zu Ostern 1803 ein Engagement als zweiter Tenor bei der italienischen Oper in Prag hatte, in Dresden anzustellen. Im Mai 1803 wurde Riccardi auf Grund seiner mäßigen Gehaltsforderung und aus Wohlwollen gegenüber dem Kapellmeister ohne vorherige Gesangsprobe für drei Jahre verpflichtet. Im März 1806 kam es zu einer Verlängerung des Vertrages um ein Jahr, ebenso im März 1807.[14]

Im Dezember 1802 trat Paer eine längere Reise nach Prag und Wien an; erst am 26. Juni 1803 leitete er die Premiere seiner Oper *Sargino*. Obwohl sie begeistert aufgenommen wurde, empfahl der Rezensent der *Allgemeinen Musikalischen Zeitung* dem Tonkünstler, das letzte Finale zu überarbeiten. Stärkere Kritik wurde an Paers Oratorium *Il santo sepolcro* geübt, und man behauptete, der Kapellmeister sei nur bedingt in der Lage, Kirchenmusik zu komponieren.[15]

Am 23. November 1803 erwähnte der im Februar desselben Jahres ernannte Directeur des Plaisirs, Carl Alexander Nicolaus Graf Vitzthum von Eckstädt, den Wunsch Paers, in Dresden auf Lebenszeit eine Anstellung zu erhalten. Vitzthum unterstützte den Antrag mit folgenden Argumenten:

1. Das Talent und die vielseitige Begabung des noch jungen Kapellmeisters als Sänger wie auch als Theaterregisseur fänden allseits Anerkennung;
2. Die Leistungsreserven des Klangkörpers könnten besser ausgeschöpft werden und neue Theatermusik zur Aufführung gelangen;
3. Mit der Wiederbesetzung der durch Naumanns Tod freigewordenen Kapellmeisterstelle wären zugleich Erleichterungen für die Kapellmeister Schuster und Seydelmann zu erreichen.

Vitzthum wußte zu rechtfertigen, daß Paer im Gegensatz zu Schuster und Seydelmann für jede neue komponierte Oper eine Vergütung erhielt und befürwortete auch dessen Reisen. Vom 15. September 1804 datiert die Anstellung Paers als Kapellmeister auf Lebenszeit. Sein Jahresgehalt betrug 1.200 Taler, und für eine jährlich zu komponierende Oper sollte er eine Gratifikation von 300 Talern erhalten.[16] Mit Francesca Paer wurde am 4. Mai 1805 ein Vertrag auf weitere sechs Jahre abgeschlossen.[17]

Im Herbst 1804 begab sich Paer nach Italien. Im Mai 1805 leitete er in Bologna zur Einweihung des Teatro del Corso in Gegenwart Napoleons die Erstaufführung seiner *Sofonisba*. Nach seiner Rückkehr wurde er in Dresden zunehmend kritisiert. Einen Anlaß bot die Aufführung seiner ersten Messe im Herbst 1805. Die *Allgemeine Musikalische Zeitung* beanstandete außerdem das zu rasche

Tempo bei der Darbietung von Werken Naumanns. Seitdem verstummte in Dresden nicht mehr die ambivalente Einschätzung von Paers Arbeit. Symptomatisch war die Befürchtung, mit Paerscher Musik „überfüllt“ zu werden.[18]

Bei Francesca Paer stellte man allmählich ein Abnehmen der stimmlichen Leistungen fest. Gleichzeitig entstanden Spannungen zwischen ihr und der jüngeren Kollegin Charlotte Haeser. Die 1784 in Leipzig geborene Sängerin wünschte eine höhere Besoldung und anspruchsvollere Rollen. Doch wurden noch im Frühjahr 1805 die Darbietungen der Italienerin höher eingeschätzt als die der Haeser, die Ende 1806 Dresden verließ. Auffallend allerdings ist die Äußerung des Directeurs des Plaisirs vom 13. Oktober 1806, daß 1811 der Vertrag der Paer abliefe, während ihr Ehemann auf Lebenszeit angestellt sei.[19]

Paers Weggang aus Dresden

Paers Weggang aus Dresden ist nur im Zusammenhang mit den bedeutsamen politischen Ereignissen des Jahres 1806 zu verstehen, vor allem der militärischen Niederlage Preußens im Bündnis mit Kursachsen. Unmittelbar nach der Schlacht bei Jena und Auerstedt am 14. Oktober 1806 versuchte der französische Kaiser, Sachsen als Bundesgenossen zu gewinnen. Graf Friedrich Wilhelm von Bose[20] erhielt am 1. November 1806 den Auftrag, mit Napoleon, der damals sein Hauptquartier in Berlin hatte, über einen Friedens-, Neutralitäts- und Freundschaftsvertrag zu verhandeln. Am 20. November erörterte Bose in seinem Brief aus Berlin die Reise des Kurfürsten zum Imperator sowie die Möglichkeit eines Besuches Napoleons in der Elbestadt. Einen Tag später teilte Bose mit, er habe nach Absprache mit Camillo Graf Marcolini[21] im Interesse des Hofes sich zu folgender Äußerung veranlaßt gesehen: Der Kurfürst werde bei seiner Ankunft in Berlin Napoleon auf dessen Forderung hin erklären, er habe die ihm von Marcolini vorgetragene Stellungnahme des Ehepaares Paers ausreichend geprüft.[22] Diese Aussage Boses muß der französische Kaiser als Überlassung Paers durch Friedrich August III. aufgefaßt haben. Da der Imperator auf Grund der politischen Verhältnisse sein Hauptquartier nach Osten verlegte (der sächsische Kurfürst, der am 26. November abreiste, traf Napoleon in Berlin nicht mehr an), ließ er die Paers nach Posen kommen. Aus den Briefen des Kapellmeisters aus Meseritz bei Posen (8. Dezember 1806) sowie aus Warschau (26. Dezember 1806) an den Directeur des Plaisirs ist zu entnehmen, daß Paer nicht beabsichtigte, seine Position in Dresden sofort und ganz aufzugeben, zumal er über seine neue Stellung zunächst noch im unklaren war.[23] Der Vertrag von Posen, am 11. Dezember 1806 von Bose unterzeichnet, verhinderte die Realisierung der Pläne des Kapellmeisters. Friedrich August, der den Königstitel vom französischen Kaiser erhalten hatte und diesem nun eng verbunden war, ließ Paer am 15. Januar 1807 mitteilen, er solle im Dienst Napoleons bleiben, dessen Wunsch er respektieren müsse. Daher wurde das Engagement für das Ehepaar Paer rückwirkend zum 20. Dezember

1806 annulliert.[24] An demselben Tag war in Dresden die Proklamation des Königs erfolgt.

Der mit Schiller, Goethe, Körner und Novalis befreundete Obristleutnant Karl Wilhelm Ferdinand von Funck, seit Oktober 1806 Kurier zwischen Friedrich August und Napoleon, berichtete aus Warschau, daß der französische Kaiser das Ehepaar Paer bei keinen Musikdarbietungen missen wollte. Funck erwähnte, daß die Paers sehr klagten, weil sie zunächst keine Arbeitsvereinbarungen hatten. Mit Datum vom 15. Januar 1807 wurde festgelegt, daß der Kapellmeister auf Lebenszeit mit 18.000 Livres Gehalt angestellt werden solle; seine Frau würde 30.000 Livres Gehalt mit 10.000 Livres für die Equipage für zwölf Jahre erhalten, daneben die Zusicherung einer lebenslänglichen Zuwendung von 1.000 Dukaten.[25]

Demnach beabsichtigte Paer hauptsächlich aus finanziellen Gründen nicht, seine Beziehungen zu Dresden sofort und vollständig abzubrechen. In der Hoffnung, von Napoleon günstige Bedingungen für einen Friedensvertrag zu erwirken, forcierte Bose im Einverständnis mit Marcolini Paers Abreise aus Dresden, ebnete ihm den Weg für die Stelle als kaiserlich-französischer Kapellmeister. Friedrich August gab nicht zuletzt aus politischen Gründen seine Einwilligung. Ebenso bemerkenswert wie aufschlußreich ist, daß die *Allgemeine Musikalische Zeitung* Paers berufliche Veränderung ignorierte.

Paers Beziehungen zu Dresden in späteren Jahren

Es ist nicht nachweisbar, daß Paer im Jahre 1807 in Dresden war.[26] Die bisherige Auffassung, er habe 1807 mit Napoleon in der Elbestadt geweilt (wobei der Besuch irrtümlicherweise auf den Mai vorverlegt wurde)[27], ist nicht zu belegen. Während des Aufenthaltes des französischen Kaisers in der sächsischen Residenz vom 14. bis zum 22. Juli 1807 gelangte am 20. Juli Paers Oper *Zaire* zur Aufführung, Der Name des Komponisten aber fehlt in der Liste der Anwesenden.[28]

Als im Jahre 1811 Vitzthum von Eckstädt auf die Notwendigkeit eines eigenen italienischen Hofpoeten zur Erleichterung der Arbeit von Francesco Morlacchi hinwies, erinnerte er daran, daß Paer noch während der Proben und des Drucks des Textes zu seiner Oper *Leonora*, deren Uraufführung in Dresden im Oktober 1804 stattfand, mehrere bedeutende Textänderungen durch Giacomo Cinti vornehmen ließ.[29]

Einer Korrektur bedarf auch die bisherige Ansicht über eine Anwesenheit Paers zusammen mit Napoleon in Dresden im Sommer 1812. Der französische Imperator weilte vom 18. bis 29. Mai 1812 in der Residenzstadt, u.a. begleitet von seiner jungen Gattin Marie Louise. Während der Kaiser am Morgen des 29. Mai 1812 von Dresden in Richtung Osten abreiste, kam Paer erst am gleichen Tage an. Am 30. Mai 1812 fand in Anwesenheit der Kaiserin und einiger Gäste eine Musikveranstaltung statt, bei der Filippo Sassaroli, Antonio Benelli sowie Luiggia Sandrini sangen, während Paer auf dem Klavier spielte.[30] Die *Allgemeine Musikalische Zeitung* erwähnte in ihrem Bericht über die Feierlichkeiten anläß-

lich des kaiserlichen Besuches in Dresden, daß keine neue Oper Paers gegeben wurde, daß aber der Künstler bei seiner Ankunft in der Elbestadt einige neue Kompositionen für das Theater mitgebracht hatte, z.B. die *Agnese*, die bereits im April 1812 im Kleinen Kurfürstlichen Theater aufgeführt worden war.[31]
Marie Louise, Tochter Kaiser Franz I. von Österreich, kannte Paer von seiner Wiener Tätigkeit, und er erteilte ihr, die seit 1810 mit Napoleon verheiratet war, Musikunterricht. So ist es verständlich, daß die französische Kaiserin Paer mit den obengenannten drei italienischen Dresdner Sängern mitnahm, als sie am 4. Juni 1812 die Reise nach Prag antrat. Aus ihrem Reisejournal geht hervor, daß die Künstler unter dem Dirigat Paers in der Moldaustadt musizierten.[32]

Am 1. Juli 1812 setzte die Kaiserin ihre Reise fort, zunächst nach Teplitz. E. T. A. Hoffmann vermerkte in seinem Tagebuch am 7./8. Juli 1812, daß sich in dem großen Gefolge der Kaiserin auf ihrer Reise von Bamberg nach Würzburg auch Paer befand.[33] Hoffmann, von 1813 bis 1814 Kapellmeister bei der Joseph Secondaschen Truppe in Dresden, dirigierte am 2. Juli 1813 Paers *Sargino*. In seinem Tagebuch vermerkte er: „Allso habe ich an demselben Platz, wo Paer zum Erstenmahl die Oper dirigirte, ebenfalls dirigirt."[34]

In einem Opernverzeichnis vom Jahre 1815 wurden unter 17 oft aufgeführten Werken fünf Titel von Paer genannt: *Sargino*, *I Fuorusciti*, *Achille*, *Il Principe di Taranto* und *La testa riscaldata*.[35]

Die Dresdner Jahre Paers stellen neben dem Wiener Aufenthalt einen später nicht wieder erreichten künstlerischen Höhepunkt seines Wirkens und Schaffens dar. Paer, der unter Einschaltung diplomatischer Vertreter für Dresden gewonnen wurde, hat wiederum vornehmlich aus tagespolitischen Gründen die Elbestadt verlassen müssen.

ANMERKUNGEN

1 Richard Engländer, *Johann Gottlieb Naumann als Opernkomponist (1741–1801). Mit neuen Beiträgen zur Musikgeschichte Dresdens und Stockholms*, Leipzig 1922.

2 Ders., [Artikel] *Joseph Schuster*, in: *MGG*, Bd. 12, Kassel 1965, Sp. 329–334.

3 Rudolf Cahn-Speyer, *Franz Seydelmann als dramatischer Komponist*, Diss. Leipzig 1909.

4 Vgl. vor allem Hans Schnoor, *Dresden – Vierhundert Jahre deutsche Musikkultur. Zum Jubiläum der Staatskapelle und zur Geschichte der Dresdner Oper*, Dresden [1948], S. 128–135; Richard Engländer, *Zur Musikgeschichte Dresdens gegen 1800*, in: *Zeitschrift für Musikwissenschaft* 4 (1922), Heft 4, S. 199–241; Robert Prölss, *Geschichte des Hoftheaters zu Dresden. Von seinen Anfängen bis zum Jahre 1862*, Dresden 1878, S. 210–250; Moritz Fürstenau, *Beiträge zur Geschichte der Königlich Sächsischen musikalischen Kapelle*, Dresden 1849, S. 164–174.

5 August Herrmann, *Friedrich August, König von Sachsen. Eine biographische Skizze*, Dresden 1827, S. 147–149; Prölss, *Geschichte des Hoftheaters*, S. 222f.

6 Richard Engländer, *Ferdinando Paer als sächsischer Hofkapellmeister*, in: *Neues Archiv für Sächsische Geschichte und Altertumskunde*, Bd. 50, Dresden 1919, S. 204–224; Julian Budden, [Artikel] *Ferdinando Paer*, in: *New Grove*, Bd. 14, London 1980, S. 81–84; Anna Mondolfi, *Ferdinando Paer*, in: *MGG*, Bd. 10, Kassel 1962, Sp. 622–625; Gustav Schilling, [Artikel] *Ferdi-*

nando Paer, in: *Encyclopädie der gesammten musikalischen Wissenschaften, oder Universal-Lexicon der Tonkunst*, Bd. 5, Stuttgart 1841, S. 338–341.

7 In dieser Zeit bestand in Dresden ein Mangel an Sängern für den Kirchendienst und die Oper, so daß bei Krankheit von Künstlern keine Oper dargeboten werden konnte (Sächsisches Hauptstaatsarchiv, Geh.[eimes] Kabinett, Loc.[at] 2 427, *Schauspiele und Redouten auf dem Kleinen Theater*, Bd. 11, 1801–1804, Bl. 23').

8 Sächsisches Hauptstaatsarchiv, Geh. Kabinett, Loc. 907, *Die italienischen Sänger und Sängerinnen*, Bd. 2, 1733–1802, Bl. 176–194.

9 Obwohl der Vertrag der Poggi-Capelleti bis zum 15. Juni 1803 galt, hat sie das ihr zustehende Recht wahrgenommen, 1802 auszuscheiden. Während der Hof wünschte, daß sie im Hinblick auf das Engagement der Paer ihre Tätigkeit am 15. April beendete, war die Sängerin der Meinung, ihr Vertrag gelte bis zum 13. Juni. Der Hofmarschall lehnte die Gesuche der Italienerin ab, und am 30. April 1802 wurde ihr eine Abfindungssumme von 50 Dukaten bewilligt. Bei ihrem Weggang erhielt die Capelleti trotzdem ein Gehalt für sieben Monate ausgezahlt (Sächsisches Hauptstaatsarchiv, Geh. Kabinett, Loc. 2 427, *Schauspiele und Redouten auf dem Kleinen Theater*, Bd. 11, 1801–1804, Bl. 9–97, 154').

10 Paer wurde nicht nur, wie Richard Engländer (*Ferdinando Paer*, S. 206) meinte, auf Grund der engen Beziehungen des offiziellen Dresdner Musiklebens um 1800 zu Wien gewonnen, sondern hauptsächlich dank der Bemühungen Schönbergs, angeregt und forciert durch Racknitz. Schönberg war seit 1785 Vertreter Kursachsens in Wien. Vermutlich wäre eine Untersuchung über seine Rolle beim Engagement italienischer Musiker für Dresden aufschlußreich.

11 Sächsisches Hauptstaatsarchiv, Oberhofmarschallamt O IV Nr. 199, Hofjournal 1802; Geh. Kabinett, Loc. 907, *Die italienischen Sänger und Sängerinnen*, Bd. 2, 1733–1802, Bl. 185; Geh. Finanzarchiv, Loc. 32 651, *Acta Besoldung*, 1802, Bl. 7.

12 *Allgemeine Musikalische Zeitung* 3 (1800/01), Sp. 785 u. 866, 4 (1801/02), Sp. 560, 591f. u. 622; Richard Engländer, *Ferdinando Paer* , S. 206f. u. 212f.

13 *Schillers Briefwechsel mit Körner von 1784 bis zum Tode Schillers*, Leipzig 1859, 2. Ausgabe, 4. Teil, S. 240f., 298, 301–305 u. 394–396; Richard Engländer, *Ferdinando Paer*, S. 206–212.

14 Sächsisches Hauptstaatsarchiv, Geh. Kabinett, Loc. 2 427, *Schauspiele und Redouten auf dem Kleinen Theater*, Bd. 11, 1801–1804, Bl. 135–137, 145–148 u. 194f.; Geh. Kabinett, Loc. 2 428, *Schauspiele und Redouten auf dem Kleinen Theater*, Bd. 12, 1805–1807, Bl. 119' u. 122'; Geh. Kabinett, Loc. 2 428, *Schauspiele und Redouten auf dem Kleinen Theater*, Bd. 13, 1808–1810, Bl. 31'.

15 *Allgemeine Musikalische Zeitung* 5 (1802/03), Sp. 622f.; Richard Engländer, *Ferdinando Paer*, S. 208.

16 Sächsisches Hauptstaatsarchiv, Geh. Kabinett, Loc 2 427, *Das kurfürstliche Orchester*, Bd. 16, 1803–1804, Bl. 242–255; *Spezialreskripte* 1804, Nr. 518; Geh. Finanzarchiv, Loc. 32 651, *Besoldungen*, Bd. 11, 1803, Bl. 101; Richard Engländer, *Zur Musikgeschichte Dresdens gegen 1800*, S. 238f.

17 Staatsarchiv Dresden, Geh. Kabinett, Loc. 2 428, *Schauspiele und Redouten auf dem Kleinen Theater*, Bd. 12, 1805–1807, Bl. 5

18 So fanden beispielsweise die Musik, die Texte und das Bühnenbild der Oper *Sofonisba* nicht die volle Zufriedenheit des Publikums; vgl. *Allgemeine Musikalische Zeitung* 8 (1805/06), Sp. 283 u. 490–494.

19 *Allgemeine Musikalische Zeitung* (1805/06), Sp. 284; Sächsisches Hauptstaatsarchiv, Geh. Kabinett, Loc. 2 428, *Schauspiele und Redouten auf dem Kleinen Theater*, Bd. 12, 1805–1807, Bl. 120 u. 124.

20 Carl Emil von Bose, *Die Familie von Bose. Beiträge zu einer Familiengeschichte*, Dresden 1904, S. 95–100.

21 Friedrich August Freiherr O-Byrn, *Camillo Graf Marcolini, Königlich Sächsischer Cabinetsminister, Oberstallmeister und Kämmerer. Eine biographische Skizze*, Dresden 1877.

22 Sächsisches Hauptstaatsarchiv, Geh. Kabinett, Loc. 2761, *Friedensverhandlungen zwischen Sachsen und Frankreich*, Bd. 1a, 1806, Bl. 33–36 u. 363–367. – In der Antwort auf die Berichte Boses vom 20. und 21. November 1806, datiert Dresden 23. November 1806, wird auf Paer kein Bezug genommen; ebd., Bl. 352–355.

23 Die Briefe wurden 1927 von der Sächsischen Landesbibliothek aus dem Ankauf von Teilen der Sammlung von Wilhelm Heyer aus Köln erworben und kurz danach von Richard Engländer ausgewertet; vgl. Richard Engländer, *Ferdinando Paer*, S. 215). 1987 waren sie laut Auskunft der Sächsischen Landesbibliothek nicht mehr nachweisbar.

24 Richard Engländer, *Ferdinando Paer*, S. 215f. – Am 26. Dezember 1806 bat Paer aus Warschau um Fortsetzung des Auftretens seiner Frau in der italienischen Oper in Dresden bis zum 20. Mai 1807. Obwohl der Directeur des Plaisirs am 15. Januar 1807 die Aufhebung des Vertrages wiederholte, bewilligte man der Sängerin das Gehalt bis zum März (Sächsisches Hauptstaatsarchiv, Geh. Kabinett, Loc. 2 428, *Schauspiele und Redouten auf dem Kleinen Theater*, Bd. 13, 1808–1810, Bl. 48' u. 49').

25 Sächsisches Hauptstaatsarchiv, Geh. Kabinett, Loc. 2 761, *Friedensverhandlungen zwischen Sachsen und Frankreich*, Bd. 2, 1807, Bl. 138 u. 138'. Vgl. ferner Artur Brabant (Hrsg.), *Im Banne Napoleons. Aus den Erinnerungen des sächsischen Generalleutnant und Generaladjutanten des Königs von Ferdinand von Funck*, Dresden 1928, S. 162–164.

26 Die Tatsache, daß im Mai 1807 eine für den Kirchendienst in Dresden komponierte Messe sowie ein Offertorium Paers zum Verkauf angeboten wurden (Sächsisches Hauptstaatsarchiv, Geh. Kabinett, Loc. 2 427, *Das kurfürstliche Orchester*, Bd. 17, 1805–1807, Bl. 251 u. 253f.; Richard Engländer, *Zur Musikgeschichte Dresdens gegen 1800*, S. 239), ist kein Beweis für die Anwesenheit des Tonkünstlers in der Elbestadt. Der Kauf dieser Noten wurde für 36 Taler und 20 Groschen genehmigt. Unter den Ausgaben für Musik und Theater vom 1. Oktober 1806 bis zum 30. September 1807 wurde außerdem eine Summe von 74 Talern und sieben Groschen für aus Paris geschickte Musikalien angeführt. Obwohl diese nicht näher bezeichnet werden, ist anzunehmen, daß Paer der Absender Noten war (Sächsisches Hauptstaatsarchiv, Geh. Kabinett, Loc. 2 428, *Schauspiele und Redouten auf dem Kleinen Theater*, Bd. 13, 1808–1810, Bl. 50).

27 Z. B. Prölss, *Geschichte des Hoftheaters zu Dresden*, S. 247, und Richard Engländer, *Ferdinando Paer, S.* 216, erwähnen die Anwesenheit Paers im Gefolge Napoleons im Mai (!) 1807.

28 Sächsisches Hauptstaatsarchiv, Oberhofmarschallamt F Nr. 28, *Anwesenheit Seiner Majestät des Kaisers von Frankreich, 1805–1807*, Bl. 77, Bl. 240–248.

29 Sächsisches Hauptstaatsarchiv, Geh. Kabinett, Loc. 383, *Theaterangelegenheiten*, 1811, 1817, Bl. 7.

30 Sächsisches Hauptstaatsarchiv, Geh. Kabinett, Loc. 892, *Seiner Majestät des Kaisers der Franzosen Ankunft und Aufenthalt in Dresden*, 1807–1813, Bl. 132, 145, 152 u. 160.

31 *Allgemeine Musikalische Zeitung* 14 (1812), Sp. 468. Vermutlich hat Paer seine *Didone abbandonata* mitgebracht, deren Uraufführung in Dresden im Oktober des gleichen Jahres erfolgte. Vgl. Ortrun Landmann, *Die Dresdener italienische Oper zwischen Hasse und Weber. Ein Daten- und Quellenverzeichnis für die Jahre 1765–1817*, in: *Studien und Materialien zur Musikgeschichte Dresdens*, hrsg. von der Sächsischen Landesbibliothek in Verbindung mit der Musikhochschule "Carl Maria von Weber" Dresden, Dresden 1976, S. 17 (Nr. 7) u. 51 (Nr. 98).

32 Beispielsweise dirigierte Paer in Prag am 12. Juni 1812 eine „kleine Musik", bei der zehn Musiker der österreichischen kaiserlichen Kapelle und u.a. die Sängerin Sandrini aus Dresden mitwirkten. Am 19. Juni wurde Vokalmusik von Paer dargeboten, und vier Tage später dirigierte der Kapellmeister seinen *Sargino* in dem Ständischen Theater (Sächsisches Hauptstaatsarchiv, Oberhofmarschallamt F Nr. 40, *Anwesenheit Seiner Majestät des Kaisers von Frankreich zu Dresden*, 1812, Bl. 32, 38', vor 55).

33 E. T. A. Hoffmann, *Tagebücher*. Nach einer Ausgabe Hans von Müllers mit Erläuterungen hrsg. von Friedrich Schnapp, München 1971, S. 377.

34 E. T. A. Hoffmann, *Tagebücher*, a.a.O., S. 420.

35 Sächsisches Hauptstaatsarchiv Dresden, Geh. Kabinett, Loc. 15 146, *Schauspiele und Redouten auf dem Kleinen Theater*, Bd. 14, 1811–1816,, Bl. 151. Vgl. auch Ortrun Landmann, *Die Dresdener italienische Oper*, a.a.O., S. 106, 66, 15, 99f., 118f.

Manuela Jahrmärker

Annäherungen an einen Un-Bekannten: Stilschichten in den Dresdner Opern Ferdinando Paers

Eine vergessene Mittlerfigur

Wenn man sich heute denn überhaupt Ferdinando Paers (1771–1839) erinnert, des Dresdner Hofkapellmeisters der Jahre 1802 bis 1806, so gemeinhin wegen seiner 1804 in Dresden uraufgeführten *Leonora, ossia L'amor conjugale*, deren französische Textvorlage auch Joseph Sonnleithner für Ludwig van Beethoven bearbeitete und die selbst nicht ohne Einfluß auf die letzte Fassung des *Fidelio* (1814) blieb. Sujet-Gemeinschaft und musikalische Bezüge zwischen beiden Opern reichten offenbar aber nicht hin, eine weiter ausgreifende Beschäftigung einzuleiten mit diesem aus Parma stammenden und vor allem auch in Wien und Dresden erfolgreichen Komponisten, den Napoleon 1806 nach Paris als Direktor der dortigen Opéra-comique und dann des Théâtre Italien verpflichtete. Mehrere Gründe dürften dafür verantwortlich sein: Zum einen gehört das Hauptcorpus von Paers Werken dem Zeitraum von 1799 bis 1809 an und damit jenem Jahrzehnt, das noch immer das unbekannteste Kapitel der italienischen Operngeschichte darstellt. Zum andern ist die einstige Ablehnung und Nicht-Beachtung alles Fremden seitens der deutschen Musikwissenschaft heute eher ins Gegenteil umgeschlagen: Es scheint so, als habe die Sorge vor jeglichem Anzeichen von Deutschtümelei eine Auseinandersetzung mit in deutschsprachigen Ländern wirkenden italienischen Komponisten mindestens weniger attraktiv erscheinen lassen, wenn nicht sogar auf den zweiten Rang des Interesses verwiesen.

Gerade in seiner Mittlerrolle aber dürfte die besondere Attraktivität eines Komponisten wie Paer für die Musikwissenschaft liegen. Mittler war er zwischen italienischer Operntradition und deutschem Musikverständnis sowie, als drittem Element, der französischen Opéra-comique, wobei die französische Orientierung nicht erst an Paers Stellung in Paris gebunden, sondern bereits zuvor über die von ihm vertonten Libretti vermittelt ist. Darin setzen denn seine Werke – neben denen anderer seiner Zeitgenossen – eine Entwicklungslinie fort, die an erster Stelle von venezianischen Librettisten der 1790er Jahre eingeleitet und gepflegt worden war.[1] Mittler war Paer aber auch zwischen den Opern-Konventionen des 18. und 19. Jahrhunderts, nach Domenico Cimarosa und Giovanni Paisiello und vor den großen Erfolgen Gioachino Rossinis ab 1813.

Die Berufung Paers 1802 nach Dresden galt einem der in Italien und Deutschland anerkanntesten italienischen Komponisten seiner Zeit, in solcher Position allein Simon Mayr vergleichbar. Mit *Orphée et Euridice* war 1791 das erste dramatische Werk des gerade zwanzigjährigen Komponisten in Parma zur Aufführung gekommen; ab 1793 finden sich Uraufführungen auch auf den wichtigsten Bühnen Italiens, eine am Teatro San Carlo in Neapel, zwei an der Scala in Mailand und mehrere am Teatro San Moisè in Venedig. Vermutlich waren es die venezianischen Erfolge, die Paer dann 1797 die Stelle als musikalischer Direktor des Wiener Kärntnertor-Theaters eintrugen.[2] Während dieses Engagements entstanden unter anderm für Parma *Griselda, ossia La virtù al cimento* (1798) und für Wien *Camilla, ossia Il sottoraneo* (1799). Es sind nicht nur erfolgreiche Werke; sondern mit ihnen ist auch die Gattung des semiserio (bzw. eroicomico) 'gefunden', worin Paers Hauptbeitrag zur Operngeschichte liegen sollte, und – mit *Camilla* – die Opéra-comique als wesentliche Stoffquelle seiner Werke benannt. Unter anderm in diesen Elementen wie in den daraus erwachsenden musikalischen Charakteristika ist denn auch das Neue zu suchen, das Paers drei in Dresden uraufgeführte Opern enthalten: *I fuorusciti* (1802), *Sargino, ossia L'allievo dell'amore* (1803) und die bereits erwähnte *Leonora* (1804). Denn wenn von Johann Gottlieb Naumann, Paers Amtsvorgänger, der sich zunehmend der Kirchenmusik gewidmet hatte, zwischen 1791 und seinem Tod im Jahre 1801 auch nur eine einzige neue Oper in Dresden uraufgeführt wurde, so bedeutete das doch nicht, daß in dieser Zeit keine zeitgenössischen italienischen Opern gezeigt worden seien. Vielmehr gab es pro Jahr zwischen drei und sechs Neuinszenierungen von Werken, deren Uraufführung vielfach nicht länger als zwei Jahre zurücklag. Dazu gehörten 1800 auch Paers *Griselda* und *Camilla,* nachdem zuvor schon drei Werke von ihm gegeben worden waren, die komischen Opern *L'oro fa tutto* 1795, *Il principe di Taranto* 1798 und *L'intrigo amoroso* 1799.[3] So belegt Paers Berufung weniger ein neu erwachtes Interesse an der modernen italienischen Oper[4] als vielmehr das Prestigestreben des Hofes, einen Künstler zu engagieren, der diese moderne Oper auch selbst vertrat.[5]

Französische Oper in italienischem Gewand

Da bei der Dresdener Oper zur Zeit von Paers Amtsantritt kein Librettist in Vertrag stand, der neue Textbücher verfaßte oder von auswärts kommende Opern für Dresden einrichtete, sondern für letztere Aufgabe der Sänger Giacomo Cinti zuständig war[6], im übrigen aber die Operndichter einzeln bezahlt wurden[7], stammen die Textbücher für Paers drei neue Opern von drei verschiedenen Autoren. *I fuorusciti* hatte der Verfasser Angelo Anelli Paer möglicherweise selbst angeboten, nachdem sein Text mit der Musik von Pucitta – unter dem Titel *Il fuoruscito* – an der Scala durchgefallen und der Premiere keine einzige Wiederholung gefolgt war, während Paers Vertonung seiner *Griselda*, bereits die dritte Zusammenarbeit Paers mit Anelli, zu den größten Opernerfolgen dieser Jahre gehörte und sogar noch 1814 zwanzig Aufführungen an der Scala erlebte.[8] Der Venezianer Giuseppe Foppa, von dem Paer seit 1793 einige komische Texte in Musik gesetzt hatte, schrieb das Textbuch für *Sargino*. Die Autorschaft des Librettos zu *Leonora* dagegen ist bislang nicht sicher geklärt; da aber weder im Uraufführungslibretto noch in den Rezensionen ein Name fällt, dürfte die Bearbeitung mit großer Wahrscheinlichkeit dem erwähnten Sänger Cinti zuzuschreiben sein.[9]

Obgleich also alle drei Texte von verschiedenen Autoren stammen, ist ihnen – Zeichen einer modernen Tendenz – der Rückgriff auf eine französische Stoffquelle gemeinsam, den *Fuorusciti* und *Leonora* darüberhinaus der Bezug auf eine für die Opéra-comique der 1790er Jahre so typische Rettungshandlung: So hat sich Anelli entgegen der Behauptung, das Sujet sei aus der italienischen Geschichte des 15. Jahrhunderts gewählt[10], mindestens zusätzlich von Le Sueurs *La Caverne* (1793) anregen lassen. Auch wenn sein Text der berühmten Oper nicht streng folgt und weder der musikalisch avancierte Schluß mit dem Doppelchor noch das Bühnenbild übernommen wurden, sind die Parallelen doch zu auffällig, als daß sie zufällige oder über die Vorlage für Le Sueurs Oper, einige Episoden aus Lesages *Gil Blas de Santillane*, vermittelt sein könnten. Neben der Waldszenerie mit der Grotte im ersten Bild sind das die Grundzüge der Handlung: also daß ein edler Herr seine Gattin, die in die Hände von Räubern gefallen ist, dadurch zu retten sucht, daß er sich in Verkleidung als singender Hirte bzw. als gesangskundiger Blinder von den Räubern aufgreifen läßt und sich deren Anführer schließlich nicht nur als edler Beschützer der Dame erweist, sondern noch dazu als der unbekannte Vater bzw. als der verschollene Bruder der Dame entpuppt. Indem eine Reihe von Nummern in ihrer dramatischen Funktion Reflexionen über das Geschehen darstellen, erweist Anelli dem metastasianischen Drama seine Reverenz, was an den Aktenden nochmals mit sentenzenhaften Schlußchören betont wird. Doch seine ausgeprägt antiromantische Haltung und seine später offene Polemik gegen die Romantiker, darunter auch Monti und Foscolo, lassen sich weder an der Wahl des mittelalterlichen Sujets noch an der Formkonzeption der handlungsintegrierenden Ensembles erkennen oder vorausahnen.[11] Im Vergleich dazu hielt sich Cinti recht eng an seine Vorlage, Bouillys Libretto für Gaveaux' Opéra-comique *Léonore, ou L' Amour conjugal* (1798). Das Libretto, das Foppa neu gestaltete, stammt dagegen von einer Opéra-comique der vorrevolutionären Zeit, Monvels *Sargines, ou L' Elève de l'amour* für d'Alayrac (1788), was denn auch an der ganz anderen, sentimentalen Grundhaltung erkennbar blieb und zur Folge hat, daß die Handlung nicht mit der teleologischen dramatischen Spannung, welche die beiden anderen Libretti charakterisiert, vergleichbar ist. Allerdings enthält das zweite Finale mit dem in Flammen aufgehenden Dorf jenes Moment des Szenisch-Spektakulären, das dem Finalmoment der Rettungshandlungen eignet und den beiden anderen Libretti gerade fehlt.[12] Ältere Züge zeigt aber auch die Liebesauffassung, die diesem Drama zugrundeliegt: Isabellas Zuneigung zu Sargino scheint zwar an (nicht genannten) individuellen Zügen zu haften; doch ist ihre Liebe noch nicht autonom und bedarf, um überhaupt der Möglichkeit der Ehe zugänglich zu sein, des gesellschaftlichen Rückhalts, dem Sargino mit seinem Streben nach gloire schließlich auch genügt.[13]

Allen drei Opern gemeinsam ist auch die Mischung des Ernsten mit dem Komischen, wobei beide Elemente in einem eigentümlichen, offenbar nicht gleichgewichtigen Verhältnis zueinander standen. Einerseits erscheint das Komische als

Zugeständnis an den Publikumsgeschmack, indem es ähnlich wie in der Opéra-comique nach etwa 1798 auch in Deutschland in diesen Jahren ein offenbar notwendiges Ingredienz für einen Erfolg darstellte. Das macht ein Berliner Rezensent deutlich, wenn er der ersten Inszenierung von Le Sueurs *La Caverne* 1807 keine lange Lebensdauer voraussagt, da das Sujet zu ernst sei, – ein Urteil, das angesichts dieser Oper nachvollziehbar ist, aber überrascht, wenn es auch gegenüber Paers *Sargino*, wenngleich bezogen auf den Geschmack des „gewöhnlichen Berliners", geäußert wird.[14] Andererseits galt die Einbindung von ernsten Figuren und Nummern als ästhetische Nobilitierung.[15] Trotz der Gemeinsamkeit eines gemischten Genres aber ist die Gattungsbezeichnung dieser Werke weder einheitlich noch verpflichtend: *I fuorusciti* wird im Uraufführungslibretto als dramma giocoso ausgewiesen, *Sargino* als dramma eroicomico per musica, und *Leonora* als fatto storico, was nichts anderes als die wörtliche Übersetzung der französischen Vorgabe, 'fait historique', ist. Wie wenig bindend aber gerade diese nicht durch Tradition legitimierten Bezeichnungen waren, erhellt ein Blick allein schon auf die nächste Umgebung der genannten Libretti und ist auch von anderen Untersuchungen her bekannt[16]: Pucittas Oper mit dem Titel *Il fuoruscito* war unter der Bezeichnung dramma per musica erschienen und ist für Dresden lediglich um ein komisches Element erweitert worden, ohne daß darum jedoch eine Änderung der Gattungszuweisung notwendig gewesen wäre.[17] Orientiert sich der in Deutschland erschienene Klavierauszug mit seinem Untertitel 'dramma comico' noch an dem der Dresdner Uraufführung, so wurde die Oper 1812 in Florenz als 'dramma per musica' angekündigt, im Textbuch der Mailänder Aufführung von 1814 dann als 'dramma per musica semiserio'. Ähnlich wird *Leonora* in späteren Textbüchern, so für Berlin 1810, München 1813 und Florenz 1812, als heroisch-komische Oper bzw. als dramma semiserio bezeichnet.[18] Eine Klärung der beiden Begriffe, so daß jeder allein nur für ihn zutreffende Merkmale beinhaltete[19], ist in diesem Zusammenhang, wo es um Paers Dresdner Werke gehen soll, weder möglich noch angestrebt, dürfte darüber hinaus aber wohl generell schwierig oder gar unmöglich sein, scheint der problemlose oder gar willkürliche Wechsel zwischen diesen Bezeichnungen doch gerade alle Anzeichen einer Verunsicherung aufgrund eines Paradigmenwechsels in sich zu tragen.

Die folgenden ausführlichen Inhaltsangaben sollen es ermöglichen, eine später näher betrachtete Nummer dem Gang der Handlung zuordnen zu können und eine ungefähre Vorstellung ihres dramatischen und szenischen Anteils vermitteln.

I fuorusciti – Die Wegelagerer

In den Bergen bei Florenz. I. Akt, 1. Bild: Ein dichter Wald, umgeben von steilen Bergen. Zur Rechten ein altes Kastell, zur Linken eine Höhle, durch deren Öffnungen man in der Ferne eine Ebene sieht: Die Wegelagerer freuen sich ihres tatenreichen Lebens, bis plötzlich ein Schuß fällt und die Mädchen in Schrecken versetzt. Die Männer greifen zu den Waffen und ziehen in die Richtung, wo der Schuß fiel. Auf der Bergeshöhe irrt Edoardo auf der Suche nach seiner Geliebten umher und muß sehen, wie sein Diener Gianni in die Hände der Räuber fällt (1). Zitternd wird Gianni zu den Mädchen gebracht, die Spaß daran haben, ihn zu necken. Uberto, der Anführer der Wegelagerer, der von der kürzlich gefangenen Dame tief angerührt ist, bittet Lena und Cecchina, die Fremde zu trösten. Lena versichert ihn ihrer Hilfe, wären Mädchen anfangs doch stets ängstlich und würden dem, der sich ihnen nähert, schließlich mit Gefälligkeit begegnen (2). Uberto selbst weiß nicht, was ihn eigentlich bewegt, glaubt aber, daß allein die Fremde ihn über den Verlust der Tochter und der Familie hinwegtrösten könne. 2. Bild, Zimmer in Ubertos Kastell: Lena, Cecchina und Ubertos Freund Oggero nähern sich der schlafenden Isabella. Im Traum glaubt sie ihren Gemahl vor sich, erkennt im Erwachen aber die Täuschung (3). Die Umstehenden versichern ihr, daß auch sie geraubt wurden und zunächst gelitten hätten, nun aber froh lebten, insbesondere aber Uberto ein Ehrenmann sei. Dieser, allein mit der verängstigten Isabella, deutet ihr sein eigenes Unglück an, da er vor 20 Jahren von einem Feind aus der Heimat vertrieben sei, und gesteht, ihr zuliebe alles tun zu wollen. Als Isabella aber darum bittet, sie ihrem Gemahl zurückzugeben, der sie in Florenz erwarte, und seinen Namen Edoardo nennt, muß Uberto in eben diesem seinen Feind erkennen. Zunächst von Zorn entbrannt, fordert er sie doch zu hoffen auf (4). Gianni muß sich unter den Räubern bewähren, erscheint in Soldatenkleidung und singt von Hörnern, Trompeten und Pauken, die zum Marsch gut tönen, ihn im Ernstfall aber weglaufen lassen (5). Uberto ruft seine Gefährten zu sich, als ihn die Nachricht erreicht, man habe verschiedene Schäfer mit Schalmeien und Flöten aufgegriffen. Herbeigeführt, erkennt Isabella unter ihnen Edoardo; sich als Sänger ausgebend, wird er von Uberto aufgefordert, Isabella mit einem Lied aufzuheitern. Doch spiegelt es Isabellas trauriges Geschick und quält sie so sehr, daß man um ein anderes bittet, welches dann auch allerseits Anklang findet (6). 3. Bild, Burghof vor Ubertos Kastell: Die Räuber marschieren in militärischer Ordnung auf (7), und vor ihnen muß Gianni seine Heimat – Florenz –, seinen bisherigen Beruf – Diener – und seinen Herrn – Edoardo – angeben. Erzürnt, erneut von Edoardo hören zu müssen, droht Uberto, daß es für Edoardo keine Heimat, keine Freunde und kein Glück mehr geben werde (8). Gianni erkennt in dem Sänger-Schäfer seinen Herrn. Der weiß von einem geheimen Ausgang und trägt ihm auf zu singen, falls jemand sich nähert. Nach wenigen Worten wird das Wiedersehen Isabellas und Edoardos auch schon unterbrochen. Lena und Cecchina bewundern Giannis Gesang, und Uberto sagt den Seinen, daß Edoardo, sein und ihr Todfeind, durch ihre Hand fallen solle. Um aber zu beweisen, daß er ein besseres Herz als sein Feind habe, möge Isabella frei sein. Sie jedoch erklärt bewegt, sich von Uberto nicht trennen zu können, ein Geständnis, das alle verwirrt. Ein vom Wind bewegtes Laub und ein von den Fluten getriebenes Schiff seien nicht unsteter als das menschliche Herz (9).

II. Akt, 1. Bild, Saal in Ubertos Kastell: Lena und Cecchina glauben, Isabella liebe gewiß Uberto, zumal sie ihm nur allein ihr Herz öffnen wolle (10). Sie gesteht Uberto, durch ihn unglücklich zu sein, errette er sie doch und töte sie zugleich. Vielmehr möchte sie die beiden verfeindeten Familien versöhnen, will, daß Edoardo Ubertos Tugend erkenne. Dieser verläßt sie mit den Worten, daß sie vergeblich darauf hoffe. Edoardo und Gianni fordern Isabella zur Flucht durch einen unterirdischen Gang auf. Lena beobachtet das, reagiert ironisch spöttelnd und geht. Länger noch zögert Isabella, bis sie dem Geliebten folgt (11). Gianni, der zurückbleibt, hört, wie Oggero im Gespräch mit Lena an der Identität des Schäfers zweifelt, wirft sich, von Furcht gejagt, den beiden zu Füßen und läuft dann weg. Nun ruft Lena Uberto herbei, und Oggero verfolgt Gianni. 2. Bild, ein unterirdisches Gewölbe mit einem Ausgang, der von einem Fels verschlossen ist: Mit vereinten Kräften wälzen die Schäfer den Fels zur Seite, und Edoardo und Isabella glauben sich der Freiheit schon gewiß, als Gianni verwirrt stotternd herbeistürzt. Alle wollen fliehen. Da kommt Uberto schon mit den Seinen in Waffen hinzu. Die Flüchtigen wenden sich flehend an Uberto, Isabella und Edoardo wollen sich nicht trennen lassen, Gianni glaubt sich dem Tode nahe. Bis auf Gianni führt man alle ab (12). Drohend entringt ihm Oggero das Geständnis, daß sich hinter dem Schäfer sein Herr Edoardo verberge (13). 3. Bild, Saal in Ubertos Kastell: Uberto will Isabellas und Edoardos Geschick dem Rat der übrigen überlassen. Edoardo bittet für Isabella, diese für ihren Geliebten, der sich schließlich, als Oggero seine Entdeckung gerade bekannt machen will, als Edoardo zu erkennen gibt. Hin- und hergerissen zwischen Rache und Mitleid für Isabella entfernt sich Uberto. Isabella hofft trotzdem auf Ubertos Güte oder möchte mit ihrem Geliebten sterben (14). Edoardo, der die Rache seines Feindes erwartet, wird mitgeteilt, daß er all das erhält, was er seinem Feind raubte, die Gemahlin, die Heimat und die Freiheit. Bestürzt bittet er nun Uberto um Freundschaft, was dieser aber ablehnt (15). Lena will sich mit dem ängstlichen Gianni einen Spaß erlauben und sagt ihm, Uberto habe seinen Tod beschlossen, dem er allerdings entrinnen könne, falls er ihre Hand annehme, ein Angebot, auf das Gianni scheinbar froh eingeht (16). In Tränen sucht Isabella nach Edoardo und erhält von Gianni die Nachricht, daß er wohl dorthin gegangen sei, von wo sie sich alle bald empfehlen würden. Kaum korrigieren Lena und Cecchina die falsche Nachricht, als Edoardo selbst erscheint und Isabella erklärt, nicht ohne Uberto und die anderen Wegelagerer fortgehen zu wollen. Lena, Cecchina und die übrigen vereinen sich in diese Bitte, die Uberto jedoch von sich weist. Ihn selbst aber drängt ein Anliegen, ließ er doch vor zwanzig Jahren seine kleine Tochter in den Händen der stadtbekannten Ghita zurück. Erregt fragt Isabella nach, und Uberto findet in ihr seine Tochter. Alle sind bewegt von dem Ereignis; Edoardo ist tief beschämt, und Uberto nimmt ihn als Sohn an. Nun traut sich Gianni zu sagen, daß er Lena schlecht brauchen könne, sei er doch bereits verheiratet. Lena nimmt ihm dies auch nicht übel, da sie ihn ja nur habe foppen wollen. Eine schönere Szene hält man kaum für möglich und wünscht, daß Zwietracht auf immer überwunden sei und die Tugend siege (19).

Sargino, ossia L'allievo dell'amore – Sargino, oder Der Zögling der Liebe

In der Umgebung von Bouvines, einem Städtchen in der Grafschaft Namur (im Jahre 1214). I. Akt, eine ländliche Gegend mit einem Wäldchen auf einer Seite, einem Bauernhaus auf der anderen und einem Schloß im Hintergrund: Die verliebten Isidoro und Isella spötteln gerade über die ungleiche Liebe Soffias zu ihrem tölpischen Herrn, als dieser, Sargino, sie mit den Worten überrascht, er wolle die Ehre oder den Tod suchen (1). Nachdem ihm Soffia angeblich den Weg zu einem neuen Leben öffnete, beweist er als erstes seinem alten Erzieher Pietro, Isellas Vater, daß er, Sargino, dank Soffia Lesen und Schreiben lernte, während Pietro angesichts des einen geschriebenen Wortes 'Soffia' ins Stottern gerät (2). Seinem gestrengen Vater gegenüber möchte sich Sargino bewähren, gleichzeitig aber fürchtet er ihn. Als dieser mit seinen Soldaten König Filippo Augusto vorausgeht und Isidoro ihren tosenden Einzug Isidore meldet (3), eilt Sargino dem Vater sogleich entgegen, kehrt aber traurig zurück. Soffia gelingt es, seinen Mut wieder zu wecken (4). Die Soldaten ziehen siegesgewiß ein, und Montigny überreicht Soffia einen Brief des Königs (5), in dem dieser sie auffordert, Montigny ihre Hand zu reichen. Entsetzt bebt sie zurück und gibt an, erst ihr Herz befragen zu müssen, was Montigny als Aufforderung zu einer Bewährung versteht. Sargino verfolgt diese Begegnung verzweifelt, Pietro belustigt. Daraufhin bricht Montigny mit den Soldaten zum Kampf auf (6). Isella, die meint, die beherzte Soffia habe in Montigny einen ihr würdigen Mann bekommen, drängt Isidoro, nun endlich um ihre Hand anzuhalten, da ihr ein längeres Warten durchaus nicht behage (7). Sargino ist vollends verzweifelt und weiß kaum, was er tut, muß er doch einsehen, daß Montigny Soffia verdient, nicht aber er (8). Soffia weist Pietro zurecht, wenn er annehme, Sargino tauge zu nichts, und bittet, ihn zu ihr zu führen. Zagend erscheint Sargino vor der Geliebten. Pietro gerät über Soffias andeutende Worte ebenso in Ungeduld wie angesichts von Sarginos zögerlichem Auftreten (9). Soffia bekennt Sargino zwar, niemals Montigny heiraten zu wollen, weiß aber seine Frage, ob sie ihn denn auszeichnen werde, in eine Leseübung abzuwenden. Das Gelesene wandelt sich für Sargino in eine Liebeserklärung, in die auch Soffia einstimmt (10). Sarginos Vater fordert die Vasallen zu einem würdigen Empfang des Königs auf. Soffia und Pietro nehmen Sargino vor den harschen Worten des Vaters in Schutz; als Sargino aber in Tränen ausbricht, scheint jegliche Aussicht, er werde sich als Mann bewähren, vergebens. Des Vaters Aufforderung, im Kampf sich Ehre zu erringen, unterstützt Soffia mit aufmunternden Worten, so daß Sargino mit neuem Mut aufbricht (11).

II. Akt, 1. Bild, ein großer, antiker Saal: Als erster berichtet Isidoro seiner Isella, daß sich der junge Sargino tapfer schlüge. Pietro treibt die beiden Verliebten auseinander (12). Auch er hat Worte des Lobes über seinen Zögling Sargino gehört, wenngleich er vom Pferde fiel und der Vater ihn darum verwünscht hat. Darüber verzweifelt, glaubt Sargino allein im Tod Rettung zu finden. Pietro redet ihm das als große Dummheit aus (13). Auch Soffia gibt Sargino neuen Mut; im Bewußtsein ihrer Liebe möchte er sich bewähren (14). Sarginos Vater glaubt sich Soffias Einwilligung zu ihrer Heirat mit Montigny sicher, muß jedoch von ihr hören, daß ihr Herz nicht mehr frei sei, und aus Sarginos Worten schließen, daß er der Geliebte Soffias sei. Erstaunt und erzürnt eilt er angesichts dieser entehrenden Erniedrigung fort, um im Kampf den Tod zu suchen (15). Sargino und Soffia sind von dem Gedanken bestürzt, möglicherweise seinen Tod zu verschulden, und Soffia beschließt daher, selbst am Kampf teilzunehmen (16). König Filippo zieht ein (17) und erwählt sich Sargino zum Knappen, der sich durch diese Geste plötzlich von allem Zaudern befreit fühlt (18). Bevor er aufbricht, wird Filippo vom Heer als König und Feldherr bestätigt (19). Isella fürchtet die Gefahren der Schlacht (20), vor denen sich auch Isidoro gerne in sicherer Entfernung wüßte. 2. Bild, eine ländliche Gegend mit einem Dorf, das von Soldaten in Brand gesetzt wird: Frauen, Kinder und Greise bringen sich in Sicherheit und flehen um Rettung. Französische und deutsche Soldaten kämpfen, während Filippo plötzlich in äußerste Gefahr gerät und von einem Unbekannten verteidigt wird. Ein anderer rettet Sarginos Vater, und gemeinsam schlagen sie die Feinde in die Flucht. Filippo versammelt die Krieger um sich: Montigny mit zerschlagener Rüstung, der unbekannte Retter Filippos war Sargino, der Retter von Sarginos Vater aber Soffia. Nun bekennt sich Soffia zu einer Liebe, die nicht glücklich enden könne, und Sargino zu Soffia als derjenigen, die ihn zum Helden reifen ließ. Sarginos Vater ist in Tränen, Montigny erkennt Sarginos Tapferkeit und Treue an, so daß Filippo Sarginos und Soffias Ehe segnet. Dem Volk verspricht er Ersatz für seine Leiden (21).

Leonora, ossia L' Amor conjugale – Leonora, oder Die eheliche Liebe

In einem Staatsgefängnis in einiger Entfernung von Sevilla. I. Akt, der Gefängnishof, rechts die geheimen Gefängnisse, im Hintergrund ein Tor, daneben das Haus des Wärters: Beim Wäscheplätten wartet Marcellina ungeduldig auf den geliebten Fedele, mit dem sie sich ein frohes Eheleben ausmalt (1). Stattdessen erscheint der Wärter Giachino, der Marcellina mit seinen Liebesgeständnissen, die zudem wiederholt von am Tor anklopfenden Leuten gestört werden, nur Spott entlockt (2). Schließlich sagt sie ihm frei heraus, daß sie Fedele liebe, auch wenn er ganz ohne Ansehen sei. Als Rocco, Marcellinas Vater, die beiden zusammen findet und die Tochter mit roten Augen sieht, ahnt er nichts Gutes (3). Auf Giachinos Beteuern, er werde Marcellina heiraten, geht er nur spöttisch abweisend ein. Leonora, die sich unter dem Namen Fedele als Mann ausgab, erscheint mit neugefertigten Ketten, erträgt die Last im Bewußtsein ihrer treuen Liebe aber mit Freude (4). Angesichts der guten Einnahmen dank Leonoras Arbeit sagt Rocco zu ihr, er habe sie als Schwiegersohn ausgewählt. Leonora antwortet ausweichend und meint, schöner noch wäre es, wenn sie sein Vertrauen gewänne und er sie mit in die geheimen Gefängnisse nähme. Gern geht Rocco darauf ein, nur in die Zelle eines Gefangenen, der wohl bald zwei Jahre dort lebe, werde er sie nicht führen können. Allerdings habe Don Pizzarro seinen Tod angeordnet, seit Tagen erhalte er immer weniger Essen, so daß er wohl bald Hungers sterben werde. Don Pizzarro erscheint und erhält ein Schreiben, das ihn vor dem Minister warnt, der auf der Suche nach Opfern willkürlicher Gewalt unterwegs sei. Augenblicks sinnt er, wie er Florestano, seinen Feind, der ihn einst entlarvte, noch heute töten könne. Er nimmt Rocco bei Seite (5). Leonora, die in dem Gefangenen ihren Gatten vermutet, will ihn mit Geschick, Verstellung und Mut retten oder aber sterben. Keine Naturgewalt sei so stark wie die eheliche Liebe (6). Wieder möchte Giachino Marcellina von seiner Liebe sprechen; sie stellt aber zur Bedingung, erst müsse er sich in Fedele verwandeln lassen (7). Unruhig weiht Rocco Leonora in Pizzarros Auftrag ein, daß der unbekannte Gefangene heute noch sterben und in einer Grube verscharrt werden solle. Trotz ihres Grauens sagt sie ihm ihre Hilfe zu (8). Rocco bittet Pizzarro um Hilfe durch den getreuen Fedele. Sie gibt sich äußerst tapfer, wolle (sie) er doch das Leben des alten Rocco erleichtern. Pizzarro erlaubt Fedeles Hilfe und ermahnt ihn, seine Pflicht zu erfüllen. Marcellina kommt das Zusammentreffen ihres Vaters mit Pizzarro sehr gelegen, kann sie den Vater doch bitten, daß Pizzarro sogleich in ihre Heirat mit Fedele einwillige. Pizzarro hat nichts einzuwenden; allerdings will Fedele zuvor seine Pflicht erfüllen. Giachino versucht vergebens, gegen den Plan einzuschreiten. Alle werden von unterschiedlichen Gefühlen bestürmt (9).

II. Akt, ein finsteres unterirdisches Gewölbe mit einer verschütteten Grube, einer Treppe und einem Gefängnis: Florestano beklagt sein ungerechtes Leiden, in dem ihm allein der Gedanke an seine Gattin Trost und Leben gibt (10). Ermattet sinkt er nieder und wünscht sich den Tod. Rocco und Leonora erscheinen und heben die Grube aus, Leonora stets versuchend, dem Liegenden ins Gesicht zu sehen, dem sie, sei es auch nicht ihr Gemahl, das Leben retten will (11). Als Florestano erwacht und Rocco um ein wenig Wasser bittet, erkennt Leonora ihren Gemahl. Rocco wird von Mitleid erfaßt und reicht ihm etwas Wein, Leonora ein Stück Brot (12). Auf Roccos Pfeifen erscheint ein getarnter Mann, der beide fortschickt und, sobald er sie in der Ferne meint, sich auf Florestano stürzt, um ihn zu töten. Mit einem gellenden Schrei wirft sich Leonora dazwischen und gibt sich als Frau und Gattin des unschuldig gemarterten Florestano zu erkennen. Der Maskierte entlarvt sich als Pizzarro. Als er die Mitwisser seines Tuns fortführen will, hält Leonora ihm eine Pistole vor. Kaum will er Florestano dennoch töten, erschallt die Trompete zur Ankunft des Ministers. In tiefer Verwirrung entfernt sich Pizzarro mit Rocco, der Leonora zuvor die Pistole abnimmt (13). Florestano und Leonora fallen sich in die Arme. Marcellina, die fürchtet, Fedele könne etwas zugestoßen sein, erscheint mit einer Laterne, um ihn, der mit Florestano zusammen eingesperrt ist, ins Freie zu führen. Fedele aber bittet Marcellina, dem Minister zu melden, daß hier ein Unschuldiger schmachte (14). In der Ferne hört man ein dumpfes Getöse. Leonora und Florestano sind voller Furcht und Hoffnung. Schließlich erscheint Don Fernando mit den übrigen. Er, Florestano und Leonora erkennen sich; Fernando reicht Leonora die Schlüssel, Florestano die Ketten zu lösen. Pizzarro aber soll die Strafe büßen, die Florestano ertrug. Enttäuscht über die neue Identität ihres Fedele, geht Marcellina nun doch auf Giachinos Werbung ein. Fernando fordert alle zur Bewunderung von Leonoras Treue auf (15).

Die kompositorischen Merkmale der Umbruchsituation vom dramma per musica des 18. zum melodramma des 19. Jahrhunderts sind bislang nur in Ansätzen untersucht.[20] Vor allem steht dabei die Frage im Zentrum, ob sich in diesen Jahren überhaupt eine auf Rossini zustrebende Entwicklung feststellen läßt oder aber eine Fülle von unterschiedlichen formalen und dramaturgischen Lösungen gleichwertig nebeneinander existierte. Geht man von Rossini aus, so gibt es zwar auch innerhalb seines Werkes eine Entwicklung der Formkonventionen; doch sind sie bereits in *Tancredi* (1813) klar greifbar und lassen in der Selbstverständlichkeit ihrer Formulierung die Existenz einer Vorgeschichte vermuten. Im Blick auf diese

Problemstellung soll im folgenden anhand der drei Dresdner Opern Paers versucht werden, eine Positionsbestimmung einiger für die Entwicklung im zweiten Jahrzehnt des 19. Jahrhunderts charakteristischer Beispiele mit einer werkimmanenten Analyse zu verbinden.[21] Zu diesem Unternehmen seien ausgewählt: die szenische Erweiterung der Solonummer und der Romanze; die Formgestaltung von Arie und Duett; Grundzüge von Instrumentation und Satztechnik und schließlich Vor- und Frühformen des Largo concertato.

Arien-Szenen

Während als Novum der Formgattung Arie bei Simon Mayr deren Erweiterung um den Chor vorherrscht, was sich bei Paer nur selten findet[22], ist zumindest in dessen Dresdner Opern die Einbeziehung von Nebenfiguren weitaus häufiger – ein Phänomen, das in der modernen Literatur jedoch kaum die gleiche Aufmerksamkeit erregte wie Mayrs aria con coro, da die Bezeichnungen gerade solcher Nummern die ungewohnte Neuerung vielfach glättend beseitigen und zusätzlich uneinheitlich sind. Dabei kann es sich um arie con pertichini handeln, in deren späteren Verlauf Nebenfiguren hinzutreten, über deren meist chorischem Satz sich das Solo frei entfaltet. Aber auch dort wird die Arie entscheidend verändert – und vermutlich war Carlo Ritorini der einzige, der 1841 in seinen *Ammaestramenti alla composizione d'ogni poema e d'ogni opera appartamente alla musica* darauf hinwies –, wo sie um lediglich kurze Entgegnungen einer oder zweier anderer Figuren erweitert ist. Wahrscheinlich hängt es mit dem stärkeren Hervortreten des komischen Elements im *Sargino* zusammen, daß diese Form der szenischen Erweiterung allein hier anzutreffen ist.[23]

Die Bezeichnungen fast aller dieser Stücke schwanken; und meist sind sie hinsichtlich der zugrundegelegten Kriterien auch innerhalb einer Quelle nicht einheitlich, wie etwa bei den beiden Arien con pertichini in den *Fuorusciti*. Die dritte Nummer ist im Klavierauszug als 'Quartetto' und damit unter dem numerischen Gesichtspunkt der 'Teilnehmer' aufgeführt, die sechste dagegen als 'Romanze', also ausgehend von der ästhetischen Überlegung, daß das Lied des verkleideten Schäfers Edoardo das Zentrum der Nummer darstellt, um das sich die Reden der anderen lediglich gruppieren. Umgekehrt und damit ebenso uneinheitlich fallen die Bezeichnungen derselben Nummern in der Münchner Partitur aus, wo die erstgenannte als 'Cavatina a quatro', die zweite als 'aria ed a quatro' ausgewiesen ist. Ebenso verhält es sich bei den Arien, in die ein Redepartner einbezogen ist. Im Klavierauszug vom *Sargino* blieben die Nummern I/4 und II/2 ohne nähere Benennung, stellen dem vorne beigefügten deutschen Librettotext und der Partitur zufolge allerdings ein Duett (I/4) und eine Arie (II/13) dar; das Terzettino I/9 des Klavierauszugs erscheint in der Münchener Partitur dagegen als 'Aria di Pietro'.

Bei allen Fällen der letztgenannten Arienerweiterung wird eine reihende Gesamtform dazu genützt, in einem mittleren, sich in entferntere tonale Regionen vorwagenden Abschnitt den 'Adressaten' einzubeziehen. Am weitesten ausgebaut ist dies in Pietros zweiter Arie (II/13), in der Pietro Sargino mit allerhand Möglichkeiten der Entschuldigung die Idee ausredet, nach seinem Sturz vom Pferd müsse er den Tod suchen. Dreimal kommt Sargino hier zu Wort. Der dritte Abschnitt, durch rezitativischen Charakter sich abhebend und mittels eines sequenzierten Eingangs markiert, beinhaltet Sarginos Frage „Qual consiglio vi fia mai [...]", woraufhin Pietro erst nach einigen Ansätzen wieder in seinen ungezwungenen Parlandoton zurückfindet. Zweimal noch wirft Sargino die Frage „qual consiglio" ein, die nun in Pietros Fülle der Ratschläge beinahe untergeht, bei der Wiederholung des Abschnitts aber durchaus Berücksichtigung findet: wenn Pietro auf die früher eingeworfene Bitte insofern eingeht, als er sich an entsprechender Stelle mit der Gegenfrage unterbricht: „Non vi piace?" Zwischen zwei weiteren Arien des *Sargino*, die diesem Zusammenhang angehören, besteht darüber hinaus eine auffällige, wenngleich nur kurze harmonische Korrespondenz, die auch inhaltlich zu deuten sein wird: In Soffias Arie (I/4) kennzeichnet die Folge Es-Dur (bzw. übermäßiger Quintsextakkord über Es-Dur) – D-Dur Sarginos hilflose Abwehrreaktion auf ihre Frage: „In ozio voi Sargino restate a me vicino?", ein anderes Mal nimmt Pietro diese Wendung auf (I/9), wenn er Sargino die Begrüßung seiner geliebten Soffia mit den mageren Worten „Mia cugina, eccomi qua" als ein dummes Kompliment vorhält („il complimento obbligante in vero è assai"). Thematisch erscheint dieses harmonische Motiv auch in der Ouvertüre – in der Exposition als Überleitungsthema zwischen erstem und zweitem Themenbereich, in der Reprise an dritter thematischer Position innerhalb des zweiten Themenbereichs. Außerdem deutet sich das Motiv einmal auch im ersten Finale an, als Pietro zuerst Sarginos Tränen bemerkt („Oh che babbione!"). Der Textzusammenhang legt die Deutung als Sarginos Unfähigkeitsmotiv zumindest nahe.

Vom dramatischen Gesichtspunkt ließe sich argumentieren, daß diese Erweiterungsform der Arie sie – wenn nicht in musikalischer, so doch in dramatischer Hinsicht – in stärkerer Weise 'zersetzt' als die Hinzuziehung des Chores: Denn während dieser auch bei Mayr nur selten die Rolle eines Redepartners einnimmt und der Solist oft genug einen wie früher reflektierend auf sich und seinen Zustand bezogenen Text singt, ist in den beschriebenen Nummern das Hinzutreten der zweiten Figur durch die Handlung begründet. Die Motivation zu diesen Arien liegt nicht in der Reflexion allein; vielmehr haben sie – dramatisch gesehen – aufgrund etwa der Anrede oder der Belehrung eines Gegenüber den Charakter einer Rede.

Ähnliches ließe sich auch für die aria con pertichini geltend machen. Hier ragen vor allem die – wegen der uneinheitlichen Bezeichnungen oben bereits angeführten – Auftrittsnummern der beiden Hauptfiguren in den *Fuorusciti* heraus (I/3 und 6).[24] Inhaltlich umfaßt die erste das Herannahen Lenas, Cecchinas und Oggeros an die schlafende Isabella, deren im Traum gesungenes Lied und ihr Erwachen zur traurigen Wirklichkeit, das von den Dreien beobachtet und kommentiert wird. Vergleicht man Pucittas Textbuch (1801) mit demjenigen für Paer, so wird die Intention deutlich, den Ansatz zur Handlungsintegration zu verstärken: Im

Libretto von 1801 setzt die Nummer mit einem a-tre zu singenden Versquatrain ein. Szenisch gesehen hat man sich dies, wie es die Regieanweisung auch vorgibt, als Gesang der Drei zu denken, wenn sie sich bereits um Isabella gruppiert haben. In Paers Version dagegen gehen dem weitere vier Verse voran, die auch das vorsichtige Heranschleichen der Drei in den musikalischen Vorgang einbeziehen. Und die Anrede an die schlafende Isabella „dormi, o cara", mit der die Nummer bei Pucitta beginnt, ist hier in eine Frage Lenas verwandelt, auf die dann alle zusammen antworten. Dementsprechend hat Paer den ersten Andante-Teil als gleichzeitige Charakterisierung der Traumsituation wie der lautlos sich nahenden Personen aufgefaßt: Der Verzicht auf die Flöte, die von liegenden Horntönen gestützten Phrasen und die Es-Dur-Tonart lassen sich als Hinweis auf die Ombra-Situation, auf Traum und Schlaf, verstehen; fp-Akzentuierungen, eine kurzatmige, reich punktierte und pausendurchsetzte Motivik und Tonrepetitionen in den Vokalstimmen dagegen erfassen das Heranschleichen der Drei und bilden einen deutlichen Kontrast zur abgerundeten Melodik Isabellas. Daß aber die Zäsur der insgesamt zweiteiligen Anlage, die durch den Tempo- und Metrumwechsel vom Andante im 2/4- zum Allegro im 4/4-Takt entsteht, mit dem Beginn von Isabellas Traumgesang zusammenfällt und nicht erst mit ihrem Erwachen eintritt, läßt sich als Rest einer Anlage von Accompagnato-Rezitativ-Nummer deuten, die Paer als Ausgang diente.

Eine andere, in diesen Opern nur gelegentlich vorkommende Form, das Szenische in die Arie einzubeziehen, findet sich in der dritten *Leonora*-Szene (I/4), scheint jedoch gerade für die deutsche Entwicklung von Ensemble und ähnlich erweiterter Arie nicht unwesentlich. Die Nummer enthält vier Verse mit Marcellinas, Roccos und Giachinos Reaktionen auf den Anblick der mit schweren Ketten beladen herbeikommenden Leonora und dann das Solo Leonoras, zwei Strophen mit je vier Versen, die – von den anderen natürlich mißverstandene – Vergewisserung enthaltend, daß die Liebe ihr die Kraft zu dulden schenke. Paer hat das als einfache Reihung: einzelne Reden – Solo vertont, in einer Weise also, wie gerade in deutschen Opern der Zeit mit derartigen Textformen umgegangen wurde. Und der Vergleich mit der Vorlage Bouillys, in der all dies gesprochener Dialog ist, Leonoras Reflexion aber nur leise angedeutet wird, zeigt zugleich die Traditionsgebundenheit wie den modernen Formwillen des Paerschen Librettisten: ersteres, indem sich ihm mit dem ersten Auftritt einer Figur notwendig auch eine Nummer verband; letzteres, indem er dem szenischen Vorgang Rechnung trug und ihn in die Nummer einbezog.[25]

Die Romanze als Szene

Zukunftweisend für die Geschichte der Gattung, ist die Romanze in den *Fuorusciti* zur Szene geweitet (I/6), so traditionell formuliert ihr Text auch ist. Edoardos C-Dur-Lied im 6/8-Metrum, das von einem Schäfer und einer Schäferin erzählt, spiegelt nicht allein sein und Isabellas Geschick, sondern die Reaktionen der Zuhörer, in eigenen Abschnitten integriert, motivieren auch die Veränderung der Romanze in der fünften Strophe. Die Ferne vom Usus der Romanze wäre aber nicht genügend beschrieben mit der Angabe der Teile und dem im weiteren Verlauf immer komplizierteren Wechsel von Romanzenabschnitten, die von den Holzbläsern geführt und mit Pizzikato-Klängen gestützt sind, und Ensemblepassagen, die vor allem die Streicher tragen. Denn die Irritation Edoardos wirkt sich bis in den Verlauf der Einzelphrasen hinein aus. Deren Länge ist – entgegen der Romanzenkonvention – an der Vier- bzw. Achttaktigkeit als Norm orientiert, vermutlich weil sich hier eine Durchbrechung leichter zeigen läßt als an einem auf dreitaktigen Abschnitten basierenden Grundschema.[26] Das einleitende Ritornell in C-Dur setzt nach vier Takten einen eigenartig gewollten Halbschluß in E-Dur und endet nach weiteren sieben Takten zu früh. Bei der Wiederholung mit Gesang wird die Phrasenlänge zwar korrigiert und die Fortführung nach dem E-Dur-Haltepunkt harmonisch geglättet, gerät aber – offenbar als Reflex auf die Erzählung von der gewaltsamen Trennung der Liebenden – ins tonal Entlegene über Es-nach B-Dur, so daß die zweite Strophe harmonisch falsch, in D-Dur (als Dominante von g-Moll), einsetzt.[27] Das hat schließlich – in zwei Abschnitten – die gequälten Ausrufe Isabellas und die sorgenden Fragen ihrer Begleiterinnen zur Folge. Wenn Edoardo dann, zu einem lieblicheren Lied aufgefordert, erneut einsetzt, sind alle Irregularitäten harmonischer und tonaler Natur beseitigt. Als sich am Schluß sein Text mit den Worten „torna [die Schäferin] agli amplessi teneri del suo fedel pastor“ jedoch allzu nah an die ersehnte Wirklichkeit heranwagt, gerät Edoardo außer Takt, verliert den Rhythmus und endet seinen Gesang als Rezitativ. Das aber bemerken die Umstehenden gar nicht mehr, fallen sie doch schon mit ihrem „bravo“ ein.

Textwiederholung und Zweisätzigkeit der Arie

Lassen sich die bisher genannten Arien-Formen jeweils als Probleme verstehen, die dem Komponisten vom Librettisten zur Lösung aufgegeben werden, dem denn auch ein wesentliches Gewicht an deren Modernität zuzuschreiben ist, so hat der Komponist in der Anlage als zweiteiliger, ein- oder zweisätziger Form größere Entscheidungsfreiheit.[28] Bei Paer fallen die traditionellen Formen der strophischen und einsätzigen Arie gewöhnlich Nebenfiguren zu oder bleiben intimeren Ausdrucksmomenten vorbehalten wie etwa Sarginos Liebesbekenntnis (I/8). Soli an dramatisch entscheidender Position sind wie in Cimarosas *Gli Orazi e i Curiazi* in der Regel moderner und das heißt zweisätzig angelegt. Im Vergleich zu Cimarosa ist die Zäsur zwar ausgeprägter, aber noch keineswegs so klar formuliert, daß man nicht zum Teil auch von einer zweiteiligen Anlage sprechen könnte. Insbesondere eine tonale Differenzierung der Sätze ist selten und gering, so daß in der Regel der zweite Satz durch den Dominantschluß der Grundtonart vorbereitet wird und selbst wiederum in dieser Tonart steht. Auch der Metrumwechsel ist nicht zwingend. Umgekehrt, von den Hauptfiguren betrachtet, gilt, daß deren

Nummern stets durch irgendeine Abweichung von der Norm der Tradition nobilitiert sind, wenn nicht durch Zweisätzigkeit, so durch eine szenische Erweiterung oder ein ausgedehntes und instrumental besonders fein ausgestaltetes Accompagnato-Rezitativ. Im *Sargino* verschiebt sich der Anteil der gewichtigeren zweisätzigen Arie vermutlich allein darum zugunsten der Nebenfiguren, da dem tölpelhaften Sargino kein großes Solo zugestanden werden konnte. So erhalten auch Isella und Pietro Arien, die sich von einem langsameren zu einem schnelleren Satz steigern (I/7; II/13). Hier ist der Tempowechsel inhaltlich begründbar, gelingt aber nicht so überzeugend wie in Soffias Arie, wo mit dem Allegro-Einsatz auch ihre Entscheidung, selbst in die Schlacht zu ziehen, gefallen ist (II/16). Die beiden Soli der Protagonisten in der *Leonora* sind – entsprechend der auch sonst feststellbaren bewußteren Ausarbeitung der Partitur – Sonderfälle: Florestanos Kerkerarie gehört der Tradition der Sottoraneo-Szenen an (II/10), und Leonoras großes Solo „Esacrabil Pizzarro!“ stellt eine formale Sonderlösung dar (I/6), die zwischen einer Arie mit zwei durch Tempo, Metrum und Tonart voneinander geschiedenen Sätzen und einer Scena schwankt. Das zwischengeschaltete Rezitativ aber ist untypisch für eine zweisätzige Arie, ebenso auch das Verhältnis der Textteile zueinander; und die Folge von Cavatina und Aria, wie die beiden Teile genannt sind, läßt auch an eine Szene wie die gran scena di Tancredi im zweiten Akt von Rossinis Oper denken (II/16). Diese allerdings ist weit umfangreicher und schließt Chor und Marsch ein, wobei zum einen der Chor die Arie von der Cavatine trennt und an Tancredis Arie teilhat und zum andern die Arie in sich wiederum zweisätzig angelegt ist.

Wenn man eine Entwicklung Paers in dieser kurzen Zeit im Umgang mit der Arie feststellen will, so zeichnet sich eine solche am klarsten im Bezug auf die Textwiederholung ab. Relikt der früheren Da-Capo-Arie, ist sie bei Paer doch immer wieder einmal angewandt, zunehmend aber – ähnlich der einsätzigen Arie – auf intime Situationen, vorwiegend die Liebesarie, beschränkt, wo ein Verweilen im gleichen Gedanken sinnvoll erscheint. Bei zweiteiligen bzw. -sätzigen Formen bedeutet das, daß die Wiederholung innerhalb des schnelleren Teiles einsetzt. Das gilt im *Sargino* (II/16) ebenso wie in den *Fuorusciti* (II/11 und 14). Im Einzelfall lassen sich zwar Begründungen finden, weshalb ein tempointensivierter Rückgriff auf den textlichen Ausgangspunkt sinnvoll ist – z. B. ist er erklärbar als immer drängenderes Bitten Edoardos gegenüber Isabella, mit ihm zu fliehen (II/11)[29], oder als Isabellas selbstquälerische Vertiefung in ihr Leid (II/14) oder – im *Sargino* – als spielerisches Insistieren von Isellas Aufforderung, daß Isidoro sie nur endlich heiraten solle (I/7). Wirklich zu überzeugen vermag das jedoch nicht; zudem stimmt eine derartige Rechtfertigung auch nicht zur historischen Entwicklung, in der gerade solche Wiederholungen zunehmend ausgeschlossen wurden.

Wesentlich differenzierender geht Paer in *Leonora* mit dem eventuell zu wiederholenden Text um, indem er ihn auf die Wiederholbarkeit einzelner Aussagen überprüft. In Leonoras Auftrittsarie (I/4)[30] läßt er die allgemeine Aussage, die Anfangsverse „O qual soave incanto / È sì pietoso amore!“, bei der Wiederholung weg, da sie wiederholt leicht lächerlich und schematisch wirken könnte. Ähnlich bedacht gewählt sind die Wiederholungen selbst in der Arie einer Nebenfigur, Marcellinas „Corri da qualche astrologo“ (I/7). Die Liebeserklärung an die abwesende Leonora „Ah se un dolce, e vivo affetto [...]“, die den Schluß der Arie bildet, soll vollständig wiederholt werden, bedarf aber, um der ersten Exposition nicht sofort zu folgen, einer Wiederholung mindestens eines Teils auch des übrigen Textes. Dazu stellt Paer den dritten und vierten Vers der ersten Strophe und den fünften und sechsten der zweiten zu einer neuen Sinneinheit zusammen, der auch eine musikalische Phrase entspricht. Wieder anders verfährt Paer in Florestanos Arie zu Beginn des zweiten Aktes (II/10), wo die Textwiederholung die Versfolge zwar unangetastet läßt, die musikalische Phrasierung den Sinn aber leicht variiert. Mit der Zäsur zum Allegro fällt diejenige zwischen erster und zweiter Strophe zusammen. Diese wird unmittelbar im Anschluß wiederholt, nun aber um die ersten beiden Verse der ersten Strophe verlängert, während die letzten beiden durch Wiederholungen zu einer eigenen Strophe gedehnt sind. Musikalisch nun ist die erste Strophenhälfte dominantisch gefaßt, so daß die Rückkehr zur Tonika, verstärkt durch eine Generalpause – Paer setzt sie in der *Leonora* wiederholt als neues Zeichen formaler Akzentuierung ein –, um so deutlicher hervortritt. Auf diese Weise ist der bis dahin allein vom Leser des Librettos wahrnehmbare Doppelpunkt vor dem zweiten Verspaar der ersten Strophe in eine musikalisch entsprechende Struktur übertragen, diesen Versen „Tu sei vita a questo core, / Tu sostieni l’alma in me“ eigenständiges Gewicht verleihend. Zum anderen erscheint das erste Verspaar „Dolce oggetto del mio amore / Io ti baccio e stringo al seno“ nun nicht mehr als logisch gesetztes Motto, dem alles Folgende sich zuordnen läßt, sondern als Ausruf, in dem Florestanos Treuebekenntnis gipfelt. Zu solcher Umakzentuierung der Aussage war gerade ein Text wie der dieser Arie – traditionell, statisch und allgemein gehalten– am ehesten geeignet.

Duett-Vielfalt

Wenn man die Oper des 18. Jahrhunderts als Arien-Oper und die des 19. als Duett-Oper bezeichnet hat, so müßte sich beim Übergang vom einen zum anderen Jahrhundert die eher rückwärtsgewandte oder nach Neuerungen strebende Tendenz einer Oper gerade auch an Anzahl und Gewichtung der Duette erweisen lassen, – eine Vermutung, die sich in solcher Klarheit bei den hier untersuchten Duetten jedoch nicht bestätigt findet. Allein von ihrer jeweiligen Anzahl betrachtet – in den *Fuorusciti* stehen fünf Duette sechs Arien gegenüber, in *Sargino* drei Duette acht Arien und in *Leonora* vier (bzw. fünf)[31] Duette fünf (bzw. sechs)[32] Arien –, scheinen die *Fuorusciti* einem neueren Verständnis des dramatischen Ablaufs zuzuneigen, was im Einklang stünde mit den beschriebenen szenischen Ausweitungen der Soli gerade in dieser Oper. Allein dies täuscht. Denn in ihrer dramatischen Funktion stehen besonders auch die großen Duette der *Fuorusciti* (I/4; II/15) noch in der opera seria-Tradition, sind also Momente voller Affektgeladenheit und folgen – zum einen – auf Isabellas Aussage, daß Edoardo ihr Gatte sei, in dem Uberto seinen Todfeind erkennen muß, und – zum andern – der Edoardo überraschend gewährten Freiheit. Das gleiche gilt auch für die drei Duette im *Sargino*, die alle Liebesduette sind. Im Unterschied dazu werden in jenen der *Leonora* zwar keine Entscheidungen herbeigeführt, doch dienen sie der Verständigung der Personen untereinander und sind also primär Dialoge. Von der Formgestaltung der Texte her zeigt sich modernes Bewußtsein durchgehend allein im Wechsel zwischen Dialog- und Reflexionspartien. Und übereinstimmend mit Cimarosa[33] hat das 'große' Duett überwiegend die gleiche Anlage langsam – schnell, wie sie für die Arie und die übrigen Ensembles gilt. Doch führte das bei keinem der Librettisten zu einer Anordnung in vier Abschnitten – wie etwa schon in Mayrs *Ginevra di Scozia* –, in der eine Vor-Form des späteren Duetts erkennbar wäre. Allenfalls könnte man dem Textdichter der *Leonora* ein ausgeprägteres Formbewußtsein zusprechen, indem er zweien (bzw. dreien) der Duette formstrukturierende Textwiederholungen einarbeitete.

Angesichts der Formvielfalt und des Fehlens einer gezielt modernen Tendenz läßt sich die Wahl von ein oder zwei Beispielen nur bedingt rechtfertigen, da andere mindestens ebenso 'repräsentativ' wären. Sieht man die Differenzierung in klar geschiedene Sätze als wesentlich im Hinblick auf die Entwicklung des Duetts an, so muß man auf den langsamen, a-due geschriebenen Mittelsatz reflektierenden Charakters im F-Dur-Duett zwischen Isabella und Uberto der *Fuorusciti* hinweisen (I/4): Es beginnt mit je zwei da se gesprochenen Versen, musikalisch unterschieden durch die Ablösung der Sopran- von der Baßführung mit gleichzeitigem Tremolo. Die folgende Dialogpassage von drei Versen stellt musikalisch eine Überleitung dar von F- nach Es-Dur, der Tonart des Mittelsatzes. Er ist kenntlich gemacht durch Generalpausen, die (wenn auch nur relative) Tempovorschrift 'un poco più rallentando' und eine neue Motivik, deren Gefälligkeit zu den Worten Isabellas, „più speranza oh Dio! non ho", allerdings nicht so recht passen will. Der dritte Satz im Allegro, der rasch zum gleichzeitigen Singen führt, setzt jedoch nicht schroff kontrastierend ein, sondern überbrückt die Zäsur der Generalpause durch die Modulation zurück zur Tonika F-Dur innerhalb von nur wenigen Takten. Einen tonal aber nicht tempomäßig unterschiedenen Mittelsatz hat Paer nur noch einmal im ersten *Leonora*-Duett (I/2) komponiert und dabei gleichzeitig musikalische Anforderungen gegenüber dem, was der Text nahelegte, geltend gemacht. Die Tatsache und die Art, wie in dieser Nummer Szenisches am Formprozeß teilhat, ist von der opera buffa hergeleitet, deren Sphäre auch die beiden Figuren, Marcellina und Giachino, angehören. Als dieser nämlich Marcellina wieder einmal seine Liebe erklären will, werden sie zweimal von Leuten gestört, die am Tor zum Gefängnishof anklopfen. Beide Male hat der Librettist den Ärger der beiden – Giacchinos über die Störung, Marcellinas über die Belästigung durch Giachino – in identische Vierzeiler gefaßt, die sie gleichzeitig singen. Paers Entscheidung aber, bei deren erster Exposition dem Szenischen Vorrang zu geben und diesen Abschnitt durch C-Dur vom übrigen A-Dur abzuheben, hatte zur Folge, daß er, um der tonalen Einheit willen, sich bei der Wiederkehr dieser

Verse nur an der zuvor verwendeten Motivik, nicht aber an der Tonart orientieren konnte.

INSTRUMENTATION UND MOTIVTECHNIK

In jeder der drei Opern hat Paer als jeweils individuelle Form der Akzentuierung mindestens eine Solo-Nummer mit obligatem Instrument ausgezeichnet: Soffias Entscheidung, selbst in die Schlacht zu ziehen (*Sargino* II/16), Leonoras große, für Beethoven noch 1814 vorbildliche Aria „Esacrabil Pizzarro! dove vai? – " (*Leonora* I/6) und Edoardos Versuch, Isabella zur Flucht zu bewegen (*Fuorusciti* II/11). In dieser frühesten der drei Arien ist der Dialogcharakter des Textes in ein entsprechendes Duettieren von Solocello und Soloviolinе übersetzt, was der Nummer eine choreographierte Qualität verleiht. Das lange Violoncello-Solo, die ausgedehnte Antwort der Violine und das gemeinsame Solo im ersten, rein instrumentalen Allegro-Satz legen eine inhaltliche Deutung in bezug auf den folgenden Arientext und die mitgedachte Handlung nahe, also Edoardos Bitten „Segui il tuo sposo amante [...]", Isabellas Zögern und beider Entschluß zur Flucht. Und auch im weiteren Verlauf besteht eine enge, semantisch zu deutende Partnerschaft zwischen den Solo-Instrumenten und der Gesangsstimme, deren psychologisch genau motiviertes wie motivierendes Verhältnis etwa beim Übergang vom Larghetto zum Allegro sich besonders klar erweist. Mit seinem Vorschlag zu fliehen stößt Edoardo bei Isabella offenbar zunächst auf ablehnendes Zögern: Gegen Ende des Larghetto, in dem sich das Violoncello auf eine einfache Dreiklangsbrechung im Pizzicato beschränkt, wirft die Violine hastig abgerissene Figuren ein, auf diese Weise Edoardos Frage „Tu ancor t'arresti" provozierend und die gleichzeitig einsetzende Intensivierung des Tempos, die der steigenden Spannung entspricht. Eine derart genaue Zeichnung der Situation wie insbesondere das exakte Reagieren auf die inhaltlich-szenischen Aspekte des zu vertonenden Textes gehört für Paer stets zum Selbstverständlichen; in dieser Nummer aber zeigt er sich als Komponist, der eine der Struktur der Handlung analoge Musik komponiert.

Während die Motive der Soloinstrumente hier im Blick auf ihre gestische Suggestivkraft formuliert sind und während die Melodie der Soloklarinette in Soffias Arie als Sprechen mit anderen Worten zu deuten wäre, gewinnt der Instrumentalpart in Leonoras Arie eine neue Qualität: Die vier Instrumente Klarinette, Oboe (nur in der Arie), Horn und Fagott spiegeln schon aufgrund ihrer Vierzahl nicht mehr je für sich eine Person auf der Bühne. Gleichzeitig treten sie untereinander in eine Beziehung, die der Durchführungstechnik der Instrumentalmusik gleicht: In der Cavatine werden Motive untereinander und schließlich auch mit der Gesangsstimme ausgetauscht, ergänzen einander zu einer variiert getönten Melodie und kehren am Schluß zu formaler Abrundung wieder. Das aber bedeutet die Ablösung einer primär semantisch gesetzten Themen- und Motivwahl zugunsten eines in sich selbst gründenden musikalischen Entwicklungsprozesses.[34]

Diese Umorientierung der Kompositionstechnik ist auch an der übrigen *Leonora*-Partitur ablesbar, die feingliedriger und differenzierender sowohl in der Horizontalen als auch in der Vertikalen geworden ist. In der wegen der szenischen Erweiterung bereits besprochenen Arie Isabellas oder dem folgenden Duett zwischen ihr und Uberto in den *Fuorusciti* (I/3 und 4), also zwei Hauptnummern der Oper, verstärken die Bläser zwar die Violinmelodie, treten seltener auch solistisch oder als solistischer Block gegenüber den Streichern auf; prägend aber ist ein homophoner Satz, in dem Melodie und Begleitung stets klar voneinander geschieden sind. Anders in der *Leonora*, deren Partiturbild sich in vielen Passagen auf den ersten Blick deutlich davon abhebt. So ist – eines von vielen möglichen Beispielen – der zweite Vers von Marcellinas Sortita (I/1) „fa presto non tardar" auf neun (bzw. 14) Takte gedehnt, indem sich während des über vier Takte lang gehaltenen Es'' der Singstimme die Instrumentalstimmen eigenständig entfalten: Zunächst nehmen die Klarinetten den Staccatolauf auf, mit dem die Melodie der Violine endet. Der wiederum wird fortgeführt von einer Nebennotenfigur, im zweimaligen Wechsel für je einen Takt von Violine, Oboe und Fagott und dann von Violine und Flöte vorgetragen. Währenddessen unterstützt die Klarinette mit einem auftaktigen Motiv den Achtelbeginn der Nebennotenfigur. Ähnliche Passagen finden sich vielfach, etwa zu Beginn in Florestanos Kerkerarie (II/10) oder im Terzett Leonora, Florestano, Rocco (II/13); aber auch, wenngleich seltener und weniger ausdifferenziert, schon im *Sargino*, so im Duett Sargino-Soffia (II/14) oder im zweiten Finale. Auf diese Weise den musikalischen Zusammenhang zu stiften, setzt die einfache Unterscheidung Melodie – Begleitung außer Kraft und läßt sie in wechselhaften Graden an Melodie und Begleitung teilhaben.

In bezug auf den horizontalen Verlauf ist im *Sargino* und der *Leonora* auch das Verfahren neu, ein Motiv oder eine Motivkombination in einer Nummer mehrmals wiederkehren zu lassen und so ihren Zusammenhang motivisch zu festigen. Ansatzweise geschieht das im ersten Terzett der *Leonora* (I/5), deutlicher ausgeprägt im Duett zwischen Rocco und Leonora im zweiten Akt (II/11), in dem eine Motivfolge vier formale Zäsurstellen akzentuiert. Ist sie hier jeweils identisch instrumentiert, so geht Paer im Duett Soffia-Sargino (I/10), in dem der erste Satz durch diese Motivtechnik ausgezeichnet ist, noch darüber hinaus: Im Verlauf des Andante sostenuto erscheint die eingangs mit Violine und Flöte schlicht instrumentierte Melodie noch weitere drei Mal vollständig, und weitere drei Mal werden Sequenzen des Hauptmotivs verwendet. Selbst aber wo die Tonart identisch ist, bleibt die Instrumentation nicht gleich, wird das wiederholte Hauptmotiv, eine punktierte Viertel, der ein diese Note umspielender Sechzehntellauf folgt, jedes Mal von einem anderen Holzblasinstrument oder -instrumentenpaar übernommen.

Man hat diese Motiv- und Instrumentationstechnik bei Paer gewöhnlich auf den Wiener Einfluß zurückgeführt, was denn bestätigt zu sein schien, wenn man in der *Allgemeinen Musikalischen Zeitung* von 1806 die Mitteilung aus Rom fand, daß die dortigen Musiker über „Paers Schwierigkeiten als über teuflische in allen Ecken" fluchten.[35] Ohne eine solche Möglichkeit gänzlich zu leugnen und ohne widerlegen zu wollen, daß eine derartige motivische Durcharbeitung an den Ort gebunden ist, für den Paer gerade komponierte – man sehe im Vergleich die Partituren allein zu *Sofonisba* für Bologna 1805 oder *Agnese* für Parma 1809 –, sei hier vorläufig, weil der Untersuchung noch zu wenige Werke zugrundeliegen, an sich aufdrängende Einwände erinnert: Erstens weist die *Camilla*, eineinhalb Jahre nach Paers Ankunft in Wien komponiert und zugleich sein Wiener Hauptwerk, zwar neben dem großangelegten Versuch, vor allem das Finale I auch musikalisch als Tableau zu erfassen, einige exponierte Bläserpassagen und im Duett von Akt II (Nr. 11) ein wiederkehrendes Motiv auf. Eine mit der *Leonora* vergleichbare Motivtechnik und Satzstruktur, wie sie sich insbesondere für die Kerkerszene zu Beginn des dritten Aktes angeboten hätte, findet sich jedoch nicht. Zweitens fällt der Beginn verstärkter motivischer Arbeit im *Sargino* zeitlich zusammen mit der einsetzenden Rezeption der Opéra-comique in Wien. Hier wurden am Kärntnertortheater als erste Opern von Cherubini 1802 *Medée*, am Theater an der Wien *Lodoiska* und *Der Wasserträger* gespielt, am Kärntnertortheater 1803 von Le Sueur *Die Räuberhöhle (La Caverne)* und von Méhul *Helena.*[36] Paer konnte diese Aufführungen bei seinem Wiener Aufenthalt 1803 selbst zwar nicht hören[37]; möglich jedoch ist, daß er, dadurch angeregt, diese und weitere Werke im Partiturdruck studierte. Eben in der Opéra-comique aber war führend von Cherubini und Méhul seit Beginn der 1790er Jahre bereits die Tradition einer derartigen Motivtechnik entwickelt worden. Vor allem für Méhul war sie schon vor der Jahrhundertwende, z. B. im *Ariodant*, selbstverständliches Gestaltungsmittel und -prinzip geworden.[38] Für ein Komponieren, das an Gattungstraditionen gebunden ist, dürften hier zu allererst die Anregungen für Paer liegen, auch wenn er diese Technik nirgends in der Konsequenz wie Cherubini oder Méhul verfolgte.

Largo concertato-Momente

In allen drei Libretti nimmt das finale centrale eine gewichtige Position ein, indem sich hier Bedeutendes ereignet oder die Handlung eine entscheidende Änderung ihres Verlaufs erfährt. In den *Fuorusciti* geschieht solches in drei kurz aufeinander folgenden Momenten: Uberto droht mit den Seinen Edoardo den Tod an, falls man ihn denn zu fassen bekäme; Isabella aber soll die Freiheit erhalten, entgegnet jedoch, dies nicht annehmen zu können. Im *Sargino* tritt Sargino vor seinen Vater – und weint. Hier ist also der bereits in der ersten Szene als kritisch bezeichnete und gefürchtete Augenblick erreicht. In der *Leonora* ändert sich die Handlungsrichtung nicht eigentlich, aber Pizzarro gibt den Auftrag zum Mord an Florestano. Somit enthalten alle drei Finali, aufgrund des gemischten Genres sämtlich in der Form reihender Einzelsätze[39], Momente, die den Schrecken aller auslösen, für einen kurzen Augenblick zum Stillstand der Handlung führen und daher für ein Largo concertato prädestiniert wären. Indes hat Paer diese Situation nur im *Sargino* auch musikalisch mit einem eigenen Satz umgesetzt. Hier jedoch beginnt ein

Larghetto bereits vor dem entscheidenden Ereignis, ist also nicht mehr Reaktion darauf.

Daß Paer sich mit der Verweigerung eines solchen Largo concertato jedoch nicht unfähig oder unwissend erwies, zeigt seine Behandlung der dramatischen Schlüsselstellen jeweils in den zweiten Akten: also der Nummer 12 der *Fuoru-sciti*, in der die versuchte Flucht der 'Gefangenen' entdeckt wird; des Terzetts II/15 im *Sargino*, wenn Soffia erklärt, sie habe ihr Herz bereits vergeben; und des Quartetts II/14 der *Leonora*, wenn Leonora Florestanos Tod verhindert, sich daraufhin zuerst als Florestanos Gemahlin und dann Pizzarro zu erkennen gibt und schließlich Trompetenklänge die Ankunft des Gouverneurs melden. Allerdings gibt es hier noch deutliche Unterschiede hinsichtlich der Koordinierung des dramatischen Aufbaus mit der musikalischen Formanlage.

Möglicherweise wegen der Reihung von Überraschungsmomenten, die die Umformung von Bouillys derart aufgebauter Sprechszene bedingte, war die Gestaltung der betreffenden *Leonora*-Nummer am schwierigsten und geriet daher – vom Standpunkt der 1810er Jahre aus betrachtet – weniger formalisiert. Als später stereotyp eingesetztes Mittel, den Moment des Schocks dem Verrinnen der Zeit zu entziehen, wird bei den beiden Enthüllungsaugenblicken ein Motiv stetig wiederholt.[40] Erst die letzte Wendung der Ereignisse, welche die Trompetenklänge ankündigen, bedeutet einen Stillstand auch in der Musik: Die Generalpause, das folgende Adagio, das Pizzicato der Streicher und das Pianissimo gehören zum musikalischen Formelschatz dieses dramatischen Momentes. Allerdings wird ein abrupter Umschwung tonal und tempomäßig dadurch gemildert, daß er sich in zwei Schritten vollzieht: Dem Adagio in F-Dur geht bereits ein Meno Allegro voraus, das, überdies in C-Dur gesetzt, die folgende Tonart vorbereitet.

Im B-Dur-Terzett des *Sargino* ist diese Zäsur deutlicher formuliert, sind allerdings die Momente Überraschungseffekt, Stillstand der Aktion und Largo sowie Umschlag in übereiltes Agieren und Allegro noch nicht alle korreliert: Soffias alles Folgende auslösendes Geständnis „Il cor più mio non è" ist ein Lento con espressione rezitativischen Charakters, in dem das Orchester, allein Streicher, dem Sänger folgt. Diese zentralen Worte erweisen sich jedoch als Einschub in den ersten Satz der Nummer. Denn ihnen folgen als unmittelbare Reaktion des Vaters heftiger Vorwurf „Alma ingrata", Sarginos erschrockener Ausruf „Ah che disse!" sowie Soffias Verteidigung „Deh Signor! mentir non oso", eine Passage, die plötzlich in f-Moll einsetzt und bisher nicht berührte Tonarten wie Des-Dur und b-Moll streift. Vom Tempo her aber wird das erste Allegro fortgesetzt. Dagegen tritt das von der späteren Entwicklung bei Rossini her sogleich erwartete Largo erst nach drei großen Phrasen von 22 Takten Länge ein. Tonal wie satztechnisch ist es ein eigenständiger Satz: in As-Dur und a-cappella-gesetzt. Der Fortgang entspricht eher schon der späteren Norm: Zunächst folgt ein hastiger Dialog im Allegro vivace, in dem der Gesprächsfaden wieder aufgenommen wird, der mit dem Largo abgebrochen war, dann die Steigerung zum Più Allegro. Die Einbindung aller Figuren in eine einzige rhythmische Gangart im Largo, die sich wie ein Korsett um ihren Ausdruck legt, und der dieser geradezu erzwungenen Einheit des Fühlens entsprechende Text „Palpitante, incerto, oppresso, che risolvere? [...]“ sind szenisch mit der Vorstellung des ‘quadro’ verbunden, dem regungslosen Verharren aller Beteiligten im Ausdruck ihres Schreckens, das sich dann in um so rascherer Aktion und um so rascherem Tempo löst. Daß das im Originaltextbuch nicht vermerkt ist, wiegt gegenüber der kompositorischen Verwirklichung, die eine szenische Verwirklichung geradezu nahelegt, nur gering.

Eine Verknüpfung aller Parameter in der Weise, daß sich dramatische Entwicklung und formale Anlage in ihrer Wirkung gegenseitig stützen, findet sich in der 12. Nummer der *Fuorusciti*. Als ein Szenenkomplex, der deutlich seine französische Herkunft verrät[41], setzt die Nummer ein mit dem Öffnen des Höhleneingangs. Es folgen Giannis stotternd vorgebrachte Warnung, daß die geplante Flucht entdeckt sei, das Auftreten Ubertos mit seinen Helfern und das Flehen und Drohen der beiden Parteien angesichts der unvorhergesehenen Konfrontation. Musikalisch entsprechen dem das einleitende Adagio non troppo mit Accompagnato-Rezitativ, der Tradition solcher Ombra-Szenen folgend in der Tonart Es-Dur gehalten, das damit kontrastierende A-Dur-Duett der beiden Liebenden, die sich ihrer Rettung gewiß glauben, das Allegro agitato in F-Dur, das mit Giannis Auftritt beginnt und bis zu Ubertos plötzlichem Erscheinen reicht, das Larghetto und das abschließende Allegro risoluto, das, die tonale Einheit wahrend, wieder in Es-Dur steht. Auf dem Höhepunkt der Spannung, Ubertos ersten Worten „Arresta. Olà“, gerinnt der Augenblick des Entsetzens zu einem über 17 Takte ausgesponnenen Larghetto, in dem die fünf Solo- und drei Chorstimmen erst in abwechselnden und dann in einem einzigen Motiv homorhythmisch gebündelt sind. Währenddessen verharren alle unbeweglich und gruppieren sich so zu einem ‘Bild’. Die Spannung löst sich in heftige Reden, musikalisch in ein Allegro risoluto, das mit aufsteigenden 16tel-Figuren einsetzt und dessen Temposteigerung eine harmonische Vereinfachung korreliert. Die Anlage stimmt mit der eines Rossinischen Largo concertato bereits genau überein, wenngleich die Ausmaße bei Paer noch weitaus geringer sind, nicht zuletzt natürlich durch die Stellung als Nummer innerhalb eines Aktes bedingt. Diese Konstruktion zum Ganzen der Oper in Bezug zu setzen und als Ziel einer dramatischen Entwicklung aufzufassen, so daß großformale Anlage und dramatische Struktur korrespondieren, darin liegt der entscheidende und prinzipielle Unterschied zu den Texten Rossinis. Ob sich wie bei Mayr auch bei Paer eine Entwicklung in eine solche Richtung abzeichnet, bleibt zu prüfen.[42]

Verständlich, daß der Komponist im Formalen und so auch bei dieser Form zuerst auf die Vorgabe des Librettos angewiesen ist. Und Anelli, der Librettist der *Fuorusciti*, hat den beschriebenen dramatischen Moment offenbar mit schärfster Vorstellung des Szenischen ganz bewußt gestaltet und dem Komponisten eine Kompositionsanleitung in Form von Regieanweisungen an die Hand gegeben. Die entscheidenden Augenblicke, das Erstarren der Bewegung und das folgende vielschichtige Agieren, sind von ausführlichsten, bei Pucitta und Paer identischen Regieanweisungen begleitet. Deren erste lautet: „I fuorusciti all' intorno disposti. L'aria minacciosa d'Uberto, e di Oggero, la confusione d'Edoardo, e de' Pastori, il pallore, e l'oppressione d'Isabella, lo spavento, e lo stupore di Gianni formano quadro. Tutti restando immobili nel loro atteggiamento s'esprimono con quelle parole, che più gli convengono ne' versi seguenti." Danach, mit Beginn des Allegro risoluto, beginnt sich allmählich der eine dem anderen zuzuwenden, bis alle in verschiedener Weise agieren, was im einzelnen wiederum von einer detaillierten Regieanweisung festgelegt ist. Die Bezüge zu Rossini liegen auf der Hand. Im *Tancredi* kann die der zitierten Anweisung entsprechende Angabe so knapp formuliert werden: „Sorpresa, fremito, affanno, sdegno, relativo a'personaggi; quadro"[43] im *Barbiere di Siviglia* (1816) heißt es, nochmals weiter verknappt, im ersten Finale: „quadro di stupore", während Anelli selbst in der *Italiana in Algeri* (1813) auf eine solche Angabe ganz verzichtet, was darauf schließen läßt, daß Rossinis Librettisten hier bereits auf einen festen Typus der Szenenkonstruktion zurückgreifen konnten. Als Frage ergibt sich auch, ob die Vorschrift 'formano quadro' bzw. einfach 'quadro' auf die französische Anweisung 'ils font tableau' zurückgeht, als deren Übersetzung Anellis Wortwahl zumindest denkbar ist.[44]

Ein Italiener in Deutschland um 1800

Wenn Paer eingangs als einer der erfolgreichsten Komponisten seiner Zeit vorgestellt wurde, so wird man erwarten, solche Wertung spiegele sich in zeitgenössischen Kritiken und Reaktionen. Doch das trifft nur sehr indirekt zu. Zu fest war die italienische Oper etabliert und offenbar allzu selbstverständlich auch ihr Erfolg, als daß sie eines unterstützenden Wortes durch die deutsche Musikjournalistik bedurft hätte. Denn diese verstand sich von Anfang an als Organ speziell der deutschen Musik oder, wenn es sich doch um italienische Opern handelte, der deutschen Komponisten. Und die Wurzeln der Argumente, die später gegen Rossini und Meyerbeer vorgebracht werden[45], lassen sich bis in die Anfänge der Leipziger *Allgemeinen Musikalischen Zeitung* und bis zu Paers Dresdner Jahren zurückverfolgen. Bezeichnend – und nicht das bloß zufällige Resultat zweier verschiedener Kritiker in verschiedenen Städten – ist das Längenverhältnis zweier Rezensionen aus dem Jahre 1801 im *Journal des Luxus und der Moden*: die eine bezieht sich auf die Uraufführung von Paers *Achille* in Wien, die andere auf die Uraufführung von Naumanns letzter Oper *Aci e Galatea* in Dresden. Beide Opern fanden die Zustimmung ihrer Rezensenten, aber der erste Bericht nimmt gerade eine halbe Seite ein, der zweite dehnt sich über ganze drei Seiten, wobei auf einzelne Nummern und die Dekorationen eingegangen wird.[46] Weiter dürfte sich nur aus Gründen, die diesem Zusammenhang angehören, die überraschende Mitteilung in der *Allgemeinen Musikalischen Zeitung* aus Anlaß der Uraufführung der *Fuorusciti* erklären lassen: Sie umfaßt insgesamt drei Zeilen, und nach der Feststellung, daß das Werk „eins der angenehmsten Produkte italienischer Künstler in Deutschland" sei, heißt es, Einzelheiten anzuführen wäre unnötig.[47] Tatsächlich zeigt auch das Verfahren in der Dresdner *Abend-Zeitung* und dem *Morgenblatt für gebildete Stände*, einen Großteil der Rezensionen unter den Rubriken 'italienisches', 'deutsches' oder auch 'französisches Theater' anzukündigen oder die Werke diesen Kategorien in der Besprechung selbst zuzuordnen, wie bewußt man sich der jeweiligen nationalen Zugehörigkeit einer Oper war. Darüber entschied allerdings nicht die Herkunft eines Werkes oder seines Komponisten, sondern die Sprache der Aufführung (bzw. die Herkunft der betreffenden Schauspielergesellschaft). Dieses Bewußtsein führte 1817 in Dresden zur Institutionalisierung einer deutschen Oper; und der bis dahin übliche Umgang mit den Begriffen 'deutsche' und 'italienische Oper' erklärt auch, weshalb am Dresdner Institut der deutschen Oper selbst ursprünglich italienische Werke zur Aufführung kommen konnten.[48]

Gleichzeitig erscheinen schon in den ersten beiden Jahrgängen des *Morgenblattes für gebildete Stände* erste unverhüllt geäußerte Stellungnahmen gegen italienische und französische Werke, die sich mit dem Hinweis auf eine inzwischen herangewachsene eigenständige deutsche Opernkultur begründen ließen. In einem Bericht aus Wien von Anfang 1807 wird die Hoffnung auf eine Wiederholung von Beethovens *Leonore* so gerechtfertigt: „ [...] denn nach so vielen französischen Operchen sehnt man sich mit Recht nach gehaltvoller Musik." Ein Jahr darauf setzt der Schlußteil des Aufsatzes 'Ueber Musik-Pflege' mit der Feststellung ein: „Italien ist jetzt nicht mehr, wie vormals, der Sammelplatz tiefer und großer Meister"; Frankreich wird vorgeworfen, es entbehre „aller Tiefe des Sinnes und der Religion", was besonders die verunglückte Pariser Aufführung von Mozarts *Don Giovanni* bestätigen konnte. Im Gegenzug verweist der Autor auf die Musikpflege seit den Zeiten Augusts des Starken in Sachsen und die gegenwärtigen Verdienste Wiens, außerdem auf die bekannt guten Orchester Münchens und Berlins.[49] Erst unter diesen Zeichen des auch in Kunstangelegenheiten aufkommenden Nationalbewußtseins wird man das schwindende Ansehen Paers in Dresden einschätzen[50] oder eine spätere Rezension wie die anläßlich der Berliner *Camilla*-Aufführung von 1815 richtig bewerten können. Da hatte nämlich E. T. A. Hoffmann geurteilt, daß Paers neuere Werke „Konzerte mit Dekorationen und Kostum" genannt zu werden verdienten.[51]

Was allgemein galt, galt jedoch nicht in aller Schärfe auch im Einzelfall: Denn Paer und seine Frau wurden in Dresden und Deutschland sehr geschätzt, selbst wenn das nur in einigen wenigen Formulierungen kurz aufscheint. Die Dresdner *Abend-Zeitung* nennt ihn 1805 einen „beliebten Kompositeur"; seinen Weggang von Dresden empfindet man nach Auskunft des *Morgenblattes für gebildete Stände* als Verlust eines berühmten Kapellmeisters. Ebenso beklagte man den Weggang seiner Frau, der „größten Zierde der italienischen Oper" in Dresden[52], obgleich man ihren Gesang zuvor immer wieder wegen angeblicher Heiserkeit getadelt hatte. Als hervorragende Sängerin und ausdrucksvolle Schauspielerin, die im *Achille* in Anlehnung an die Tänzerin Maria (Meduic) Viganò offenbar Stellungen antiker Figuren nachahmte und die nach der Uraufführung des *Sargino* als „die gefeierte Göttin des Tages" erschien, fand sie im *Journal des Luxus und der Moden* wiederholt höchste Anerkennung. Allerdings mischten sich auch in dieses Lob nationalbewußte Untertöne. Denn einer Italienerin zu attestieren, sie wisse den rührendsten Ton der Empfindung zu treffen und den Ausdruck mit künstlerischem Gesang zu verbinden, bedurfte mindestens des Zusatzes, daß dies bei Italienerinnen sehr selten sei.[53]

Der „herrliche *Sargino*"

Von Paers bis zu seinem Weggang aus Dresden komponierten Opern fanden *Camilla* und *Sargino* in der Musikkritik weitaus am häufigsten Erwähnung, ohne allerdings darum eingehend besprochen zu werden. Auch die Berichte Christian Gottfried Körners an Schiller bieten keinen Ersatz.[54] So läßt sich kaum ein Bild von den Dresdner Uraufführungen oder gar von deren szenischen Realisierungen gewinnen, von denen im Blick auf das Maß der Charakteristik insbesondere die Dekorationen für die *Leonora* und die *Fuorusciti* von Interesse wären.[55] Der Dresdner Inszenierung der *Fuorusciti* wird 1806 lediglich der Hinweis auf geschmackvolle Dekorationen als Kennzeichen dieses Theaters zugestanden. Womit man denn immerhin eines sicher ausschließen kann: daß die Bühne wie im Vorbild, Le Sueurs *La Caverne*, in zwei horizontale Ebenen geteilt war und unten eine Höhle und darüber einen Wald zeigte. Diese szenische Realisierung, die Le Sueurs Libretto vorschreibt und die das Frontispiz des Partiturdrucks nahelegt, die in französischen Rezensionen aber nicht erwähnt[56] und daher stets unter Vorbehalt nur angeführt wird, dürfte übrigens durch die Aufführungen in Berlin (1803) und Wien (1807) an Wahrscheinlichkeit gewinnen. Denn an letzterer wurde gerade eine solche szenische Lösung gewürdigt: „Uebrigens wurde das große Publikum diesmal doch einigermassen durch eine neue Dekoration erfreut: eine in zwey Hälften getheilte Scene, unten die Räuberhöhle und oben, über derselben, noch ein Wald, in dem die Räuber herumwandelten, wenn sie hinab oder aus der Höhle zogen. Das war hübsch."[57] Daß man sich dabei nicht auf die Pariser Inszenierung bezog, ist wenig wahrscheinlich.

Die rühmenden Epitheta, die die Erwähnung des *Sargino* fast immer begleiten, gründen nicht nur auf wie selbstverständlich vorausgesetzter Bekanntheit, sondern mußten eine eigentliche Besprechung überflüssig erscheinen lassen. Typisch sind Formulierungen wie „die herrliche" oder die „himmlische Musik", „eine hinreißend schöne sphärische Musik" oder auch der „vortreffliche" Sargino. Die Rezensionen zu den Wiener und Leipziger Aufführungen von 1806 und denjenigen in Berlin von 1808 deuten zwar ein mangelndes Interesse für dieses Sujet an, zählen die Komposition aber zu den besten der Zeit. Als „bekanntlich eine der neuesten, geistreichsten und effektvollesten Paerschen Opern" stellt sie der Leipziger Kommentator vor.[58] Diese Urteile machen denn auch die späteren Wiederaufnahmen in Dresden oder an der Scala und deren prominente Besetzung verständlich. An der Scala sang 1814 Filippo Galli die Rolle von Sarginos Vater; als sein Sohn trat Giovanni David auf, der den Sargino auch noch in den Vorstellungen von 1826 interpretierte. In Dresden übernahm 1822 Friedrich Samuel Gerstäcker, 1822 Giovanni Cantù die Rolle des jungen Sargino, Luiggia Sandrini, die bereits in der Uraufführung mitgewirkt hatte, in beiden Jahren die der Soffia; ersterer ein auswärtiger Gast, die beiden zuletzt genannten führende Sänger der Hofbühne. Nicht nur ernten Gerstäcker, und ähnlich auch die anderen höchstes Lob – ein „seelenvoller, das Herz ansprechender Vortrag, und inniger, wahrer Ausdruck“ –, sondern auch die Oper selbst wird das erste Mal ausführlicher in der Dresdener *Abend-Zeitung* gewürdigt, wobei der in der Ästhetik der Empfindsamkeit entwickelte Topos der Musik als Sprache des Herzens zur Begründung herangezogen wird: „Ueber diese beiden Aufführungen [des *Sargino*] bei unserer italiänischen Oper giebt es nur E i n e Stimme des allgemeinsten und wärmsten Beifalls. Die Musik dieser herrlichen Oper selbst ist so ächte Herzenssprache, daß sie keiner Zeit, keiner Mode, keinem Geschmack unterworfen ist. Nichts ist hier gesucht und darum gerade ist alles gefunden. Jedem Ohr wohlthuend, jedem Herzen verständlich, Geist, Phantasie und Gefühl in gleichem Maaß ansprechend, den Kenner wie den Layen befriedigend, wird sie zu allen Zeiten und in allen Ländern entzücken, wo Sinn und Liebe für wahre Musik ist.“[59]

*

Inwieweit nun die stilistische Stratifikation, das unmittelbare Nebeneinander zukunftweisender und traditioneller Merkmale, wie es in Paers Dresdner Opern deutlich wird, Tendenzen seiner früheren Werke fortführt und in seinen späteren Werken fortgesetzt wird, bleibt zu prüfen. Man muß sich dabei jedoch der Tatsache bewußt sein, daß im Blick auf die für die Entwicklung des melodramma besonders interessierende Frage des Formalen zunächst Libretti verglichen werden müssen und erst an zweiter Stelle ihre kompositorische Verwirklichung untersucht werden kann, daß also dem Libretto eine formkonstituierende Bedeutung zufällt, die oft nicht genügend Beachtung findet (vielfach auch von kaum mehr eruierbaren Einflüssen des Theaterbetriebes abhängt), und daß das Libretto daher über die Modernität eines Komponisten gerade dieses Jahrzehnts in nicht geringem Ausmaß entscheidet. Kann bereits aus diesem Grund eine mögliche kompositorische Entwicklung eine Brechung erfahren, so ist zudem, zumindest theoretisch, die Möglichkeit offen zu lassen, daß die Herausbildung der Rossinischen Formkonventionen nicht einheitlich verlief, sondern es je nach Parameter unterschiedliche Entwicklungen gab. Gerade auch die Paerschen Opern stellen hierzu einen Fundus an Möglichkeiten bereit, denen es weiter nachzugehen gilt. Setzt man die hier gemachten Beobachtungen in Bezug zu den Untersuchungsergebnissen über die opere serie von Simon Mayr, so deutet sich nämlich im Fall der Duettkonstruktion ein recht gleichwertiges Nebeneinander unterschiedlicher Formvarianten an: Bei Mayr ist teilweise zwar die Rossinische Satzanordnung vorweggenommen, anscheinend läßt sich aber keine Entwicklung zu Rossini hin erkennen.[60] Dem fügt sich das Ergebnis dieser Untersuchung nahtlos ein, indem gerade bei Paers Duetten die größte Formenvielfalt herrscht. Anders dagegen scheint das Largo concertato mit größerer Zielstrebigkeit entwickelt worden zu sein.[61] Dennoch, unabhängig von solchen und anderen offenen Fragen: In den Jahren 1802 bis 1806, in denen Paer der Dresdner Hofkapelle als musikalischer Leiter vorstand, repäsentierten seine Werke die modernste Richtung der italienischen Oper auf dieser Bühne. Und überblickt man deren Repertoire von 1800 bis 1810, so will es fast scheinen, als habe Paer nicht erst in Paris gegen Rossini intrigiert, wo er Aufführungen von dessen Werken zu verhindern trachtete oder aber sie in veränderter Gestalt gab, sondern als habe er bereits in Dresden die Opern seines zur damaligen Zeit mächtigsten Konkurrenten, Simon Mayr, vom Spielplan fernzuhalten gewußt.[62]

ANMERKUNGEN

1 Marita P. McClymonds, *The Venetian role in the transformation of Italian opera seria during the 1790s*, in: *I Vicini di Mozart*, hrsg. von Maria Teresa Muraro, Florenz 1989, S. 221–240.

2 Zwischen beiden Städten bestanden auf musikalischem Gebiet in diesen Jahren enge Bindungen. So wurden die Choreographen und Tänzer Antonio Muzzarelli (1791), Salvatore Viganò (1795) und Giuseppe Trafieri (1796) von Venedig an das Kärntnertortheater verpflichtet. Auch Peter von Winter erhielt eine scrittura für Wien erst, nachdem er in Italien und vor allem in Venedig erfolgreich hervorgetreten war.

3 Leider enthält das Verzeichnis von Ortrun Landmann, *Die Dresdner italienische Oper zwischen Hasse und Weber*, Dresden 1976, dem diese Angaben entnommen sind, keine Angaben über die Zahl der Wiederholungen.

4 So Richard Engländer, *Ferdinando Paër als sächsischer Hofkapellmeister*, in: *Neues Archiv für sächsische Geschichte und Altertumskunde* 1 (1929), S. 205.

5 Allerdings darf man dabei nicht vergessen, daß sich zusammen mit Paer auch eine große Sängerin engagieren ließ, seine Frau Francesca (Riccardi) Paer, die als Sängerin traditionell höheres öffentliches Ansehen genoß als ein Komponist, was sich denn auch in ihrer weitaus höheren Gage ausdrückt. S. dazu Robert Prölss, *Geschichte des Hoftheaters zu Dresden. Von seinen Anfängen bis zum Jahre 1862*, Dresden 1878, S. 241.

6 Engländer, *Ferdinando Paër,* S. 218.

7 *Journal des Luxus und der Moden*, 18 ([Januar] 1803), S. 41.

8 Das Textbuch für Pucitta unterscheidet sich nur geringfügig von dem für Paer. Vor allem wurde ein Chor ergänzt, der Tutti-Passagen der Solisten übernehmen kann und mit dem die Introduzione einsetzt.

9 In verschiedenen Lexika wird als Autor Giovanni Schmidt genannt – Carlo Schmidl, *Dizionario universale dei musicisti*, Mailand 1937f.; *The New Grove. Dictionary of music and musicians*, London 1980; *The New Grove. Dictionary of Opera*, London 1992 – , was auf Francesco Florimos weiter nicht erörterte Angabe in seinem Werk *La scuola musicale di Napoli e i suoi conservatori*, Neapel 1880–83, Bd. 4, S. 368, zurückgeht. Wenn das Textbuch zur Neapler Aufführung von 1816 diesen Namen als erstes enthält und die Angabe, Schmidt sei der Autor, im *Catalogo della Biblioteca del Liceo musicale di Bologna*, hrsg. von Ugo Sesini, Bologna 1943, S. 359 und 360, lediglich vom Neapler Textbuch auf dasjenige für die Aufführung 1812 am Teatro della Pergola in Florenz übertragen wurde, dann muß man Engländers Zuschrift zu Cinti folgen und kann in Schmidt lediglich den Bearbeiter einer Neapler Aufführung sehen. Freilich bedürfte es auch eines Vergleichs

der Libretti. Woher und weshalb Werner Wolf die Zuschreibung zu Schmidt übernimmt, bleibt offen. Richard Engländer, *Paërs „Leonora" und Beethovens „Fidelio"*, in: *Neues Beethoven-Jahrbuch* 4 (1930), S. 120; und Werner Wolf, *Zur Vorgeschichte des Leonore-Stoffes*, Leipzig o. J., wieder in: *Ludwig van Beethoven. Fidelio*, hrsg. von Attila Csampai und Dietmar Holland, München 1981, S. 84.

10 So in der Einleitung zu Pucittas Textbuch, Mailand 1801, die allerdings vom Impresario des Theaters und vom Komponisten gezeichnet ist. Die Verfassser beziehen sich eigens auch auf den Erfolg der *Griselda*, so daß Anellis Teilhabe an dem Vorwort nicht sehr fernliegt.

11 Anelli trat als entschiedener Antiromantiker im 1816 offen ausbrechenden Mailänder Kampf zwischen Klassizisten und Romantikern auf. S. dazu Guido Bustico, *Un librettista antiromantica. Angelo Anelli*, in: *Rivista musicale italiana* 28 (1921), S. 53–81. Das Verhältnis des Librettisten Anelli zum Literaturtheoretiker Anelli wird hier allerdings nicht untersucht, bzw. die Identität beider Rollen fraglos angenommen.

12 Allerdings fehlt es auch bereits der französischen Vorlage der *Leonora*.

13 Vgl. dazu: Niklas Luhmann, *Liebe als Passion. Zur Codierung von Intimität*, Frankfurt 1982. Die Liebesauffassung in den beiden anderen Libretti ist nicht ausformuliert. Allerdings scheint die Rettung eines Ehegefährten eine persönlich-individuelle Bindung vorauszusetzen.

14 Die beiden Artikel sind zwar nicht namentlich gezeichnet; doch legen zeitliche Nähe und Ähnlichkeit des Urteils nahe, daß beide Rezensionen von demselben Autor stammen: Morgenblatt für gebildete Stände 1 (1807), Nr. 166, S. 664 und 1808, Nr. 52, S. 204.

15 So im Bezug auf *Sargino* in der *Allgemeinen Musikalischen Zeitung* 7 (1804/05), Band 7, Sp. 645f.

16 Zuerst wurde dies dargestellt von Ludwig Schiedermair in *Beiträge zur Geschichte der Oper*, 2. Teil, Leipzig 1910, S. 1–30. Siehe dazu auch den Anhang bei Helen Geyer-Kiefl, *Die heroisch-komische Oper*, Tutzing 1991, in dem ursprünglich als heroisch-komisch herausgekommene Opern und deren Gattungsbezeichnungen in verschiedenen anderen Quellen zusammengestellt sind.

17 Lenas Angebot an Gianni, ihn zu heiraten und ihm so das Leben zu retten, und die entsprechende Szene im Finale, in dem Gianni seine Zusage zurücknimmt, da er bereits verheiratet sei.

18 Daß der Wechsel der Bezeichnung auch zwischen verschiedenen Inszenierungen an ein und demselben Theater möglich war, zeigt sich z. B. bei Paers *Griselda*: in Florenz 1809 als dramma per musica und 1812 als dramma giocoso angekündigt. Nicht einmal die farsa galt als eine unveränderlich feststehende Bezeichnung, s. dazu Gazzanigas *Fedeltà e amore alla prova*; s. Geyer-Kiefl, *Die heroisch-komische Oper*, S. 234.

19 Martin Ruhnke stellte in seinem Kongreßbeitrag *Opera Semiseria und Dramma Eroicomico* (*Analecta musicologica* 21 [1982], S. 263–275) anhand der Beipiele von Paers *Sargino* und *Leonora* die These auf, daß die Termini semiseria und eroicomico eindeutig Unterschiedliches bezeichneten. Demgegenüber überzeugender erscheint das methodische Vorgehen Gian Paolo Minardis in seiner Studie *Paer semiserio* (in: Muraro [Hrsg.], *I Vicini di Mozart*, S. 343–58), die Rückführung einzelner Werke auf unterschiedliche Opern-, bzw. Stofftraditionen, ohne daß die Gattungsbezeichnung des betreffenden Werkes dabei von ausschlaggebender Bedeutung wäre. Dieselbe methodische Überlegung liegt den von Lippmann in seiner Diskussion zu Ruhnkes Referat (s. dort S. 275) angeführten Typen der Mischung des Komischen mit dem Ernsten zugrunde. Als solche nennt er das dramma eroicomico mit mittelalterlichem Sujet, die durch parti serie angereicherte opera buffa und die aus der comédie larmoyante sowie der französischen 'Rettungsoper' erwachsene semiseria. – Zur Begriffsgeschichte des Wortes eroicomico bzw. heroisch-komisch s. Geyer-Kiefl, *Die heroisch-komische Oper*, S. 16–24.

20 Es handelt sich vor allem um die Studien von Scott L. Balthazar, *Mayr, Rossini, and the development of the opera seria duet: some preliminary conclusions*, in Muraro (Hrsg.), *I Vicini di Mozart*, S. 77–398; ders., *Mayr, Rossini, and the development of the early concertato finale*, in: *Journal of the Royal Musical Association* 116 (1991), S. 236–266; Friedrich Lippmann, *Über Cimarosas Opere serie*, in: *Analecta musicologica* 21 (1982), S. 21–59; und McClymonds, *The Venetian role*.

21 Aus Zeitgründen war es nicht möglich, das in Parma befindliche Autograph zu *Sargino* einzusehen. Den Überlegungen wurden die Münchner Partituren des *Sargino* und der *Fuorusciti* zugrundegelegt. In allen erscheint der italienische Text der Uraufführung als der primäre, so daß die Annahme, diese Partituren repräsentierten die Opern in ihrer Uraufführungsgestalt, immerhin recht gesichert ist (es war nicht möglich, das einzig bekannte Autograph, die Partitur des *Sargino* in Parma, einzusehen). Daß sich ein letztlich sicherer Beweis jedoch auch darauf nicht verlassen darf, zeigt sich anhand des Wiener Klavierauszugs von Mayrs *Ginevra di Scozia*. In ihm ist eine Reihe von Nummern Weigl zugewiesen, die er für die Wiener Aufführung neu komponierte und deren Text bereits von den italienischen Textfassungen abweicht. Die angeblich Weiglsche Arie „Audaci, io sol me oppongo" aber erscheint auch im italienischen Textbuch von 1805, ist also Weigl entweder fälschlich zugewiesen oder stellt eine textgleiche, musikalisch aber unterschiedliche Arie dar.

22 In den drei hier untersuchten Opern lediglich einmal in Filippos Arie im *Sargino*, in der er sich als Feldherr bestätigen läßt (II/19); im übrigen in mehreren Nummern der *Sofonisba* (1805), in der die aria con coro als Ausgleich für das Fehlen größerer Ensembles erscheint.

23 Andererseits ist auch Curiazios Arie im zweiten Finale von Cimarosas opera seria *Gli Orazi e i Curiazi* (1796) um einen Chor und vier Solisten erweitert, die anfangs als Dialogpartner, später dann aber als pertichini mit dem Chor zusammen auftreten.

24 Nr. I/6 stellt zusätzlich eine Sonderform der Romanze dar, s. dazu den Abschnitt *Die Romanze als Szene*.

25 Möglicherweise ließe sich über einen detaillierten stilistischen Vergleich sowohl mit den von Cinti bearbeiteten Texten wie den Libretti von Schmidt schließlich doch noch präzisieren, wer der Verfasser bzw. Bearbeiter des Textbuches war. – Eine ähnlich einfach reihende Form hat auch die Nummer I/5 der *Leonora*, die den gleichen stilistischen Überlegungen folgend aus einem einfachen Dialog Bouillys hervorging. Allerdings stand hier zur Vertonung der zwei dem Solo folgenden Abschnitte, dem Da-Se-Reden der Einzelnen und ihrem abschließenden Zusammensingen, musikalisch die Ensemble-Schlußgestaltung zur Verfügung.

26 Möglich wäre freilich auch die inhaltliche Begründung: daß sich Edoardo bereits mit dieser Abweichung von der Norm als vorgeblicher Hirte entlarvt.

27 Außer der Melodie sind die dritte und vierte Strophe mit den ersten beiden identisch.

28 Die Einführung dieser Unterscheidung und deren Definition: Sieghart Döhring, *Formgeschichte der Opernarie vom Ausgang des achtzehnten bis zur Mitte des neunzehnten Jahrhunderts*, Itzehoe 1975, S. 52–72.

29 Ähnlich auch Isellas Arie in *Sargino* I/9.

30 Zu ihrer Erweiterung um ein einleitendes Terzett s. oben S. 50.

31 Die Zahl variiert je nachdem, ob man das Duett zu Beginn vom Finale II zählt oder nicht. In entsprechenden Fällen wurde zwar nicht so verfahren; hier jedoch läßt eine besonders geschlossene Form dieses Duett als eigenständige Nummer erscheinen.

32 Die Nummer I/5 ist in der Partitur zwar als Terzett bezeichnet; formal gesehen geht dem jedoch die Arie Pizzarros voraus.

33 Lippmann, *Cimarosas Opere serie*, S. 42.

34 Der kompositionstechnischen Differenzierung entspricht in dieser Arie die beschriebene individuelle Formgestaltung.

35 *Allgemeine Musikalische Zeitung* 7 (1804/05), Sp. 406. Der gleiche Vorwurf, stereotyp für alle in deutschsprachigen Ländern lebende Opernkomponisten, wird auch gegen Mozart oder Righini erhoben.

36 Am Theater auf der Wieden wurde Grétrys *Richard coeur de lion* bereits 1800 gegeben. Weitere Opern von Méhul folgten am Hoftheater allerdings erst in den Jahren 1806 – *Les deux aveugles* –, 1809 – *Le trésor supposé* und *Une folie* – und 1810 – *Uthal*. Franz Hadamowksy, *Das Wiener Hoftheater*, Wien 1974.

37 Paer hielt sich 1803 etwa von Februar oder März bis spätestens Mai in Wien auf; in dieser Zeit wurde jedoch lediglich *Medea* einmal am 3. Februar gegeben. Vgl. Engländer, *Ferdinando Paër*, S. 208; und Hadamowsky, *Das Wiener Hoftheater.*

38 Zur Entwicklung der Motivtechnik in der Oper s. Georg Knepler, *Die Technik der sinfonischen Durchführung in der französischen Revolutionsoper*, in *Beiträge zur Musikwissenschaft* 1 (1959), S. 4–22; kurz geht darauf auch ein Sieghart Döhring, *Die Rettungsoper. Musiktheater im Wechselspiel politischer und ästhetischer Prozesse*, in: *Beethoven. Zwischen Revolution und Restauration*, hrsg. Helga Lühning, Bonn 1989, S. 125–128. – Die reichere Orchestrierung war im ersten Jahrzehnt des 19. Jahrhunderts bei Pariser Komponisten dann so allgemein verbreitet, daß es 1807 zu einem Streit zwischen Kopisten und Theaterdirektoren kam. Die Kopisten forderten plötzlich ein doppeltes Gehalt mit der Begründung, daß „Arien, Duette und Chöre etc. mit Noten ungewöhnlich überladen seyen", woraufhin die Direktoren beratschlagten, ob auf die Forderungen einzugehen sei oder aber den Komponisten eine einfachere Musik zur Bedingung gemacht werden solle. Vgl. *Morgenblatt für gebildete Stände* 1 (1807), Nr. 21, S. 84.

39 Daß das Kettenfinale bei der jüngeren Librettisten-Generation nach 1800 in der opera seria einen festen Platz, zuerst in Mailand, einnimmt, hat Balthazar gezeigt (*Mayr, Rossini, and the early concertato finale*, S. 377ff.).

40 Vgl. Bd. 2, S. 162–164 und S. 176f. der Florentiner Partitur.

41 Ein ähnlicher findet sich in *Sargino*, wo Nr. 5 und 6 lediglich durch Soffias Brieflektüre getrennt sind. In der Dresdner Fassung ist dieser Brief laut vorzutragen, in der Aufführung an der Scala 1814 wird der Zusammenhang der Nummern dadurch betont, daß die Zeilen des Briefes durch „virgolette" als leise zu lesende gekennzeichnet sind.

42 Zu den Lösungen bei Mayr s. Balthazar, *Mayr, Rossini, and the opera seria duet*, S. 377ff.

43 Die knappe Anweisung findet sich identisch in Libretto wie Partitur.

44 Damit verbunden ist die weitere Frage, ob 'quadro' in der italienischen Oper stets den Stillstand aller Aktion meint; in der französischen Oper besteht zumindest kein zwingender Zusammenhang.

45 Vgl. dazu die Aufsätze von Josef Loschelder, *Rossinis Bild und Zerrbild in der Allgemeinen Musikalischen Zeitung Leipzig*, in *Bolletino del centro Rossiniano di studi*, 1973, Nr. 1–2, S. 23–42 und 1977, Nr. 3, S. 17–40; und Sieghart Döhring, *Rossini nel giudizio del mondo tedesco*, in *Gioacchino Rossini 1792–1992. Il testo e la scena*, hrsg. von Paolo Fabbri, Pesaro 1994, S. 93–104.

46 *Journal des Luxus und der Moden*, 16 ([August] 1801), S. 419f. und 425–428.

47 *Allgemeine Musikalische Zeitung* 5 (1802/03), Sp. 206.

48 S. dazu in diesem Band auch die Überlegungen von Anno Mungen, *Morlacchi, Weber und die Dresdner Oper*.

49 *Morgenblatt für gebildete Stände* 1 (1807), Nr. 21, S. 80 und 1808, Nr. 20, S. 80.

50 S. dazu in diesem Band die Untersuchung von Agatha Kobuch, *Ferdinando Paer in Dresden*.

51 *Dramaturgisches Wochenblatt in nächster Beziehung auf die königlichen Schauspiele zu Berlin* 1815, S. 92.

52 *Abend-Zeitung* (Dresden) 1805, Nr. 86, 26. Okt. (ähnlich 1806, Nr. 20, S. 80); *Morgenblatt für gebildete Stände* 1 (1807), Nr. 6, S. 26.

53 *Journal des Luxus und der Moden*, 16 ([August] 1801), S. 419f.; 17 ([Februar] 1802), S. 91; 18 ([Januar] 1803), S. 41, [März], S. 150; 19 ([März] 1804), S. 113.

54 Sie sind sämtlich zitiert bei Engländer, *Ferdinando Paer*, S. 205ff.

55 Leider haben sich keine Bühnenbildentwürfe erhalten.

56 Die Kritiken geben insgesamt nur sehr oberflächliche Eindrücke wieder. Jean Mongrédien, *Jean-François Le Sueur*, Bern, Frankfurt, Las Vegas 1980, S. 257.

57 *Morgenblatt für gebildete Stände* 1807, Nr. 166, S. 664. – Zur Wiener Aufführung s. Joseph Richter, *Briefe des jungen Eipeldauers an seinen Herrn Vettern in Kakran mit Noten von einem Wiener*, 19. Heft (1803), S. 20.

58 *Allgemeine Musikalische Zeitung* 8 (1805/06), Sp. 233, Sp. 329; *Morgenblatt für gebildete Stände* 1 (1807), Nr. 53, S. 212; 2 (1808), Nr. 51, S. 204, Nr. 228, S. 918, Nr. 290, S. 1160; *Journal des Luxus und der Moden*, 23 ([November] 1808), S. 787f.

59 *Abend-Zeitung* (Dresden) 1820, Nr. 170, S. 4 und 1822, Nr. 41, S. 164. Auch die *Fuorusciti* wurden 1823 mit Beifall wieder aufgenommen; s. dazu *Abend-Zeitung* (Dresden) 1823, Nr. 69, S. 276.

60 Balthazar, *Mayr, Rossini and the opera seria duet*, S. 392–294.

61 Balthazar, *Mayr, Rossini and the early concertato finale*, S. 264f.

62 Nicht anders scheint Morlacchi Mayrs Werke nicht gefördert zu haben; den Einzug der Rossinischen Opern in Dresden vermochte er allerdings nicht aufzuhalten.

Hans John

Carl Maria von Webers erstes Dresdner Amtsjahr

Max Maria von Weber bezeichnet das Jahr 1817 in der Biographie über seinen Vater als dessen wichtigstes Jahr. Nach ca. sieben Monate währenden Verhandlungen hatte Carl Maria von Weber am 21. Dezember 1816 einen Vertrag als Musikdirektor des deutschen Departements erhalten. Er traf am 13. Januar 1817 in Dresden ein. Vier Tage später wurde er vor dem gesamten italienischen und deutschen Personal feierlich in sein Amt eingeführt. Zwar war er zutiefst enttäuscht über die Berufung lediglich als „Musikdirektor“. Damit befand er sich in der Hierarchie der Oper eine Stufe tiefer als sein italienischer Kollege Francesco Morlacchi. Aber Weber erreichte durch überzeugende künstlerische Leistungen und durch zähe Verhandlungen, daß er am 13. September 1817 zum Hofkapellmeister auf Lebenszeit am deutschen Departement des Dresdner Hoftheaters befördert wurde und somit Morlacchi formal gleichgestellt war.

Da es bezüglich der Aufgaben und Leistungen Webers an der Dresdner Oper bis zum heutigen Tag neben korrekten Mitteilungen auch viele Spekulationen, Ungenauigkeiten und Ungereimtheiten gibt, seien zu seinen Verpflichtungen als Hofkapellmeister im folgenden die Nachweise mitgeteilt, die auf den Angaben Carl August Kornmanns im *Tagebuch des Königlich Sächsischen Hoftheaters* beruhen.[1] Die Darstellungen Kornmanns sind zuverlässig, da sie auf den Theaterzetteln basieren, nach Ablauf des Kalenderjahres 1817 verfaßt wurden und Spielplanänderungen und Vorstellungsausfälle berücksichtigen. Insofern haben sie dokumentarischen Wert.

Kornmann teilt zunächst die Hierarchie und Struktur des Dresdner Hoftheaters mit:[2] Im Jahre 1817 stand Heinrich Carl Wilhelm Graf Vitzthum von Eckstädt, „Hofmarschall, Generaldirektor der Künste und Kunstakademien zu Dresden, Leipzig etc.“ dem „Königlich-Sächsischen deutschen und italienischen Hoftheater“ als „Generaldirector der musikalischen Kapelle und der beiden Hoftheater“ vor. Als Sekretär fungierte Carl Gottfried Theodor Winkler (alias Theodor Hell). „Oeconom beider Theater“ war Franz Seconda. 1817 gab es am sächsischen Hoftheater nur einen Hofkapellmeister: Francesco Morlacchi. Als „Director der italienischen Oper“ bezog er ein jährliches Gehalt von 1500 Talern und hatte seinen Wohnsitz in der „Ostra-Allee No 74a“.

Als „Kirchenkompositeur und Musikmeister [der italienischen Oper]“ ist Franz Anton Schubert angestellt (mit einem jährlichen Gehalt von 1200 Talern). Die weiteren führenden künstlerischen Persönlichkeiten sind:

„Chordirector: Joseph Emil Metzner, zugleich Sänger und Schauspieler
Concertmeister: Giovanni Battista Polledro für die italienische Oper
Viceconcertmeister: Ludwig Tietz, Viceconcertmeister und Musikdirector des deutschen Theaters

Regie: Friedrich Hellwig, Regisseur für deutsches Schauspiel und Oper
Luigi Bassi, Regisseur der italienischen Oper
Tanzlehrer: Adolph Simoni, zugleich Schauspieler [engagiert am 10. Mai 1817]."

Auf den Seiten 6 bis 16 listet Kornmann das „Darstellende Personal" auf. Wir beschränken uns hier auf die Mitteilung der Namen der Sänger-Solisten.

Das Deutsche Schauspiel und Oper hatte folgende Herren verpflichtet:
- Bergmann, Johann Gottfried, Sänger und Schauspieler [engagiert am 5.11.1816]. (Es ist interessant, daß einige Gesangssolisten als Sänger und als Schauspieler wirkten.)
- Geiling, Carl Ludwig, Sänger und Schauspieler [engagiert am 1.9.1817]
- Genast, Eduard, Sänger und Schauspieler [engagiert am 9.2.1817, abgegangen am 25.10.1817]
- Häcker, Johann Gottlieb, Sänger und Schauspieler, auch „Notisten-Inspector"
- (Heine, Ferdinand, „Schauspieler und Kostümzeichner", engagiert am 20.2.1817)
- Metzner, Joseph Emil, Sänger und Schauspieler, auch „Chordirector"
- Micksch, Johannes (auch bei der italienischen Oper)
- Wilhelmi, Georg Wilhelm, Sänger und Schauspieler [engagiert am 20. 10. 1816]
- Ziegler, Sänger und Schauspieler [engagiert am 20.9.1816].

Das „Deutsche Schauspiel und Oper" hatte demnach einen Personalbestand von 28 Herren. Die Anzahl der männlichen Solisten betrug neun. Zu revidieren ist laut der mitgeteilten Aufstellung die immer wieder kolportierte Legende, daß Weber erst nach seinem Dresdner Amtsantritt die Solisten verpflichtet habe. Aus den o.a. Mitteilungen ist ersichtlich, daß ein Teil des Solistenpersonals bereits vor Webers Anstellung durch das sächsische Hoftheater engagiert wurde.

Revisionsbedürftig ist den Angaben Kornmanns zufolge auch die Legende, daß den beiden Departements des sächsischen Hoftheaters jeweils ein eigenes Solistenpersonal zur Verfügung gestanden habe. Tatsächlich hatten einige der Solisten, vor allem die Damen, in beiden Departements Dienste zu übernehmen. Das wird auch aus der folgenden Aufstellung deutlich:

Am „Deutschen Schauspiel und Oper" waren folgende Solistinnen verpflichtet:
- Von Schüler-Biedenfeld, Eugenie („auch bei der italienischen Oper")
- Funk, Friederike („auch bei der italienischen Oper")
- Hunt, Antonie, Sängerin und Schauspielerin („auch bei der italienischen Oper")
- Micksch, Camilla („auch bei der italienischen Oper")
- Sandrini, Luiggia („auch bei der italienischen Oper")
- Schubert, Wilhelmine, „Sängerin und Schauspielerin" (engagiert am 15.3.1817)
- Zucker, Emilie, Sängerin und Schauspielerin.

Das deutsche Departement umfaßte 13 Damen, davon sieben Solistinnen. Sechs Damen fungierten ausschließlich als Schauspielerinnen. Die Anzahl der Solisten, männlich und weiblich, betrug 1817 im deutschen Departement 16 Personen.

Die „Italienische Oper“ (das italienische Departement) wies in demselben Jahr acht männliche und fünf weibliche Solisten auf, also insgesamt 13 Personen. Zur Oper wurden außerdem zwei „Hofkirchensänger“ nach Bedarf hinzugezogen: die Bassisten Franz Löbl und Giuseppe Paris. Somit war das Solistenpersonal im italienischen Departement zahlenmäßig kleiner als im deutschen Departement. Während es 1817 im italienischen Departement bezüglich der festangestellten Solisten keinerlei Veränderungen gab, ist die Fluktuation beim deutschen Solistenpersonal erheblich. Im Gegensatz zur italienischen Oper wurden beim deutschen Departement auch häufig Gäste von auswärts verpflichtet.

Interessant ist auch die Besetzung des von Weber im Jahre 1817 gegründeten Dresdner Opernchors. Nach der Darstellung Kornmanns gehörten dem „Singe-Chor“ 1817 „im Discant“ sieben „Mademoiselles“ an, im „Alto“ drei Monsieurs und sieben Damen, im „Tenore“ sieben Herren und im „Basso“ zehn Herren, insgesamt also 34 Choristen.

Eine weitere Formation, die Graf Vitzthum von Eckstädt unterstand, war die der „Kammer- und Kirchensänger“. Sie umfaßte zehn Sänger: acht Italiener und zwei Deutsche. Als Sopran bezog der Kastrat Filippo Sassaroli mit 1716 Talern die mit Abstand höchste Jahresbesoldung. Im Alt-Fach ist als einziger Solist Franco Buccolini (1000 Taler Gehalt) vermerkt. Die chorischen Aufgaben im Sopran- und Altbereich übernahmen die Dresdner Kapellknaben, die zur Zahl der zehn festangestellten Kammer- und Kirchensänger noch hinzuzurechnen sind.

Die Königliche Kapelle bestand 1817 aus 85 Mitgliedern. Der Kapelletat wird jährlich mit 38598 Talern angegeben. Es gab 63 festangestellte Orchestermusiker. Der Rest verteilte sich auf „Accessisten“, Instrumentenbauer, Kalkanten, 2 Hoforganisten und 2 Klavierstimmer.

Der Konzertmeister Polledro bezog 1500 Taler Jahresgehalt, der Flötist Johann Friedrich Prinz jährlich 800 Taler. Die Gehälter der übrigen Orchestermusiker bewegten sich in den Grenzen von 600 bis 150 Talern. Neben den im Orchester fest verankerten zwei Trompetern gab es 1817 außerhalb der Königlichen Kapelle noch fünf „Hoftrompeter“ und einen „Hofpauker“.

Aufschlußreich ist ein Blick auf den Opernspielplan im Jahre 1817. Von Kornmann wurden sämtliche Vorstellungen, die an den drei Dresdner Spielstätten – Morettisches Opernhaus, Theater auf dem Linckeschen Bade und Schloßtheater Pillnitz – stattfanden, genau aufgelistet.

Opern- bzw. Singspielaufführungen im Theater auf dem Linckeschen Bade und in Pillnitz konnten, da die Spielstätten nicht beheizbar waren, nur während der wärmeren Jahreszeiten durchgeführt werden.

Die Tage Mittwoch und Sonnabend blieben grundsätzlich der italienischen Oper vorbehalten. An Freitagen fanden, außer in den Sommermonaten, keine Opernvorstellungen statt. Die übrigen Tage standen dem deutschen Departement

(Schauspiel und Oper) zur Verfügung. Die Hofmusiker hatten in der Regel an sechs Wochentagen in der Oper Dienst. Hinzu kommen ca. 200 kirchenmusikalische Verpflichtungen im Jahr in der katholischen Hofkirche. Vier Wochen pro Jahr blieben in der Oper spielfrei. (Vom 23. März bis zum 8. April waren Osterferien; vom 14. bis zum 31. Dezember erstreckten sich die Weihnachtsferien.) Fanden im Hoftheater keine Opernvorstellungen statt, mußten die Hofkapellmusiker bei den Schauspielen Ouvertüren und Zwischenaktmusiken aufführen. Selbstverständlich waren die beiden Kapellmeister ebenso in die Pflicht genommen. Als Morlacchi vom 7. September 1817 an vom sächsischen König einen acht Monate währenden Italien-Urlaub genehmigt bekam, mußte Weber auch dessen Dienstverpflichtungen am italienischen Departement mit übernehmen. Webers Amtsaufgaben waren dadurch so angewachsen, daß sein Privatleben viel zu kurz kam und er z. B. den Termin seiner Hochzeit zweimal verschieben mußte.

Über die im Jahre 1817 durchgeführten Opernveranstaltungen gibt das „Verzeichnis aller auf dem hiesigen Königlich-Sächsischen Hof-Theater in der Zeit vom 1. Januar bis 31. Dezember 1817 gegebenen deutschen und italienischen Vorstellungen“ Auskunft.[3]

Januar

Sa. 11. *Il Turco in Italia*, ital. Oper von Gioachino Rossini
Mi. 15. *La famiglia svizzera*, ital. Oper von ?
Sa. 18. *Le nozze di Figaro*, ital. Oper von Wolfgang Amadeus Mozart
Mi. 22. *La scelta dello sposa*, ital. Oper von Pietro Guglielmi (?)
Sa. 25. *La famiglia svizzera*
Mi. 29. *Il Barbiere di Seviglia*, ital. Oper von Francesco Morlacchi
Do. 30. Z.1.M. [= Zum ersten Male] *Jakob u. seine Söhne in Ägypten* von Etienne Nicolas Méhul (Simeon: Georg Wilhelm Wilhelmi als Gast).

Februar

Sa. 1. *Il Barbiere di Seviglia*
So. 2. *Jakob und seine Söhne* (Simeon: Georg Wilhelm Wilhelmi als Gast)
Mi. 5. *I fratelli rivali*, ital. Oper von Peter von Winter
Sa. 8. *I fratelli rivali*
Di. 11. *Jakob und seine Söhne*
Mi. 12. *Griselda ossia: La virtú al cimento*, ital. Oper von Ferdinando Paer
Sa. 15. *Griselda*
Di. 18. *Die Brandschatzung*, Lustspiel in 1 Akt. Hierauf ein Matelot-Solo, getanzt in Holzschuhen von Herrn Simoni. Zum Beschluß: Z.1.M. *Das Hausgesinde*, Singspiel in 1 Akt, Musik von Anton Fischer. Dirigent: Carl Maria von Weber
Sa. 22. *Ferdinando Cortez ossia: La conquista del Messico*, ital. Oper von Gasparo Spontini

Mo.24. Z.1.M. *Fanchon, das Leyermädchen*, Vaudeville in 3 Akten, Musik von Friedrich Heinrich Himmel (Fanchon: Mlle. Lindner a. G.), Dir.: Carl Maria von Weber
Di. 25. *Die Rosen des Herrn v. Malesherbes* (Ländliche Szene in 1 Akt)
Z.1.M. *Der Blitz*, Lustsiel in 1 Akt von Adolph Müllner.
Zum Beschluß: *Die beiden kleinen Savoyarden*, Singspiel in 1 Akt. Musik von Nicolas d'Alayrac (Josepho: Mlle. Lindner a. G.). Dir.: Carl Maria von Weber.
Mi. 26. *Ferdinando Cortez*

März
Sa. 1. *Ferdinando Cortez*
Sa. 8. *Il portatore d' acqua*, ital. Oper von Paolo Fabrizi (?)
Mo.10. *Pflicht um Pflicht*, Schauspiel in 1 Akt
Adrian v. Ostade, Singspiel in 1 Akt von Joseph Weigl, Dir.: Carl Maria von Weber
Mi. 12. *La vestale*, ital. Oper von Spontini (Giulia: Frau Neumann-Sessi aus Wien als Gast)
Sa. 15. *La vestale* (Giulia: Frau Neumann-Sessi aus Wien als Gast)
Mi. 19. Z.1.M. *Tancredi*, ital. Oper in 2 Akten von Rossini
Sa. 22. *Tancredi*
Von Sonntag, d. 23. März, bis einschließlich Dienstag, den 8. April, sind Osterferien.

April
Mi. 9. Z.1.M. *Adelina*, ital. Oper in 2 Akten, Musik von Pietro Generali
Sa. 12. *Adelina*
So. 13. *Jakob und seine Söhne* (Jakob: Eduard Genast aus Weimar, Großherzogl. Hoftheater; Joseph: Georg Weixelbaum vom Großherzogl. Hoftheater Karlsruhe a. G.)
Di. 15. *Leichtsinn und gutes Herz*, Lustspiel in 1 Akt (August: Eduard Genast a.G.)
Adrian v. Ostade (Adrian: Eduard Genast a. G.)
Mi. 16. *Adelina*
Sa. 19. *Tancredi*
Di. 22. Z.1.M. *Helene* v. Méhul (Constantin u. Helene: Georg und Giuseppina Weixelbaum als Gäste), Dir.: Carl Maria von Weber
Do.24. *Helene* (mit Georg und Giuseppina Weixelbaum a. G.)
Sa. 26. *Tancredi* (mit Georg und Giuseppina Weixelbaum a. G.)
So. 27. *Der Shawl*, Lustspiel in 1 Akt
Adrian v. Ostade (Adrian: Eduard Genast a. G.)
Di. 29. *Die Martinsgänse*, Lustspiel in 1 Akt

hierauf: Szene und Arie aus der Oper *Camilla* von Ferdinando Paer, „in Costüm vorgetragen von Hrn. Gned vom Ständischen Theater in Prag als Baß." Zum Beschluß: *Die Zerstreuten*, Lustspiel in 1 Akt.

Mi. 30. Z.1.M. *Le donne cambiate*, italien. Oper in 2 Akten. Musik von Ferdinando Paer

Mai

Sa. 3. Z.1.M. *Johann von Paris* von Boieldieu, Oper in 2 Akt. (Seneschall: Eduard Genast; Prinzessin v. Navarra: Therese Grünbaum als Gäste), Dir.: Carl Maria von Weber

Do. 8. *Johann von Paris* (mit Therese Grünbaum a. G.)

Sa.10. *Don Giovanni*, ital. Oper von Mozart

So.11. Z.1.M. *Das Mädchen aus der Fremde* (Lustspiel)
hierauf: Z.1.M. *Das Lotterielos*, Singspiel von Niccolò Isouard in 1 Akt (Adele und Blinville: Johann Christoph und Therese Grünbaum a. G.) Dir.: Carl Maria von Weber

Do.15. *Das Lotterielos* (mit Johann Christoph und Therese Grünbaum a. G.)
hierauf: *Die unterbrochene Whistpartie*, Lustspiel in 2 Akten
Zum Beschluß: Arie mit Chor von Rossini, ges. von Therese Grünbaum

So. 18. Z.1.M. *Raoul der Blaubart*, heroische Oper in 3 Akten, Musik von André Ernest Modeste Grétry (Marie: Therese Grünbaum a. G.), Dir.: Carl Maria von Weber

Di. 20. *Raoul der Blaubart* (mit Therese Grünbaum a. G.)

Sa. 24. *La famiglia svizzera*

Mo.26. Eröffnung der Vorstellungen auf dem Theater am Linckeschen Bade

Juni

So. 1. Linckesches Bad: *Der Brief aus Cadix*, Schauspiel in 3 Akten
Das Hausgesinde, Singspiel in 1 Akt von Anton Fischer

Mi. 4. Z.1.M. *Das Waisenhaus*, Oper in 2 Akten von Joseph Weigl, Dir.: Carl Maria von Weber

Sa. 7. Linckesches Bad: *Le cantatrice villane*, ital. Oper in 2 Akten v. Valentino Fioravanti
(hierauf: Kantate z. Feier des Jahrestages der Rückkehr Sr. Maj. des Königs aus der Gefangenschaft)

So.15. Linckesches Bad: *Der häusliche Zwist*, Lustspiel in 1 Akt
Z.1.M. *Das Geheimnis*, komische Oper in 1 Akt von Jean Pierre Solié, Dir.: Carl Maria von Weber

Mi.18. Pillnitz: *Pflicht um Pflicht*, Schauspiel in 1 Akt
hierauf: *Das Lotterielos* (Blinville u. Adele: Johann Christoph u. Therese Grünbaum a. G., „auf der Durchreise"), Dir.: Carl Maria von Weber

Do.19. *Johann v. Paris* (Prinzessin: Therese Grünbaum a. G.)

Sa. 21. *Ferdinando Cortez*
So. 29. *Jakob und seine Söhne* (Joseph: Hr. Stümer vom Hoftheater Berlin a. G.)

Juli
Do. 10. *Die Entdeckung*, Lustspiel in 2 Akten
Das Geheimnis (Thomas: Christian Traugott Geiling a. G.)
Sa. 12. Linckesches Bad: *Le donne cambiate*, ital. Oper in 2 Akten von Paer
Mo.14. Pillnitz: *La capricciosa pentita*, ital. Opera buffa von Morlacchi?
So. 20. Linckesches Bad: *Salomonis Urteil*, Melodram in 3 Akten
Sa. 26. *Cosi fan tutte,* ital. Oper in 2 Akten von Mozart
Do. 31. Linckesches Bad: *Der Verschwiegene wider Willen*, Lustspiel in 1 Akt
hierauf: Guitarren-Concert, vorgetragen von Herrn Carl Blum
Zum Beschluß: Z. 1. M. *Das Wachskabinett*, Lustspiel in 2 Akten

August
Do. 7. Z. 1. M.: *Lodoiska*, Oper in 3 Akten von Luigi Cherubini, Dir.: Carl Maria von Weber
Sa. 10. Cosi fan tutte, ital. Op. i. 2 Akt.
Mo.11. Pillnitz: *Il Barbiere di Seviglia*
Di. 12. *Lodoiska*
Do.21. Pillnitz: *Die Braut aus der Fremde*, Lustspiel in 1 Akt
Das Geheimnis
Do. 28. Linckesches Bad: *Leichtsinn und gutes Herz*, Lustspiel in 1 Akt
Die beiden kleinen Savoyarden

September
Do. 4. Linckesches Bad: *Die Großmama*, Lustspiel in 1 Akt
hierauf: Z. 1. M. *Zwey Worte oder Die Nacht im Walde,* Singspiel in 1 Akt von d'Alayrac
Sa. 6. Zum Benefiz für Mad. Schröder: *Medea*, Melodram in 1 Akt (Medea: Mad. Schröder)
Das Rätsel, Lustspiel in 1 Akt
Zum Beschluß: Mimische Darstellungen v. Mad. Schröder (*Agrippina mit dem Aschenkrug, 12 Gemütsbewegungen*)
Di. 9. Pillnitz: Z. 1. M. *La semplicetta di Pirna*, Oper in 2 Akten von Francesco Morlacchi
Do.11. *Jakob und seine Söhne* (Joseph: Hr. Hambuch a. G.)
Sa.13. *Il sacrifizio interrotto*, ital. Oper in 2 Akten von Peter von Winter (?)
Di.16. Linckesches Bad: *Das Kind der Liebe,* Schauspiel in 5 Akten (letzte Vorstellung auf dem Theater am Linckeschen Bade)
Sa. 20. *Il sacrifizio interrotto*

Do.25. Z. 1. M. *Die vornehmen Wirthe*, komische Oper in 3 Akten von Charles Simon Catel, Dir.: Carl Maria von Weber
Mo.29. *Peter und Paul*, Lustspiel in Akten
Zwey Worte

Oktober
Sa. 4. Z.1. M. *Le lagrime d'una vedova*, ital. Oper in 2 Akten von Pietro Generali
Mo. 6. *Die vornehmen Wirthe*
Mi. 8. *Le lagrime d'una vedova*
Sa. 11. *Le lagrime d'una vedova*
Mo.13. U.a.: „Vorträge des Bauchredners Herrn Alexandre von Paris"
Sa. 18. *Le donne cambiate*
Mi. 22. *Le donne cambiate*
Sa. 25. *Die vornehmen Wirthe*
Mi. 29. „Bei festlich erleuchtetem Hause zur Feier der Vermählung Ihrer Königl. Hoheit der Erbgroßherzogin Maria Anna Carolina, geb. Herzogin von Sachsen mit Ihrer Kgl. Hoheit dem Erbgroßherzog Leopold von Toscana: [Ital.] Cantate, komp. von Fr. Morlacchi."
hierauf: *La clemenza di Tito*, ital. Oper von Mozart

November
Sa. 1. Z. 1. M. öffentlich: *La semplicetta di Pirna*
Sa. 8. *La semplicetta di Pirna*
Mi.12. *Il Barbiere di Seviglia*
Sa.15. Z. 1. M. *Der Weinberg an der Elbe*, ländliches Lust- und Festspiel in 1 Akt von Fr. Kind. Musik von Carl Maria von Weber; vorher: *Prolog*, gedichtet von Theodor Hell; *Das Geheimnis*, Oper in 1 Akt
So.16. *Der Weinberg an der Elbe*
hierauf: „Die großen Kinder", Lustspiel in 2 Akten
Sa. 22. Z.1.M. *San Marc Antonio*, ital. Oper in 2 Akten von Stefano Pavesi
Mi. 26. *San Marc Antonio*
Sa. 29. *Le nozze di Figaro*

Dezember
Di. 2. *Shakespeare als Liebhaber*, Lustspiel in 1 Akt
Z. 1. M. *Der Schatzgräber*, Singspiel in 1 Akt von Méhul
Mi. 3. *Le nozze di Figaro*
Do. 4. *Das Waisenhaus*, Singspiel in 2 Akten
Sa. 6. *Griselda*, ital. Oper von Paer (?)
So. 7. *Der Weinberg an der Elbe*
vorher: *Prolog*, gesprochen von Mad. Hartwig
Zum Beschluß: *Der Shawl*, Lustspiel in 1 Akt
Di. 9. *Zwei Nichten für eine*, Lustspiel in 1 Akt.

hierauf: *Plastisch-mimische Vorstellungen*, arrangiert von Herrn Fr. Flor
Mi. 10. *San Marc Antonio*
Do.11. Z. 1. Mal: „Die Waise und der Mörder", Melodram i. 3 Akten, Musik von Ignaz von Seyfried
Sa. 13. *San Marc Antonio*
Vom 14. bis 31. Dezember: Weihnachtsferien.

Verzeichnis aller Gast- und Antrittsrollen im Jahre 1817[4]

1. Monsieur Alexandre aus Paris hielt Montag, den 13. Oktober, „bauchrednerische Vorträge".
2. Herr Friedrich Belke, Mitglied des Gewandhaus-Orchesters zu Leipzig, blies Montag, den 3. Februar, ein Potpourri für Baß-Posaune.
3. Herr Carl Blum, Gitarren-Virtuos, spielte Donnerstag, den 31. Juli, ein Konzert für Gitarre.
4. Herr Fr. Flor gab am Dienstag, dem 9. Dezember, eine „plastisch-mimische Vorstellung".
5. Herr Carl Gärtner, kurfürstlich-hessischer Professor der Tonkunst, spielte Dienstag, den 23. September, ein „Concert für Guitarre und blies ohne Instrument mit Gitarrenbegleitung ein Concert für die Flöte von Devienne".[5]
6. Herr Christian Traugott Geiling, Schauspieler und Sänger, gastierte am Donnerstag, dem 10. Juli, als Thomas in *Das Geheimnis*.
7. Herr Hambuch, Sänger, gastierte am Donnerstag, dem 11. September, in *Jakob und seine Söhne*.
8. Herr Eduard Genast, Schauspieler und Sänger vom Großherzoglichen Theater Weimar, gastierte am Sonntag, dem 13. April, als Jakob in *Jakob und seine Söhne*, außerdem von Dienstag, dem 15. April, bis Samstag, dem 3. Mai, insgesamt sechsmal in Opern und Schauspielen.
9. Herr Gned, Sänger, Mitglied des Ständischen Theaters Prag, sang im Kostüm am Dienstag, dem 29. April, Szene und Arie aus *Camilla* von Paer.
10. Madame Grünbaum sang als Gast ab Samstag, dem 3. Mai, bis Donnerstag, dem 19. Juni, achtmal (unter anderem in *Johann von Paris*, *Raoul, der Blaubart* und *Das Lotterielos*).
11. Herr Grünbaum sang am Sonntag, dem 11. Mai, Donnerstag, dem 15. Mai und Mittwoch, dem 18. Juni, den Blinville in *Das Lotterielos*.
12. Herr Karl Keller, 1. Flötist der Königlichen Hofkapelle in Stuttgart, blies am Montag, dem 3. Februar, Allegro von Berbiguier sowie Adagio und Variationen eigener Kompositionen.
13. Frau Neumann-Sessi sang Mittwoch, den 11. März, mehrere Konzert-Nummern und Donnerstag, den 13., und Samstag, den 15. März, in *Die Vestalin*.
14. Herr Stümer, Mitglied des Königlichen Theaters zu Berlin, sang Sonntag, den 29. Juni, Joseph in *Joseph und seine Brüder*.
15. Frau Weixelbaum, Mitglied des Großherzoglichen Hoftheaters zu Karlsruhe, trat Ende April dreimal als Gast auf.

16. Herr Weixelbaum, Mitglied des Großherzoglichen Hoftheaters zu Karlsruhe, wirkte in der Zeit vom 13. April bis 26. April 4 Mal in Opernvorstellungen mit.
17. Herr Franz Wild, K.K. Österreichischer Kammersänger aus Wien, sang am Donnerstag, dem 9. Januar, *Adelaide* von Beethoven und Szene und Arie aus der Oper *Agnese* von Paer.
18. Herr Georg Wilhelm Wilhelmi, Schauspieler und Sänger, trat insgesamt siebenmal in Schauspielen und als Sänger in *Jakob und seine Söhne* auf.

Verzeichnis der 1817 „erstmalig und neu einstudierten Werke"[6]
a) Deutsches Departement
- *Fanchon, das Leyermädchen*, Vaudeville in 3 Akten, Musik von Himmel
- *Das Geheimnis*, Komische Oper in 1 Akt von Solié
- *Das Hausgesinde*, Singspiel in 1 Akt, Musik von Fischer
- *Helene*, Oper in 3 Akten von Méhul
- *Jakob und seine Söhne*, Oper in 3 Akten, Musik von Méhul
- *Johann von Paris*, Oper in 2 Akten, Musik von Boieldieu
- *Das Lotterielos*, Singspiel in 1 Akt, Musik von Isouard
- *Lodoiska*, Oper in 3 Akten, Musik von Cherubini
- *Raoul, der Blaubart*, Heroische Oper in 3 Akten, Musik von Grétry
- *Der Schatzgräber*, Singspiel in 1 Akt, Musik von Méhul
- *Die vornehmen Wirthe*, Komische Oper in 3 Akten von Catel
- *Das Waisenhaus*, Oper in 2 Akten von Weigl
- *Der Weinberg an der Elbe*, Ländliches Lustspiel in 1 Akt von Fr. Kind, Musik von C. M. v. Weber
- *Die Waise und der Mörder*, Melodram i. 3 Akten, Musik von Seyfried
- *Zwey Worte oder Die Nacht im Walde*, Singspiel in 1 Akt, Musik von d'Alayrac

Insgesamt wurden 15 Opern bzw. Singspiele zum 1. Mal aufgeführt.

b) Italienisches Departement[7]
- *Le donne cambiate*, Oper in 2 Akten, Musik von Paer
- *Le lagrime d'una vedova*, Oper in 2 Akten, Musik von Generali
- *San Marc Antonio*, Oper in 2 Akten von Pavesi
- *La semplicetta di Pirna*, Oper in 2 Akten von Morlacchi
- *Tancredi*, Oper in 2 Akten von Rossini

Insgesamt wurden 5 italienische Opern neu inszeniert.

Hinzukommen im deutschen wie im italienischen Departement Übernahmen aus der vorangegangenen Spielzeit.

Reprisen von Opern im Jahre 1817 (ausgewählte Beispiele)
a) Deutsches Departement

– *Jakob und seine Söhne*	6 Aufführungen
– *Das Hausgesinde*	2 Aufführungen
– *Fanchon*	1 Aufführung

- *Johann von Paris* 3 Aufführungen
- *Raoul, der Blaubart* 2 Aufführungen

b) Italienisches Departement
- *Il Barbiere di Seviglia* 4 Aufführungen
- *Le nozze di Figaro* 3 Aufführungen
- *Griselda* 3 Aufführungen
- *Ferdinando Cortez* 4 Aufführungen
- *Tancredi* 4 Aufführungen.

Die meisten Opern hielten sich nur ein Jahr auf dem Spielplan.

Vergegenwärtigt man sich den Dresdner Opernspielplan des Jahres 1817, stellt man fest, daß sich im italienischen Departement 22 Opern im Repertoire befanden. Fünf Werke wurden neu inszeniert. Im einzelnen ist auffällig, daß vier Mozart-Opern dominieren. Von Rossini enthält der Spielplan drei Werke, von Paer und Morlacchi jeweils zwei. In keinem Fall erlangten italienische Opern 1817 mehr als drei Reprisen. Im Durchschnitt kam es zu 3 Aufführungen derselben Werke.

Anders ist dagegen die Bilanz im deutschen Departement: 1817 finden sich insgesamt 16 verschiedene Opern und Singspiele sowie drei Melodramen im Spielplan. Elf Werke sind französischer Provenienz (in deutscher Textfassung), fünf sind deutsche Singspiele, die nur einen Akt aufweisen. 15 Werke wurden 1817 neu inszeniert. Spitzenreiter war *Jakob und seine Söhne* von Méhul mit sechs Aufführungen. Die Mehrzahl der im deutschen Departement aufgeführten Werke erreichte nicht mehr als zwei Reprisen.

1817 gab es am deutschen Departement 44 Opernvorstellungen, am italienischen Departement 51 Vorstellungen.

Während im allgemeinen das Theater auf dem Linckeschen Bade dem Singspiel, dem Lustspiel und dem Melodram vorbehalten blieb und die italienische Oper fast ausschließlich im Morettischen Opernhaus ihre Aufführungsstätte hatte, wurden die Usancen auch gelegentlich durchbrochen. In den Wintermonaten diente das Morettische Theater selbstverständlich allen Sparten als Spielstätte. Im Jahre 1817 gab es pro Tag jeweils nur einen Veranstaltungsort. Dieses Prinzip wurde erst später durchbrochen.

Wie aus dem mitgeteilten Jahresspielplan ersichtlich ist, wurde das Singspiel in der Regel mit Schauspielen und gelegentlich sogar mit kuriosen Darbietungen gekoppelt. Da im Dresdner Hoftheater auswärtige Künstler u. a. pantomimische Vorstellungen gaben, Bauchredner-Künste demonstrierten und allerlei Spuk mit ihren Instrumenten trieben, kann damals von einem Opern-Verständnis in unserem heutigen Sinne keine Rede sein. Das Hoftheater hatte u. a. auch eine Unterhaltungsfunktion. Es diente an einzelnen Tagen der königlichen Familie für Privatvergnügungen.

Carl Maria von Weber, der am Dresdner Hoftheater die Hauptlast im Musikalltag zu tragen hatte, bewältigte zusätzlich zu seinen umfangreichen Verpflichtungen als Hofkapellmeister ein enormes Arbeitspensum. Er probte an einzelnen Wochentagen vier Stunden vormittags. Abends leitete er die Opernvorstellungen. Außerdem war er verantwortlich für die Durchführung der Hof-Kirchenmusik. Schließlich fand er noch Zeit und Kraft für publizistische Beiträge und Kompositionen. 1817 brachte er sechs musikalische Werke zum Abschluß und komponierte Teile des *Freischütz*.

Carl Maria von Webers Leistungen und Initiativen in seinem ersten Dresdner Amtsjahr sind um so beeindruckender, wenn man sich vergegenwärtigt, daß er hauptsächlich Aufbauarbeit zu leisten hatte und sich nicht auf eingefahrenen Gleisen bewegen konnte.

Anmerkungen

1 *Tagebuch des Königl. Sächs. Hoftheaters*. Zweiter Jahrgang. Schauspielfreunden zum neuen Jahr 1819 gewidmet von Carl August Kornmann, Diener des deutschen Hoftheaters. Dresden. Das handschriftliche Original befindet sich im Stadtarchiv Dresden, Sign. Y. 107 (2-7).

2 Ebd., S. 3ff.

3 Ebd., S. 53 bis 80. Die Schreibweisen der Operntitel entsprechen nicht immer den heute üblichen Bezeichnungen.

4 *Tagebuch des Königl. Sächs. Hoftheaters*, S. 81ff.

5 Ebd., S. 83.

6 Ebd., S. 89.

7 Ebd., S 91f.

ANNO MUNGEN

MORLACCHI, WEBER UND DIE DRESDNER OPER

„AUSLÄNDEREI“[1]

Den Fragen und Problemen, die der Versuch mit sich bringt, „deutsche Oper“ im frühen 19. Jahrhundert als Gattungs- und Institutionsgeschichte zu beschreiben, scheint das von Wolfgang Becker gekennzeichnete Phänomen der „Ausländerei“ im deutschen Sprachraum unvermittelt zu kontrastieren: auf der einen Seite finden sich die redlichen Bemühungen zur Konstituierung einer nationalen Oper, auf der anderen die Verfechter einer spätfeudalen und höfischen Kultur, die diesen Bestrebungen uneinsichtig gegenüberstehen. Die negative Bewertung eines Phänomens, nämlich das der späten „Herrschaft“ italienischer Kapellmeister und Komponisten an deutschen Höfen und mit ihnen die von den Theoretikern angefeindete Seichtheit der italienischen Oper, durchzieht die Literatur zu Weber und zur deutschen Oper in gleicher Weise und findet ihren Ursprung unter anderem in den theoretischen Schriften Webers selbst.[2] Was Becker pejorativ für den deutschen Sprachraum als „Ausländerei“ kennzeichnete, erscheint in Paris, dem Muster einer (zunächst) höfisch und im ausgehenden 18. sowie im gesamten 19. Jahrhundert städtisch geprägten Kultur, zumindest im Opernbetrieb als ein ausgesprochen erfolgreiches Prinzip. Die französische Oper wurde nicht nur essentiell von deutschen und italienischen Komponisten wie Lully, Gluck, Cherubini, Spontini, Meyerbeer und anderen in Paris beeinflußt, sondern entwickelte sich gerade durch nicht-französische Komponisten hinsichtlich eines Kosmopolitismus, den man im allgemeinen nicht nur mit der Hauptstadt Frankreichs, sondern im besonderen auch mit ihrer ersten musikalischen Kunst-Gattung, der Oper, verband. Zerfällt die Scheidung höfischer und bürgerlicher Kultur im großstädtischen Paris zunehmend, so werden gleichzeitig für den deutschsprachigen Bereich die Vertreter sogenannten „höfischen“ Musiktheaters im (moderneren) Schrifttum zu einseitig gegen vermeintlich bürgerliche, respektive nationale Tendenzen abgesetzt.

Siegfried Goslich führt zur Situation der deutschen Höfe aus: „So mancher Ausländer schien gerade gut genug, um dieser Tendenz zu dienen: Salieri (gest. 1825) wirkte seit 1788 als Hofopernkapellmeister, später aber nur mehr als Hofopernkomponist und Dirigent der Hofsängerkapelle in Wien; Paer war 1802–06 als Naumanns Nachfolger Hofkapellmeister in Dresden gewesen. Spontini und nach ihm Meyerbeer wurden vom Berliner Hofe als Leiter von Oper und Orchestermusik berufen; Morlacchi und Joseph Rastrelli standen als Leiter der italienischen Oper in Dresden in festem Kontrakt, Chélard war 1828 in München und von 1836 bis um 1850 in Weimar Hofkapellmeister.“[3] Komponisten wie Salieri, Spontini und vor allem Meyerbeer, der hier, obwohl Berliner, absurderweise als Ausländer unter Deutschen und gegen deutsche Interessen agierend bezeichnet wird, verfolgten auch unabhängig von ihren Ämtern in „höfischen" Zusammenhängen (das hieße nach Goslich: italienisch oder französisch orientiert) künstlerische Intentionen, die sie Opern in verschiedenen Sprachen schreiben ließen. Salieri komponierte italienisch und französisch und legte mit dem aufsehenerregenden Konzept des *Tarare* (Paris, 1787) eines der meistdiskutierten Stücke des französischen Genres in der Gluck-Nachfolge vor. Die Berliner Generalmusikdirektoren Spontini und Meyerbeer verfaßten im Laufe ihres Lebens Opern in allen drei Sprachen, in italienisch, französisch und deutsch.

Zum Fall Spontini parallel verhält sich nun tatsächlich derjenige des in Paris geborenen Komponisten Hippolyte-André-Baptiste Chélard, allerdings auf eine andere Weise, als Goslich konstruiert. Chélard legte für München – ähnlich wie der naturalisierte Franzose Spontini mit *Agnes von Hohenstaufen* für Berlin – 1835 eine Geschichtsoper im großen Stil vor, die nun das Nationale eines Werkes nicht nur in der Sprache, sondern in der Geschichte des Volkes suchte, für das sie bestimmt war. Er vertonte mit dem Libretto *Die Hermanns-Schlacht* einen Stoff, an dem Gluck Jahrzehnte zuvor gescheitert war und den erst Carl Amand Mangold 1845 wieder aufgriff. Sowohl die Episode aus der Geschichte der Hohenstaufer als auch Chélards *Hermanns-Schlacht* verfolgten stofflich die Spuren nationaler Epen, die die Komponisten in großen musikalischen Tableaus umzusetzen versuchten. Gleichwohl waren diese „deutschen" Geschichtsopern von französischen Komponisten verfaßt worden.

Das Klischee von der fremdländischen musikalischen Übermacht an deutschen Höfen, die durch das von Weber in Dresden begründete deutsche Operndepartement ins Schwanken und gar in Auflösung geraten sei, verfolgte auch Ludwig Schiedermair einige Jahre vor Goslich, obwohl auch er keine institutionsgeschichtliche Forschung betrieb, sondern den gattungsgeschichtlichen Aspekt der deutschen Oper zu bündeln suchte und eine jahrhundertelange Tradition dieses Genres suggerierte. Die Verwendung martialischer Metaphern zur Darstellung kultureller Auseinandersetzungen, die sich bei Schiedermair als Verlängerungen und Verlagerungen von militärischen Konflikten erweisen, vermischt sich für die Zeit nach den Befreiungskriegen mit der Beschreibung der Aktivisten der wirklichen Schlachten einerseits und der Invektiven gegen die italienische Oper andererseits: „Die heimgekehrten Frontkämpfer empfingen es [das „Singspiel", nämlich den *Freischütz*] jubelnd, die jüngere Generation spürte in ihm den vernichtenden Axthieb gegen die italienische Oper. Freilich mußten dem „Freischütz" noch weitere nicht allein von vaterländischer Gesinnung, sondern auch von national künstlerischer Kraft getragene deutsche Werke von Rang folgen, bis die italienischen Hochburgen in Berlin (1825/41), München (1825), Dresden (1832) und Wien (1848) endgültig fielen."[4] Angesichts der politisch-kriegerischen Lossagung von französischer Herrschaft liegt die Gleichschaltung einer anderen, unabhängigen Entwicklung, die zur Folgeerscheinung stilisiert wird, nämlich die musikalische Wiedereroberung der Hofopern, nahe. Daß Friedrich Wilhelm III. von Preußen eben nicht einen italienischen Kapellmeister mit Namen Spontini nach Berlin engagierte, sondern seit 1814/15 darum bemüht war, den französischen und vor allem napoleonisch-josephinischen Komponisten Spontini nach Berlin zu verpflichten, wurde bei solch einseitiger Sicht übergangen. Dieses Engagement eines Künstlers von europäischem Format spricht jedoch grundsätzlich für eine politisch, wenn auch nicht kriegerisch inspirierte Kulturauffassung. Nach Goslichs Darstellung zeitigte der zweite, gleichsam ein musikalischer Freiheitskrieg, nun gegen 'die' Italiener, Erfolg: „Freilich war die Überzahl der leitenden Positionen schon in den 1820er Jahren von Deutschen besetzt: Weber und nach ihm Reissiger und Wagner führten die deutsche Oper in Dresden zum Siege über die italienische [...] Spohr wurde 1822 nach Kassel, Marschner 1831 nach Hannover berufen."[5] Hiermit scheinen die Eckdaten einer eigenständig deutschen Opernkultur zwar genannt, verschwiegen wird jedoch, daß diese bis zu den großen Erfolgen Wagners kaum über eine internationale Ausstrahlung, vergleichbar mit der französischen oder italienischen Oper, verfügte. Deutsche Oper blieb in der ersten Hälfte des 19. Jahrhunderts – von Ausnahmen abgesehen – eine nationale, wenn nicht sogar eine regionale Erscheinung.[6]

Die Dresdner Situation und die hier ideengeschichtlich als übermächtig angesehene Position des deutschen Departements der Oper nach 1817 können als Beispiele solcher Verschleierung und Gleichschaltung von historisch Ungleichzeitigem und stilistisch Disparatem dienen: 'Die' Italiener, also Salieri – Spontini – Morlacchi – Rastrelli – Meyerbeer [bis 1824, dem Zeitpunkt der Entstehung seines *Il Crociato in Egitto*], waren weit davon entfernt, sich einheitlich, in einer „Front" stehend, an den Geschicken 'italienischer Oper' zu beteiligen, und ihre Karrieren unterlagen sehr unterschiedlichen Voraussetzungen. Neben allen Konflikten und Schwierigkeiten zwischen deutscher und italienischer Abteilung der Oper in Dresden, die immer wieder beschrieben wurden, gilt es hier vor allem, das Repertoire der Dresdner Oper innerhalb des benannten Zeitraums institutionsgeschichtlich neu zu bewerten.

Zunächst jedoch ein Exkurs ins Biographische: Wie ungerechtfertigt sich die Gleichschaltung „italienischer" Komponisten darstellt, kann an den völlig unterschiedlich verlaufenden Biographien Morlacchis und Spontinis leicht gezeigt werden, die mit den von ihnen geleiteten Opernhäusern in Dresden und Berlin als besonders zählebige Repräsentanten 'italienischer' Oper galten. Daß man Ausländer gleich Ausländer und Italiener gleich Italiener setzte, erscheint als langlebiges Vorurteil und zeigt sich besonders schön in einer ikonographischen Verwechslung der beiden in Italien geborenen und groß gewordenen Komponisten. In Hans Schnoors Darstellung der Dresdner Musikgeschichte findet sich eine Abbildung Gasparo Spontinis,[7] ein Brustbild. Die Darstellung geht auf ein Ölbild des französischen Historienmalers und Portraitisten Louis Hersent (1777 – 1860) zurück, das um 1826 entstanden sein dürfte, und ist im vorliegenden Ausschnitt eine Kopie dieses Bildes.[8] Das Original befindet sich in französischem Privatbesitz.[9] Im Anhang des Jubiläumsbandes bemerkt Schnoor, daß das „Ölbildnis" dem „Sächsischen Staatstheater" gehöre und führt weiter aus: „Morlacchis Erscheinung ist uns in allen Lebensaltern gut überliefert – Stiche und Lithos von Vogel, Seiffert/Thormeier, Zöllner, Cäc. Brand, Rados – [...]".[10] In der Tat haben der

Autor oder/und die Herausgeber des Dresdner Festbandes das Bildnis Spontinis mit dem Namen Morlacchis versehen und es dem französischen Maler Le Plâtre zugeschrieben. Angesichts dieser offensichtlichen Fehlleistung klingt die postulierte genaue Kenntnis der Morlacchi-Ikonographie befremdlich, denn gesicherte Abbildungen der in der Tat zahlreich überlieferten Bildnisse Morlacchis[11] belegen die von Spontini abweichende Physiognomie deutlich. Eine solche, auf äußerer Ähnlichkeit beruhende Verwechslung ist auszuschließen; die Gründe hierfür scheinen tiefer und – zugespitzt formuliert – im Psychologischen, im stark überbewerteten Gegensatz von italienischer und deutscher Oper zu fußen.

Gerade im Hinblick auf Weber, in dessen Kontext das Bild bei Schnoor erscheint, wurden die Italiener über einen Kamm geschoren. Die *Olimpia-Freischütz*-Auseinandersetzung in Berlin wog den Biographen Webers ebenso schwer wie die „Kämpfe" um die Priorität deutscher oder italienischer Oper in Dresden, die Weber „auszufechten" hatte.

Lange Zeit waren die Karrieren der Italiener Spontini und Morlacchi im Schrifttum auf das Wirken von Ausländern in Deutschland beschränkt worden: beide hätten gleichermaßen die national ausgerichteten bürgerlichen Tendenzen einer genuin deutschen Oper nicht nur an den von ihnen „beherrschten" Häusern (Berlin und Dresden) nicht gerne gesehen, sondern geradezu bekämpft. Als Widersacher, der die Gegenpartei anführte, war nun beide Male Weber den Italienern biographisch in die Quere gekommen, einmal 1817 bei Gründung des deutschen Operndepartements in Dresden und zum anderen 1821 nach der Berliner Erstaufführung von Spontinis *Olimpia* in Berlin, als Weber mit dem *Freischütz* einen noch größeren Erfolg hier verbuchen konnte als der „Italiener" Spontini. So jedenfalls tradierte eine Musikgeschichtsschreibung die Ereignisse, die mehr Interesse an ballistischen Metaphern entwickelte als die Fakten deutlich herauszustellen, geschweige denn die verschiedenartigen ästhetischen Standpunkte der Opern, um die es ja letztlich ging, angemessen zu bewerten.

Im Gegensatz zu Spontini war Morlacchi 1810, als er nach Dresden engagiert wurde, ein junger, hoffnungsvoller und vor allem unverbrauchter Komponist, der den Verantwortlichen ausreichend mit Begabung versehen schien, den schmerzlichen Weggang von Paer, den ausgerechnet Napoleon bewirkt hatte, zu überwinden. „[...] denn es [das Blatt, die Zeitung] spricht von solch einem aufblühenden herrlichen Talente, das in Deutschland seine vollendete Ausbildung, und, kann es seyn, auch sein Glück suchen wird. [...] Ich spreche nämlich von Hrn. Francesco Morlacchi, einem jungen Componisten, der aus Perugia gebürtig, jetzt hier anwesend, und eben im Begriff ist, nach Deutschland, und zwar nach Dresden zur königl. Oper und Capelle abzugehen."[12]

Ganz im Gegensatz zur Berliner Situation, wo der preußische König Friedrich Wilhelm III. auf einen internationalen, wenn nicht *den* internationalen Star (mit zugegebenermaßen verblaßtem Glanz) französischer Oper,[13] setzte, den er zudem ausgerechnet aus Paris abwarb, orientierte man sich in Dresden an den Vorstellungen italienischer Musikästhetik und somit an dem aktuellen Geschmack des – wenn auch gescheiterten – Über-Europäers Napoleon. Dieser hatte mit der Verpflichtung Paers seinen musikalischen Italianismus gerade deutlich dokumentiert.[14] Die Preußen richteten sich hingegen nach überkommenen Pariser Idealen. Aber Paer und Morlacchi verkörperten zu Beginn der 1810er Jahre in beiden Städten – vor dem machtvollen Erscheinen Rossinis und dessen Welterfolgen – die aktuellsten Tendenzen der internationalen Opernszene. Sowohl Berlin als auch Dresden versuchten, dem Leitbild Paris, wenn auch in unterschiedlichem zeitlichen und somit ästhetischen Kontext, gerecht zu werden, oder gar, wie im Falle von Spontinis Engagement für Berlin, Paris partiell den Rang abzulaufen.

„Deutsche Oper" und Nationaltheaterwesen

In den zahlreichen Schriften, die in der ersten Hälfte des 19. Jahrhunderts das Thema „deutsche Oper" behandelten, blieb ebenso wie in der Sekundärliteratur zu Webers Dresdner Aktivitäten unscharf, was mit dem Begriff eigentlich gemeint sei. Mit dem Wort „Oper" verbindet sich zunächst allgemein eine Gattung des Musiktheaters, die allein schon bei näherer Betrachtung unklar definiert ist. Problematisch wird die Abgrenzung gegen Formen der Schauspielmusiken, Liederspiele, aber besonders der Sonderform des Melodrams sowie den an den genannten Genres anschließenden Singspielformen.[15] Des weiteren kann mit dem Begriff die Institution gemeint sein, die Opern hervorbringt und welche häufig durch Zusätze wie „Königliche" oder „Hof-" oder aber eben „italienische" oder „deutsche"[16] Oper ergänzt wurde. Schließlich kann von der institutionellen Bestimmung eine örtliche unterschieden werden, die das Gebäude meint, indem ausschließlich oder doch meistens Oper gegeben werden.[17]

Die begleitenden Adjektive „deutsch" oder „italienisch" können zwei Bedeutungen aufweisen, die sich zwar gegenseitig nicht notwendigerweise ausschließen, deren zweite Bestimmung aber eine Teilmenge der ersten bedeutet. Als primäre Festlegung ist der sprachliche Aspekt zu nennen, an den ein schwer zu fassender stilistischer gekoppelt sein kann. Anders formuliert: Die Sprache der Aufführung einer Oper, eben deutsch im einen und italienisch im anderen Departement der Dresdner Oper, sagt zunächst nichts über die Originalsprache der Komposition aus und bestimmt weder stoffliche oder gar musikalisch-stilistische Merkmale der Werke, die entweder dem einen oder dem anderen Repertoire zuzuordnen sind. Jedoch sind die Charakterisierungen zu differenzieren. Der Tendenz nach meint der Begriff „italienische Oper" die Sprache der Aufführung oder/und Komposition sowie die Gattung, während „deutsche Oper" sich vor allem auf die Sprache der Aufführung zu beziehen scheint. In diesem Sinne faßt auch Becker das Phänomen zusammen: „Nur eine Eigenschaft ist wirklich allen musikalischen Theaterstücken, die in dem Unternehmen 'deutsche Oper' über die Bühne gingen, gemeinsam: sie wurden in deutscher Sprache aufgeführt. Mehr besagt die Bezeichnung 'deutsche Oper' für ein Theaterunternehmen zunächst nicht."[18] Nimmt man dieses Statement ernst, hätte hier sein Buch konsequenterweise enden müssen, zumal nun auch die anschließende Gewichtung nach Prozentzahlen, national differenziert, höchst fragwürdig erscheint.

Verfügten seit dem 18. Jahrhundert alle großen Höfe in ganz Europa über italienische Operninstitute, so erscheint der Wunsch in der ersten Hälfte des 19. Jahrhunderts, deutsche Operninstitute oder Spielzeiten in europäischen Metropolen ins Leben zu rufen, als später Reflex, der indes nur sehr vereinzelt – allerdings auch im Ausland – zum Tragen kam. Wenn man sich in London Ende der 1830er Jahre bemühte, eine deutsche Oper zu etablieren, so könnte hierfür das Théâtre italien in Paris als fernes Leitbild gedient haben, in dem alle Opern auf italienisch gegeben wurden und das administrativ deutlich von den anderen Pariser Instituten („Académie royale de Musique“ und „Opéra comique“) geschieden war. Daß nun für die Leitung der ersten Spielzeit in London ausgerechnet ein Italiener, geschult an der französischen Ästhetik und zu diesem Zeitpunkt seit fast zwanzig Jahren die Berliner Oper leitend, im Gespräch war, überrascht. In der zeitgenössischen Presse wurde verlautbart: „London den 10. August [1838]. Ritter Spontini ist vor einigen Tagen von hier aus nach Frankreich und Italien abgereist. Er beabsichtigt unter Genehmigung seiner Regierung im künftigen Frühjahr hier eine deutsche Oper nach größerem Maßstabe zu etablieren, und unter persönlicher Leitung unter anderem folgende Werke zur Aufführung zu bringen: Iphigenia in Tauris, Alceste, Figaro, Zauberflöte, Fidelio, Fernand Cortez, Nurmahal, Vestalin, Agnes von Hohenstaufen, Freischütz, Euryanthe. Mad. Schröder-Devrient wird mitwirken.“[19] Wie sich an der Liste der Werke zeigt, war hier an ein „deutsches“ Repertoire teilweise auch im stilistischen Sinne gedacht und nicht allein durch die Sprache der Aufführungen definiert; solche Bestrebungen im Ausland blieben, verglichen mit der überragenden Position italienisch geprägter Hof-Opern im 18. Jahrhundert, die Ausnahme;[20] schließlich wurde für London nicht Spontini, sondern „der Director des Mainzer Theaters, Hr. Schumann“[21], ausgewählt. Es zeigt sich jedoch auch hier, ähnlich wie später am Dresdner Beispiel auszuführen sein wird, der Hang, das zeitgenössische Opernwesen neu zu ordnen, es institutionell anders zu organisieren und einem neuen Phänomen, der „deutschen Oper“, einen eigenen Wirkungskreis zu verschaffen. Dieses Bedürfnis einer Reorganisation im Opernwesen dürfte im deutschen Sprachraum im wesentlichen auf die Nationaltheaterbewegung des ausgehenden 18. Jahrhunderts zurückzuführen sein.[22] Schillers Ruf nach der „Schaubühne als moralischer Anstalt“ (1783) hatte zunächst zur partiellen künstlerischen Befreiung im Bereich des Sprechtheaters durch staatliche Subventionen geführt. Ein wesentliches Ergebnis bestand schließlich weniger in der erhebenden moralisierenden Wirkung des Theaters; denn „die Nationaltheater-Idee“ sei, so formuliert Ruth Freydank, „in kurzer Zeit zu einer rein formalen Angelegenheit“ verkommen, und „was übrigblieb, war der Gebrauch dieses Wortes zur Kennzeichnung des deutschsprachigen Theaters.“[23] Genau in dieser „formalen“ Reduktion aber bestand für die Begründer einer „deutschen Oper“ in Dresden ein reizvoller Anknüpfungspunkt. Fraglos ist die deutsche Sprache als primäres Kriterium hinreichend für die Bestimmung eines nationalen Sprechtheaters, und ob sich dieses unumwunden auf alle Genres musiktheatralischer Produktionen – vom Melodram bis zur Großen Oper (zudem in gleicher, weiter nicht differenzierter Weise) – übertragen läßt, ist zweifelhaft. Ein Blick in die Repertoires von italienischer und vor allem deutscher Oper in Dresden kann Aufschluß darüber geben, nach welchen Kriterien die Institute oder besser die Departements voneinander zu scheiden waren.[24]

Repertoire

Die Gründung eines „deutschen Operndepartements" in Dresden wird allgemein dem Engagement des Intendanten, Graf Heinrich von Vitzthum, und Carl Maria von Webers zugeschrieben.[25] Daß sich hier in administrativer und personeller Hinsicht wie auch im Hinblick auf die örtlichen Gegebenheiten, die drei Aufführungsstätten (Hoftheater, das kleine Vorstadt-Theater am Linckeschen Bade und das nur dem Hof zugängliche Theater in Pillnitz[26]), zahlreiche Überschneidungen mit der italienischen Oper ergeben, die nach gängiger Vorstellung vom Hof gehätschelt, während das deutsche Departement von denselben Leuten zu verhindern versucht wurde, soll zunächst nur erwähnt werden. Erkennt man die vielfältigen Überschneidungen, ist es eher fraglich, ob von zwei unabhängigen Institutionen gesprochen werden kann und ob eine strikte Trennung von den Initiatoren überhaupt geplant und gewollt war.

Statistische Untersuchungen in der Opernforschung, die auf die Interpretation des Repertoires nach nationalen Schulbildungen aus sind, stellen sich schnell als heikel heraus. Gerade in der Nachfolge der Nationaltheater-Idee wurden entsprechende Überlegungen auch hinsichtlich der Opernbetriebe (besonders in Berlin und Dresden) vorgenommen. Daß die Opern Glucks in Berlin beispielsweise seitens der Intendanz des Grafen Brühl als der deutschen Schule, das heißt der deutschen Oper zugehörig bewertet worden sind, mag zwar als Faktum zutreffen, gleichzeitig dürfte jedoch der Generalmusikdirektor in Berlin, Gasparo Spontini, dessen Werke auch im französischen Kontext gesehen haben.[27]

Für diese Art der statistischen Erhebung wäre letztlich eine genaue Kennzeichnung des Nationalen in der Musik notwendig. Nicht nur die vorgenommene Trennung nach Gattungen erweist sich als problematisch – und wäre letztlich für jedes Werk zunächst stofflich und anschließend anhand der Partitur zu überprüfen. „Von den insgesamt 645 Aufführungen musikalischer Theaterstücke in deutscher Sprache in den Jahren 1817 bis 1826 in Dresden nehmen die deutschen 73 Prozent, die französischen 25 Prozent und die italienischen nur 2 Prozent in Anspruch."[28] Was wird hier mit dem Begriff „musikalische Aufführungen" gefaßt? Eine Frage, deren Problematik sich Becker zwar bewußt scheint,[29] die er aber, bezogen auf die Anzahl der Aufführungen, welche er zugrunde legt, nicht weiter aufschlüsselt. Noch unklarer aber ist die Zuordnung der Werke, unabhängig von der Sprache der Aufführung, nach anderen Kriterien, die er den National-Adjektiven zuordnet. Grammatisch ist auch für diese Teile des Satzes – also für „deutsch", „französisch" und „italienisch" – das Substantiv „Aufführungen" zu ergänzen. Bezieht er sich hier auf die Sprache der Originalkomposition, auf stilistische Kriterien oder aber auf die Nationalität des Komponisten? Anzunehmen ist ein Gemisch aus allen verfügbaren Kriterien, wie es sich für die Gattungsunterschiede, die er ausführt, nachweisen läßt. Als Beispiel aus Beckers Gattungssystematik diene der Bereich der Oper, und zwar, um es neutral und mit seinen eigenen Worten zu fomulieren, die Oper 'größeren Stils'. Becker unterscheidet zwischen „großer Oper" und „lyrischer Handlung".[30] Auf welcher Grundlage er diese Begriffe differenziert, bleibt unklar. Fest aber steht, daß Bezeichnungen dieser Art in der ersten Hälfte des 19. Jahrhunderts in Autographen, handgeschriebenen oder gedruckten Partituren, Textbüchern oder Theaterzetteln für ein und dasselbe Werk erheblich abweichen können. Offensichtlich werden hier stoffliche und stilkritische Momente – wie es die Gattung der Oper durchaus nahelegt – vermischt, ohne jedoch das Ziel einer stringenten Systematik aufzugeben. Das wesentliche und einzig greifbare Kriterium zur Gattungsbestimmung, ob nämlich eine Oper gesprochene Dialoge oder instrumentierte Rezitative enthalte, entfällt letztendlich bei Becker: *Marie von Montalban* und *Fidelio* erscheinen als „große Opern" und „alleine die 'Euryanthe' unternimmt den Versuch, den Handlungsverlauf in größeren durchkomponierten musikalischen Komplexen zusammenzufassen".[31] Sieht man einmal davon ab, daß auch *Jessonda* und *Olimpia* in der gleichen Weise als „große Opern" anzusehen sind, so drängt sich eine weitere Frage auf, die unbeantwortet bleibt. Wann ist eine rezitativische Komposition im Sinne des substanziell gemeinten Begriffes der „Durchkomposition" im Stande, die Handlung einer Oper 'musikalisch' zu fassen? Eine Frage, die zu erörtern eingehende stilistisch vergleichende Analysen erforderte und nicht nur eine flüchtige Einsichtnahme in die Partitur bräuchte – wie es allerdings mindestens für alle in die Systematik aufgenommenen Stücke notwendig gewesen wäre. Anzufügen ist noch, daß der folgende Blick auf die Spielpläne, den Becker anstellt, ebenfalls schief gerät. Er vergleicht das Münchner und Berliner Gesamtrepertoire mit dem Dresdner Teilrepertoire des deutschen Operndepartements und kommt zu dem keineswegs erstaunlichen Ergebnis, daß hier die italienische Oper (mit 2 Prozent) im Vergleich zu den 'Hochburgen' München und Berlin unterrepräsentiert sei.[32]

Dennoch wird man nicht umhin kommen, das Repertoire der Dresdner Oper zu Zeiten Morlacchis und Webers näher zu betrachten und zu interpretieren. Im folgenden wird vermieden, auf der Basis von statistischen Erhebungen zu argumentieren. Zahlen und die darauf begründeten Statistiken suggerieren Objektivität, gerade sie sind jedoch je nach Intention der postulierten These deutlich unterschiedlich zu kombinieren und somit verschiedenartig interpretierbar. Die Betrachtung des Dresdner Gesamtrepertoires beruht hier auf der Auffassung, daß die zwei bzw. drei „Departements" trotz der hochgesteckten Ziele der institutionellen Sondierung dazu tendierten zusammmenzuwirken. Diese Zusammenarbeit und stärkere Durchmischung der Repertoires hatte Weber gewünscht, der eine zentrale Bedingung, daß nämlich Stücke, die bereits im italienischen Departement gegeben worden waren, nicht mehr im deutschen gezeigt werden konnten, aufs äußerste bedauerte und sich über das allgemeine Niveau der Dresdner Oper in einem Brief an Georg Friedrich Treitschke beklagte: „Unsere Opern, italienisch und deutsch, wollen sich noch immer nicht zu der Höhe heben, auf welcher ich sie gerne stehen haben möchte [...]“[33]

Zieht man das von Robert Prölss aufgestellte „Verzeichnis der vom 1. Okt. 1816 bis 1. Jan. 1862 auf dem Königl. Sächs. Hoftheater zu Dresden neu aufgeführten Stücke“ unter der Rubrik „4. Opern und Singspiele“[34] zu Rate, so lassen sich die Stücke aus der Zeit, in der Morlacchi und Weber gemeinsam in Dresden tätig waren (also bis zum Jahresbeginn 1826, als Weber nach London reiste), leicht dem italienischen oder deutschen Repertoire zuweisen. Die Angabe der Titel erfolgt bei Prölss offensichtlich in der Sprache, in der das jeweilige Werk aufgeführt wurde, und der Katalog der Stücke übernimmt in der Regel die stilistischen Vorgaben: Am „italienischen Departement“ wurde ausschließlich italienische Oper gespielt, und am „deutschen“ wurden vor allem französische Opern der verschiedenen Genres sowie deutsche Singspiele und in Ausnahmen deutsche Große Oper gegeben. Obwohl das Repertoire der Italiener gegenüber dem deutschen geschlossen wirkt, gab es bestimmte Überschneidungen, die die Durchlässigkeit der zwei Bereiche der Dresdner Oper unterstreicht. Seit der ersten Spielzeit 1816/17 ist die Produktion von neuen Stücken am „deutschen Departement“ wesentlich – meist um die Hälfte – höher als am italienischen, was damit zusammenhängt, daß sich die Italiener ein Repertoire schon aufgebaut hatten. In bestimmten Jahren sank die Zahl der Neueinstudierungen am italienischen Departement jedoch auf ein erstaunlich niedriges Niveau, z. B. 1822, als Morlacchi zunächst abwesend und anschließend krank war; zwei von den drei Neuinszenierungen dieses Jahr waren Opern Rossinis. 1825 fand sogar nur eine Premiere statt. Das feste Standbein des italienischen Repertoires bildeten vor allem die Werke Rossinis und die Opern der „Dresdner“ Paer, Rastrelli und Morlacchi.

Von besonderem Interesse für die vorliegende Untersuchung sind Überschneidungen im Repertoire, die zuließen, daß bestimmte Komponisten mit ihren Werken in beiden Departements vertreten waren. Andererseits soll an dieser Stelle das Repertoire anhand der großen, spektakulären Aufführungen überprüft werden, die für die Gesamthaltung der Spielpläne einstehen mögen. Die quantitative Basis für diese ‘besonderen Ereignisse’, bildeten vor allem im deutschen Repertoire die Aufführungen von Adaptionen einfacher Sing- und Liederspiele meist französischer Provenienz oder deutschsprachige Originalbeiträge zum Genre, die die Gattungsgrenzen zum dritten Departement – zum Sprechtheater, zum Schauspiel mit Musik und zur Lieder-Posse – fließend machten. Die folgenden Betrachtungen beziehen sich also nur auf das sogenannte ‘hohe’ Genre, auf das der Oper.[35]

Es ist bekannt, daß Weber das deutsche Operndepartement in Dresden mit Méhuls *Jakob und seine Söhne* eröffnete.[36] Dieser geradezu programmatische Beginn, der für Weber einen großen Erfolg bedeutete, ist bislang nur unzureichend interpretiert worden. Die Affinität Webers nicht nur zur französischen Oper im allgemeinen, sondern zu Méhul im besonderen[37] wird nicht nur in der richtungweisenden ‘Ouvertüre’ ersichtlich, sondern durchzieht – zumindest für die frühen Jahre – seine Dresdner Repertoiregestaltung. Im Zusammenhang mit Méhuls Oper ist betont worden, daß Weber vor allem deshalb auf dieses Stück zurückgegriffen habe, weil ihm hierfür das spärliche vokale Material von Chor und Solisten des neu zu etablierenden Instituts gerade hinlänglich erschien.[38] Nicht hinterfragt wurde, welches zeitgenössische Stück deutscher Herkunft von annähernd gleichwertiger Qualität und ähnlichem Bekanntheitsgrad er hätte wählen können, um für seine 'deutsche' Oper zu werben. Mit dem Aushängeschild des Franzosen Méhul war von vorne herein auch der internationale Anspruch der Dresdner Initiative gewahrt. Selbst wenn im aktuellen deutschsprachigen Repertoire ein vergleichbares Stück zu finden gewesen wäre, läßt sich spekulieren, daß Weber dennoch ein Werk französischer Herkunft für die Eröffnung des deutschen Departements gewählt hätte. Experimentierfreudig in Hinblick auf die Stückwahl zeigte er sich in den ersten Spieljahren des deutschen Departements kaum. Im ersten Jahr waren die großen (das heißt: mehraktigen) Stücke bis auf zwei Ausnahmen – Himmels *Fanchon*[39] und Weigls *Waisenhaus* – Opern französischer Herkunft. Méhul war mit *Helene* ein weiteres Mal, Boieldieu mit *Johann von Paris*, Cherubini mit *Lodoiska*, Grétry mit *Raoul, der Blaubart* und Catel mit *Die vornehmen Wirte* jeweils einmal vertreten. Erst im nächsten Jahr (1818) vergrößerte Weber das original deutschsprachige Repertoire, mußte jedoch meist auf ältere Stücke zurückgreifen. Mozarts *Zauberflöte* und *Entführung* kamen nun neben Weigls *Schweizerfamilie* zur Aufführung. Gleichwohl stand mit Isouards *Joconde* ein aktuelles französisches Hauptwerk der Epoche auf dem Spielplan. Im Jahre 1819 dürften die wichtigsten Neu-Aufführungen Winters *Unterbrochenes Opferfest* und Cherubinis *Wasserträger* gewesen sein. Die Wiener Uraufführung des *Opferfestes* lag jedoch schon über zwanzig Jahre zurück, und diese wenig aktuelle Neueinstudierung erscheint umso pikanter, als Winters *Maometto* nur ein Jahr nach der Mailänder Uraufführung als aktuellstes Werk des Komponisten 1818 innerhalb des italienischen Repertoires gegeben worden war. Winter aber ist das Musterbeispiel eines in Deutschland groß gewordenen Komponisten, der um die Jahrhundertwende verschiedene Gattungen bediente und italienische Opere serie, französische Tragédies lyriques und deutsche Singspiele komponiert hatte. Das Jahr 1820 birgt eine ähnliche Überschneidung; so wurde Meyerbeers *Abimelek* innerhalb des deutschen Departements und seine erste Erfolgsoper *Emma di Resburgo* am italienischen Departement aufgeführt, aber unter Webers Leitung.[40] Hier zeigt sich nun – nach moderner Auffassung – das Sinnvolle der Abteilungen der Dresdner Oper; man konnte die Werke, zumindest was das italienisch- und das deutschsprachige Repertoire anging, in ihrer Originalsprache, ungeachtet, von welchem Komponisten sie stammten, aufführen. Drei weitere Neuheiten des Jahres 1820 verdienen besondere Beachtung. Außer Marschners Erstlingswerk *Heinrich IV. und d'Aubigné*, die aus historischer Sicht die erste bedeutende Uraufführung am deutschen Repertoire war, wurde Grétrys *Richard Löwenherz* und Poißls fünf Jahre alte Große Oper *Wettkampf zu Olympia* aufgeführt. Zu letzterem hatte Weber einen kurzen Text in der *Dresdner Abendzeitung* veröffentlicht und insofern dem Werk, dessen formale Einheitlichkeit der durchgängig instrumentierten Rezitative er lobte, einen besonderen Stellenwert beigemessen.[41] Im folgenden Jahr wurde Poißl mit *La repressaglia* als italienischer Komponist vorgestellt, einem Stück, das nur ein Jahr zuvor in München seine Uraufführung hatte. Die wichtigste Aufführung am deutschen Repertoire war sicherlich Mozarts *Don Juan*, der nun zum ersten Mal in deutscher Sprache in Dresden gegeben wurde.

Das Jahr 1822 bedeutete für den Zeitraum, in dem Weber in Dresden tätig war, insofern eine Wende, als von nun an im verstärktem Maße bedeutende deutsche Originalkompositionen zur Aufführung gelangten. Es bleibt jedoch bemerkenswert, daß der Kapellmeister Weber erst mit der Dresdner Erstaufführung des *Freischütz* am 22. Januar 1822 zum ersten Mal als Komponist vor seinen König und das Dresdner Publikum trat und daß keine seiner Opern, die im Zeitraum der Dresdner Verpflichtung entstanden, für sein Stammhaus komponiert worden war. Dies mag, oberflächlich betrachtet, an bestimmten finanziellen Voraussetzungen und Bedingungen des Dresdner Vertrages gelegen haben; andererseits läßt sich vermuten, daß Weber in den mehr weltstädtischen Bühnen Berlin, Wien und London angemessenere Foren für seine Opern erkannte, als es die nach wie vor provinzielle erste Bühne Sachsens – vor allem auf Seiten des deutschen Departements – sein konnte. Dem *Freischütz* folgten als bedeutende deutschsprachige Werke *Fidelio*, *Libussa*[42] von Kreutzer (beide 1823) und *Euryanthe* und *Jessonda* (beide 1824). Eine Sonderstellung unter den Originalwerken deutscher Komponisten jener Jahre nimmt Marschners *Holzdieb* ein, mit dem der Komponist die Frage nach einer nationalen deutschen Oper in Form eines editorisch-praktischen Experiments zu lösen versuchte.[43] Obwohl Marschner – gegen den Willen Webers – seit 1824 als Kapellmeister in Dresden engagiert war, hatte er einen schweren Stand. In dasselbe Jahr fällt die deutschsprachige Aufführung eines Stückes mit dem Titel *Wie gerufen* von Paer, der inzwischen für Paris auch Stükke des französischen Genres komponiert hatte. Seit 1822 verfügten die Rossini-Neuvorstellungen am italienischen Departement über eine herausgehobene Position. Konnten hier im Jahre 1824 insgesamt noch vier Neuinszenierungen herausgebracht werden – wovon eine freilich Reißigers *Didone abbandonata* war – so wurde 1825 nur Mercadantes *Elisa e Claudio* neu vorgestellt.

Weber hingegen hatte am deutschen Departement verstärkt mit den „Italienern" zu tun. Das ehrgeizigste Projekt dieses Jahres bildete fraglos die Dresdner Erstaufführung von Spontinis *Olimpia* aus Anlaß der Vermählung des Prinzen Max mit Luise von Lucca. Weber selbst studierte das aufwendige Stück ein und hatte teilweise kurze Passagen hierfür neu vertont. Waren *La Vestale* und *Ferdinando Cortez* traditionell Bestandteile des italienischen Repertoires in Dresden,[44] so wurde *Olimpia* als Krönungsoper in der Berliner Textfassung E. T. A. Hoffmanns selbstverständlich in deutscher Sprache gegeben. Die Dresdner Erstaufführung von Rossinis *Barbier von Sevilla* fand im gleichen Jahr, am 24. September 1825, ebenfalls mit deutschem Text statt. Hierin kann ein Hinweis erkannt werden, daß Weber die Durchmischung der Repertoires eher gewünscht als wirklich verhindert hat. Die Trennung in deutsches und italienisches Departement war zunehmend vor allem eine Separierung entsprechend der Sprache der Aufführung. Letztlich dürfte die Produktion des deutschen *Barbiers* als Seitenhieb gegen das Fehlen der Originalversion dieser Oper, deren Konkurrenz zum eigenen Werk Morlacchi wohl gefürchtet hatte, gewertet werden. Der Rezensent der *Allgemeinen Musikalischen Zeitung* berichtete: „Da wir diese köstliche Oper denn durchaus auf unsrer italienischen Bühne nicht sehen sollen, so war es ein sehr glücklicher Gedanke, dieselbe uns wenigstens [!] deutsch vorzuführen, wenn sie gleich in diesem Gewande verlieren muß.“[45] Man wußte also, und dieser Umstand erstaunt, die Aufführung eines italienischen Werkes in seiner Original-Sprache durchaus zu würdigen. Dies unterscheidet die Aufführungen der *Olimpia* und des *Barbiers* am deutschen Departement 1825 grundlegend. *Olimpia* war, abgesehen von einigen marginalen Eingriffen Webers, in einer vom Komponisten autorisierten Fassung, welche in der Berliner Erstaufführung auch musikalisch neue Teile gegenüber der Pariser Uraufführung enthielt, gegeben worden. Rossinis *Barbiere di Seviglia* hingegen mußte als zweites, original-italienisches Werk nach *Don Giovanni* textlich adaptiert werden und wurde in Dresden durchweg von Sängern des deutschen Departements ausgeführt.[46]

Musik als „Weltsprache“

„Die Musik ist in ihren Mitteln, oder als Sprachwerkzeug nicht auf ein Volk beschränkt; diese sind allen gemein, die Worte oder Töne allen, und was sie ausdrücken sollen, verständlich. Einem englischen Ohre klingt derselbe Ton nicht hoch, der dem Franzosen tief; englische Noten liest der Deutsche eben so, wie die seinigen; eine englische Molltonart klingt in Italien nicht wie Dur; eine Geige in Rom nicht um ein Haar anders als in Berlin; und ein italienischer Trompeter braucht in Deutschland nicht erst einen übersetzenden deutschen Trompeter als Dolmetscher, damit die Leute hörten, was er blasen wolle; letzteres wissen wir namentlich zu gut. Mit der Stimme ist's eben so.“[47]

Die Tenorstimme des in Dresden gefeierten Benelli[48] hatte dort, wenn er die Canzone des Grafen aus Morlacchis *Il Barbiere di Seviglia* sang, im wesentlichen nicht anders geklungen, als hätte ein Sänger X die gleiche Arie in der Stadt Y aufgeführt, – könnte man die Reihe der Vergleiche, bezogen auf einen Dresdner Fall, ergänzen. Die musikalische Sprache stellt, wie der Dresdener Musikschriftsteller Richard Otto Spazier hier auch für den Bereich der Vokalmusik unabhängig von der Wortsprache postuliert, nach solcher Auffassung ein übergeordnetes Kommunikationssystem dar, welches zunächst überall gleich verständlich sei. Entsprechend fährt er fort: „In diesem Sinne ist allerdings die Musik für das Gefühl die Weltsprache, welche in anderer Art die Philologen sich aufzufinden bemühen, damit die Leute in der ganzen Welt ohne jedes Bindemittel mit einander verkehren. Aber darin bleibt noch der wesentlichste Unterschied, dass jedes Volk in der Sprache wie in den Tonmitteln eben nicht dasselbe ausdrücken will. Es wäre wahrlich lächerlich, wollte man glauben, nach der Entdeckung [!]

und Bildung einer Weltsprache gäbe es keine Nationalliteratur und Eigenthümlichkeit mehr."[49]

Demnach steuerten die Nationen das Ihrige zu einem übernationalen Sprachsystem bei, das in Rom, St. Petersburg, New Orleans, Mexico oder eben Dresden verständlich bliebe, ohne daß die musikalischen Nationen ihre Individualität verlören. Die Grundlage im Bereich des Musiktheaters bildet das Kommunikationssystem italienischer und französischer Oper sowie deutscher Instrumentalmusik. – Aufschlußreich ist der Kontext, in dem die Autoren Adolf Bernhard Marx (Berlin) und Spazier (Dresden) eine solche kosmopolitische Anschauung im Bereich der Opernmusik vertreten. In der *Berliner Allgemeinen Musikalischen Zeitung* empfiehlt Marx seinen Lesern dringend die Lektüre „einer kleineren, höchst anziehenden Broschüre: Scherz und List – Bemerkungen über Nationalität in der dramatischen Musik, über die Verhältnisse der dresdner deutschen und italienischen Oper u.s.w. von R. O. Spazier", aus dem das längere Zitat oben stammt.[50] Die Wirkungskraft der Musik wird auch für dramatische Zusammenhänge als so suggestiv angesehen, daß die wortsprachlich kognitive Vermittlung von Handlung solcher Auffassung nach für den Opernbereich als sekundär interpretiert werden kann. Die Kantilene einer Klarinette bedarf demnach ebensowenig einer 'Übertragung', wie die eines Sängers hiernach verlange, denn, so endete Spazier die Reihe seiner Beispiele von der fehlenden Notwendigkeit Musik zu übersetzen: „mit der Stimme ist's ebenso".[51]

Spaziers spürbare Faszination für italienische Oper, die in den bei Marx zitierten Passagen an keiner Stelle explizit formuliert wird, erhält einen deutlichen Dämpfer durch die Errungenschaften einer als notwendig angesehenen nationalen Kunst. So hält er für den deutschen Sprachraum fest: „Nur in Dresden, München, Wien taumelte man in den Kadenzen und dem Lärm, der aus einem Strudel in den anderen riss und kaum zur Besinnung kommen liess. Denn der Italiener kann nichts singen als Italienisches und das Neueste."[52]

In der Tat war der Betrieb der italienischen Oper – auch in Dresden – stark mit dem Prinzip der Scrittura verbunden, und die unmittelbare Zusammmenarbeit von Sängern (Benelli) und (meist in Personalunion) Kapellmeister und Komponist (Morlacchi) beeinflußte das 'Werk' bedeutend. Hiervon war die Position Webers deutlich verschieden; er komponierte nicht nur kein Werk für die deutsche Oper[53] in Dresden, sondern war vor allem damit beschäftigt, ein Repertoire im modernen Sinne des Wortes aufzubauen, wie es noch heute das Stadttheaterprinzip im deutschen Sprachraum – im Gegensatz zur italienischen Stagione – verfolgt.

Daß beispielsweise Mozart vor allem für italienische Sänger geschrieben hatte, wurde bei den „Deutschen" nur am Rande thematisiert[54], denn eine „Karakterverschiedenheit im Allgemeinen" unterstellt auch Spazier.[55] Demnach blieb nach obiger Auffassung, soweit der Rezipient über das gemeinsame Vokabular des Systems italienisch-französische Oper/deutsche Instrumentalmusik verfügte, für den „Gebildeten"[56] jedwede Musik allgemein verständlich.

Konsequenterweise läßt Spazier nun ein Beispiel folgen, dem er einen der alltäglichen Opernpraxis entnommenen Fall vorausschickt: „Man gebe aber nur denselben Stoff, der ganz in dem Reiche des Idealen liegen soll, einem deutschen und italienischem Dichter zu behandeln, und man sehe wie verschieden schon die Gerippe sein werden."[57] Im Anschluß hieran analysiert er zwei Kanzonen Mozarts und Rossinis. Auch hier sei, der überaus aufschlußreichen Details wegen – besonders zur zeitgenössischen Mozart-Rezeption von deutscher Seite –, die ganze Passage aus *Scherz und List*, die Marx zitiert, wiedergegeben: „Nur ein Beispiel, das zugleich in die Augen fallen muss, weil es zwei Musikstücke sind, die zwei gleiche Gegenstände behandeln, und in der Form, im Gange so ähnlich, als eben ein italienisches und deutsches sein können; das Ständchen im Don Juan: 'horch auf den Klang', und das Anfangs [sic] des 'Barbier von Sevilla' Rossini's, eines seiner besten Stücke: ecce ridente il cielo, und zwar das letzte entkleidet von den, dem Rossini besonders eigenthümlichen Schnörkeleien. Beide haben im Gange fast denselben Text; beide weichen auf dieselbe Weise in Tonarten aus, an denselben Stellen; man sollte denken, Rossini habe den Mozart hier gar deutlich im Sinne gehabt. Und doch wie unsäglich verschieden! Man nehme den nackten, ungeschminkten Gedanken des Italieners und den des Deutschen. Wir müssen da bei den Tönen im 'auf' und 'Klang der Zeit' – fühlen, dass sie weit mehr Gemüth und Seele aussprechen und zum tiefsten dringende Einfachheit, nach Art unsers Gefühl bei solchen Gelegenheiten: während der Italiener im ersten Gange schon, wo er noch aus voller Brust anhebt, gleich an's Ohr und den Schönheitssinn hin sich richtet, sein Volk dadurch entzückt, uns erheitert, aber kalt lässt; geschweige denn nachher in der kalten Durchführung."[58] Wird die Problematik einer nationalen Bestimmung im Falle Mozarts gar nicht erst diskutiert und mittels des Textanfangs der Kanzone in deutscher Übersetzung in eindeutiger Weise suggeriert, so fußt auch die anschließende Analyse auf der deutschen Übersetzung des Stückes.

Das Beispiel Spaziers ist erweiterungsfähig. „Man gebe aber nun", um mit seinen Worten zu reden, „denselben Stoff" zwei oder drei italienischen Komponisten „zu behandeln", wie es mit dem Barbier-Sujet Beaumarchais' geschehen, so wird auch hier das Ergebnis sehr unterschiedlich ausfallen. Der Vergleich der Kanzonen in den Opern Paisiellos (1782), Mozarts (*Don Giovanni* 1789), Rossinis (1816) und Morlacchis (1815 wohl ohne das Wissen um Rossinis Werk komponiert und 1816 uraufgeführt), dokumentiert tatsächlich die Vielfalt des Bezugssystem der „Weltsprache" Musik am Beispiel italienischer Opern anschaulich – bei gleichen, oder zumindest ähnlichen Bedingungen.

Morlacchi greift in der „Canzonetta di Lindoro Nel Barbiere di Siviglia"[59] in gleicher Weise wie die anderen Komponisten auf bestimmte, nahezu unvermeidbare Topoi des Typus zurück. So findet bei allen Komponisten ein Gitarreninstrument im Orchester Verwendung, das bei Morlacchi vom Streicherpizzicato gestützt wird. Unterschiedlich gestalten die Komponisten jedoch das virtuose Element im Verhältnis von Orchester- bzw. 'Lauten'-Begleitung zur Singstimme. In Morlacchis Kanzone verhält sich das Orchester in der Art der Begleitung statisch, während die Singstimme den zunächst liedhaften, einfachen Tonfall des „Saper bramante" nach und nach, zunehmend virtuoser werdend, aufhebt, gleichsam ausweitet und mit verschiedenartigen Koloraturformen variiert. Im Einleitungsritornell und im ersten, liedhaften Abschnitt der Singstimme wirkt die später einsetzende Triolenbewegung in den Holzbläsern gegenüber den Duolen des Sängers zunächst als beschleunigendes Element, während die gleichen Figuren – bei zunehmender virtuoser Haltung der Singstimme (Quartolen und Sextolen) – später als retardierend empfunden werden; sie können als eine Art Rondoritornell gedeutet werden. Diesem wiederholten Einschub, der nur einen, meist mit absteigenden Terzgängen gefüllten Takt umfaßt, stehen die virtuosen Passagen der Singstimme, die in der Art von Figuralvariationen gestaltet sind, gegenüber. Erst kurz vor der Kadenz – dem vokalen Höhepunkt der Kanzone – beschleunigt sich nun auch das bislang statisch behandelte Bläsermotiv, zunächst in einem absteigenden, erneut in Terzen geführten Sechzehntelgang (Flöte und Oboe), um vier Takte später einen weiteren Takt (nun zwei Flöten alleine) in Zweiunddreißigstel-Gängen zu füllen – den Effekt der vokalen Kadenz vorwegnehmend. Das Beispiel deutet an, daß gerade die differenzierte Holzbläserbehandlung – hier in einer seltsamen, eintaktigen Reduktion auf den reinen Flötenklang (ohne Streicher) vor der Kadenz der Singstimme – ein Charakteristikum Morlacchis darstellt. Ähnliches zeigt sich auch in der Ouvertüre der Oper, in der die Bläsergruppe sowohl in der kurzen langsamen Einleitung als auch im Allegro-Teil eine ausgesprochen blockhafte, wie abgeschnittene Behandlung erfährt, andererseits der Klang in anderen Abschnitten mit den Streichern differenziert abgemischt wird und schließlich auch rein solistisch-obligate Verwendung findet.[60]

Spazier verglich die Stücke Mozarts und Rossinis auf Grundlage der 'entkleideten' Melodie der „Barbier"-Kanzone. Im Rahmen seiner Ausführungen scheint die Reduktion der Rossinischen Kanzone auf ihre melodische Substanz gerechtfertigt. Ob aber der Verlauf der schweren Zählzeiten, also der Melodietöne unter Weglassung der Kolorierung, tatsächlich die eigentliche Substanz Rossinischer Melodik darstellt, erscheint dennoch fragwürdig. Die wie Blitze auftauchenden, kurzen, pointiert gesetzten Sechzehntelgruppen, die sich zunächst wie verselbständigt in den Fluß der Melodie einfügen – einen solchen erst entstehen lassen –, unterscheiden sich von der stufenweise und virtuosen Verdichtung der legato geführten Sechzehntelpassagen im Beispiel Morlacchis grundlegend.

Hingegen verzichtet Mozart in „Deh vieni alla finestra" auf jegliche virtuose Ausformung der Singstimme. Zum Pizzicato der Streichergruppe läßt er eine obligate Mandolinenstimme erklingen, und mit diesem Orchester der Saiteninstrumente kopiert er als Ganzes den Klang der Gitarre, zu der Don Giovanni singt, ohne, etwa durch Hinzufügung von Bläsern, diese Form der Begleitung aufzugeben. Lediglich in der einfachen Führung zu Beginn der Singstimme ist Morlacchis Kanzone ähnlich gestaltet, indem das Orchester eigenständige Zwischenspiele (hier unter Beteiligung der Holzbläser) ausführt. In den Gesangspassagen erscheint jedoch auch bei Morlacchi eine Mozart vergleichbare Orchesterbegleitung.

Schließlich gilt es noch auf Paisiellos Kanzone aus seinem *Barbiere di Siviglia* hinzuweisen, der eigentlichen Parallelkomposition Morlacchis. Dieses berühmte

Stück wurde erst von Rossinis gleichnamiger Oper verdrängt – und nicht von Morlacchis Werk, wie dieser es vielleicht erhofft hatte. Es handelt sich um eine strophische Komposition, in der die einfache, leicht melismatische melodische Struktur unverändert zweimal wiederholt wird. Stilistisch und in der Art der Begleitung steht sie der Komposition Mozarts nahe, und Morlacchi geht – das einfache melodische Prinzip weiterentwickelnd – in der Formulierung einer ausgesprochen virtuosen Haltung (Benelli) darüber hinaus.

Die Betrachtung der verschiedenen Kanzonen deutet an, daß sich die Komponisten in der Entfaltung vokaler Virtuosität unterschiedlich verhalten. Rossini und Morlacchi bedienen eine Erwartunghaltung an 'italienische Oper', deren Ästhetik eng mit der Zurschaustellung vokal-virtuosen Könnens der Sänger verknüpft war, durchaus verschieden. In Morlacchis Oper läßt sich auch an anderen Nummern eine am Beispiel der Lindoro-Kanzone geschilderte Einstellung ablesen. So überwiegt in der Rosina-Arie „Giusto ciel" zum Ende des zweiten Aktes die passagenhafte, langgezogene Koloratur, die teilweise von der obligaten Bratschenstimme in Terzen verdoppelt wird. Gegenüber dieser entfesselten stimmlichen Virtuosität in Konkurrenz und Einklang mit einem instrumentalen Solo wirken die Koloraturen in der zweiten Rosina Arie „Già ride prima vera" nahezu schlicht, wo das szenische Moment, nämlich die Verwicklungen um den beim Vortrag Rosinas einschlafenden Bartolo, für die Komposition bedeutender war als die Entfaltung eines großen virtuosen Gestus. An gleicher Stelle kann bei Rossini eine Travestie dieses Gestus konstatiert werden: Gleichwohl ist diese Arie ein technisches Bravour-Stück. Bemerkenswert ist schließlich noch, daß in Morlacchis Oper im Anschluß an die Rosina-Arie und Bartolos „Voi tu Rosina" (Nr. 14) nur noch zwei lange Ensemblenummern, unterbrochen von der Sturmmusik, folgen, deren zweite den gesamten vierten Akt umfaßt. Angesichts solcher übergreifender und weitdisponierter Zusammenhänge erscheint die zeitgenössische Klage, daß die Nummern gelegentlich zu lang seien, kaum verwunderlich.[61]

Es mehren sich die auch in anderen Werken nachweisbaren Anzeichen, daß Morlacchi von der deutschen Instrumentalmusik und insbesondere vom Klima der Dresdner Hofkapelle nicht unbeeinflußt blieb. So läßt sich die differenzierte Orchesterbehandlung in der „Canzone a due", einem mehrgliedrigen Stück, das als Finalkomposition des nur drei Nummern umfassenden ersten Aktes fungiert, teilweise als musikalische Charakteristik Rosinas und Bartolos deuten. Nach dem langsamen, von der Singstimme Rosinas reichlich ausgezierten Einleitungsteil erfolgt eine blockhafte und zunächst konsequent durchgeführte Trennung von Streichern und Bläsern. Die eine Orchestergruppe begleitet Bartolo, die andere Rosina.[62] Diese strikte Trennung wird zunächst zwar relativ schnell aufgegeben, erscheint später im Stück jedoch erneut[63] und wird nun ausgedehnt. Ohne einem solchen Verfahren, das in die Nähe von Klangfarbencharakteristik der Vogler-Schule (Meyerbeer – Weber) gerückt werden kann, einen zu hohen Stellenwert beimessen zu wollen, läßt sich jedoch auch an anderen Stellen dieser und weiterer Partituren erkennen, daß Morlacchi nicht nur die vorzüglichen solistischen Fähigkeiten seines Klangapparates, sondern auch die des Ensembles zu nutzen wußte.[64]

Die grundsätzlich variable und experimentierfreudige Haltung des Komponisten belegen zudem zwei weitere Stücke. *Raoul de Crequi*, dessen Uraufführung 1811 in Dresden das Debüt des Komponisten an seinem neuen Wirkungsort bezeichnete, weist einige Elemente in der Vertonung auf, die die vielfältigen Einflüssen gegenüber offene Haltung Morlacchis zu Beginn der Dresdner Laufbahn dokumentieren,[65] während *Teobaldo e Isolina* sich stilistisch zwar deutlich an Rossini orientiert, obwohl das Stück in Meißen spielt. Dies bedeutete eine besondere Reverenz an das sächsische Königshaus, vor allem weil die Oper nicht in Dresden, sondern in Venedig zum ersten Mal aufgeführt wurde. Erst eine zweite Fassung (1825) war für die Dresdner Bühne bestimmt.

Steht eine umfassende analytische Arbeit zum Einfluß der deutschen Instrumentalmusik auf das kompositorische Schaffen Morlacchis noch aus und konnte im vorliegenden Kontext lediglich auf die unterschiedliche Formulierung vor allem eines Aspektes im Vergleich – des vokal und instrumental Virtuosen – hingeweisen werden, so legt der Bericht der *Allgemeinen Musikalischen Zeitung* eine solche künstlerische Offenheit des Komponisten gerade zu Beginn der Zeit seines Wirkens in Dresden nahe: „[...] aber er ist auch erst 25 Jahre alt, und hat überdies bisher, um zu leben, mehr schreiben müssen, als er gesollt hätte; auch ist ja für ein eigentliches, höheres Studium der Composition in Italien jetzt so gar wenig Gelegenheit! Morlacchi weiß das, und weiß auch was ihm fehlt. Er geht mit dem Vorsatze nach Deutschland, dort recht eifrig zu studieren. Dies, und was er schon besitzt, berechtigen zu der Erwartung, er werde einer der herrlichsten italien. Theatercomponisten werden. Möge er überall die verdiente, günstige Aufnahme, und auch Gelegenheit genug finden, die deutschen Meisterwerke aller Art genau kennen zu lernen!“[66]

Als Weber das sogenannte deutsche Departement der Oper in Dresden mit einem Werk Méhuls eröffnete, machte man sich um stilistische Fragen einer nationalen Oper nur wenig Gedanken. Das wesentliche an der Initiative der deutschen Oper war im Sinne des Nationaltheatergedankens des ausgehenden 18. Jahrhunderts die Sprache der Aufführungen. Gleichzeitig wurden Komponisten wie Méhul, Cherubini aber auch Spontini partiell als der deutschen Schule zugehörig empfunden, und die Selbstverständlichkeit, mit der der Rezensent der *Allgemeinen Musikalischen Zeitung* seine Besprechung der *Jakob*-Premiere, wie zitiert, einleitet, dokumentiert eine gewisse Unbefangenheit im Land des „vermischten gout“, wie Quantz einst die deutsche Schreibart charakterisierte: „Am 30sten Jan. gab das ‘Institut für deutsche Opern’ zum erstenmale ‘Jacob und seine Söhne in Aegybten’; musikal. Drama in 3 Aufzügen, nach Düval, mit Musik von Mehül.“ Institutionsgeschichtliches verbindet sich in einer kaum zu entwirrenden Komplexität mit stilkritischen Momenten in der Bestimmung von nationaler Oper, und das Dresdner Institut, gerade in seinen Anfängen ein Haus „für deutsche Opern“, dessen programmatischer Vorreiter Méhuls *Joseph* war, zeugt von der Konzeptionslosigkeit einer Initiative, die man später zur Geburtsstunde einer deutschen Nationaloper (als Institution) stilisiert hat. ‘Dresden’ kann allenfalls als zaghafter Versuch gedeutet werden, eine nationale Oper zu institutionalisieren.

Anmerkungen

1 Wolfgang Becker, *Die deutsche Oper in Dresden unter der Leitung von Carl Maria Weber 1817–1826*, Berlin 1962, S. 10 (= *Theater und Drama* 22).

2 Vgl. Joachim Veit, *Der junge Carl Maria von Weber. Untersuchungen zum Einfluß Franz Danzis und Abbé Joseph Georg Voglers*, Mainz 1990, S. 323ff. u. 333ff.

3 Siegfried Goslich, *Beiträge zu Geschichte der deutschen romantischen Oper zwischen Spohrs „Faust" und Wagners „Lohengrin"*, Leipzig 1937, S. 14.

4 Vgl. Ludwig Schiedermair, *Die deutsche Oper*, Leipzig 1930, S. V und 207f.

5 Goslich, *Geschichte der deutschen romantischen Oper*, S. 15.

6 Original deutschsprachige Opern bis Wagner hatten kaum internationale Ausstrahlung. Die Bemühung, das Werk Webers (*Der Freischütz* und *Euryanthe*) in Paris herauszubringen, bedeutete nicht nur eine vereinzelte Erscheinung, sondern zeugt im besonderen von den immensen Schwierigkeiten, die hiermit verbunden waren. Vgl. hierzu Adolphe Jullien, *Weber à Paris en 1826. Son voyage de Dresde à Londres par la France*, Paris, 1877; auch in: *Revue et Gazette musicale de Paris* 44 (1877), Nr. 17–19, S. 25–26, 41–43, 49–51.

7 Hans Schnoor, *Dresden – Vierhundert Jahre Deutsche Musikkultur. Zum Jubiläum der Staatskapelle und zur Geschichte der Dresdner Oper*, Dresden 1948, S. 149.

8 Heute befindet sich das Bild im Stadtmuseum Dresden. Nach älterer Zuschreibung wurde es von Le Plâtre gemalt. Angesichts der falschen Identifizierung der Person wäre diese jedoch zu überprüfen, zumal eine weitere Version des Portraits im gleichen Ausschnitt existiert, die sich in Berlin, im Jagdschloß Grunewald, befindet und dort Friedrich Wilhelm Ternite zugeschrieben wird. Eine Abbildung dieser Version in: Dietmar Jürgen Ponert (Hrsg.), *E. T. A. Hoffmann - Ein Preusse?*, Eine Ausstellung in Zusammenarbeit mit der Berliner Festspiele GmbH im Berlin Museum vom 22. August bis 15. November 1981, Abb. 100, S. 193.

9 Abbildungen in Charles Bouvet, *Spontini*, Paris 1930 [?], Abbildung Nr. XLVII (Wiedergabe des Originalbildnis); Alberto Ghislanzoni, *Gaspare Spontini Studio storico-critico*, Rom 1951, S. 3 (Wiedergabe einer Kopie des Bildes, heute in Jesi); Anne-Marie de Brem, *Louis Hersent. Peintre d'histoire et portraitiste*, Katalog zur Ausstellung im Maison de la Vie romantique, Paris 29. September – 9. Januar 1994, Paris 1993, Kat.Nr. 67, S. 65; (Wiedergabe einer Vorzeichnung). – Die Entwürfe/Bilder sind an der Zahl der Orden zu unterscheiden, die Spontini trägt.

10 Schnoor, *Dresden*, S. 288.

11 Abbildungen in: Gabriella Ricci des Ferres-Cancani, *Francesco Morlacchi. Un maestro alla corta di Sassonia (1784 – 1841)*, Florenz 1958; die Abbildungen 10 und 12 zeigen Morlacchi in Lithographien von Cäcilie Brand und Karl Vogel von Vogelstein. Vgl. auch Hans Engel, [Artikel] *Francesco Giuseppe Baldassare Morlacchi*, in *MGG*, Bd. 9, Kassel 1961, Sp. 586; Abbildung nach einem Kupferstich von Giovanni Bernardoni.

12 Vgl. *Allgemeine Musikalische Zeitung* 12 (1810), Sp. 412.

13 Louis Schneider weist schon 1851 auf den besonderen Opern-Geschmack Friedrich Wilhelms hin, der zu Beginn des Jahrhunderts mit der Tradition seiner Vorregenten Friedrich II. und Friedrich Wilhelm II. zu brechen versuchte, als er nicht mehr am italienischen Opernideal unumwunden festhielt. Vgl. Schneider, *Geschichte der Oper und des Koeniglichen Opernhauses in Berlin. Prachtausgabe mit historischen Dokumenten, artistischen Beilagen und ungedruckten Holzschnitten*, Berlin 1851, S. 69.

14 Zu Napoleons Verhältnis zur Musik bis und nach 1815 s. Théo Fleischmann, *Napoléon et la Musique*, Brüssel u. Paris 1965.

15 Becker, *Die deutsche Oper*, S. 72ff. Im Repertoire-Kapitel Beckers erfolgt die seinen statistischen Erhebungen zugrunde liegende Aufteilung in verschiedene Genres der Oper. Es sind „Vaudeville"

(S.80), „Singspiel“ (S.85) bzw. „Singspielformen“, wozu auch „Melodram“ und „Schauspiel mit Musik“ zählen (S.86), sowie, davon abgehoben, diejenigen Stücke, die Becker als „große Oper“ (S.87) bezeichnet. Seine hier vorgenommene Unterteilung läßt offen, auf welchem Quellenbefund – also etwa Dresdner Textbücher oder Partituren – sie basiert: „Rettungsoper“ (S.88) und „lyrische Handlung“ (S.89).

16 Meines Wissens aber war nie die Rede von einer „französischen“ Oper.

17 Eine Randbemerkung zur Berliner Situation: Hier stand den „Königlichen Schauspielen“, also Sprechtheater und Oper, mit der Eröffnung des Schinkelschen „Schauspielhauses“ seit 1821 ein zweites Gebäude neben dem Langhansschen Bau Unter den Linden zur Verfügung. Die Bespielung der Häuser erfolgte jedoch nicht nach der Trennung Musiktheater hier und Sprechtheater dort, sondern scheint einer Unterteilung nach ‘hohem’ und ‘niederem’ Genre, bzw. nach der Zahl der Mitwirkenden erfolgt zu sein. So wurde Webers *Freischütz*, als eine Form der Opéra-comique mit gesprochenen Dialogen, am Schauspielhaus und Spontinis *Olimpia* mit instrumentierten Rezitativen am Opernhaus aufgeführt. Auch diese Unterteilung ist zu relativieren. Spontinis Opern wurden zwar nie im Schauspielhaus, Webers Singspiel aber später im Wechsel in beiden Häusern gegeben. Das Vorbild Paris scheint nur teilweise greifbar zu werden; hier wurden Opern mit gesprochenem Dialog an der Opéra comique und solche mit instrumentierten Rezitativen an der Académie Royale aufgeführt. Andererseits erfolgte in Berlin die Uraufführung eines großen Ausstattungstückes wie Ernst Raupachs *Kaiser Heinrich VI.* im Opernhaus; vgl. *Allgemeine Musikalische Zeitung* 32 (1830), Sp. 137, sowie Berliner Theaterzettel nach 1821.

18 Becker, *Die deutsche Oper*, S. 78.

19 Vgl. *Iris im Gebiete der Tonkunst*, 9 (1838), S. 140.

20 Zum deutschen Theater in St. Petersburg, das auch Opern aufführte, siehe G. Princeva, *Das gesellschaftliche, politische und kulturelle Leben Petersburgs in der Zeit der Kaiser Pavel I. und Aleksandr I.*, in: *St. Petersburg um 1800*, Katalog zur Ausstellung, Villa Hügel Essen 9. 6. – 4. 11. 1990, Recklinghausen 1990, S. 36.

21 Notiz unter „Vermischtes“ in der *Neuen Zeitschrift für Musik* 7 (1840), S. 76; daß Spontini eine besondere Form der Eigenwerbung betrieb, wird allzu offensichtlich, wenn er seine fünf Hauptwerke ins Repertoire aufzunehmen gedachte.

22 Becker, *Die deutsche Oper*, S. 24.

23 Ruth Freydanck, *Theater in Berlin. Von den Anfängen bis 1945*, Berlin 1988, S. 115.

24 Vgl. zum folgenden Abschnitt Becker, *Die deutsche Oper*, S. 94.

25 Die Bezeichnungen werden in der Literatur unterschiedlich verwendet. So wird der Begriff „deutsche Oper“ und der des „deutschen Departements der Dresdner Oper“ parallel verwendet. Mir scheint der zweite für die Situation in Dresden angemessener, und Becker spricht an einer Stelle sogar von den „drei Departements“, meint dabei neben den Operninstituten auch das Sprechtheater (Becker, *Die deutsche Oper*, S.76): Diese Gleichstellung der drei ‘Sparten’ einer einzigen Institution ist insofern plausibel, als die Übergänge sowohl innerhalb der Repertoires, als auch in personeller Hinsicht von Schauspiel zu deutscher Oper ebenso fließend waren wie von italienischer zu deutscher Oper. Vgl. ferner in diesem Band Eberhard Kremtz, *Das „deutsche Departement“ des Dresdner Hoftheaters*.

26 Die vermeintlich einseitige Unterstützung des Hofes des italienischen Repertoires wird hier ebenfalls relativiert.

27 Becker, *Die deutsche Oper*, S. 76f.

28 Vgl. hierzu Marieluise Hübscher, *Die Königlichen Schauspiele zu Berlin unter der Intendanz des Grafen Brühl (1815 – 1828)*, Berlin 1960; besonders S. 62f.; hier ‘konstruiert’ Hübscher ein Repertoire aufgrund ‘statistischer’ Untersuchungen, das einerseits das Engagement Brühls für die deutsche Oper beweisen und andererseits Spontini als Usurpator solcher Bestrebungen ins schlechte Licht rücken soll. Hübschers Untersuchungen basieren jedoch nicht auf dem gesamten Repertoire, und einige Zuordnungen – wie die Glucks zur deutschen Schule – bleiben fragwürdig.

29 Becker, *Die deutsche Oper*, S. 78.
30 Ebd., S. 87 u. 89.
31 Ebd., S. 87f.
32 Ebd., S. 92.
33 Ebd., S. 53f.
34 Robert Prölss, *Geschichte des Hoftheaters zu Dresden. Von seinen Anfängen bis zum Jahre 1862,* Dresden 1878, S.638ff.
35 Es scheint legitim angesichts der Gattungsverwirrungen, die Becker zuläßt, daß die hier berücksichtigten primären und außermusikalischen Kriterien, nämlich Mehraktigkeit und Stilhöhe, nicht weiter ausgeführt werden. Falls systematische Trennungen überhaupt durchführbar sind, wären langwierige analytische Untersuchungen notwendig, die bislang nicht vorliegen.
36 Alle Angaben der Titel erfolgen wie bei Prölss, *Geschichte des Hoftheaters zu Dresden*. Méhuls *Joseph* war bald nach der Pariser Uraufführung in München (1809), Wien (1809) und Berlin (1811) herausgebracht worden.
37 Vgl. in diesem Band John Warrack, *Französische Elemente in Webers Opern*.
38 Becker, *Die deutsche Oper*, S. 35ff.
39 *Fanchon* war eines der großen Erfolgstücke der Zeit im deutschen Sprachraum.
40 Dem Brief Webers an Treitschke zufolge war Weber selbst verantwortlich für die Aufnahme dieser Oper in den Spielplan: „Den 26. Mai habe ich Emma von Resburgo von Meyerbeer in Scene gebracht, italienisch, sie hat außerordentlich gefallen. Fast jedes Stück wurde applaudiert. Eine große Seltenheit bei unserm im ganzen sehr frostigen Publikum; aber es hat auch das Rossini-Fieber, und Meyerbeer hat fast bis zur Ungebühr diesem Mode-Unwesen gehuldigt.“, zit. nach Becker, *Die deutsche Oper*, S. 54.
41 Abgedruckt in: Carl Maria von Weber, *Sämtliche Schriften*, hrsg. von Georg Kaiser, Berlin u. Leipzig 1908, S. 310. Hier nimmt Weber dezidiert Stellung zur Gattungsfrage: „Ich begnüge mich also nur anzuführen, was man gegenwärtig in stillschweigend angenommener Übereinkunft unter dem Beiworte ‘groß’ zu verstehen pflegt. Nämlich eine Oper, in der die Musikstücke durch fortlaufend instrumentierte Rezitative verbunden sind.“
42 Zur ersten Aufführung dieses Stückes in Dresden publizierte ein Rezensent folgende für die deutsche Oper in Dresden niederschmetternde Beobachtung: „Das Publikum schien seinen schlimmen Tag zu haben, wie diess jetzt manchmal der Fall ist, so kalt nahm es diese Musik, besonders das erstemal auf. Man sollte sich freuen, eine neue, gute deutsche Oper mehr zu haben, und sich nicht mehr mit den dünnen französischen Brühen, die uns vormals so oft aufgetischt wurden, den Magen verderben zu müssen.“, *Allgemeine Musikalische Zeitung* 26 (1824), Sp. 11.
43 Jürgen Schläder, [Artikel] *Der Holzdieb*, in: *Pipers Enzyklopädie des Musiktheaters*, Bd. 3, München 1989, S. 673f.
44 Laut Ortrun Landmann, *Die Dresdner italienische Oper zwischen Hasse und Weber*, Dresden 1976, S. 60, wurde *Fer[di]nando Cortez ossia La conquista del Messico* in Übersetzung von Nicolo Perotti zwischen 1814 und 1817 12mal aufgeführt und *La Vestale* zwischen 1810 und 1817 sogar insgesamt 34mal.
45 *Allgemeine Musikalische Zeitung* 27 (1825), Sp. 102.
46 Ein Blick auf den Spielplan der Berliner Hofoper des Jahres 1822 ergänzt das Bild von den frühen Bestrebungen, italienische Oper in ihrer Originalsprache aufzuführen. Hier allerdings dürfte dieser Umstand mit dem Auftreten italienischer Gastsänger zusammenhängen. Am 7. Juni wurde angekündigt: „Fanatico per La Musica“ von Rossini und „Serva capricciosa“ von Paer mit italienischen Gastsängern aus Bologna und am 22. November „Scenen aus der Oper Tancredi von Rossini auf italienisch gesungen“. Hier trat „Hr. Gagliardi a.G.“ neben den Berliner Ensemblemitgliedern Josephine Schulz und Caroline Seidler auf; vgl. Theaterzettel, Staatsbibliothek zu Berlin, Preußischer Kulturbesitz, Sign. Yp 4828/2100.

47 Richard Otto Spazier, *Scherz und List - Bemerkungen über Nationalität in der dramatischen Musik*, hier zit. nach einer Besprechung von Adolf Bernhard Marx in der *Berliner Allgemeinen Musikalischen Zeitung* 7 (1830), S. 35.

48 Ungeschickterweise hatte Vitzthum gerade die Entlassung des beliebten Benellis mehrfach gefordert, wie Becker berichtet (vgl. ebd. S.53). In der Auseinandersetzung des Gesangsstars mit dem Intendanten scheinen sich die Spannungen zwischen deutschem und italienischem Departement der Dresdner Oper am deutlichsten in einem persönlichen Konflikt zu spiegeln.

49 Spazier/Marx, *Scherz und List*, S. 35.

50 Ebd., S. 33ff.

51 Ebd., S. 35.

52 Ebd. S. 34.

53 Keines der drei Hauptwerke Webers, die gleichsam als Inkunabeln der frühen deutschen Oper bis Wagner gehandelt werden, wurde für Dresden komponiert.

54 Ludwig Tieck beispielsweise weist darauf hin, verfolgt das Argument jedoch nicht weiter. Vgl. ders., *Musikalische Leiden und Freuden*, in: ders., *Novellen*, hrsg. von Marianne Thalmann, Bd. 3, S. 110.

55 Spazier/Marx, *Scherz und List*, S. 34.

56 Spazier ordnet der italienischen Oper als hauptsächlichem Rezipienten nicht ein höfisches Publikum zu, sondern: „Hier [in Wien] wirkte sie [die italienische Oper] am meisten, hier betaumelten sich die Gebildetsten am stärksten.“, vgl. ebd., S. 34.

57 Ebd., S. 36.

58 Ebd.

59 Das Werk erschien nicht im Druck. Verwendet wurde eine Abschrift der Staatsbibliothek zu Berlin, Preußischer Kulturbesitz in Berlin, die die Signatur trägt: Mus. ms. 14780. Die im Originaltitel wiedergegebene Kanzone befindet sich im II. Band auf Fol. 84ff.

60 Z.B. Klarinettensolo mit Streicherbegleitung, I. Bd., Fol. 9vs.

61 „Wir freuen uns, dass Hr. Kapellm. M. endlich, nach unserm Rathe, die von uns bemerkten Stücke abgekürzt hat.“, heißt es in der Rezension in der *Allgemeinen Musikalischen Zeitung* zur Wiederaufnahme der Oper im Jahre 1818; vgl. ebd. 20 (1818), Sp. 841 – Ohne weitere Vergleiche muß jedoch zunächst unklar bleiben, um welchen Stand der Komposition es sich im Falle der Berliner Abschrift handelt.

62 Vgl. Bd. I, Fol. 63 – 64vs.

63 Bd. I, Fol. 76 – 79.

64 Vgl. hierzu Ortrun Landmann, *Zu den Morlacchi-Quellen der sächsischen Landesbibliothek zu Dresden*, in: Biancamaria Brumana und Francesco Ciliberti (Hrsg.), *Francesco Morlacchi e la Musica del suo Tempo*. Atti del Congresso Internazionale di Studi Perugia 26. – 28. Ottobre 1984, Florenz 1986, S. 405f.

65 Vgl. hierzu Sabine Henze-Döhring, [Artikel] *Raoul de Crequi*, in: *Pipers Enzyklopädie des Musiktheaters*, Bd. 4, München 1991, S.266.

66 *Allgemeine Musikalische Zeitung* 12 (1809/10), Sp. 414.

Eberhard Kremtz

Das „Deutsche Departement" des Dresdner Hoftheaters

Pathetisch spricht Hans Schnoor von der Besiegelung eines Schicksalsbundes[1], und in der Tat scheint dieses Pathos durchaus angemessen, betrachtet man Carl Maria von Webers Wirken in Dresden nicht nur von seinen Anfängen, dem Engagement am deutschen Departement des Königlichen Theaters, sondern vom Ergebnis her. Im Rückblick des Historikers scheint es fast ein Wunder, daß Weber nach Dresden strebte und in Dresden blieb; dabei ist es irrelevant, ob man das Geschehen um Weber aus seiner eigenen oder aus der Perspektive des städtischen Musiklebens und des Dresdner Hofes betrachtet.

Bereits im Juni 1816 beginnen die Beziehungen Webers zu Dresden. Am 6. und 7. Juni weilte Weber in Dresden und führte ein Gespräch mit dem Bruder des Intendanten des Königlichen Theaters, dem Oberstallmeister Carl von Vitzthum. Es darf als sicher gelten, daß dieses Gespräch für Weber der Anlaß war, im Juli Kontakt zum Grafen Heinrich von Vitzthum zu suchen. Das Ergebnis weiterer Unterredungen in Karlsbad fand seinen Niederschlag in zwei Briefen des Intendanten an seinen Bruder vom 15. und 17. Juli 1816, die einige für die Situation Dresdens jener Zeit aufschlußreiche Passagen enthalten. Es heißt am 15. Juli: „Ich leugne nicht, daß ich die Anstellung desselben [= Webers] sehr wünsche, da seine große Bekanntschaft mit der deutschen Musik und mit fast allen deutschen Bühnen und mit dem eigentlichen Theaterwesen nur die Organisation der deutschen Oper und die künftige Erhaltung derselben in hohem Ansehn und daher auch in großem Nutzen für die Kasse [...] erleichtern würde." Weiter heißt es, man stimme darüber ein, „daß Sachsen jetzt mehr als je die vielen ihm zu Gebote stehenden Hülfsmittel einsetzen sollte, um sich immer mehr durch Ausbildung der Künste und Wissenschaften auszuzeichnen, da jede andere Art, sich Ruhm und Ansehen zu verschaffen, verloren für uns ist."[2] Im Brief vom 17. Juli schreibt der Intendant: „Fortgesetzter Umgang mit Herrn von Weber und immer mehr erlangte Überzeugung, welches ausgebreiteten Rufes derselbe als Compositeur, als Musik- und Theaterverständiger, als Dirigent der deutschen Oper und als sittlich und wissenschaftlich gebildeter Mann genieße, dringt mir gegenwärtige nochmalige Aufforderung ab, ja alles anzuwenden, um meinem Antrag wegen dessen Anstellung in Dresden ja nicht sinken zu lassen. Nach seinen letzten Äußerungen wird er sich mit 1500 Thlr. Gehalt [ursprünglich hatte Weber 2000 Thlr. gefordert] begnügen lassen und einem angemessenen freien Quartier oder Äquivalent dafür."[3]

Diese Äußerungen Vitzthums sind in dreierlei Hinsicht bedeutungsvoll.

1. Der sächsische König wünschte, daß die deutsche Oper ein fester Bestandteil des Hoftheaters werde. Dies widerspricht einer verbreiteten Auffassung, daß bei Hofe grundsätzlich und einseitig die italienische Oper favorisiert worden sei. Das in diesem Zusammenhang immer wieder geäußerte Argument, man

habe in Dresden die deutsche Oper nur gefördert, um die finanzielle Situation des Königlichen Theaters aufzubessern, hält genauerem Blick nicht stand. Zwar benutzte auch Vitzthum diese Argumentation in seinem Vortrag vom 26. Oktober 1816, als die Verhandlungen um Webers Berufung zu stagnieren schienen: „Ganz entschieden ist es, daß das hiesige Publikum, wie das aller anderen großen Orte, die Darstellung deutscher Singspiele mit besonderem Beyfalle, und im Durchschnitt häufiger selbst, als das rezitierende Schauspiel besucht.“[4] Doch muß diese lediglich am Publikumszuspruch orientierte Argumentation allein deshalb als Vorwand erscheinen, weil zumindest in Dresden deutsche Singspiele höchstens sechs Reprisen hatten – und jede neue Produktion kostete natürlich auch Geld – , während die Italiener mühelos fünfzehn Mal das gleiche Werk vor vollem Haus spielen konnten.

2. Weber entschied sich spätestens bei der Begegnung mit Vitzthum endgültig für Dresden und war sogar bereit, seine Gagenforderungen um 500 Taler zu reduzieren. Besonders eindrucksvoll belegt dies ein Abschnitt im zweiten Brief: „Herr Brühl hat ihm bereits die bestimmtesten Anträge [...] gemacht, [...] auch von Seiten Leipzigs stellt man ihm nach, er hat aber diese Anträge ganz abgelehnt.“[5]
3. Hier wird die wenig vorteilhafte Situation Sachsens nach der Niederlage Napoleons angedeutet. Zwar hatte sich Preußen mit seinen Plänen, Sachsen als selbständigen Staat zu liquidieren, nicht durchsetzen können, doch verlor Sachsen einen Teil seines Territoriums. Friedrich August aber konnte 1815 als sächsischer König nach Dresden zurückkehren, wo er mit Jubel begrüßt wurde, wiewohl allein die ökonomische Situation desolat war. Durch die Kriegswirren und ständig wechselnde militärische Besetzungen war die Bevölkerung der Stadt auf etwa 45.000 Einwohner zusammengeschmolzen.

All diese Umstände beeinflußten auch die politischen Einstellungen des Dresdner Bürgertums ebenso wie der Intellektuellen, die eine Neigung zu biedermeierlicher Idyllik und zur Goldschnittlyrik kultivierten. Vor diesem Hintergrund, der bei flüchtigem Blick als Rückzug ins Private und als Tendenz zur Duckmäuserei erscheinen mag, ist der Versuch einer Institutionalisierung einer deutschen Oper zu sehen.

„Die Idee zur Einrichtung einer deutschen Oper war schon während des Gouvernements erörtert worden, ihre Herkunft war damit nicht gerade geeignet, die Zuneigung Friedrich Augusts zu erwecken. Ebensowenig konnten die künstlerischen, sozialen oder nationalen Aspekte der deutschen Oper bei Hofe Sympathie finden, weil sie dem aristokratischen Genußideal, der ständischen Exklusivität des Hoflebens grundsätzlich widersprachen und vor allem durch ihre Beziehungen zu den nationalen Ideen der Befreiungskriege eine unangenehme Reminiszenz an diese für Sachsen schlimme Zeit darstellten“, schreibt Wolfgang Becker in diesem Zusammenhang in seiner Studie zur deutschen Oper in Dresden.[6] Diese Argumente klingen zunächst einleuchtend, halten jedoch einer näheren Überprüfung kaum stand. Zum einen fanden in Dresden nicht erst seit dem Repninschen Gouvernement Aufführungen deutscher Opern statt. Schon seit 1770 hatte Johann

Christian Wäser Singspiele auf die Bühne gebracht; bevorzugte Komponisten waren Hiller, Benda, Schweitzer. Naumann, der hochgeachtete Königliche Kapellmeister der Jahre 1776 bis 1801, beschäftigte sich intensiv mit der Sache der deutschen Oper, erwog eine Verbindung mit Schiller, betrachtete das Problem der Nationaloper ganz im Sinne der „Griechenfreunde" (des Körnerkreises) oder – weniger eng aus der Dresdner Perspektive gesehen – im Sinne von Herders Ausruf „O, eine neu zu schaffende Deutsche Oper".[7] Und schließlich besorgte Joseph Seconda seit 1791 innerhalb des deutschen Departements regelmäßig Aufführungen deutscher Oper, offenbar aufrichtig bemüht und ohne Widerstand des Hofes überwinden zu müssen, wenn auch sicher mit bescheidenen musikalischen Mitteln. Das Repertoire dieser Jahre gleicht dem von Weber aufgestellten Spielplan weitestgehend. Es enthält neben französischen Werken auch die zentralen Werke deutscher Komponisten, darunter Mozarts *Don Giovanni* sowie Beethovens *Fidelio*. Seconda verabschiedete sich vom Dresdner Theater im Herbst 1816 mit einer Produktion von Webers *Silvana*.

Die vor allem in der älteren Literatur häufig zu findende Behauptung, daß von seiten des Königs wie des Hofes grundsätzliche politische und ästhetische Vorbehalte gegenüber der deutschen Oper bestanden, die eine Favorisierung der italienischen Bühnenwerke begründeten, kann bei kritischer Sichtung des historischen Befundes nicht länger aufrechterhalten werden:

Erstens war die italienische Oper in Dresden keineswegs exklusiv-höfisch, wie allein die Aufführungs- und Besucherzahlen eindeutig erkennen lassen. Zweitens wünschte der König explizit Aufführungen deutscher Opern; drittens brachte Einsiedel bei seinen Verhandlungen mit Vitzthum um ein Engagement Webers keine politischen Argumente, sondern vor allem ökonomische. Er suchte einen wohlfeileren Leiter für die deutsche Oper, wobei zu den Bewerbern auch Friedrich Schneider zählte, der dann nach Leipzig ging. Als es am 10. Oktober zur ersten Begegnung zwischen Weber und Einsiedel kam, verhielt sich der allmächtig scheinende sächsische Kabinettsmeister nach Webers eigener Äußerung „sehr artig".[8] Nur Diplomatenhöflichkeit? Aus welchem Grunde hätte sich Einsiedel gegenüber einem politisch mißliebigen und noch dazu deutschen Musiker aufgeschlossen zeigen sollen, wenn er der Sache der deutschen Oper mit Feindseligkeit oder zumindest interesseloser Gleichgültigkeit gegenüberstand?

Nachdem am 20. Dezember der von Vitzthum vorgeschlagene Etat durch Königliches Reskript genehmigt war, vollzog Einsiedel mit dem Einverständnis Friedrich Augusts die Anstellung Webers, der allerdings nicht als königlicher Kapellmeister, sondern lediglich als Musikdirektor und zunächst nur auf ein Jahr mit einem Gehalt von 1500 Taler verpflichtet wurde. Das durchschnittliche Gehalt eines Kapellmusikers betrug zwischen 150 und 300 Talern, und auch Morlacchi honorierte man keineswegs höher als Weber.[9]

Am 17. Januar 1817 fand vor dem gesamten italienischen und deutschen Personal die feierliche Amtseinführung statt. Mindestens in einer Passage von Webers Ansprache wird deutlich, daß Gegensätze nicht nur zwischen ihm und den Italienern bestanden. Weber sagte: „Dagegen erwarte ich aber auch, als Ihr *Vor-*

gesetzter, Ihren unbedingten Gehorsam, ich werde gerecht, aber auch, ohne Ansehen der Person, gegen jeden, am meisten gegen mich selbst, unerbittlich streng sein."[10] Da Weber am deutschen Departement der königlichen Theater angestellt worden war, kann der scharfe Ton ausschließlich an die Mitglieder dieser Abteilung gerichtet sein, sowie – wenngleich in geringerem Maße – auch an die Kapellmusiker, die ihrer Pflicht, bei Aufführungen im deutschen Departement mitzuwirken, wenig zuverlässig nachkamen. Die Italiener mit Morlacchi an der Spitze dagegen mußten sich zumindest zu diesem Zeitpunkt nicht angesprochen fühlen. Die in der Literatur hartnäckig wiederholte, von Konkurrenz und Neid geprägte Opposition Webers gegen die italienischen Musiker, vor allem die persönliche Rivalität Morlacchis und Webers, ist wenig wahrscheinlich. Ganz abgesehen davon, daß Morlacchi mehrfach freundlich Kontakt zu Weber suchte, war dieser, als er nach Dresden kam, für den Italiener kein ernstzunehmender Konkurrent.

Zu unangefochten war Morlacchis Position in Dresden, und zwar sowohl wegen seiner unbestrittenen künstlerischen Leistungen als Komponist und Dirigent als auch wegen seiner glücklichen Hand bei der Verpflichtung von Sängern und nicht zuletzt wegen seines ebenso rückhaltlosen wie erfolgreichen Einsatzes für den Bestand des Theaters und der Kapelle nach der Niederlage Sachsens. Ganz anders mußte Webers energisches Insistieren auf seine Ansprüche gegenüber dem deutschen Personal wirken, zumal bis dahin im deutschen Departement die Schauspieler dominierten. Wenn also jemand Grund hatte, „entsetzliche Gesichter"[11] zu ziehen, so wohl zuerst diese. Vor allem aber mußte der führende Mann des deutschen Departements, der Regisseur, Schauspieler und „Sänger" Friedrich Hellwig, für seine Position alles fürchten und sich wohl auch brüskiert fühlen. Webers Tagebuchnotiz aus der Zeit der *Joseph*-Proben „Konferenzen – Differenzen" ist kaum anders als auf heftige Auseinandersetzungen mit Hellwig zu beziehen. Daß dieser dabei im Laufe der Zeit mehr und mehr zurückgedrängt wurde, kann bei der erobernden Natur Webers wenig überraschen. „Dazu kamen die damals auch an anderen Theatern häufig ausbrechenden Rangstreitigkeiten innerhalb des deutschen Departements zwischen 'Operisten' und 'Schauspielern', die dadurch entstanden, daß sich das Schauspiel durch die aufstrebende Oper bald in den Hintergrund gedrängt fühlte, weil die Autorität Webers, dem der Intendant Vitzthum weitgehende Entscheidungsvollmachten einräumte, den Regisseur Hellwig häufig in den Schatten stellte."[12] Daß diese Konflikte in der Weber-Literatur verharmlost werden, nicht zuletzt um eine viel stärkere Feindseligkeit der Italiener und ihrer Fraktion am Hof mit Einsiedel an der Spitze zu suggerieren, heißt nicht, daß Auseinandersetzungen innerhalb des deutschen Lagers tatsächlich so unproblematisch hätten beigelegt werden können. Immerhin war Hellwig zeitweise ein erklärter Gegner der deutschen Oper. Theodor Hell, der Weber zwar Publikationsmöglichkeiten in seiner *Abendzeitung* eröffnete, verzögerte dennoch die Besprechung seiner Produktionen, die zudem keineswegs unkritisch waren. Und die polemischen Invektiven im *Literarischen Merkur* zu Anfang des Jahres 1820 stammen immerhin aus der Feder eines Mitglieds des

„Dichter-Tees“, von Therese aus dem Winckell. Den Zündstoff für solche Auseinandersetzungen hatte Weber auch mit seiner programmatischen Erklärung in der *Abendzeitung* vom 27. Januar 1817 gelegt, wo er bemerkt, es sei seine Pflicht, dem Publikum zu sagen, was es zu erwarten und zu hoffen habe und inwiefern man auf freundliche Aufnahme und Nachsicht von seiner Seite rechnen müsse. Dabei läßt er es an Deutlichkeit nicht fehlen: „Leicht und schnell sind große Erwartungen erregt, schwer ist es vermöge der Natur der Sache, selbst nur gerechte Forderungen zu befriedigen. [...] Die Aufstellung eines schönen Ensembles [ist] die erste Notwendigkeit. [...] Schmuck, Glanz und Enthusiasmus werden einer Kunstanstalt nur durch ausgezeichnete hohe Talente verliehen. Diese sind in der ganzen Welt selten. [...] Wenn daher jetzt von Eröffnung der deutschen Opernvorstellungen die Rede ist, so können solche nur als Versuche zur Bildung eines Kunstkörpers einesteils betrachtet werden, andernteils als Mittel, fremde Talente, darin erscheinend, würdigen und kennenzulernen, und endlich als eröffnete Laufbahn zur weiteren Kunstbildung.“[13] Dies ist kaum anders als eine nur wenig verklausulierte Kriegserklärung an das deutsche Departement zu verstehen.

Daß solche Bemerkungen Webers, die im Grunde vorangehende Bemühungen um die deutsche Oper in Dresden als dilettantisch und die derzeitigen Möglichkeiten des deutschen Departements in bezug auf die Oper als völlig unzureichend abqualifizieren, nicht gerade Begeisterung bei den Deutschen auslösten, ist wohl begreiflich. Um so erstaunlicher war es, daß es Weber dennoch gelang, bei seiner ersten Premiere – Méhuls *Joseph* – das gesamte Ensemble zu einer überzeugenden Leistung anzufeuern, die schließlich zu einer Stärkung seiner eigenen Position führte. Das offenkundigste Ergebnis: Am 8. Februar 1817 erhielt er den Titel eines Königlichen Kapellmeisters, war damit de jure Morlacchi gleichgestellt. Zugleich war damit aber auch die Position der deutschen Oper offiziell gestärkt. Sie war nun mit einem Königlichen Kapellmeister an der Spitze eine ebenso eigenständige Institution wie die italienische Oper und nicht nur ein mehr oder weniger geduldeter Bestandteil des deutschen Departements, wiewohl die Leistungsfähigkeit dieses „Opernensembles“ durchaus bescheiden war. Einseitige Begünstigung der Italiener durch den Hof? Ganz so ist es wohl nie gewesen: Im Brief an Caroline vom 4. Mai 1817 etwa schließt Weber nach der außerordentlich erfolgreichen Vorstellung von Boieldieus *Johann von Paris*: „Chöre und Orchester!!! – Nun!!! – Der König war ganz überrascht und sehr zufrieden.“[14] In der Folge konnte der Etat der deutschen Oper nicht unerheblich vergrößert werden, und bis September 1817 gelang es, „32 Personen beiderlei Geschlechts, sämtlich mit musikalischen Vorkenntnissen und guten Stimmen versehen, zusammenzubringen“.[15] Dies ermöglichte die Gründung eines professionellen Opernchores, dem zugleich die Funktion eines Studios im modernen Sinne zukam.

Am 13. Juni 1817 machte Morlacchi eine Eingabe wegen eines Konzertes in der Frauenkirche zugunsten der Armen, das Weber übertragen worden war.[16] Dennoch und trotz eines weiteren Protestes bei Einsiedel behielt Weber die Leitung des Konzerts. Ähnliche Beispiele finden sich in nicht geringer Zahl, wiewohl man nicht immer zugunsten Webers entschied. Welche Gründe hätte man auch gehabt, Morlacchi völlig fallenzulassen?

Zweifellos hatte Weber in Dresden Mühe, sich zu etablieren und die Sache der deutschen Oper durchzusetzen, und ebenso ermüdeten ihn die ständigen Kämpfe im Zusammenhang mit der Bildung eines Ensembles. Auch sein Zögern, den *Freischütz* in Dresden aufzuführen, mag hier begründet sein. Allerdings muß in den Bereich der Legende verwiesen werden, daß diese Probleme nur in der Opposition der Italiener und der angeblich ausschließlich italienisch orientierten Hofpartei mit Einsiedel an der Spitze begründet seien.

Dennoch hielt Weber hartnäckig an Dresden fest, trotz lukrativer auswärtiger Angebote: Im August 1821 hätte er für ein immerhin 1000 Taler höheres Gehalt und mit Aussicht auf ein leistungsfähigeres Ensemble, als es ihm in Dresden zur Verfügung stand, nach Kassel gehen zu können, zumal er erst im Jahr zuvor gegenüber Brühl die Stagnation der deutschen Oper in Dresden beklagt hatte. Offensichtlich war er sich bewußt, daß es unabdingbar war, die Institution deutsche Oper in einem bedeutenden Musikzentrum durchzusetzen, um ihren endgültigen Bestand zu sichern. Daß Weber dies gelang, obwohl seine Position immer gefährdet erschien, zumal sein Wirken lange Zeit mit dem 'Makel' belastet war, kein eigenes Werk im Repertoire zu haben, hätte allein schon genügt, ihm einen Platz in der Musikgeschichte zu sichern.

ANMERKUNGEN

1 Hans Schnoor, *Dresden – Vierhundert Jahre deutsche Musikkultur. Zum Jubiläum der Staatska pelle und zur Geschichte der Dresdner Oper*, Dresden 1948, S. 147. Vgl. ferner zur allgemeinen Situation Dresdens jener Zeit Erich Haenel u. Eugen Kalkschmidt, *Das alte Dresden*, München 1925 sowie Moritz Berndt, *Dresdner Zustände in den Jahren 1815–1830*, in: *Die Grenzboten* 40 (1881), S. 442–457.

2 Brief von Heinrich an Carl Graf Vitzthum vom 15. Juli 1816; zit. nach Hans Schnoor, *Weber – Gestalt und Schöpfung*, Dresden 1953, S. 233.

3 Ebd.

4 Sächsisches Hauptstaatsarchiv Dresden, Loc.[at] 15146, *Das Königl. Orchester*, Bd. 20, 1816–1818, Bl. 131–134.

5 Brief von Heinrich an Carl Graf Vitzthum vom 17. Juli 1816; zit. nach Schnoor, *Weber*, S. 234.

6 Wolfgang Becker, *Die deutsche Oper in Dresden unter der Leitung von Carl Maria von Weber 1817–1826*, Berlin 1962, S. 24 (= *Theater und Drama*, Bd. 22).

7 Johann Gottfried Herder, *Einzelne Blätter zum „Journal der Reise 1769"*, in: Bernhard Suphan (Hrsg.), *Herders sämtliche Werke*, Bd. 4, Berlin 1878, S. 484.

8 Tagebuchnotiz Webers; zit. nach Schnoor, *Weber*, S. 239.

9 Sächsisches Hauptstaatsarchiv Dresden, Loc. 15146, Bl. 89ff.

10 Schnoor, *Weber*, S. 297.

11 Brief vom 17. Januar 1817 an Caroline; zit. nach Schnoor, *Weber*, S. 298.

12 Becker, *Die deutsche Oper*, S. 44.

13 Carl Maria von Weber, *An die kunstliebenden Bewohner Dresdens*, in: ders., *Kunstansichten*, hrsg. von Karl Laux, Leipzig 1975, S. 195f.

14 Brief an Caroline vom 4. Mai 1817; zit. nach Becker, *Die deutsche Oper*, S. 40f.

15 Sächsisches Hauptstaatsarchiv, Loc. 15148, Vol. II, Bl. 49, hier zit. nach Becker, *Die deutsche Oper*, S. 42.

16 Staatsarchiv Dresden, Loc. 383, *Theaterangelegenheiten*, 13. Juni 1817, Bl. 17.

EBERHARD KREMTZ

WEBER – HOFFMANN – SPONTINI: DEUTSCHE OPER – FRANZÖSISCHE OPER

Daß die Auseinandersetzungen um eine deutsche Nationaloper im 19. Jahrhundert nicht unbeeinflußt waren von der Entwicklung der Oper in Frankreich, kann kaum noch strittig sein. Wer wollte dies auch ernsthaft bezweifeln angesichts etwa des bedeutenden Anteils französischer Werke im Repertoire des deutschen Departements des Dresdner Hoftheaters zur Zeit Carl Maria von Webers? Auf welche Weise und bis zu welchem Grade sich die 'welsche' Oper ästhetisch, aber auch kompositionstechnisch auf die deutsche romantische Oper ausgewirkt hat, ist freilich umstritten, keineswegs nur in bezug auf das Vorbild der Grand Opéra für Richard Wagners Dresdner Bühnenwerke.

An einem historischen Moment nun werden Kontroverse und zeitgenössische Diskussion schlaglichtartig erkennbar. Im Abstand von nur sechs Wochen fanden im Mai/Juni 1821 in Berlin zwei gleichermaßen spektakuläre wie erfolgreiche Opernpremieren statt: Carl Maria von Webers *Freischütz* und die *Olympia* des Gasparo Spontini.

Eine angemessene Bewertung von Person und Werk Spontinis, insbesondere seiner späten Opern, fiel vor allem der deutschen Musikgeschichtsschreibung lange Zeit schwer. Wilhelm Heinrich Riehl, der Spontini als „künstlerischen Exponenten des Empire-Klassizismus“[1] verstand, sah in ihm einen „Napoleon der Musik“, der „den Kunstgriff der napoleonischen Taktik“ beherrschte, „möglichst überraschend, schlaghaft, die größten Tonmassen auf einen entscheidenden Punkt zu werfen“. In den Berliner Opern habe er seinen alten Stil in nur noch sinnloser Übersteigerung fortgesetzt: „In den späteren Werken Spontinis veräußerlicht sich dieses Streben nach Massenwirkung, er wird leer und monströs. Es ist ein bedenkliches Zeichen, daß er in späteren Jahren seine früheren Werke mehrfach umgearbeitet hat. Er hat dadurch nichts gebessert. An Frescobildern kann man nicht nachhelfen; der erste Wurf entscheidet alles. [...] Von der Heldenoper der napoleonischen Zeit ging er zu der Hof- und Prunkoper der Restaurationsepoche über.“[2]

Dieses Spontini-Bild, das in der Folge von der Mehrzahl der Lexika und Musikgeschichtsbücher übernommen wurde, liegt auch den zahlreichen Anekdoten über angeblich absurde szenische und musikalische Effekte seiner letzten Opern zugrunde; verwiesen sei lediglich auf die Elefanten in *Olympia* und die Ambosse in *Alcidor*. (Daß vieles an dieser Argumentation an die Diffamierungen Giacomo Meyerbeers durch Richard Wagner und seine Adepten erinnert, ist, nebenbei bemerkt, gewiß kein Zufall.)

Die Zeitzeugen allerdings wußten differenzierter zu urteilen, wenngleich die Ansicht des führenden Ästhetikers der deutschen Romantik und auch der deutschen romantischen Oper nicht ohne Widerspruch blieb: „E. T. A. Hoffmanns Verrat an der romantischen Oper, sein Abfall von dem bewährten, auf ihn vertrauenden Freund Carl Maria von Weber zu dem durch Hofkabalen nach Berlin berufenen, 'welschen' Generalmusikdirektor Gasparo Spontini, war der deutschen Kulturgeschichtsschreibung immer ein Ärgernis."[3] Vor allem, daß Hoffmann sich, nachdem der größere Teil des Berliner Publikums – an dessen Spitze der Intendant Graf Karl von Brühl, der ohnehin nur zähneknirschend der Berufung Spontinis zugestimmt hatte – sich zugunsten des *Freischütz* äußerte, in einer umfangreichen Artikelserie[4] für Spontini und dessen *Olympia* einsetzte, erschien skandalös, zumal er Webers Oper unkommentiert ließ, ja hartnäckig schwieg.

Es kann heute nicht übersehen werden, daß die Polemik gegen Spontini und seinen Verteidiger Hoffmann weniger von ästhetischen Anschauungen als vielmehr politischen Motiven getragen war. „Der breite Enthusiasmus, wie er durch den Erfolg des *Freischütz* beim Publikum wie bei der Kritik, bei der deutschen wie bei der europäischen Avantgarde, hervorgerufen wurde, hat bis heute die Musikgeschichte darüber hinweggetäuscht, daß durch die vaterländische Identifikation von Deutschtum und Romantik in der Musik mit dem *Freischütz* der freien Weiterentwicklung der romantischen Oper alle Möglichkeiten beschnitten wurden. Die blinde Überheblichkeit und Fremdenfeindlichkeit der Kritik, wie sie sich in den Jahr für Jahr schärferen Auseinandersetzungen mit Spontini [...] dokumentierte und in die Prämissen der Musikästhetik nach 1820 einging, hat nicht nur Spontini selbst auf einen musikdramatischen Irrweg gewiesen (in die Märchenoper und in das Ritterspektakel), auf dem auch die grandiose Übersteigerung der eigenen musikalischen Ausdrucksfähigkeit – vor allem in der *Agnes von Hohenstaufen* (1828, endgültige Bearbeitung 1840) – zu keinen zwingend-neuen oder gar weiterführenden Verwirklichungen einer romantischen Oper führen konnte, sondern in gleichem, ja stärkerem Maße Carl Maria von Weber selbst, der bei klarer Einsicht in die Begrenztheit der *Freischütz*-Konzeption in seinem Bemühen um die große Oper aus romantischem Geist scheiterte, weil die verordnete Ritterromantik und der vaterländische Tugendsinn seine musikalisch bedeutendste Oper, *Euryanthe* (1824), an der völligen Trostlosigkeit von Sujet und Text scheitern ließen. Seine Nachfolger hatten nur die Möglichkeit, im Gefolge des *Freischütz* zu scheitern wie Heinrich Marschner oder in die italienische und französische Emigration zu gehen wie Giacomo Meyerbeer und Otto Nicolai. Leider gehört die Periode der Restauration in Preußen mit ihren fast unabsehlichen Wirkungen einer Rückentwicklung der deutschen Kultur zur Provinzkultur bis heute zu den ungeschriebenen Kapiteln der Geistesgeschichte."[5]

Diese sicherlich zugespitzten Bemerkungen Norbert Millers seien Anlaß, Hoffmanns *Olympia*-Aufsatz einmal genauer zu betrachten. Dabei ist hier nicht eine umfassende Auseinandersetzung mit Hoffmanns Opernästhetik beabsichtigt, vielmehr soll die Frage nach dem Hintergrund jener Argumentation für eine große romantische Oper im Mittelpunkt stehen, die seine umfangreichen Ausführungen erst motivierte. Weshalb sonst hätte er sich wohl auf eine so ausgedehnte und tiefgründige Verteidigung eines Werkes eingelassen, das offenkundig die Mehrzahl der Berliner nicht mehr sehen wollte?

Nur kurz sei zunächst auf das letztlich merkwürdige Schweigen Hoffmanns zum *Freischütz* und der Berliner Uraufführung eingegangen, das um so befremdender wirkt, als Hoffmann, nachweislich Weber freundschaftlich gesonnen, nicht nur an der Premierenfeier teilgenommen, sondern dem Komponisten auch eine Besprechung des Werkes zugesagt hatte. Nur mutmaßen läßt sich, warum er statt dessen in einer dreizehnteiligen Artikelfolge Spontinis *Olympia* seine Aufmerksamkeit als Rezensent widmete. Sehr wahrscheinlich ist, daß Hoffmann erkannt hatte, daß der *Freischütz* vom Ziel der romantischen Oper wegführte, Zukunftsweisendes nur in Einzelzügen vorhanden, das Werk als ganzes jedoch Abschluß und zugleich Höhepunkt einer anderen Entwicklung war: des deutschen Singspiels.

Demgegenüber betonte Hoffmann immer aufs neue, daß „Spontinis Werke nichts wollen, nichts beabsichtigen als den dramatischen Ausdruck in seiner höchsten Stärke und Vollendung, und diesen Ausdruck zu erreichen durch Mittel, die die innere Anschauung darbietet“.[6] Weiter führt er aus: „Spontini erkannte das innerste wahrhafte Wesen der dramatischen Komposition, und jene glanzvoll gerüstete Minerva, jene Geburt des Entzückens, der Begeisterung war die Oper, in der alles, Gesang, Instrumentierung, Modulation, Rhythmus, aus einem und demselben Brennpunkt des dramatischen Ausdrucks herauswirkte. Ganz neue eigentümliche Mittel dieses Ausdrucks, die allen durch die Zeit hindurch erworbenen Reichtum der Kunst in Anspruch nahmen, schuf der Genius und ließ sie in voller Herrlichkeit ins Leben treten.“[7]

Unverkennbar klingt hier der Ton von Hoffmanns Beethoven-Kritiken – Grundlegung romantischer Musikästhetik – an, und „innere Anschauung“ ist wohl nur ein Synonym für das, was Hoffmann und in seinem Gefolge die Romantiker als musikalische Poesie auffaßten. In einer Vielzahl von Beispielen, analytisch präzise beschrieben, sucht Hoffmann seine These zu belegen, wobei auffällt, daß nicht die kompositorische Struktur selbst ins Zentrum seines Interesses rückt, sondern deren klangliche Realisation. Hierzu ein Beispiel: „Der dritte Akt beginnt mit einem Allegro agitato (a-Moll, ganzer Takt), welches den Kampf eines beunruhigten Gemüts sehr treffend ausdrückt. Schon die stoßenden tiefen Hörnertöne, die mit den Bässen zugleich die Tonika des Grundtons in Achteln anschlagen, deuten auf jene Unruhe, und die in die Blasinstrumente (Oboen, Klarinetten und Fagotts) gelegte Figur, welche im dritten Takt beginnt und vierzehn Takte durchgeführt wird, vollendet in Farbe und Leben den Ausdruck jener Leidenschaft, der in den ersten, die Aufmerksamkeit des Zuhörers spannenden Takten angedeutet wurde. Das Ritornell endigt in dem Septimakkord des Grundtons, der sich dann aber in den Sekundquartsextakkord verkehrt, und Olympia, die mit dem Hierophanten aufgetreten [ist], beginnt das Rezitativ. [...] Auch dieses Rezitativ Olympias und des Hierophanten ist nicht allein dramatisch, wie es nur sein kann, und dabei höchst einfach, sondern auch im reinsten Stil der wahrhaften ernsten Oper geschrieben.“[8]

Die Wendungen „höchst einfach" und „im reinsten Stil der wahrhaften ernsten Oper" am Schluß des Zitats verweisen zum einen auf das erstrebte Ziel – die große romantische deutsche Oper – , zum andern auf Christoph Willibald Gluck, dessen Name in Hoffmanns Aufsatz vielfach wiederkehrt. Gleichwohl dürfte ihm nichts ferner gelegen haben als eine Nachahmung Glucks und damit eine schlichte Weiterführung einer klassizistischen Operntradition, die nicht nur im Kontext der deutschen Oper im späten 18. Jahrhundert diskutiert wurde. Hoffmann zeigte sich keineswegs uneinsichtig gegenüber ähnlichen Tendenzen in Spontinis *Olympia*. Vielmehr suchte er den Geist der Gluckschen Reformopern zu wahren, der nach seiner Ansicht primär in der musikalischen Gestaltung zu erkennen ist. Eindeutig und mit einer Vielzahl von Äußerungen zu stützen ist die zentrale Bedeutung, die in seinen Ausführungen die bei Gluck erstmals anzutreffende Behandlung des Orchesters zur Erhellung und Akzentuierung dramatischer Vorgänge gewinnt.

Daneben verdient jedoch noch ein weiterer Aspekt Beachtung, der freilich weniger aus Hoffmanns Text als aus dem Zusammenhang zu erschließen ist: Gluck konnte sich auf eine klar in Regeln gefaßte und nach diesen Richtlinien perfektionierte Librettistik stützen, die jene dramatischen Situationen vorgab, an denen sich eine musikdramatische Fantasie sinnenfällig entfalten konnte. Spontini lag mit dem Text der *Olympia* ein Libretto vor, das durchaus noch in dieser Tradition stand. Offenbar vermißte Hoffmann gerade in den Bemühungen um eine große romantische deutsche Oper eine ähnliche, bereits auf eine musikalische Umsetzung zielende Textgestaltung.

Die fast gleichzeitigen Uraufführungen von Webers *Freischütz* und Spontinis *Olympia* hätten zu einem ebenso fruchtbaren wie glücklichen musikhistorischen Moment für die deutsche Oper führen können. Doch die politischen und in deren Folge auch die kunstpolitischen Fronten waren vermutlich allzu verhärtet, als daß ein Konsens hätte gefunden werden können. Nicht zuletzt deshalb war auch Hoffmanns vehementer Versuch, die Bedeutung von Spontinis Oper den Deutschen, vor allem aber dem Berliner Publikum zu vermitteln, von vornherein zum Scheitern verurteilt.

So verzögert sich die Entwicklung einer großen romantischen deutschen Oper, die erst zwei Jahrzehnte später, mit Richard Wagners *Der fliegende Holländer*, eine auch musikgeschichtlich relevante Gestalt gewann. Freilich wiederholte sich auch hier, in der nachfolgenden Polemik gegen Giacomo Meyerbeer, die Tragödie, daß man in Deutschland patriotisches Selbstwertgefühl mit nationalistischer Überheblichkeit verwechselte.

Anmerkungen

1 Sieghart Döhring, *Spontinis Berliner Opern*, in: Carl Dahlhaus (Hrsg.), *Studien zur Musikgeschichte Berlins im frühen 19. Jahrhundert*, Regensburg 1980, S. 471 (= *Studien zur Musikgeschichte des 19. Jahrhunderts,* Bd. 56).

2 Wilhelm Heinrich Riehl, *Der musikalische Dramatiker des französischen Kaiserthums – Gasparo Spontini*, in: ders., *Musikalische Charakterköpfe. Ein kunstgeschichtliches Skizzenbuch*, Stuttgart u. Augsburg [2]1857, S. 181–204; hier zitiert nach Döhring, *Spontinis Berliner Opern*, S. 471f.

3 Norbert Miller, *Für und wider die Wolfsschlucht*, in: Ernst Hettrich u. Hans Schneider, *Festschrift Rudolf Elvers zum 60. Geburtstag*, Tutzing 1985, S. 369.

4 Die ausführliche Besprechung der Olympia veröffentlichte Hoffmann in der *Zeitung für Theater und Musik zur Unterhaltung gebildeter, unbefangener Leser. Eine Begleiterin des „Freimütigen" in dreizehn Folgen* zwischen dem 9. Juni und dem 22. September 1821. Hier zit. nach: E. T. A. Hoffmann, *Schriften zur Musik, Singspiele*, Berlin u. Weimar 1988, S. 367–410 (= *Gesammelte Werke in Einzelausgaben*, Bd. 9).

5 Norbert Miller, *Hoffmann und Spontini. Vorüberlegungen zu einer Ästhetik der romantischen opera seria*, in: Dahlhaus, *Musikgeschichte Berlins*, S. 468, Anm. 44.

6 Hoffmann, *Olympia*, S. 381.

7 Ebd., S. 382.

8 Ebd., *Olympia*, S. 407f.

JOHN WARRACK

FRANZÖSISCHE ELEMENTE IN WEBERS OPERN

Als Weber seine erste vollständige Oper *Peter Schmoll* mit den Worten eröffnete: „Das sind die schönen Früchte der Revoluzion",[1] wollte er weder die Französische Revolution verteidigen noch, da der Satz sarkastisch gemeint war, sie angreifen. Im Alter von 15 Jahren war er politisch nicht versiert: Die Oper ist eine schlichte Komödie, ihre Protagonisten sind Emigranten, die während der Zeit des Terrors aus Frankreich geflohen waren, um in Deutschland Zuflucht zu suchen. Gleichwohl bleibt seine Bemerkung aufschlußreich. Denn auch wenn anzunehmen ist, daß Weber von seinem Vater auf Joseph Türkes Roman aufmerksam gemacht wurde, war er doch schon in frühen Jahren für das französische Vorbild empfänglich.

Der Einfluß der Französischen Revolution auf die Kultur ist von Land zu Land unterschiedlich. In England begeisterte sie zunächst die jungen Liberalen und ließ William Wordsworth die berühmten Worte ausrufen: „Bliss was it in that dawn to be alive, but to be young was very heaven."[2]

Der junge Weber war sich als ein Mann des anbrechenden Jahrhunderts der neuen Ideen und Tendenzen, die die Künste durchfluteten, deutlich bewußt und beeilte sich, sie für seine Werke zu nutzen. Dies zeigt sich sogar in einem weniger bedeutenden Bereich seiner Kunst, der Kammermusik. Der Pariser Quatuor brillant, der von Viotti entwickelt wurde und Cherubini stark beeinflußte, zählt zu seinen charakteristischen Merkmalen eine stark konzertante Führung der ersten Violine oder eines anderen Soloinstruments, wobei oft viele Themen in einer sehr frei behandelten Sonatenform vorgestellt und durchgeführt werden, mit überraschenden, farbigen harmonischen Wendungen und pathetischer, geistreicher Melodik. Es könnte scheinen, als beschriebe man Eigenschaften von Webers Klavierquartett oder seiner Klarinettenquintette; in der Tat sind Qualität und Originalität seines Klarinettenquintetts nur zu verstehen, wenn sie im Lichte der Tradition dieses Quatuor brillant betrachtet werden, als wenn man wenig glückliche Vergleiche mit Mozarts Meisterwerk zieht.

Webers nächste vollständig erhaltene Oper im Anschluß an *Peter Schmoll* war *Silvana*, ein Werk, das die heutige völlige Venachlässigung nicht verdient hat. Es stellt einen reizvollen frühen Einstieg in die Welt der deutschen romantischen Oper dar. Seine Schwächen resultieren nicht aus einem Mangel auch musikalisch hinreichend charakterisierter Situationen. Schon in *Silvana* findet man etwa die Eröffnung der ersten Nummer mit einer langsamen Streichermelodie. Zu ihr gesellen sich Hornsignale, ein Jägerchor und ein gewaltiges Waldunwetter mit dröhnenden Hörnern, aufblitzenden Piccolos und heftig wirbelnden Streichern. Und in der Szene zu Beginn des dritten Aktes – Albert mit seinen Getreuen beim Gewitter im Wald – wird bereits romantische Identifikation von persönlicher Stimmung und Erscheinungen der Natur vollzogen. Die Erfindungskraft ist zweifellos weniger intensiv als im *Freischütz*, doch ist dies nicht allein auf fehlende persönliche Reife des Komponisten zurückzuführen: Weber verfügte erst unzureichend über geeignete Techniken von Komposition und Instrumentierung. So ist es vermutlich kein Zufall, daß er sich mit *Abu Hassan* zunächst dem Genre des Singspiels zuwandte. Und dann – zehn Jahre Schweigen. Zu fragen bleibt, warum der Komponist, der vor allen anderen befähigt war, der deutschen romantischen Oper den Weg zu weisen, der sieben Jahre lang eine Position als Direktor eines Opernhauses innehatte, seine kompositorische Energien in fast allen anderen musikalischen Formen verströmte, aber die Oper nicht berücksichtigte.

Die konventionelle Antwort auf diese Frage ist das Fehlen guter einschlägiger Libretti. Webers öffentliche Annonce nach einem geeigneten deutschen Textbuch und entsprechende Passagen seiner Korrespondenz stützen diese Auffassung, lassen sie doch erkennen, wie sehr er sich um eine qualitätvolle Vorlage bemühte. Andererseits hätte er in Clemens von Brentano einen ausgezeichneten Librettisten für eine „Tannhäuser"-Oper finden können. Doch das Projekt zerschlug sich, und bekanntlich griff erst ein anderer in Dresden wirkender Komponist das Sujet auf.

Ein Musiker größerer literarischer Begabung könnte erwogen haben, selbst Libretti zu verfassen, doch der einzige deutsche Komponist jener Zeit, der so verfuhr, war Ferdinand Poißl, der gleichwohl in bezug auf die Entwicklung der deutschen romantischen Oper kaum ernsthaft mit Weber konkurrieren konnte. Man muß annehmen, daß Weber sich noch nicht in der Lage sah, jene Art von Oper zu schreiben, die er in seinem Roman *Tonkünstlers Leben* ebenso wie in der begeisterten Kritik zu E. T. A. Hoffmanns *Undine* mit den später häufig zitierten Worten umschrieb: „Die Oper, die der Deutsche will: ein in sich abgeschlossenes Kunstwerk, wo alle Teile und Beiträge der verwandten und benutzten Künste ineinanderschmelzend verschwinden und auf gewisse Weise untergehend eine neue Welt bilden."[3]

Zweifellos sah Weber das Vorbild für sein Bemühen um eine deutsche Oper in der französischen Opéra comique. In Breslau führte er von 1804 bis 1806 vornehmlich italienische Opern und deutsche Singspiele auf. Aber zehn der ersten elf Bühnenwerke, die er in Prag dirigierte, waren französische Opern, von denen mit Ausnahme von Cherubinis *Les deux journées* keine älter als sieben Jahre war. Vorzugsweise waren es Opéras comiques, die er zur Aufführung brachte, und mit Isouard, Méhul, Boieldieu, Cherubini, Spontini, Grétry, d'Alayrac, Catel, Berton, Gaveaux und Salieri, von denen er im Laufe seines Wirkens als Kapellmeister auch mehrere Opern vorstellte, dominierten französische Komponisten ein Repertoire, das lediglich Paer, Fioravanti und Mozart mit italienischen Bühnenwerken ergänzten. Abgesehen von Spohrs *Faust*, dessen Uraufführung er besorgte, und *Fidelio* dirigierte Weber kaum deutsche Opern. Auf *Faust* fiel seine Wahl, wie er in einem lobenden Artikel verdeutlicht,[4] wegen der „romantischen, düsteren Geisterwelt" und der „großen theatralischen und musikalischen Effekte", besonders aber auf Grund der Anwendung von einigen charakteristischen Motiven, die das gesamte Werk durchweben.

Weber war nicht der einzige, der großen Wert auf die Vorstellung französischer Opern legte. Auch in den ersten zwanzig Jahrgängen der Leipziger *Allgemeinen Musikalischen Zeitung* findet die französische Oper ähnlich große Beachtung. Paris war die einzige Stadt, aus der spaltenlange Berichte veröffentlicht wurden, die von Rochlitz' Korrespondenten G. L. P. Sievers – ungewöhnlich genug – sogar namentlich gekennzeichnet wurden.[5] Zu den Städten, in denen französische Opern mehr als sporadisch aufgeführt wurden, gehörten Leipzig, Berlin, Wien, Braunschweig, Hannover, Frankfurt, Stuttgart, Breslau und München; weitere kamen in der Folge hinzu. Die am häufigsten genannten Komponisten waren Méhul, Boieldieu, Hérold, Grétry, d'Alayrac, Isouard, Catel, Gaveaux, Monsigny, gelegentlich auch Le Sueur, Quaisain und Abeille. 1803 vermerkte die *Allgemeine Musikalische Zeitung*, daß „nach zwanzig Jahren, da Grétry, Monsigny, Philidor etc. auf unserer Bühne geglänzt haben und dann erloschen sind, nun eine zweite Epoche französischer Musik mit Cherubini, Méhul, d'Alayrac etc. beginnt". Diesen Trend bestätigen zudem die Anzeigen der *Allgemeinen Musikalischen Zeitung*, in denen französische Opernpartituren und Auszüge aus beliebten französischen Opern für den Amateurbedarf inseriert und gesucht werden.

Wenngleich Webers besondere Berücksichtigung des französischen Repertoires sicherlich einer verbreiteten zeitgenössischen Tendenz entsprach, so überraschen doch Methode und Intensität seiner Bemühungen im Vergleich zu den Musikdirektoren anderer Städte; zudem war er der einzige Komponist, der auch die Implikationen bedachte. Gottlob Bierey etwa, in dessen Opern der Einfluß Cherubinis unverkennbar ist, und selbst Spohr können kaum mit Weber konkurrieren in bezug auf intelligente Umsetzung und schöpferische Anwendung der gelernten Lektionen für die deutsche Oper.

Unter den französischen Opernkomponisten war es Grétry, den Weber besonders schätzte. Über „Raoul Barbe-bleue", ein Werk, das er 1817 in einer aufwendigen Dresdner Inszenierung dirigierte, bei der sogar zwei lebende Pferde auf der Bühne zu sehen waren, schrieb er, daß „es ein so eindringliches Interesse hat [...], daß man ihm eine eigene Kunstepoche in Frankreich berechnen kann, indem seine Melodienformen und Behandlung der dramatischen Musikstücke eine Art von feststehendem Typus für die übrigen wurden, die die Gunst des Publikums besitzen wollen. [...] Vielleicht ist Grétry der einzige der in Frankreich erblühenden Komponisten, der bedeutend lyrischen, ja sogar oft romantischen Sinn hatte."[6] Auch Schlegel hob in seinem Lob französischer Libretti Sedaines Text für Grétrys *Raoul Barbe-bleue* hervor, da er unverwechselbare „Spuren des Romantischen" enthalte. Eine der unmittelbaren Früchte der Samen, die Sedaine gesät und Grétry zur Hege, nicht am wenigsten in dieser Oper, übergeben hat, war der fließende Wechsel von Musik und gesprochenem Text im zweiten Akt des *Freischütz*. Daneben beschrieb Weber den Charakter Blaubarts als edlen Schurken so einfühlsam, daß er geradezu als Modell der Gestalt Lysiarts erscheint.

In Grétrys *Richard Coeur-de-Lion* machten viele Kommentatoren auf jene Melodie der Romanze „Une fièvre brulante" aufmerksam, die immer dann wiederkehrt, wenn der Knappe Blondel seinen eingekerkerten König sucht. Weber indes suchte nach einem subtileren Verfahren der Wiederaufnahme einzelner Motive. Die besten Beispiele fand er in den Werken zweier französischer Komponisten, deren Opern in Deutschland regelmäßig gespielt wurden und auch in seiner eigenen Programmgestaltung einen Platz fanden: Nicolaus d'Alayrac und Étienne Nicolas Méhul.

D'Alayracs Opern waren im deutschen Sprachraum sehr beliebt; die Partituren zweier seiner Werke besaß auch Beethoven. *Adolphe et Clara* und *Nina* nahm Weber in sein Prager Repertoire auf, erstere brachte er auch in Dresden zur Aufführung. 1811 veröffentlichte er seine sehr aufschlußreiche Kritik über *Léhéman*. Das Werk war eine der beliebtesten Rettungsopern seiner Zeit in Deutschland und wurde oft – insbesondere in München – aufgeführt, gelegentlich auch unter dem Titel *Makdonald* (wobei die ungarischen Rebellen zu Schotten wurden und Ragotzi [= Rákoczi] die Gestalt von Karl Eduard annimmt, in Großbritannien gemeinhin als Bonnie Prince Charlie bekannt.) Weber unterstrich drei charakteristische Merkmale: Zunächst den funktionellen Gebrauch des Chores, der auch den Jägerchor in *Euryanthe*, ungleich weniger dagegen im *Freischütz* kennzeichnet. Des weiteren erschien ihm die Ouvertüre bemerkenswert, in der dramaturgische Konstellationen in einer konventionellen Sonatenform reflektiert werden: „Die Ouvertüre versetzt uns sogleich mitten in das Leben des Stücks durch ihre herzlichen, spannenden und kräftig auflodernden Stellen." Das dritte und seiner Meinung nach wichtigste Merkmal verdeutlicht er am Beispiel der Romanze „Un voyageur s'est égaré"[7]: „Die Romanze 'Ein Pilger irrt' wird besonders durch die innige Verwebung mit dem Gange der ganzen Handlung interessant. Bei den gespanntesten, entscheidendsten Szenen erscheint die freundliche Melodie wie ein tröstender Stern und verheißt dem erwartungsvollen Zuhörer Errettung seiner Lieben. Solche Stücke sind die zarten Fäden im Gewebe einer Oper, die von einem wahren dramatischen Komponisten, so gesponnen wie hier, unwiderstehlich die Herzen der Zuhörer fesseln müssen."[8] Weber benutzte eine ähnliche Formulierung bei einer Besprechung von Spohrs *Faust*: „Glücklich und richtig berechnet gehen einige Melodien durch das Ganze und halten es geistig zusammen."[9]

Doch suchte Weber für das Problem, zwischen den Teilen einer Oper Zusammenhänge zu stiften und eine geschlossene Werkgestalt zu gewinnen, weiterreichende Lösungen, als es die einfache Wiederholung einer Romanze gewährleisten konnte. Wiederum fand er Anregungen in Kompositionen d'Alayracs, der in *Camille, ou le Souterrain* wie vor allem dem von Weber als eines seiner „vollendetsten"[10] Werke gerühmten *Léon, ou le Château de Montenéro* Melodien von Liedern und Romanzen bei ihrer erneuten Verwendung subtil differenziert.

Von größter Bedeutung für Weber aber war d'Alayracs *Léhèman* oder *Makdonald*. Verwiesen sei hier allein auf die bereits angedeutete mehrfache Verwendung der Romanze „Ein Pilger irrt", nicht um lediglich eine Szene ins Gedächtnis zurückzurufen (wie in Grétrys *Richard Coeur-de-lion*), sondern um dem Gedanken von Hoffnung Ausdruck zu verleihen. Dabei wird das musikalische Material, der jeweiligen Situation entsprechend, nuancenreich variiert, ohne daß seine Bestimmung als Hoffnungs-Motiv preisgegeben werden müßte.

Hier zeigt sich ebenso eine Analogie zum Gebrauch von Eglantines Thema der Täuschung in *Euryanthe* (das in verschiedenen Gestalten wiederkehrt, ohne seine identifizierenden Merkmale zu verlieren) wie auch zur Neuordnung und Umharmonisierung der Geistermusik. Doch auch andere Motive werden in d'Alayracs Oper immer wieder aufgegriffen, insbesondere jenes, das auf das Begriffsfeld des Zuhörens verweist. So kann beim Studium der Partitur von *Léhéman* rasch deutlich werden, worauf Webers Metapher von „zarten Fäden" zielte.

Neben d'Alayrac war es der als Komponist vielleicht noch bedeutendere Nicolas Méhul, dessen Einfluß auf Weber gleichfalls unverkennbar ist. *Mélidore et Phrosine* in Darmstadt sowie *Uthal* in Baden-Baden sah Weber als erste von dessen Opern, einem Tagebucheintrag zufolge, im Jahre 1810. Zwar fehlt in seinen Notizen ein Kommentar zu diesen Werken, doch wird Weber sicherlich die ungewöhnliche Behandlung der Viola in *Uthal* bewundert haben, die auch in anderen Orchesterwerken seine Aufmerksamkeit gefunden hatte. Und die Eröffnung der Ouvertüre zu *Mélidore et Phrosine* erscheint fast wie eine unheimliche Vorahnung der Eröffnung des *Freischütz*.

In einer Einführung zu *Joseph*, jener Oper von Méhul, auf die Weber zu Beginn seines Wirkens in Dresden zurückgreifen mußte, da er die Besetzung anderer von dessen Werken als problematisch erachtete, wird leicht erkennbar, welche Kompositionen seines französischen Kollegen er besonders schätzte. Darunter war *Ariodant*, ein Werk, das in ganz Deutschland großen Erfolg hatte: Weber hatte sicherlich den höfischen Rahmen, das Kolorit mittelalterlicher Zeit, das starke Eifersuchtsmotiv, vor allem aber die Gegenüberstellung eines guten und eines bösen Paares im Gedächtnis bewahrt, als er mit der Komposition der *Euryanthe* begann. Die Vorbildfunktion des *Ariodant* verdeutlichen jedoch mehr noch Webers Änderungen am Libretto von *Euryanthe*.

Als eine jener Opern Méhuls, die „ihn als Meister der Kunst in den verschiedensten Musikgattungen bewahrt",[11] nennt Weber *Euphrosine*. Man darf annehmen, daß er ebenso wie Grétry vor und Berlioz nach ihm von der Arie „Gardez-vous de la jalousie" beeindruckt war, hatte doch ein markantes Eifersuchtsmotiv sie zu einer der berühmtesten Nummern der französischen Opéra comique gemacht, zumal in einer Zeit, da mehr und mehr französische Komponisten den Gebrauch spezifischer Motive profilierten. Méhuls auffällige, fast manische Verwendung von Eifersuchtsmotiven in seinen Opern enthielt eine wichtige Lektion für *Euryanthe*. Nicht weniger wichtig für Weber war Méhuls brillanter Einsatz von Naturelementen nicht als pittoreske Szenen, sondern als integrale Teile des Dramas. Dabei übernahm das Orchester die Schilderung von Naturkräften, die, ganz im Geiste der Romantik, die Emotionen der Personen spiegelten. So enthält etwa der dritte Akt von *Mélidore et Phrosine* ein Melodrama, in dem die Instrumentalmusik, durchsetzt von gesprochenem Text, eine breite Ausdrucksskala schnell durchgleitet und in der Nachzeichnung eines Sturmes kulminiert. Die Lektionen für die Wolfsschlucht sind offenbar, und der Sechs-Achtel-Chor in E-Dur, mit dem die Oper endet, ähnelt kaum zufällig in Rhythmus und Stil dem Lied der Meermädchen aus *Oberon*.

Méhul seinerseits hatte diese differenzierte Verwendung aus dem Studium der Werke Cherubinis gelernt, eines Komponisten, der von Weber kaum weniger als von Beethoven bewundert wurde. Zahlreiche Parallelen und Entsprechungen könnten aufgezeigt werden, doch sei hier exemplarisch auf die wütende Arie des Dourlinski in *Lodoiska* verwiesen, die zugleich Partien des Pizarro und des Caspar beeinflußten, sowie – entscheidender – auf die Wechselwirkungen zwischen Naturkräften, der dramaturgischen Situation und den Gefühlen der Darsteller. Das Schlußbild von *Lodoiska* zeigt ein brennendes Schloß; *Elisa*, die Weber 1811 gesehen hatte, enthält einige wunderhübsche Alpenszenen und einen Lawinenabsturz. Hier sind nicht nur Vorbilder für die Waldszenen im *Freischütz* zu erkennen, sondern auch für die karge Wüstenmusik in *Euryanthe* und die Ozean-Arie des *Oberon*. Hinzuweisen ist auch auf Cherubinis ausgeprägte Führung einzelner Blasinstrumente, vor allem der Klarinette und des Horns. Diese Behandlung des Orchesters entwickelte Weber weiter, und seine eigenständige Instrumentation beeinflußte ihrerseits neben Hector Berlioz bekanntlich auch Gustav Mahler.

Neben etlichen anderen Details in den Werken von d'Alayrac und Méhul wären auch in den Opern von Boieldieu, Isouard und Catel zahlreiche Momente zu finden, die Weber übernahm. Seine schöpferische Kraft war vielseitig: sie umschloß die Fähigkeit zu erkennen, daß viele der Ideen, die ihren Ursprung in Frankreich hatten, in Deutschland zu einer neuen Erfüllung gebracht werden konnten.

Anmerkungen

1 Carl Maria von Weber, *Peter Schmoll*, Akt 1, Nr. 1.

2 William Wordsworth, *French Revolution, as it appeared to enthusiasts at its commencement*, in: *Der Freund*, 26. Oktober 1809 [geschrieben 1804].

3 Carl Maria von Weber, *Tonkünstlers Leben*, in: ders., *Sämtliche Schriften*, hrsg. von Georg Kaiser, Berlin u. Leipzig 1908, S. 463; vgl. *Allgemeine Musikalische Zeitung* 19 (1817), S. 201–208.

4 *Königliche kaiserliche privilegierte Prager Zeitung*, Nr. 245 vom 1. September 1816.

5 Zu den wenigen, deren Berichte in der *Allgemeinen Musikalischen Zeitung* namentlich gekennzeichnet wurden, gehörte neben E. T. A. Hoffmann auch Weber.

6 *Abend-Zeitung*, Nr. 118 vom 17. Mai 1817.

7 Nicolas d'Alayrac, *Léhéman*, Akt 1, Nr. 3.

8 *Gesellschaft für gebildete Stände*, Nr. 59 vom 29. Juli 1811.

9 Vgl. Anm. 5.

10 Vgl. Anm. 9.

11 *Abend-Zeitung*, Nr. 25 vom 29. Januar 1817.

Gerd Rienäcker

Gedanken zur *Wolfsschlucht*

Notieren wir Besonderes: Fis-Moll eingangs, ausgehalten im mittleren und tiefen Klangregister, fundamentlos indessen, ein hohler Quartsextakkord. Dergestalt wird eine Tonart anvisiert, festgehalten und dennoch verweigert, der Boden ihr entzogen. Bestimmtheit changiert zum Gegenteil.

Ist der Grundton – um einen Takt verspätet – nachgereicht, die Tonart hinlänglich zementiert, so verliert sich, was ihr zur klanglichen Distinktion eignet. Nicht länger stützen Posaunen das schattenhaft-ungewisse Tremolo ab; der Rückzug vom Piano zum Pianissimo läßt, vereint mit instrumentatorischer Reduktion auf Streicher und Klarinetten, die Musik ins Geräuschhafte sich auflösen. Tonalharmonischer Bestimmung opponiert das Verwischen der Klanggestalt. Auch ist der Fundamentton, ersehnt, verspätet, nur Beginn einer Irrfahrt: Sextsprung aufwärts, mehrstufig chromatisches Absinken der Bässe, schleichend zwar, indessen unaufhaltsam; daraus resultierend ein harmonisches Labyrinth, das – auf den ersten Blick – tonal sich kaum orten läßt, zudem eine Akkordfolge, die auf einsichtige Dissonanz-Konsonanz-Relation, auf Vorhalt und Auflösung schwerlich zu bringen ist. Musikalisches Dickicht allenthalben!

Im Gegeneinander von tremolierenden Oberstimmen (kaum hörbar jener durchgehaltene Klarinettenklang!) und präzis intonierenden, jedoch zum Pianissimo verurteilten Bässen, noch in deren von Ton zu Ton schleichendem, stockend-unaufhaltsamen Niederwärts reproduziert sich jenes Changement von Bestimmtheit und Unbestimmtheit: Was der Klanggestalt solchermaßen als Widerspruch eingeschrieben ist, kommt allen Parametern der Introduktion zugute – als Vordergrund-Hintergrund-Beziehung, genauer, als beider Oszillieren. Gleicht Musik dem Schleier, so wirken strukturbildende Prinzipe darin ebenso bestimmt wie undurchschaubar – verschleiert kommen sie zu ihrem Recht.

Das tonalharmonische Dickicht ist auflösbar in zwischendominantische Ketten, dergestalt zementiert es, unerkannt, das Gelände mit seinen obligaten Pfeilern im Rahmen geweiteter Kadenz; gleichzeitig verwischt es die Spuren. Akkordreihung entpuppt sich, über mehrere Takte hinweg, als jeweils zweigliedrige Sequenz, verklammert durch Terzabstand der Außenstimmen und Mittelstimmen gleichermaßen, verklammert durch den Taumel zwischen verminderter und reiner Quint im Verhältnis beider Oberstimmen, verklammert zwischen Ligaturen zwischen Außen und Innen. Erscheint die verminderte Quint als Vorhalt der reinen, so wird sie, bei genauerem Hinsehen, als Kern sich entpuppen. Die Vorhaltsrelation kippt um; was Vorhalt, was Hauptklang sei, ist nicht mehr erfindlich. So schattenhaft der Klang, so präzis, so durchgebildet die Faktur: Vierstimmiger Satz im Contrapunctus ligatus bzw. Note gegen Note, archaisierend – dem aber widerspricht das Geräuschhafte; zudem nimmt Chromatik das Althergebrachte ins

Zwielicht. Die Introduktion, sie ist, nicht zufällig als einzige Passage der Wolfsschlucht polyphon, die Initiale einer Szenerie, die Harry Goldschmidt rechtens als „schwarze Messe“ dechiffrierte[1], deren Liturgisches gleich hernach im Geisterchor sich offenbart: Selbst ins Liturgische gewendet, ist die Einleitung, gewissermaßen instrumentalisierter Chorgesang, vierstimmiges Kyrie eleison, unverhohlen sakralisiert durch initialen und abstützenden Posaunenklang. Solche Konstellation möchte indessen verwischt sein. Und dem seltsamen Vorgang steht ein gespenstischer Akteur zu Buche: Die verminderte Quint, Pervertierung der reinen, Teufelsintervall nach dem Verständnis mehrerer Jahrhunderte. Ihm gehorcht die Oberstimme, kaum daß sie dem Ausgangston sich entringt; ihm gehorcht der Initialklang jenes Dickichts, das im vierten Takt sich ausbreitet. Unabwendbar nistet das Teufelsintervall in jedem Schwerpunkt, je dringlicher die vermeintliche Auflösung ihm zu entkommen sucht. Wird endlich die einfache Kadenz angestrebt, so prangt der verminderte Septakkord, das fatale Intervall im Herzen, als crescendo. Es ist die verminderte Quint, die alle harmonischen Beziehungen regelt; sie fundiert und schüttelt altvertraute Verhältnisse. Übergreifend stiftet sie den Tonalzusammenhang fis–c, darin eingeschlossen verschiedene Zwischenstationen, die ihrerseits das Intervall in sich tragen: Folgerichtig sind beide Tonarten ins Oszillieren gebracht, ja, ineinander verschraubt – die Einleitung, fis-Moll, wird c enthalten, unerkannt freilich, als Vorhalt markiert (Takte 4ff.).

Jedoch so allmächtig das Teufelsintervall regiert, so unentrinnbar verfällt es dem Absturz im dunklen fis. Zusammenhänge, gestiftet von der verminderten Quint, sind befremdlich wie das Teufelsintervall selbst: Nur als chromatisches Voranschreiten, stockend oder explosiv, offeriert sich dominantische Beziehung, weil das Teufelsintervall eine der bestimmenden Komponenten, Leittönigkeit, potenziert, den stützenden Quintsprung jedoch verweigert oder pervertiert: Als fundamentloser Dominantklang mit kleiner None hat der verminderte Septakkord seine tonalharmonische Obliegenheit, als Kreuzweg jedoch – er führt überall hin! Wie Verhältnisse durch Schleier wirken, befestigt in ihrer Perversion, erhärtet durch Krisen, befremdlich gemacht sind, damit sie zur Sprache kommen, wie sie endlich ihrer Konsequenz zum Opfer fallen, läßt am Walten des Teufelsintervalls, an den Folgen seines Einsatzes in allen Dimensionen sich festmachen: Für die Einleitung, für die Geisterrufe und jene Brücke, die hernach Caspars Beschwörung trägt, für das musikalische Gefüge insgesamt, für jenes Dickicht, das als Gestrüpp von Kreuzwegen sich entpuppt!

Dies hat nun mit dem grausen Interieur, mit den Vorgängen zu nächtlicher Stunde in Samiels Reich, aufs engste zu tun: Es ist jenes Dickicht[2], das Max und Caspar aufnimmt – kein Strahl dringt hinein, furchtbar gähnt der Abgrund, undurchschaubar ist er dem Furchtsamen, nebelhaft. Steht Max davor, so vermag sein Auge nur am Geisterhaften festzuhalten, er gleitet von einem Phantom zum anderen schrittweise hinab – es ist seine Odyssee, die in der Introduktion sich vorwegnimmt. Es ist Samiels Reich, darin Althergebrachtes, feudalständische Hierarchie mit neuartigen, vorerst nicht durchschaubaren Beziehungen schwanger geht. Wer auszieht, sein Glück zu suchen oder sein Leben zu bewahren, wer in der Wolfsschlucht Zwängen fortwährenden Scheiterns entkommen, das Fatum wenden möchte, hat, wovor er flieht, verhängnisvoll im Nacken: Im Geisterchor kehren jene Bräuche modifiziert wieder, die Max unterjocht haben, denen er sein Glück opfern muß, uralte Rituale, die ihn, das Bauernvolk, den Erbförster, noch Ottokar im Schraubstock halten. Das Teufelsheer ist befremdliche Version des irdischen, mithin reproduziert es Caspars Lebenswelt; zugleich figuriert es als gespenstische Jägerschar, Inkarnation jener Umwelt, die nicht allein Caspar und Max, Erbförster Cuno sich aufprägt. Gerätschaft, damit Caspar hantiert, verweist aufs Gewohnte – Jägerei – , nur liegt sie verstreut. Der Gesellschaftspyramide ähnelt die Wolfsschlucht als deren vergegenständlichte Inversion; überlebensgroß tritt Samiel aus hochragendem Gebirg, vor ihm wirft Caspar sich in den Staub, ein Wurm vor dem Allmächtigen, leiblich ihm verfallen – gerade in jenen Augenblicken, als mit Samiels Erscheinen die im Tritonus verschraubten Eckpfeiler fis und c unverblümt hervortreten. Althergebrachtes changiert zwischen verschleierter und entschleierter Präsentation; in seiner Verfremdung nun werden andere Gefüge, Regulative transparent. Undurchschaut, haben sie in Samiels kaufmännischem Zugriff, in seinem anderen Gesicht also, ihr Fundament. Als Händler, dessen Waage doppelten Boden hat, als Spieler mit gezinkten Karten ist der Teufel seit Jahrhunderten gezeichnet, dergestalt Opponent sakrosankter Hierarchie, die jedem das Seine zu geben scheint: in Samiels Reich herrscht Unsicherheit; den versprochenen Preisen eignet, daß sie nicht stimmen. Nicht Caspar oder Max, beide vereint, Agathe als Draufgabe sind kalkuliert; der wilde Jäger zieht aus zum Kriege allerwärts. „Sieben äffen", heißt es – alles möchte dem Teufel gehören. Und der Kugelgießer, Alchimist, vermeintlicher Zauberer, er gießt eine Katastrophe nach der anderen. Himmel und Hölle, so scheint es, geben sich ein Stelldichein auf dem Rücken Furchtgeschüttelter: Samiel indessen figuriert als Spielmeister, mit seinem Auftritt verebbt das grause Spiel, damit ein grauseres anheben kann: Der Glockenschlag allein hält seinen Arm, bevor Caspar und Max zermalmt sind: Aufschub für wen? Hat die Geisterstunde wirklich aufgehört, darin Oberstes zuunterst gekehrt war, oder durchzieht ihr undurchschautes Treiben nicht auch das Geschehen ringsum, am hellichten Tage? Nicht zufällig versammelt die Wolfsschlucht szenische und musikalische Utensilien des gesamten ersten Aufzuges – den Adlerflügel und Segmente aus Max' großem Monolog, Jagdsignale und Fetzen aus Caspars Trinklied, Agathes Angst (sie pervertiert zum Wahnsinn) und das Waldesraunen in ihrem Monolog – , und sie wird aufs Furchtbarste entfalten, was vordem nur sich andeutete: Des Waldes Raunen kehrt sich in Sturm, der die Bäume niederbricht, die Angst ist Vorbote der Katastrophe. Im Ausbreiten des Vorhandenen wohnt das Gegenteil – fortschreitender Zerfall, Auseinanderstieben der Elemente auf dem Boden undurchschaubaren Zusammenhangs, hinter dem Schleier wirkender Regulative; und kommt Zusammenhalt auf, unverblümt endlich, so gleicht er dem Strudel, der alles mit sich reißt, Zerstreutes vereint, ohne ihm organische Kohärenz, Entwicklung, Kraft zu vermitteln: Im Sog bleibt, was er mit sich reißt, zerstreut, fragmentarisiert; die Stretta reiht, klittert einzelne Partikel, läßt sie von einer zur anderen umschlagen – Rotation und Belichtungswechsel statt der erwarteten Durchführung.

Was den fabel- und mediendramaturgischen Vorgängen eignet, zeichnet Caspars Tun und die Situation des furchtsamen Zuschauers, welcher vergebens dem Fatum zu entrinnen trachtet, dergestalt, daß Fabel und musikalisch-dramaturgische Prinzipe, Handlung und Sprachgefüge bruchlos ineinander verschmelzen.

Des Kugelgießers Aktion gleicht Bestimmungen entfremdeter Arbeit aufs Haar, was immer den Akteuren (und mit ihnen den Autoren und ihren Zeitgenossen) davon bewußt sein mochte! Jedoch läßt die Wolfsschlucht sich aufs Vorwalten neuartiger Verhältnisse, etwa kapitalisierter, allein und einschichtig kaum bringen: Im unheiligen Zusammenwirken der alten und neuen Welt, darin die alte mit der neuen undurchschaubar schwanger geht, in beider Verklammerung wohnt das Infernalische jeder Begebenheit. Solch trübe Symbiose gibt dem Althergebrachten überlebensgroße Dimension, wandelt es zugleich, dem Übergang von personaler zur Sachbeziehung gehorchend, in Versatzstücke, mit denen – scheinbar – willkürlich umgesprungen werden kann.

Natur, lebend und abgestorben, unversehrt und beschädigt, die Menschen umfangend, aufsaugend, schützend und bedrohend, ist Tanzplatz aufeinanderstoßender, sich wechselseitig bedingender, folgerichtig undurchschaubarer Mächte, die sich hervorbringen und bekämpfen. Unterschiedliche fabel- und mediendramaturgische Besonderheiten sind versammelt:[3] Auffällig korrespondieren sie mit Vorgängen und Prinzipien frühromantischer Poesie; verräumlicht ist darin, was ihr an Entwicklung von Menschenbildern, an Umschlagpunkten der Welt-Sicht, an Einblicken und deren Verweigerung zu Buche steht, festgehalten, aufgestaut ein Prozeß im Übereinander unterschiedlicher Stadien, beraubt aller Progression. Sei es der Pendelschlag zwischen vag-frenetischem Bekennertum gegenüber massenergreifender Umwälzung und enttäuschter, halbbegriffener Abwendung, zwischen heroischer Illusion und verabsolutierter Desillusion – sind massenverändernde Umwälzungen des Teufels Werk, fliegt Neues mitsamt dem Althergebrachten den ohnmächtigenn Akteuren um die Ohren?

Sei es der Pendelschlag zwischen hypertrophierender individueller Ausgliederung und jenem „salto mortale in den Abgrund göttlicher Barmherzigkeit“[4], in dem vormals zur Allmacht stilisierte Ohnmacht endlich eingestanden, Individualität schrittweise entmündigt, schließlich aufgelöst wird: Dem Abgrund teuflischer Barmherzigkeit gleicht Samiels Reich, und die schwarze Messe ist Negativ der weißen, das Inferno Gegenbild jeglichen Ideals und doch sein Geschwister. Sei es die Präsentation allmächtiger, zugleich aufs Höchste gefährdeter Natur – als vermenschlichte bietet sie Individuen und Gemeinschaft Schutz mit Bedrohung vereint, fungiert als Spiegel handelnder Menschen und als deren unbegriffenes Gegenüber, im Begriff des Anderen vag aufgefangen. Die Wolfsschlucht ist den Suchenden ersehntes, angsteinflößendes Traumland, reales Gegenüber, Spiegelbild eigener Zerrissenheit; undurchschaute Naturkräfte haben, unerkannt, soziale Physiognomik. Sei es die Position und Struktur des Phantastischen, darin verfremdete Wiederkehr des verhaßt Gegenwärtigen und Flucht in vag Anderes trüb ineinanderfließen, Wohlbekanntes in Fremdes sich verwandelt, zu Versatzstücken gewordene Partikel alltäglichster Wirklichkeit dergestalt miteinander verklammert sind, daß eine totale Gegenwelt sich zu emanzipieren scheint: Zur „Flucht von Bildern"[5] lösen traditionelle Konfigurationen sich auf, um darin erneut sich zu kräftigen. Mehr und mehr sind Rezitativ, Arie, Lied, Instrumentalstück einander überlagert; daraus resultiert ihr Zerfall, und was immer die Wolfsschlucht an bizarren Gebilden hervorbringt, ist zusammengeschraubt aus Vorhandenem, enthoben aller Vertrautheit, bis die Katastrophe unverhohlen durchbricht – dann aber rotieren die einzelnen Versatzstücke im verhängnisvollen Strudel. Und romantische Ironie – verzweifeltes Spiel mit Undurchschaubarem – , sie hat zur schwarzen Messe sich gemausert.

Die Anstrengung des Universums – Wolfsschlucht als Totaltheater, aufsaugend jeden Klang, jedes Requisit, noch die Akteure – begegnet der Schritt ins Fragment, das, frühromantischer Poesie zufolge, allein den Vorstoß zur Totalität ermögliche: Fragment ist Bruchstück und telegrammatisches Komprimat zugleich. Soll der atomisierten Wirklichkeit opponiert werden, so greift sie im Gegenbild um sich, in der Anstrengung des Ganzen. Durchbrüche, allenthalben versucht, dem status quo zu entkommen, wandeln sich zur Einkehr.[6]

Inwieweit in solchen Vorgangsfiguren Besonderheiten, Errungenschaften wie Komplikationen Romantischer Oper aufgefangen sind, worin ihre Verwandtschaft zu Konfigurationen früh- und hochromantischer Poesie liege, unterliegt differierender Interpretation, wird nach wie vor dem Fragen überantwortet. Wohin dieses immer treibe – in der Rubrizierung stilistischer Merkmale einerseits, im Kapitulieren vor einem Sammelbegriff, der gewohntermaßen Unvereinbares etikettaft fasse, wird es keinerlei Genüge haben. Ist Romantik, so Gerda Heinrich[7], als vergegenständlichte Lebenspraxis im Verein mit philosophischen Konfigurationen begreifbar, sind poetische Maximen daraus abgeleitet, so muß Romantische Oper, wenn kategoriell akzeptiert, als kunstspezifisch vergegenständlichte Lebenspraxis genommen, nach sozialhistorischen (nicht bloß ideologischen und ästhetischen) Implikationen und Triebkräften befragt werden: Die Wolfsschlucht hat dies unfreiwillig thematisiert – ganz unfreiwillig, oder doch merkwürdiger Hellsicht Webers gehorchend? Seine grausame Opernparodie[8] nämlich, ein Jahr zuvor, bringt Insignien deutscher Oper und romantischer Poesie nicht bloß zu schmählicher Ehre, sondern auf soziale Drehpunkte – hier sind denn auch Regulative entschleiert, denen zufolge fabel- und mediendramaturgische Konfigurationen zu Versatzstükken sich wandeln, beliebig werden im undurchschauten Zusammenhang, verfügbar dem fremden und althergebrachten Eingriff. Hier waltet unverblümt das Fragment als Bruchstück und Kurzformel. Phantastisches entpuppt sich nicht als Gegenwelt, sondern als Wirklichkeit, durch ein Vergrößerungsglas betrachtet, absurd, weil des Gewohnten beraubt – als Realität, wie der Opernbetrieb sie täglich produziert, darüber hinausweisend als Wirklichkeit entfremdeter Arbeit, jenseits des Wägbaren, beherrscht von finsteren Mächten, deren Antlitz einstweilen verborgen bleibt. Neues tritt, mit Altem vereint, in abstrakter Gestalt hervor, umso furchterregender um sich greifend im Zeichen des Epochenumbruchs: Ihn hat Weber gewiß nicht fassen wollen in der Wolfsschlucht, und doch trägt sie daran!

Anmerkungen

1 So in mehreren Gesprächen mit dem Verfasser seit Ende der siebziger Jahre. Der Messe lassen sich denn auch die unterschiedlichen Vorgänge, nicht bloß ihr übergreifend Rituales zuordnen: Introitus als Geisterchor, nur dem instrumentalen Kyrie nachgestellt, Caspars Beschwörung als Gebet, Samiels und Caspars Unterredung als fatales Gloria, die Zurichtung des Wartenden als Graduale usw.; das Kugelschießen figuriert als grauses Abendmahl, Samiels Erscheinen als Segnung. Auf Traditionslinien der Satansmesse, auf Vermittlungen bis hin zur gestalteten Wolfsschlucht als Opernfinale kann hier nicht eingegangen werden; inwieweit solche Zusammenhänge von Weber reflektiert werden, bleibt offen.

2 Vgl. hierzu die im Textbuch enthaltene Beschreibung der Szenerie. Wie sie mit dem musikalischen Gewebe der Einleitung zusammenhängen könnte, ist andernorts beschrieben. Vgl. Gerd Rienäcker, *Beobachtungen zur „Wolfsschlucht"-Szene*, in: *Wegzeichen. Studien zur Musikwissenschaft*, hrsg. von Jürgen Mainka u. Peter Wicke, Berlin 1985, S. 91ff.

3 Rienäcker, *Beobachtungen*, S. 91f.; ders., *Finali in Opern von E. T. A. Hoffmann, Louis Spohr, Heinrich Marschner und Carl Maria von Weber – Gedanken zur Theorie und Geschichte des Opernfinales*, Diss. B, Berlin 1984, insbesondere S. 214–276 u. 288ff.

4 Um Friedrich Schlegels ironisches, später für ihn selbst anwendbares Diktum zu gebrauchen. Vgl. Gerda Heinrich, *Geschichtsphilosophische Positionen der Frühromantik*, Berlin 1976, S. 201ff.

5 Theodor W. Adorno, *Die Bilderwelt des „Freischütz"*, in: ders., *Moments musicaux*, Frankfurt am Main 1960, S. 41.

6 Dies hat E. T. A. Hoffmann mehrfach unverblümt thematisiert, vor ihm Friedrich Novalis in *Hyazinth und Rosenblüth*. Vgl. hierzu Rienäcker, *Finali in Opern*, S. 277. Freilich sind der Einkehr Momente wirklichen Durchbruchs verschwistert, Utopien mitnichten getilgt inmitten der Wiederkehr des idealisiert Althergebrachten – es bleibt das Amalgam von vager Zukunftsvision und idealisierter Vergangenheit bzw. Gegenwart.

7 Vgl. Gerda Heinrich, *Geschichtsphilosphische Positionen*, S. 53ff.; dies., [Vorwort zu:] *Athenäum Auswahl*, Leipzig 1978, S. 18ff.; dies., [Nachwort zu:] Wilhelm Heinrich Wackenroder, *Werke und Briefe*, Wien 1984, S. 483ff.

8 Vgl. Georg Knepler, *Bemerkungen zu Webers „Freischütz"-Autograph*, in: ders., *Gedanken über Musik*, Berlin 1980, S. 47ff.; Rienäcker, *Finali in Opern*, S. 277–280. Webers Opernparodie ist Teil seines Romanfragments *Tonkünstlers Leben*; vgl. Georg Kaiser (Hrsg.), *Sämtliche Schriften von Carl Maria von Weber*. Kritische Ausgabe, Berlin u. Leipzig 1908, S. 437ff.

Reiner Zimmermann

Glücklose Synthese – Beim Lesen des *Euryanthe*-Autographs

Carl Maria von Webers Musik zur *Euryanthe* gleicht nach weit verbreiteter Meinung einer kostbaren Perle in einer wenig kunstvollen Fassung. Ähnlich dem für die Dramaturgie des Werks wichtigen Ring, aus dem die unglückliche Emma Gift gesogen hatte, gewinnt die Musik jedoch Bedeutung unter dem Aspekt einer Entwicklung der Konzeption großer romantischer Oper. Hierzu lassen sich am Autograph Befunde ermitteln, die wichtige Aufschlüsse ermöglichen.

Webers Witwe hatte zwischen 1851 und 1855 die Autographen der drei späten Opern gekrönten europäischen Häuptern gestiftet. Den *Oberon* erhielt der russische Zar, der *Freischütz* verblieb in Preußen, und Sachsens König – nicht, wie man hätte annehmen können, der österreichische Kaiser – erhielt die *Euryanthe*-Partitur, die heute als eines der wenigen Weber-Autographen stolzer Besitz der Sächsischen Landesbibliothek Dresden ist[1]; dort wird sie jedoch nicht in der Musikabteilung aufbewahrt, sondern ist in der ständigen Ausstellung des Buchmuseums zu sehen.

Die Entstehung der Partitur ist ein Stück Werkgeschichte und zugleich ein instruktives Beispiel für Webers Schaffensweise. Der eigentlichen Komposition stellte Weber wie immer ein intensives Textstudium voran. Er trug stets eine Kopie des Librettos bei sich, um den Text zu lernen und den Tonartenplan aufzustellen. Während seiner Spaziergänge formten sich die Themen, anschließend fertigte er ein Particell; meist zwei- oder dreistimmig wurden Melodie und Begleitung notiert, auch die Instrumentation ist bereits vermerkt. Damit war die Komposition fertig entworfen, und nur so war es möglich, daß die Niederschrift der vollständigen Partitur sehr rasch vonstatten ging. Der 1. Akt wurde in zwölf Tagen am 25. Mai 1823, der 2. Akt am 17. Juli, der 3. Akt am 29. August in Hosterwitz vollendet „und somit die ganze Oper exclusiv der Ouvertüre S.D.G. Carl Maria von Weber", wie es die Eintragung am Schluß des 3. Akts im Autograph ausweist. Die Ouvertüre wurde vom 16. bis 19. Oktober 1823 in Wien nachkomponiert.

Bei der in der Sächsischen Landesbibliothek aufbewahrten Partitur handelt es sich um Webers Erst- und Reinschrift, in der trotz der Schnelligkeit von Entstehung und Niederschrift kaum Schreibfehler enthalten sind. Sie diente nicht als Dirigierpartitur, sondern als Vorlage zur Herstellung des Aufführungsmaterials und enthält zudem die Kürzungen der Wiener Fassung sowie den 1825 für Berlin nachkomponierten Pas de cinq, der nach dem 3. Akt eingebunden wurde. Diese Partitur dokumentiert als einzige authentische Quelle des Werkes Webers künstlerische Intention. Die 1866 bei Schlesinger in Berlin durch Ernst Rudorff betreute Erstausgabe stellt bereits eine tiefgreifende Bearbeitung dar, indem ähnlich der *Freischütz*-Ausgabe von 1843 die ursprüngliche Artikulation und Phrasierung eliminiert und der Musizierpraxis der 1860er Jahre angeglichen wird. Außerdem achtete man bei der Drucklegung – vermutlich hinsichtlich zukünftiger Separatausgaben – darauf, alle Szenen mit dem Ende einer Seite schließen zu lassen, so daß ein wesentlicher Grundzug der Weberschen Partitur, der Zusammenschluß mehrerer Szenen, nicht mehr unmittelbar ersichtlich ist.

Stärkere und schwächere Tintenfärbung des Autographs lassen auf mehrere Arbeitsgänge bei der Niederschrift schließen. Im 1. Akt sind Artikulation, Phrasierung, Dynamik, Text, Akkoladenvorzeichnung, Tempo- und Vortragsbezeichnungen sowie Namen gegenüber dem Noten-Text in schwächeren Schriftzügen vermerkt, die Szenenangaben in roter Tinte. Hingegen sind in Nr. 10 die Bläserstimmen auffallend in blasserer Tinte notiert, was darauf hindeutet, daß sie zu einem anderen Zeitpunkt niedergeschrieben wurden. Im Recitativ Eglantine/Lysiart etwa ist ein Fagotteinsatz parallel zur Viola ganz offensichtlich nachgetragen worden, um eine besondere Charakterisierung des Intrigantenpaares zu erreichen. So lassen sich an der Notationsweise einige Fragen der Instrumentierung, die für Weber seit dem *Freischütz* eine entscheidende Bedeutung bekommen haben, auf instruktive Weise beobachten. Das gilt z.B. auch für die Posaunen. Im Terzett Nr. 4 steht über dem 1. Notensystem der Vermerk „3 Tromboni a la fine". Aus Platzgründen konnten die Posaunen nicht in den laufenden Partiturseiten untergebracht werden. Sie wurden zum Abschluß der Nummer nachgeschoben, doch hielt sie Weber immerhin für so wichtig, daß er sie in Stimmen sorgfältig ausnotierte.

Auf weitere ungewöhnliche Details der Instrumentation sei hier nur exemplarisch verwiesen, etwa auf die von Soloviolinen, Flöten und sordinierten Violinen und Violen begleitete, dreimalige Erscheinung von Emmas Geist oder auf die von der französischen Revolutionsoper angeregte Verwendung des punktierten Bläsersatzes zur Darstellung des Heroischen.[2]

Das durchaus Neue und Originelle der Partitur aber ist Webers Bestreben, große Szenenblöcke zu formen. Der *Freischütz* war noch in der Tradition des Singspiels mit gesprochenen Dialogen entstanden, wo jede Nummer in sich abgeschlossen war. In der *Euryanthe* wird die Nummernfolge nur als Binnengliederung größerer szenischer Komplexe beibehalten. Bis in die Gegenwart findet sich in Schriften zu Carl Maria von Webers Werken die Behauptung, die *Euryanthe* sei seine erste durchkomponierte Oper. Der autographe Befund muß differenzierter gesehen werden. „Durchkomponiert" sind lediglich größere Abschnitte: Jeder Akt ist in jeweils drei Szenengruppen („Bilder" oder Verwandlungen) eingeteilt, die im Autograph deutlich mit dicken Doppelstrichen abgeschlossen sind. Sie enden oft mitten auf einer Partiturseite, deren restlicher Teil leer bleibt. Die Bilder selbst sind geschlossen vertont, eine Nummer folgt oft noch auf derselben Seite einer anderen, nur durch einen dünnen Doppelstrich getrennt. Häufig bilden Auftakte der Vokalstimmen oder prägnante Instrumentalmotive die unmittelbare Überleitung von einem Recitativ in die neue Szene. Einzelne Nummern schließen zwar mit Kadenzen, die jedoch mehrfach von Instrumentalfiguren unterlaufen werden.[3] Übergänge oder harte Schnitte werden allein von der Dramaturgie des Stückes bestimmt, da Weber nicht um eines Prinzips willen eine neue szenisch-musikalische Ordnung einführt.[4] Dieser am Autograph ermittelte Befund wird um

so wichtiger, als nicht einmal der einzig verfügbare und weit verbreitete Klavierauszug der *Euryanthe* die Szenenanordnung Webers korrekt wiedergibt.[5]
Schon im *Freischütz* fiel auf, daß dort die Nummern häufig italienische Überschriften tragen (Scena ed Aria, Terzetto con Coro etc.). Derlei Angaben dienten der internationalen Verständigung, doch nutzte sie Weber bereits hier zur Auflösung der ehedem geschlossenen Tempostruktur, indem er zwei Haupttempi in einer Arie kombinierte.[6] In der *Euryanthe* wird nun deutlicher, woher die italienischen Bezeichnungen und die damit verbundenen Strukturen stammen: ausgerechnet aus der von der bisherigen älteren Forschung abgewerteten Opera seria des frühen 19. Jahrhunderts. Weber kannte sehr wohl die neuesten Produktionen seines Kollegen Francesco Morlacchi, dessen 1811 für Dresden komponierter *Raoul de Créqui* bereits „durchkomponiert" ist und große Szenen ohne deutliche Abgrenzung der Rezitative schafft.[7] Aus dem Dresdner Repertoire waren Weber auch Werke von Gioachino Rossini, Pietro Generali, Ferdinando Paer, Simon Mayr oder Peter von Winter und natürlich Wolfgang Amadeus Mozart bekannt. Und selbstverständlich hörte er an anderen Orten viele weitere italienische Bühnenwerke.

In den ersten zwei Jahrzehnten des 19. Jahrhunderts war in Italien eine Libretto-Reform in Gang gekommen, die die Vorherrschaft der Arie brechen sollte, um die Handlung, die im Dramma per musica Pietro Metastasios größtenteils im Rezitativ eher beiläufig erzählt wurde, ins Zentrum der musikalischen Gestaltung zu rücken. Es entstanden sowohl große Ensembleszenen mit reicher Binnengliederung als auch Typen der Kombination von Szene und Arie, in denen die Grenzen der Differenzierung von Rezitativ und Arie verwischt wurden. Die Reform, von Librettisten wie Giulio Romani und Gaetano Rossi zusammen mit Gioachino Rossini, Saverio Mercadante, Vincenzo Bellini und Gaetano Donizetti bewirkt, geschah im Sinne eines neuen Wahrheitsbegriffs.[8] Nichts anderes lag Weber im Sinn. 1824 schrieb er an Franz Danzi: „ [...] und nun kommt das einfach ernste Werk, das nichts als Wahrheit des Ausdrucks, der Leidenschaft und Charakterzeichnung sucht".[9] Weber wollte Menschen in Situationen der Bewährung zeigen, in der *Euryanthe* jedoch auf die Einführung einer irrationalen Gegenwelt verzichten. Lediglich der Selbstmord Emmas, der zur Vorgeschichte der Opernhandlung gehört, wie ihr Geist, den Weber über die Bühne schweben lassen wollte[10], geben den Ausschlag für den zentralen Konflikt des Dramas. Hier treffen Charaktere aufeinander, die nicht von vornherein als böse anzunehmen sind: Eglantine, in der besonderen Situation einer Gefangenen, die sich Adolar als Frau niemals offenbaren konnte, und Lysiart, ein rechter Kämpe mit Sinn und Verstand, dem das Treue-Gesäusel Adolars widerstrebt und der Zweifel hegt, ob er die Wette halten kann, Euryanthe zu gewinnen. Beide Figuren, die bereits auf Ortrud und Telramund weisen, haben Gründe für ihr Handeln, die freilich im Libretto nicht sehr geschickt angelegt sind. Was ihre musikalische Charakteristik betrifft, so hat Weber für sie neben den Klängen, die Lysiart mit Kaspar verbinden, eine Vielzahl interessanter Farben, Motive und Gesten gefunden,[11] zumal ihm offenbar die

Darstellung vielschichtiger Charaktere eher lag als die Gestaltung der musikalischen Physiognomie der biederen, geradlinigen Euryanthe und Adolar.

Dennoch setzte Weber auch für dieses Paar unerhörte Ausdrucksmittel ein, insbesondere zu Beginn des 3. Akts, wo sich beide in einer Extremsituation befinden. Fahle Zweistimmigkeit verweist auf die totale Verlassenheit des Paares. Wie bescheiden und doch wirkungsvoll die Instrumentation sein kann, wird in der Todesverkündigung durch Adolar erkennbar, die nur von Fagotten und Streichern begleitet ist. Hier wird Richard Wagner anschließen.

Weber stand unter Leistungsdruck, als er die *Euryanthe* konzipierte: „Die Erwartungen der Masse sind durch den wunderbaren Erfolg des Freischützen bis zum Unmöglichen in's Blaue hinauf gewirbelt."[12] Wien als der für die Uraufführung vorgesehene Ort war 1822 in einen Rossini-Taumel verfallen, als dieser mit triumphalem Erfolg eigene Werke dirigierte.[13] Spurlos ging Rossinis Werk nicht an Weber vorüber. Im Finale I finden sich Anklänge an Rossinis Ensemble-Technik, von Solo-Koloraturen vor einem homorhythmisch deklamierenden Chor, doch verzichtete Weber auf jene italianità, die auf einfachsten Mitteln der Wiederholung beruhte. Webers Kunst ist dichter. Fast taktweise wechseln Motive und Harmonik, die Einfälle überlagern sich; Gefälligkeit wird durch intelligente Anstrengung ersetzt.

Zudem stand Weber vor der Aufgabe zu beweisen, daß er mehr als eine Nummernoper mit kleinen Sächelchen komponieren konnte. Er unternahm den Versuch einer Synthese, indem er die Stilmittel des *Freischütz* weiterentwickelte, indem er sich den neuesten italienischen Bestrebungen der Libretto-Reform anschloß und daraus musikalische und dramatische Konsequenzen zog, indem er ferner auf die Mittelalterbegeisterung seiner Zeitgenossen reagierte[14], indem er aus französischen Opern neue Ideen bezog, indem er schließlich das Charakteristische vor das Schöne stellte. Und dies alles mit einem Libretto, dessen Schwächen offenbar sind, dessen 1. Akt zwölfmal umgeschrieben werden mußte, das so viele Haken hat, daß es wohlmeinende Bearbeiter immer wieder zu neuen, überraschenden Varianten herauslockt.

Zwar wurde der nur mäßige Erfolg der Uraufführung der Rossini-Begeisterung in Wien angelastet, doch auch, als diese weitgehend verflogen war, besserte sich die Reputation der *Euryanthe* trotz des persönlichen Erfolges Webers nicht. Das Werk ist heute allein wegen seiner dramaturgischen Schwächen vergessen. Zweifellos gehört es zu den glücklosen Momenten der Operngeschichte; lediglich anläßlich des Weber-Jubiläums 1986 bereitete die Deutsche Staatsoper Berlin eine Aufführung vor.

ANMERKUNGEN

1 Sächsische Landesbibliothek Dresden, Sign. Mus. 4698-F-37.

2 1. Akt: 4 Flöten, 4 Violinen mit Soloviolinen und Violen; 3. Akt: 4 Soloviolinen con sord. mit Tremolo der Violinen; Finale: 8 Soloviolinen con sord. mit Violen. Für Adolar: Nr. 4. Text: Ich bau auf Gott. Flöten, Oboen, Hörner und Fagotte beginnen; Trompeten und Pauken krönen den Phrasenabschluß; später übernehmen die Streicher die Führung, die Bläser setzen Akzente. Weber führte Werke von Grétry, Cherubini, Méhul, Catel u.a. auf, aus denen er Anregungen zur Instrumentation eigener Werke bezogen haben dürfte.

3 Vgl. Übersicht im nachstehenden Anhang.

4 Das 2. Bild endet mit Euryanthes Abgang, kadenziell nicht beschlossen, die Musik läuft aus, um Platz für Eglantines Ausbruch zu schaffen. Für einen Moment ist Stille, da Eglantine Euryanthe hinausbegleitet hat. – 3. Akt, Nr. 22, Adolars Absage an Lieb' und Treu' endet mit vollständiger Kadenz in B-Dur. Das d wird umfunktioniert zum Grundton von D-Dur, das, von den Blechbläsern vorgetragen, einen jähen Bruch markiert.

5 Edition Peters Nr. 292; die Szenen enden alle als veritable Nummern mit Doppelstrichen.

6 Agathe: Scena ed Aria mit Gebet und Cabaletta (*All meine Pulse*); Max: Walzer ed Aria (*Durch die Wälder / Mich umgarnen finstre Mächte*).

7 Diesen Hinweis verdanke ich Frau Dr. Landmann, die sich 1986 mit Autographen Morlacchis befaßte.

8 Vgl. Friedrich Lippmann, *Vincenzo Bellini und die italienische Oper seiner Zeit*, Köln u. Wien 1969 (= *Analecta musicologica*, Bd. 6).

9 Brief Webers an Franz Danzi vom 1. März 1824; zit. nach: Carl Maria von Weber, *Briefe*, hrsg. von Hans Christoph Worbs, Frankfurt am Main 1982, S. 119.

10 Vgl. Max Maria von Weber, *Carl Maria von Weber, ein Lebensbild*, Bd. 2, Leipzig 1864, S. 513f.

11 Lysiart, Arie Nr. 10 – Kaspar, Arie Nr. 5; Adolar, Arie Nr. 12 – Max, Walzer ed Aria Nr. 4.

12 Brief Webers an Danzi vom 1. März 1824; zit. nach Weber, *Briefe*, S. 119.

13 U.a. mit *Zelmira*, *La Gazza ladra* und *La Cenerentola*.

14 Vgl. E. T. A. Hoffmann, *Meister Martin und seine Küfergesellen*, aus: *Die Serapionsbrüder*, 1819–1821; Achim von Arnim, *Die Kronenwächter*, 1816; Friedrich de la Motte-Fouqué, *Undine*, 1811; Zacharias Werner, *Dramen*; Gebrüder Grimm, *Märchen*, *Sagen*, *Hildebrandslied*, 1812, 1814 u.a.

Anhang: Übersicht über die Szenenfolge in Webers Anordnung

1. Akt	Szenenabschlüsse im Autograph	Bemerkung
Introduktion	II	Kadenz
Rec.	II	Auftakt Nr. 2
Nr. 2	II	Kadenz endet auf 1 in Nr. 3
Nr. 3	I	Kadenz, aber weiterführende Figur
Rec.	II	endet mit Solostimme
Nr. 4	II	Kadenz
Nr. 5	II	Kadenz
Rec.	I	geht in Nr. 6 über
Nr. 6	II	keine Kadenz, Ende auf e, Fermate
Rec.	II	Eglantine führt nach Nr. 7
Nr. 7	II	keine Kadenz, Ende auf a
Nr. 8	II	Kadenz, dann Überleitung nach Nr. 9
Nr. 9	II	Kadenz
2. Akt		
Nr. 10	I	keine Kadenz, leitet über zum Recitativ
Rec.	II	keine Kadenz, leitet zu Nr. 11 über
Nr. 11	II	Kadenz, Verwandlung
Nr. 12	II	Kadenz, Überleitung zu Nr. 13
Nr. 13	II	Kadenz
Nr. 14	II	Abschluß auf f
3. Akt		
(1. Szene)	II	Kadenz über d; Doppelstrich
Nr. 15	II	Kadenz, Überleitung zu Nr. 16
Nr. 16	II	Kadenz
Nr. 17	II	lange Überleitung zu Nr. 18 mit D^7, Auflösung in Nr. 18
Nr. 18	II	Kadenz, Anschluß Rec.
Rec.	II	D^7
Nr. 19	I	D^7, Lösung in Nr. 20
Nr. 20	II	Kadenz, Verwandlung
Nr. 21	II	Kadenz, Violinfigur leitet nach Nr. 22
Nr. 22	II	Kadenz in B-Dur, gleich in D-Dur weiter
Nr. 23	I	Halbkadenz, Solo leitet über zu Nr. 24
Nr. 24	II	Abschluß auf d
Nr. 25 Finale	II	

HORST SEEGER

WEBERS *OBERON* IM SPANNUNGSFELD DER TRADITIONEN

Der viel gescholtene Friedrich Kind muß, wenngleich kein Librettist von Rang, so doch ein Publizist mit Spürsinn gewesen sein. Offenbar hat er Carl Maria von Weber bereits wenige Tage nach dessen Eintreffen und Amtsantritt in Dresden im Januar 1817 um einen musikalischen Beitrag für sein *Taschenbuch und Almanach zum geselligen Vergnügen* ersucht, das Wilhelm Gottlieb Becker (1753–1813), ehemals Professor an der Dresdner Ritterakademie und im Dresdner Galerie-Wesen in leitender Position tätig, 1791 gegründet hatte und das Ferdinand Kind seit 1815 fortführte. Denn um eine Komposition Webers bereits in den Jahrgang 1818, der ohne Zweifel zur Herbstmesse 1817 auf dem Markt sein mußte, einrükken zu können, bedurfte es eines solchen zeitlichen Vorlaufs. Kind übergab Weber sein Gedicht *Das Veilchen im Thale*, das dieser offensichtlich kurzfristig vertonte (op. 66, Nr. 1; Jähns 217). Allem Anschein nach handelt es sich hier um das früheste Ergebnis von beider Zusammenarbeit. Noch in den zwanziger Jahren erschienen in dem Almanach weitere kleine Arbeiten von Weber.

Ob die kleine Komposition bereits ein Nebenprodukt jenes ersten Gedankenaustauschs von Weber und Kind zum *Freischütz* ist, der im Februar 1817 beim „Dichtertee" begonnen hatte, kann dahingestellt bleiben. Aufschlußreicher ist, daß Becker mit seinem damals schon seit mehr als 25 Jahren erscheinenden Almanach ins Zentrum der damaligen literarisch und musikalisch ambitionierten Gesellschaft Dresdens rückten.

Becker war ein Publizist, dessen Intentionen Weber teilte. Während Carl Maria von Weber jedoch seine Ideen in Musik- und Opernwerken auszudrücken vermochte, wählte Becker als Sujet seiner Schriften die Landschaften Dresdens und seiner Umgebung als Zeugnisse menschlicher Kultur und Geschichte. So bietet Becker, um zwei Beispiele herauszugreifen, in seinem Almanach für das Jahr 1794 eine ausführliche Beschreibung des für die frühe Dresdner Operngeschichte bedeutsamen Plauischen Grund; der Jahrgang 1823 enthält Näheres über Johann Gottlieb Naumanns Blasewitzer Wohnung und sein Grab.[1]

Parallel zur Gründung seines Almanachs hatte Becker in Verbindung mit dem Hof-Kupferstecher Christian Gottfried Schulze ein verwandtes, ähnlich anspruchsvolles Unternehmen gestartet: Ein Band mit dem Titel *Das Seifersdorfer Thal* erschien 1792 und liegt seit 1977 in einem Leipziger Reprint vor. In diesem Buch ist bereits der Boden zu spüren, auf dem später die Dresdner romantische Oper wachsen sollte; es ist signifikant auch für die geistigen Grundlagen, die in Webers *Oberon* mündeten.

Schulzes vierzig Kupferstiche und der kommentierende Text Beckers kennzeichnen das Spezifische jener Epoche Dresdens weit umfassender, als es selbst die bemerkenswerteste Einzelpartitur vermöchte. Gegenstand der Darstellung ist das Röder-Tal nahe Seifersdorf, das mit seinen alpinesken Ansichten und verfallenen Denkmälern ein bis heute beliebtes Ausflugsziel am Rande der Dresdner Heide ist und damals mit dem Dorf zum Feudalbesitz des Grafen Moritz von Brühl gehörte. Dieser, hauptsächlich aber seine Frau „Tina" und sein Sohn Carl, widmeten sich von ihrem nahegelegenen Seifersdorfer Landsitz aus der Umgestaltung des Tals zu einer Anlage im Stile Englischer Gärten. Die freie Natur wurde „zweckmäßig" durch Monumente, Tempelchen, Inschriften und ähnliches gegliedert und sollte auf diese Weise „verschönert" werden.

Beckers Beschreibung, der zweifellos eine umfassender kaum denkbare Kenntnis der Auffassungen und Absichten der Brühls zugrunde lag, arbeitet geradlinig jene hier zugrundeliegende Kunstanschauung heraus, die leicht als eine auf Dresdner Verhältnisse zugeschnittene Variante der Ideen Rousseaus zu erkennen ist. Einleitend vermerkt der Autor: „Heil dir, erhabener Genius, der du die göttliche Kunst erzeugtest, der Natur die Geheimnisse ihrer unaussprechlichen Reize zu entlocken, durch ihre Nachahmung das Auge zu täuschen, alle die Schönheiten, auf welchen es so gern verweilet, zu sammlen, und Paradiese auf Leinwand oder hölzerne Tafeln zu zaubern, in die wir uns, durch einen angenehmen Betrug, wie hingerissen fühlen! – So schaf[f]t die wohlthätige Kraft der Einbildung der hoffenden Seele in romantischen Träumen ein Elysium. Sie sieht sich am Ziel ihrer Wünsche, fühlt sich glücklich und genießt, wenn auch nur auf kürzere Augenblicke, als in den Stunden des wirklichen Lebens."[2] Überliest man hier nicht die tiefere Bedeutung von Formulierungen wie „der Natur die Geheimnisse ihrer unaussprechlichen Reize entlocken", „Schönheiten ... sammlen", „angenehmen Betrug", „Kraft der Einbildung", „hoffende Seele" o.ä., so wird in diesen Sätzen eine zeittypische Kunsttheorie aufklärerischer Naturnachahmung erkennbar.

Becker wandert sodann mit seinen Lesern das Seifersdorfer Tal entlang und charakterisiert die von den Brühlschen Familienmitgliedern der behutsam gelenkten Natur eingegliederten Denkmäler ausführlich. Eines davon ist „Den Sängern des Thales" gewidmet und in seiner Front mit Leier und Schalmei geschmückt. Zu Beckers Zeiten trug es auf seiner Rückseite den Buchstaben „N", was seinerzeit Naumann und Neumann zugleich bedeuten konnte. Ein Steinmetz hat später Naumanns vollen Namen eingemeißelt, und so die – heute umgestürzte – Säule unweit der Mühle dem Dresdner Kapellmeister gewidmet.

Festzuhalten ist der geschichtlich wie ästhetisch beziehungsvolle Gebrauch des Begriffes „romantisch" in Beckers Schrift. Er ist durchaus antizipierend, in ihm kündigen sich Auffassungen an, die erst Jahre später künstlerische Gestalt annehmen sollten. Nachvollziehbar wird der oft schmale und undeutliche, oft aber überraschend breite und geradlinige Pfad, der vom Dresden Winkelmanns zu dem der Caspar David Friedrich, Johann Clausen-Dahl, E. T. A. Hoffmann, Carl Maria von Weber oder Heinrich Marschner führt.

Der Bedeutungswandel, die poetische Erweiterung des „Romantischen", erhält ein überraschendes Moment, wenn sich in einem ehemaligen Tempel, der „den

Musen" gewidmet war, zehn perspektivisch angeordnete Sitze für Apoll und seine ihm untergebenen neun Musen befanden und die Stirnseite eine Büste Wielands zierte, unter deren Inschrift sich Lorbeer und Leier Apolls auf eigentümliche Weise mit dem Horn, dem Becher und dem Lilienstab Oberons verquickten. Bekker zitiert die Anfangs-Strophen von Christoph Martin Wielands Oberon-Gedicht mit dem „Ritt ins alte romantische Land". Noch ein Menschenalter sollte vergehen, und Weber wird von Dresden aus seinen *Oberon* in neuer, „romantisch"-poetischer Gestalt der Dresdner und der internationalen Operngeschichte einfügen, und es wird kein Ritt in ein „altes" Land sein!

Becker widmet längere Darstellungen und Nacherzählungen den Gedenkplätzen, die ihre Themen von Yoricks *Empfindsamer Reise* und Jean François Marmontels *Adelaide* herleiten. Vielfach schließen sich Gedankenkreise: Mit der „englischen" Landschaftsgestaltung kommt naturgemäß Lessings Übersetzungsvorschlag für das englische „sentimental" ins Spiel, jedoch verspätet um die Zeitspanne, in der sich im Dresdner nachklingenden Barock das Empfindsame erst kristallisieren konnte. Weit aktueller ist dagegen Marmontel, der noch für Jean-Philippe Rameau vier Libretti geschrieben hatte. Später wurde er ein Jünger Rousseaus, war vor der Revolution Sekretär der Académie française, polemisierte gegen Christoph Willibald Gluck und verfaßte Operntexte für André Grétry sowie den aufklärerischen Roman *Inka*, dem Johann Gottlieb Naumann 1782 und ein Jahrzehnt später Étienne Nicolas Méhul den Stoff für ihre *Cora*-Opern entnahmen.

Jene hier realisierte Synthese englischer und französischer Motive mit in Dresden entwickelten Gedanken, deren Prinzip der Dresdner Dramaturgie nicht fremd ist, wird in der „zweckmäßigen Verschönerung" des Seifersdorfer Tals eindeutig und bewußt ergänzt durch ein national-deutsches Thema, das in Bekkers Schrift bezeichnenderweise historisch bei Hermann dem Cherusker (also in weiterem Sinne anti-„welsch") abgeleitet wird, das aber auch im Kult um Wieland und Johann Gottfried Herder wiederzuerkennen ist (dem dort ebenfalls eine eigene Gedenkstätte gewidmet ist). Wer dächte da nicht sofort an das Gegenstück im *Oberon*-Libretto, die dramaturgisch heikle, geschichtskonkrete Gestalt Karls des Großen?

Vermittels solchen Umweges soll hier von Randerscheinungen her für eine präzisere Sicht auf Webers *Oberon* geworben werden, der nach wie vor ein Stiefkind der Forschung auch insofern ist, als die Diskussion der vielschichtigen Quellen des Stoffs und der nach-Weberschen Bearbeitungen und Veränderungen des Werkes meist übermäßigen Raum einnehmen. Zudem läßt man oft durchblikken, es handele sich um ein Verlegenheitswerk, gewissermaßen ein Notprodukt der Muse Webers. Dem ist mit Nachdruck zu entgegnen, daß Webers letzte Oper ein vollgültiger Bestandteil der Trias *Freischütz/Euryanthe/Oberon* ist, und dies nicht nur, was die musikalisch-dramaturgischen Nachwirkungen betrifft.

Die operngeschichtliche Parallele ist ebenso überraschend wie bedenkenswert: Während Wolfgang Amadeus Mozart in seinen Wiener Jahren mit der *Entführung aus dem Serail* und der *Zauberflöte* das Spektrum seiner Konzeption musikalischer Bühnenwerke umreißen und dabei das gesamte musikdramaturgische Reservoir seiner Zeit zu einer Synthese bringen konnte, gelang es Weber nicht, neben der Arbeit am *Oberon* – seiner *Zauberflöte* gewissermaßen – die als Weiterführung der *Entführungs*-Tradition gedachten *Drei Pintos* auszuführen. Dem volkstümlich-balladesken Sagen-Gleichnis des *Freischütz* und der mittelalterlichen Ritter-Thematik der *Euryanthe* mußte im Sinne des „romantischen" Konzepts die Zauberoper noch folgen – bewußt oder unbewußt strebte auch Weber hier eine Ganzheit an. Vermutlich nicht zufällig blieb in Deutschland das Genre der phantastisch-zauberischen Oper nach dem *Oberon* ohne Nachklang; auch Wagner fand nicht mehr zu vergleichbaren Sujets, so sehr er den Weg zeitweilig suchte.

Voreilig wäre indes der Schluß, daß Weber, dem das Textbuch Planchés in Raten zuging, Sujet und Ausführung nicht genehm waren. Von London her hatte man – wie das originale Textbuch erkennen läßt – keineswegs ausschließlich an die Billigkeiten der englischen Ballad-opera-Tradition gedacht. Man machte dem zu internationaler Berühmtheit gelangten deutschen Komponisten ein „deutsches" Angebot, den *Faust* zuerst, von dem Weber aber, nicht nach den Sternen greifend, meinte, zugunsten Louis Spohrs zurücktreten zu müssen. Fraglich bleibt zudem, ob diese Vorlage seiner Idee und Konzeption von Oper entsprochen hätte. Erst im Anschluß bot man ihm jenes sowohl „englische" wie „deutsche" und – wenn man will – auch „französische" Sujet, das Wieland in der deutschen Literatur neuerdings verankert und das sich als Opernstoff auch im deutschen Sprachbereich schon mehrfach bewährt hatte.

Daß das *Oberon*-Thema, wie John Warrack zusammenfassend dargestellt hat,[3] sich entstehungsgeschichtlich in seinen Figuren und Konstellationen mit der Nibelungen-Tradition berührt und sich demgemäß Fäden bis zu Wagner spinnen lassen, ja daß eine Linie von der mehr spielerischen Erlösungs-Motivik bei Titania und Oberon auch direkt hin zu der des Tristan führt, ist vornehmlich für den späteren Beobachter aufschlußreich. Für Weber muß anregend gewesen sein (und so selbstverständlich, daß er sich dazu gar nicht äußern mußte), daß mit dem *Oberon* ihm ein multinational gespeister Stoff in die Hand gegeben war, in dessen librettistischer Bearbeitung er die Möglichkeit erkannte, seine auf die Synthese verschiedener Traditionen zielenden kompositorischen Absichten zu verfolgen, ganz und gar entsprechend seinen Erfahrungen im Umgang mit der französischen, deutschen und italienischen Oper als Praktiker in Prag und Dresden wie ehedem auch andernorts.

James Robinson Planché hat in seinem Libretto durchaus nicht nur kurze musikalische Formen vorgezeichnet, und demgemäß steht der *Oberon* auch als Oper der Ensembles zumindest hinter seinen beiden Vorgängern nicht zurück. Weber wollte ihn, heißt es[4], für die deutsche Bühne mit „Rezitativen" versehen, vermutlich jedoch nicht, um ihn von der deutschen Tradition wieder zu entfernen. Wäre ihm vergönnt gewesen, das Vorhaben zu verwirklichen, so hätte er damit zweifellos keinen Schritt zurück ins 18. Jahrhundert getan, sondern das dramatische Orchesterrezitativ des 19. Jahrhunderts auf seinem frühen Weg befördern helfen.

Der Dresdner Erfahrungs- und Traditionsbereich, aus dem Webers *Oberon* hervorwuchs, ist nicht nur durch das Spannungsfeld zwischen deutscher und italienischer Oper bedingt. Ebensowenig kann das Werk lediglich vor dem Hintergrund der Biographie und des Alltags des Komponisten verstanden werden. *Oberon* hat in Dresden auch philosophische und kunstanschauliche Grundlagen, mit denen er eingebettet ist in die Bestrebungen der klassischen deutschen Nationalliteratur und ihrer internationalen Bezugswelt.

ANMERKUNGEN

1 Wilhelm Gottlieb Becker, *Der Plauische Grund*, in: *Taschenbuch zum geselligen Vergnügen von W. G. Becker für 1794*, Leipzig 1794, S. 81–105; Friedrich Kind, [*Erläuterungen zu den Kupferstichen*], in: *W. G. Beckers Taschenbuch zum geselligen Vergnügen*, hrsg. von Friedrich Kind. Auf das Jahr 1823, Leipzig 1823, S. XXV–XXVIII.

2 Wilhelm Gottlieb Becker, *Das Seifersdorfer Thal*, Leipzig 1792, Reprint Leipzig 1977, S. 3.

3 Vgl. John Warrack, *Carl Maria von Weber. Eine Biographie*, Leipzig 1986, S. 435ff.

4 Ebd., S. 503.

Jörg Heyne*

Die Ära Reissiger am Hoftheater in Dresden

Nach fast einem Jahrzehnt seines Wirkens als Königlicher Kapellmeister und Leiter der Deutschen Oper am Dresdner Hoftheater war Carl Maria von Weber am 5. Juni 1826 in London verstorben. Nur kurze Zeit später verließ auch Heinrich Marschner, der als Musikdirektor ihm unterstellt war, die Elbestadt.

Um das Hoftheater aus der prekären Situation nach Webers Tod und Marschners Fortgang zu befreien, bemühte sich die Generaldirektion sehr bald um eine Wiederbesetzung beider Stellen, die Francesco Morlacchi, der Leiter der Italienischen Oper, interimistisch versah, um den Spielplan aufrechtzuerhalten. Um die Stelle des Musikdirektors bewarben sich Carl Gottlieb Reißiger und der Teplitzer Bürgermeister Wolfram, der aufgrund seiner Amtsführung ein Günstling des preußischen ebenso wie des sächsischen Königs war; Johann Nepomuk Hummel, Friedrich Schneider aus Dessau und Konradin Kreutzer aus Wien[1] wünschten dagegen die Nachfolge Webers anzutreten. Von den drei Bewerbern um das Amt Webers war es schließlich der weit über die Grenzen Deutschlands bekannte Johann Nepomuk Hummel, dessen Engagement Wolf August von Lüttichau, der Generaldirektor des Hoftheaters, dem König vorschlug: „Unter der Mehrzahl derjenigen Individuen, welche nach dem Ableben ew. Königl. Majestät Kapellmeister von Weber um Übertragung der von demselben bekleideten Stelle bis jetzt nachgesucht", berichtete Lüttichau am 7. Dezember 1826 an König Friedrich August I., „ist ohnstreitig der weimarsche Kapellmeister Hummel derjenige, der sich durch allgemeinen Ruf am meisten auszeichnet. Seit längerer Zeit in gleicher Funktion bei der Großherzogl. Weimarschen Hof-Kapelle angestellt, als Tonsetzer geehrt, und als Klavierspieler wohl der erste der jetzt lebenden Virtuosen, schien mir sein Wunsch, in Ew. Königl. Majestät Dienste zu treten, vor allen beachtenswert, und ich knüpfte daher bereits im Sommer dieses Jahres Unterhandlungen mit ihm an."[2]

Lüttichau berichtet, daß seit der erwähnten Korrespondenz mehrere Monate verstrichen seien, weil ihm Hummels Forderungen „nicht ganz den hiesigen Verhältnissen angemessen schienen", dieser aber nun in einem Briefe „die äußersten Grenzen seiner Bedingungen" selbst bestimmt habe und verlange, sie dem König zur Entscheidung vorzulegen.[3]

Dieses im Aktenbestand nicht mehr vorhandene Schreiben Hummels fügte Lüttichau seinem Bericht bei und listete dem König die Bedingungen, unter denen Hummel gewillt sei, in königlich-sächsische Dienste zu treten, auf:

1. 2.000 Taler jährliches Gehalt auf Lebenszeit;
2. bei Dienstuntauglichkeit eine Pension von 1.800 Thl. jährlich;
3. 400 Taler jährlich Pension im Falle seines Todes für seine Witwe;
4. 300 Taler Reise- und Umzugsgeld von Weimar nach Dresden;

5. ein jährlicher Reiseurlaub von drei Monaten;
6. die Dispensation von allen kleinen und unbedeutenden Opern, ausgenommen in Notfällen, und zur Erleichterung die Aushilfe des Musik-Direktors.[4]

Der Generaldirektor des Hoftheaters stellte es dem König anheim, „unter diesen Bedingungen die hiesige erledigte Kapellmeisterstelle an Hummel zu übertragen“[5], sah sich aber auch zu einigen Kommentaren veranlaßt. So entspreche wohl die von Hummel erbetene Summe von 2.000 Talern seinem Gehalt am Weimarer Hofe, und auch die übrigen pekuniären Bedingungen nebst dem Reiseurlaub seien ihm dort zugesichert, doch – Lüttichau durfte es mit Recht betonen – das Gehalt von Kapellmeister Morlacchi belaufe sich zur Zeit nur auf 1.800 Taler, und auch der verstorbene Carl Maria von Weber habe keinen höheren Betrag erhalten.

Das größte Problem bei der geplanten Anstellung Hummels schien der Generaldirektion seine Pensionsforderung im Falle einer Dienstunfähigkeit. Mit 1.800 Talern forderte er eben die Summe als Pension, mit der Carl Maria von Weber als ausübender Kapellmeister und Leiter der Deutschen Oper bis zu seinem Tode honoriert wurde. Für Lüttichaus Vorschlag, erst nach Ablauf von zehn bis zwölf Dienstjahren auf eine solche Pension Anspruch zu gewähren, vor dem zehnten und nach dem sechsten Jahre bei eintretender Dienstunfähigkeit aber nur 1.200 Taler zu zahlen und vor Ablauf des sechsten Jahres die Höhe der Bezüge der Gnade des Königs anheim zu stellen, hatte sich der selbstbewußte Hummel jedoch „durchaus nicht willig finden lassen“.[6] Auch war Hummel nicht bereit, von dem geforderten Reiseurlaub auch nur einen Monat aufzugeben, erklärte sich aber einverstanden, daß dieser – um Störungen im Spielbetrieb möglichst zu vermeiden – stets mit dem 1. März beginnen sollte. Die Bedingungen des Witwengehaltes und der Übersiedlungskosten wurden schließlich von Lüttichau befürwortet.

Hinsichtlich der letzten Bedingung Hummels kam der Generaldirektor des Hoftheaters im gleichen Schreiben auch auf Carl Gottlieb Reißiger zu sprechen, der sich zu diesem Zeitpunkt als Musikdirektor bereits gut eingearbeitet hatte. Lüttichau hielt Hummels „Dispensation von allen kleinen Opern pp.“ der Sache nach für möglich, da Reißiger „bei anerkannter Geschicklichkeit die kleineren Opern und Proben“ leiten könnte und er hierzu auch verpflichtet sei; er äußerte jedoch Bedenken, weil Reißigers „Anstellung für jetzt nur noch interimistisch“ sei, „auch leicht dabei Kollisionen mit der italienischen Oper, wo demselben ebenfalls die Haltung der ersten Proben“ obliege, entstehen könnten.[7]

Die Bemühungen, Hummel als Nachfolger Webers zu gewinnen, erstreckten sich noch auf das Jahr 1827. Mit seinem Vortrag vom 19. Januar 1827 übergab Lüttichau dem König auch einen Brief Hummels an Morlacchi, den dieser an die Generaldirektion weitergeleitet hatte. Der weimarische Hofkapellmeister nannte hier finanzielle Forderungen, die zum Teil unter den von der Generaldirektion mitgeteilten lagen.

Diese Zugeständnisse und der Umstand, daß Hummel den Leiter der Italienischen Oper um Vermittlung bemühte, lassen seinen Wunsch erkennen, die Anstellung in Dresden unter allen Umständen zu erhalten. „Aus alledem und diesen erneuerten Mitteilungen geht nun hervor, daß Hummel große Neigung zum Eintritte in Ew. Königl. Majestät Dienste besitzt", folgerte auch Lüttichau dem König gegenüber, „und es dürfte daher wohl zu erwarten stehen", daß „er auch noch in einigen anderen Punkten sich billiger finden lassen werde".[8]

Nach langwierigen Verhandlungen, zu denen Hummel – auf der Durchreise nach Wien – auch persönlich in Dresden erschien, konnten im Frühjahr 1827 zur beiderseitigen Zufriedenheit die Bedingungen festgelegt werden, unter denen Hummels Anstellung als Kapellmeister in königl.-sächs. Dienste erfolgen sollte:

- Lebenslängliche Anstellung mit 1.800 Talern jährlichem Gehalt.
- 1.000 Taler jährl. Pension, wenn er in den ersten 10 Jahren nach seiner Anstellung zum Dienst unfähig werden sollte, und 1.200 Taler, wenn dieser Fall nach 10 Jahren eintritt; 600 Taler jährliche Pension, wenn er nach 6jähriger Dienstleistung, und 1.200 Taler jährliche Pension, wenn er nach 10jähriger Dienstleistung um seine Entlassung bitten sollte, jedoch mit dem Vorbehalt, daß die Pension wegfällt, sobald Hummel in andere Dienste tritt.
- Die Erlaubnis, die ausgestellte Pension an jedem beliebigen Orte, selbst im Auslande, verzehren zu dürfen.
- 400 Taler jährl. Pension für seine Witwe.
- Ein jährlicher Reise-Urlaub in den beiden Monaten März und April, dessen eventuelle Verlängerung im folgenden Jahre von dem kontraktmäßigen zweimonatlichen Reiseurlaub wieder gekürzt werden soll.
- 300 Taler anteilig zu den Umzugskosten von Weimar nach Dresden.[9]

Zwei Monate verstrichen, bis Hummel am 16. Mai 1827 in einem Brief zu diesen Bedingungen Stellung nahm. Da König Friedrich August III. inzwischen verstorben war, konnte, bedingt durch die Trauerfeierlichkeiten und den Regierungswechsel, der Generaldirektor des Hoftheaters erst am 2. Juni 1827 den neuen Regenten, König Anton, über Hummels Antwort informieren. Lüttichau teilte mit, daß er Hummel mit den genannten Bedingungen auch den Entwurf einer Dienstinstruktion zugesandt habe. Hummel sei jedoch durch „die Anwesenheit mehrerer hoher Herrschaften in Weimar und die Annäherung der Verbindung der Prinzessin Maria" an einer „früheren Nachricht über den Erfolg seiner Angelegenheit am Großherzogl. Sachsen-Weimarschen Hofe behindert" gewesen und so erst am 15. Mai „zu einem entscheidenden Resultat seitens des dortigen Hofes" gelangt.[10] Danach wünsche besonders die Großfürstin, daß er Weimar nicht verlasse. Obgleich es sich „wohl leicht fühlen lasse, welches bedeutende Opfer er allein schon durch die Vertauschung des schönen Dresden Weimar bringe, von anderen vielen Annehmlichkeiten abgesehen, deren er sich daselbst zu erfreuen gehabt haben würde, so gebiete ihm doch auf der anderen Seite Gefühl und Ehre, wieder zu bedenken, daß er nun schon bereits im neunten Jahre in Weimar diene, der Frau Großherzogin manche ihm erzeugte Gnade und Auszeichnung zu danken habe".[11] Diese von Hummel genannten Gründe zwangen ihn zur Absage, „verhoffend, daß der Allerhöchste Königl.-Sächs. Hof ihm dies nicht zur Ungnade rechne, sondern es vielmehr als einen achtbaren Beweis von Anhänglichkeit an ein Fürstenhaus ansehen werde, dem er seine früheren Dienste weihte, und dem er nicht undankbar zu werden wünsche".[12]

Über ein Jahr hatten sich die Verhandlungen zwischen dem sächsischen Hoftheater und dem weimarischen Hofkapellmeister Hummel hingezogen. Sie mußten nun endgültig als gescheitert betrachtet werden.

Während man sich in Dresden noch bemühte, Johann Nepomuk Hummel als Nachfolger Carl Maria von Webers zu gewinnen, verzeichnete Carl Gottlieb Reißiger als Musikdirektor und Nachfolger Heinrich Marschners in der Elbresidenz seine ersten künstlerischen Erfolge.

Laut königlichem Reskript war am 25. November 1826 „die Anstellung des Tonsetzers Reißiger in Berlin als Musikdirektor bei Unsrer musikalischen Kapelle vor der Hand auf ein Jahr mit Bewilligung einer Remuneration von eintausend Talern genehmigt" worden.[13] Vorangegangen waren mündliche Verhandlungen sowie am 4. November 1826 ein Schreiben Lüttichaus an den König, in dem es unter anderem hieß: „Nach dem Ableben des Kapellmeisters Carl Maria von Weber und dem Abgange des Musik-Direktors Marschner ist es dringend notwendig geworden, wenigstens die letzte Stelle sobald als nur möglich wieder zu besetzen, da bis dahin dem Kapellmeister Morlacchi einzig und allein sowohl die Direktion der deutschen als der italienischen Oper obliegt. Unter den brauchbaren Subjekten, welche sich darum beworben, scheint nun nach reiflicher Überlegung und mehrfach eingezogenen Erkundigungen der gegenwärtig in Berlin sich aufhaltende und bei einem dortigen musikalischen Institute als Musik-Direktor angestellte Tonsetzer Reißiger, welcher aus Belzig bei Wittenberg gebürtig ist, der vorzüglichste zu sein, und verbindet derselbe zugleich auch die vollkommene Kenntnis der italienischen Sprache, welches bei dieser Anstellung zur notwendigen Bedingung wird, indem der Musik-Direktor eintretenden Falles den Kapellmeister bei der italienischen Oper im Dirigieren unterstützen und wenigstens die Chorproben leiten muß."[14]

Auch auf das kompositorische Talent Reißigers kam Lüttichau zu sprechen und erinnerte den König an die „vor mehreren Jahren hier nicht ohne Beifall aufgeführte" Oper *Didone abbandonata*, mit der dieser sich als „Kenner der nötigen Theorie, und besonders nicht ohne Talent gezeigt" habe.[15]

Reißiger, seinerzeit neunundzwanzig Jahre alt, hatte eine gründliche musikalische Ausbildung erhalten. Als Sohn eines Kantors am 31. Januar 1798 in Belzig im Fläming (nicht, wie sonst angegeben, bei Wittenberg) geboren, erhielt ersten musikalischen Unterricht bei seinem Vater. Im Jahre 1811 kam er an die Thomasschule in Leipzig, wo ihm Johann Gottfried Schicht Klavierstunden gab. In den Jahren 1815/16 komponierte Reißiger einige vierstimmige Motetten, die in den Vespern der Thomaskirche aufgeführt wurden.

Reißiger begann 1818 an der Leipziger Universität Theologie zu studieren. Moritz Fürstenau berichtet, daß Reißiger in jener Zeit – von 1818 bis 1820 – mit Klavier- und Orgelunterricht für seinen Lebensunterhalt sorgte, „Solobaßsänger in den Gewandhauskonzerten" war und auch „im Orchester bald Violine, bald Bratsche" spielte.[16] Daneben bildete er sich im Selbststudium musiktheoretisch weiter. Einige Kompositionen, die Schicht bekannt wurden, bewirkten, daß dieser dem jungen Studenten nun Unterricht in Komposition erteilte. Daraufhin entsagte Reißiger dem Studium der Theologie und verschrieb sich fortan der Musik.

Die Beziehungen seines Lehrers verschafften ihm Gönner in Leipzig und Berlin. 1821 verließ Reißiger Leipzig, um seine Studien bei Antonio Salieri in Wien fortzusetzen. Dort entstanden auch seine erste Oper, das *Rockenweibchen* (deren Aufführung die Zensur verhinderte), sowie eine Ouvertüre zu *Käthchen von Heilbronn*. In die Wiener Zeit (1821/22) datiert auch die Komposition einiger Klavierwerke (Rondo *Le désio* für Pianoforte op. 9, Variationen *Freischütz* für Pianoforte op. 10, Rondo alla Polacca op. 11).

Im Mai 1822 ging Reißiger nach München, wo er seine musikalischen Studien bei Peter von Winter fortsetzte. Neben einer Konzertouvertüre in D-Dur sowie Ouvertüre, Entreactes und Chören zu einer Tragödie *Nero* entstand hier auch die Oper *Didone abbandonata* (nach Metastasio), die aber, da in München der Brand des Hoftheaters eine Aufführung verhinderte, erst 1824 auf Empfehlung Webers in Dresden gegeben werden konnte.

Ein Jahr später, im Mai 1823, übersiedelte Reißiger nach Berlin, wo er Aufnahme im Hause des kunstsinnigen Fabrikanten Stobwasser fand, dessen älteste Tochter Marie er später heiratete.

Auffallend an Reißigers Lebensgang ist, daß es ihm überall gelang, für sich günstige Verbindungen zu schaffen. So auch in Berlin. Durch den Minister Altenstein, General Witzleben und Staatsrat Christian Gottfried Körner erhielt er von König Friedrich Wilhelm III. die Mittel zu einer Studienreise nach Frankreich und Italien, verbunden mit dem Auftrag des preußischen Ministeriums, nach dem Vorbild der musikalischen Lehranstalten dieser Länder einen Plan zur Gründung eines Königlichen Konservatoriums zu entwerfen.

Reißiger jedoch schien zunächst stärker interessiert, das Pariser Musikleben mit seinen Künstlerpersönlichkeiten kennenzulernen. Vorübergehend hatte sich Reißiger sogar mit dem Gedanken angefreundet, als Sänger an der Italienischen Oper unter Gioachino Rossini in Paris zu bleiben. Doch schien ihm dann dieser Schritt „zu riskant, vorzüglich auf einer italienischen Bühne, worin ein Fremder auch mit der größten Bekanntschaft der Sprache doch Klippen genug“ fände.[17]

Offensichtlich reiften in Reißiger zu jener Zeit Pläne, die eine spätere Rückkehr in die Seinestadt nicht ausschlossen. Auf seiner Reise von Paris nach Italien überlegte er Anfang 1825: „Gibt mir der Minister keine längere Unterstützung, nun so müßte ich eigentlich nach Berlin zurückkehren – gibt mir der Minister aber keinen guten Platz in Berlin oder keine ganz feste Hoffnung, so fegte ich augenblicklich wieder nach Paris, wo ich in alle Verbindungen wieder eintreten kann, wo ich gern gesehen bin und mir so viel spielend verdienen kann, als ich brauche, um recht honett alle Vergnügungen von Paris zu genießen. [...] Warum sollte ich nicht eine Stadt liebhaben, wo ich in kurzer Zeit, in einem Aufenthalt von 4 ½ Monaten als Kompositeur (als Fremder) so gesucht worden bin, daß ich an 1.400 Franks Kompositionen verkauft habe und wo noch für ebensoviel bestellt sind, wenn ich zurückkehren werde? Eine Stadt, wo die Lektionen von 12 bis 18

Franks bezahlt werden, deren ich mehrere hätte haben können, wenn ich lange hier geblieben wäre."[18]

1824 ging Reißiger weiterer Studien wegen nach Italien. Von Rom aus schrieb er im April 1825, daß er sich wieder „in den Frühling" seines „Musikstudiums versetzt" habe und bei Giuseppe Baini, dem päpstlichen Kapellmeister und Musikgelehrten, „ein sehr gelehriger Schüler geworden" sei.[19] Dieser stütze ihn jetzt wie eine junge Pflanze mit seinem Stabe und wolle ihn in die Geheimnisse der alten griechischen Tonarten einweihen und ihm ihre Geschichte sowie die Grundlagen der A-cappella-Komposition vermitteln. Er liebe die neue Musik nicht, und bei jedem verminderten Intervall und bei jeder eleganten Verzierung habe er auch in den modernen Sachen, die er, Reißiger, komponiert und ihm vorgelegt habe, das Gesicht verzerrt. „Er ist der rechte Mann, den man frequentieren muß, wenn man über die griechischen Tonarten, über Canto Fermo, über die alten Choräle und die ganze Kapellmusik recht klar werden will. [...] Baini läßt mich jetzt alte Choräle nach der alten Tonart harmonisieren, lehrt sie mich nach den alten Prinzipien übersetzen und gibt mir mit einem Wort über jeden Zweifel ebensoviel Aufschluß, als andere mich mit vielen Reden verdutzt machten und mir die klare Sache recht geheimnisvoll darzustellen suchten. Weswegen sollte ich mich nicht auch in dieser Musikgattung sattelfest zu machen suchen, da ich in der modernen Musik und in unserem galanten Kirchenstil (so nennt Baini unsere geistlichen Musiken) viel Gutes zu leisten mich imstande fühle."[20]

Ende Oktober 1825 verließ Reißiger Rom und kehrte über Loreto, Bologna, Padua, Venedig, Triest, Wien und Prag nach Berlin zurück. Die achtzehn Monate dauernde Reise, im Auftrage der preußischen Regierung zum Zwecke des Studiums von Musikbildungsanstalten unternommen, hatte er zur Krönung seines eigenen Bildungsganges gemacht. Der anschließend in Berlin ausgearbeitete Plan zur Gründung eines Konservatoriums kam zwar nicht zur Ausführung, trug ihm, der inzwischen eine Anstellung am Königlichen Institut für Kirchenmusik erhalten hatte, aber im Juli 1826 eine Berufung nach Den Haag ein, um dort die Gründung und Direktion eines Konservatoriums zu übernehmen. Kurz zuvor hatten sich jedoch die ersten Verhandlungen mit Dresden angebahnt.

Bei den mündlichen Verhandlungen in Dresden hatte sich Reißiger bereit erklärt, die Stelle eines Musikdirektors bei der „deutschen und italienischen Oper" zunächst auf ein Jahr anzutreten.[21] Als Gehalt forderte er 1.000 Taler, also 300 Taler mehr, als Marschner am Ende seines Lebens erhalten hatte. Lüttichau sah diese Forderung durchaus als begründet an, da gegenwärtig durch den Dienst bei der Italienischen Oper, „wofür früher Rastrelli angestellt, später aber davon dispensiert wurde, auch Marschner billigermaßen schon dafür eine Zulage erbitten zu dürfen glaubte".[22] Lüttichau schlug vor, Reißiger „versuchsweise auf ein Jahr als Musik-Direktor bei Allerhöchst-Dero deutschen und italienischen Hoftheater anzustellen".[23]

Seine Dresdner Anstellung hatte Reißiger indirekt Carl Maria von Weber zu verdanken, dem er erstmals 1820 in Leipzig begegnet war. Noch vor Reißigers Studienreise nach Frankreich und Italien war auf Webers Empfehlung seine Oper

Didone abbandonata in Dresden angenommen worden. Die Uraufführung fand am 31. Januar 1824 unter Leitung von Carl Maria von Weber statt. Luiggia Sandrini (Didone), Carlo Tibaldi (Enea) und Alfonso Zezi (Jarba) sangen die Hauptrollen in einem Werk, das die *Allgemeine Musikalische Zeitung* freundlich, nichtsdestoweniger kritisch kommentierte.[24]

Zu dieser Zeit sollte auch die Stelle des Musikdirektors Schubert, dessen Gesundheitszustand als hoffnungslos galt, neu besetzt werden. „Der Minister von Einsiedel hat Marschner diese Stelle versprochen und protegiert diesen sehr“[25], teilte Reißiger von Dresden aus nach Berlin mit, ferner, daß Marschner gar nicht beliebt, sondern sehr arrogant und roh sei und Könneritz ihn nicht möge. Dagegen bedauerte er, daß sein „Protektor, der Herr von Könneritz“, jetzt nicht zu Hofe dürfe, „da seine Kinder die Masern haben“, und er, Reißiger, deswegen „wohl gar nicht weiter auf die Stelle spekulieren“ dürfe, umso weniger, da der Minister durchaus Marschner einstellen wolle, der seit fünf Jahren in seinem Hause Unterricht gebe.[26]

War Reißigers Wunsch, die Stelle des Musikdirektors zu erhalten, seinerzeit nicht in Erfüllung gegangen, so hatte er doch mit seiner italienischen Oper *Didone* dem König, der bekanntlich den Italienern noch immer den Vorzug gab, gefallen und dessen Gunst errungen. Verständlich nun, daß die Generaldirektion des Hoftheaters ihr Augenmerk jetzt auf den bereits so günstig eingeführten Künstler gerichtet hatte, zumal dieser ja auch für die Zukunft der Italienischen Oper Vorteile zu versprechen schien.

Den Wunsch des Königs, nach Johann Nepomuk Hummels Absage nun andere Vorschläge für die Anstellung eines Kapellmeisters zu erhalten, schien der Generaldirektor des Hoftheaters nicht erfüllen zu können. Denn Wochen später, am 2. August 1827, äußerte er dem König gegenüber, daß „nach Hummels Zurücktreten wenigstens für jetzt sich wohl nicht so schnell die Aussicht zur Anstellung“ eines Kapellmeisters ergeben dürfte.[27] Umso dringlicher erschien ihm deshalb die feste Anstellung eines Musikdirektors.

Da Reißigers Vertrag nur auf ein Jahr lautete und Ende November 1827 ablief, beantragte Lüttichau, den Künstler nunmehr „auf Lebenszeit mit Aussicht auf eine künftige Anstellung als Kapellmeister“ zu verpflichten. Als Begründung führte er Reißigers Wünsche an, „ihm den Posten eines Musik-Direktors nun ad dies vitae als förmliche Dienstanstellung“ zuzusichern, ihm dabei auch eine Zulage von zwei- bis dreihundert Talern zu bewilligen und die Aussicht auf die Stelle eines Kapellmeisters zu eröffnen.[28]

Über Reißigers bisherige Tätigkeit und Qualifikation konnte Lüttichau das Vorteilhafteste berichten. „Er hat seit seiner Anstellung einen Eifer und Fleiß gezeigt, welche wahrhaft musterhaft zu nennen sind, indem er nicht bloß den Dienst bei der deutschen Oper ganz allein verwaltet, sondern auch, bei Morlacchis eingetretener Kränklichkeit und nachherigen längeren Badekur, bei der italienischen Oper nicht nur fleißigst assistiert, sondern solche länger als 6 Monate fast allein dirigiert.“[29] Auch habe Reißiger seine musikalischen Kenntnisse durch mehrere gelieferte Kompositionen bewiesen, und die Qualität einer von ihm komponierten

Messe werde der König selbst beurteilen können. Doch noch nicht genug des Lobes. Reißiger habe sich auch die Achtung und Liebe seiner Untergebenen, namentlich der musikalischen Kapelle, in hohem Grade zu erwerben gewußt, und er, Lüttichau, habe stets Ursache gehabt, mit dessen Auftreten vollauf zufrieden zu sein. Bei solchen Vorzügen schien es Lüttichau als wünschenswert und zweckmäßig, den „so bewährten und brauchbaren Mann" für immer nach Dresden zu verpflichten.[30] Nach lediglich neun Monaten hervorragender künstlerischer und organisatorischer Tätigkeit eröffneten sich Reißiger nun vielfältige Möglichkeiten.

Lüttichaus Umsicht zeigte sich auch darin, daß er zur Unterstützung Reißigers – „da die Beihilfe eines zweiten Kapellmeisters mindestens für jetzt cessiert" – beim König die Einstellung eines „Assistenten, unter der Benennung eines Korrepetitors" beantragte.[31] Dieser solle die kleineren Proben sowie die Einstudierung einzelner Musikstücke erledigen und könne sich dann unter der Leitung des Kapellmeisters bzw. Musikdirektors nach und nach weiterbilden, um später vielleicht einmal letztgenannte Stelle zu übernehmen. Vorgeschlagen für diesen neu zu schaffenden Posten wurde von Lüttichau der für die katholische Hofkirche als Ripienist angestellte Franz Mayer, welcher die nötigen Kenntnisse im Generalbaß, Lesen und Spielen von Partituren besitze und außerdem die italienische Sprache beherrsche.

Am 18. August 1827 wurde die Generaldirektion des Hoftheaters vom König angewiesen, den „Musik-Direktor Reißiger vom Monat Dezember jetzigen Jahres an, wo das erste Versuchsjahr seiner Anstellung zu Ende geht, lebenslänglich in Unsere Dienste zu nehmen, und ihm, statt der zeitherigen Remuneration von 1.000 Talern, einen jährlichen Gehalt von 1.200 Talern" zu bewilligen.[32] Zweihundert Taler seien ihm auf das erste Jahr seiner Anstellung noch nachzuzahlen. Gleichzeitig wurde bewilligt, daß zu Reißigers „Erleichterung im Dienste und solange, bis Wir Uns wegen Wiederbesetzung der zweiten Kapellmeisterstelle entschließen werden, der Ripienist bei dem Kirchengesange in Unserer katholischen Kirche, Franz Mayer, neben Beibehaltung dieser Funktion und des damit verbundenen Gehalts von jährlich 150 Talern, als Korrepetitor bei der italienischen und deutschen Oper gebraucht werde, wofür ihm vom Monat Dezember dieses Jahres an eine jährliche Remuneration von 250 Talern aus dem Landeszahlamte gereicht werden soll".[33]

Mit Reißigers fester Anstellung als Musikdirektor im Jahre 1827 wurde so auch gleichzeitig die heute nicht mehr wegzudenkende Funktion des Korrepetitors am Dresdner Hoftheater geschaffen. Ein damals an die Kapellmitglieder erlassenes Zirkular grenzte den Wirkungskreis, den der Inhaber dieser Stelle zugewiesen erhielt, genau ab. So durfte der Korrepetitor beispielsweise nicht dirigieren, sondern mußte sich darauf beschränken, den Sängern und Instrumentalisten bei schwierigen Stellen und Einsätzen lediglich durch Zeichen zu Hilfe zu kommen. Im Falle der Verhinderung des Kapellmeisters bzw. Musikdirektors aber hatte er in der Italienischen und Deutschen Oper die Begleitung der Rezitative auf dem Klavier zu besorgen.

Auch Joseph Rastrelli übte diese Funktion ein Jahr aus[34], bevor er 1830 zum Musikdirektor befördert wurde. Vorübergehend übernahm später auch der Opernregisseur Schmidt neben seiner eigentlichen Tätigkeit die Korrepetitorenstelle ohne Honorar, bevor sie im Jahre 1848 mit dem Kammermusikus Karl August Richter, einem Freund Richard Wagners, wieder dauerhaft besetzt wurde, der dieses Amt bereits seit dem 2. März 1843 als „Musikdirektor, mit der Verbindlichkeit zu den Dienstleistungen eines Korrepetitors“ versehen hatte.[35]

Die große Beliebtheit, derer Reißiger sich bereits im ersten Jahr seiner Dresdner Tätigkeit erfreute, bezeugt auch ein Gesuch der Kapellmitglieder, in dem sie die Generaldirektion um seine lebenslange Anstellung baten.[36]

Bei seinem Amtsantritt in Dresden hatte Reißiger keineswegs einen leichten Stand. Die Italiener und ihre Parteigänger begegneten ihm zunächst mit Mißtrauen und verwickelten ihn in eine Vielzahl von Querelen. Auch waren die nach Webers Tod an ihn gestellten Erwartungen besonders hoch. Da Morlacchi oft kränkelte, mußte sich Reißiger zugleich der Italienischen Oper widmen. Daß er sich dabei nach und nach auch Achtung und Anerkennung des italienischen Personals erwarb, spricht wiederum für die geschickte Art und Weise seiner Amtsführung.

Zu seiner Reputation dürften nicht unwesentlich auch seine Fähigkeiten als Dirigent und Partiturspieler beigetragen haben, wurde ihm doch bescheinigt, mit der gerade für die Theaterpraxis notwendigen Geistesgegenwart gerüstet zu sein. Sein Kollege Morlacchi dagegen, der ehemalige Rivale Webers, soll als Dirigent eher unbedeutend gewesen sein. Er spielte nicht Klavier und verfügte wohl auch nicht über die „wünschenswerte Energie“, wie sie für die Ausübung seines Dienstes vonnöten gewesen wäre.[37]

Noch im September 1827 gewährte man Morlacchi zur Wiederherstellung seiner Gesundheit einen Reiseurlaub nach Italien, der bis zum Juni des folgenden Jahres verlängert wurde. Während dieser Zeit hatte Reißiger alle Dienste und organisatorischen Aufgaben allein zu versehen, welche – wie Lüttichau dem König gegenüber besonders hervorhob – „sonst von zwei Kapellmeistern, ja in früheren Zeiten und bei minderm Umfange derselben sogar von drei besorgt“ wurden.[38] Zudem hatte Reißiger in dieser Zeit die „ausschließliche Leitung der deutschen und italienischen Oper“ innegehabt, obwohl er mit dem „Kirchenkompositeur Rastrelli auch die gemeinschaftliche Kirchenmusik und die Anordnungen der bei Hofe und sonst eintretenden musikalischen Unterhaltungen und Konzerte“ erledigen mußte.[39]

Reißigers Diensteifer, seine Pünktlichkeit, Sorgfalt, Unverdrossenheit und Geschicklichkeit, die er bei der Wahrnehmung seiner mannigfachen Aufgaben bisher bewiesen hatte, pries Lüttichau dem König gegenüber sehr überschwenglich. Selbst König Anton äußerte sich lobend und anerkennend über den jungen Musikdirektor. Durch sein „wohlwollendes, ernstes und zweckmäßiges Betragen“, so Lüttichau am 10. April 1828 an den König, habe sich Reißiger die „Achtung und Liebe der Königl. musikalischen Kapelle in einem hohen Grade zu eigen zu machen gewußt“[40] und auch die höchste Zufriedenheit des Publikums erworben.

Er habe auf das deutlichste seine Fähigkeit bewiesen, das Institut über einen längeren Zeitraum musikalisch zu leiten, sich durch die Einstudierungen von *Oberon* und *Elisabetta* und anderen schwierigen Opern bewährt und auch seine Geschicklichkeit, sein gründliches Studium und höheres Talent durch mehrere eigene Tonschöpfungen bewiesen, welche „teils von Ew. Königl. Majestät Höchstselbst mit Beifall beehrt", aber auch von Kunstfreunden überaus positiv aufgenommen worden seien.[41] Hierher gehörten besonders die von Reißiger komponierte und in der katholischen Hofkirche aufgeführte Messe sowie die bei der Thronbesteigung des Königs aufgeführte Sinfonie. Lüttichau erwähnt schließlich noch mehrere Ouvertüren zu Opern, die Reißiger gegenwärtig bearbeite, sowie verschiedene „durch Lieblichkeit und Korrektheit" sich auszeichnende Gesangsstücke.[42]

Mit all diesen vorteilhaften Eigenschaften schien Lüttichau Reißiger nun „ganz zu jener Stelle" geschaffen, die „seit dem Ableben des Kapellmeisters Carl Maria von Weber noch nicht wieder besetzt worden ist und [die] er seit fast anderthalb Jahren den Berufsgeschäften derselben nach bereits mit Beifall verwaltet hat".[43] Bei der langen Abwesenheit Morlacchis und dessen stets schwankendem Gesundheitszustand sowie der – im Vergleich zu früheren Zeiten – stark vergrößerten Zahl von Aufgaben bei Oper und in der Kirche, die eine Festlegung der Position Reißigers gegenüber seinen Mitarbeitern, der Kapelle und Kirchen- wie Opernsängern nunmehr erforderte, erschien die Wiederbesetzung einer zweiten Kapellmeisterstelle jetzt unaufschiebbar.

Lüttichau hielt es daher für angemessen zu beantragen, „daß Ew. Königl. Majestät geruhen möchten, dem bisherigen Musik-Direktor Reißiger die Stelle eines Kapellmeisters mit dem dafür festgesetzten Gehalte von jährlich fünfzehnhundert Talern" zu übertragen.[44] Hinzugefügt wurde der Wunsch, es bezüglich des Korrepetitors bei der bisherigen Anordnung zu belassen.

Die Bestätigung von Lüttichaus Antrag durch den König erfolgte am 3. Mai 1828, indem der Generaldirektor des Hoftheaters angewiesen wurde, „dem Musik-Direktor Reißiger, zum Zeichen Unsrer Zufriedenheit mit seiner bisherigen Dienstleistung, die erledigte Stelle des zweiten Kapellmeisters bei Unsrer musikalischen Kapelle mit einem jährlichen Gehalte von 1.500 Talern, welcher ihm bereits vom Anfange heurigen Jahres an ausgezahlt werden soll, zu übertragen" und ihn in dieses Amt einzuweisen.[45]

Reißiger war nun am Ziel seiner Wünsche angelangt. Dennoch entsprach sein Aufgabengebiet nicht dem Webers. Als Musikdirektor hatte er ohnehin andere Verpflichtungen.[46] Zunächst hatte er als Kapellmeister Dienste sowohl bei der Italienischen als auch der Deutschen Oper zu übernehmen. Insofern widersprachen freilich die realen Verhältnisse seinem formalen Status. Auch war Weber ehedem nicht als Zweiter Kapellmeister angestellt worden wie jetzt Reißiger, der somit dem bei Hofe geschätzten Morlacchi zumindest dem Range nach untergeordnet blieb. Dem entsprach, daß Morlacchi weiterhin 300 Taler jährlich mehr als der nun zum Kapellmeister avancierte ehemalige Musikdirektor Reißiger bezog.

Fünf Tage nach seiner Ernennung zum Zweiten Kapellmeister erhielt Reißiger die Dienstinstruktionen. Hingewiesen sei besonders auf § 5, aus dem hervorgeht, daß nicht Reißiger der „1. und älteste Kgl. Kapellmeister“ war, sondern sein Kollege Morlacchi:

„§ 1. Der Kapellmeister Sr. Maj. des Königs von Sachsen ist gehalten, diesem seinem allergnädigsten Herrn treu, gehorsam und ergeben zu sein und dessen Befehlen sowie den Anordnungen der Generaldirektion der kgl. Theater und musikal. Kapelle stets pflichtgemäß Folge zu leisten. Seine Pflichten beziehen sich a) auf die Kirchenmusik, b) auf die Kammermusik, c) auf das kgl. Theater.

§ 2. In bezug auf die Kirchenmusik ist der Kapellmeister verpflichtet, von drei Wochen zu drei Wochen jede sieben Tage hintereinander alle in diese Zeit fallenden Kirchenmusiken, welcher Art sie auch sein mögen, zu leisten.

§ 3. Im Falle eintretender Krankheit des anderen Kapellmeisters oder des Kirchenkompositeurs hat er sich mit dem Anderen in Übertragung des Geschäfts zu teilen, sowie überhaupt in bezug auf die Kirchenmusik mit dem dabei angestellten Dirigenten stets in gleichem Verhältnis der Dienstleistungen zu bleiben, ja selbst eintretendenfalls die Direktion zu übernehmen.

§ 4. Jegliches Jahr ist er verbunden, unentgeltlich eine Messe und eine Vesper, auch so oft, als es Se. Kgl. Maj. befehlen wird, gleichermaßen ein Oratorium zu komponieren.

§ 5. Was die Kammermusik anbetrifft, so gehört selbige zwar ausschließlich zu dem Ressort des I. und ältesten Kgl. Kapellmeisters, im Falle derselbe jedoch durch Krankheit oder Abwesenheit behindert sein sollte, oder Se. Kg. Maj. ausdrücklich den jüngeren Kapellmeister zu beauftragen geruhen würden, so liegt ihm ob, bei Tafelmusiken oder Hofkonzerten die Anordnung und Leitung derselben zu übernehmen.

§ 6. Er hat alsdann der Generaldirektion deshalb die nötigen Vorschläge zu tun, die behufigen Musikstücke auszuwählen und die benötigten Proben zu halten.

§ 7. Bei den Konzerten oder Tafelmusiken führt er die Direktion und erhält dafür, wenn dieselben außerhalb Dresdens stattfinden, nächst freiem Fortkommen nur die vorschriftsmäßige Auslösung.

§ 8. In allen Fällen gehört es aber zu seiner Anstellung, daß, wenn von dem kgl. Hofe dabei eine eigene Mitwirkung auf dem Fortepiano verlangt würde, er solche ohne weitere Entschädigung zu leisten habe.

§ 9. In Ansehung endlich der Theatermusik, so ist derselbe zwar hauptsächlich für das deutsche Singspiel angestellt, er hat jedoch in Krankheits-, Abwesenheits- oder sonstigen Verhinderungsfällen, sowie bei eintretender Vakanz des anderen Kapellmeisters dessen ganze Besorgungen auch bei der italienischen Oper zu übernehmen und dasjenige zu verrichten, was diesem dabei obliegt.

§ 10. Bei der deutschen und in den nach den vorgehenden §§ eintretenden Fällen bei der italienischen Oper hat er für gute und zweckmäßige Auswahl derselben zu sorgen und hierüber sowohl, als wegen Besetzung der Partien seinen Vortrag auch der Generaldirektion zu machen und von dieser die Genehmigung zu erwarten.

§ 11. Ist solche erfolgt, so liegt ihm das Einstudieren der neuen Opern dergestalt ob, daß er die ersten Proben mit den Sängern davon zu halten hat, wie dieselben zweckmäßig zu leiten, dann kann er zu seiner Erleichterung das Geschäft dabei dem Korrepetitor übertragen, ist aber verbunden, die Orchester- und Generalproben wieder selbst zu dirigieren.

§ 12. Alle Opernpartituren hat er genau durchzugehen und nötigenfalls nach dem Bedürfnis des hiesigen Theaters einzurichten, so wie es ihm auch obliegt, im Falle ein oder das andere Stück darin fehlte oder eine Einlage wesentlich notwendig wäre, solche selbst und unentgeltlich zu fertigen.

§ 13. Sollten in Schauspielen wesentliche Musikpartien vorkommen, so hat er solche ebenfalls zu dirigieren, in der Regel aber bleiben solche dem Konzertmeister oder nach Befinden dem Korrepetitor überlassen.

§ 14. Hiernächst soll derselbe in der Regel jährlich eine neue deutsche Oper für die Kgl. Theater schreiben, wofür ihm die gewöhnliche, verhältnismäßige Gratifikation verabreicht wird.

§ 15. Endlich hat er überhaupt alle diejenigen Befehle Sr. Kgl. Maj. pünktlich zu besorgen, welche ihm Allerhöchst derselbe in bezug auf seine Anstellung als Kapellmeister noch außerdem zu erteilen für gut erachten werden."[47]

Kurz nach dem Abschluß der Ernennungsformalitäten heiratete Reißiger seine ehemalige Klavierschülerin Marie Stobwasser. Glücklich und erfolgreich gestaltete sich nun das folgende Jahrzehnt, nicht nur für Reißiger persönlich, sondern auch für das Musikleben der sächsischen Residenz.

Genau genommen lag jetzt kein Grund mehr vor, Webers Bemühungen um die deutsche Oper fortzusetzen. Denn der italienische Opernbetrieb stagnierte schon zu dessen Lebzeiten. Schon 1824, zwei Jahre vor Webers Tod, betrugen die Einnahmen der Deutschen Oper 35.108 Taler, die der Italienischen Oper dagegen nur noch 8.241 Taler! Dem standen Ausgaben für Honorare und Gehälter in Höhe von 31.931 Taler für die Deutsche und 13.002 Taler für die Italienische Oper gegenüber. Insgesamt betrugen die Aufwendungen bei der Deutschen Oper 48.765 Taler, bei der Italienischen Oper dagegen immer noch 18.738 Taler.[48] Allein die zurückgegangenen Einnahmen der Italienischen Oper lassen erkennen, daß deren Ende schon aus ökonomischen Gründen abzusehen war. Von einer Abhängigkeit der Deutschen gegenüber den Italienern konnte also zu Reißigers Zeit ebensowenig mehr gesprochen werden wie von einer Rivalität.[49]

An dieser Stelle müssen auch die Musikdirektoren während der Amtszeit Reißigers am Dresdner Hoftheater genannt werden. Denn gerade sie, die von der Musikgeschichtsschreibung häufig stiefmütterlich behandelten Subalternen, waren es, die um der geforderten künstlerischen Qualität willen unter unwürdigen sozialen Bedingungen wahre Schwerstarbeit zu leisten hatten. Immer zur Stelle, wenn ein Kapellmeister erkrankte oder es diesem auch nur einfiel, seinen Dienst willkürlich dem Rangniederen zu übertragen, hielten sie oft den Theater- und Konzertbetrieb (mit allen Verpflichtungen am Hofe und in der Hofkirche) aufrecht und ermöglichten den Kapellmeistern, ihrem schöpferischen Drange nachzugehen. Reißiger selbst hatte vor seiner Anstellung als Musikdirektor in Dresden geschrieben, daß „er sich lieber in Berlin versorgt sehe, als hier, besonders da die Stelle hier mit viel Arbeit verbunden" sei.[50] Und auch Richard Wagner, sein späterer Kollege, hielt sich „von aller Bewerbung" um die Stelle eines Musikdirektors in Dresden fern.[51]

Im Oktober 1829 war der Reißiger zugeordnete Korrepetitor und Ripienist Franz Mayer verstorben. An seine Stelle trat im November Joseph Rastrelli, der Sohn des ebenfalls am Hoftheater angestellten Kirchenkomponisten Vincenzo Rastrelli, zunächst auf Probe für ein halbes Jahr. Am 6. April 1830 konnte Lüttichau aber dem König berichten, daß Joseph Rastrelli die Wahl gerechtfertigt habe. In der Italienischen wie Deutschen Oper seien von ihm jeweils die ersten Proben geleitet worden, er habe das Einstudieren besorgt und in beiden Instituten bereits Aufführungen dirigiert. Da diese Tätigkeiten über die Aufgaben eines Korrepetitors weit hinausgingen, mußte Rastrelli nun in eine „angemessene Stellung" gebracht werden.[52] Nach dem Fortgang Marschners und der Beförderung Reißigers zum Zweiten Kapellmeister war die Anstellung eines Musikdirektors unterblieben. Doch stand lediglich die Stelle des Korrepetitors zur Disposition, da Mayer einerseits zugleich als Ripienist Dienste zu übernehmen hatte, andererseits zu jung war, um bereits eine höhere Position einnehmen zu können. Lüttichau allerdings räumte ein, daß er „der Natur der Sache nach wenigstens bei der Oper dieselben Geschäfte übertragen bekam, wie sie vorher der Musikdirektor [Marschner] gehabt hatte".[53]

Da Rastrelli jedoch bereits in Jahren vorgerückt sei und auch keine anderen Aufgaben in der Kapelle übernehmen müsse, schlug der Generaldirektor für ihn den Titel eines Musikdirektors vor, um seine Autorität gegenüber den Sängern und der Kapelle zu untermauern. Elf Tage später erfolgte die Bestätigung des Königs[54], und der bisherige Korrepetitor Rastrelli wurde mit Datum des 20. April 1830 zunächst für zwei Jahre als Musikdirektor bei der Königlichen musikalischen Kapelle mit einem Jahresgehalt von 600 Talern angestellt.

Noch vor Ablauf dieses Vertrages, am 12. Januar 1832, regte der Generaldirektor eine Vertragsverlängerung auf weitere zwei Jahre an. Rastrelli habe sich bewährt, indem er nicht nur das Einstudieren von Opern bei der Italienischen und der Deutschen Oper besorge, sondern auch bei Abwesenheit beider Kapellmeister deren Dienste versehe und schließlich noch seinen Vater, den inzwischen pensionierten Kirchenkompositeur, zur vollsten Zufriedenheit vertrete. Da im neuen Etat der Kapelle die Stelle eines Musikdirektors mit 600 Talern ausgewiesen worden war, beantragte Lüttichau, Rastrelli „diese Funktion unter den bisherigen Bedingungen" vom 1. April des Jahres an wieder zu übertragen.[55] Die Bestätigung durch das Ministerium des Königlichen Hauses erfolgte am 21. Januar 1832.[56] Eine erneute Vertragsverlängerung erfolgte am 11. Januar 1834, die von der Generaldirektion beantragte Gehaltserhöhung auf 700 Taler wurde jedoch nicht genehmigt.[57] Trotz der ausgebliebenen finanziellen Aufbesserung ließen

Rastrellis Ausdauer und Fleiß nicht nach. Kontinuierlich verbesserte er vor allem seine dirigentischen Leistungen. Und war er bisher vorrangig zum sogenannten Nachdirigieren von Opern herangezogen worden, so vertraute man ihm nun immer häufiger auch die Leitung von Premieren an.

Die Notwendigkeit, die Position eines Musikdirektors auch weiterhin besetzt zu lassen, begründete Lüttichau im Jahre 1836, als er dem Königlichen Haus den jetzt „noch interimistisch im Dienste angenommenen Musikdirektor Rastrelli, bei seiner bewiesenen und erprobten Brauchbarkeit, vom 1. April dieses Jahres an, zu [...] lebenslänglicher Anstellung" vorschlug.[58] Gleichzeitig bat er, Rastrellis Gesuch um Erhöhung seines „sehr kargen" Gehaltes von jährlich 600 Talern zu überprüfen.

Am 27. Februar des Jahres ging bei Lüttichau die Antwort von König Anton und seinem Mitregenten Friedrich August ein. Danach wurde die lebenslange Anstellung des Musikdirektors Rastrelli zum 1. April 1836 genehmigt, „vor der Hand" aber „Anstand" genommen, „auf das von demselben angebrachte Gesuch um Erhöhung seines gegenwärtigen Gehaltes von 600 Talern einzugehen".[59] Im folgenden Jahr allerdings erfolgte eine Aufbesserung um 200 Taler, so daß Rastrelli ein jährliches Gehalt von 800 Talern bezog.[60]

Im August 1841 bat Rastrelli den König um Verleihung des Kapellmeistertitels: „Bereits seit elf Jahren habe ich die Ehre, meine Kräfte dem Dienste Ew. Königl. Majestät zu weihen, indem mir, abgesehen davon, daß ich vom Jahre 1820 bis zum Jahre 1823 in Allerhöchst dero musikalischen Kapelle als Expectant bei der Violine tätig gewesen bin, das Glück zu Teil wurde, vom 1. November 1829 bis Ende März 1830 als Korrepetitor und vom 1. April des letztgenannten Jahres an als Musikdirektor in selbiger angestellt zu werden."[61]

Seinen Antrag begründete Rastrelli mit der Vielzahl seiner Aufgaben: „Seit einem Jahr verrichte ich nun aber außer den mir als Musikdirektor obliegenden Dienstleistungen die sämtlichen Funktionen eines Kapellmeisters, da durch die eingetretene Krankheit des Kapellmeisters Morlacchi dessen Dienstleistungen insgesamt mir übertragen worden sind. Dieselben haben sich jedoch gerade jetzt dadurch ganz besonders vermehrt, daß seit Anfang vorigen Monats eine Reihe von Vorstellungen italienischer Opern begonnen hat, deren Leitung und Aufführung lediglich mir obliegt."[62] Und mit Recht konnte er annehmen, daß der König ihm einen seinem „zeitherigen Wirkungskreis entsprechenden Titel zu gewähren nicht abgeneigt sein dürfte, zumal der Gehalt, welchen [er] als Musikdirektor beziehe, mit dem des Kapellmeisters, dessen Stelle [er] doch allenthalben zu vertreten habe, in keinem Verhältnis" stehe.

Aus seinen Ausführungen geht hervor, daß Morlacchi zu diesem Zeitpunkt längst nicht mehr allen dienstlichen Verpflichtungen nachkommen konnte, Reißiger wiederum aber nur die deutschen Bühnenwerke einstudierte und zur Aufführung brachte. Rastrellis Verlangen mündete in der bescheidenen Bitte, ihm das Prädikat „unter Fortdauer" seiner „sämtlichen Dienstleistungen sowie" seines „Gehaltes als Musikdirektor zu verleihen", da er „bereits seit einem Jahr die sämtlichen Funktionen eines Kapellmeisters verrichte". In Anbetracht seiner zerrütteten Gesundheit und seiner „dermaligen Verhältnisse“ sei ihm eine Erhöhung seines Gehaltes zwar sehr erwünscht, doch „um die Grenzen der Bescheidenheit nicht zu überschreiten“ und weil er die Ehre, „das fragliche Prädikat verliehen zu erhalten, einem pekuniären Vorteile weit vorziehe“, habe er geglaubt, auf diese verzichten zu müssen.[63]

Das Gesuch Rastrellis datiert vom 20. August 1841. Doch erst am 23. September des Jahres wandte sich Lüttichau in dieser Angelegenheit an den König: Eine ungewöhnlich lange Bearbeitungsfrist bei der sonst prompt reagierenden Generaldirektion! Aber Lüttichau, der in derlei Fragen immer erst den Rat der Kapellmeister einholte, konnte sich nur mit Reißiger besprechen, da Morlacchi schwer erkrankt war. Verfehlt wäre es jedenfalls, die folgenden Äußerungen nur auf Lüttichau zurückzuführen, dessen Integrität ohne Ansehen der Person in vielen sozialen Härtefällen nachzuweisen ist. Dem König gegenüber bemerkte man, daß Rastrellis Argumentation, er habe „seit Jahresfrist den ganzen Dienst für den Kapellmeister Morlacchi getan, nicht aus dem richtigen Gesichtspunkte aufgefaßt“ sei.[64] Lüttichau berief sich dabei auf die Paragraphen 5, 6 und 7 der Dienstinstruktionen Rastrellis, nach denen der Musikdirektor in Fällen, wo die Kapellmeister verhindert seien, zur Leitung älterer (im Repertoire befindlicher) wie neueinstudierter Opern usw. verpflichtet sei. Rastrelli habe somit nur das getan, „wozu er vermöge seiner Anstellung verbunden“ sei und dürfe deshalb keinen Anspruch auf eine solche Auszeichnung haben.[65]

Da Rastrelli nur ein Gehalt von 800 Talern beziehe und in der Tat in den letzten Monaten sehr mit Diensten überhäuft gewesen wäre, auch bei der bevorstehenden halbjährigen Abwesenheit Morlacchis dessen Kirchendienste habe übernehmen müssen, er sich zum anderen auch stets fleißig und tätig gezeigt habe, schlug Lüttichau schließlich vor, ihn am Ende des Jahres mit einer Gratifikation von 100 Talern zu bedenken. Zwei Wochen darauf, am 7. Oktober 1841, bestätigte der König diesen Vorschlag.[66]

Nur wenige Wochen später, am 28. Oktober des Jahres, verstarb Francesco Morlacchi in Innsbruck. Mit der Aufteilung von dessen Gehalt hielt es aber Lüttichau „für seine Pflicht“, beim König für Rastrelli in Anerkennung seines Fleißes und seiner bisherigen Tätigkeiten, die auch „für die Zukunft das Beste“ noch erwarten ließen, nun die „Erhöhung seines Gehaltes bis zu jährlich 1.000 Talern“ zu erbitten. Zwei Wochen später erhielt er die Genehmigung, Rastrelli „vom 1. Januar 1842 an eine Zulage von 200 Talern jährlich“ zu zahlen, so daß dieser jetzt ein Jahreseinkommen von 1.000 Talern hatte.[67] Doch bereits im folgenden Jahr, am 15. November 1842, erlag Joseph Rastrelli, erst 43 Jahre alt, „um 8 ½ Uhr des Morgens einer Brustkrankheit“.[68]

Ermuntert durch einen Brief des Konzertmeisters Karl Lipinski vom 22. September 1842, bewarb sich Karl August Röckel um die Stelle des verstorbenen Musikdirektors Joseph Rastrelli. Reißiger prüfte Röckel persönlich und nahm dessen große Oper *Farinelli* an. Am 2. März 1843 wurde Röckel auf Allerhöchstes Reskript des Königs „als Musikdirektor, mit der Verbindlichkeit zu den

Dienstleistungen eines Korrepetitors und einem Gehalte von jährlich 600 Talern vom April dieses Jahres an, jedoch für jetzt nur auf ein Jahr" angestellt.[69]

Obwohl Röckels Gehalt um 200 Taler geringer war als das zuletzt von Rastrelli bezogene, waren seine Dienstinstruktionen in ihren Anforderungen weit umfangreicher:

„Dem mit der Dienstleistung des Korrepetitors beauftragten Musikdirektor liegt

1. das Einstudieren aller kleinen Singspiele, Vaudevilles, Possen sowie der in Schauspielen vorkommenden Musik und Gesänge ob.
2. Er leitet das Studium derselben von den ersten Proben an bis zur Vorstellung und dirigiert dieselben dann im Orchester.
3. Repetitionsproben, wenn solche vom Kapellmeister ihm übertragen werden, hat er zu übernehmen und zu halten sowie überhaupt alles sorgfältig zu erfüllen, was ihm von diesem aufgetragen wird.
4. Als Korrepetitor bereitet er die unmusikalischen Sänger so weit zu den Soloproben vor, daß sie mit Nutzen dieselben besuchen können.
5. Bei dem Nachstudieren einzelner Partien geht er den Sängern hilfreich zur Hand.
6. Die Extramusik auf der Bühne steht in Opern und Schauspiel, bei Proben wie Aufführungen unter seiner speziellen Leitung.
7. Er besorgt in Opern wie Schauspielen das Orgelspiel hinter der Szene sowie die Pianofortebegleitung darinnen, soweit solche nötig wird.
8. Als Musikdirektor tritt er hinsichtlich des Kirchendienstes mit den beiden Kapellmeistern in gleiche Reihe, wechselt mit diesen wochenweise, und kommt ihm sonach dieser Dienst in der Regel alle drei Wochen zu.
9. Auch sollen ihm als solchen nach Bestimmung der General-Direktion ein Teil der Repertoire-Opern zum Dirigieren übertragen werden, damit er sich ebenfalls auf diesen Dienst ausbildet und nötigenfalls für die Kapellmeister überall eintreten kann.
10. Überhaupt ist er verpflichtet, bei Krankheits- oder sonstigen Behinderungsfällen der Kapellmeister, den Dienst jedesmal für diese zu übernehmen.
11. Wenn von der Generaldirektion an ihn die Leitung eines Hofkonzerts übertragen oder seine Assistenz auf dem Pianoforte dabei verlangt wird, so hat der Musikdirektor folgendes unweigerlich zu übernehmen.
12. Kompositionen zu Schauspielen und dergleichen hat er auf Anordnung der General-Direktion unentgeltlich anzufertigen.
13. Die General-Direktion behält sich vor, dieser Instruktion noch alles dasjenige hinzuzufügen, was sie der Beförderung des Königlichen Dienstes für angemessen erachten wird."[70]

Infolge dieser Anweisungen konnte Röckel von den beiden Kapellmeistern regelrecht ausgenutzt werden. Sowohl Reißiger als auch Wagner wälzten den Großteil der gesamten Dienste auf den Musikdirektor ab. In einem Brief an Lüttichau aus dem Jahre 1845 schreibt Röckel: „Ich habe im Laufe des Jahres 1844 77mal im Theater, 126[mal] in der Kirche dirigiert und außer den Privatübungen mit den

Sängern 170 Proben gehalten, dabei drei neue Opern und acht neue Possen zur Aufführung gebracht."[71]

Kurze Mitteilungen im Nachlaß Röckels zwecks Dienstübernahmen lassen erkennen, daß insbesondere Reißiger ihn nicht schonte:

„Lieber Herr Kollege!

Durch einen Fall habe ich mir vor einigen Tagen die Hand verstaucht u. dies leider wenig beachtet [...] Da nun, wie Se. Exzellenz mir schreibt, das Hofkonzert Dienstag bestimmt ist, so ersuche ich Sie, dasselbe gefälligst übernehmen zu wollen [...] Schönsten guten Morgen von Ihrem ergebenen Freunde C. G. Reißiger."[72]

Oder:

„Werter Freund!

Wollen Sie u. können Sie früh die Vesper übernehmen? Ich bin eingeladen [...] Da ich morgen Klavierprobe halten muß, so bin ich ebenfalls genötigt, Sie um 10¼ Uhr in die Kirche zu bitten. Gern hielte ich die Probe nach der Kirche, da aber Tichatscheck abends Zampa hat, möchte es ihm zu früh sein.

Ihr ganz ergebener C. G. Reißiger

P.S. Erlauben Sie schließlich, daß ich Sie recht herzlich grüße. C. G. R."[73]

Leicht dürfte zu erkennen sein, wie wenig Reißiger es für nötig erachtete, seine mitunter lapidaren Hinderungsgründe gegenüber dem Musikdirektor zu verbrämen. Im folgenden Schreiben aber wird Röckels untergeordnete Stellung besonders deutlich:

„Lieber werter Freund!

Gestern abend, wo ich zuerst die Partitur der Jephta gebrauchte, habe ich bemerkt, daß die meisten Rezitative nur mit Cellos und Bässen begleitet sind – und [wir] daher notwendig ein Klavier zur Unterstützung haben müssen, wie es sonst der Brauch war. Ew. Liebten sind daher freundlichst eingeladen, sich hinter mich an ein kleines Klavierchen zu setzen u. die Rezitative der Sänger in gebrochenen Akkorden mitzubegleiten.

Guten Morgen [...] Ihr C. G. Reißiger."[74]

Ohne Reißigers Verdienste und Fleiß im ersten Jahrzehnt nach seiner Anstellung in Frage stellen zu wollen, scheinen für die 1840er Jahre doch Wagners Klagen über Schlendrian und schlechte Opernaufführungen begründet. Reißigers Empfehlung, es ihm gleichzutun und sich „in das unvermeidliche Kapellmeisterschicksal" zu ergeben – wobei er sich „stolz auf seinen Bauch" schlug und Wagner wünschte, „an Fülle es ihm bald gleichtun zu können"[75] –, entsprach nicht dem künstlerischen Verantwortungsbewußtsein seines enthusiastischen jungen Kapellmeisterkollegen. Auch Röckel litt unter diesen Verhältnissen; bereits im zweiten Jahr seiner Tätigkeit als Musikdirektor klagte er: „Unterdessen komme ich vor lauter Arbeiten nicht zu mir selbst, beständig ist einer der Kapellmeister auf Urlaub und mein Dienst daher verdoppelt, so daß ich wenig zu eigenen Arbeiten komme."[76]

Als Sohn des Beethoven-Vertrauten und Theaterunternehmers Joseph August Röckel am 1. Dezember 1814 in Graz geboren und seit seinem ersten Lebensjahr mit dem väterlichen Opernbetrieb auf Reisen, hatte Röckel 1830 die Julirevolution in Paris erlebt, unterhielt Kontakte zu verschiedenen prominenten Vertretern der demokratischen Bewegung und war somit schon in früher Jugend Zeuge großer politischer Ereignisse, die – nach eigenem Bericht – nachhaltig auf sein ganzes Denken und Fühlen wirkten. Zunächst als Chordirektor und Korrepetitor bei der Operntruppe seines Vaters beschäftigt, war er 1832 in gleicher Funktion unter Gioachino Rossini am Théatre Italien in Paris sowie anschließend unter Giacomo Meyerbeer an der Französischen Oper in London tätig. Musikalische Studien hatte er u. a. bei seinem Onkel Johann Nepomuk Hummel betrieben, bevor er 1840 endgültig nach Deutschland zurückkehrte, um sich in Weimar der Komposition seiner großen Oper *Farinelli* zu widmen.[77]

In Dresden entstand zwischen ihm und Wagner eine tiefe, lebenslange Freundschaft. Widmete sich Röckel mit seiner ganzen Persönlichkeit der Verwirklichung von Wagners Ideen, so erhielt dieser von dem weitgereisten und hochgebildeten Freund Informationen über „die Proudhonschen und anderer Sozialisten Lehren von der Vernichtung der Macht des Kapitales",[78] die ihm Wege zur Realisierung seiner künstlerischen Pläne wiesen. Das Dresdner Hoftheater gewann mit dem Wirken beider neue Perspektiven.

1848 stellte sich Röckel bereits zu Beginn der Revolution der demokratischen Bewegung zur Verfügung und arbeitete im Vorstand des Dresdner Vaterlandsvereins mit. In dessen Auftrag verfaßte er die Broschüre *Die Organisation der Volksbewaffnung. Eine Denkschrift an die deutsche Nationalversammlung in Frankfurt*, mit der er die wichtigste militärpolitische Forderung der demokratischen Kräfte unterstützte. Und er verfaßte den Aufruf *An unsere militärischen Brüder*, in dem die preußischen Soldaten aufgefordert wurden, eher den Diensteid zu brechen, als sich von den Offizieren gegen das Volk einsetzen zu lassen. Noch als königlicher Musikdirektor gab er die einflußreiche politische Wochenzeitung *Volksblätter* heraus, in der er wie auch Wagner zu Grundfragen der deutschen Revolution Stellung nahm. Ferner beteiligte Röckel sich führend an der Aufstellung einer bewaffneten Freischar, die im Oktober 1848 den Aufständischen in Wien zu Hilfe kommen sollte.

Während der Revolutionstage im Mai 1848 stand Röckel in Dresden an der Seite der provisorischen Regierung und nahm als Anführer einer Insurgentengruppe aktiv am Kampfe teil. In der Nacht zum 8. Mai verhaftet, zum Tode verurteilt und danach zu lebenslänglicher Freiheitsstrafe begnadigt, konnte er erst nach dreizehnjähriger Haft als letzter Maigefangener das Zuchthaus in Waldheim wieder verlassen.

Röckels Nachfolger als Musikdirektor wurde im Jahre 1849 Carlo Barbieri, der als Kapellmeister bei der Italienischen Oper in Berlin tätig war. Nach nur einjähriger Dienstzeit am Dresdner Hoftheater mußte er wegen „nicht vorhandener praktischer Kenntnisse" sowie fehlender „Ruhe und Aufmerksamkeit" bei den Aufführungen auf Lüttichaus Vorschlag wieder entlassen werden.[79]

Die Stelle des Musikdirektors blieb zunächst drei Jahre lang vakant. Erst im Jahre 1853 wurde sie mit Wilhelm Fischer, dem Sohn des gleichnamigen ehemaligen Chordirektors und Freundes von Richard Wagner, wiederbesetzt. Ab 1859 leitete Fischer, der zunächst als Tenorbuffo am Hoftheater wirkte, als Nachfolger seines Vaters zugleich den Opernchor. Neben Liedern und Messen schrieb er eine Ouvertüre zu *Wallensteins Lager*, die bis ins 20. Jahrhundert regelmäßig vor Aufführungen des Schillerschen Dramas gespielt wurde. Nach neunjähriger verdienstvoller und kräftezehrender Tätigkeit starb Wilhelm Fischer, der letzte Musikdirektor der Ära Reißiger, 1862.

Mit dem Tod Francesco Morlacchis und Joseph Rastrellis 1842 war die Aufrechterhaltung des Spielbetriebes gefährdet, zumal Rastrelli auch die Aufgaben eines Kapellmeisters, der für die Aufführungen italienischer Opern verantwortlich war, übernommen hatte. Da gemäß einem Königlichen Reskript vom 10. September 1831 in Zukunft nur noch ein Kapellmeister verpflichtet werden sollte, Morlacchis Stelle also wegfiel, bot man die vakante Position des Musikdirektors Richard Wagner an, der sich durch die Dresdner Uraufführungen seines *Rienzi* (Oktober 1842) und des *Fliegenden Holländers* (Januar 1843) in kürzester Zeit großes Renommee erworben hatte. Wagner indes lehnte diese Stelle ab, konnte jedoch erreichen, daß er mit Königlichem Reskript vom 2. Februar 1843 als Zweiter Kapellmeister mit einer jährlichen Besoldung von 1.500 Talern verpflichtet wurde. Bei den Verhandlungen hatte Lüttichau dem König gegenüber geäußert, daß mit der Anstellung Wagners als Kapellmeister „gewiß ein wesentlicher Vorteil für „den Glanz und die Ehre der Königl. musikalischen Kapelle“ erlangt werde, „da bei seiner Befähigung und seinem Eifer“ Wagner „gewiß einmal Großes und Ausgezeichnetes leisten“ werde.[80]

Auch Wagner äußerte sich sehr vorteilhaft über den Generaldirektor, bestätigte einen fast „vertraulichen Ton“ in „Geschäftsangelegenheiten“ und fuhr fort: „So schlimm sich mit der Zeit hierin auch manches ändern mußte, so daß unsre Beziehungen wohl bis zu offenbarer Feindseligkeit ausarteten, so blieb bei dem seltsamen Manne eine eigentümliche Zärtlichkeit für mich doch immer unverkennbar zurück, und manche seiner spätern harten Ergüsse klangen eigentlich wie die etwas sonderbar ausartenden Klagen verschmähter Liebe.“[81]

Mit der Anstellung Wagners als Kapellmeister entstand nun eine Situation, deren Besonderheit in der einschlägigen Literatur bislang nicht erkannt wurde: Die Königlich musikalische Kapelle und das Hoftheater verfügten jetzt neben dem Musikdirektor über z w e i Zweite Kapellmeister, wobei Reißiger mit einem jährlichen Gehalt von 1.800 Talern noch vor Wagner rangierte.[82]

Wagner selbst leistete freilich einer mißverständlichen Interpretation des Sachverhaltes Vorschub, indem er in seiner Autobiographie hinsichtlich seiner Anstellung am Dresdner Hoftheater schrieb, daß Reißiger lieber nur einen ihm untergeordneten Musikdirektor gewünscht hätte, statt dessen aber einen „gleichberechtigten Kollegen“ erhalten habe.[83] Dem Status nach waren Wagner und Reißiger in der Tat einander gleichgestellt!

Leider sind Wagners Dienstinstruktionen nicht bekannt. Daß er „nicht mehr gezwungen wurde“, „Messen und Opern für Dresden zu schreiben“, schließt Kurt Kreiser aus einer Dienstanweisung Reißigers, dem diese Pflichten gemäß seiner

Instruktion aus dem Jahre 1828 noch oblagen.[84] Am 22. Februar 1843, also unmittelbar nach Wagners Anstellung, erhielt jedoch auch Reißiger neue Dienstinstruktionen, die vollständig im Staatsarchiv Dresden vorliegen.

Es darf angenommen werden, daß die mit der Anstellung Wagners erarbeiteten Dienstinstruktionen beider Künstler im wesentlichen – was ihre Kapellmeisterpflichten betrifft – übereinstimmten. Zunächst sei die „Instruktion für den Kgl. Sächsischen Kapellmeister, Herrn C. G. Reißiger" im vollen Wortlaut wiedergegeben:

„1. Der Kapellmeister seiner Kgl. Majestät von Sachsen ist gehalten, diesem seinen allergnädigsten Herrn treu, gehorsam und ergeben zu sein, und dessen Befehlen sowie den Anordnungen der Kgl. Generaldirektion der musikalischen Kapelle und des Hoftheaters stets pflichtmäßige Folge zu leisten.
2. Der Kirchendienst wird mit dem andern Kapellmeister oder Musikdirektor abwechselnd verrichtet, dergestalt, daß jeder derselben stets eine Woche lang damit beauftragt ist, und der Wechsel mit jedem Sonntag früh eintritt.
3. Jegliches Jahr ist er verbunden, unentgeltlich eine Messe und Vesper, auch so oft als Sr. Kgl. Majestät befehlen wird, gleichermaßen eine andre Komposition für den Kirchendienst in Musik zu setzen.
4. Bei Hofkonzerten, musikalischen Akademien und dergleichen bestimmt die Generaldirektion denjenigen Kapellmeister, welcher die Direktion führen soll. Es reicht daher derselbe, welchem der Auftrag dazu gegeben wird, entweder allein oder mit dem andern Kapellmeister gemeinschaftlich Vorschläge über die aufzuführenden Musikstücke bei derselben ein, und nach davon durch diese getroffene Auswahl verständigen sich beide, insofern die Bestimmung nicht schon von der Generaldirektion ausgesprochen worden, über die zu führende Direktion.
5. Fallen Konzerte oder Tafel- und andere Musiken außerhalb Dresdens vor, so erhält er dabei nebst freiem Fortkommen nur die vorschriftsmäßige Auslösung.
6. In allen Fällen gehört es zu seiner Obliegenheit, daß wo dabei oder sonst vom Kgl. Hofe seine eigne Mitwirkung auf dem Pianoforte verlangt würde, er solche ohne weitere Entschädigung zu leisten hat.
7. Hinsichtlich der Direktion der älteren Repertoire-Opern richtet sich der Kapellmeister nach deshalb getroffenen und ihm schriftlich eingehändigter Einteilung und Bestimmung.
8. Bei neuen Opern, wegen deren Wahl er allein oder auch gemeinschaftlich von Zeit zu Zeit Vorschläge einzureichen hat, bestimmt die Generaldirektion, welcher der beiden Kapellmeister dieselbe übernehmen soll. Jeder derselben, dem solches übertragen wird oder nach Befinden auch beide, haben hier zunächst die neu eingegangenen Opern zu prüfen, schriftlich ihr Urteil darüber einzureichen und bei zur Darstellung empfohlenen zugleich ihre Vorschläge zur Besetzung mit zu übergeben.
9. Der Kapellmeister, dem die Direktion einer neuen Oper übertragen worden, hat alles und jedes, was sich dabei auf Gesang- und Instrumentalmusik

bezieht, sorgsam zu überwachen und auszuführen. Er überzeugt sich durch genaue Durchsicht der Partitur von der Richtigkeit derselben, ordnet das Ausschreiben, macht nach genommener Rücksprache mit dem Regisseur die Vorschläge zur Besetzung und hält nach geschehener Austeilung der Rollen, die er, wenn die Generaldirektion nicht anders darüber verfügt, zu signieren hat, alle und jede Probe selbst.

10. Fehlt darin eins oder das andere Musikstück oder wird eine Einlage für wesentlich notwendig erachtet, so liegt ihm ob, solche selbst und unentgeltlich zu fertigen.
11. Hiernächst soll derselbe jährlich in der Regel eine neue deutsche oder italienische Oper für das Kgl. Hoftheater schreiben, wo für ihn die gewöhnliche verhältnismäßige Gratifikation verabreicht wird.
12. Jedes dramatische Werk, sei es in deutscher oder italienischer Sprache, im Charakter der deutschen, italienischen oder französischen Musik, ernsten oder heitern Inhalts, fordert gleichen Fleiß und gleiche Sorgfalt, die italienischen Opern auch wegen der Sprache noch besondere Aufmerksamkeit, und es ist des Kapellmeisters spezielle Obliegenheit, auf alle gleichen Fleiß zu verwenden, um sich nicht den Vorwurf zuzuziehen, daß er eine ihm weniger zusagende Gattung nicht mit gleicher Aufmerksamkeit wie die andere oder wie sein eignes Werk behandle.
13. In allen, die Kgl. musikalische Kapelle sowie überhaupt alle musikalischen Angelegenheiten betreffenden Konferenzen hat er eine beratende, die Generaldirektion aber stets die entscheidende Stimme.
14. In Krankheits-, Urlaubs oder sonstigen Behinderungsfällen des einen Kapellmeisters, tritt der andere für ihn ein und übernimmt dessen vollständigen Dienst.
15. Endlich behält sich die Generaldirektion annoch vor, diesen Instruktionspunkten nach Befinden noch alles dasjenige hinzuzufügen, was sie im Interesse des Kgl. Dienstes für die Stellung des Kapellmeisters angemessen und zweckmäßig findet.

Dresden, den 22. Februar 1843“.[85]

Außer den Punkten 3, 6 und 11 dürften alle anderen Vorschriften für Reißiger wie Wagner gleichermaßen verbindlich gewesen sein, eventuell auch Punkt 11, demzufolge der Kapellmeister verpflichtet war, „in der Regel“ jährlich eine Oper für das Dresdner Hoftheater zu schreiben. Diese Regelung fehlte in Reißigers ersten Dienstinstruktionen, darf jedoch in direktem Zusammenhang mit Wagners Anstellung gesehen werden. Dessen hoher Produktivität – *Rienzi* und *Der fliegende Holländer* wurden uraufgeführt, die *Tannhäuser*-Dichtung stand kurz vor dem Abschluß – hatte die Generaldirektion auf diese Weise Rechnung getragen.

Verpflichtet wurde Reißiger nach Punkt 4 auch zur Direktion von Hofkonzerten, die – zumindest der schriftlichen Formulierung nach – früher nur zu Morlacchis Aufgabengebiet gehörte, nun aber nach jeweiliger Entscheidung der Generaldirektion im Wechsel mit Wagner zu übernehmen war. Punkt 6 allerdings dürfte für Wagner wegen mangelnder pianistischer Fähigkeiten entfallen sein.

Insgesamt lassen die für Reißiger neu erarbeiteten Dienstinstruktionen eine völlige Gleichstellung beider Künstler in dienstlicher Hinsicht erkennen.

Die einzigartige Situation mit zwei Zweiten Kapellmeistern am Dresdner Hoftheater, so merkwürdig sie auf den ersten Blick anmuten mag, birgt auch für die Bewertung der Leistungen Reißigers ein wichtiges Moment. Wenn schon nicht nach Morlacchis Tod, so hätte es doch mit der Anstellung Wagners nahegelegen, Reißiger zum Ersten Kapellmeister zu ernennen, zumal er nach einer Gehaltserhöhung im Jahre 1837 als zu dieser Zeit einziger Kapellmeister ohnehin jährlich einen Betrag von 1.800 Talern erhielt, den höchsten im Etat ausgewiesenen Satz, wie ihn zuletzt Carl Maria von Weber und Francesco Morlacchi bezogen hatten.[86]

Daß Reißigers Ernennung zum Ersten Kapellmeister einstweilen ausblieb, läßt allerdings Wagners Feststellung, der Generaldirektor des Hoftheaters habe dessen Fähigkeiten eher gering geschätzt[87], umso glaubwürdiger erscheinen, da Lüttichau selbst sich beim König für den Musiker hätte verwenden müssen.

Finanziell entstanden dem Hoftheater durch Wagners Anstellung keine Nachteile. Von dem ehedem für Morlacchi im Etat bereitgestellten Honorar waren trotz der Gehaltserhöhungen von Reißiger und Rastrelli noch 1.400 Taler verfügbar; zudem erhielt Röckel 400 Taler weniger als sein Vorgänger, wurde also wie ein Kapellmusiker eines ersten Pultes besoldet, wiewohl er neben seinen vielfältigen Verpflichtungen auch verschiedene Kompositionen zu liefern hatte. Somit stand eine Summe von 1.800 Talern zur Verfügung, die hinreichend war, Wagner im Jahre 1847 mit Reißiger finanziell gleichzustellen.

Das Minimum der Bezüge eines Kapellmitglieds betrug bei Lüttichaus Amtsantritt als Generaldirektor der Königlich musikalischen Kapelle und des Hoftheaters 1824 noch 200 Taler jährlich, konnte auf dessen Betreiben aber bereits im folgenden Jahr auf 300 Taler erhöht werden. In Abstufungen folgten Erhöhungen bis zu einem Betrag von maximal 600 Talern, wobei nicht mehr das Dienstalter, sondern die künstlerischen Fähigkeiten und Fertigkeiten als Bemessungsgrundlage dienten. Auch wurde – um den künstlerischen Nachwuchs zu sichern – im gleichen Jahr das Institut der Aspiranten bzw. Expektanten gegründet: Man verpflichtete talentierte junge Musiker bei einem Jahresgehalt von 150 Talern mit einer Option auf ein späteres dauerhaftes Engagement in der Kapelle. Die Bezeichnungen Aspirant und Expektant waren bis in die 1880er Jahres gleichbedeutend. Erst danach nannte man Expektanten lediglich solche Accessisten, denen die Dienstzeit bei der Berechnung ihrer Pension im Gegensatz zu den Aspiranten nicht angerechnet wurde. War auch dieses Unterfangen zum Vorteil der Kapelle, so kann darin aus heutiger Sicht nur eine Form schmählicher Ausnutzung gesehen werden, da die häufig hochqualifizierten jungen Musiker nicht nur kurze Zeit in einem solchen Anwärterstatus blieben, sondern oft viele Jahre warten mußten, bis sie als Kammermusiker eine feste Anstellung erhielten.

Trotz dieses Fortschritts in künstlerischer Hinsicht zeigte sich nach wenigen Jahren die Notwendigkeit, die Mitgliederzahl der Kapelle erheblich zu reduzieren. Mit der Einführung einer neuen Verfassung am 4. September 1831 war die

Unterhaltung des Hoftheaters und der Kapelle auf die Königliche Zivilliste übergegangen, und die vordem gewährten Zuschüsse konnten nicht mehr aufgebracht werden. Am 31. März 1832 wurde mit einer Vorstellung von Mozarts *Don Giovanni* die Italienische Oper geschlossen; in der Folge wurden auch die Aufwendungen für die Kapelle eingeschränkt.

Der bisherige Kapelletat vom 16. April 1825 sah 2 Kapellmeister, 1 Musikdirektor, 1 Konzertmeister, 1 Vizekonzertmeister und 66 Kammermusiker vor: 20 Geiger, je 6 Klarinettisten und Hornisten, je 5 Bratscher, Cellisten, Bassisten, Flötisten, Oboer, Fagottisten und 4 Trompeter. Lüttichau glaubte, künftig nur 14 Violinisten (zuzüglich des Konzertmeisters) und für jedes weitere Instrument vier Stellen disponieren zu können, da die übliche Orchesterbesetzung in der Oper lediglich 10 bis 12 Violinen, 2 bis 3 Celli, 3 bis 4 Hörner, 2 bis 3 Flöten und jeweils 2 der übrigen Instrumente verlangte, während in der Kirche meistens 22 Violinen, 5 bis 6 Bratschen, je 4 bis 5 Celli, Bässe und Fagotte bei doppelter Besetzung der anderen Instrumente benötigt wurden. Voraussetzung für diese Reduzierung um 16 Stellen war, daß die bisherige Zuwendung für den Expektantenfonds von jährlich 2.000 Talern beibehalten wurde. Insgesamt erlaubte diese Stellenminderung der Kapelle eine Einsparung von jährlich 5.000 Talern.

Am 10. September 1831 wurden Lüttichaus Vorschläge vom König bestätigt. Die Kapelle bestand somit nur noch aus 50 Kammermusikern. Gleichzeitig wurden eine Kapellmeister- und eine Konzertmeisterstelle gestrichen. Die mit dem neuen Etat der Kapelle auferlegten Beschränkungen konnten trotz der für besondere Fälle vorgesehenen Heranziehung von Militärmusikern auf die Dauer nicht aufrechterhalten werden. Auch wenn die Oper seit 1832 nur zwei- bis dreimal wöchentlich spielte, war doch die Kapelle mit all ihren Verpflichtungen zur Übernahme von Zwischenaktmusiken im Schauspiel und den häufigen Diensten am Hofe und in der Kirche täglich im Einsatz. Eine statistische Übersicht, die dem Bericht der Kapell- und Konzertmeister aus dem Jahre 1844 beiliegt[88], zeigt, daß 1829 die Zahl der Orchesterdienste im Theater insgesamt 257, die der freien Tage 108 betrug. Dagegen verschlechterte sich das Verhältnis 1843, dem ersten Dienstjahr von Wagner und Röckel, auf 344 Orchesterdienste im Theater gegenüber lediglich 21 freien Tagen.

Die Eröffnung der Semperoper 1841 mit ihrem fast doppelt so großen Zuschauerraum, der eine umfangreichere Besetzung insbesondere der Streicher verlangte, gab den Anstoß zu einer erneuten Vergrößerung der Kapelle. Doch zeigt der Etat von 1841, daß man keineswegs neue Stellen schuf – vielmehr entfielen sogar einige Positionen bei den Bläsern – , sondern das Aspiranteninstitut auf nunmehr 17 Mitglieder erweiterte. Lediglich drei Stellen für Posaune, die bis dahin vorrangig Aspiranten oder andere Aushilfskräfte der städtischen Musikvereinigungen versahen, wurden im Etat eingerichtet. Erstmalig wurde auch ein Harfenist angestellt, dessen Platz zuvor ebenfalls ein Aspirant eingenommen hatte.

Dieser engbegrenzte und unzulängliche Etat veranlaßte Wagner zu einer kritischen Stellungnahme. Nicht zuletzt aufgrund des detaillierten Planes, den er unter dem Titel *Die Königliche Kapelle betreffend* vorlegte, wurde zum 1. Januar 1847 die Zahl der fest angestellten Kapellmitglieder von 53 auf 61 erhöht. Die Aufschlüsselung zeigt 16 Stellen für die Violinen, je 5 für Bratsche, Cello und Kontrabaß, je 4 für Holzbläser, Horn und Trompete, 3 für Posaune und je 1 für Pauke und Harfe. Mit diesen Neuregelungen wurde nun auch der Vergrößerung der Zahl der mittlerweile 22 Aspiranten etwas Einhalt geboten und ein günstigeres Verhältnis zwischen Kammermusikern und Accessisten wiederhergestellt.

Der nächste, am 18. Februar 1858 genehmigte Etat, der letzte der Ära Reißiger, brachte neben einer weiteren Hornisten-Stelle eine seit langem erwartete Gehaltserhöhung für alle Kapellmitglieder. Seit 1825 unverändert, wurden die Grundgehälter nun auf 350 Taler pro Jahr erhöht. Für die Aspiranten waren auf Antrag von Wagner und Reißiger bereits 1844 zwei Gehaltsklassen von 200 und 150 Talern gebildet worden, in deren erste jeder Expektant nach fünfjähriger Dienstzeit rückte.[89]

Schon mehr als zwei Jahre zuvor hatte sich Lüttichau um die Aufstellung eines neuen Etats bemüht. Am 4. Dezember 1855 richtete er an den König ein Gesuch mit dem Hinweis, daß die veränderten „Zeitumstände, Kunstanforderungen und Verhältnisse" dem Etat von 1847 „nicht mehr in allen Beziehungen vollkommen" entsprächen.[90] Seitens des Kapellmeisters Reißiger und des Konzertmeisters Schubert sei ihm wegen der „jetzigen Teuerung aller Lebensbedürfnisse" usw. „dringend ans Herz gelegt" worden, „eine den Zeitverhältnissen angemessene billige Erhöhung der einzelnen Gehalte der Königl. Kammermusiker in submissesten Antrag zu bringen".[91]

Gestützt auf das Schreiben Reißigers und Schuberts, hatte Lüttichau einen Plan entworfen, nach dem er – bei einem „etwaigen neuen Etat" – 350 Taler (gegenüber den bisherigen 300 Talern) für die unterste Stufe veranschlagte.[92] Die ersten Stellen dagegen sollten nicht mehr 800 Taler, sondern – den Vorschlägen Reißigers und Schuberts zufolge – nur noch 600 Taler bekommen, da die hiervon betroffenen ältesten Mitglieder „wegen vielleicht minderer Virtuosität" nicht ohne weiteres Anspruch darauf haben dürften.[93]

Folgende Staffelungen wurden für alle Instrumentengruppen vorgeschlagen:

1. Stelle 600 Taler
2. " 500 Taler
3. " 450 Taler
4. " 350 Taler.

Nach ungewöhnlich langer Bearbeitungszeit war am 15. Mai 1856 dann der abschlägige Bescheid des Königs mit der Begründung eingegangen, es „nicht unberücksichtigt zu lassen, daß diese Zustände hoffentlich nur vorübergehender Natur" seien und daß der Normaletat für die Kammermusiker und Aspiranten dem Normaletat für eine große Zahl der in ähnlichen Verhältnissen lebenden Zivilstaatsdiener nicht einmal zur Verfügung stehe, auch die Kammermusiker nicht ausschließlich – wie dies bei dem größten Teil der Zivilstaatsdiener der Fall sei – „auf ihren fixen Gehalt beschränkt" wären, sondern „durch Unterrichtserteilung" und „musikalische Aufführungen und dgl. ihre Einnahme zu vermehren mannigfache Gelegenheit" hätten. Für Kammermusiker und Aspiranten, die sich schon lange Zeit im Dienst befanden und dabei „durch Fleiß und durch Vorzüglichkeit ihrer Leistungen“ sowie „durch ihre untadelhafte Führung“ außerhalb des Dienstes auszeichneten und auch keine Aussicht auf Erhöhung ihres Gehaltes hatten, sollte allerdings durch persönliche Zulagen eine Aufbesserung erfolgen.[94]

Mit gleichem Datum vom 15. März 1856 war dem Generaldirektor ein weiteres Schreiben vom Ministerium des Königlichen Hauses zugegangen. Im Namen des Königs enthielt es die Frage, „ob eine Verminderung des Personals bei der Kapelle durch Beschränkung der jetzt üblichen Kirchenmusik in der katholischen Hofkirche zu erzielen sein dürfte“. Lüttichau, der sich nach einer Konsultation mit Reißiger und Wagner „gutachtlich auszusprechen“ hatte, mußte auch darüber berichten, „ob der gänzliche Wegfall der im Theater bei Schauspielvorstellungen teils vor deren Beginn, teils in [den] Zwischenakten“ üblichen Musik „nicht ebenfalls eine Reduktion des Personalbestandes bei der Königl. Kapelle zur Folge“ haben könnte.[95]

Hinsichtlich der Schauspielmusik wurde dann am 31. März 1856 ein Vorschlag Lüttichaus dahingehend bestätigt, daß „bei denjenigen Schauspielvorstellungen, bei welchen ein ungewöhnlicher Andrang [des] Publikums zu erwarten steht“, der „für das Orchester bestimmte Raum dem Publikum“ eingeräumt werde und „die dadurch gewonnenen Plätze als Sperrsitze im Cercle zum Verkauf“ kommen sollten.[96]

Nur bei diesen Vorstellungen sollte künftig keine Musik „sowohl vor Beginn der Vorstellung, als auch in den Zwischenakten“ mehr gegeben werden.[97] Eine für das betreffende Schauspiel wie auch das Publikum in künstlerischer Hinsicht widersinnig erscheinende Festlegung, nach der nur den weniger gut besuchten Stücken eine Ouvertüre nebst den Zwischenaktmusiken zugestanden wurde. Doch bleibt es Lüttichaus Verdienst, daß die Schauspielmusik nicht – wie ursprünglich vom König gewünscht – in „gänzlichen Wegfall“ kam.[98]

Wegen der von König Johann erwünschten Reduzierung der Zahl der Kapellmitglieder durch Einschränkung der Musik in der katholischen Hofkirche forderte der Generaldirektor des Hoftheaters von Reißiger eine schriftliche Stellungnahme, deren Abschrift im Staatsarchiv Dresden vorliegt. Reißiger versuchte zunächst zu verdeutlichen, daß um einer Verringerung der Dienste der Musiker willen die Aufführungen von Kirchenmusik beschränkt werden müßten, was durch „Aufhebung mancher in anderen katholischen Hofkirchen und Kapellen längst weggefallener Kirchendiensten“ zu realisieren wäre. Dies würde, da anderwärts schon eingeführt, dem „festlichen Glanze“ der hiesigen Kirchenmusik keinen Abbruch tun, von den Mitgliedern der Kapelle – die im Jahre durchschnittlich 250 Kirchendienste hätten – dagegen dankbar aufgenommen werden.[99]

Reißiger kommt dann auf die erwünschte Reduzierung der Zahl der bei den Kirchenmusiken wirkenden Kapellmitglieder zu sprechen. Die großen, weiten Räume der Hofkirche erlaubten dies nicht, wie schon „unsere Vorfahren [...] genau erörtert und überlegt“ hätten. Auch müsse weiterhin mit 9 ersten und 8 zweiten Violinen, 6 Bratschen, 6 Celli und 5 Bässen musiziert werden, „wenn der Klang ein diesen Räumen entsprechender, deutlich hörbarer, klangvoller, wirksamer, und der Effekt einem Königl. Institute angemessen und anständig sein" solle.[100] Durch die Verringerung der Zahl der Kapellmitglieder bei der Kirchenmusik würde aber der Glanz der in ganz Europa bekannten und berühmten Aufführungen in der Hofkirche schwinden.

Zu erkennen ist, wie sehr Reißiger, dem genuinen Kirchenkomponisten, das Fortbestehen katholischer Kirchenmusik in Dresden am Herzen lag. Der Gedanke, instrumentalbegleitete Kirchenmusik durch einen starken Vokalchor zu ersetzen, bezeichne wohl eine „möglich denkbare Auslegung" der Frage, zugleich aber auch „die bedauerlichste und folgenreichste".[101] Treffend argumentiert Reißiger, wenn er die hohen Kosten ins Feld führt, die ein für die großen Räume der Hofkirche zu bildender Chor verursachte. Andererseits müßte wegen der Opernaufführungen das „jetzt bestehende Personal der Kapelle in seiner jetzigen Stärke [...] dennoch beibehalten werden". Durch die vollständige Aufhebung der instrumentalen Kirchenmusik würde so „nicht nur nichts erspart, sondern die Kosten" noch „bedeutend vermehrt".[102]

Der Kirchenkomponist Reißiger meldete sich des weiteren zu Wort, wenn er dem König gegenüber von der Bedeutung des instrumentalen Musizierens in der Dresdner Hofkirche spricht. Die Aufhebung der instrumentalen Kirchenmusik würde „den Tod der Kirchenmusik überhaupt herbeiführen, sie würde die Vernichtung mehr als hundertjähriger Anstrengungen nach sich ziehen, die Vernichtung eines in dieser Vollkommenheit und Stärke noch einzig dastehenden berühmten Instituts, das, um zu dieser Größe und zu solchem Glanze zu gelangen, nur unter den größten Opfern der kunstsinnigen Fürsten Sachsens von Alters her eingerichtet und erhalten werden konnte". Ein solches Institut zu zerstören sei leicht – „aber sein Wiederaufbau?"[103] Mit diesem Appell schließt Reißigers letztlich erfolgreiche Stellungnahme zu den erwogenen Einsparungsmaßnahmen, der sich auch sein Kollege Krebs anschloß.

Aufschlußreich ist, inwieweit die vom Ministerium des Königlichen Hauses angestrengten Maßnahmen des Jahres 1856 unmittelbar mit Richard Wagners *Entwurf zur Organisation eines deutschen Nationaltheaters für das Königreich Sachsen* in Verbindung zu bringen sind. Dieser detaillierte Plan aus dem Jahre 1848 existierte in mehreren Abschriften und fand über den Minister Martin Oberländer auch den Weg ins Ministerium selbst. Nicht auszuschließen ist, daß noch Jahre danach König Johann lediglich auf der Grundlage dieses Reformplanes beraten wurde. Dafür spräche, daß vom Ministerium nun gerade jene Anregungen bedacht wurden, die Wagner formuliert hatte. Entgegen der Stellungnahme Reißigers spricht Wagner zuerst über die katholische Kirchenmusik, deren Verfall „mit der Einführung der Orchesterinstrumente in dieselbe" begonnen habe, da „durch sie und durch ihre immer freiere und selbständigere Verwendung dem religiösen Ausdruck" ein sinnlicher Schmuck „aufgedrängt" worden und der „schädlichste Einfluß auf den Gesang selbst" ausgegangen sei. Auch gehöre die Einrichtung eines katholischen Hofgottesdienstes in Dresden jener Zeit an, „in der diese gänzlich verderbte und entweihte Richtung zur herrschenden geworden war".[104] Wagner forderte, daß nicht der „instrumentale Schmuck oder gar die triviale Geigerei in den meisten unserer jetzigen Kirchenstücke" den „unmittelbaren Vorrang in der Kirche haben" solle, sondern die „menschliche Stimme, die unmittelbare Trägerin des heiligen Wortes". Ja, wenn überhaupt „die Kirchenmusik zu ihrer ursprünglichen Reinheit wieder ganz gelangen" solle, müsse „die Vokalmusik sie wieder ganz allein vertreten". Allein die Orgel könne als „würdiges Instrument, welches in jeder unserer Kirchen seinen unbestrittenen Platz hat", für die „einzig notwendig erscheinende Begleitung" dienen. Ebenso wie König Johann und sein Ministerium 1856 sah er bereits acht Jahre vorher die Lösung in der „Aufstellung eines starken Sängerchores, statt des Orchesters", für den die Räumlichkeiten der katholischen Hofkirche außerdem ganz vorzüglich geeignet seien.[105]

Auch hinsichtlich der 1856 diskutierten Abschaffung der Schauspielmusik ist bereits in Wagners großer Reformschrift nachzulesen, daß es hinsichtlich einer künftigen Reduzierung der Dienste für die überstrapazierte Kapelle, die neben ihren Verpflichtungen in der Kirche und im Theater „außerdem aber zu jedem Schauspiel ein Orchester für die Zwischenaktmusik" stellen muß, wünschenswert sei, „die Musik in den Zwischenakten des Schauspiels [...] gänzlich abgeschafft" zu sehen.[106] Dabei zielte Wagner also nicht auf eine ökonomisch motivierte Reduzierung der Kapelle, sondern bemühte sich, übereinstimmend mit den 1856 von Lüttichau und dessen Beratern vorgetragenen Ansichten, um eine Verminderung von deren Diensten.

Aus jener Zeit befindet sich in den Hoftheaterakten ein Schreiben Reißigers vom 29. Juli 1856, das dieser wegen der bevorstehenden Pensionierung einiger Kammermusiker verfaßte. Dieses Dokument ist zugleich das einzige, welches sein Eintreten für soziale Belange der Kapellmitglieder und gleichzeitig auch eine Kritik an der „Organisation der Kapelle" und der „Aufstellung ihres Etats" erkennen läßt. „Ehemals konnte mancher Kapellist, wenn Gott ihm übrigens Gesundheit verlieh, es bis zum Jubiläum bringen. Jetzt sind die Dienste gegen sonst doppelt und dreifach, die Aufgaben sind anstrengender, und es wird nicht mehr möglich sein, die Zahl der Dienstjahre auf 40, geschweige denn auf 50 zu bringen. Die nächsten Erfahrungen werden dies beweisen."[107]

Reißiger stellte die Frage, ob die Dienstjahre der Expectanten „gar nicht mit bei der Frage über die Pensionsfähigkeit" zählten: „Wir haben Expectanten gehabt, die 15 Jahre treu dienten, ehe eine Stelle als Kammermusikus offen wurde", stellte er fest. Ein lebendes Beispiel dafür sei der Hornist Moschke, der als Expectant „seine besten Kräfte freigegeben" habe.[108] Dies träfe grundsätzlich auf die Expectanten zu, da von ihnen „gleiche Tätigkeit, gleiche Virtuosität, Solospiel pp. wie bei den wirklichen Kammermusikern gefordert" würden. „Sind Ihnen diese Jahre gänzlich verloren?" fragte Reißiger, oder fordere „es nicht die Gerechtigkeit", daß, „wenn ihnen nicht die Expectantenzeit angerechnet werden kann, bei ihnen, namentlich bei so seltenen Fällen langer Dienstzeit als Expectant, eine Art Scala bestimmt würde, die ihnen vielleicht die ersten zwei oder drei Jahre für ein wirkliches Dienstjahr festsetzt und berechnet?" Diesen Mißstand nannte Reißiger schließlich einen „Mangel in der inneren Organisation der Kapelle".[109]

Wie wichtig die Frage der anzurechnenden Aspirantenjahre für die Betroffenen war, kann an einem Beispiel gezeigt werden. Als der letzte, am 18. Februar 1858 beschlossene Normaletat der Ära Reißiger vorbereitet wurde, verfaßte Robert Peschel, Aspirant bei den Violinen, eine Eingabe an den König mit folgendem Wortlaut: „Seit 17 Jahren befinde ich mich als Aspirant bei der hiesigen Hofkapelle, woselbst mein seliger Vater als Kammermusikus angestellt war, und bin mir bewußt, meine Dienstpflicht stets treu erfüllt, und Fleiß auf meine Kunst verwendet zu haben. Da ich noch nicht so glücklich war, wirklicher Kammermusiker zu werden, und gewiß die Zufriedenheit mir zuteil wird, so wage ich, da wieder Gehaltserhöhungen stattfinden, mich an Ew. Majestät mit der alleruntertänigsten Bitte zu wenden, Ew. Majestät wollten mir eine Gehaltszulage allergnädigst zu gewähren geruhen.“[110]

Mit dieser Eingabe könnte – bei 17jähriger Dienstzeit – der Aspirant Peschel allerdings Erfolg gehabt haben. Denn „rücksichtlich der Aspiranten“ war im nachfolgend verabschiedeten Normaletat nur für „die ältesten 7“ eine „Gehaltserhöhung von 150 Talern auf 200 Taler“ vorgesehen. Zugleich wurde die Zahl der Aspiranten auf insgesamt sechzehn festgelegt; sie erhielten Bezüge in Höhe von 150 Talern, wie sie auch den „in anderen Zweigen der Verwaltung angehenden Staatsdienern oder den zum Staatsdienst sich vorbereitenden Personen“ gezahlt wurden.[111]

Den geringen, fast Almosen gleichenden Entlohnungen der Aspiranten – mit denen diese und ihre Familien oft über lange Jahre hinweg dahinvegetieren mußten und die in Krankheitsfällen nachweislich oft nicht reichten, um die Behandlungskosten zu begleichen – sollen hier die Bezüge der beiden bestbezahlten Kräfte des Dresdner Hoftheaters gegenübergestellt werden. Die berühmte Wilhelmine Schröder-Devrient bezog ab 1. Oktober 1846 ein jährliches Gehalt von 4.000 Talern, dazu 20 Taler Honorar für jeden Auftritt, das bei monatlich mehr als fünf Vorstellungen „im nächsten Monat mit in Anrechnung gebracht“ werden sollte.[112] Zusätzlich zahlte man ihr jährlich 200 Taler Garderobengeld. Soziale Sicherheit bei Krankheit oder berufsbedingtem Ausscheiden erhielt die Sängerin durch eine Pension in Höhe von 1.200 Talern. Der nicht minder berühmte Joseph Tichatscheck bezog in der gleichen Zeit – wie aus der Randnotiz auf einem Vorschußgesuch des Sängers vom 2. Dezember 1846 hervorgeht – ein jährliches Gehalt von 2.600 Talern aus der Hoftheaterkasse und 400 Talern „unter dem Titel: Kirchensänger aus dem Hofzahlamte, überdies aber aus ersterer Kasse eine jährliche Gratifikation von 1.000 Talern und ein Spielhonorar von 20 Talern für jede Darstellung“.[113] Seine Einkünfte allein aus diesem „Spielhonorar“ betrugen im Jahre 1845 1.620 Taler. Insgesamt hatte der Künstler in diesem Jahr Einnahmen in Höhe von 5.620 Talern. Wolf Adolph August von Lüttichau schließlich bezog bis zum Ende seiner Amtsführung als „Generaldirektor der musikalischen Kapelle und des Hoftheaters“ im Jahre 1862 ein Gehalt von jährlich 3.000 Talern.[114]

Reißiger scheint sich besonders in den letzten Jahren seines Wirkens für die sozialen Belange der Kapellmitglieder eingesetzt zu haben. Zwar würdigte man seine Verdienste um die Musik am Dresdner Hof und verlieh ihm 1848 bei der

Feier des 300jährigen Stiftungsfestes der musikalischen Kapelle das Ritterkreuz des Ordens für Verdienst und Treue[115]; doch die zumindest nach Wagners Weggang von Dresden und Anstellung von Carl Krebs zweifelsohne verdiente Ernennung zum Ersten Kapellmeister war unterblieben.

Anläßlich seines Dienstjubiläums am 29. November 1851 aber wollten ihn die Kapellmitglieder mit einem silbernen Taktstock als „Symbol des echt human in Treue und Pflicht gleichbleibenden Taktes" ehren.[116] Unter ausdrücklicher Berufung auf dieses Vorhaben wandte sich nun Lüttichau am 22. November des Jahres an den König mit der Bitte, „ob es nicht Reißiger zu einer großen Ermunterung [...] gereichen würde, wenn er Allerhöchsten Orts sich bei dieser Gelegenheit ebenfalls einer allergnädigsten Anerkennung zu erfreuen hätte".[117] Da Reißiger das Ritterkreuz zum Zivilverdienstorden bereits erhalten habe, erlaubte er sich, in „allergnädigste Erwägung zu stellen, ob nicht die Ernennung zum Ersten Kapellmeister sich dazu am geeignetsten finden dürfte".

König Friedrich August II. entsprach dem Vorschlag. Am 27. November 1851, zwei Tage vor Reißigers 25jährigem Dienstjubiläum, wurde Reißiger zum Ersten Kapellmeister ernannt. Damit ging nun die seit Wagners Anstellung im Februar 1843 währende – nur durch ein Jahr unterbrochene – Zeit zu Ende, in der am Dresdner Hoftheater gleichzeitig zwei Zweite Kapellmeister fungierten.

Nach Wagners Flucht aus Dresden im Mai 1849 hatte Carl Krebs dessen Kapellmeister-Stelle übernommen, auf die auch Robert Schumann reflektierte. Krebs verdankte seine Anstellung der Sängerin Aloysia Michalesi, die seit dem 1. November 1849 zunächst für ein Jahr am Dresdner Hoftheater verpflichtet worden war. Deren in allen Rollen gezeigte sängerische wie darstellerische Entwicklung ließ es der Generaldirektion geraten erscheinen, die Künstlerin noch vor Ablauf ihres ersten Vertragsjahres für längere Zeit an Dresden zu binden. Bereits ein Vierteljahr nach ihrem erstem Auftritt am Hoftheater trat deshalb Lüttichau mit ihr in Verhandlungen, konnte aber „noch zu keinem Resultate" kommen, da die Sängerin „erst die Anherkunft ihres Lehrers und Bräutigams, des Kapellmeisters Krebs in Hamburg", abwarten wollte, um mit ihrer Entscheidung „zum Abschluß zu gelangen".[118]

In einem Schreiben vom 12. Februar 1850 erläutert Lüttichau den künstlerischen Werdegang von Krebs. Er sei aus Nürnberg gebürtig, in Stuttgart erzogen, Sohn des dort noch lebenden, pensionierten Hofsängers Krebs, katholischer Religion und zuerst von seinem Vater musikalisch gebildet worden. Im Alter von 20 Jahren sei er als Kapellmeister „neben dem rühmlich bekannten Gyrowetz in Wien am Kärntnerthor-Theater angestellt worden, in welcher Stellung er zwei Jahre geblieben und dann nach Hamburg als Kapellmeister engagiert worden" sei.[119] Seit dreiundzwanzig Jahren wirke er nun dort am Stadttheater und habe sich „den Ruf ausgezeichneter Tätigkeit, geschickter Leitung und achtbaren Fleißes erworben, wie denn dieses Theater auch seit einer Reihe von Jahren durch die Vorzüglichkeit seiner Oper bekannt" sei.[120] Lüttichau erwähnt auch, daß Giacomo Meyerbeer sich bei seiner letzten Anwesenheit in Dresden „sehr vorteilhaft" über

Krebs geäußert habe[121], der seine Oper *Der Prophet* in Hamburg zur Aufführung gebracht habe.

Da Krebs nun „ganz der Mann zu sein“ schien, der den Dresdner „Wünschen und Erfordernissen entsprechen könnte“ [122], auch „bei den vorgerückten Jahren des Kapellmeisters Reißiger noch ein jüngerer, tätiger und [...] schon durch Erfahrung bewährter Mann wünschenswert sein dürfte“[123], unterbreitete Lüttichau dem König, daß „der Kapellmeister Krebs bei allergnädigster Genehmigung seines Wunsches sich vom 1. Juni dieses Jahres an zu Allerhöchster Disposition gestellt“ habe.[124]

Zur gleichen Zeit, als Lüttichau mit der Michalesi und Krebs verhandelte, war beim König eine Bittschrift des Dresdner Chorgesangvereins eingegangen. Abgefaßt am 23. Januar 1850 von dem Geheimen Justizrat Dr. August Otto Krug, trug sie die Unterschriften von weiteren 79 Mitgliedern des Chorgesangvereines, dessen Begründer und langjähriger Leiter Robert Schumann war:

„Allerdurchlauchtigster Fürst
Aller gnädigster König und Herr.

Die unterzeichneten Mitglieder des Chorgesangvereines hierselbst wagen es, Ew. Königlichen Majestät, dem erhabenen Kenner und Beschützer der Kunst, mit einer ehrfurchtsvollen Bitte zu nahen. Der Dr. Robert Schumann, der Stifter und mehrjährige Leiter unseres Vereins, steht im Begriff, mit seiner kunstreichen Gattin, Clara geb. Wieck, einem ehrenvollen Rufe nach Düsseldorf zu folgen. Beide gehören sowohl durch ihre Geburt – Dr. Schumann ist aus Zwickau, dessen Gattin aus Leipzig gebürtig – als durch ihre Bildung dem sächsischen Vaterlande an. Wir dürfen annehmen, daß sie ihm auch mit dem Herzen ganz angehören und daß sie den lockenden Aussichten, welche das Ausland ihnen bietet, mit Freuden entsagen würden, wenn ihnen hier ein Wirkungskreis eröffnet werden könnte, wie er dem Künstler, und namentlich dem Komponisten unentbehrlich ist, wenn nicht die ihm angeborene Geisteskraft allmählich erschlaffen soll. Wir, die wir dem genannten Künstlerpaare durch Pflichten der Dankbarkeit und einer auf deren treffliche Eigenschaften des Geistes und des Herzens gegründeten Freundschaft verbunden sind, fühlen uns zu einem unbefangenen Urteile über die Leistungen unseres Meisters weder befähigt noch berufen. Allein zahlreiche Stimmen des In- und Auslandes bezeichnen Robert Schumann als einen ersten unter den jetzt lebenden Tondichtern. Auch an dem hiesigen Orte haben die dann und wann zu Gehör gekommenen Klavier- und Quartettkompositionen desselben, getragen durch das meisterhafte Spiel seiner Gattin, stets ein ebenso gewähltes als zahlreiches und begeistertes Publikum gefunden; und die jüngst unter seiner Leitung zu milden Zwecken veranstaltete Aufführung eines seiner frühesten Werke ‘Das Paradies und die Peri’ hat durch den ungeteilten Beifall, den sie gefunden, und der zu einer Wiederholung derselben Veranlassung gegeben hat, von Neuem den Beweis geliefert, daß er gar wohl im Stande sein würde, auch als Dirigent größerer Musiken Tüchtiges zu leisten und durch sein Talent wie durch sein gründliches Wissen die Kunst, die er stets von ihrer edelsten Seite aufgefaßt hat, zu fördern, wenn ihm dazu Gelegenheit gegeben wäre. Ob und in welcher Weise dies geschehen könne, vermögen wir nicht zu beurteilen, und können daher unsere vertrauensvolle Bitte nur dahin richten: Allerhöchstdieselben wollen diese Frage in huldreiche Erwägung zu ziehen und Sich darüber von kompetenter Stelle wohlwollenden Vortrag erstatten zu lassen geruhen. Ew. Königl. Majestät wollen diese Bitte, die aus dem Gefühle der Dankbarkeit und dem lebhaften Wunsche, das uns teure Paar uns und dem Vaterlande erhalten zu sehen, hervorgegangen ist, gnädig aufnehmen und uns dabei den Ausdruck der innigen Verehrung und Liebe gestatten, womit wir zeitlebens verharren

Ew. Königl. Majestät Dresden, am 23. Januar 1850
alleruntertänigst Gehorsamste
die Mitglieder des Chorgesangvereines hierselbst
D[r]. August Otto Krug, Geh. Justizrat".[125]

Am 8. Februar des Jahres wurde dieses Bittgesuch vom Ministerium des Königlichen Hauses „zur Vortragserstattung", also Stellungnahme, an Lüttichau übergeben. Dieser – mitten in den Verhandlungen mit der Michalesi und Krebs und in Erwartung der Entscheidung des Königs auf sein diesbezügliches Schreiben vom 12. des Monats – ließ es zunächst unbeantwortet. Zwei Wochen darauf traf dann das Königliche Reskript, „die Hofschauspielerin und Sängerin Michalesi, ingleichen die Anstellung des Kapellmeisters Krebs betr.", ein.[126] Genehmigt wurde die Vertragsverlängerung der Sängerin unter den von Lüttichau vorgeschlagenen Bedingungen. Ihren Bräutigam, den Kapellmeister Krebs betreffend, war beschlossen worden, „denselben als zweiten Kapellmeister mit einem jährlichen Gehalt von 1800 Talern in der Art lebenslänglich anzustellen, daß hierbei die im § 4 des Staatsdienergesetzes enthaltene Bestimmung in Anwendung komme, wonach während der ersten zwei Jahre der Anstellung dieselbe als widerruflich anzusehen ist".[127] In Verbindung mit Lüttichaus Vorschlag vom 12. Februar des Jahres ist daher anzunehmen, daß Carl Krebs seinen Dienst als Kapellmeister am Dresdner Hoftheater am 1. Juni 1850 antrat. Erst nach dieser Entscheidung befaßte sich die Generaldirektion mit der Stellungnahme zum Bittgesuch des Chorgesangvereines wegen einer Anstellung Robert Schumanns als Kapellmeister. Am 2. März des Jahres äußerte sich Lüttichau dann dem König gegenüber wie folgt: „In der mir zu alleruntertänigster Vortragserstattung mitgeteilten und in der submissesten Beifuge zurückfolgenden Bittschrift der hiesigen Mitglieder des Chorgesangvereines, Geheimer Justizrat Dr. Krug und Cons., haben diese vorgestellt, wie der Dr. Robert Schumann [...] im Begriff stehe, mit seiner Gattin, Klara geborene Wieck, einem ehrenvollen Rufe nach Düsseldorf zu folgen. [...] Nun bin ich weit entfernt, die musikalischen Kenntnisse wie das Talent des Dr. Robert Schumann in Zweifel zu ziehen, vielmehr hat sich derselbe durch mehrere Kompositionen rühmlich bekannt gemacht, und es ist seinen Arbeiten im Inlande wie im Auslande verdienter Beifall zuteil geworden, was jedoch dessen Fähigkeit für [die] Direktion größerer Musiken und namentlich der von Werken anderer Tonsetzer betrifft, so hat er, so viel mir bekannt und nach den Versicherungen bewährter Dirigenten, welche ich deshalb zu Rate gezogen habe, noch keine Beweise gegeben, welche ihn als ausgezeichnet für dieses Fach beurkundeten. Wie dem aber auch sei, so würde wenigstens bei der Königl. musikalischen Kapelle für denselben eine Stellung nicht auszufinden sein, wo er für dieses Institut als brauchbar und wirksam angewendet werden könnte.“[128]

Unverkennbar werden in Lüttichaus Stellungnahme nur Schumanns Fähigkeiten als Dirigent bezweifelt – durchaus zu Recht, wie auch später viele Zeitgenossen bestätigten. Offen muß die Frage bleiben, wer die „bewährten Dirigenten“ waren, von denen Lüttichau sich beraten ließ. Meyerbeer beispielsweise könnte seine Meinung geäußert haben, mit Sicherheit aber auch Reißiger, dessen Verhältnis zu Schumann noch unklar ist.

Reißiger, infolge seiner dienstlichen Verpflichtungen als Kapellmeister und Kirchenkomponist nicht in der Lage, mit anderen Kompositionen noch zusätzliche Einnahmen zu erzielen, beantragte ein Jahr nach seiner Ernennung zum Ersten Kapellmeister eine Gehaltserhöhung. Er verwies auf seine häuslichen Verhältnisse, die durch vier heranwachsende Kinder sehr beengt seien, sowie auf den „Aufwand für die Erziehung derselben“, der „immer bedeutender“ werde.[129] Lüttichau unterstützte Reißigers Gesuch, da „seinem Anführen nach auch noch [dazukomme], daß er bei seiner hauptsächlichen Beschäftigung mit Kompositionen für die Kirchenmusik, wovon er auch neuerlichst erst wieder in seinem Oratorium: David einen Beweis abgelegt“ habe, „sich der Opern-Komposition und Konzertmusik“ immer mehr entfremde, und ihm dadurch die Gelegenheiten ganz abgeschnitten, oder wenigstens sehr verkürzt“ seien, „sich neben seinem Gehalte noch einen anderen Verdienst zu erwerben“.[130] Lüttichau stellte fest, daß nach Morlacchis Ableben Reißigers Gehalt wohl auf 1.800 Taler erhöht worden sei, seitdem aber „die Bedürfnisse bei der zahlreichen Familie und die bürgerlichen Abgaben“ für „seinen nicht ganz unbeträchtlichen Gehalt so gestiegen“ seien, „daß im Vergleiche damit jene allergnädigste Gehaltserhöhung dem früheren Dienstgenusse wesentlich nachstehe“.[131] Auch falle die Bevorzugung, nach der der Erste Kapellmeister im Gehalt vom Zweiten Kapellmeister unterschieden werde, fort, da Krebs ebenfalls 1.800 Taler beziehe.

Mit Erwähnung des Umstandes, „daß im Jahre 1786 dem Kapellmeister Naumann durch Allerhöchste Gnade, bei ungemein beschränkter Dienstleistung, ein Gehalt von jährlich 2.000 Talern bewilligt“ worden sei, überließ es der Generaldirektor nun der Gnade des Königs, „auch dem Kapellmeister Reißiger eine solche Gehaltserhöhung huldreichst angedeihen zu lassen“.[132] Am 5. Mai 1852 bewilligte dieser für Reißiger „eine mit dem laufenden Monat beginnende Gehaltserhöhung von jährlich 200 Talern“.[133]

Reißiger, nunmehr 54 Jahre alt, war infolge seiner mehr als ein Vierteljahrhundert umfassenden Tätigkeit in verantwortungsvoller Position und früherer Überanstrengungen gesundheitlich geschwächt. Mehr und mehr beschränkte er sich deshalb in den letzten Jahren auf die Leitung von Kirchenmusik und älteren Opern. Aus einem Brief Hans von Bülows vom 6. Mai 1854 ist zu ersehen, daß Reißiger sich auch mit dem Gedanken trug, in Pension zu gehen. Hector Berlioz, zur selben Zeit in Dresden, wurde sogleich als Nachfolger avisiert. Jedoch zerschlug sich der Plan wieder, und Reißiger blieb weiterhin in seinem Amt. Vier

Jahre später erlitt er einen Schlaganfall; doch konnte er sich zunächst wieder erholen.

Im Frühjahr 1859, nach den Vermählungsfeierlichkeiten des Prinzen Georg, trat Reißiger eine Kur in Karlsbad an. Obwohl noch immer geschwächt, durfte er doch mit Zustimmung der Ärzte am 7. August des Jahres zumindest den Dienst in der katholischen Hofkirche wieder aufnehmen. Doch seine Widerstandskraft war gebrochen. Ein erneuter Schlaganfall setzte am 7. November seinem arbeitsreichen Künsterleben ein Ende. Unter den Freunden, die sich zu Reißigers Beisetzung auf dem Trinitatisfriedhof einfanden, war auch Julius Rietz aus Leipzig, der dann sein Nachfolger werden sollte.

Das Aschermittwochskonzert der Kapelle im nächsten Jahr stand im Gedenken des Meisters. Neben Beethovens *Eroica* erklangen ausschließlich Werke Reißigers. Die Dreyßigsche Singakademie gedachte mit der Aufführung des *Requiem* von Mozart neben der Schumannschen Singakademie, die Reißigers *Requiem*, einige Motetten und einen Chor aus seinem Oratorium *David* aufführten, sowie dem Allgemeinen Dresdner Sängerverein eines Künstlers, der ein großes Kapitel der Musikgeschichte Dresdens im 19. Jahrhundert geprägt hatte.

Anmerkungen

* Auf der Grundlage von Forschungsergebnissen Jörg Heynes überarbeitet von Michael Heinemann.

1 Vgl. Hans v. Brescius, *Die Königlich Sächsische musikalische Kapelle von Reißiger bis Schuch*, Dresden 1898, S. 14f.

2 Sächsisches Hauptstaatsarchiv, Loc.[at] 15147, *Das Kgl. Orchester*, Vol. XXIII , Bl. 104 a und b.

3 Ebd., Bl. 104 b.

4 Ebd., Bl. 105 a und b.

5 Ebd., Bl. 105 b.

6 Ebd., Bl. 106 b.

7 Ebd., Bl. 107b.

8 Ebd., Bl. 110 a.

9 Ebd., Bl. 126 a und b.

10 Ebd., Bl. 158 b und 159 a.

11 Ebd., Bl. 162 a.

12 Ebd.

13 Ebd., Bl. 91 a.

14 Ebd., Bl. 87 a und b.

15 Ebd., Bl. 87 b und 88 a.

16 Moritz Fürstenau, *Carl Gottlieb Reißiger*, in: *Allgemeine deutsche Biographie*, S. 146

17 Kurt Kreiser, *Carl Gottlieb Reißiger*, in: Mitteilungen des Vereins für die Geschichte Dresdens 26 (1918), S. 35.

18 Ebd., S. 37f.

19 Ebd., S. 46.

20 Ebd.
21 Sächsisches Hauptstaatsarchiv, Loc. 15147, *Das Kgl. Orchester*, Vol. XXIII, Bl. 88a.
22 Ebd., Bl. 88b.
23 Ebd., Bl. 89a.
24 *Allgemeine Musikalische Zeitung* 27 (1825), Sp. 127.
25 Kreiser, *Reißiger*, S. 23.
26 Ebd., S. 25.
27 Sächsisches Hauptstaatsarchiv, Loc. 15147, *Das Kgl. Orchester*, Vol. XXIII, Bl. 177b.
28 Ebd., 178a.
29 Ebd., Bl. 176b und 177a.
30 Ebd., Bl. 177a und b.
31 Ebd., Bl. 178b.
32 Ebd., Bl. 180a.
33 Ebd., Bl. 180a und b.
34 Ebd.
35 Vgl. Brescius, *Königlich Sächsische Kapelle*, S. 21.
36 Kreiser, *Reißiger*, S. 56.
37 Brescius, *Königlich Sächsische Kapelle*, S. 17.
38 Sächsisches Hauptstaatsarchiv, Loc. 15147, *Das Kgl. Orchester*, Vol. XXIII, Bl. 286b.
39 Ebd.
40 Ebd., Bl. 286a.
41 Ebd., Bl. 287b.
42 Ebd., Bl. 288a.
43 Ebd.
44 Ebd., Bl. 288b.
45 Ebd., Bl. 291a.
46 Ebd.
47 Kreiser, *Reißiger*, S. 59ff.
48 Sächsisches Hauptstaatsarchiv, Loc. 15147, *Das Kgl .Theater*, Vol. VII, Bl. 7a.
49 Kreiser, *Reißiger*, S. 56.
50 Ebd., S. 23.
51 Richard Wagner, *Sämtliche Briefe*, Bd. 2, Leipzig 1970, S. 216; vgl. auch Richard Wagner, *Mein Leben*, hrsg. von Martin Gregor-Dellin, München 1963, S. 257f.
52 Sächsisches Hauptstaatsarchiv, Loc. 15147, *Das Kgl. Orchester*, Vol. XXIV, Bl. 76a.
53 Ebd., Bl. 76b.
54 Ebd., Bl. 79a.
55 Sächsisches Hauptstaatsarchiv, Ministerium für Volksbildung, *Acta: Die Königl. musikalische Kapelle betreffend*, Nr. 14431, Bl. 84b.
56 Ebd., Bl. 85a.
57 Ebd., Bl. 11a und b sowie Bl. 15a.
58 Ebd., Bl. 19a und b.
59 Ebd., Bl. 21a.
60 Sächsisches Hauptstaatsarchiv, Ministerium für Volksbildung, *Acta: Die Königl. musikalische Kapelle betreffend*, Nr. 14433, Bl. 193a bis 199b.
61 Sächsisches Hauptstaatsarchiv, Ministerium für Volksbildung, *Acta: Die Königl. musikalische Kapelle betreffend*, Nr. 14436, Bl. 184a.
62 Ebd., Bl. 184b und 185a.
63 Ebd., Bl. 185 b.
64 Ebd., Bl. 178b.
65 Ebd., Bl. 180b.

66 Ebd., Bl. 188a.
67 Sächsisches Hauptstaatsarchiv, Ministerium für Volksbildung, *Acta: Die Königl. musikalische Kapelle betreffend*, Nr. 14437, Bl. 7a.
68 Ebd., Bl. 3b.
69 Sächsisches Hauptstaatsarchiv, *Nachlaß A. Röckel*, Nr. 1, Bl. 7.
70 Ebd., Bl. 8.
71 Zit. nach Hubert Ermisch, *Aus den Jugendjahren des Dresdner Musikdirektors August Röckel*, in: *Deutsche Rundschau*, (1907), Nr. 130, S.21ff.
72 Sächsisches Hauptstaatsarchiv, *Nachlaß A. Röckel*, Nr. 9, Bl. 28.
73 Ebd., Bl. 29.
74 Ebd., Bl. 30.
75 Wagner, *Mein Leben*, S. 285.
76 Ebd.
77 Jörg Heyne, *Karl August Röckel – Musikdirektor und Revolutionär*, in: *Musik und Gesellschaft* 28 (1978), S. 162f.
78 Wagner, *Mein Leben*, S. 387.
79 Sächsisches Hauptstaatsarchiv, Loc. XII. Nr. 4, *Acta: Das Königl. Hoftheater betreffend*, Vol. XIX, Bl. 62b.
80 Ebd., Bl. 11b und 12a.
81 Wagner, *Mein Leben*, S. 290.
82 Vgl. die nicht korrekte Darstellung u.a. bei Martin Gregor-Dellin, *Richard Wagner*, München 1982, S. 172 u. 191.
83 Wagner, *Mein Leben*, S. 264.
84 Kreiser, *Reißiger*, S. 61.
85 Sächsisches Hauptstaatsarchiv, Ministerium für Volksbildung, Nr. 14433, Bl. 305b. und 306a.
86 Sächsisches Hauptstaatsarchiv, Ministerium für Volksbildung, Nr. 14446, *Acta: Die musikalische Kapelle betreffend*, Bl. 198a und b.
87 Wagner, *Mein Leben*, S. 288.
88 Brescius, *Königlich Sächsische Musikalische Kapelle*, S. 12.
89 Ebd., S. 14.
90 Sächsisches Hauptstaatsarchiv, Ministerium für Volksbildung, Nr. 14451, *Acta: Die musikalische Kapelle betreffend*, Bl. 25a.
91 Ebd., Bl. 26a und b.
92 Ebd., Bl. 28a.
93 Ebd., Bl. 30a.
94 Ebd., Bl. 47b.
95 Ebd., Bl. 49a.
96 Ebd., Bl. 51a.
97 Ebd.
98 Ebd., Bl. 99b.
99 Ebd., Bl. 100a.
100 Ebd., B. 100b.
101 Ebd.
102 Ebd., Bl.101a.
103 Ebd.
104 Richard Wagner, *Schriften und Dichtungen*, Bd. 2, Leipzig o.J., S. 245.
105 Ebd.
106 Wagner, *Schriften und Dichtungen*, Bd. 2, S. 245 u. 262.
107 Sächsisches Hauptstaatsarchiv, Ministerium für Volksbildung, Nr. 14451, *Acta: Die musikalische Kapelle betreffend*, Bl. 162b.

108 Ebd., Bl.163a.
109 Ebd., Bl. 163a und b.
110 Sächsisches Hauptstaatsarchiv, Ministerium für Volksbildung, Nr. 14453, *Acta: Die musikalische Kapelle betreffend*, Bl. 53a.
111 Ebd., Bl. 55b und 56a.
112 Sächsisches Hauptstaatsarchiv, Ministerium des Königlichen Hauses, Loc. 40, Nr. 8, Bl. 108 a.
113 Ebd.
114 Sächsisches Hauptstaatsarchiv, Ministerium für Volksbildung, Nr. 14482/1, Bl. 1b.
115 Sächsisches Hauptstaatsarchiv, Ministerium für Volksbildung, Nr. 14446, *Acta: Die musikalische Kapelle betreffend*, Bl. 198b und 199a.
116 Vgl. Kreiser, *Reißiger*, S. 87.
117 Sächsisches Hauptstaatsarchiv, Ministerium für Volksbildung, Nr. 14446, *Acta: Die musikalische Kapelle betreffend*, Bl. 198b und 199a.
118 Sächsisches Hauptstaatsarchiv, Loc. XLI, Nr. 4, *Acta: Das Königl. Hoftheater betreffend*, Vol. XIX, Bl. 60a.
119 Ebd., Bl. 61a und b.
120 Ebd., Bl. 68b und 69a.
121 Ebd., Bl. 63a.
122 Ebd.
123 Ebd., Bl. 62a.
124 Ebd., 64b.
125 Sächsisches Hauptstaatsarchiv, Ministerium für Volksbildung, Nr. 14450, *Acta: Die musikalische Kapelle betreffend*, Bl. 56a bis 57b.
126 Ebd., 56a.
127 Ebd., Bl. 65a.
128 Ebd., Bl. 60a und 62b.
129 Sächsisches Hauptstaatsarchiv, Ministerium für Volksbildung, Nr. 14447, *Acta: Die musikalische Kapelle betreffend*, Bl. 81b.
130 Ebd., Bl. 82a und b.
131 Ebd., Bl. 82b und 83a.
132 Ebd., Bl. 83b.
133 Ebd., Bl. 85a.

Kurt Kranke

Freimaurerische Spuren im Leben und Werk von Richard Wagner

Richard Wagner wollte Freimaurer werden und den Tempel der Weisheit mitbauen. Indes fand Wagner paradoxerweise zeit seines Lebens keinen Zugang zum Orden. Im Elternhaus gingen, da Vater und Stiefvater selbst Logenbrüder waren, Freimaurer ein und aus. Freimaurer begleiteten den Weg des Kapellmeisters in Dresden und Bayreuth. In Wagners Werk lassen sich zahlreiche freimaurerische Bezüge finden, die jedoch oft nur von Eingeweihten erfaßt wurden.

Zu beginnen ist mit *Rienzi*. Idee und Uraufführung des Werkes führen nach Dresden. Am 4. Dezember 1840 übermittelte Richard Wagner aus Paris dem Intendanten des Dresdner Hoftheaters, Freiherrn August von Lüttichau, die Partitur. Wagner erhoffte, mit der Annahme der Oper in Dresden („es ist gewissermaßen meine Vaterstadt“[1]) eine „Brücke nach Deutschland“[2] zu bauen. Er überließ die „baumeisterlichen“ Pläne nicht dem Zufall. In seinem Verständnis sollten ihm in Dresden behilflich sein: der Tenor Joseph Tichatschek, der Theatersekretär Theodor Winkler, Carl Gottlieb Reißiger als Dirigent, der Schauspieler Ferdinand Heine und der Chordirektor Wilhelm Fischer. Selbst König Friedrich August II. von Sachsen bezog Wagner in sein Kalkül mit ein.

Vom Dezember 1840 bis in das Jahr 1842 hinein erhielten sie alle aus Paris „beziehungsvolle, beredsame Briefe“.[3] Der Komponist warb mit allen Mitteln, die ihm als wortgewaltigem Briefeschreiber zur Verfügung standen, um Annahme und Förderung der Oper. Die Briefflut entartete zu guter Letzt in Direktiven. Von der Seine erging an die Theaterleute der Elbmetropole minutiös ausformulierte Order: zur Rollenbesetzung und zu Einzelheiten des Chores bis hin zur Vorgabe, was während der Aufführung in welcher Minute auf der Bühne zu geschehen habe.

Richard Wagners Taktik bestand in folgendem: Die Briefempfänger sollten den Eindruck gewinnen, daß es keine Frage mehr sei, ob *Rienzi* in Dresden uraufgeführt werde, sondern lediglich, wie er inszeniert werde. Mehr noch – mit der Hinwendung zum Detail suchte Wagner als Librettist des *Rienzi* mögliche Diskussionen über eine politische Intention der Oper von vornherein abzublocken. Dafür gab es gute Gründe: Gerade ein päpstlicher Notar, Cola Rienzi, sollte in Wagners jungdeutscher Revolutionsoper als Volkstribun den Kampf gegen den Adel zur Wiedererrichtung der Republik in Rom anführen.

Obwohl zu Anfang der 1840er Jahre in Dresden die Zensur liberaler als an anderen deutschen Höfen gehandhabt wurde, war die Oper vom „Letzten der Tribunen“ wegen ihrer politischen Tendenz ohne Anteilnahme freisinniger Förderer nicht durchzubringen. Das Votum für *Rienzi* in Dresden sei vornehmlich von der idealen Besetzbarkeit der Hauptrollen mit Tichatschek und der Schröder-Devrient ausgegangen – so Wagners offizielle Version in der Autobiographie *Mein Leben*.

Was Wagner bei der Darstellung seiner Entscheidung, *Rienzi* nach Dresden zu bringen, aussparte, war die ihm bestens bekannte Dominanz von Freimaurern am Dresdner Hoftheater. Wagner, selbst kein Logenbruder, baute fest auf die Hilfe der Mitglieder der Bruderschaft.

Dresden galt in Deutschland um die Mitte des 19. Jahrhunderts als Hochburg der Freimaurerei. Intendant August von Lüttichau, seit 1812 Mitglied der Dresdner Loge „Zum Goldenen Apfel", hätte allein mit den Freimaurern unter den am Theater angestellten Künstlern[4] eine zahlenmäßig stattliche Loge gründen können. Die Logenbrüder, die nach der freimaurerischen Lehre sich als Teilhabende einer „Verschwörung zum Guten" für Toleranz und Aufklärung gegen Despotismus und Obskurantismus verstanden, waren schon von diesem Verständnis her dem *Rienzi* zugetan.

Unter den deutschen Bühnen hatte Richard Wagner für sein Werk vor allem in Dresden Unterstützung erwarten können – von Persönlichkeiten, mit denen er entweder selbst bekannt oder deren Gesinnung ihm von familiären Überlieferungen in Erinnerung war. Dies wußte Wagner bei seiner umfangreichen Korrespondenz von Paris nach Dresden zu nutzen.

Während eines „Jugendausfluges nach Böhmen" hatte Wagner bei einem „lustig verlebten Abend" in Dresden Reißiger kennengelernt.[5] Wilhelm Fischer erinnerte er daran, daß er ihn als junger Mensch schon in Leipzig, als Fischer dort noch Chordirektor war, bewundert habe.[6] „Sie waren Freund meiner Familie, meines seligen Vaters."[7] So verwies Wagner Ferdinand Heine auf seinen Stiefvater Ludwig Geyer (1779–1821). Geyer hatte in Dresden auch mit Theodor Winkler intensiven Umgang gepflegt. Winkler wurde somit von Wagner ebenfalls als ein „alter Freund meiner Familie"[8] verstanden. Es bedurfte „nur" der Rückschau auf alte freundschaftliche Bande, um aus der Sicht Richard Wagners das Wohlwollen Dresdner Theaterleute nunmehr auf den *Rienzi*-Schöpfer zu lenken.

Ludwig Geyer, Schauspieler am Dresdner Hoftheater, hatte sich auch als Porträtmaler einen Namen gemacht. Er war, wie „Sohn" Richard Wagner in einem Brief an den sächsischen König als der obersten Autorität des Hoftheaters erinnerte, einst „mit Allerhöchstem Auftrage beehrt" worden, „die Allerdurchlauchtigste Familie" des Königs zu porträtieren.[9]

Den Adressaten sollte so die Vorstellung suggeriert werden, er, Richard Wagner, der „Sohn" Ludwig Geyers, sei einzigartiger Hüter von Traditionen zur „Vaterstadt" Dresden und früherer Familienfreundschaften. Den „Eingeweihten", die in Tempelarbeit in Brüderlichkeit und Harmonie der „Königlichen Kunst" nachgingen, war der versteckte Sinn des wiederkehrenden Bezugs von Wagner auf Ludwig Geyer völlig verständlich: Denn ebenso wie Friedrich Wagner, Richard Wagners leiblicher Vater, war auch Ludwig Geyer, schon bevor er nach Dresden kam, Freimaurer gewesen. Seit dem 29. Februar 1804 gehörte er der Magdeburger Loge „Ferdinand zur Glückseligkeit" an.[10]

Zahlreiche Mitglieder des Bruderbundes in Dresden hatten in der Theaterszene um 1840 großen Einfluß: August von Lüttichau (Loge „Zum Goldenen Apfel") war Intendant, Carl Gottfried Theodor Winkler (Meister vom Stuhle der Loge „Zu den drei Schwertern und Asträa zur grünenden Raute") Hoftheatersekretär. Und ohne Joseph Tichatschek und den Chordirektor Wilhelm Fischer, beide gehörten Winklers Loge an[11], war Entscheidendes am Hoftheater nicht zu bewegen. Sie alle kannten die Regeln der Freimaurerei: Einem „Lufton", d.h. dem Sohne eines Freimaurers, war in Nöten und Schwierigkeiten genauso gut zu helfen wie einem Bruder selbst.

Die Freimaurer am Theater, für Wagners *Rienzi*-Anliegen administrativ und künstlerisch zuständig, konnten die Briefe Richard Wagners somit nicht anders deuten als einen Hilferuf eines „Luftons" an Dresdner Brüder als vormalige Freimaurer-„Kollegen" Ludwig Geyers. Das bedeutete sowohl für Lüttichau als auch für Winkler ein konfliktreiches Spannungsfeld zwischen ihrem Amt am Theater des Hofes und ihrer Gesinnungspflicht als Freimaurer.

Winkler mag aus verschiedenen Gründen in Zwiespalt geraten sein, nicht nur, weil Richard Wagner aus Paris Korrespondenzberichte für die von Winkler unter dem Pseudonym Theodor Hell mitherausgegebene Dresdner *Abend-Zeitung* übersandte. Winkler alias Hell hatte gut zwei Jahrzehnte zuvor in der Dresdner Wohnung des Kollegen Geyer das Knäblein Richard Wagner quasi auf dem Schoß geschaukelt. Aber dann hatte Geyer Winkler-Hell in einem Gedicht wegen dessen Großspurigkeit verspottet.[12]

Für den Eingang von freimaurerischen Ideen in Gedankenwelt und Werk Richard Wagners ist bedeutsam, daß er als Kind in einer Atmosphäre der Freimaurerei aufwuchs. Mit Rührung geht Wagner in *Mein Leben* auf seine frühesten Erinnerungen an den Stiefvater ein und auf dessen Entscheidung, ihm im Herbst 1820 als Siebenjährigen zum Pfarrer Wetzel nach Possendorf bei Dresden in eine „Gesellschaft anderer Knaben" für eine „vortreffliche, nüchterne und gesunde Erziehung" gegeben zu haben. Da wurden Robinson mit „dialogischen Belehrungen, aber auch der griechische Befreiungskampf und die Biographie des Freimaurers Mozart besprochen."[13]

Die Entscheidung Ludwig Geyers, den Knaben in eine gleichaltrige Gesellschaft für eine „nüchterne und gesunde Erziehung" zu bringen, entsprach freimaurerischer Geistesart. Der „Aufbau des Tempels der Weisheit" ist für die Vertreter dieser Humanitätslehre „ohne Durchführung des Prinzips der freiwilligen Vergesellschaftung" nicht denkbar, und für einen Freimaurer als Vater galt der eherne Grundsatz, daß er „in seinem Hause nicht herrschen, sondern väterlich walten, nicht zwingen, sondern leiten soll", damit die „Menschenkinder die Erde als Brüder und Schwestern" bewohnen können.[14]

Noch nach Jahrzehnten erinnerte sich Wagner, wie Tagebucheintragungen von Cosima Wagner belegen, des in der Kindheit aufgeschnappten freisinnigen und im besten Sächsisch artikulierten Ausspruches des Kriegsrates Christian Friedrich Georgi (1729–1825): „Advokaten und Theolochen auch nichts tochen!" Georgi war Freund von Ludwig Geyer[15] und, wie die Mitgliederlisten zeigen, ebenso wie dieser Freimaurer in Dresden.[16]

Der Dresdner Kreuzschüler Richard Geyer (aus dem nach dem Tode des Stiefvaters wieder Richard Wagner wurde) hatte bereits im Alter von 13 oder 14 Jahren Grundgedanken des bedeutenden Kunsthistorikers Carl August Böttiger gekannt und sich mit der Symbollehre des Altertumsforschers Georg Friedrich Creutzer (1771–1858) anzulegen versucht.[17] Freimaurertum und Symboldeutung, beides ist nicht voneinander zu trennen.

Der weit über Dresden hinaus bekannte Freimaurer Carl August Böttiger, seit 1814 Oberinspektor der Altertumsmuseen in Dresden und eine Zeitlang Lehrer an der Dresdner Kreuzschule, hatte mit seinem 1826 in Dresden und Leipzig erschienenen Hauptwerk *Ideen zur Kunst-Mythologie* nicht nur den Schüler Richard Geyer in den Bann gezogen. Auch der 24jährige Student Karl Marx übertrug 1842 in Bonn ganze Seiten aus dem Böttiger-Buch in sein Notizheft.[18]

Von der Auseinandersetzung mit der religiös geprägten Fetisch-Problematik bis hin zur sozialen Entfremdungsthematik zeigen vergleichende Analysen, daß genetisch gemeinsame Spuren der von Hofrat Böttigers Werk ausgegangenen Impulse sowohl in den Frühschriften von Karl Marx als auch in den kunsttheoretischen Schriften Wagners nachweisbar sind.

Böttiger als aufklärerischer Kopf ist in Dresden von seinem Freund G. F. W. Hegel (1770–1831), Professor in Berlin, oft besucht worden. Ludwig Geyer gedachte Böttigers, des „Ersten Aufsehers" der Loge „Zum Goldenen Apfel"[19], in einem Nekrolog.[20]

Aus dem Kontext ist zu folgern, daß es kein Zufall sein kann, daß Wagner als 21jähriger Magdeburger Musikdirektor zur Mutterloge seines Stiefvaters Kontakt aufnahm und am 10. Januar 1835 im dortigen Logenhaus während eines Konzertes die Ouvertüre zu den *Feen* aufführte.[21]

Noch 37 Jahre später, bei einem erneuten Besuche Magdeburgs, schwärmte Richard Wagner, wie er „mit himmelblauen Frack und riesigen Manschetten sich wie im Himmel beim Dirigieren vorkam".[22] Für die Johannis-Maurerei, der Wagners Vater und der Stiefvater angehörten, sind das Himmelblau und der „lichtbringende" silbrig-weiße Stern charakteristische Symbole.

Eine Verquickung der *Rienzi*-Ausstattung mit der Symbolgebung der Johannis-Loge offenbart ein Brief Richard Wagners. Darin bat er Wilhelm Fischer inständig, bei der Vorbereitung und Ausstattung der Oper ja nur auf die „Entfaltung und Segnung von Fahnen" zu achten – und die Fahnen zu halten in den Farben „weiß und blau mit silbernen Sternen"![23]

Die Freimaurer, die die Uraufführung des *Rienzi* am 20. Oktober 1842 in der Brüderschaftshochburg Dresden erlebten, werden die ihnen gemäße Idee „Alle Menschen sind Brüder" als „starke politische Tendenz" des *Rienzi* herausgehört haben; obwohl, so Wagner, der normale Opernbesucher von „vornherein nichts auf Worte gäbe".[24]

Unter dem Publikum der Uraufführung war auch Julius Mosen (1803–1867), ein aus dem vogtländischen Marieney stammender Dichter und Theatermann, der

1831 unter Demokraten mit seinem *Polenlied*, einem scharfen dichterischen Angriff auf die tyrannische Zarenherrschaft, rasch bekannt geworden war. Seit 1834 lebte er als Advokat in Dresden, und bereits 1837 lag von Mosen ein *Rienzi*-Trauerspiel vor. Das Stück zur Aufführung zu bringen, hielt Mosen für wenig erfolgreich. Den Grund erfahren wir von Wagner: In einem „rezitierten Schauspiel" wäre die „etwas starke politische Tendenz [...] bemerklicher"[25] gewesen als in einer Oper. Richard Wagner dürfte die Anregung, den Roman *Cola di Rienzi* von Edward Bulwer zu lesen und dazu einen eigenen Prosaentwurf zu schreiben, von Mosen bekommen haben, denn, so Wagner, „ich hatte diesen bereits nach meiner ersten Ankunft in Dresden im Sommer aufgesucht".[26]

Die Rekonstruktion des Datums ergibt sich aus Wagners Autobiographie: Am 3. Juni 1837 reiste Wagner von Berlin nach Dresden seiner Frau Minna, die ihn verlassen wollte, nach. Nach achttägigem Dresden-Aufenthalt begab er sich wieder nach Berlin.[27] Der „Roten Brieftasche" ist das Datum zu entnehmen: Es war der 15. Juni 1837.[28]

Von dem erneuten Berlin-Aufenthalt kehrte er acht Tage später nach Dresden zurück[29], so daß mit Wagners „erster Ankunft in Dresden", als es zu der Begegnung mit Mosen gekommen war, nur die Zeit zwischen dem 7. und 15. Juni 1837 in Frage kommt.

Da Wagner erst ab 23. Juni 1837 in Blasewitz bei Dresden[30] den Roman *Cola di Rienzi* las, jedoch bereits zwischen dem 7. und 15. Juni Gespräche mit Mosen hatte, ist abzuleiten, daß trotz Ehekrise und hektischer Reisetätigkeit Mosens Anregung, den Roman zu lesen, Wagner nicht aus dem Kopf gegangen ist.

Julius Mosen war, bevor er 1844 einer Berufung als Dramaturg an das Theater Oldenburg folgte, in Dresden Mitglied der Loge „Zum Goldenen Apfel".[31]

Die Freimaurerei, ein in Dresden von demokratisch gesinnten Kräften geformtes Pendant zum Konservatismus des katholischen Hofes, regte zwei Wahl-Dresdner zur künstlerischen Bewältigung desselben Themas an. Julius Mosen, der heute fast vergessene Inspirator Wagners, ist mit seinem *Rienzi*-Schauspiel beim Dresdner Hoftheater nicht an-, dafür in den Dresdner Freimaurerbund aufgenommen worden; Richard Wagner erlebte mit tätiger Hilfe von Freimaurern zwar eine ihn über Dresden hinaus berühmt machende *Rienzi*-Aufführung, jedoch nicht die Einführung in den Bund.

Noch in Bayreuth strebte Wagner, mittlerweile einer der größten Künstler seiner Zeit, danach „Br.: Richard Wagner" zu werden. In seinem Freund Friedrich Feustel, einem Bankier, der in „Wahnfried" ein- und ausging, der einer der bedeutendsten Förderer Bayreuths und eine der führenden Persönlichkeiten deutscher Freimaurerei war, hatte Wagner einen Bürgen zu finden gehofft. Die Hoffnung schien nicht unbegründet: Einerseits war Feustel Großmeister der Loge „Zur Sonne" in Bayreuth, und andererseits hatte Wagner im *Parsifal*, den er gewissermaßen Bayreuth weihte, ein freimaurerisches Credo unterlegt.

In einer freimaurerischen Studie zu *Parsifal* und *Lohengrin*, enthalten im Organ der *Vereinigten Großloge der alten freien angenommenen Maurer von Deutschland*, heißt es:

„Die zwei großen Tempelfeiern im 'Parsifal': das Liebesmahl im ersten Akt und die Trauerfeier im dritten Akt, sind beide freimaurerische Kultformen. 'Kultische und rituelle Mahle' (Tafellogen) und 'kultische und rituelle Trauerfeiern' (Trauerlogen) sind der Freimaurerei eigentümlich. Die Trauerloge im dritten Akt 'Parsifal' folgt gänzlich dem Freimaurerritual. Der Trauerzug mit dem Sarge Titurels beginnt bekanntlich mit Wechselgesängen der Gralsritter in Frage- und Antwortform.

Der erste Chor der Ritter beginnt:
'Geleiten wir den bergenden Schrein
den Gral zum heil'gen Amte.
Wen berget ihr im düsteren Schrein
und führt ihn trauernd daher?'
Der zweite Chor antwortet:
'Es birgt den Helden der Trauerschrein,
er birgt die heilige Kraft,
der Gott einst selbst zur Pflege sich gab:
Titurel führen wir her.'
Auch weiter folgen immer Frage und Antwort der Chöre.

Nach dem Buch 'The Craftsman and the Freemasons Guide' von Cornelius Moore, das 1866 in Cincinnati veröffentlicht wurde, beginnt die Trauerfeier der Freimaurerei mit demselben Frage- und Antwortritual. Der Meister fragt (aus dem Englischen übersetzt):

'Welcher Mann ist er, der lebt und soll nicht Tod sehen?'
Und der Aufseher antwortet mit Bibelworten:
'Seine Tage sind wie Gras' usw.

Dann fragt der Meister wieder: 'Wo ist unser verschiedener Bruder jetzt'?, und der ältere Aufseher antwortet:

'Es wohnt in der Nacht. Er hält sich in der Dunkelheit auf.'

Solche Ähnlichkeiten der Trauerzeremonien könnte man für einen Zufall halten, wenn es nicht andere gäbe, die noch viel auffallender und Wagners Kenntnis des Freimaurerrituals noch mehr beweisen. Man kann es keinen Zufall mehr nennen, wenn beide Tempelfeiern in Wagners 'Parsifal' am Mittag beginnen und diese Zeit besonders hervorgehoben wird.

Im ersten Akt wird hervorgehoben, daß Gurnemanz Parsifal am Mittag in den Tempel begleitet, wenn Gurnemanz singt:

'Vom Bade kehrt der König heim. Hoch steht die Sonne:
Nun laßt zum frommen Mahle dich begleiten.'

Aber auch im dritten Akt ist betont, daß es Mittag ist, wenn Gurnemanz Parsifal zum zweitenmal in den Tempel führt:

'Mittag: die Stund' ist da. Gestatte, Herr, daß dein
Knecht dich geleite:'

Ganz ähnlich beginnt im 'Lohengrin' das Gottesgericht am Mittag. Mit Worten, welche mit den Gurnemanz-Worten im ersten Akt 'Parsifal' übereinstimmen, eröffnet König Heinrich das Gericht:

'Im Mittag hoch steht schon die Sonne'.

Die Worte, welche in 'Lohengrin' und in 'Parsifal' gleichlautend sind, sind offenbar eine Formel, welche von Wagner wiederholt wird und in beiden Werken eine Feierlichkeit eröffnet. Auch sie gehört dem Ritual der Freimaurerei an. Wenn die Arbeit in den Freimaurerlogen beginnt, ist es 'Mittag' oder in der feierlichen Sprache des symbolischen Kalenders der Logen: 'Hoch Mittag'.

Gurnemanz und König Heinrich sprechen wie die Meister vom Stuhl einer Freimaurerloge, wenn in dem Tempel die Lichter entzündet und die 'Arbeitstafel' enthüllt wird, wie der heilige Gral im Tempel des 'Parsifal' enthüllt wird. 'Hoch Mittag' beginnt das Werk der Freimaurer und das Zeremoniell im Gralstempel. 'Hoch Mittag' beginnen die 'Tafelloge' im ersten Akt des 'Parsifal' und die 'Trauerloge' im dritten Akt. Wagner und das Freimaurerritual sprechen dieselben Worte."[32]

Cosima Wagners Tagebücher bezeugen, daß Richard Wagner in Bayreuth von freimaurerischen Ideen nicht loskam. Davon sprechen beispielsweise Eintragungen aus dem Jahre 1873: „Beim Kaffee las ich die Rede des Maurers [aus Goethes *Wahlverwandtschaften*] vor und wie ich zu der Stelle komme, wo Ottilie ihre goldene Kette hergibt, muß ich aufhören, wir sind beide in Tränen." Und weiter: „R. freut sich seiner Bücher, namentlich auch der neuangekommene Mystiker, 'der Mystiker' ist mein Mann, wenn er auch irrt, derjenige, den es drängt, das innere Licht – gegenüber der Außenhelle, die sich ihm nichts entdeckt, sich anzuzünden'!"[33]

Dem ist anzumerken: Freimaurer verstehen sich als Lichtsuchende. Durch Tugend zum Licht – das ist eine elementare Formel für des Freimaurertums Sinn.[34]

Wagner griff lange vor Bayreuth auf die für die Freimaurerei typische Licht-Terminologie und -Symbolik zurück: 1848 in Dresden, als er den Aufsatz *Die Wibelungen. Weltgeschichte aus der Sage* veröffentlichte. Darin erfährt der Leser, wie „wir in der ältesten Bedeutung des Mythos Siegfried als Licht- oder Sonnengott zu erkennen haben." Weil dem Menschen, so der freimaurerisch argumentierende Wagner, „alles Erfreuende und Belebende vom Lichte" ausgeht, so „konnte es ihm auch als der Grund des Daseins selbst gelten: es ward das Erzeugende, der Vater, der Gott; das Hervorbrechen des Tages aus der Nacht erschien ihm endlich als der Sieg des Lichtes über die Finsterniß", und das ist die „ursprüngliche Bedeutung von Siegfrieds Drachenkopf": Sieg des „individualisierten Licht- und Sonnengott" über das „Ungethüm der chaotischen Urnacht"[35].

Fast einhundert Jahre nach dem Wagner-Aufsatz führte ein Freimaurer zur Licht-Thematik ähnliches aus: „Aus der Nacht menschlicher Zwecksetzung, menschlicher Schwachheit und Geschäftigkeit, aus dem rasselnden Triebwerk des seelenlos Mechanischen, aus dem Kerker des Dämonischen" [bei Wagner im 1848er „Wibelungen"-Aufsatz heißt es: „In der schachernden Menschenfabrikwelt gibt es nur insoweit Menschen, als das Kapital sie Menschen sein läßt."] „steigt die Sehnsucht nach dem Erleben des Göttlichen, nach Ruhe am Herzen der Vollendung, nach Freiheit der Befreiten, nach Wärme der Geistesgemeinschaft – das ist das immaterielle Licht: Das Symbol derer, die seit dem 18. Jahrhundert [...] den Namen Freimaurer erhielten, aber seit Jahrtausenden Adepten des Lichts waren."[36]

Ähnlich der Licht-Symbolik ist eine mythisch-freimaurerisch eingefärbte Affinität Richard Wagners zum „Feuer" festzustellen. Ist etwa von daher die seltsame Beziehung zwischen dem Kapellmeister Wagner und dem russischen Anarchisten Michail Bakunin im Frühjahr 1849 in Dresden zu erklären? Auch von Bakunin ist, zumindest zeitweise, eine Annäherung an den Freimaurerorden überliefert, und er empfand nach Wagners Darstellung eine „kindlich-dämonische Freude am Feuer"[37].

Zahlreiche Textstellen in Richard Wagners Werken illustrieren dessen eigene Hinwendung zur Feuer-Symbolik: von der Verkündung Brünhildes am Schluß von *Siegfrieds Tod*, der Urfassung der *Götterdämmerung*:

„Das Feuer, das mich verbrennt,
rein'ge den Ring vom Fluch,"
hin zu dem Gedicht *Die Not*:
„Die Fackel, ha! sie brenne helle,
sie brenne tief und breit,
zu Asche brenn' sie Statt und Stelle,
dem Mammonsdienst geweiht ...
Dann weiter brenne, immer weiter,
du heil'ger Feuerbrand ..."

und zu dem Brief Richard Wagners vom 22. Oktober 1850 an Theodor Uhlig, wonach „wir einer feuerkur nöthig haben, um die uns umgebenden (socialen) bedingungen unserer krankheit zu heilen."

Wagner verstand das alte Symbolelement Feuer offensichtlich als Mittel zur höchsten und letzten Reinigung (einschließlich sozialer Umwälzung) sowie als Träger des läuternden Lichts. Wagner verwandte das Symbol offenbar im Verständnis der Freimaurerei, die das Element des Feuers „auf altgermanische Sitte und uralte nordische Lichtreligion" zurückführt: „Dem, der durch das Feuer gereinigt ist, mag das Licht" als Erleuchtetem gegeben sein.[38]

Bei all dieser Sympathie Wagners für die Vorstellungswelt und das Ritual der Freimaurerei mag es den großen Künstler schmerzlich berührt haben, daß er auch in Bayreuth nicht in die Freimaurerschaft aufgenommen wurde. Dafür sind Hinderungsgründe überliefert: Eine Reihe von Mitgliedern des Beamtenrates der Bayreuther Loge, es spielten da „pietistische" Einstellungen hinein, waren für Wagner nicht eingenommen. „Feustel selbst befürchtete auch [...], daß infolge einer eventuellen Aufnahme in die Loge die 'ultramontane Hetze gegen Richard Wagners Person mit neuer Wucht durchbrechen würde und dadurch die Beziehungen Wagners zu König Ludwig II. hätten erschwert werden können.' Aus solchen Erwägungen heraus riet schließlich Feustel seinem Freunde, das Aufnahmegesuch nicht einzubringen."[39]

Begonnen hatte alles in Dresden – dort hatte sich Wagner dank des freimaurerischen Umfeldes und der so erhaltenen Anregungen in der Zeit zwischen 1843 und 1849 intensiv mit den geistigen Grundlagen, Zielen und Ritualen der Freimaurer beschäftigt.

Außer mit den bereits erwähnten Personen hatte Wagner in Dresden Verbindungen zu bzw. freundschaftlichen Umgang mit weiteren Freimaurern.[40]

Dazu gehörten: Berthold Auerbach, Dichter (seit 1838 in der Frankfurter Loge „Zur aufgehenden Morgenröte"), August Gerstorfer, Schauspieler (Loge „Zu den drei Schwertern") und auch Karl Heinrich Gärtner, Buch- und Steindrucker (Loge „Zum Goldenen Apfel"), der in Dresden Röckels revolutionäre „Volksblätter" gedruckt hatte.[41] Der Oboist Rudolf Theodor Hiebendahl (Loge „Zum Goldenen Apfel") gehörte neben dem Freimaurer Kriebe zu jenen, die Wagner in Dresden aus finanzieller Not halfen.

Zu Begegnungen in der sächsischen Residenz kam es weiterhin mit den Logenbrüdern Ferdinand Hiller[42], Franz Liszt (seit 1841 in der Frankfurter Loge „Zur Einigkeit"), J. A. Schubert, Professor am Technikum in Dresden (Loge „Zu den drei Schwertern") und mit Franz Jacob Wigard (Loge „Zum Goldenen Apfel"), jenem Professor in Dresden, der Mitglied der Frankfurter Nationalversammlung war.

Mit der Geisteswelt der Freimaurer sowie entsprechender Literatur kam Richard Wagner während seiner Abstecher, die er von Dresden aus nach Leipzig unternahm, auch durch seinen Schwager, Dr. Oswald Marbach (1810–1898), seit 1846 Professor für Philosophie und von 1844 an Mitglied der Leipziger Loge „Balduin zur Linde", in Berührung.

Anläßlich des Jubiläums der Erfindung des Buchdrucks gab Marbach bezeichnenderweise eine Übersetzung des Nibelungenliedes als Prachtausgabe heraus. Ebenso wie Wagner war er fasziniert vom Goetheschen *Faust*, dem „Hohen Liede der Freimaurerei", zu dem er einen umfangreichen Kommentar publizierte.[43]

Marbach hatte in seiner *Freimaurer-Zeitung* geäußert, daß bereits vor der Revolution von 1848 „drei Worte in den Hallen der Maurer im Verborgenen mit heiliger Rührung ausgesprochen worden wären, die Worte Freiheit, Gleichheit und Brüderlichkeit"[44].

Auch die Freimaurer waren in der Revolutionszeit 1848/49 auf die Ideen der von der Französischen Revolution proklamierten Menschenrechte zurückgekommen. Jenes politische Reizwort fiel in der Rede, die Richard Wagner am 15. Juni 1848 im Dresdner Vaterlandsverein zu der Frage *Wie verhalten sich republikanische Bestrebungen dem Königtume gegenüber?* hielt.

Die im Vaterlandsverein mit Erstaunen aufgenommene Version eines vermittelnden Kompromisses zwischen Monarchisten und Republikanern, wonach der „König der erste und allerechteste Republikaner", der „Erste des Volkes, der Freieste der Freien", ja der Höchste gleichsam Diener „Aller sein sollte"[45] – diese politische Konstruktion Richard Wagners könnte dem freimaurerischen Logen-Modell entlehnt sein. Sie erinnert frappierend an das Demokratieverständnis im Bund hinsichtlich der Stellung und Verantwortung eines Meisters vom Stuhle gegenüber allen anderen Logenmitgliedern. In den Freimaurerlogen wurden alle Mitglieder, ob Repräsentant des Erbadels, Träger eines Adelsdiploms oder bürgerlichen Titels, allein schon mit der „Du"-Anrede brüderlich gleichgestellt und der Meister als erwählter „Erster unter Gleichen" hatte streng auf die Bewahrung der Gleichheit aller zu achten.[46]

Der in Wagners Briefen aus Dresden verschiedentlich, hingegen in *Mein Leben* nicht erwähnte Name Laforque hat Wagner-Biographen Kopfzerbrechen bereitet. Es ist bisher nicht gelungen, herauszufinden, warum Wagner bei seinem immensen Dresdner Freundeskreis in politisch brisanter Zeit sich gerade mit dem „Anonymus" Laforque zusammentat. Immerhin muß Laforque für Wagner eine Person seines absoluten Vertrauens gewesen sein. Denn Laforque war Wagners Begleiter bei einer für einen königlichen Kapellmeister nicht ungefährlichen Reise in das revolutionäre Wien vom Juli 1848.[47]

Jean Baptist Laforque, so entnehmen wir einem Mitglieder-Verzeichnis, war seit 1808 Mitglied der Loge „Zum Goldenen Apfel" in Dresden. Auch dieses Detail signalisiert die Nähe Richard Wagners zu der mit den 48er Revolutionszielen zumeist verbundenen großen Schar der Dresdner Freimaurer.

Von Freimaurern dieser Art, die in der zweiten Hälfte der vierziger Jahre zwecks rascher Verwirklichung ihrer Weltbürger-Ideale auf den revolutionären Gärprozeß setzten, dürfte Kapellmeister Wagner unterstützt worden sein, die 9. Symphonie, ein „bis dahin in Dresden verrufenes Werk"[48], am 5. April 1846 im Alten Opernhaus am Dresdner Zwinger endlich wieder zur Aufführung zu bringen.

Am katholischen Hofe in Dresden nahm man Rücksicht auf den von Rom mehrfach ausgesprochenen Bann gegen die Freimaurerei. Der von Freimaurer-Idealen getragene revolutionäre Geist der 9. Symphonie, der Beethoven im Schlußsatze Schillers Ode *An die Freude* (ein „Auftragswerk" des Dresdner Freimaurers Christian Körner und ein in dessen Vertonung damals in den Logen oft gesungenes Freimaurerlied[49]), textlich unterlegte, war diesem Hofe gut bekannt.

Bis in die Terminologie hinein „verrät" die 1870 veröffentlichte *Beethoven*-Schrift die freimaurerischen Interpretationen der 9. Symphonie durch Wagner: „Und nun ist es, als ob [...] der Meister [...] sich zu seiner Zauberarbeit zurecht setzte [...] in stets neuer, unerhörter Veränderung durch die Strahlenbrechung des ewigen Lichtes. [...] Der göttlich naive, nur von seinem Zauber erfüllte Meister trat in die neue Lichtwelt ein."[50]

Wie die Wagnerschen Aufführungen der Neunten in Dresden politisch interpretiert wurden, zeigt ein bemerkenswerter Vorgang: Am Revolutionstag des 8. Mai 1849 rief ein Kommunalgardist Wagner zu: „Herr Kapellmeister, der Freude schöner Götterfunken hat gezündet, das morsche Gebäude ist in Grund und Boden verbrannt!" Wagner versäumte nicht, den Ausruf dem Freimaurer und Kammermusikus Hiebendahl, den er wenig später in der Uniform der Kommunalgarde traf[51], mitzuteilen.

Wie intensiv Wagner, bis auf die Kenntnis des Logen-Losungswortes, mit der Freimaurerei in Dresden vertraut war, zeigt ein weiterer Vorfall: Als Wagners Plan aus dem Jahre 1846 zur Errichtung von Kapellkonzerten unterwandert wurde, führte er im Brief vom 7. Oktober 1848 an die Vorstände des Dresdner Kapellvereins, wohl wissend, daß sich unter ihnen zahlreiche Freimaurer befanden, aus: Er, Wagner, sei derjenige, der „zu jeder Zeit den Spruch: EINER FÜR ALLE, zu erfüllen gestrebt hat, dem jedoch die Erwiderung: ALLE FÜR EINEN, nicht nur versagt, sondern beinahe in den Spruch: ALLE GEGEN EINEN, umgewandelt worden ist"[52]. Damit nahm Wagner ironisch Bezug auf den in den Dresdner Logen geltenden kategorischen Imperativ: „ALLE FÜR EINEN, EINER FÜR ALLE!"[53]

Letztlich: Warum ist Wagner, dessen von Hause aus und in Dresden aufgenommenes Gedanken- und Symbolgut der Freimaurer in seltsamer Verschlüsselung und Verwobenheit umfangreich im Werk des Meisters wiederzufinden ist, weder in der sächsischen Residenz noch anderswo als Mitglied in den Bund aufgenommen worden? Eine Antwort ist in den Bedingungen für die Aufnahme in den Freimaurerbund zu sehen.

Von einem „Suchenden" wurden u.a. neben dem Sinn für Höheres, Ideales und Symbolik auch die freie Verfügbarkeit über ein Vermögen sowie ein „Trieb zur Unterordnung unter die Mehrheit und Autorität" vorausgesetzt.[54] Ein Berg von Schulden und ein nicht zu übersehender antiautoritärer Hang Wagners verschlossen dem Dresdner Kapellmeister die Tore zur Bruderschaft. Es gab nur einen Meister, und der hieß Richard Wagner – das hatte sich in den Logen schnell herumgesprochen...

ANMERKUNGEN

1 Brief Richard Wagners vom 20. September 1840, in: Richard Wagner, *Sämtliche Briefe*, hrsg. im Auftrage der Richard Wagner-Stiftung Bayreuth von Gertrud Strobel und Werner Wolf, Bd. 1, Leipzig 1979, S. 405 f.

2 Richard Wagner, *Mein Leben*, hrsg. von Eike Midell, 1. Bd., Leipzig 1986, S. 219.

3 Wagner, *Mein Leben*, Bd. 1, S. 220.

4 Lüttichaus Logenmitgliedschaft in: Mitgliederverzeichnis Loge „Zum Goldenen Apfel", Dresden 1854, S. 13. – Darüber hinaus gehörten folgende Musiker, Sänger, Komponisten und Schauspieler, zumeist beim Dresdner Hoftheater angestellt, dieser Loge an: Carl Gustav Dietze, Johann Carl Fischer, Johann Gotthelf Forkert, Christian Benjamin Frentzel, Moritz Fürstenau, Christian Traugott Geiling, August Hase, Rudolf Theodor Hiebendahl, Carl Heinrich Hübner, Arno Kabisius, Heinrich August Köhler, Johann Gottlieb Kote, Heinrich Kummer, Johann Gottlieb Lauterbach, Johann Christian Eduard Listing, Franz Löbel, Johann Wilhelm Lorenz, Franz Anton Morgenroth, Carl Gottlob Peschke, Friedrich Anton Richter, Gottlieb Roth, Traugott Roth, Anton Julius Rühlmann, Carl Salomom, Johann Gottlieb Scholz, Franz Anton Schubert, Christian Gotthelf Steudel, Carlo Tibaldi, Louis Tietz, Friedrich Gottlieb Wölfel.

Der Loge „Zu den drei Schwertern und Asträa zur grünenden Raute“ gehörten folgende in Dresden wirkende Musiker, Komponisten, Schauspieler und Künstler als Mitglieder an: J. H. Bösenberg, Derablais, J. A. Naumann, Campagnoli, H. T. Salomon, J. A. Adam, H. F. Schmidt, Ch. Babbi, J. A. Micksch, K. Ch. Hennig, F. A. Pieschel, A. Benelli, F. G. Peschel, J. S. Röhmer, J. G. Bergmann, L. Pauli, K. G. Risse, K. A. Hänsel, A. W. Kriete, J. Lepitre, J. T. Edel, A. W. Barth, J. A. Tichatschek, F. A. Moschke, S. Schwager, E. J. Schlitterlau, W. Fischer, K. Schmerbitz, G. H. Löwe, A. L. Gersdorfer, K. F. Thiele, J. Dominik, A. W. Fischer, K. G. Reißiger, F W. Schlick, E. A. F. Rumpelt-Walther, E. O. Vogel, K. Z. Biehr. Vgl. Das Mitgliederverzeichnis in: F. A. Peuckert, *Die gerechte und vollkommene St. Johannisloge zu den drei Schwertern und Asträa zur grünenden Raute im Orient Dresden 1738–1882. Ein Beitrag zur Geschichte der Freimaurerei in Dresden und Sachsen*, Leipzig 1883.

5 Wagner, *Mein Leben*, Bd. 1, S. 220.

6 Brief Richard Wagners vom 7. September 1841, in Wagner, *Sämtliche Briefe,* Bd. 1, S. 512.

7 Brief Richard Wagners vom 14. Oktober 1841, in Wagner, *Sämtliche Briefe*, Bd. 1, S. 524.

8 Wagner, *Mein Leben*, Bd. 1, S. 220.

9 Brief Richard Wagners (undatiert), in Wagner, *Sämtliche Briefe,* Bd. 1, S. 422.

10 Beitrag ohne Verfasserangabe: *Wie Richard Wagner Freimaurer werden wollte*, in *Die Vereinigte Großloge*, Heft 8, Frankfurt a. M. 1952, S. 156.

11 Vgl. Mitgliederverzeichnis der betreffenden Logen in *Mitgliederverzeichnis der Loge Zum Goldenen Apfel*, Dresden 1854 und bei F. A. Peuckert, *Die St. Johannisloge*, Leipzig 1883.

12 Otto Bournot, *Ludwig Heinrich Chr. Geyer, der Stiefvater Richard Wagners*, Leipzig 1913, S 63f.

13 Wagner, *Mein Leben*, Bd. 1, S. 10f.

14 Ludwig Keller, *Die geistigen Grundlagen der Freimaurerei und das öffentliche Leben*, Berlin ²1922, S. 47 f.

15 Bournot, *Ludwig Geyer*, S. 71.

16 S. *Mitgliederverzeichnis der Loge Zum Goldenen Apfel*, Dresden 1818, hier unter der Rubrik „Beamte“.

17 Richard Wagners Brief vom 12. November 1838, in, Wagner, *Sämtliche Briefe*, Bd. 1, S. 354.

18 Vgl. *Marx-Engels-Gesamtausgabe* (*MEGA*), Vierte Abteilung, Bd. 1, hrsg. von den Instituten für Marxismus-Leninismus beim ZK der KPdSU und der SED, Berlin 1976, S. 320.

19 S. *Mitgliederverzeichnis der Loge Zum Goldenen Apfel*, Dresden 1818.

20 Bournot, *Ludwig Geyer*, S. 40.

21 Vgl. Beitrag ohne Verfasserangabe: *Wie Richard Wagner Freimaurer werden wollte*, S. 156.

22 Cosima Wagner, *Die Tagebücher*, Bd. 1 (1869–1877), hrsg. von Martin Gregor-Dellin und Dietrich Mack, München 1976, S. 610.

23 Richard Wagners Brief vom 8. Dezember 1841, in Wagner, *Sämtliche Briefe*, Bd. 1, 556.

24 Wagner, *Mein Leben*, Bd. 1, S. 271.

25 Ebd.

26 Ebd.

27 Wagner, *Mein Leben*, Bd. 1, S. 165.

28 Wagner, *Sämtliche Briefe*, Bd. 1, S. 83.

29 Ebd., S. 322, Anmerkung 2.

30 Martin Gregor-Dellin: *Wagner-Chronik*, München u.a. 1983, S. 23.

31 In *Mitgliederverzeichnis der Loge Zum Goldenen Apfel*, Dresden 1854, dort unter Nr. 231.

32 Vgl. Beitrag ohne Verfasserangabe: *Wie Richard Wagner Freimaurer werden wollte*, S. 155 f.

33 Cosima Wagner, *Tagebücher*, S. 178 und S. 655.

34 Ferdinand Runkel, *Geschichte der Freimaurerei in Deutschland*, Bd. 1, Berlin o. J., S. 17.

35 Richard Wagner: *Die Wibelungen. Weltgeschichte aus der Sage*, in ders., *Ausgewählte Schriften*, Leipzig 1982, S. 99 und S. 112.

36 Anon., *Die Symbolik des Freimaurers*, Stuttgart 1930, S. 129 ff.

37 Wagner, *Mein Leben*, Bd. 1, S. 442.
38 Anon., *Die Symbolik des Freimaurers*, S. 129 ff.
39 Vgl. Beitrag ohne Verfasserangabe: *Wie Richard Wagner Freimaurer werden wollte*, S. 158.
40 Quellen der Logenmitgliedschaft: *Allgemeines Handbuch der Freimaurerei*, Bd. 1, Leipzig 1900, S. 55; ferner Beitrag ohne Verfasserangabe: *Wie Richard Wagner Freimaurer werden wollte*, *Mitgliederverzeichnis der Loge Zum Goldenen Apfel*, Dresden 1854 u. F. A. Peuckert, *Die St. Johannisloge*, Leipzig 1883.
41 Brief Richard Wagners vom 2. Mai 1849, in Wagner, *Sämtliche Briefe*, Bd. 1, S. 651; sowie Hermann Müller, *Richard Wagner in der Mai-Revolution 1849*, Dresden 1919, S. 8.
42 Vgl. Alfred Tittel, *Verzeichnis der Altenburger Logenbücherei*, Altenburg 1910, S. 420.
43 Vgl. *Allgemeines Handbuch der Freimaurerei*, Bd. 2 („Oswald Marbach"), Leipzig 1901, S. 100ff.
44 Rundschreiben der Johannisloge „Balduin zur Linde" vom 15. Dezember 1850, in *Freimaurer-Zeitung*, Nr. 2 (Januar 1851), Leipzig 1851, S. 10.
45 Vgl. Ferdinand Praeger, *Wagner, wie ich ihn kannte*, Leipzig 1892, S. 170 u. S. 174.
46 Vgl. Eugen Lennhoff, *Die Freimaurer. Geschichte, Wesen und Wirken und Geheimnis der Königlichen Kunst*, Berlin 1932.
47 Brief Richard Wagners vom 11. Juli 1848, in Wagner, *Sämtliche Briefe*, Bd. 2, Leipzig 1980, S. 608.
48 Wagner, *Mein Leben*, Bd. 1, S. 379.
49 Jacques D'Hondt, *Verborgene Quellen des Hegelschen Denkens*, Berlin 1972, S. 205 ff.
50 Richard Wagner, *Beethoven*, in ders., *Gesammelte Schriften und Dichtungen*, Bd. 9, Leipzig o.J., S. 97 und S. 101.
51 Wagner, *Mein Leben*, Bd. 1, S. 459.
52 Wagner, *Sämtliche Briefe*, Bd. 2, S. 627.
53 A. Peuckert, *Die Feier zur Erinnerung an das 150jährige Bestehen der Loge zu den drei Schwertern und Asträa zur grünenden Raute*, Dresden o.J., S. 39 (= gedruckter Festvortrag des Jubelfestes am 20. und 21. September 1890).
54 *Allgemeines Handbuch der Freimaurerei*, Bd. 1, Leipzig 1900, S. 56 f.

Hans John

Richard Wagners Schrift „Entwurf zur Organisation eines deutschen National-Theaters für das Königreich Sachsen (1848)"

Während seines Wirkens in Dresden bis zum Jahre 1848 ist die musikpublizistische Produktivität Richard Wagners vergleichsweise kärglich. Außer der *Autobiographischen Skizze* (1843) und der Denkschrift *Die Königliche Kapelle betreffend* (1846) handelt es sich um kleinere Gelegenheitsschriften. Erst durch die Revolutionsereignisse der Jahre 1848/49 wurde Wagner zu größeren theoretischen Beiträgen inspiriert.

Der Essay *Die Königliche Kapelle betreffend* umfaßt 84 Druckseiten. In dieser wichtigen Schrift unterbreitet Wagner, von Amts wegen in den Interessenkonflikt zwischen Hoftheater und Königlicher Kapelle geraten, dem für beide Institute zuständigen Generaldirektor Wolf Adolf von Lüttichau seine Vorstellungen zur seiner Meinung nach dringend notwendigen Reform und Neuorganisation der Königlichen Kapelle. Die Denkschrift wurde am 2. März 1846 bei Lüttichau eingereicht. Dieser ließ sich mit der Beantwortung etwa ein Jahr Zeit. Wagner erhielt schließlich einen abschlägigen Bescheid.

Der *Entwurf zur Organisation eines deutschen National-Theaters für das Königreich Sachsen* (Erstdruck im Zweiten Band der *Gesammelten Schriften und Dichtungen* von Richard Wagner, 1. Auflage, Leipzig 1871, S. 307–359) wurde am 16. Mai 1848 nach vorangegangener Absprache mit Robert Schumann dem zuständigen sächsischen Minister des Innern, Martin Gotthart Oberländer, eingereicht. Auch in diesem hochwichtigen Schriftstück befaßte sich Wagner mit der Reform des sächsischen Hoftheaters. Nach einer schonungslosen Analyse des Dresdner Theaterzustandes unterbreitet er Vorschläge zur Neuorganisation dieses Instituts. Eine kalligraphische Abschrift des sehr informativen Dokuments mit autographen Randbemerkungen Richard Wagners befindet sich im Stadtarchiv Dresden.[1] Sie weicht beträchtlich von der späteren Druckfassung Wagners ab. Eine Drucklegung der Urschrift erfolgte bisher nicht. Der *Entwurf* wurde unmittelbar nach Vollendung der *Lohengrin*-Partitur verfaßt. Nachdem Wagner auch mit seiner zweiten Denkschrift bei seinen Vorgesetzten nur auf eisige Ablehnung stieß, schloß er sich fortan um so entschiedener den revolutionären Demokraten an, die in solchen Persönlichkeiten wie Hermann Köchly, August Röckel und Gottfried Semper wichtige Hoffnungsträger hatten.

Wagner datiert seinen *Entwurf* in der Druckfassung auf das Jahr 1849. Tatsächlich wurde die Schrift bereits am 16. Mai 1848 an den sächsischen Minister des Innern, Martin Gotthart Oberländer, abgesandt.

Vergegenwärtigen wir uns die damalige Situation: Seit 1836 residierte König Friedrich August II. (er regierte bis 1856) in Sachsen. Am 28. Februar 1848 brach in Paris die Februar-Revolution aus. König Louis Philippe wurde gestürzt. Der revolutionäre Funke sprang von Frankreich auch auf Deutschland über. Liberale und Demokraten drängten auf Reformen und erhoben energischer als zuvor die Forderung nach einem einheitlichen deutschen Nationalstaat. König Friedrich August II. entließ am 13. März 1848 das reaktionäre Ministerium Könneritz und setzte erstmalig eine bürgerliche Regierung, das sog. „Märzministerium“, ein. Zu seinen führenden Persönlichkeiten gehörten gemäßigte Liberale der Zweiten Kammer, u. a. der Plauener Advokat Carl Hermann Braun, der Großunternehmer Robert Georgi aus Mylau und der Zwickauer Advokat Martin Gotthart Oberländer (1801–1868). Oberländer war in Zwickau zunächst Stadtgerichtsaktuar und Vizestadtrichter, von 1835 bis 1848 erster Stadtrat und Vizebürgermeister, ab 1842 sächsischer Landtagsabgeordneter und 1848/49 Staatsminister des Innern mit Wohnsitz in Dresden. Robert Schumann kannte ihn von Zwickau her.[2] Er war mit ihm befreundet. In Dresden besuchte ihn Schumann gelegentlich.[3] Richard Wagner, der mit Schumann in der Elbresidenz mehr als zwanzig Mal zusammentraf, nutzte Schumanns Verbindung zu Oberländer aus. Er sprach mit Schumann am 15. Mai 1848 den „Entwurf“ durch und vergewisserte sich der Rückendeckung Schumanns bei Oberländer. Unter dem Datum vom 15. Mai 1848 notierte Robert Schumann in sein Tagebuch: „– Früh bei R. Wagner – seine Theaterrepublik –“.[4] Damit ist Wagners Reformplan *Entwurf zur Organisation eines deutschen National-Theaters für das Königreich Sachsen* gemeint. Wagner spricht in der der Druckfassung von 1871 vorangestellten „Vorbemerkung“ davon, daß er sich veranlaßt sah, seine Gedanken zur Reform des Dresdner Hoftheaters „schnell auszuarbeiten“, da er wahrnahm, „in welchem Sinne die damals im Königreiche Sachsen neugewählte radikale Abgeordnetenkammer die königliche Civilliste zu examinieren gesonnen war“.[5] Wagner hatte erfahren, daß u. a. eine Streichung der Subvention für das Hoftheater „als eine luxuriöse Unterhaltungsanstalt“ beabsichtigt war. Dem wollte er entschieden entgegentreten, und das war auch der eigentliche Sinn seiner Denkschrift, die er am 16. Mai 1848 dem Innenminister Martin Oberländer einreichte. Oberländer verhieß ihm allerdings wenig Erfolg. Zwar unterblieb schließlich die befürchtete Streichung der Subvention, aber die von Wagner angestrebte Theaterreform kam nicht zustande. Schuld daran trugen auch die dreiste Sich-selbst-in-Szene-Setzung und die Verunglimpfung seines mit ihm koordinierten Kapellmeisterkollegen Carl Gottlieb Reißiger.

Für die Druckfassung verfaßte Wagner nachträglich eine „Vorbemerkung“ von zwei Seiten Umfang. Der eigentliche Text beginnt in der Mitte der Druckseite 235. Die kalligraphische Abschrift, die die Bedeutung eines Originals hat, enthält gegenüber der Druckfassung zahlreiche Erweiterungen, Einschübe und Veränderungen. Abweichungen ergeben sich auch bezüglich der Orthographie und Zeichensetzung.

Auf der Manuskriptseite 89 findet sich mit Bleistift folgender Nachtrag:

„Dieser von R. Wagner 1848–1849 ausgearbeitete Reorganisations-Entwurf ist genau nach des Verfassers Handschrift von mehreren Schreibern hier copirt & diente bei der Generaldirection des Dresdner Hoftheaters als Unterlage für die verschiedenen Gutachten welche der Kapellmstr. Reißiger, die Herren Ed. Devrient, Ferd. Heine etc., an die Generaldirection darüber abgegeben haben. – die sich im Archiv derselben vorfinden – hier in dieser Copie befinden sich von diesen Herren die Bleistift-Anmerkungen (Bl. 59, 74^{b}, 86^{b} ,89.)

Anderweitige Copien sind an den Sächs. Landtag unter dem Ministerium Oberländer (1849) & an den Wiener Reichstag (1849) von Wagner zur Anregung & Beschlußfassung eingereicht worden, aber ohne Erfolg geblieben, da sowohl in Wien wie Dresden der Ausbruch der Revolution jedes weitere Regulat unmöglich machte.

Auszüge aus dieser Copie wurden vom verstorbenen Kammermusikus Th. Uhlig in der ‘Neuen Zeitschrift für Musik’ im 34. & 35. Band (1851) veröffentlicht wovon auch die Worte: vi de ⌈. Anfang ⌈. Ende wie auch die rothen Kreuze herstam[m]en.

Vollständiger Abdruck des Manuscriptes mit Hinweglassung von Seit. 86 & 87 wo Wagner hier seine Randbemerkung angefügt – befindet sich in: Gesam[m]elte Schriften & Dichtungen von Richard Wagner. Zweiter Band. Leipzig. Verlag von E. W. Fritzsch 1871 – S. 307–359.

Der Wahrheit gemäß hier bemerkt von Julius Rühlmann

K. S. Kam[m]ermusikus

⌈. (36^{b}) ⌈. (44^{b})“.

Julius Rühlmann gehörte bereits während Wagners Dresdner Kapellmeistertätigkeit der Königlichen Kapelle an. Er war ein vorzüglicher Posaunist und betätigte sich auch als Musikpublizist.[6]

Gegenüber der Druckfassung enthält die kalligraphische Kopie des Originals vier größere Einschübe. Der erste betrifft das Kapitel „Das musikalische Institut“ (Wagner betitelt es im Original mit „Die musikalische Kapelle“) auf S. 250f. der Druckausgabe. Auf Seite 251, Zeile 9, gibt Wagner den jährlich ausgesetzten Etat für die Kapelle nicht an. Im Manuskript wird die Höhe mit „40:000 Rthlr.“ benannt. Legt man S. 251 der Druckfassung zugrunde, schließt sich laut Manuskript, S. 37f., folgende Passage an:

„In der Eigenschaft der für ein musikalisches Institut, wie die Kapelle zu verwendenden Talente ist eine bei weitem größere Gleichheit als bei dem activen Personale eines Theaters dadurch begründet, daß hier die Individualitäten weniger hervorzutreten haben, Orchesterleiter und Chor nur in unmittelbarem, gleichmäßig geordnetem Zusammenwirken, seine Leistungen zu Tage fördert.“

Ein zweiter Einschub (Ms. S. 38f.) befindet sich an der Stelle, wo in der Druckfassung auf S. 252 in der ersten Zeile der Satz endet. Es heißt da :

„Die Stelle eines General-Directors der Capelle, wie sie bisher bestand, wäre daher als störend und überflüssig unmittelbar in Wegfall zu bringen: Der Capellmeister oder musikalische Dirigent wäre somit der eigentliche Director des ganzen Instituts. Er selbst bezieht einen festen Gehalt, übernimmt die Leitung der künstlerischen Leistungen und besetzt nach Ermessen künstlerischer Zweckmäßigkeit vorhandene Stellen mit unverrückter Beibehaltung des für sie bestimmten

Etats: mit finanzieller Verwaltung hat er somit gar nichts zu schaffen, da diese ein für allemal geregelt ist."

Der Text geht dann weiter auf der ersten Zeile der Seite 252 der Druckfassung.

Der dritte Einschub betrifft die Seite 258 der Druckfassung. An das Ende des zweiten Absatzes gehören folgende Kostenaufstellungen für das zu gründende Chorinstitut (Ms. S. 52f.):

„Es werden bestimmt:

8 Stellen zu 25 Rthlr. monatlich (300 Rthlr. jährlich) für die Chorführer, welche ein Doppelquartett zum Vortrag von Solosätzen bilden		2400 Rthlr.
22 Stellen zu 20 Rthlr. monatlich (240 Rthlr. jährlich)		5280 Rthlr.
20 Stellen zu 15 Rthlr. monatlich (180 Rthlr. jährlich)		3600 Rthlr.
20 Stellen zu 10 Rthlr. monatlich (120 Rthlr. jährlich)		2400 Rthlr.
Hierüber für den Chordirector (zugleich Lehrer)		1000 Rthlr.
Zulage für den Ceremoniensänger		100 Rthlr.
	Latus	14.780 Rthlr.
Für deßen Substituten		50 Rthlr.
Zulage für einen Substituten des Chordirectors sowohl zur Leitung des musikalischen Elementarunterrichts als der Uebungen selbst		150 Rthlr.
Für jährliche Beschaffungen zum Behuf des Unterrichts		20 Rthlr.
		15000 Rthlr.

Die Anzahl der Stellen vertheilt sich nach dem Bedarf und dem nöthigen Stärkeverhältniß der verschiedenen Stimmen. Sämmtliche Stellen sind durch allmähliches Vorrücken nach dem Grundsatz der Anciennetät zu erreichen: nur die acht ersten Stellen zu 300 Rthlr. sollen mit Berücksichtigung der besonderen Fähigkeit besetzt werden."

Nach dieser Passage folgt im Drucktext der dritte Absatz auf S. 258.

Der vierte Einschub (Ms. S. 86f.) befindet sich am Ende des zweiten Absatzes von Seite 272 der Druckfassung. Der in der Druckfassung stehende Punkt wird im Original durch ein Komma ersetzt, und die Passage läuft folgendermaßen weiter:

„(betraut werden), welcher somit schon jetzt in die Stelle des bisherigen Generaldirektor's träte. Da aber jede Zweiherrschaft, zumal wie erwiesen werden kann in einem Institute wie dem Betreffenden, höchst nachtheilig, störend und alle nöthige Energie lähmend ist, so werde diesem Einen Kapellmeister nur der Verwaltungsrath, wie wir ihn oben bezeichneten, schon jetzt beigegeben, der andere Kapellmeister dagegen, der jedenfalls nicht gänzlich zu beseitigen wäre, zunächst vom activen Dienst so weit entfernt, daß ihm die Besorgung der Kirchenmusik nach ihrem jetzigen Modus allein als Wirkungskreis überwiesen werden: Dies würde zugleich sehr zweckdienlich sein, um den mit der Einführung der beabsichtigten Organisation Beauftragten vor Ueberbeschäftigung zu bewahren, damit er desto klarer seiner wichtigen Aufgabe nachgehen könne. Nach dem Ausscheiden des anderen Kapellmeisters soll aber dessen Stelle nicht wieder besetzt werden.“

Links neben der gesamten Passage (Ms. S. 86) befindet sich ein Bleistifteintrag von der Hand Carl Gottlieb Reißigers mit der Bemerkung: „Dies ist des Pudels Kern“.

Wagner, der dieses Exemplar seines *Entwurfs* zurückgeschickt bekam, ohne daß das Ministerium des Innern, Wolf Adolf von Lüttichau oder gar König Friedrich August II. auf sein Schriftstück positiv reagiert hatten, brachte nun auf den Seiten 86 und 87 der kalligraphischen Abschrift, die sich im Stadtarchiv Dresden befindet, folgende eigenhändige Randbemerkung an:

„Es kann dem Verfasser dieser Schrift nicht gleichgültig sein, denjenigen geehrten Leser derselben, von dem diese Randbemerkung herrührt, über die Grundlosigkeit des dadurch ausgesprochenen Verdachtes aufzuklären. Sollte ich mit der Abfaßung dieses umfaßenden Entwurfes zur Reorganisation eines der wichtigsten Kunstinstitute nur meinen persönlichen Vortheil haben bezwecken wollen? Worin sollte dieser bestehen, falls die ausschließliche Leitung desselben mir übertragen würde? In einer Erhöhung meines Gehaltes? Außer 1800 Rthlr., die mir gegenwärtig zugesichert sind, ist mir unter gewißen Bedingungen noch eine jährliche Gratifikation von 300 Rthlr. zugestanden: mit dem Eintritt in die bezeichnete Stellung würde bei einem Gehalt von 2000 Rthlr. jene Königl. Gratifikation natürlich hinwegfallen, meine jährliche Einnahme somit um 100 Rthlr. sich verringern. – Oder in einer Vermehrung meiner Machtvollkom[m]enheit? Künstlerische Machtvollkom[m]enheit besitze ich schon jetzt, nur unter Beschränkungen, welche nicht mir, sondern dem Institute zum Nachtheil gereichen. Wenn ich daher unumwunden den nebenbei enthaltenen Vorschlag stellte, so geschah dies aus dem Grunde, weil ich einer Behörde gegenüber, welcher eine Specialkenntnis der Beschaf[f]enheit des fraglichen Institutes bis jetzt noch abgehen muß, zugleich genau die Mittel und Wege zeigen mußte, durch welche eine Reorganisation desselben in's Leben geführt werden sollte. In der Ueberzeugung, daß zur Leitung eines Kunstinstitutes nur ein künstlerisch Sachverständiger berufen, daß ferner diese Leitung nicht zwei gleichberechtigten Personen zugetheilt werden kann, u. daß endlich, wenn es sich unter zweien um eine Wahl handelt, diese den Thätigsten und Eifrigsten treffen müße, habe ich allerdings, wie der geehrte Leser sehr richtig gerathen zu haben scheint, auf mich selbst hingedeutet, u. den Muth, mich unbesorgt hierbei in einem zweideutigen Lichte zu zeigen, schöpfte ich aus der Annahme, daß, wenn meine Arbeit bis hierher gelesen, nicht füglich auf den Verdacht gerathen könne, ich habe sie in dieser Ausführlichkeit aus einem rein egoistischen Intereße abgefaßt, sowie aus dem Bewußtsein, weniger mir als dem fraglichen Institute dadurch nützlich zu sein, da gegen erhöhte Thätigkeit u. Verantwortlichkeit mein Einkom[m]en eher vermindert als vermehrt werden sollte. Herzlich betrübt es mich daher, daß der ganze vorliegende Entwurf dem geehrten Leser nur als ein Pudel erschienen ist, dessen Kern ihm mein Eigennutz dünkt.

Richard Wagner“.

Die mitgeteilten, bisher unveröffentlichten Passagen des Originaltextes Wagners werfen ein bezeichnendes Licht auf dessen schwierigen Charakter. Wagner mag wohl selbst bei der Vorbereitung der Druckfassung gespürt haben, daß ihm die ungefilterte Mitteilung des Originaltextes eher schaden als nützen würde. Also eliminierte er alle jene Passagen, die ihn belasteten oder ihn gegenüber Lüttichau und Reißiger in einem recht schlechten Licht erscheinen ließen. Im übrigen bestätigt sich auch am Beispiel dieses für die Dresdner Musikgeschichte wichtigen Dokumentes das, was der Burrell-Report seit langem zutage gefördert hat: Viele Briefe und Dokumente Wagners, bei deren Herausgabe er oder Cosima ihre Finger im Spiel hatten, sind geklittert und kaschiert. Es lohnt sich in jedem Falle, die „offiziellen", durch das Haus Wahnfried abgesegneten Fassungen mit den Originalen zu vergleichen. Erst diese spiegeln den „echten" Wagner wider, einen Menschen voller Widersprüche und dennoch einen der bedeutendsten Künstler des 19. Jahrhunderts.

ANMERKUNGEN

1 Stadtarchiv Dresden. *Aktenband 1970*, 527. Die Abschrift umfaßt 89 Seiten.
2 S. Robert Schumann, *Haushaltsbücher*, Teil 1 u. 2, Leipzig 1982, S. 895.
3 Ebd., S. 459, 506 u. 533.
4 Ebd., S. 460 u. S. 766, Anm. 640.
5 Richard Wagner, *Gesammelte Schriften und Dichtungen*, Bd. 2, Leipzig [2]1887, S.234.
6 Eberhard Steindorf, *Die Staatskapelle Dresden*, Leipzig 1987, S. 29.

Anno Mungen

Raum und Orchester

Dokumente zu Gottfried Sempers und Richard Wagners Ideen eines klingenden Theaters

„Faites votre salle aussi baraque que vous pouvez!“

Ein erster Entwurf Gottfried Sempers zur Errichtung eines repräsentativen Hoftheaters in Dresden war bereits Mitte der 1830er Jahre in einem großen städtebaulichen Rahmen entstanden und bezog andere Neubauten, eine Orangerie und die Gemäldegalerie, in die Planungen mit ein. Erst viele Jahre später, nachdem der ausgeführte Theaterbau Sempers eröffnet worden war, publizierte der Architekt 1849 eine Schrift, die die Vorzüge der neuen Räumlichkeit erläuterte und in zwölf ausführlich kommentierten Kupferstichen das erste Dresdner Theater, das später – wie bekannt – durch den zweiten Bau Sempers ersetzt wurde, der Nachwelt dokumentierte. Die ersten Überlegungen, die mißliche räumliche Situation des Dresdner Theaterwesens zu verändern, reichen in das Jahr 1835 zurück: „Diese Detailpläne zu dem Theater hatten das Glück, den Beifall hochgestellter und einflussreicher Kunstkenner zu finden, durch deren Empfehlung sie bei der mehrere Jahre später in lebhafter Anregung gekommenen Frage wegen der längst schon nothwendig gewordenen Erbauung eines neuen Theaters Berücksichtigung fanden.“[1] Vorab hatte der ehemalige Intendant der Königlichen Bühnen in Berlin, Karl Graf von Brühl, schriftlich die Pläne Sempers befürwortet und eine „Copie des Entwurfes für die Plankammer des damaligen Kronprinzen“ angefordert. Vor allem aber hatte ein anderer Preuße entscheidende Geburtshilfe zum ersten Theaterbau der Elbmetropole geleistet. Kompetenten Rat hatten die Dresdner beim ersten Theater- und Architekturspezialisten des Landes geholt, und kein geringerer als Karl Friedrich Schinkel stellte das entscheidende Gutachten. Dieser hatte mit seinem 1821 eröffneten Berliner Schauspielhaus auf dem Gendarmenmarkt erstmalig das Orchester in einem Graben plaziert[2], eine Idee, die Semper für die Theaterarchitekturen der sächsischen Residenz allerdings nicht aufgegriffen hatte. Dennoch fand das Lob Schinkels in der Publikation des Jahres 1849 besondere Erwähnung, und Semper mißt diesem Gutachten den maßgeblichen Anstoß dafür bei, daß der Bau des ersten Hoftheaters in Dresden überhaupt ausgeführt wurde: „Von entscheidendem Einflusse war später die beifällige Stimme Schinkel's, der von Sr. Excellenz dem Generaldirector der Königl. Sächsischen Hoftheater und der Kapelle, Geheimenrath von Lüttichau zu einer genauen Prüfung dieser Pläne veranlasst wurde.“[3] Der neue Plan, wie er aus Standort- und Kostengründen gegenüber dem großzügigen, städtebaulich bedeutenden ersten

Entwurf geändert worden war, mußte in zwei wesentlichen Punkten von den alten Planungen abweichen. Hinsichtlich theaterpraktischer Bedingungen hatten vor allem Proscenium und Bühnenraum anders gestaltet werden müssen, als es Semper im früheren Entwurf in Idealform ausgearbeitet hatte. Der Architekt, der sich auf Vitruv und dessen Ausführungen zur Theaterarchitektur beruft, orientiert sich im wesentlichen an antiken Mustern und führt aus, daß er vorgesehen hatte, das „Postscenium" – so nennt er den Bühnenraum – mit „einer weit grösseren Breite bei verhältnissmässig geringer Tiefe"[4] zu versehen. Eine solche auf die Breite einer reliefhaften Darstellung bezogene Architektur entsprach nur bedingt romantischer Theaterpraxis, die die Tiefe des Bühnenraumes – obschon akustisch und optisch ungünstig – auszunutzen suchte. Die intendierte Form des Zuschauerraums als Halbkreis, die der erste Entwurf exakt einhält, wurde im ausgeführten Bau zugunsten einer leicht elliptischen Form aufgegeben. Diese aber war, nach Sempers Anschauung, in akustischer Hinsicht der streng halbkreisförmigen unterlegen und stellte somit einen jener Kompromisse der ausgeführten Architektur zum Idealplan dar. Semper, der gezwungen war, auf die halbkreisförmige Anordnung zu verzichten, betont, daß dennoch die größtmögliche Annäherung an die genannte Form anzustreben sei, um vor allem die akustischen Verhältnisse bezüglich der grundsätzlichen Raumdisposition optimal zu gestalten. Gerade diese waren in den Semperschen Vorstellungen eines zu optimierenden Sprech- und Musikheatererlebnisses von zentraler Bedeutung, wie detaillierte Ausführungen zur Ausstattung des Saales und des Orchesterraumes zeigen.

Der zweite gewichtige Punkt, der die Entwürfe voneinander unterscheidet, ist der später nicht ausgeführte große Saal hinter der Bühne, der für Masken- und Hoffeste ebenso hätte genutzt werden können wie für Konzertveranstaltungen.[5] Eine Verbindung zwischen den Bauteilen, zwischen Bühne, Zuschauerraum und Festsaal, wäre denkbar gewesen, so daß bei großen Veranstaltungen alle Baukörper gleichzeitig hätten benutzt werden können. Nicht möglich wäre es gewesen, eine Theateraufführung und ein Konzert zur gleichen Zeit zu geben. Dies wurde als ein Grund angeführt, warum man wohl später auf die Errichtung des Saales verzichtete.

Zwar konnte Semper die halbkreisförmige Anordnung des Zuschauerraums, sicherlich eine seiner zentralen Ideen zum Theaterbau, in Dresden zunächst nicht konsequent anwenden, doch wäre umgekehrt angesichts der ausführlichen Beschreibungen der inneren Verhältnisse des Neubaus, die Semper in der Publikation von 1849 gibt, die Annahme verfehlt, daß er nichts von den Ideen des Idealplanes umgesetzt habe: „Von den in den Vorprojekten angedeuteten Gesichtspunkten eines Refomtheaters ist im Innenraum nichts realisiert worden."[6] Die Sempersche Reform des Inneren, des Zuschauer-, Orchester- und Bühnenraumes, bezog sich eben nicht auf dessen äußeres Erscheinungsbild, das heißt darauf, ob dieses nun mehr oder weniger „barock", „höfisch" oder „bürgerlich" geprägt war, sondern auf die nicht sichtbaren Wesensmerkmale eines Raumes, den Semper als Klangkörper, als ein großes Musikinstrument, begriffen wissen wollte. Die Reform des 'Inneren' sollte, vom Wesentlichen ausgehend, den wichtigsten, gerade nicht sichtbaren Bestandteil eines Theatersaales erneuern, nämlich dessen akustische Verhältnisse.

Material

„Faites votre salle aussi baraque que vous pouvez! war die Antwort eines bekannten Pariser Theaterdirectors auf die an ihn gerichtete Frage, wie man bei Ausführung eines Theatersaales im Voraus sicher sein könne, dessen akustische Eigenschaften nicht zu verfehlen.“[7] Die monumentale, dennoch gleichsam gebändigte Architektur des ersten Semperschen Theaters, die man in der Frontalsicht mit der Kompaktheit gotischer Kathedralen verglichen hat[8], ist wenig geeignet, die Vorstellung eines Provisoriums, wie es der Begriff „baraque“ nahezulegen scheint, zu evozieren. Schließlich wollte man das alte, mehrfach umgebaute Theater im sogenannten „Italienischen Dörfchen“ gerade auch aus ästhetischen Gesichtspunkten ersetzen. In einem Spottgedicht auf die ehemalige Wirkungsstätte der großen Dresdner Kapellmeister Paer, Morlacchi und Weber hieß es: „Ach du bleibst taub, und fast zu Tode lacht / Sich halb Europa über meine Schwächen, / Bis (geb's der Himmel in der Mitternacht) / Der alte Plunder wird zusammen brechen.“[9] – Mit „baraque“ meinte Semper, als er den französischen Theaterdirektor zitierte, nicht die äußere Erscheinungsform der Architektur, sondern das Baumaterial, jene Bretter, die das Provisorium Baracke zu dem machten, was sie ist: ein Holzbau. Schon hier wird man sich die Idee eines Wagner-Festspielhauses, zunächst in München von Semper geplant und später in Bayreuth von Otto Brückwald ausgeführt, vergegenwärtigen müssen. Zwar war es Wagner und nicht Semper, der den Münchener Plan ebenfalls als Provisorium, als Holzbau verwirklicht wissen wollte, angeblich um Geld einzusparen; dennoch mag die frühe Anregung hierfür im Bau des ersten Dresdner Hoftheaters zu finden sein. Semper ging es bei der Wahl des Baustoffes für den Innenraum des Theaters darum, die „akustischen Eigenschaften“, die vorab so schwer zu bestimmen seien und im wesentlichen auf Erfahrungswerten beruhten, den aktuellen Klangvorstellungen anzupassen. Gerade für die verschiedenen Musiktheatergattungen und insbesondere für die große Oper, die Königin aller theatralischen Darbietungen, ist ein Klangideal in der ersten Hälfte des 19. Jahrhunderts zugrunde zu legen, das in der Erweiterung der Klangspektren sowie auf Klangintensivierung bezüglich Lautstärke und vor allem Volumen setzte. Der Orchesterapparat wurde seit Beginn des Jahrhunderts in der Besetzung der Stimmgruppen aber ebenso um charakteristische Instrumente, um neue Farben, erweitert. Das profund klingende, aus Holz gebaute Musikinstrument diente Semper als Leitbild, seinen ersten realisierten Theaterentwurf in akustischer Hinsicht anspruchsvoll umzusetzen: „In der That beweist auch schon die häufige Anwendung des Holzes, bei Verfertigung musikalischer Instrumente, dass dieses Material in hohem Grade die Eigenschaften besitzt, den Schall fortzupflanzen und durch die Schwingungen seiner Fiber ihn zu verstärken.“[10] Im Gegensatz zu späteren reformerischen Maßnahmen wie der trichterförmigen Abdeckung des versenkten Orchesterraumes in Bayreuth ging es zunächst darum, den erzeugten Klang mit den Mitteln einer speziell einzurichtenden Raumakustik zu verstärken; und hierfür war das Material Holz besonders geeignet. Der Theaterinnenraum wirkt als gigantischer Korpus, der den Klang in Volumen und Lautstärke anschwellen läßt.

Technik

Jenes Material, das nach Auffassung des Pariser Theaterdirektors prädestiniert war, günstige akustische Verhältnisse zu schaffen, mußte im Innenraum des Dresdner Theaters freischwingend, in „Isolirung", wie Semper mehrfach betont, angebracht sein, sollte es die gewünschte Wirkung erzielen. Nicht nur die in dieser Hinsicht besonders exponierte Bühneneinfassung, also die hochaufragenden Prosceniumsseiten, sondern alle anderen Wände des Saales waren in Holz auszuführen.[11] Beispielhaft für die in Isolation vom starren Baukörper angebrachte freischwingende Schicht ist die Deckengestaltung des Theaters. „Auch der Plafond ist bloss an einzelnen Punkten an die darüber befindlichen Joche angehängt worden."[12] Auch in anderen Details achtete Semper darauf, daß das Material frei zum Schwingen kam: „Die Fussböden der Logen haben die in Dresden gebräuchliche Ausfüllung mit Bauschutt nicht erhalten. Die Brüstungen der Logen bestehen aus doppelten Bret[t]verkleidungen, zwischen denen sich ein Zwischenraum befindet."[13]

Keine andere Stelle aber schien in der technischen Umsetzung der Idee von „Isolirung" ausgefeilter realisiert zu sein, als jener Bereich des Theaters, in welchem sich die wirklichen Instrumente des Orchesters und das imaginäre, überdimensionierte Instrument Theater begegneten. An dieser Schnittstelle war ein aufwendiges System notwendig, den Gesamtklang des Orchesters zu produzieren, – fast möchte man sagen 'reproduzieren' – , ohne welches die anderen Details des Innenraums, die die Akustik zu unterstützen hatten, ineffizient bleiben mußten. Hier wurde der Klang direkt in den Saal verstärkt weitergeleitet. Keinem anderen architektonischen, technischen oder stilistischen Detail widmete Semper eine so aufmerksame Beschreibung wie der 'Orchestra', dem Raumabschnitt zwischen Bühne und Zuschauersaal. Zweck der komplizierten Konstruktion ist wiederum deren klangisolierende Wirkung, die ermöglicht, daß das Holz frei in Schwingung geraten konnte. Die genaue Beschreibung sei hier vollständig wiedergegeben:

„Das Orchester, welches nach moderner Einrichtung einen zweiten von der Bühne ganz getrennten Schallheerd bildet, liess sich leichter nach den genannten Principien ausführen. Der Boden des Orchesters besteht aus dreizölligen Pfosten oder Bohlen von hartem Holze, die auf Balken ruhen, die sich ihrerseits wieder mit ihren äussersten Enden auf Mauern stützen, jedoch so, dass jeder Balken zu einer Unterlage einen einzigen nach oben keilförmig zu laufenden Granitstein hat. An jedem Balken sind halbkreisförmige Biegen von tannenen Brettern befestigt und die einzelnen Bögen sind mit Schaalbrettern beschlagen und in einem umgekehrten muldenförmig gebildeten hohlen Körper verbunden, der inwendig berohrt und geputzt ist. Die Bohlen des Orchesterbodens sind an mehreren Stellen regelmäßig durchlöchert. So stellt das Ganze den Kessel einer grossen Trommel dar, der nicht wenig zur Verstärkung der Orchestertöne beitragen muss, und diesem Zwecke noch mehr entsprochen hätte, wenn er nicht unmittelbar auf die Grundmauern, sondern in angemessener Isolirung auf die Hauptträger des Parterrebodens gestellt worden wäre."[14] Wie der entsprechende Kupferstich der Publikation zeigt[15], entsprach der Unterbau der Orchestra der Konstruktion einer Pauke bzw. Trommel, die in den Kellerbereich des Theaters versenkt war. Der Boden des Orchesterraumes, der sich auf gleicher Höhe mit dem Zuschauerraum befand, fungierte als frei schwingende Membran, die den Schall in den Resonanzraum – den mit Holz verkleideten Zuschauerraum – weiterleitete. „Dieses vorausgeschickt, kann man den Theatersaal als ein musikalisches Instrument betrachten, bei dessen zweckmässiger Ausführung die Form, der zu wählende Stoff und auch ganz vorzüglich das anzuwendende System der Isolierung in Betracht kommt." Eine ähnliche Konstruktion schwebte Semper auch für die Gestaltung des Bühnenbereichs vor, die jedoch nicht realisiert wurde: „Bei der Errichtung des Dresdner Theatersaales haben die angeführten Erfahrungssätze, soweit es die mehrfach berührten Mängel moderner Bühnentechnik erlaubten, Anwendung gefunden. Die Einrichtung gestattet nicht, die Bühne, worauf der Schauspieler spricht, oder der Sänger singt, wie es wünschenswerth wäre und wie es bei den Theatern der Griechen und Römer wahrscheinlich der Fall war, als isolirtes schallendes Instrument zu behandeln, welches seinerseits wieder auf dem Boden des Saales mit seinen Isolirungsstützen stehen musste, damit die Resonanz des Letzteren die in dritter Potenz verstärkten Töne des Sängers wieder gäbe."[16]

Undeutlich in der folgenden Beschreibung Sempers bleibt, inwieweit der ideale Klang Wunschvorstellung blieb oder in der gewünschten Form tatsächlich im Dresdner Theater realisiert war. Die zwar suggestiv formulierte Charakteristik verbleibt in der grammatischen Form des Futurs: vielleicht ein Hinweis, daß auch Semper noch nicht das Optimum dessen erreicht hatte, was er für vorstellbar hielt. Angesichts des weitestgehend in Holz ausgestatteten Innenraums, in den zur Verstärkung der Akustik etwa verschiedene Hohlräume, wie diejenigen in den Brüstungen der Logen oder die „halbkugelförmigen Kuppelchen"[17] über denselben, einfügt wurden, läßt sich ein solches Raum- und Klangerlebnis, verglichen mit dem heutigen, auf Klangtransparenz angelegten moderner Säle, nur schwer vorstellen: „Ist dieses Alles gut gewählt, so wird, gleich wie das kaum hörbare Schwirren der Stimmgabel auf dem Resonanzboden [eines Flügels] zu hellem Tone sich steigert, durch das Mitwirken des Saales jedes noch so leise Flüstern der Stimme, jeder schwache Anklang des Instrumentes, weit über sein normales Gebiet hinaus, in den entferntesten Winkeln des Saales vernehmbar und verständlich sein."[18]

„Totalität"

Richard Wagner stand im Spätherbst des Jahres 1844, drei Jahre, nachdem der Theaterneubau seines Freundes und späteren politischen Bundesgenossen Semper vollendet war, in brieflichem Kontakt mit dem ehemaligen preußischen Generalmusikdirektor Gasparo Spontini. Wagner hatte in seiner Eigenschaft als musikalischer Leiter der Dresdner Oper den auch als Dirigenten hochgeschätzten Künstler nach Dresden eingeladen. Spontini sollte die Leitung der Neueinstudierung seiner berühmtesten Oper, *La Vestale*, selbst übernehmen. Schon im Einladungsbrief spricht Wagner die Besetzung des Orchesters an und stellt Spontini bezüglich der Streicher eine dem gewöhnlichen Umfang des Dresdner Orchesters erweiterte Besetzung in Aussicht. „Vous trouverez au moins 20 Violons, 6 à 8 Altos, 6 Violoncelles et 5 Contrebasses."[19] Diese Größenordnung entsprach nicht ganz dem Orchester, das Spontini in Berlin zur Verfügung stand, als er dort in den 1820er Jahren sein Amt angetreten hatte: Jeweils zwölf erste und zweite Violinen, acht Bratschen, neun Celli und sieben Kontrabässe sind hier für das Jahr 1820 nachweisbar.[20] Dresden verfügte noch im Jahr 1842 nur über insgesamt siebzehn Violinen, jeweils vier Bratschen, Celli und Bässe.[21] Diese Besetzung bestätigt sich insofern, als Wagner im Brief an Spontini für die Aufführung von *La Vestale* von einer Erweiterung des Orchesterapparates gegenüber dem eigenen in *Rienzi* ausgegangen war. Die 25. Vorstellung dieser Oper hatte Spontini zusammen mit Giacomo Meyerbeer Ende September 1844 im Dresdner Theater gesehen.[22] Die Stärke der Chöre in beiden Opern sollte dieselbe bleiben. Spontini nimmt im Antwortschreiben bedeutungsvoll Bezug auf den Raum des Dresdner Theaters, wenn er schreibt, daß er eine große Besetzung (jeweils zwölf erste und zweite Geigen, zehn Bratschen, etwa acht bis zehn Celli und sechs oder sieben Bässe) für notwendig erachte. „C'est le moins qu'exigent la grandeur et la hauteur de votre salle, dans de grands opéra!"[23] Es zeigt sich deutlich, daß es Spontini ähnlich wie Semper und Wagner darum ging, das Volumen des Orchesters zu steigern und den Raum als Ganzes auszufüllen, zum Klingen zu bringen. Von den Holzbläsern ist erst in der folgenden Passage des Briefes die Rede: „[...] et je n'ai pas un juste souvénir, si le dirigeant a les 1^rs^ violons à sa main gauche, et les 2mes à sa droité, non séparément des instrumens à vent, comme à l'Académie royale de musique de Paris, et au théatre royal de Berlin; trouvant tout à fait vicieuse, et nuisible à l'effet et à l'ensemble d'un bon orchestre, la separation absolue des instrumens à corde d'un coté réunis, et des instrumens à vent et de cuivre, de l'autre, formant deux orchestres sans fusion!!"[24] Diese Bemerkung dürfte das größte Interesse Wagners gefunden haben, der schon seit einigen Jahren im auf Gesamtwirkung abzielenden Klangraum Sempers mit seinem Orchester musizierte. Viel später kommentiert Wagner in seiner Schrift *Erinnerungen an Spontini* die neue Orchesteraufstellung, die er nicht nur für die *La Vestale*-Premiere für Dresden übernommen hatte, als „Systeme", wie er schreibt, „wonach das Quartett der Saiteninstrumente gleichmäßig über das ganze Orchester sich ausbreitet, die durch Kulmination auf einen Punkt erdrückenden Blech- und Schlaginstrumente getrennt, auf beide Flanken vertheilt, und die zarteren Blasinstrumente in geeigneter Annäherung als Kette zwischen den Violinen sich dahinziehen".[25] Diese Anordnung des Orchesters, die dem Ideal eines gemischten, auf überwältigende Gesamtwirkung zielenden Klangs in höchstem Maße Rechnung trug, entsprach den Neuerungen, die Semper im Bereich der Raumakustik vorgenommen hatte. Die Bläser- und Streichergruppen fusionierten erst in der neuen Sitzordnung zu „einem Orchester", wie Spontini geschrieben hatte, und vereinten sich zu einem Klang. Gesamtheit, das oberste ästhetische Prinzip sowohl Sempers, Spontinis und Wagners, war sowohl akustisch als auch besetzungstechnisch umgesetzt.

Die beiden grundsätzlich verschiedenen Prinzipien der Orchesteraufstellung in einer Graphik gegenüberstellend, kommentiert Wise [= Julius Schladebach] in einem Aufsatz in der *Allgemeinen musikalischen Zeitung* das Neuartige der Dresdner Aufstellung ausführlich.[26] Zunächst ist der Frage nachzugehen, ob auch hier die Holzbläser nach Pariser Vorbild doppelt besetzt waren, eine Neuerung, die Spontini im deutschsprachigen Bereich in Berlin eingeführt hat.[27] Die Graphik geht pro Balken von einem Doppelpult aus. Demnach entspricht die Stärke der Streicher derjenigen, die Wagner, der wohl die finanziellen Möglichkeiten des Dresdner Theaters richtig zu beurteilen wußte, im Brief an Spontini vorgeschlagen hatte. Die Holzbläser waren hiernach einfach besetzt, obwohl das Kontingent verfügbarer Musiker eine doppelte Besetzung hätte ermöglichen können.[28] Ob vielleicht auch der auf Volumen zielende Raumklang, der sich nach Sempers Beschreibung durch die Unmittelbarkeit seiner Wirkung auszeichnete, eine einfache Besetzung der Bläser nahegelegt hatte, ist in den Bereich der Spekulation zu verweisen. In Betracht zu ziehen wäre bei einer solchen imaginären Rekonstruktion freilich auch das aktuelle Instrumentarium. Technik und Klangspektrum der zeitgenössischen Flöteninstrumente beispielsweise sind eher mit der barocken Bauweise sogenannter Traversflöten in Verbindung zu bringen als mit dem modernen, aus Metall gefertigten Instrument, das zwar auf die Erfindung Theobald Boehms Mitte der 1830er Jahre bereits zurückgeht, sich aber erst viele Jahrzehnte später allgemein durchsetzte.[29]

Daß solche Überlegungen, auch wenn sie ohne bislang fehlende eingehende bauhistorische und detaillierte Studien der Instrumententechnik kaum sinnvoll weiterzuführen sind, auch die Zeitgenossen Wagners und Sempers beschäftigten, zeigt exemplarisch der ausführliche Artikel der *Allgemeinen musikalischen Zeitung*. Wise zieht die verschiedenen Aspekte einer sinnvollen Aufstellung in Betracht und mißt grundsätzlich ungünstigen akustischen und räumlichen Verhältnissen einen so wesentlichen Anteil bei, daß die intendierte, in der Partitur festgelegte Wirkung einer Komposition verfehlt werden könne: „Jeder practische Musiker weiss, wie schwierig es ist, die Aufstellung eines Orchesters so zu ordnen, dass dieselbe, wie den oft sehr beengenden räumlichen Verhältnissen, so den beabsichtigten akustischen Wirkungen entspricht, dass jede Partie einzeln und in ihrer Verbindung zur Totalität so gestellt werde, wie es das Bedürfniss, die Intentionen des Componisten dem Hörer zu vollständiger Klarheit zu bringen, erfordert, und es ist bekannt, dass nicht selten der Mangel an Deutlichkeit, Bestimmt-

heit und Abrundung einer musikalischen Aufführung in der nicht ernst und reiflich genug erwogenen, oder durch die Verhältnisse unmöglich gemachten Orchesteraufstellung zu suchen ist."[30] Die „räumlichen Verhältnisse" aber, die Frage nach der Raumgröße für das Orchester und deren spezifischen Bedingungen, dürfte in der Konzeption Sempers jene Beachtung gefunden haben, die sich der Rezensent wünschte. Der Neubau Sempers entsprach nicht der provisorischen Erweiterung eines barocken Theaters, das völlig andere Anforderungen an die Musik und die Größe ihrer Besetzung gestellt hatte als die Zeit der vierziger Jahre des 19. Jahrhunderts. Nebenbei läßt sich aus der zitierten Stelle schließen, daß die klangliche Seite einer Komposition nach Auffassung Wises ebenso auf kompositorischer Berechnung beruhte, wie etwa satztechnische oder andere Aspekte des Stückes. Es wäre darüber nachzudenken, so führt Wise aus, ob nicht die Aufstellung des Orchesters überhaupt von einer starren Form zu befreien und je nach Komposition, das heißt nach Kombination der Instrumente, neu zu gestalten wäre. Denn die „specielle Berechnung der Instrumentaleffecte" könne „durch falsche Anordnung geradehin vernichtet werden."[31] Dieser Satz läßt aufhorchen. Bedenkt man, daß Wagner den *Tannhäuser* als erste seiner Opern unmittelbar für Dresden komponierte, so ließe sich rückschließen, daß er seinerseits die hiesigen Verhältnisse, das sind spezielle Möglichkeiten der Solisten und des Orchesters, aber eben auch die räumlichen Bedingungen, bei Erstellung der Partitur ins kompositorische Kalkül mit einbezogen haben mag.
Das geradezu Revolutionäre erkannte Wise jedoch, ebenso wie Wagner es in den *Erinnerungen an Spontini* formulierte, in der Aufstellung der Instrumentengruppen, deren wesentlicher Aspekt die gleichmäßige Verteilung der Hauptfarben, der Streicher und Bläser, betraf. Diese erstreckte sich auf die gesamte Breite des Raumes. Wise hebt gegenüber Wagner vor allem die in die Breite gedehnte Streuung der Streicher hervor, in deren Mitte die Baßgruppe Platz finden sollte: „Das Saitenquartett, als die eigentliche Grundlage des Corpus des Orchesters, muss nothwendig in gleichmässiger Vertheilung durch den ganzen Raum sich hinziehen."[32]

Ob Wagner allerdings für die *Tannhäuser*-Uraufführung schon auf die verstärkende Wirkung des Orchesterraumes rechnen konnte, die Semper in der Schrift von 1849 so detailliert ausführt, ist eher unwahrscheinlich. Im Gegenteil, es läßt sich ein Hinweis finden, der anzeigt, daß Wagner selber einen diesbezüglichen Umbau angeregt hatte, Architekt und Komponist also in Wechselwirkung an Bau und Komposition arbeiteten. Der Artikel Wises erschien am 12.2.1845, also wenige Monate nach der Aufführung von *La Vestale*, für die die neue Sitzordnung eingeführt worden war. Semper zeigte sich in der Beschreibung der Akustik seines Hauses in der Publikation des Jahres 1849 besonders stolz über die Gestaltung der Orchestra. Gerade diese aber kritisierte Wise in seinem Artikel, in dem er am Schluß folgendes anregte: „Wir meinen die Erhöhung des gesammten Orchesterraumes, wenn auch nur um etwa sechs Zoll, um der Wirkung des Gesanges von der Bühne nicht Eintrag zu thun. Könnte dies bewerkstelligt werden, und würde dabei die Legung des Fussbodens hohl, auf Querschwellen bewirkt, statt dass derselbe jetzt platt auf klanghemmender Steinunterlage ruht, so müßte eine vortreffliche Resonanz erzielt und das Brechen des Tones an der jetzt verhältnissmässig hohen Prosceniumswand würde gänzlich vermieden werden."[33] Es wäre denkbar, daß Wise die besondere Resonanzfähigkeit der Bodenkonstruktion Sempers, die ja gerade nicht auf einer Erhöhung des Orchesterrraumes basierte, sondern den Resonanzkörper in den Untergrund verlegte, entgangen war oder aber daß diese erst nachträglich, nach 1845, eingebaut worden ist, wie Wise es allerdings für kaum machbar gehalten hatte. „Wie gesagt, das ist ein Vorschlag, an dessen Realisierung nicht gedacht werden darf [?]; aber vielleicht kann er doch bei Anlage ähnlicher Räume zu sorgfältiger Prüfung veranlassen, und dann ist sein Zweck erreicht."[34] Eine Konzertrezension vom April 1847 deutet aber darauf hin, daß ein diesbezüglicher Umbau tatsächlich stattgefunden hat: „Die Ausführung unter der Direction des Herrn Kapellmeister Reissiger war, was Chorgesang und Orchester anlangt, vortrefflich. Die Chöre klangen ungleich kräftiger, als früher, und die einzelnen Stimmen traten frei und scharf hervor. Der Grund hiervon lag in der sehr zweckmäßig bewirkten Aufstellung der Sänger auf dem neuhergestellten Orchesterbaue, für dessen Beschaffung und Anordnung Herr Capellmeister Wagner besonders thätig gewesen sein soll."[35]

RAUMMUSIK

Bereits vor dem *Tannhäuser* waren im ersten Dresdner Theater Sempers zwei Opern Wagners, nämlich *Rienzi* im Oktober 1842 und *Der fliegende Holländer* im Februar des folgenden Jahres, uraufgeführt worden. Keine der beiden Opern war jedoch in der Unmittelbarkeit für das Dresdner Haus entstanden, wie die letzte hier uraufgeführte Oper *Tannhäuser und der Sängerkrieg auf Wartburg*, die in wesentlichen Teilen im Jahre 1844 komponiert wurde. Mehr als in den Werken zuvor, bediente sich Wagner einer Instrumentationstechnik, die zunächst in der Absetzung von Holz- und Streicherklang und in deren sinnfälliger Verbindung mit den neuen Möglichkeiten eines auf „Totalität" angelegten Klanges experimentierte. An folgendem Beispiel läßt sich das Gesagte kurz erläutern. Das Kernstück des *Fliegenden Holländers* bzw. jene Nummer, die Wagner später als 'Urzelle' begriffen wissen wollte, die Ballade der Senta, basiert instrumentatorisch im wesentlichen auf dem Kontrast von großem Orchester in dem ersten, bewegten g-Moll Abschnitt der Strophen und der zunächst nur mit Holzbläsern besetzten choralartigen lyrischen Stelle in B-Dur, die in der dritten Strophe vom Frauenchor a cappella ausgeführt wird. Als Gegenbeispiel mag der Beginn der *Tannhäuser*-Ouvertüre fungieren, in der schließlich aus der Verschränkung beider Hauptfarben der bedeutendste klangliche Effekt des Stückes gewonnen wird. Daß Wagner in *Tannhäuser* an verschiedenen Stellen Raummusik in ganz wörtlichem Sinne verwirklichte, wird kurz anzureißen sein. Legt man den Besetzungsplan der *La Vestale*-Aufführung, wie ihn Wise wiedergibt, der *Tannhäuser*-Aufführung zugrunde, so lassen sich die allerersten Klänge der Oper als sehr konkret zu verstehende Verwirklichung eines klangräumlichen Prinzips deuten. Der Choral des Andante maestoso, der spätere Chor der Pilger, beginnt mit zwei Klarinetten, zwei Fagotten und zwei Hörnern, die den homophonen Satz gemeinsam ausführen. Diese Gruppe von Instrumenten war zusammenhängend im Orchesterraum links vorn – zum Zuschauerraum – postiert. Als zweite Gruppe setzen in Takt 10 die Celli und Bratschen ein und erst in Takt 25 die Geigen, zusammen mit den Oboen, welche die restlichen Bläser stützen. Erst mit dem großen Tutti in Takt 28 kommen die melodieführenden, schweren Blechbläser, die Posaunen und die Tuba, hinzu: eine frappante Wirkung, die den Klang innerhalb der Orchestra, den Raum durchmessend, sich stetig ausbreiten ließ. Für die Stelle ab Takt 38 erscheint nun die Verteilung der Stimmen auf die drei Elemente der Musik in folgender Hinsicht charakteristisch (Notenbeispiel Takt 38/39 der Partitur). Zwar erfolgte die Begleitung der Melodiestimmen (in Posaunen und Tuba) in Achteltriolen gegliedert, doch bleibt die charakteristisch hervortretende Begleitfigur, die in Sechzehntel aufgeteilten, mit kurzen Pausen versehenen Triolen in repetierender Abwärtsbewegung, allein den Violinen vorbehalten. Diese aber füllten im wesentlichen die der Bühne zugewandte erste Reihe, während drei zur Mitte hin orientierte Pulte in der zweiten Reihe postiert waren. Die restlichen Streicher, die Holzbläser und die Hörner rahmen diese Figur musikalisch mit den Achteltriolen und gruppierten sich entsprechend in der Sitzordnung um die Violinen. Die Begleitung zur Melodie der Posaunen und der Tuba dürfte in dieser Anordnung den höchsten Grad des hier intendierten Schmelz- oder Mischklanges erreicht haben.

Die Interpretation des Beginns der Ouvertüre als räumlich inspirierte Musik läßt sich mit einer Beobachtung an einer musikalisch parallel angelegten Stelle in derselben Oper stützen. Der Pilgerchor im dritten Akt erklingt zunächst als dalontano-Effekt von weit außerhalb des Bühnenraumes, a cappella gesetzt, während der Dialog Elisabeth – Wolfram auf der Bühne vonstatten geht. Nach einem viertaktigen, nur von tremolierenden Streichern begleiteten Rezitativ haben sich die Pilger der Bühne erneut ein Stück genähert, singen aber immer noch von außerhalb. Hiernach erst, zum eigentlichen Auftritt des Chores, der von der rechten Seite des Vordergundes der Bühne zu erfolgen hat, setzen zunächst die Streicher und kurze Zeit später die Bläser ein. Mit diesem eigentlichen Einsatz des Orchesters (sieht man von dem erwähnten Rezitativ ab) wird in den Geigen die bekannte Begleitstimme zum Choral der Pilger ausgeführt, wiederum unterstützt von der nun im 9/8-Takt notierten Bewegung der restlichen Instrumente mit Ausnahme von Posaune und Tuba, die parallel zum Chor gesetzt sind. Der Abgang der Pilger, die während des Chores einmal über die Bühne ziehen und wiederum rechts, nun „durch die Talöffnung" des Hintergrundes, dieselbe zu verlassen haben, erfolgt in vergleichbarer Weise. Nun jedoch wird die Violinfigur nach und nach, dem Decrescendo entsprechend, ausgeblendet. Zum Ouvertürenbeginn hatte die spezifisch besetzte Bläsergruppe, die in der vorliegenden Szene keine Verwendung findet, den Chor der Pilger ersetzt. Die überwältigende szenische und musikalische Wirkung des sich zunächst nähernden, dann dahinziehenden Pilgerchores war zu Beginn der Ouvertüre en miniature im Orchesterraum, vorab analog der „Mise en Scène“ in „Musik gesetzt“, realisiert worden.

Es ließen sich weitere Beispiele in Wagners *Tannhäuser* finden, die den Raum in die Konzeption unmittelbar miteinbeziehen. Erinnert sei etwa an die Einblendung der Hörselbergmusik im Finale der Oper. Wagner notiert zum Bühnenorchester, das vielfach mit Holzbläsern, Posaunen, Hörnern und Schlagzeug besetzt ist, aber auf Streichinstrumente, die aus dem Orchesterraum hinzukombiniert werden, verzichtet, daß dieses von „sehr entfernt“ zu erklingen habe.[36]

*

Wagner kommentiert in seiner Autobiographie die weitere Zusammenarbeit mit Semper für die Planungen des Münchner Festspielhauses nicht mit einem Wort. Daß aber Wagner von Sempers architektonischen Vorstellungen abhängig blieb, zeigt sich in der überlieferten Korrespondenz. Als die Münchner Festspielidee Konturen zu gewinnen begann, beauftragte Ludwig II. von Bayern Semper über Wagner, Pläne für ein Theater zu erstellen. Die Fragen nach einer provisorischen Errichtung und dem hiermit verknüpften Baumaterial Holz, die Wagner im Brief vom 13.12.1864 anschneidet, scheinen zunächst an pragmatischen Überlegungen orientiert. Wagner wollte das eigens für den *Ring* zu errichtende Theater möglichst schnell realisiert sehen. Dennoch hat er auf der Kompetenz Sempers bezüglich der Ausführung gegenüber dem König, der einen Steinbau vorschlug, insistiert: „Neuerdings ist er [der König] für diese Idee [eines speziellen Theaters] so enthusiastisch eingenommen worden, daß er mir vorschlug, nicht erst ein provisorisches Theater in Holz, sondern sofort das würdig in Stein und edlem Metall auszuführende in Auftrag zu geben. Ich habe ihm hiergegen eingewendet, daß sich nicht die Verantwortung für das Gelingen eines solchen Baues, namentlich in Betreff der inneren Einrichtung übernehmen könnte, daß ich eine solche Aufgabe nur einem wirklichen Baugenie mit Ruhe zugetheilt wissen würde.“[37] In Semper erkannte Wagner denjenigen, der seinen musikalischen Visionen einen angemessenen Raum hätte verleihen können. Die Kenntnis einer räumlichen und akustischen Disposition, wie sie Semper entwickelt hatte, dürfte Wagner vor allem durch die Erfahrung mit dem Umgang des Dresdner Theatersaales gewonnen haben. Hierfür hatte er komponiert und – vielleicht noch wichtiger – hierin hatte er Opern- und Konzertaufführungen seit dem Antritt seines Dresdner Engagements 1842 dirigiert. Die Annahme einer intensiven künstlerischen Auseinandersetzung Sempers und Wagners, in der der eine auf den anderen reagiert hätte, läßt sich mit einer weiteren Briefstelle belegen. Aus Zürich schreibt Wagner am 4. August 1854 an Semper in London: „Sie hier zu haben, sollte mich ungeheuer freuen. Ich lebe sehr – arbeitsam: Mit der Musik zum Rheingold bin ich fertig. Die Walküre ist angefangen. Ohne Ihre Hülfe kann ich dereinst an keine Aufführung denken. Schreiben Sie doch ja, damit man auch etwas von Ihnen erfährt. Ihr Richard Wagner“.[38]

Anmerkungen

1 Gottfried Semper, *Das Königliche Hoftheater zu Dresden. Mit zwölf Kupfertafeln*, Braunschweig 1849, S. 4.
2 Vgl. hierzu Franz Benedikt Biermann, *Die Pläne für die Reform des Theaterbaues bei Karl Friedrich Schinkel und Gottfried Semper*, Berlin 1928, S. 35.
3 Semper, *Das Königliche Hoftheater,* S. 4.
4 Ebd., S. 5.
5 Ebd., S. 6.
6 Heinrich Magirius, *Theater*, in: *Gottfried Semper 1803–1879. Baumeister zwischen Revolution und Historismus*, Katalog zur Ausstellung *Gottfried Semper zum 100. Todestag*, Dresden 1979, München 1980, S. 166.
7 Semper, *Das Königliche Hoftheater,* S. 9.
8 *Katalog Semper*, S. 166; vgl. Semper, Das Königliche Hoftheater, Tab. II.
9 *Katalog Semper*, S. 177.
10 Semper, *Das Königliche Hoftheater,* S. 9.
11 In Sempers Darstellung wird nicht immer deutlich, was Wunsch geblieben und was tatsächlich realisiert war: „Sie erheischt dagegen eine sehr aufmerksame Behandlung des sogenannten Proscenium oder richtiger der Bühneneinfassung, die natürlich wie die Wände des Saales von Holz auszuführen ist"; vgl. Semper, *Das Königliche Hoftheater,* S. 9.
12 Semper, *Das Königliche Hoftheater,* S. 10.
13 Ebd.
14 Ebd., S. 9f.
15 Vgl. Semper, *Das Königliche Hoftheater*, Tab. VII.
16 Semper, *Das Königliche Hoftheater,* S. 9.
17 Ebd., S.10; vgl. ebd. Tab. III.
18 Ebd., S. 9.
19 John Deathridge, *Wagner und Spontini, mit einem unveröffentlichten Brief Richard Wagners*, in: Jahrbuch der Bayerischen Staatsoper, München 1979, S. 70.
20 Daniel J. Koury, *Orchestral Perfomance in the nineteenth century. Size, propotions, and seating*, Ann Arbor 1986; vgl. tabellarischen Überblick der Besetzungen dort S. 144.
21 Ebd., S. 147.
22 Richard Wagner, *Mein Leben*, München [2]1915, S. 82; siehe auch die Kritik der Aufführung in der *Allgemeinen Zeitung* (Augsburg) vom 26. 9. 1844, abgedruckt bei Helmut Kirchmeyer, *Das zeitgenössische Wagner-Bild.* Zweiter Band: *Dokumente 1842 – 1845*, Regensburg 1967, Sp. 485 (=*Situationsgeschichte der Musikkritik und des musikalischen Pressewesens in Deutschland*, Bd. IV.2, zugleich *Studien zur Musikgeschichte des 19. Jahrhunderts* Bd. 7).
23 Deathridge, *Wagner und Spontini,* S. 72.
24 Ebd., S. 72 u.74.
25 Wagner, *Erinnerungen an Spontini*, in: ders., *Gesammelte Schriften und Dichtungen*, Band 5, Leipzig [4]1907, S. 95.
26 *Die veränderte Aufstellung des Theater-Orchesters in Dresden,* Ausgabe vom 12 .2. 1845, S.97–100, vgl. Kirchmeyer, *Situationsgeschichte der Musikkritik,* Sp. 559–562.
27 Vgl. hierzu die Sitzordnung des Berliner Orchesters „nach der Einrichtung Spontini's", in: R. Blum, K. Herloßsohn u. H. Marggraf (Hrsg.), *Allgemeines Theater=Lexikon oder Encyklopädie alles Wissenswerthen für Bühnenkünstler, Dilettanten und Theaterfreunde*, Band 6, Altenburg und Leipzig 1842, S. 31; hier sind die Holzbläser doppelt besetzt.
28 Koury geht in der Liste (S. 147) für die Jahre 1839, 1842 und 1850 von jeweils vier Flöten, Oboen etc. aus, während er für das Jahr 1844 jeweils nur zwei angibt. Die verwendeten Quellen gehen in unterschiedlicher Weise einmal von dem bereitgestellten Kontingent an Musikern und zum anderen von bestimmten Aufführungen aus, wo nicht alle Hofmusiker beteiligt waren. Möglicherweise sind

zudem für bestimmte Aufführungen die Gruppen der fest angestellten Musiker des Orchesters erweitert worden, so daß die Angaben nicht für jede Aufführung verbindlich sein müssen.

29 Wagner soll die ersten silbernen Instrumente im Bayreuther Orchester abfällig kommentiert haben, diese seien keine Flöten, sondern Kanonen. Vgl. Nancy Toff, *The development of the modern flute*, Urbana-Chigago 1986, S. 187.

30 Kirchmeyer, *Situationsgeschichte der Musikkritik,* Sp. 559.

31 Ebd., Sp. 560.

32 Ebd., Sp. 561.

33 Ebd., Sp. 562.

34 Ebd.

35 *Abend-Zeitung* (Dresden) vom 8. 4. 1847, zit. nach Kirchmeyer, *Situationsgeschichte der Musikkritik,* Bd. 3: *Dokumente 1846 – 1852*, Sp. 245.

36 Ausgabe der Partitur *Tannhäuser und der Sängerkrieg auf Wartburg; grosse romantische Oper in 3 Acten von Richard Wagner. Partitur. Als Manuscript von der Handschrift des Componisten auf Stein gedruckt*, Dresden 1845, S. 436.

37 Wagner, Brief an Semper vom 13. Dezember 1864, in: ders., *Briefe 1830–1883*, hrsg. von Werner Otto, Berlin 1986, S. 276.

38 Ebd., S. 130.

Werner Breig

Das Walküren-Thema in der Dresdner und in der Zürcher Walküren-Szene

Die Entstehung von Wagners *Ring des Nibelungen* verbindet sich zum größeren Teil mit den Lebensstationen Zürich, Tribschen und Bayreuth. Die Wurzeln des Werkes jedoch reichen in die Dresdner Jahre zurück und dies offenbar länger und tiefer, als aus den direkten Vorarbeiten aus dem Jahre 1848 zu erkennen ist. Dresdner Ursprungs ist die aus Wagners Antike-Studien hervorgegangene Grundkonzeption des Dramas; in Dresden studierte Wagner die altnordischen Texte, die nicht nur für den Inhalt des *Rings* maßgeblich wurden, sondern auch durch den Stabreimvers zu einem neuen Stil des musikdramatischen Dialogs führten. Und schließlich wurde in den unmittelbaren Dresdner Vorarbeiten zum *Ring* der gesamte Handlungsrahmen festgelegt – wenn auch die Dramatisierung sich vorerst auf den letzten Teil der Gesamthandlung beschränkte.

Die folgende Betrachtung gilt einem Element des *Rings*, dessen Dresdner Ansätze nur sehr schwer greifbar sind, aber dennoch wohl existieren: der Musik. Zur Klärung der Ausgangsbasis dürfte es sich empfehlen, einleitend an einige bekannte Tatsachen der Entstehungsgeschichte des *Rings* zu erinnern.

Als Wagner 1849 aus Dresden floh, war das *Nibelungen*-Projekt bis zur Dichtung *Siegfrieds Tod*[1] gediehen, der Frühfassung der *Götterdämmerung*. Dieses Textbuch war in einem mehrstufigen Arbeitsgang zu einer Form gebracht worden, die für Wagner bis zum Frühjahr 1851 gültig blieb. Auf diese Textstufe – die als Ganzes bis heute unveröffentlicht ist[2] – beziehen sich die spärlichen Kompositionsansätze vom Herbst 1848, die ausgedehnteren musikalischen Entwürfe vom Sommer 1850 sowie die theoretischen Erörterungen der Zürcher Schriften *Das Kunstwerk der Zukunft* und *Oper und Drama*.

Diese Fassung weist inhaltlich weit über sich hinaus, denn in jedem der drei Akte steht ein großer erzählender Abschnitt, der den Zuschauer mit Handlungsvoraussetzungen vertraut macht, die zum Verständnis der Bühnenereignisse notwendig sind. Es sind dies

- im I. Aufzug die Walküren-Szene „Brünnhild, Brünnhild, verlorne Schwester“,
- im II. Aufzug das Nachtgespräch zwischen Alberich und Hagen „Schläfst du, Hagen, mein Sohn“
- und im III. Aufzug Siegfrieds autobiographische Erzählung „Mime hieß ein mannlicher Zwerg“.

Als Wagner zwischen Mai 1851 und Dezember 1852 die Heldenoper *Siegfrieds Tod* textlich zur Tetralogie erweiterte, erwuchs aus jeder dieser Rekapitulationen ein weiterer Werkteil: zunächst aus *Siegfrieds Erzählung* die Oper *Der junge Siegfried* (später *Siegfried*), dann aus der Alberich-Hagen-Szene *Das Rheingold* sowie aus dem Walküren-Gespräch mit Brünnhilde *Die Walküre*. Von den erzählenden Partien in *Siegfrieds Tod* wurden bei der Umarbeitung zur *Götterdämmerung* die Hagen-Alberich-Szene und die Siegfried-Erzählung gekürzt und modifiziert; die Walküren-Szene des I. Aufzugs entfiel ganz und wurde durch die Waltraute-Szene ersetzt.

Gerade die Walküren-Szene von *Siegfrieds Tod* ist nun für die Genesis der *Ring*-Musik von besonderer Bedeutung, weil sich mit ihr eine thematische Erfindung verbindet, die zu den frühesten des *Nibelungen*-Opus überhaupt gehört und auf jeden Fall die früheste ist, die in die endgültige *Ring*-Komposition Eingang fand.

Zunächst einige Bemerkungen zur Anlage der Szene insgesamt: Brünnhilde, zu Beginn „am Eingang des Steingemachs sitzend, / in tiefes Sinnen versunken“, wird von ihren acht Schwestern besucht; und mit den refrainartig wiederholten Versen „Brünnhild! Brünnhild! Verlorne Schwester!“ wird ein Dialog eingeleitet, in dem die Walküren Brünnhildes als Strafe für ihren Ungehorsam verhängten Verlust an Göttlichkeit beklagen, wohingegen Brünnhilde sich zu ihrem bedingungslosen Einstehen für die Wälsungen bekennt und beteuert, in ihrem Bund mit Siegfried Ersatz für das Verlorne bekommen zu haben – nicht allerdings ohne gegen Ende in die Worte auszubrechen:

> „So weilet, ihr Schwestern!
> Weilet, ihr Lieben!
> Wie stürmt mir das Herz,
> euch Starke zu sehn!
> O weilet, o laßt
> die Verlorne nicht!“

Die Schwestern sind nicht zu halten, reiten vorüber, bringen allerdings das erloschene Feuer als Schutzwall gegen Entehrung wieder zum Aufflammen – ein Vorgang, den Brünnhilde „in heiliger Ergriffenheit“ als huldvollen Gruß des Vaters Wodan[3] erkennt.

Wagner hat dieses Gespräch mit einer Raumvorstellung in Szene gesetzt, die durch eine großangelegte Crescendo-Wirkung in die Musik eingehen sollte. „Von rechts her“, heißt es in der szenischen Anweisung, „vernimmt man, anfangs wie aus weiter Ferne, dann allmählich immer näher kommend, Gesang der Walküren“. Wenn Brünnhilde schließlich die Schwestern zum Verweilen auffordert, singen diese, immer noch nicht auf der Bühne zu sehen, aber „in nächster Nähe“, ihre Schlußstrophe:

Erst dann werden sie sichtbar und reiten vorüber – „mit stürmischem Geräusch“, wie es im Textbuch heißt.

Gustav Freytag erinnerte sich 1887 in seiner Autobiographie, daß Wagner ihm 1848 mit großem Feuer einen „Chor der Walküren“ geschildert habe, „die auf ihren Rossen durch die Luft reiten“.[4] Freytags Bericht aus einem Abstand von fast vier Jahrzehnten ist keine erstrangige Quelle[5]; er belegt jedoch, daß Wagner über die Walküren-Szene 1848 mit besonderer Wärme und besonderem Nachdruck gesprochen hat. Wenn es sich so verhält, daß für Wagner, wie er 1851 an Theodor Uhlig schrieb, der „Charakter einer plastischen Erscheinung“[6] zu den Bedingungen der musikalischen Themenerfindung gehörte, so war in der Walküren-Szene diese Bedingung von Anfang an gegeben.

In der Tat liegt für diese Szene eine musikalische Aufzeichnung vor; aus ihr ist die Melodie zur Walküren-Strophe im voranstehenden Beispiel zitiert worden.[7] Wagners Niederschrift ist zwar nicht in die Dresdner Zeit zu datieren; sie befindet sich auf dem gleichen Skizzenblatt, auf dem Wagner im Sommer 1850 die beiden Eingangsszenen von *Siegfrieds Tod* zu skizzieren begann. Da die Walküren-Szene aber nicht mit dem Hauptinhalt dieser Szene in Verbindung steht, könnte man sich gut vorstellen, daß Wagner hier einen im Keim schon vorhandenen - und das würde heißen: aus Dresden mitgebrachten – musikalischen Einfall weiter auszuführen versuchte. Das würde gut damit zusammenpassen, daß der Einfall ursprünglich instrumental war.[8] Für das Verständnis des Themas und seines Schicksals im Entstehungsprozeß der *Ring*-Komposition macht es indessen keinen Unterschied, ob es tatsächlich schon in Dresden konzipiert ist oder erst in Zürich im Zusammenhang mit der Komposition des Dresdner Textbuches erfunden wurde. Entscheidend ist, daß es eine musikalische Konsequenz der Dresdner Fassung der Walküren-Szene ist – ein Umstand, der Wagner selbst noch Jahrzehnte später in einem Gespräch mit Cosima erinnerlich war und erwähnenswert schien.[9]

Die Szene, für die Wagner das Walküren-Thema erfand, kommt in der endgültigen Fassung des *Nibelungen*-Opus nicht mehr vor. Sie hat zwei Nachfolge-Szenen im *Ring*. Wo in *Siegfrieds Tod* die Walküren-Szene stand, hat Wagner in der *Götterdämmerung* das Gespräch Brünnhildes mit Waltraute eingesetzt. Die acht Walküren als Gruppe aber treten im zweiten Stück des *Ring*, der *Walküre*, in der Einleitungsszene des III. Aufzugs in Erscheinung. Diese Szene nun, obwohl im Verlauf der Handlung mit der Walküren-Szene von *Siegfrieds Tod* nicht vergleichbar, ist deren Nachfolge-Szene in musikalischer Hinsicht, zumindest insofern, als Wagner die Strophe „Nach Süden wir ziehen" zum instrumentalen Hauptthema der 1854 komponierten Szene gemacht hat.

Der Rückgriff auf das ältere Thema gab Wagner eine musikalische Grundgestalt von starker Charakteristik an die Hand. Gleichzeitig aber brachte das Arbeiten mit dem älteren Material ein Problem mit sich. Das Walküren-Thema hat nämlich einen Tonfall, der der musikalischen Sprache, wie sie Wagner seit Herbst 1853 für den *Ring des Nibelungen* entwickelt hatte, fremd ist. Quadratische Taktgruppen-Symmetrie, ständiges Wiederholen eines Dreiklangmotivs, das Herausstellen der Dur-Terz an den Zeilenschlüssen und einfacher harmonischer Aufbau sind die Elemente eines plakativen Stiles von heroischer Hochgestimmtheit, der in Wagners musikalisches Idiom von 1854 nicht leicht zu integrieren war.

Der Komponist scheint dies selbst empfunden zu haben, denn er hat sich offensichtlich intensiv darum bemüht, zwischen dem älteren Thema und dem aktuellen Stil von 1854 Brücken zu schlagen. Drei kompositorische Maßnahmen dienen diesem Zweck:

1. Wagner wirkt darauf hin, dem periodischen Aufbau etwas von seinem ursprünglichen Schematismus zu nehmen, indem er a) zwischen den Teilen des Themas Pausentakte einschiebt (je drei zwischen den Zeilen 1 und 2 sowie 2 und 3; eine weitere zwischen den Takten 3 und 4) und indem er b) in den Zeilen 3 und 4 die Einzelphrasen von verschiedenen Instrumenten der Blechbläsergruppe und in verschiedenen Oktavlagen spielen läßt.
2. Dem Hauptthema wird ein zweites Thema an die Seite gestellt, das einerseits gewisse Eigenschaften mit ihm teilt (punktierter Rhythmus, Dreiklangsbrechungen, periodischer Aufbau) und das sogar vom Grundmotiv des Hauptthemas kontrapunktiert wird, das aber andererseits durch seine Chromatik und seinen weit ausgreifenden Modulationsgang harmonisch neue Bereiche erschließt (im Zusammenhang dieser Szene erstmals in T. 45 – 60 mit den Rufen Gerhildes und Helmwiges[10]).
3. Das Grundmotiv des Hauptthemas und das von ihm rhythmisch abgeleitete Reitmotiv:

werden als motivischer Hintergrund für die dialogischen Partien genommen. Trotz all dieser Integrationsmaßnahmen behält das Walküren-Thema in seiner neuen Umgebung einen Einschlag von stilistisch Überholtem. Man könnte daran zweifeln, ob die Walküren-Szene in ihrer musikalischen Substanz ganz auf der Höhe ihrer Umgebung steht - wenn nicht das stilistisch veraltete Walküren-Thema auf einen Umweg für seine Rolle wieder tauglich würde. Dieser „Umweg" soll im folgenden beschrieben werden.

Die Walküren der zweiten Walküren-Szene sind nur vordergründig identisch mit denen von *Siegfrieds Tod*. Zwar wird mit den Gestalten der Walküren hier wie dort Brünnhildes vergangene Existenzform auf die Bühne gebracht. Unterschiedlich ist aber die Bedeutung, die diese Vergangenheit für den Fortgang des Dramas hat. In *Siegfrieds Tod* repräsentieren die Walküren eine unverändert weiterbestehende Macht, nämlich diejenige des außerhalb der eigentlichen Handlung bleibenden Wodan, dem in Brünnhildes Schlußansprache das Weltregiment zugesprochen wird: „Nur einer herrsche: / Allvater! Herrlicher du!“[11]

Im III. Akt der *Walküre* dagegen stehen die Wotanstöchter für eine zerbrechende (oder zumindest verblassende) Welt. Aus dem Munde einer von ihnen, Waltrautes, wird man im I. Akt der *Götterdämmerung* hören: „Seit er von dir geschieden, / zur Schlacht nicht mehr / schickte uns Wotan; / irr und ratlos / ritten wir ängstlich zu Heer.“[12]

Daß das alte Walküren-Thema 1854 stilistisch obsolet ist, trifft sich nun mit der Tatsache, daß die dramatische Sphäre, für die es einsteht, durch die gewandelte Werkkonzeption selbst obsolet geworden ist. Im Einklang damit steht das unterschiedliche Schicksal des Themas in den beiden Walküren-Szenen. In *Siegfrieds Tod* sollte das Walküren-Thema – möglicherweise nach vorausgehenden Andeutungen – triumphal am Schluß stehen; seine apotheosenhafte Dur-Version ist dazu bestimmt, den glanzvollen Vorbeiritt der acht Walküren zu begleiten.

In der Anfangsszene des III. *Walküre*-Aktes dagegen ist das Thema in seiner intakten Gestalt im Anfangsteil der Szene zu hören; während es im späteren Verlauf aufgelöst (um nicht zu sagen: demontiert) wird.

Wenn der III. Akt beginnt, hat sich Brünnhildes individuelles Schicksal bereits vom kollektiven der Gruppe getrennt; der Hörer/Zuschauer weiß dies schon, die acht Walküren aber wissen es noch nicht. Aus ihrer Perspektive ist das Walküren-Thema noch adäquat; das motiviert die tragende Rolle, die es in der Anfangsphase der Szene spielt, in der die acht sich treffen. Der Moment, in dem Brünnhilde sichtbar wird, markiert den Umschlag. Wiederum hören wir das Walküren-Thema, diesmal aber gesungen.

Wenn Wagner Themen, die primär instrumental sind, mit einem Text versieht, so soll stets etwas Bedeutsames gesagt werden. So auch hier. Wenn Siegrune von der Warte aus den anderen Brünnhildes Nahen meldet, so zitiert sie dabei das Walküren-Thema, ohne Rücksicht darauf, daß der Name „Brünnhilde“ unpassend deklamiert wird:

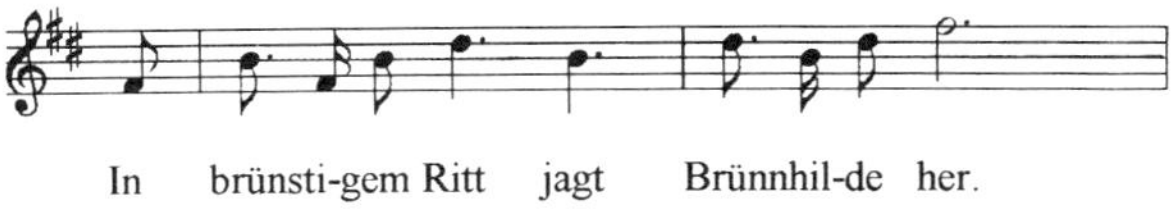

Versteht man dies als einen Versuch, die neunte Schwester erneut in die Gruppe zu integrieren, so wird das Scheitern dieses Versuchs sofort daran deutlich, daß das Zitat nicht über die Anfangszeile hinauskommt; statt der Fortsetzung des Themas erklingt der „Hojotoho!“-Ruf, dessen übermäßiger Dreiklang rasch zu der weit entfernten Tonart c-Moll moduliert, in der der neue, Brünnhilde gewidmete Szenenteil beginnt.

Danach bleibt das Thema für lange Zeit aus dem musikalischen Verlauf ausgeschlossen. Erst gegen Schluß der 2. Szene des Aktes hören wir es noch einmal, und zwar wenn auf Wotans Geheiß „Fort jetzt von hier; / meidet den Felsen! / Hurtig jagt mir von hinnen, / sonst erharrt / Jammer euch hier!" die Walküren „in hastiger Flucht" die Bühne verlassen – ein szenischer Vorgang, dem musikalisch – mit einem Terminus aus Arnold Schönbergs Kompositionslehre - ein Liquidationsprozeß entspricht.

Will man den Vorgang pointiert charakterisieren, so kann man sagen, daß Wagner 1854 das alte Thema für den neuen Zusamenhang rettete, indem er es kompositionstechnisch zerstörte. – Chronologisch folgt auf die 1854 komponierte Walküren-Szene noch das 1863 daraus entwickelte Orchesterstück *Der Ritt der Walküren*, in dem der beschriebene thematische Liquidationsvorgang der Walküren-Szene wieder rückgängig gemacht wird. Zu Wagners Entlastung kann man sagen, daß er sich dieses Stückes geschämt hat. Aus einem Brief an den Verleger Fritzsch aus dem Jahre 1871 ist zu ersehen, wie er dieses Arrangement nachträglich eingeschätzt hat: als eine „Flickerei, welche ich mir gelegentlich – in der Noth um ein recht 'anziehendes' Concertprogramm – erlaube", nicht aber „als ein wirkliches Musikstück [...], welches ich einem Concertpublikum etwa vorgeführt wissen wollte".[13]

Das letzte „gültige" kompositorische Wort über das Walküren-Thema hat Wagner demnach im III. Akt der *Walküre* gesprochen. Um die zwingende Wirkung, die von dieser Szene, trotz nicht ganz zu verbergender technischer Brüche, ausgeht, beruht im wesentlichen darauf, daß zweierlei zusammengekommen ist: eine Technik der kompositorischen Verarbeitung, an die Wagner zur Zeit der Erfindung dieses Themas schwerlich hat denken können, und ein Hauptthema in einem Ton von ungebrochenem heroischen Pathos, wie der Komponist ihn vielleicht 1854 gar nicht mehr getroffen hätte.

Anmerkungen

1 Richard Wagner, *Gesammelte Schriften und Dichtungen*, hrsg. von Wolfgang Golther, Berlin o.J., Bd. 2, S. 167–228.

2 Sie ist niedergelegt in der Drittschrift, die sich in Privatbesitz befindet. Vgl. John Deathridge, Martin Geck und Egon Voss, *Wagner-Werk-Verzeichnis (WWV) – Verzeichnis der musikalischen Werke Richard Wagners und ihrer Quellen*, Mainz 1986, S. 394. Die im wesentlichen an der Zweitschrift orientierte Fassung der *Gesammelten Schriften und Dichtungen* (Bd. 2, S. 183–186) stimmt im Wortlaut fast gänzlich mit der Drittschrift überein; lediglich der Vers „da in Streit er zog" (*Gesammelte Schriften und Dichtungen*, Bd. 2, S. 185, Z.20) erhielt in der Drittschrift die neue Fassung „da streitwärts er zog". Revidiert ist freilich in der Drittschrift der Zeilenfall, der nur noch

zwei- und dreihebige Einheiten kennt, nicht mehr, wie bis zur Zweitschrift, drei- und vierhebige. Die folgenden Textzitate orientieren sich am Zeilenfall der Drittschrift.

3 Der Name wird hier in der ursprünglichen Fassung von *Siegfrieds Tod* wiedergegeben; erst in der Ausgabe der *Gesammelten Schriften* wurde die Schreibweise nachträglich der des Ring angeglichen.

4 Der Bericht Freytags ist vollständig wiedergegeben bei Werner Breig und Hartmut Fladt (Hrsg.), *Dokumente zur Entstehungsgeschichte des Bühnenfestspiels Der Ring des Nibelungen* (= Richard Wagner, *Sämtliche Werke*, Bd. 29/I), Mainz 1976, S. 30.

5 Vgl. den Kommentar in Breig/Fladt, *Dokumente*, S. 30.

6 Brief Wagners an Theodor Uhlig vom 28. Dezember 1851, in: Richard Wagner, *Sämtliche Briefe*, Bd. 4, hrsg. von Gertrud Strobel und Werner Wolf, Leipzig 1979, S. 241.

7 Vgl. Wiedergabe der Aufzeichnung (nach dem Skizzenblatt in der Library of Congress, Washington D.C.) bei Robert Bailey, *Wagner's Musical Sketches for 'Siegfrieds Tod'*, in: Harold Powers, (Hrsg.), *Studies in Music History – Essays für Oliver Strunk*, Princeton, NJ 1968, S. 459–494.

8 Vgl. Bailey, *Wagner's Musical Sketches*, a.a.O., S. 465.

9 Tagebuch-Eintrag Cosima Wagners vom 23. Januar 1879, in: Cosima Wagner, *Die Tagebücher*, hrsg. von Martin Gregor-Dellin und Dietrich Mack, Bd. 2, München/Zürich 1977, S. 295.

10 Im Werkablauf erscheint dieses Thema bereits im II. Akt bei Brünnhildes Auftritt (T.94ff.); man darf aber wohl annehmen, daß Wagner das Thema von vornherein für die Verwendung in der Eingangsszene des III. Aktes geplant hat.

11 Wagner, *Gesammelte Schriften und Dichtungen*, Bd. 2, S. 227.

12 Wagner, *Gesammelte Schriften und Dichtungen*, Bd. 4, S. 201.

13 Zit. nach Deathridge, Geck und Voss, *Wagner-Werk-Verzeichnis,* S. 415.

Johannes Forner

Die Rolle Dresdens in Wagners Briefen der Exilzeit

Richard Wagner und Dresden – das ist eine Beziehung besonderer Art, wie allerdings nahezu alles in Wagners Leben das Signum des Außerordentlichen trägt. Dresden, auf vielfältige Weise in seine Biographie verstrickt – von frühester Kindheit bis zum „Dresdner Amen" im *Parsifal* – , hat ein ganzes Netz von Leitmotiven hervorgebracht, dem dieses Leben verpflichtet war. Wagner, der Sohn Leipzigs, wurde zum Meister von Bayreuth; 'dazwischen' aber liegt Dresden.

Die Stadt seiner Kindheit und Jugend bietet ihm später die Stätte seines Wirkens als Hofkapellmeister. Die Stadt der Uraufführungen von *Rienzi*, *Der fliegende Holländer* und *Tannhäuser* ist auch der Ort der großen Entwürfe seines Lebenswerkes. Insgesamt 19 Jahre, länger als an jedem anderen Ort, lebte Wagner in Dresden, und schließlich ist auch die politische Eruption im revolutionären Mai 1849 ein Dresdner Ereignis, das ihn, steckbrieflich verfolgt, zur Flucht zwingt. Diese Flucht als tiefgreifende Zäsur in Wagners Biographie zu interpretieren, erscheint nicht gerechtfertigt. Denn in starkem Maße schwingen Dresdner Gedanken und Pläne, Erfahrungen und Erlebnisse nach und gelangen erst in der Folgezeit zur Reife, werden schöpferisch greifbar. So sind die Kunstschriften der ersten Zürcher Jahre nicht nur Zukunftsvisionen, sondern Früchte der Revolution; die Ursprünge liegen in Dresden. Dann erst beginnt die gigantische Arbeit am *Ring des Nibelungen* – zunächst die Dichtung, dann die Komposition. Und wieder werden Dresdner Fäden weitergeknüpft, denn dort war bereits der Prosaentwurf entstanden. Gleiches trifft zumindest auch auf *Die Meistersinger von Nürnberg* zu. Bindungen solcher Art lassen sich schaffenspsychologisch fassen und betreffen Innerstes.

Andererseits zieht die Niederlassung in Zürich Trennungen nach sich, die in erster Linie den menschlich-kommunikativen Bereich betreffen. Wagner hinterließ in Dresden einen kleinen, aber ihm treu ergebenen Kreis von Mitstreitern und Freunden (Theodor Uhlig, Wilhelm Fischer, Ferdinand Heine, Julie Ritter u.a.), denen er sich gern in Briefen wortreich mitteilte. Zugleich war ihm der Abstand zu einigen Gläubigern (z. B. Hans Kriete und Rudolf Theodor Hiebendahl) sehr willkommen, die sich aber bald unliebsam in Erinnerung brachten. Wagners Empfindungen gegenüber Dresden sind also auf merkwürdige Weise gespalten. Diese Gespaltenheit vertieft sich noch, wenn es um Prinzipielles, Existentielles geht. Da ist einerseits die nie ganz erloschene Liebe zu dieser Stadt, andererseits die unverhohlene Abneigung gegen ihre Administration und die sächsische Regierung im Zusammenhang mit dem jahrelangen Kampf um die Amnestierung. Nicht zuletzt beobachtet man unberechenbare Stimmungswechsel, Brüche und aus dem Augenblick herausgeschleuderte, spontan gefällte Urteile über Dresdner Zustände, wobei zu berücksichtigen ist, daß Wagner sehr häufig eher seinen eigenen, heftigen Gemütsbewegungen Ausdruck verleiht, als daß er Dresdner Zustände beschreibt.

Wichtigste Quelle für dergleichen Beobachtungen bilden Wagners Briefe. Da ihn sein unstillbares Mitteilungsbedürfnis nur sehr selten verließ, ist das Ausmaß der Korrespondenz beträchtlich. Für die Jahre des Exils bedeuten die Briefe das wichtigste Kommunikationsmittel mit der Außenwelt und gewähren detaillierte Einblicke in Wagners Gefühls- und Gedankenwelt. Sie ermöglichen nicht nur die ziemlich genaue Rekonstruktion des biographischen Mikrokosmos – und zwar um eine Vielfaches genauer und zuverlässiger, als es *Mein Leben* vermag –, sondern sie bieten reichlich Stoff für den Einstieg in eine Psychographie des Meisters.

Die Vielzahl von Briefen ist allein schon ein Symptom von Maßlosigkeit, von grenzenloser Selbstdarstellung. Große und tiefe Gedanken finden sich in den Briefen an Theodor Uhlig und August Röckel (letzterer befand sich zwar im Zuchthaus von Waldheim, gehört aber zum engsten Dresdner Kreis). Nach Uhligs frühem Tod 1853 richten sich die bekenntnishaften Mitteilungen verstärkt an Franz Liszt in Weimar. Das Banale, mitunter außerordentlich Banale häuft sich in Briefen an Minna Wagner. Da sie nach der Trennung von Richard 1858 überwiegend wieder in Dresden lebt, gehört auch sie in die Reihe der Dresdner Adressaten. Außer dem Leitprinzip Wagners, die Riesenprojekte seiner Musikdramen mit eiserner Konsequenz zu realisieren und im Anschluß den eigenen Werken zum Durchbruch zu verhelfen, gibt es kaum eine sein gesamtes Leben begleitende und verläßlich erscheinende Konstante in seinem Fühlen, Denken und Handeln. Widersprüche tun sich auf in Fülle. Die Briefe, und gerade jene aus den Jahren des Exils, beweisen dies. In ihnen nach historischer Realität zu suchen, bleibt vordringliche Aufgabe philologisch gewissenhafter Kommentare. Zweifellos reizvoller, wenn auch problematischer, sind die Pfade, die ins Dickicht psychographischer Symptome führen. Denn selbst in der privaten Post steht Wagner im Verdacht, eine 'Rolle', ein Stück Theater zu spielen, mit genau kalkuliertem Effekt und gezielter Wirkung.

Die aufgezwungene Enthaltsamkeit hinsichtlich öffentlichen Wirkens, wie sie sich aus den Exilbedingungen ergeben mußte, drängt Wagner verstärkt dazu, sich selbst 'in Szene' zu setzen, auch und gerade in seinen Briefen. Dabei spielt er die unterschiedlichsten Rollen und entwirft zugleich auch die erforderlichen Bühnenbilder. Letzten Endes ist die Zielrichtung stets dieselbe: Wagner suggeriert seinen Briefpartnern Verständnis, Mitleid, tätige Hingabe. Er appelliert direkt oder indirekt an seine 'Sendung', er bezieht die Mitwelt in seinen Narzißmus ein, und dies alles mit virtuos gehandhabter Rhetorik. Wie er, Mitleid heischend, eine unerwartete Schuldmahnung, das lästig Niedere also, mit der Sphäre des schaffenden Genius konfrontiert, um diesen Konflikt als seiner Starrolle unwürdig abzuweisen, zeigt der Anfang eines Briefes von 1855 an Wilhelm Fischer in Dresden. Geschickt entwirft Wagner eine Dramaturgie, die an das *Rheingold*-Vorspiel erinnert: „Die Natur hat doch für alles ein Mittel! Schon mehrere Tage fühle ich mich nicht wohl [...] ich bin zur Arbeit verdrossen, und nur mit Mühe bringe ich einen Theil meiner täglichen Aufgabe zusammen, was mich immer wieder von

Neuem übellaunig macht, weil nur meine Arbeit mich aufheitern kann. Heut frühe sah' ich denn sehr trübe auf meine Notenblätter hin: und dennoch wollte ich's erzwingen – da – kommt ein Wechsel von Freund Hiebendahl aus Dresden an; 14 Tage nach Sicht zahlbar, 395 Thlr. Nun, diess unvorgesehene Ereignis curirte mich; es erinnerte mich, dass ich in einer Welt lebe, in welcher die Menschen noch andre Forderungen an mich machen, als die von Kunstschöpfungen! Ich legte mein Notenpapier beiseite: der helle Schnupfen brach mir da plötzlich aus der Nase, – und – ich besorgte meine 'Geschäfte' ...“[1] Hiebendahl als Alberich, der die Kreise der Rheintöchter stört: Der Konflikt ist gesetzt, das Drama nimmt seinen Anfang. *Die Szene und ihr Meister*, so nennt Peter Wapnewski eines seiner anregenden Bücher über Wagner.[2] Der Titel könnte auch den über 10.000 erhaltenen Briefen vorangestellt werden.

Weitere Zitate mögen in die Wirrnis der Widersprüche führen. „Dresden ist doch am Ende der einzige Ort, wo ich sozusagen zu Hause bin, überall sonst in der Fremde“, schrieb Wagner 1858 aus Venedig an seine Frau.[3] Aber in einem Brief an Theodor Uhlig, sechs Jahre zuvor, steht zu lesen: „Dieß Dresden ist doch eigentlich mit das elendeste nest, was mir auf meinem erdenwege aufgestoßen ist.“[4] Wiederum an Uhlig richtet er 1850 die dringende Mahnung: „Du kannst nicht in dem dresdener kapelldreck sitzen bleiben“[5], doch neun Jahre später schwärmt er gegenüber Joseph Tichatschek, dem einstigen Titelhelden von *Rienzi* und *Tannhäuser* in Dresden: „Was gäbe ich darum, jetzt einmal wieder an der Spitze meines Orchesters zu stehen.“[6] Wie ernst sind solche Äußerungen gemeint? Liegen Sinneswandlungen zugrunde? Der Zeitunterschied könnte derartiges vermuten lassen. Doch fällt es nicht schwer, aus den späten fünfziger und frühen sechziger Jahren, aus denen die gerade zitierten Sympathiebekundungen stammen, Gegenbeweise anzuführen. Schreibt Wagner noch Ende September 1858 an Tichatschek: „[...] ich selbst möchte mich gern auch in Dresden niederlassen, natürlich nur, um zu privatisieren [...] Eine Heimath muß man doch am Ende haben, und ich habe nichts gegen Dresden, überall sonst wäre ich doch eigentlich fremd“[7], so heißt es nur sechs Wochen später, Mitte November, in einem Brief an Minna, die offenbar Schwierigkeiten bei der polizeilichen Anmeldung hatte: „Da erkenne ich doch gleich wieder die lumpige Seite von Dresden.“[8]

Besonders auffällig ist Wagners Doppelzüngigkeit dort, wo er sich der Dresdner Theaterverhältnisse erinnert. Hier differenziert er die Wahl seiner Worte entsprechend der Person des jeweiligen Briefempfängers. Wagners Erfahrungen mit der Intendanz, vor allem mit Freiherrn von Lüttichau, waren denkbar schlechte. Die angestrebte Opernreform ließ sich nicht durchsetzen. Die künstlerischen Resultate mit dem Dresdner Ensemble blieben in der Regel unbefriedigend. Streit und Ärger waren die Folge. Allerdings hatten Wagners rigoroses Auftreten, sein gebieterisches und unduldsames Vorgehen für Zündstoff gesorgt. Theaterleitung und Hof sahen ihre Kompetenzen berührt. Der Ausbruch der Revolution spitzte den Konflikt zwischen der Administration und dem Kapellmeister Wagner zu. Der Ausgang ist bekannt. Kein Wunder also, wenn sich Wagner nunmehr abfällig äußert, wobei sich Formulierungen wie „Dresdener komödiantenwirthschaft“[9]

noch vergleichsweise gemäßigt ausnehmen. In Briefen an Franziska Wagner und Theodor Uhlig aus den frühen Exiljahren verspritzt er seine Galle gleich über ganz Dresden: „ [...] ich kann und darf mit diesem Hofgesindel nichts mehr zu thun haben; sie sollen wissen, daß ich gerade ihnen in keiner Weise mehr angehöre. – Und dann das ganze schwabbelige Nest!“[10] 1857 erklingt das alte Leitmotiv noch immer in voller Lautstärke. Gegenüber Wilhelm Fischer bekennt Wagner: „Dresden – das Theater, Lüttichau usw. wecken mir aber so lange qualvolle Erinnerungen, daß ich gerne für dort mich ewig als todt betrachten möchte“.[11] Wie aber soll man dann jene Worte deuten, die in einem höchst offiziellen Schreiben an eben denselben Herrn von Lüttichau, den „Wirklichen Geheimen Rath und General-Director der Kgl. musikalischen Kapelle und des Hoftheaters“ enthalten sind und mit großer Gebärde, die sublime Kunst Thomas Mannscher Satzkonstruktionen vorwegnehmend, eine sehnliche Bitte ausdrücken: „Somit gestatte ich mir für diesen letzten entscheidenden Versuch meine ältesten Beziehungen zu Ihnen, als meinem Wohltäter und Freunde allein ins Auge zu fassen, und Sie herzlich zu bitten, alles Ihnen von mir je zugefügte Unrecht mit christlicher Milde mir vergeben zu wollen, damit Sie jetzt, durch keine Rückerinnerung getrübt, nur den Leidenden und Schutzbedürftigen in mir ersehen mögen, der Sie um Ihre freundschaftliche Hilfe angeht.“[12] Es war die Bitte um Amnestierung, enthalten in einem umfänglichen, devoten Schreiben vom 9. Februar 1859. Und es war dies nicht der erste Vorstoß Wagners zu seiner Rehabilitierung, und nicht zum letzten Mal wurde er abgewiesen. Richard Wagner legte sich zu Füßen einer ihm im Innersten suspekten Persönlichkeit. Wieder hatte er eine Szene entworfen, die er – halb reumütig, halb gebieterisch – mit dem Ausruf enden läßt: „Möge Gott Ihr Herz und Ihre Schritte lenken, da ich an Ihrer Weisheit nicht zu zweifeln habe!“ Dann noch der rhetorische Kratzfuß: „In grösster und tiefster Verehrung und Ergebenheit verbleibe ich Eurer Excellenz unterthänigster Diener Richard Wagner.“ Kein Zweifel: die Szene ist brillant gespielt, und da Wagners theatralisches Naturell sie hervorgebracht hat, erscheint sie ihm auch glaubwürdig. Im Augenblick der Niederschrift identifiziert er sich restlos mit der Rolle, die er sich selbst zugewiesen hat, und alles ‘Doppelzüngige’ wird hinfällig. Frei nach Arthur Schopenhauer versteht er die Welt als Wille und (Theater-) Vorstellung. Wenn nötig, reduziert er Persönlichkeiten zu Figuren, und wenn erforderlich, degradiert er sie zu Figurinen. Doch wie oft muß der Zeremonienmeister erleben, daß seine Dramaturgie an den Realitäten des Lebens scheitert.

Da das jahrelange Tauziehen um die Amnestie sich gleichsam zu einem postalischen Hauptstrang zwischen Zürich und Dresden entwickelt, soll noch eine letzte Gegenüberstellung erfolgen. Auf die Nachricht von der Teil-Amnestierung Mitte Juli 1860 reagiert Wagner in nahezu zeitgleich verfaßten Briefen sehr unterschiedlich. Das Dankschreiben vom 26. Juli an den sächsischen König trieft von Dankbarkeit und Devotion für die Erlaubnis, von nun an wieder Deutschland, wenn auch nicht Sachsen, betreten zu dürfen: „ [...] und ich fühle mich deshalb für diese so grosse Vergünstigung zum Ausdrucke meines aufrichtigsten Dankes veranlasst, den ich hiermit zu Füssen des Thrones Eurer Königlichen Majestät niederlege mit der ehrfurchtvollsten Bitte, einer huldreichen Aufnahme ihn würdigen zu wollen."[13] Vier Tage zuvor läßt er Mathilde Wesendonck wissen: „So kann ich Ihnen denn auch heute mit einem seltsamen Gefühl von Genugthuung berichten, dass die vor einigen Tagen mir gemachte Eröffnung der Aufhebung meiner Verbannung aus Deutschland mich durchaus kalt und gleichgültig gelassen hat."[14] Jahrelang litt er darunter, von meist mißratenen Aufführungen des *Lohengrin* an deutschen Theatern zu hören, ohne sie selbst erleben zu können. Jetzt, da dies möglich wird, läßt es ihn „durchaus kalt und gleichgültig". –

Derartige Widersprüche und Ungereimtheiten finden sich besonders in Wagners Briefen auf Schritt und Tritt. Man muß sehr genau unterscheiden lernen zwischen bewußt manipulierter Mitteilung, wobei dem Adressaten eine bestimmte Rolle zugewiesen wird, und Wagners selbstquälerischer Lust zum Leiden. Bezeichnenderweise errichtet sich Wagner neue Barrieren dann, wenn eine bestimmte Lösung eines Problems sich andeutet. Um seinen Egozentrismus ausleben zu können, schafft und erhält er sich einen großen Kreis von Briefpartnern, wenn sie ihm von Nutzen sein können. Dann allerdings wird er nicht müde, sich ausgiebig mitzuteilen. Von Peter Cornelius ist die Feststellung überliefert: „Wagner weiß und glaubt nicht, wie er anstrengt."[15] Des weiteren hat sich gezeigt, daß es offenbar zu Wagners Charakter gehört, störende Einzelerfahrungen kurzschlüssig zu verallgemeinern. So hat er keinerlei Hemmungen, Ärgernisse mit dem Dresdner Theater gleich der ganzen Stadt und ihrem Milieu anzulasten.

Dresden ist, wie freilich jede andere Stadt und Wirkungsstätte Wagners auch, letztlich doch nur Kulisse für den dramatischen Akt seiner Werkgeburten. Aber im Leben des Meisters spielt diese Stadt dennoch eine besondere Rolle, die ihn bis in seine ergiebigen Träume verfolgt. Wagners Liebe zu Dresden hält sich indes in Grenzen, eine solche zu Leipzig ist gar nicht erst vorhanden. Feinsinnig, wiewohl nicht ohne Ironie, wußte er zu unterscheiden: „Mein liebes Sachsen, das gute Leipzig, ach, und das theure, edle Dresden, wo ich ungefähr wie eine räudige Katze behandelt werde! Meine Bitterkeit fängt an, mich allmählich zu belustigen."[16]

ANMERKUNGEN

1 Hans-Joachim Bauer und Johannes Forner (Hrsg.), *Richard Wagner. Sämtliche Briefe*, Bd. 8, Leipzig 1988, Nr. 126

2 Peter Wapnewski, *Richard Wagner. Die Szene und ihr Meister*, München ²1983.

3 Hans von Wolzogen (Hrsg.), *Richard Wagner an Minna Wagner*, Bd. 1, Leipzig 1908, S. 313.

4 Gertrud Strobel u. Werner Wolf (Hrsg.), *Richard Wagner. Sämtliche Briefe*, Bd. 4, Leipzig 1979, S. 300.

5 Wagner, *Sämtliche Briefe*, Bd. 3, Leipzig 1975, S. 368.

6 Woldemar Lippert, *Richard Wagners Verbannung und Rückkehr 1849–1862*, Dresden 1927, S. 134.

7 Lippert, *Richard Wagners Verbannung*, S. 232

8 Hans von Wolzogen (Hrsg.), *Richard Wagner an Minna Wagner*, Bd. 2, Leipzig 1908, S. 6.
9 Wagner, *Sämtliche Briefe*, Bd. 3, S. 308
10 Wagner, *Sämtliche Briefe*, Bd. 4, S. 97.
11 Hans von Wolzogen (Hrsg.), *Richard Wagner's Briefe an Theodor Uhlig, Wilhelm Fischer, Ferdinand Heine*, Leipzig 1888, S. 342f.
12 Lippert, *Richard Wagners Verbannung*, S. 110f.
13 Lippert, *Richard Wagners Verbannung*, S. 156.
14 Wolfgang Golther (Hrsg.), *Richard Wagner an Mathilde Wesendonck. Tagebuchblätter und Briefe 1853–1971*, Berlin [33]1908, S.239.
15 Martin Gregor-Dellin, *Richard Wagner. Sein Leben. Sein Werk. Sein Jahrhundert*, Berlin 1987, S. 489.
16 Hans von Wolzogen (Hrsg.), *Richard Wagner an Minna Wagner*, Bd. 2, Leipzig 1908, S. 317

Bodo Bischoff

Von Teilnahmslosigkeit über Skepsis zur Faszination

Robert Schumanns Begegnungen mit Richard Wagner und seinen Dresdner Opern

Vorgeschichte erster Teil

„Hören Sie, Herr Wagner hat Sie überflügelt; es wurde eine Sinfonie von ihm aufgeführt die aufs Haar wie die A dur Sinfonie von Beethoven ausgesehen haben soll.“[1]

Versuchen wir, uns in die Lage des gerade zweiundzwanzigjährigen Robert Schumann zu versetzen, dessen eigene erste sinfonische Uraufführung nur etwa vier Wochen zurücklag, als ihn diese ‘schmeichelhaften’ Zeilen Claras erreichen. Der gerade entstandene erste Satz seiner g-Moll-Sinfonie war am 18. November 1832 in einem Konzert der dreizehnjährigen Clara Wieck in Zwickau Bestandteil des Programms. Schumann soll „aus einem Versteck unbemerkt“ zugehört haben.[2] Eine Reaktion Schumanns – vielleicht nicht viel mehr als eine mittelbare Randbemerkung – auf diesen ironischen Fingerzeig Claras enthält sein Brief vom 10. Januar 1833 an Friedrich Wieck: „Die Sinfonistengleichnisse in Clara’s Brief sind prächtig und haben viel Lachen in Zw.[ickau] gemacht.“[3] Wahrscheinlich bezieht er sich hier auf die Fortsetzung des Berichtes in Claras Brief: „Der Vater sagte: die Sinfonie von F. Schneider, welche im Gewandhause gemacht wurde, sey eine alte dessauer Pudelmütze; (und zwar die 25te) und sey zu vergleichen einem Frachtwagen, der 2 Tage bis Wurzen führe und hübsch im Geleise bleibe und ein alter langweiliger Fuhrmann mit einer großen Zippelmütze murmelte immer zum Pferden: Ho, ho, ho, hotte, hotte. Aber Wagner führe in einem Einspänner über Stock und Stein und läge aller Minuten im Chaussee-Graben, wäre aber demohngeachtet in einem Tage nach Wurzen gekommen, obgleich er braun und blau [aus]gesehen habe.“[4] Es scheint, als habe Schumann Claras Verdikt – quasi schenkelklopfend – zur Kenntnis genommen. Wahrscheinlicher ist jedoch, daß die Konnotation dieser Zeilen dem sensiblen und mit einem ausgeprägten Selbstwertgefühl ausgestatteten Schumann nicht entgangen ist, sondern ihn getroffen, wenn nicht gar empfindlich verletzt hat. Denn sie stellt mindestens drei für seine Persönlichkeit gewichtige Problemkreise zur Disposition:

1. Zwar war Beethoven zu dieser Zeit für Schumann bereits zum großen Vorbild neben Schubert und Bach avanciert[5], den direkten Vergleich mit ihm schätzte er jedoch keineswegs, wie er überhaupt auf den Komparativ, wenn er seine eigene Person betraf, oft ungewöhnlich heftig und bestimmt reagierte.

2. Andererseits muß es ihn unangenehm berührt haben, daß ein anderer – noch dazu um drei Jahre jüngerer – Komponist von Clara in einem Atemzug mit Beethoven genannt wurde.
3. Nicht zuletzt hat Schumann, der sich über seine handwerklichen Unzulänglichkeiten zumindest teilweise im klaren war, um sein eigenes sinfonisches Kind, dessen Erfolg ja in Zwickau nicht ungeteilt war, hart ringen müssen.[6]

So erreichen ihn die Zeilen Claras zu einem Zeitpunkt, als er selbst eifrig daran arbeitete, die Mängel der ersten Fassung zu beseitigen und die folgenden Sätze zu ergänzen, um mit den nächsten in Schneeberg und Leipzig geplanten Aufführungen erfolgreicher zu sein. Wir wissen, daß dieser Erfolg ausblieb. Egon Voss ging sogar soweit, im Mißlingen des Projektes den Grund dafür zu sehen, „daß Schumann über Jahre hinaus Zeitungsredakteur wurde und sich als Komponist auf das Klavier zurückzog“.[7] Auch Arnfried Edler betont mehr das Scheitern des Unternehmens als die kompositorischen Fortschritte[8], die sich doch auch in positiven Pressestimmen und in Anerkennung durch Kunstfreunde niederschlugen.[9] Welche Bedeutung die Sinfonie g-Moll für Schumann gehabt haben mag, läßt sich aus dem Brief vom 5. April 1833 an Töpken entnehmen: „Im ganzen verflossenen Winter nahm eine große Sinfonie für's Orchester, die nun beendigt ist, meine Zeit weg; von ihr erwarte ich, ohne Eitelkeit, das Meiste für die Zukunft.“[10] Das Ziel – und das bleibt festzuhalten –, die große sinfonische Musik, ist anvisiert, und von dem neu gewonnenen Niveau aus wird es in den folgenden Jahren planmäßig weiterverfolgt und schließlich auch erreicht.[11]

Vorgeschichte zweiter Teil, oder: Die Eliminierung eines nicht vorhandenen Kapitels

Irgendwann vor der skizzierten mittelbaren Konfrontation Schumanns mit Wagner muß die erste Begegnung der beiden Komponisten stattgefunden haben.[12] Über den Zeitpunkt einer Zusammenkunft werden unterschiedliche Angaben gemacht. Einige Autoren nennen das Jahr 1830, in welchem Wagner bei Heinrich Dorn miterlebt haben soll, wie Schumann seinem zukünftigen Lehrer die *ABEGG-Variationen* vorspielte.[13] Boetticher hingegen nimmt Bezug auf eine Tagebucheintragung Schumanns und verweist darauf, daß sie erstmals am 19. Juni 1831 in Leipzig zusammentrafen und eine frühere Bekanntschaft sich weder in den Tagebüchern Schumanns noch in den autobiographischen Schriften Wagners nachweisen lasse.[14] Zutreffend ist wohl, daß es zu einer engeren Beziehung zwischen beiden in der Zeit zwischen 1830 und 1835 nicht gekommen ist.

In diesem Zusammenhang muß die immer noch weit verbreitete Annahme, Wagner habe bereits am ersten Jahrgang der *Neuen Zeitschrift für Musik* (*NZfM*) als Korrespondent mitgewirkt, korrigiert werden.[15] Er gehörte nicht zu den „Männern der ersten Stunde“[16], muß jedoch bereits im Jahre 1835 von Schumann um seine Mitarbeit gebeten worden sein. Aus seiner Feder soll der Aufsatz *Pasticcio* stammen, der mit dem Pseudonym Canto Spianato überschrieben ist.[17]

Wohl als erster spricht Carl Friedrich Glasenapp Wagner die Autorschaft zu, als er im November 1884 den Artikel in den *Bayreuther Blättern* erscheinen läßt und in einem „Nachwort" im Novemberstück 1884 und im Februarstück 1885 ebendort „die Fäden" aufzeigt, „die sich von dieser frühen Aufzeichnung aus zu den späteren reformatorischen Gedanken in 'Oper und Drama' herüber- und hinüberspinnen".[18] Durch eine Reihe von Indizien läßt sich nachweisen, daß dieser Artikel nicht von Wagner stammen kann und er Beiträge für die *NZfM* erst vom Jahre 1836 an geliefert hat.

1. Der erste im Robert-Schumann-Museum in Zwickau in einer Abschrift erhaltene Brief Wagners an Schumann vom 14. September 1835 dokumentiert, daß Wagner zu diesem Zeitpunkt noch nicht Mitarbeiter der *Neuen Zeitschrift für Musik* war; vielmehr bekundet er in diesem Schreiben sein Interesse an einer Mitarbeit. Darüber hinaus belegt der Brief eindringlich, daß zu Beginn dieser Bekanntschaft die treibende Initiative von Wagner ausging. Dies wird für die folgenden zehn Jahre im wesentlichen so bleiben. Inhaltlich wirft das Schreiben ein bezeichnendes Licht auf Wagners Einfühlungsvermögen und auf die von ihm verfolgten Ziele. So deutet er die Zeitverhältnisse durchaus im Sinne Schumanns, bedient sich in Terminologie und Gedankengang des in der *NZfM* angeschlagenen Tons, wenn er sich u.a. Schumann gegenüber zu dem Glauben an „die in allen kulturellen und politischen Dingen reformatorische Aufgabe" ihrer Zeit bekennt, deren Sinn darin bestände, „die Jugend in den Kampf gegen die alte Lüge zu führen und die Anerkennung der Philister zu verachten. [...] Sie haben in ihrer musikalischen Zeitung einen schönen Kampfplatz für uns eröffnet," heißt es weiter, „und mich gelüstet es, auf ihm meine Kräfte zu versuchen."[19]
2. Den gleichen Zusammenhang belegt ein Brief Wagners an Theodor Apel, den er nur acht Tage später verfaßte. Es heißt dort u.a.: „Ich entwickle jetzt immer mehr meine Thätigkeit. Ich schreibe für's Geld. Ich werde jetzt auch Mitarbeiter an der neuen musikalischen Zeitung."[20]
3. Daß Wagner erst nach diesem Brief für Schumanns Blatt tätig wurde, wird dadurch zusätzlich plausibel, daß sein Name erst 1836 auf dem Titelblatt der *NZfM* erscheint.[21]
4. Eine weitere Quelle bildet der von Schumann verfaßte, mit dem 24. Dezember 1834 datierte Kontrakt, der die Übernahme der *NZfM* durch Schumann von dem bisherigen Verleger Hartmann regelt.[22] In diesem Papier werden unter 4) die Mitarbeiter des Jahres 1834 mit den „restirenden Honorare[n]" aufgezählt. Wagner wird nicht genannt, dafür jedoch Gustav Nauenburg aus Halle – der in seinem Schreiben vom 2. April 1834 an Robert Schumann signalisiert hatte, daß er dessen Aufforderung, an der Zeitung mitzuwirken, gern nachkäme und in Aussicht stellt, Schumann unverzüglich nach Übersendung der ersten Nummern einen Beitrag zukommen zu lassen; seine Autorschaft ist durch das Kürzel „Ng" unter dem Schluß des zur Diskussion stehenden Artikels als wahrscheinlich anzusehen.[23]

5. Auch das Pseudonym Canto Spianato (ebenmäßiger Gesang) verweist auf Nauenburg, der als Bariton und Gesanglehrer prädestiniert war, zur italienischen und deutschen Gesangskultur Stellung zu nehmen.

Bemerkenswert ist, daß dieser Artikel seit Glasenapp bis in neuere Veröffentlichungen hinein als „Vorform“ der Hauptschriften aus Wagners Züricher Zeit angesehen und entsprechend interpretiert worden ist.[24] Eine kritische Ausgabe der Schriften Wagners erscheint daher dringend erforderlich.

Vorgeschichte dritter Teil

Zuverlässig rekonstruierbar beginnt mit dem 14. September 1835 der Briefwechsel zwischen Wagner und Schumann.[25] Dieses Datum markiert den Zeitpunkt, von welchem an die beiden Komponisten und Musikschriftsteller miteinander in – zunächst lockeren – Kontakt treten. Schumann notiert sich in dem 1834 angelegten Briefverzeichnis unter fortlaufender Nummer von eingegangenen und abgesandten Briefen Datum, Ort und den Autor des Schreibens. In einer besonderen Spalte „Bemerkungen“ werden kurze inhaltliche Angaben oder Bearbeitungshinweise angebracht. Er vermerkt zu Beginn des Verzeichnisses: „die mit o gekennzeichneten Briefe bedürfen keiner Erwiderung, die mit + gekennzeichneten Briefe sind meist mündlich erledigt.“

Von den 22 in Schumanns Briefverzeichnis vermerkten Schreiben Wagners sind immerhin 21 überliefert.[26] Der Inhalt von acht Briefen Schumanns an Wagner kann durch die Gedächtnisnotizen aus dem Briefverzeichnis wenigstens in Umrissen erschlossen werden. Der Vollständigkeit halber muß eine Miszelle erwähnt werden, die diesem – überlieferten – Briefwechsel vorausgeht: In der *NZfM* vom 25. September 1834 – also etwa ein halbes Jahr nach der Gründung der Zeitung – kündigt Schumann die Aufführung der *Feen* von Wagner an. Ob diese Notiz von Wagner veranlaßt wurde, wie es in der Folge oft der Fall sein wird, wenn in der *NZfM* über seine Werke geschrieben wird, kann nicht beantwortet werden.

Den Abschluß der Vorgeschichte – und zugleich die Überleitung zur eigentlichen – bildet der Brief Wagners aus Paris vom 16. Dezember 1841.[27] Er beginnt räsonierend: „Letzthin las ich einmal in Ihrer Zeitschrift für Musik eine Notiz über mich, die mich sehr wunderlich berührte: Sie selbst wunderten sich darin, im Pariser Courier musical einer nächstens in Dresden stattfindenden sollenden Aufführung einer Oper von mir erwähnt zu sehen. M i c h berührte dieß seltsam, weil ich bei dieser Gelegenheit von Neuem ersah, wie in der Welt, zumal in Bezug auf Bekanntmachung in Journalen, nichts von selbst geschieht, sondern daß Jeder, der sich selbst einiger Maaßen am Herzen liegt, ebenfalls auch selbst für sich sorgen muß.“ Im folgenden macht Wagner seine Enttäuschung darüber deutlich, daß die „vorzubereitende Aufführung der Oper eines Sachsen auf dem Hoftheater zu Dresden“ keinerlei Teilnahme erregt habe: „Ich sehe nun aber, daß ich wirklich s e l b s t von h i e r [= Paris] aus daran gehen muß, Sie mein vortrefflichster Gönner[28], mit einem Vorhaben bekannt zu machen, an dessen Gelingen mir viel gelegen ist, u.[nd] für das ich mir Ihre gütige Theilnahme erbitte." Es folgen die Ankündigung der für Februar 1842 geplanten Aufführung des *Rienzi* in Dresden[29], die Einladung an Schumann, daran teilzunehmen, und die Bitte um wöchentliche Übersendung der *NZfM*. Wagner hatte mit diesem Brief einen Artikel *Rossinis Stabat Mater* an Schumann geschickt, der unter dem Pseudonym H. Valentino in der *NZfM* vom 28. Dezember 1841 erschien. Dort wird in einer Fußnote vermerkt: „Von einem neuen Korrespondenten." Schumann antwortete am 3. Januar 1842 und bat Wagner um monatliche Berichte, sicherte ihm zu, daß er ihn honorieren und die Zeitschrift übersenden werde.[30] Auch für ein Referat über den *Rienzi* wolle er sorgen.[31]

Der Vorgeschichte dritter und letzter Teil beginnt mit dem 14. September 1835 und endet am 18. April 1842, dem Tage, an welchem Schumann in sein Tagebuch einträgt: „Rich. Wagner, der aus Paris kam."[32] Insgesamt sieben Briefe Wagners und ein Brief Schumanns sind aus dieser Zeit nachweisbar. Die ersten vier Briefe Wagners wurden zwischen September 1835 und Dezember 1836 geschrieben. Antwortschreiben von Schumann sind nicht bekannt, so daß die Korrespondenz von Dezember 1836 bis Dezember 1840 wohl zu ruhen schien. In dieser Zeit liegen die Wienreise Schumanns vom September 1838 bis April 1839 und die Odyssee Wagners durch halb Europa.

Geschichte erster Teil: *Rienzi* und Teilnahmslosigkeit

Am 7. April 1842 verließen Richard und Minna Wagner Paris, um nach Deutschland zurückzukehren. Sie trafen am 12. April in Dresden ein und besuchten am 15. des Monats die Familie in Leipzig, wo Wagner auch am 18. April mit Schumann zusammentraf.[33] Ein weiterer Besuch Wagners fand am 7. Mai statt, als er sich zu Verhandlungen mit dem neuen Berliner Intendanten Theodor von Küster über eine mögliche Aufführung des *Fliegenden Holländer* in Leipzig befand.[34] Dies sind wohl die ersten gewichtigen Begegnungen zwischen beiden. Am 18. Juli 1842 kam Wagner schließlich von einem Aufenthalt in Teplitz nach Dresden zurück, um mit der Einstudierung des *Rienzi* zu beginnen. Dirigent war Carl Gottlieb Reißiger.

In seinem Brief vom 5. Oktober 1842 lud Wagner Schumann mit gewissem Nachdruck zur Premiere des *Rienzi* ein: „Geehrtester Freund, wenn Sie mir Ihre Theilnahme bewahrt haben, so erlauben Sie mir, Sie recht angelegentlich zu bitten, der Aufführung meiner Oper 'Rienzi' in Dresden beizuwohnen. Nach dem sorgfältigsten, u.[nd] von dem sämmtlichen Opernpersonale mit größter Liebe betriebenen Studium ist nun der 16te dieses Monates zur ersten Aufführung mit Bestimmtheit festgesetzt. Ich gestehe, daß ich derselben mit Freude entgegensehe. [...] Ganz abgesehen von der Wichtigkeit, die Sie als Redacteur der respectirtesten musikalischen Zeitung für mich in solchem Falle haben müssen, liegt mir aber natürlich besonders auch daran, mich einem Künstler, wie Sie, recht nah bekannt zu machen."[35]

Zwei Tage später richtete Wagner erneut ein Schreiben an Schumann, in welchem er nun den 19. Oktober als Aufführungstermin und den 18. für die Generalprobe angibt.[36] Er fährt dann weiter fort: „Ich melde Ihnen dies bei Zeiten, weil mir zu viel daran liegt, Sie bei dieser Aufführung zugegen zu wissen, u.[nd] ich die Möglichkeit, meinen Wunsch erfüllt zu sehen, besser berechnen kann, wenn ich Ihnen Zeit gebe, sich darauf vorzubereiten. Können Sie mich nicht wissen lassen ob ich Ihnen einen guten Platz besorgen soll?“[37] Schumann antwortete Wagner am 15. Oktober 1842. Über den Inhalt des Briefes machte sich Schumann in seinem Briefbuch die Notiz: „Daß er mir einen Brief üb.[er] s.[eine] Oper schikke.“[38]

Die Uraufführung fand in Sempers Königlich Sächsischem Hoftheater am 20. Oktober 1842 statt. Josef Tichatschek sang den Rienzi und die legendäre Wilhelmine Schröder-Devrient den Adriano. Trotz des mehr als sechsstündigen Theaterabends – die Vorstellung begann um sechs Uhr nachmittags und der letzte Vorhang fiel erst nach Mitternacht – wurde die Aufführung ein triumphaler Erfolg. Unter anderem führte dies dazu, daß Wagner am 2. Februar 1843 zum Königlich Sächsischen Hofkapellmeister ernannt wurde.

Schumann konnte nicht an der Premiere teilnehmen, da er Clara begleitete, die kurzfristig für Davids Frau eingesprungen war und am selben Abend im 3. Abonnementskonzert in Leipzig mitwirkte.[39] Er vermeldet jedoch in der *NZfM* vom 21. Oktober 1842: „Ueber den glänzenden Succes des ‘Rienzi’ von R. Wagner erhalten wir so eben Bericht aus Dresden[40]; wir theilen ihn in der nächsten Woche mit.“

Wagner schrieb einen dritten insistierenden Brief an Schumann, datiert mit dem 28. Oktober:[41] „Verehrtester Freund, ich schmachte nach Ihrer Gegenwart bei einer Aufführung meiner Oper in Dresden. Können Sie nicht zu S o n n t a g d. 30ten d.M. hierher kommen? [...] Ich bin ungestüm in meiner Zudringlichkeit; Sie werden aber leicht begreifen, wie sehr mir an der Erfüllung meiner Bitte liegt.“ Schumann erschien auch zu dieser Aufführung nicht. Er hatte inzwischen mit den Skizzen zu seinem Klavierquintett op. 47 begonnen, dessen Musik ihn so aufregte, daß er nach eigenen Angaben die „zweite Hälfte des Monats [...] ziemlich schlaflos“ zugebracht hatte.[42] Hinzu kamen noch Vorbereitungen für die Aufführung seiner 1. Sinfonie am 3. November, so daß es ihm unmöglich war, dem Wunsche Wagners nachzukommen.

In seinem nächsten Brief vom 3. November reklamierte Wagner zunächst, er habe gehört, daß in der neuesten Nummer der *NZfM* noch kein Bericht über die Aufführung des *Rienzi* erschienen sei. Dann lud er Schumann erneut nach Dresden ein und bot ihm schließlich sogar die Übernahme der Reisekosten an. Er schloß mit dem vielsagenden Satz:: „Könnte ich doch die Dresdener Aufführung meiner Opern nach Leipzig versetzen.“[43]

Inzwischen war jedoch in der *NZfM* vom 1. November ein enthusiastischer anonymer Bericht über die Premiere der Oper abgedruckt worden, als dessen Autor der Kostumier am Dresdner Theater, Ferdinand Heine, ermittelt werden konnte.[44] Schumann übersandte Wagner diesen Bericht am 5. November 1842 postwendend. Im übrigen war Schumann in diesen Wochen im Zusammenhang mit dem zu gründenden Konservatorium durch Konferenzen und Aufnahmeprüfungen zusätzlich zeitlich in Anspruch genommen.[45]

Am 26. November lernte Schumann in einem Konzert der Schröder, welches sie gemeinsam mit Tichatschek und ihrer Mutter als Deklamatorin gab, Teile des *Rienzi* kennen.[46] Er berichtete in der *NZfM* begeistert über die Leistung der Sänger, hielt sich in der Wertung der beiden Arien aus Wagners Oper jedoch bedeckt, weil er aus der isolierten Darbietung der Musikstücke, die vom Publikum wohl eher reserviert entgegengenommen wurden, keine Rückschlüsse auf deren szenische Wirkung ziehen wollte.[47] Die Darstellung in der Rezension deckt sich mit den entsprechenden Eintragungen Claras im Ehetagebuch: „Die Devrient und Tichatschek hatten Arien aus Rienzi von Wagner gewählt, die gar nicht ansprechen wollten."[48]

Im Februar 1843 unternahm Clara mit ihrem Vater eine Konzertreise nach Dresden.[49] Dort sah sie einen Teil des *Rienzi*, über den sie notierte: „D.[en] 12ten sah ich endlich 2 Acte von dem großen Rienzi, der ganz Dresden verrückt gemacht. Ein Urtheil bis in die Details kann ich nicht fällen nach einmal hören, doch hat es mir einen Eindruck gemacht, den ich kein zweites Mal suchen mag. Mein ganzes Empfinden war M i ß f a l l e n, mehr kann ich nicht sagen. Dasselbe Gefühl wiederholte sich, als ich Wagner persönlich kennen lernte; ein Mensch, der nie aufhört von sich zu sprechen, höchst arrogant ist, und fortwährend in einem weinerlichen Tone lacht."[50] Schumann hat nachweislich erst am 16. April 1845 den *Rienzi* besucht.[51] Eine Stellungnahme zu diesem Erlebnis ist bislang nicht nachzuweisen. Aus den bekannten Passagen seines Briefes an Mendelssohn vom 22. Oktober 1845 ist jedoch zu schließen, daß die Oper auch bei ihm keinen positiven Eindruck hinterließ.[52]

Der Geschichte zweiter Teil: *Der fliegende Holländer* und Skepsis

Bereits in seinem Schreiben vom 3. November 1842 hatte Wagner Schumann davon informiert, daß „die Dresdener General-Direktion" ihn aufgefordert habe, „ihr auf das schleunigste die Partitur" seiner „anderen Oper – 'der fliegende Holländer'" – zu liefern, da sie beabsichtigte, diese Oper sogleich und unmittelbar nach „Rienzi ebenfalls in Szene zu setzen". Die neue Oper lasse sich in kurzer Zeit einstudieren, und er rechne noch im Dezember mit der Aufführung. Ein entsprechender Hinweis wurde in der *NZfM* vom 11. November 1842 abgedruckt. Die zunächst für den zweiten Weihnachtsfeiertag ins Auge gefaßte Premiere mußte – wie üblich – verschoben werden. Sie fand am 2. Januar 1843 unter Wagners Leitung statt.[53]

Am folgenden Tage schrieb Wagner an Schumann: „Da ich weiß, daß Sie an mir Theil nehmen, melde ich Ihnen in der Freude meines Herzen's, daß ich gestern durch den Erfolg meiner neuen Oper 'der fliegende Holländer' einen Triumph davon getragen habe, auf den ich stolzer bin, als auf den Erfolg meines

'Rienzi' [...] Mittwoch u.[nd] Sonntag wird die Oper wieder gegeben: ich lade Sie förmlichst zu einem Besuch auf Sonntag zu mir ein; gönnen Sie mir die Freude, Sie diesen Besuch ganz auf meine Kosten machen zu lassen."[54] Schumann kam zwar der Einladung wieder nicht nach[55], veröffentlicht jedoch in der *NZfM* Nr. 4 vom 12. Januar 1843 im Feuilleton mehrere Passagen aus Wagners Brief. Es heißt dort: „Aus einem Brief aus Dresden vom 3ten Jan.: – R. Wagner's zweite Oper: 'der fliegende Holländer', wurde gestern zum erstenmal gegeben und [hat] gleichfalls einen günstigen Erfolg für den Componisten gehabt; er wurde nach dem 2ten und 3ten Act mit den Sängern stürmisch gerufen. Die Devrient leistet in ihrer Parthie (Tochter eines norwegischen Seefahrers) vielleicht das Originellste, was sie je producirt; die Wirkung war außerordentlich,[56] die Leute wurden bald warm bald kalt vor Schauern der Ergriffenheit. – Mittwoch und Sonntag wird die Oper wiederholt."

In ein neues Stadium geriet die Beziehung zwischen Wagner und Schumann, als jener, – offenbar durch die bislang fruchtlos gebliebenen Einladungen nicht abgeschreckt –, eine Variante erprobte, durch welche er sich erhoffte, Schumann doch noch mit seinem neuen Werk bekannt machen zu können. Wagner schrieb am 27. Januar 1843: „Ich stehe im Begriff, Ihnen ein Stück Arbeit zuzumuthen, aber ich sehe keinen andern Ausweg, ich muß mich an Sie wenden. Hier sitze ich nun in Dresden, führe meine Opern auf, mache Glück, werde Capellmeister – u.[nd] bin doch wie von Gott verlassen. In allen Blättern schreibt man über mich, – aber was schreibt man? Redensarten, Phrasen [...]. Mir thut ein rechter Musiker noth: – in Dresden kenne ich Keinen, – wohl aber in Leipzig. Sie thun für mich, was Sie können: das ist schön, – aber ich möchte, sie könnten mehr, d.h. Sie kennten meine Sachen."[57]

Um Schumann dies zu ermöglichen, übersandte Wagner ihm die Partitur *Fliegenden Holländer* mit der Bitte, sie zu studieren und ggf. „etwas Ausführliches" darüber zu schreiben. Er stellte das Gleiche für Werke Schumanns in Aussicht, sofern dieser ihm seine Kompositionen ebenfalls zuschicke. Er fügte die denkwürdige Passage an: „Werthester Freund, halten wir doch zusammen! Wer weiß, wozu das gut sein dürfte, – zumal da ich hoffe, daß wir uns in unsrer künstlerischen Richtung doch begegnen."[58]

Schumann hat sich ganz offensichtlich mit der Partitur des *Fliegenden Holländer* auseinandergesetzt. Clara, die sich vom 11. bis 17. Februar 1843 in Dresden aufhielt, um dort Konzerte zu geben, überbrachte Wagner einen Brief Schumanns, in welchem dieser zum *Fliegenden Holländer* Stellung nimmt. Die entsprechende Notiz im Briefbuch lautet: „Dank f.[ür] s.[ein] Vertrauen. Zieml.[ich] ausführlich über s.[einen] 'Holländer' u.[nd] Glückwunsch."[59] Wagners Antwortschreiben vom 25. Februar 1843 gibt in vielerlei Hinsicht genauere Auskunft über den durchaus brisanten Inhalt von Schumanns Brief.[60] Er verdient, an anderer Stelle ausführlich diskutiert zu werden.

DER GESCHICHTE DRITTER TEIL: *TANNHÄUSER* ODER VON SKEPSIS ZUR FASZINATION

Dieses Kapitel unserer Geschichte ist oft erzählt worden. Und die Akzentverschiebungen, mit der es jeweils tradiert wurde, erhellen schlaglichtartig eine Entwicklung, die – man kann es ohne in den Verdacht der übertriebenen Emphase zu geraten, so bezeichnen – als eine der verhängnisvollen, ja tragischen in die Musikgeschichte des 19. Jahrhunderts eingegangen ist. Die Polemiken Theodor Uhligs einerseits – um nur einen der wehrhaften Wagnerianer zu nennen – und die von Hans Pfitzner heraufbeschworene „Sternenfreundschaft" andererseits markieren stellvertretend die extremen Pole der Positionen, zwischen denen sich alle nur denkbaren Nuancen nachweisen lassen.[61] Versuchen wir die Tatsachen zu rekonstruieren.

Wagner hatte am 13. April 1845 die Partitur des *Tannhäuser* beendet. Er ließ 100 Exemplare auf eigene Kosten für 500 Taler, ein kleines Vermögen, auf Stein drucken. Im Juli hielt er sich für fünf Wochen in Marienbad auf. In dieser Zeit begegnete er Eduard Hanslick, der Wagner während seiner Dresdner Zeit durchaus gewogen war. In der zweiten Augusthälfte kehrte Wagner nach Dresden zurück. Im September begannen die Proben für *Tannhäuser*. Dreimal traf er in diesem Monat mit Schumann zusammen.[62]

Vermutlich machte Wagner Schumann die Partitur während einer dieser Besuche zum Geschenk.[63] Jedenfalls war Schumann bereits mit der Partitur vertraut, bevor er das Stück erstmals hörte, wie sein Brief an Mendelssohn vom 22. Oktober 1845 belegt.[64] Nachdem Schumann die „reine[n] Harmonieen" in den Orgelsonaten Mendelssohns besonders gelobt hatte, schließt er die rhetorische Frage an: „Freilich, was versteht die Welt (incl. viele ihrer Musiker) von reiner Harmonie?" und fährt fort: „Da hat Wagner wieder eine Oper fertig – gewiß ein geistreicher Kerl voll toller Einfälle und keck über die Maßen – die Aristokratie schwärmt noch vom Rienzi her – aber er kann wahrhaftig nicht vier Takte schön, k a u m g u t hintereinander wegschreiben und denken. Eben an der reinen Harmonie, an der vierstimmigen Choralgeschicklichkeit – da fehlt es ihnen allen. Was kann da für die Dauer herauskommen! Und nun liegt die ganze Partitur schön gedruckt vor uns – und die Quinten und Octaven dazu – und ändern und radiren möchte er nun gern – zu spät! – Nun genug! Die Musik ist um kein Haar breit besser als Rienzi, eher matter, forcierter! Sagt man aber so etwas, so heißt es gar 'ach, der Neid'."

Vier Wochen später, am 22. November 1845, sah das Ehepaar Schumann *Tannhäuser* zum ersten Mal. Clara berichtet: „Robert war lebhaft interessiert für diese Oper, er findet sie einen großen Fortschritt gegen den Rienzi, in Hinsicht der Instrumentation sowie musikalisch. Ich kann mich mit Robert nicht einigen, für mich ist diese Musik gar keine – ein großes dramatisches Leben spreche ich jedoch Wagner keineswegs ab. Am besten ich schweige über Wagner, denn ich kann einmal nicht gegen meine Überzeugung sprechen und fühle doch für diesen Komponisten durchaus kein Fünkchen Sympathie."[65] Für Schumann hingegen wurde diese Aufführung zu einem einschneidenden Schlüsselerlebnis, das zu einer markanten Revision seiner – nur aus dem Studium der Partitur resultierenden – ersten Bewertung des *Tannhäuser* führt. Zunächst dokumentiert das Haushaltsbuch für die folgenden Tage eine weitere Auseinandersetzung mit der Oper.[66] 14 Tage später wird Mendelssohn gegenüber die Ankündigung einer Neubewertung gemacht: „Über Tannhäuser vielleicht mündlich; i c h m u ß m a n c h e s z u r ü c k n e h m e n, was ich Ihnen nach dem Lesen der Partitur darüber schrieb; von der Bühne stellt sich alles ganz anders dar. Ich bin von Vielem ganz ergriffen gewesen.“ [67] Am 7. Januar 1846 schließlich schrieb Schumann an Dorn: „Tannhäuser von Wagner wünscht ich, daß Sie sähen. Er enthält Tiefes, Originelles, überhaupt 1 0 0 m a l B e s s e r e s als seine früheren Opern – freilich auch manches musikalisch = Triviale. In Summa, er kann der Bühne von großer Bedeutung werden, und wie ich ihn kenne, hat er den Muth dazu. Das Technische, die Instrumentation finde ich ausgezeichnet, ohne Vergleich meisterhafter gegen früher.“ [68]

Als ihn im September Eduard Hanslick besuchte[69], lieh Schumann ihm die Partitur und besuchte gemeinsam mit ihm und Clara erneut eine Aufführung des *Tannhäuser*. Zum dritten Mal sah Schumann diese Oper am 7. August 1847.[70] Daß die Faszination, die das Werk auf ihn ausübte, bis zu diesem Zeitpunkt ungebrochen geblieben war, beweist die Notiz in seinem Theaterbüchlein, die er selbst sogar für bedeutend genug hielt, um sie 1854 in seinen Schriften zu veröffentlichen: „Eine Oper, über die sich nicht so in Kürze sprechen läßt. Gewiß, daß sie einen genialen Anstrich hat. Wär' er ein so melodiöser Musiker, wie er ein geistreicher, er wäre der Mann der Zeit. Viel ließe sich über die Oper sagen, und sie verdiente es, ich hebe es mir auf später auf.“[71] Leider blieb dieses Vorhaben unausgeführt.

DER GESCHICHTE VIERTER TEIL: *LOHENGRIN* UND FINALE

Am 17. November 1845 las Wagner im Engelklub, einem illustren Kreis von Literaten, bildenden Künstlern und Musikern, darunter auch Schumann, wie u.a. eine Eintragung im Haushaltbuch belegt, die Dichtung *Lohengrin* vor.[72] Die Wirkung dieser Lesung auf die Zuhörer beschrieb Wagner folgendermaßen: „[Der Text] wurde gelobt und 'effektvoll' gefunden, auch Schumann war ganz damit einverstanden; nur begriff er die musikalische Form nicht, in welcher ich es ausführen wollte, da er keinerlei Anhalt zu eigentlichen Musiknummern ersah. Ich machte mir den Spaß, ihm verschiedenes aus meinem Gedicht in der Form von Arien und Kavatinen vorzulesen, worüber er sich lächelnd befriedigt erklärte.“[73]

Aus einem Brief an Mendelssohn, den Schumann am folgenden Tage verfaßte, wissen wir, daß Schumann von diesem Ereignis doppelt betroffen war: Zum einen, weil Wagner nur etwa vier Wochen nach der Uraufführung des *Tannhäuser* mit einem neuen Operntext aufwarten konnte, und zum anderen, weil er selbst sich mit dem Gedanken trug, ein Sujet „aus der Zeit um die Tafelrunde herum“ für eine Oper zu bearbeiten. Er verwarf diesen Plan.[74] Bis zur Fertigstellung des

Lohengrin vergingen allerdings noch mehr als zwei Jahre. Am 28. April 1848 war es soweit: Wagner vollendete die Partitur seines letzten Dresdner Werkes. Auch für dieses zeigte Schumann reges Interesse. Bereits am 11. Mai sah er die Partitur bei Wagner zu Hause erstmals ein[75], der sie ihm dann zwei Tage später zur Begutachtung übersandte, verbunden mit einer Einladung zu einem Besuch in seinem herrlichen Garten, der Schumann am 15. Mai nachgekommen ist.[76] Auch das letzte Dokument des Briefwechsels zwischen Wagner und Schumann bezeugt den anhaltenden Wunsch Schumanns nach intensiver Auseinandersetzung mit der Oper *Lohengrin*, deren Partitur er sich erneut von Wagner erbat, wie aus den Notizen in seinem Briefbuch zu seinem Schreiben vom 29. August 1848 zu entnehmen ist: „Bitte um Darlehn d.[es] Stabat m..[ater] v.[on] Palestrina u.[nd] d.[es] ‘Singet d.[em] Herrn’ v.[on] Bach, so wie um Lohengrin.“[77]

Am 22. September hörte Schumann anläßlich des 300. Stiftungsfestes der Dresdner Hofkapelle in einem Konzert im Semper-Theater das Finale des 1. Aktes der neuen Oper Wagners.[78] Die Umstände müssen wenig glücklich gewesen sein, wie aus Claras Anmerkungen zu diesem Ereignis hervorgeht.[79] Für die Rezeptionsgeschichte bleibt die Tatsache bedeutsam, daß Schumann mindestens drei Opern Wagners gründlich durchgearbeitet hat. Welche Auswirkungen dies für sein eigenes Schaffen und nicht zuletzt für seine einzige Oper *Genoveva* hatte, die zwischen April 1847 und August 1848 entstand, bliebe genauer zu ergründen.[80]

Noch zwei Besuche bei Wagner belegt das Haushaltsbuch Schumanns: Am 2. November 1848 und am 1. Januar 1849.[81] Die politischen Unruhen des neuen Jahres evozieren in den beiden Zeitgenossen – ihrer Persönlichkeitsstruktur entsprechend – ganz unterschiedliche Reaktionen. Während Wagner sich in die erste Reihe der republikanischen Garden stellte, floh Schumann mit seiner Familie auf das Herrenhaus Maxen und später nach Kreischa. Wagner wurde aufgrund seiner Beteiligung an den Aufständen steckbrieflich gesucht und war gezwungen, Deutschland zu verlassen. Bis 1861 lebte er im Exil, so daß – bei Zugrundelegung der derzeit zugänglichen Quellen – das Datum des 1. Januar 1849 das Ende einer der denkwürdigsten Begegnungen der Musikgeschichte des 19. Jahrhunderts markiert.

ANMERKUNGEN

1 Brief Claras vom 17. Dezember 1832, in: Clara und Robert Schumann, *Briefwechsel*. Kritische Gesamtausgabe, hrsg. von Eva Weisweiler, Bd. I, 1832–1838, Frankfurt am Main 1984, S. 5. Zur Lesart vgl. Berthold Litzmann, *Clara Schumann. Ein Künstlerleben*, Bd. I, Leipzig 1902, S. 55f.

2 Wilhelm Joseph von Wasielewski, *Robert Schumann. Eine Biographie*, Bonn [3]1880, S. 79. Zu Fragen der Entstehung und der verschiedenen Phasen der Überarbeitung vgl. Egon Voss, *Robert Schumanns Sinfonie in g-Moll*, in: *NZfM* 133 (1972), S. 312–319.

3 Robert Schumann, *Jugendbriefe*, hrsg. von Clara Schumann, Leipzig 1885, S. 200.

4 Schumann, *Briefwechsel*, Bd. I, S. 5.

5 Robert Schumann, *Tagebücher*, Band I, 1827–1838, hrsg. von Georg Eismann, Leipzig 1971, S. 119, 218, 388 und besonders 398. Zur Beethoven-Rezeption Robert Schumanns vgl. Bodo Bischoff, *Monument für Beethoven. Die Entwicklung der Beethoven-Rezeption Robert Schumanns*, Köln 1994.

6 Vgl. Litzmann, *Clara Schumann*, Bd. I, S. 53: „Sie [= Schumanns Sinfonie] ging eindruckslos an den Zwickauern vorüber." Vermutlich bezieht Litzmann sich damit auf eine Eintragung Friedrich Wiecks in Claras Tagebuch: „Erster Satz von Schumanns Sinfonie wurde gegeben – aber nicht verstanden. Sie machte auch – für so ein Publikum wenigstens – zu wenig Effekt – ist aber gut gearbeitet und erfunden – aber zu mager instrumentiert." Vgl. Schumann, *Tagebücher*, Anm. 436, S. 472, ferner die positive Rezension ebd., S. 428.

7 Voss, *Schumanns Sinfonie in g-Moll*, S. 319.

8 Arnfried Edler, *Robert Schumann und seine Zeit*, Laaber 1982, S. 119.

9 Vgl. Alfred Dörffel, *Geschichte der Gewandhausconcerte zu Leipzig, vom 25. November 1781 bis 25. November 1881*, Leipzig 1884, S. 209, und die in Schumann, *Tagebücher I*, S. 428f. wiedergegebenen Rezensionen; ferner Robert Schumann, *Gesammelte Schriften über Musik und Musiker*, hrsg. von Martin Kreisig, 2 Bde., Leipzig 51914, Bd. 2, S. 462.

10 Robert Schumann, *Briefe. Neue Folge*, hrsg. von Gustav Jansen, Leipzig 21904 (11886), S. 40.

11 Vgl. zu diesem verwickelten Prozeß Reinhard Kapp, *Studien zum Spätwerk Robert Schumanns*, Tutzing 1984, S. 1–175.

12 Vgl. Ulrich Konrad, *Robert Schumann und Richard Wagner*. Studien und Dokumente, in: *Augsburger Jahrbuch für Musikwissenschaft* 1987, Tutzing 1987, S. 214.

13 Ein entsprechender Hinweis findet sich in: Cosima Wagner, *Die Tagebücher*, 2 Bde., hrsg. von Martin Gregor-Dellin und Dietrich Mack, München/Zürich 1976f., Bd. 2, S. 227.

14 Schumann, *Tagebücher I*, S. 343. Wolfgang Boetticher, *Robert Schumann, Einführung in Persönlichkeit und Werk*, Berlin 1941, S. 268.

15 Vgl. auch zu den folgenden Ausführungen Konrad, *Schumann und Wagner*, S. 216ff., dessen akribische Beweisführung in einigen Details ergänzt wird.

16 Vgl. Wilhelm Altmann, *Vier Briefe Richard Wagners an Robert Schumann*, in: Die Musik 4/2 (1904/05), S. 223, und Boetticher, *Einführung*, S. 268.

17 Erschienen in der *NZfM*, Nr. 63, vom 6. November 1834, und Nr. 64, vom 10. November 1834.

18 Vgl. Carl Friedrich Glasenapp, *Das Leben Richard Wagners, in sechs Büchern*, Bd. 1, Leipzig ^{4}1905 S. 224. Daß sich das Autograph dieses Beitrages im Besitz eines unbekannten Sammlers befindet, versteht sich von selbst. Vgl. Glasenapp, *Wagner*, Bd. 1, S. 503. Es blieb bis heute unauffindbar.

19 Der Brief wird u.a. erwähnt und auszugsweise zitiert in: Paula und Walter Rehberg, *Robert Schumann, sein Leben und sein Werk*, Zürich 21969, S. 143. Vollständig veröffentlicht erschienen ist er erstmals in: Ulrich Konrad, *Schumann und Wagner*, S. 280f.

20 Brief vom 22. September 1835, in: Richard Wagner, *Sämtliche Briefe*, hrsg. im Auftrage der Richard-Wagner-Stiftung Bayreuth von Gertrud Strobel und Werner Wolf, Bd. I, Leipzig 1979, S. 221. Zur Datierung des Briefes vgl. ebd., S. 220, Anmerkung 2, und zum Artikel *Pasticcio* die Anmerkung 1, ebd., S. 221. Sein erster Beitrag ist der Bericht *Aus Magdeburg*, der in der *NZfM* 4, Nr. 36, vom 3. Mai 1836 erscheint.

21 Wagners Bericht *Aus Magdeburg* erschien in Nr. 36, vom 3. Mai 1836 der *NZfM*. Vgl. Wagners Brief vom 19. April 1836, Wagner, *Briefe I*, S. 260. Sein Name erscheint nicht nur auf dem Deckblatt des vierten Bandes der *NZfM* von 1836, sondern er wird auch auf S. 2 der Nr. 1 vom 1. Januar 1836 zusammen mit anderen Korrespondenten genannt.

22 Siegfried Kross, *Aus der Frühgeschichte von Robert Schumanns Neuer Zeitschrift für Musik*, in: *Die Musikforschung* 34 (1981) S. 436f.

23 Vgl. Robert Schumann, *Briefe und Gedichte aus dem Album Robert und Clara Schumanns*, hg. von Wolfgang Boetticher, Leipzig 1979, S. 143, und Boetticher, *Einführung*, S. 268.

24 Julius Kapp, *Der junge Wagner, Dichtungen, Aufsätze, Entwürfe*, Berlin und Leipzig 1910, S. 51ff.; Wagner, *Briefe I*, S. 46 und 221; Egon Voss, *Richard Wagner. Dokumentarbiographie*, München 1982, S. 15 und 563f.; Martin Gregor-Dellin, *Richard Wagner. Sein Leben. Sein Werk. Sein Jahrhundert*, München 1982, S. 102; Peter Wapnewski, *Die Oper Richard Wagners als Dichtung* und Jürgen Kühnel, *Wagners Schriften*, in: *Richard-Wagner-Handbuch*, hrsg. von Ulrich Müller und Peter Wapnewski, Stuttgart 1986, S. 227 und 473f. Siehe dagegen: *Wagner-Chronik*, zusammengestellt von Martin Gregor-Dellin, Kassel [2]1983, S. 22.

25 Robert Schumann, *Briefverzeichnis*, unveröffentlicht, Robert-Schumann-Museum Zwickau, Sign. 4871 / VII, C 10 A3; vgl. Boetticher, *Einführung*, S. 665.

26 Bis auf den Brief Wagners vom 14. September 1835 sind alle anderen erschienen in: Wagner, *Briefe I–IV*. Die wieder zugänglichen Autographen ergaben jedoch nach Kollation mit den vorliegenden Druckfassungen „gegen zweihundert Abweichungen", so daß eine kommentierte Neuausgabe von Konrad, *Schumann und Wagner*, vorgenommen wurde; siehe dort S. 269ff. Bislang unauffindbar blieb ein Brief von „Wagner" an Schumann vom 27. April 1837 aus Magdeburg, *Briefverzeichnis* Nr. 613c, S. 28, den Schumann mit der Bemerkung „o" versah. Ob es sich hierbei um einen Brief von Richard Wagner handelt, ist eher unwahrscheinlich, da er gerade (am 1. April) in Königsberg die Kapellmeisterstelle angetreten hatte. Andererseits weisen Indizien auf anhängige Rechtsstreitigkeiten in Magdeburg hin, so daß es immerhin denkbar wäre, daß er sich für kurze Zeit dort aufgehalten hat. Vgl. Wagner, *Briefe I*, S. 327f.

27 Konrad, *Schumann und Wagner*, S. 289f. Vgl. die Lesarten in: Wagner, *Briefe I*, S. 560.

28 Es ist nicht leicht einzuschätzen, ob diese emphatische Anrede ironisch oder ernst gemeint war. Immerhin wurden in den Jahren zwischen 1836 und Ende 1841 – also von Beginn des dokumentierten Briefwechsels an bis zu diesem Schreiben – in einer Zeit, in der tatsächlich über Wagners Wirken und Werk nur sehr spärlich berichtet wird, aus einer Reihe von elf Artikeln, die in Deutschland von oder über Wagner erschienen (soweit sie noch auffindbar sind), allein acht in der *NZfM* veröffentlicht. Vgl. Helmut Kirchmeyer, *Das zeitgenössische Wagner-Bild, Zweiter Band: Dokumente 1842–1845*, Regensburg 1967, S. XXIV (= *Situationsgeschichte der Musikkritik und des musikalischen Pressewesens in Deutschland* Bd. IV, 1, zugleich *Studien zur Musikgeschichte des 19. Jahrhunderts* Bd. 7).

29 Schumann veröffentlichte daraufhin am 1. Januar 1842 in der *NZfM* eine entsprechende Notiz.

30 Wagner erhielt für die Artikel *Rossinis Stabat Mater*, der in der *NZfM*, Bd. XV, Nr. 52, S. 205ff. erschien, und *Extrablatt aus Paris*, der in der *NZfM*, Bd. XVI, Nr. 16, S. 63f. gedruckt wurde, Honorare. Vgl. Robert Schumann, *Tagebücher*, Band III, *Haushaltsbücher* 1837–1847, hrsg. von Gerd Nauhaus, Leipzig 1982, S. 306 und 308, sowie die Anm. 408 und Anm. 411 auf S. 733.

31 Schumann, *Briefverzeichnis* Nr. 818, S. 371, vgl. Konrad, *Schumann und Wagner*, S. 291, unvollständig in: Boetticher, *Einführung*, S. 269f. Vgl. auch Schumann, *Tagebücher III*, Anm. 312, S. 720.

32 Schumann, *Tagebücher II*, S. 225, und Litzmann, *Clara Schumann*, Bd. II, S. 51.

33 Schumann notiert sich im *Haushaltbuch*: „R. Wagner gegen Abend – „ Schumann, *Tagebücher III*, S. 212 und Anm. 312, S. 720. Clara war zu dieser Zeit auf Reisen. Vgl. Litzmann, *Clara Schumann*, Bd. II, S. 51.

34 Schumann, *Tagebücher III*, S. 213. Gregor-Dellin, *Chronik*, S. 32.

35 Konrad, *Schumann und Wagner*, S. 297, vgl. Wagner, *Briefe II*, S. 161f.

36 Schumann veröffentlichte daraufhin die „bestimmt[e]" Ankündigung der Premiere in der *NZfM* 17, Nr. 29, vom 7. Oktober 1842.

37 Konrad, *Schumann und Wagner*, S. 300, vgl. Wagner, *Briefe II*, S. 162f.

38 Schumann, *Briefverzeichnis* Nr. 890, S. 381, vgl. Konrad, *Schumann und Wagner*, S. 301, und die fehlerhafte Lesart in: Boetticher, *Einführung*, S. 270.

39 Schumann, *Tagebücher III*, S. 227, und Anm. 332, S. 722 und *Tagebücher II*, S. 250.

40 Am 21. Oktober kann Schumann noch keinen Bericht über den *Rienzi* erhalten haben. Vermutlich nahm er die von Wagner in seinem Brief angeforderte Mitteilung in dieser Ankündigung vorweg, denn der Brief Ferdinand Heines mit der Rezension der Uraufführung, die schließlich in der *NZfM* 17, Nr. 36, vom 1. November 1842 erschien, trägt erst das Datum des 22. Oktober. Vgl. Wilhelm Altmann, *Zu Rich. Wagners und Ferdinand Heines Mitarbeiterschaft an der „Neuen Zeitschrift für Musik"*, in: *NZfM* 72, Nr. 3, 11. Januar 1905, S. 48.

41 Konrad, *Schumann und Wagner*, S. 301, vgl. Wagner, *Briefe II*, S. 168f.

42 Schumann, *Tagebücher III*, S. 227f. und *Tagebücher II*, S. 250.

43 Konrad, *Schumann und Wagner*, S. 302f., vgl. Wagner, *Briefe II*, S. 170f.

44 Wilhelm Altmann, *Wagner und Heine*, S. 46–48.

45 Schumann, *Tagebücher* III, S. 229, 231, 235f. und 240f.

46 Die Eintragung im Haushaltbuch lautet: „Abends herrliches Concert der beiden Schröder." Vgl. Schumann, *Tagebücher III*, S. 230, und Anm. 339, S. 723.

47 Vgl. *NZfM* 17, Nr. 48 vom 13.12.1842, S. 197.

48 Schumann, *Tagebücher II*, S. 253.

49 Vgl. Schumann, *Tagebücher* III, S. 237f. und Anm. 357, S. 726, und Litzmann, Bd. 2, S. 10ff.

50 Schumann, *Tagebücher II*, S. 257.

51 Schumann, *Tagebücher III*, S. 385.

52 Schumann, *Briefe. Neue Folge*, S. 220.

53 Vgl. Wagners Brief an Mendelssohn vom 14. Dezember 1842, in: Wagner, *Briefe II*, S. 192.

54 Konrad, *Schumann und Wagner*, S. 304, vgl. Wagner, *Briefe II*, S. 197.

55 Schumann antwortet Wagner am 20.1.43 und notiert sich in seinem Briefbuch über den Inhalt der Nachricht: „Dank für seine Einladung." *Briefverzeichnis* Nr. 910, vgl. Konrad, *Schumann und Wagner*, S. 305.

56 In Wagners Brief heißt es an dieser Stelle: „ihr Erfolg war enthusiastisch." Vgl. Konrad, *Schumann und Wagner*, S. 304 und Wagner, *Briefe II*, S. 197.

57 Konrad, *Schumann und Wagner*, S. 305f., vgl. Wagner, *Briefe II*, S. 215f. Auch diesen Brief zitiert Schumann in der *NZfM* Nr. 11 vom 6. Februar 1843: „Aus einem Brief aus Dresden vom 27sten Januar: – Es ist jetzt entschieden, daß die durch Rastrelli's Tod erledigte Stelle Hr. Richard Wagner und zugleich den Titel und Gehalt als Capellmeister erhalten wird. Die erste Oper unter seiner Direction soll Gluck's 'Armida' sein, die mit außerordentlicher Pracht in Scene gesetzt werden soll. –"

58 Konrad, *Schumann und Wagner*, S. 306.

59 Schumann, *Tagebücher III*, S. 237f. Brief vom 13. Februar 1843, *Briefverzeichnis* Nr. 921, S. 386, vgl. Konrad, *Schumann und Wagner*, S. 309, und Boetticher, *Einführung*, S. 270 und 665. Wagner hatte in seinem Brief vom 10. Februar um Rückgabe der Partitur gebeten, um sie nach Berlin schikken zu können. Vgl. Konrad, *Schumann und Wagner*, S. 308, vgl. Wagner, *Briefe II*, S. 219.

60 Konrad, *Schumann und Wagner*, S. 309ff., vgl. Wagner, *Briefe III*, S. 220ff.

61 Vgl. Theodor Uhlig, *Schumann*, in: Theodor Uhlig, *Musikalische Schriften*, hg. von Ludwig Frankenstein, Regensburg o.J., S. 229ff. (= *Deutsche Musikbücherei* Bd. 14), und Hans Pfitzner, *R. Schumann – Richard Wagner, eine Sternenfreundschaft*, in: ders. *Reden, Schriften, Briefe*, Berlin 1955, S. 97–111.

62 Am 18., 19. und 25. September 1845. Vgl. Schumann, *Tagebücher III*, S. 400f.

63 Robert Schumann fertigte im Jahre 1853 von seiner Musik-Bibliothek einen Katalog an. Von diesem Katalog befindet sich eine Abschrift im Besitz des Robert-Schumann-Museums in Zwickau. Signatur: 56 78 A36. Dieses bedeutende Dokument enthält auf Seite 11 unter der Rubrik – Opernmusik – die Eintragung: *Wagner, R. Der Sängerkrieg auf der Wartburg und Tannhäuser*. In Klammern ist hinzugesetzt: *Geschenk vom Komponisten*. Schumanns Exemplar befindet sich im Besitz der Richard-Wagner-Gedenkstätte der Stadt Bayreuth.

64 Schumann, *Briefe. Neue Folge*, S. 218ff.

65 Litzmann, *Clara Schumann*, Bd. 2, S. 109. Boetticher (*Einführung*, S. 271) irrt, wenn er schreibt, Schumann habe am 22. November 1845 den Tannhäuser zum zweiten Mal gesehen. Schumann notiert zwar in seinem Haushaltsbuch am 19. Oktober: „Abends Wagner's Tannhäuser 1a" (*Tagebücher III*, S. 404). Es fehlt jedoch hinter diesem Vermerk die Eintragung der Ausgaben für die Billette, im Gegensatz zur Eintragung vom 22. November (*Tagebücher III*, S. 406). Die Vermutung, Wagner hätte dem Ehepaar Schumann eventuell Freikarten für die Premiere zukommen lassen, kann durch das Ehetagebuch widerlegt werden, aus dem eindeutig hervorgeht, daß der erste Besuch der Oper am 22. November stattfand.

66 Schumann notiert am Tag nach dem Opernbesuch: „Ged.[anken] üb.[er] Tannhäuser", und am 24. November: „Abends bei R. Wagner zu Besuch – üb.[er] Tan[n]häuser." *Tagebücher III*, S. 407. Vgl. abweichende Lesart in: Boetticher, *Einführung*, S. 271.

67 Brief vom 12. Dezember 1845 in: Schumann, *Briefe. Neue Folge*, S. 224. Zur Datierung des Briefes vgl. Schumann, *Tagebücher III*, Anm. 567, S. 755. Das Datum in Wagner, *Briefe II*, S. 25, ist zu korrigieren.

68 Schumann, *Briefe. Neue Folge*, S. 227.

69 Schumann, *Tagebücher III*, S. 289–290, und Eduard Hanslick, *Aus meinem Leben*, hrsg. von Peter Wapnewski, Kassel/Basel 1987, S. 48f. Hanslick berichtet, Schumann habe auf die Frage, ob er mit Wagner verkehre, geantwortet: „Nein, [...] für mich ist Wagner unmöglich; er ist gewiß ein geistreicher Mensch, aber er redet in einem fort. Man kann doch nicht immer reden." Vgl. Hanslick, *Aus meinem Leben*, S. 215. Sofern man die Authentizität dieser Äußerung nicht anzweifelt, weil sie in das geläufige Konzept der Beziehung zwischen Wagner und Schumann hineinpaßt, muß wenigstens vor der Verabsolutierung dieses Ausspruches gewarnt werden, denn allein für das Jahre 1846 lassen sich im *Haushaltsbuch* acht Besuche und/oder Begegnungen zwischen den beiden Komponisten nachweisen. Vgl. in chronologischer Reihe Schumann, *Tagebücher III*, S. 412, 416, 327–329, 331f.

70 Schumann, *Tagebücher III*, S. 434. Vgl. abweichende Lesart in Boetticher, *Einführung*, S. 271. Boetticher weist darauf hin, daß sich mit Ausnahme von *Egmont* und *Figaro* kaum ein Bühnenwerk nennen lasse, das Schumann in so kurzer Zeit dreimal hintereinander gesehen hätte.

71 Robert Schumann, *Gesammelte Schriften über Musik und Musiker*, Leipzig 1985, S. 290 (= Reprint der Ausgabe Leipzig 1854).

72 Schumann, *Tagebücher III*, S. 408, und Anm. 567, S. 755. Vgl. die abweichende Lesart bei Boetticher, *Einführung*, S. 271.

73 Richard Wagner, *Mein Leben*, hrsg. von Martin Gregor-Dellin, München 1983, S. 339.

74 Schumann, *Briefe. Neue Folge*, S. 255.

75 Schumann, *Tagebücher III*, S. 460, und Anm. 639, S. 766.

76 Vgl. Wagner, *Briefe II*, S. 588, und Schumann, *Tagebücher III*, S. 460. Kurz zuvor, am 16. April 1845, hatte Schumann zum ersten Mal nachweislich *Rienzi* gesehen. Vgl. Anm. 47.

77 Schumann, *Briefverzeichnis* Nr. 1326, Konrad, *Schumann und Wagner*, S. 320, und Boetticher, *Einführung*, S. 272 und 665.

78 Schumann, *Tagebücher III*, S. 471, und Anm. 664, S. 770. Vgl. Hans Schnoor, *Dresden. Vierhundert Jahre Deutsche Musikkultur, zum Jubiläum der Staatskapelle und zur Geschichte der Dresdner Oper*, Dresden o.J. [1948], S. 275, und Gregor-Dellin, *Wagner*, S. 250.

79 Litzmann, *Clara Schumann*, Bd. 2, S. 109f.

80 Schumann, *Tagebücher III*, S. 344f. und 466.

81 Schumann, *Tagebücher III*, S. 474 und 480.

Reiner Zimmermann

Der Streit zwischen Lipinski und Wagner – Ein Generationsproblem?

Nach seiner Anstellung als Hofkapellmeister in Dresden am 2. Februar 1843 begegnete Richard Wagner dem Konzertmeister Karol Lipinski zum ersten Mal. Nach den Revolutionsereignissen verließ Wagner 1849 die Stadt; Lipinski blieb bis kurz vor seinem Tode 1861 in Dresden.

Die beiden Musiker trennte ein Altersunterschied von mehr als 20 Jahren, der zugleich eine tiefgreifende Differenz künstlerischer Intentionen und aufführungspraktischer Vorstellungen bezeichnete. Lipinski war in einer von der Wiener Klassik geprägten Aufführungstradition und Musizierpraxis erzogen worden und erlebte in der Zeit seines künstlerischen Wirkens die Entwicklung eines romantischen Musizierstils. Zugleich entfaltete sich das moderne Virtuosentum, das mit dem Wirken von Niccolò Paganini verbunden ist; mit ihm hatte Lipinski in Italien musiziert.

In ähnlicher Weise bildete sich nun der Typus des modernen Dirigenten heraus. Auch in Dresden war man Zeuge gewesen, daß Carl Maria von Weber mit seinem neuartigen Dirigat den Konzertmeister bzw. den Kapellmeister, der vom Cembalo aus die Aufführung leitete, ablöste. Die neuen Partituren mit ihren komplizierten Strukturen und vielfältigen Klangvaleurs, wie sie z. B. die Partitur des *Freischütz* aufwies, basierten immer weniger auf einem Generalbaßfundament, und eine Leitung der Aufführung vom Continuo-Instrument aus war schließlich nicht mehr möglich.

Richard Wagner versuchte in vielerlei Hinsicht, an Weber anzuknüpfen. Er hatte ihn noch als Kind kennengelernt; seine eigene musikalische Sprache orientierte sich in den Frühwerken besonders an der *Euryanthe*, und als Kapellmeister eiferte er dem souveränen Weber nach, ohne zunächst dessen Erfahrung, Sicherheit und Disziplin zu besitzen. Da Wagner sich viele musikalische Kenntnisse autodidaktisch erwarb und er ohne hinreichende Ausbildung Theaterkapellmeister wurde, war sein Dirigieren anfangs dilettantisch. So gesehen, war er ein sehr eigenwilliger Dirigent mit einer sehr eigenwilligen Auffassung. Dennoch muß er sehr geschickt gewesen sein, sonst hätte die Dresdner Kapelle ihn abgelehnt.

Schon bald äußerte sich die Presse kritisch zu Wagners Dirigier-Auffassung: Der Kritiker Julius Schladebach warf ihm 1843 vor, er würde infolge seiner Pariser Eindrücke in Wolfgang Amadeus Mozarts *Don Giovanni* „französische Tempi“ schlagen, die schnellen Tempi zu rasch, die langsamen aber zu breit.[1] Doch während seines Dresdner Aufenthaltes im selben Jahr erklärte Hector Berlioz, diese Tempi seien nicht französisch, im Gegenteil, in Dresden überhetze man die Tempi, die in Paris viel ruhiger genommen würden.[2]

Schladebach wies in seiner Kritik an der Aufführung vom 17. April 1843, also zwei Monate nach Wagners Amtsantritt, genau nach, wo Wagner die Balance verloren hatte, wo er zu laut, wo zu leise gewesen sei, und er gab die Schuld den Sängern, denen Wagner gefolgt sei. Damit warf er dem Orchester vor, nicht fähig zu sein, die Schwächen der Sänger auszugleichen. Gleichzeitig lobte er Wagners Aufführung von Christoph Willibald Glucks *Armida*, ohne die Kapelle auch nur zu erwähnen. Das rief den Unmut der Musiker hervor. Es kam zu einer Beschwerde Lipinskis beim Intendanten August Freiherrn von Lüttichau und zu einer stürmischen Sitzung am 1. Mai bei diesem mit dem Orchestervorstand und Wagner. Der Hofkapellmeister konnte keinen Satz vollständig ausreden, ohne von den Herren der Kapelle unterbrochen zu werden, so daß er schließlich nur noch mit unkontrollierten Wutausbrüchen reagierte.

Tags darauf schrieb Wagner einen Brief an Lüttichau, der hier ausführlich zitiert werden soll, da er Wagners Verhältnis zu Lipinski beleuchtet: „Ew. Excellenz haben gestern das von mir gegebene Versprechen gütigst angenommen, zunächst und überhaupt mein Verhalten der Königl. Kapelle gegenüber mit allem Fleiße so einzurichten, daß deren gegründete oder nicht gegründete Klagen über dasselbe keine Veranlassung mehr finden sollen, ferner für das Erste und besonders während der Abwesenheit Ew. Excellenz bei der Direktion älterer Opern, selbst wenn es meiner künstlerischen Ueberzeugung zuwiderlaufen sollte, nichts in den bisher hier gültigen Auffassungen der TEMPI u.s.w. abzuändern, ohne mich jedoch daran verhindern zu lassen[,] bei dem Studium neuer Opern nach besten Kräften zur möglichsten Vollendung der Darstellung derselben beizutragen. Diesem Versprechen, dessen treue Erfüllung die zuletzt entstandene Mis[s]helligkeit allem Vermuthen nach beseitigen im Stande sein wird, halte ich nach ruhigerer Ueberlegung noch einige Erklärungen hinzuzufügen für nöthig, um sowohl Ew. Excellenz mit der Beschaffenheit der meisten mir gemachten Vorwürfe genauer bekannt zu machen, als zumal auch mich in künstlerischer Hinsicht noch genügender zu rechtfertigen, als dies gestern geschehen konnte, wo ich zwar durch mehrere von Hrn. Lipinski mir gemachte Insinuationen selbst bis zum Vergessen des schuldigen äußeren Anstandes vor den Augen Ew. Excellenz aufgeregt wurde, dennoch aber durch dessen stets vague Unterbrechungen nicht dazu gelangen konnte, in einer ruhigen und besonnenen Auseinandersetzung mir diese nöthige Rechtfertigung auf der Stelle zu verschaffen.

Was Herrn Lipinski in Gemeinschaft mit manchem Mitgliede der Königl. Kapelle nach einem durchaus einträchtigen und durch künstlerische Begeisterung ausgezeichneten Zusammenwirken in den Proben und Aufführungen der Oper Armide, hauptsächlich gegen mich erbittert hat, ist von ihm unverhohlen genug vor Ew. Excellenz zugestanden worden, nämlich – der Neid wegen der mir von allen Seiten gemachten Lobsprüche[,] trotzdem ich diese nie dahingenommen habe, ohne den größten Theil derselben der außerordentlichen Mitwirkung aller Kräfte unserer Oper zuzuwenden. Ich habe sicher nicht nöthig, Ew. Excellenz darauf hinzuweisen, in wieweit dieses Gefühl des Neides bei Hrn. Lipinski und dessen Anhängern gewirkt hat[,] ihr Urtheil über mich zu trüben und befangen zu machen. Seit den Aufführungen der Armide bin ich mit der Kapelle in kein bedeutenderes Zusammenwirken wieder getreten bis zu der Probe des Don Juan [= *Don Giovanni*]: – nachdem bis dahin dem Erfolge meiner Leistungen nichts anzuhaben war, hat man nun die Aufführung dieser Oper, die aus vielen Ursachen, mit denen *ich* nichts gemein habe, mißlungen zu nennen war, als geeignete Gelegenheit ergriffen, meine Leitung derselben anzugreifen[,] und suchte den Vorwand dazu in Aenderungen, die ich in viel größerer Ausdehnung darin eingeführt haben soll, als dies wirklich der Fall ist. Hr. Lipinski bestreitet mir das Recht und die künstlerische Befugniß zu dergleichen Abänderungen, und stützt sich dabei zunächst auf die Untrüglichkeit der bisherigen, hier üblichen Auffassungen älterer Opern. [...]

Hr. Lipinski stellte mir ferner gestern in Gegenwart Ew. Excellenz die Unantastbarkeit der Leistungen der Königl. Kapelle entgegen. Daß dies seiner Seits nur eine Phrase war, durch deren Anwendung er in den Augen Ew. Excellenz mir gegenüber das leichteste Spiel zu gewinnen hoffte, ist für mich, der ich Hrn. Lipinski's Ansichten über den Stand der Kapelle aus seinen Aeußerungen wiederholt kennen gelernt habe, unzweifelhaft; im Gegentheil ist er mit mir darüber einig, daß in einzelnen Theilen unsres Orchester's nicht immer so gespielt wird, wie gespielt werden sollte. Wenn nun Hr. Lipinski an diese Unantastbarkeit selbst nicht glaubt, warum stellt er mir sie bei einer Gelegenheit und vor einer Person, wo mir dies leicht gefährlich werden konnte, so drohend entgegen?

In der That, so sehr Hr. Lipinski sich den Anschein gab, nur im Interesse der guten Sache zu reden, so kann ich nicht umhin zu glauben, daß er entschieden nur aus willenlos gekränkter Eitelkeit in seinem persönlichen Interesse aufgetreten ist, so geschickt er dieß auch mit dem allgemeinen zu vermengen wußte. Deshalb zeihe ich Hrn. Lipinski der Unredlichkeit, und außer vielen Warnungen, die mir über die Falschheit seines Charakter's zugekommen sind, würde ich, wenn ich nicht fürchten müßte[,] durch zu lange Ausdehnung dieser meiner schriftlichen Rechtfertigung Ew. Excellenz zu sehr zu ermüden, einen Beleg dafür anführen, den ich erst kürzlich erlebt habe, und der wohl hätte hinreichen können, mich vollkommen über ihn aufzuklären. Wohl weiß ich jedoch, daß auch Leute von zweifelhaftem Charakter bei ihren sonstigen ausgezeichneten Fähigkeiten die Zierde eines Kunstinstituts, wie das einer Kapelle, sein können; auch ich, wenngleich ich mich von so groben Charakterfehlern rein weiß, habe mir die Heftigkeit und Unbesonnenheit meines Temperamentes vorzuwerfen, und kann mich daher nicht beklagen, daß mir jetzt eine Lehre gegeben worden ist, die jedenfalls den Vortheil für mich hat, daß sie mich schnell aus einem Irrtum reißt, nämlich aus dem Irrthume, Leute für meine Freunde zu halten, die sich mir als solche gaben. Ich weiß jetzt plötzlich[,] welchen Weg ich zu verfolgen habe, um nach und nach zu einem Ziele zu gelangen, das ich im feurigen Eifer für die Sache bereits in der nächsten Nähe glaubte, und somit verspreche ich Ew. Excellenz ganz in Sonderheit, auch bei meinem ferneren Zusammenwirken mit Hrn. Lipinski mit vollkommenem Vergessen der betrübenden Erfahrungen, die ich über seinen Charakter als Mensch machen mußte, in ihm nur noch den Künstler vor Augen haben zu wollen, als welchem ich ihm meine bewunderndste Hochachtung nicht versagen können werde."[3]

Am Monatsende, beim Wein in Pillnitz, habe Lipinski, nach einem Brief Wagners an Minna vom 2. Juni 1843, „... mir durch eine recht herzlich gemeinte Umarmung das mir getane Unrecht völlig ab[geboten]".[4]

Kritik an seiner Person vertrug Wagner nicht, er hielt sie für „Unrecht". Der Brief an Lüttichau faßt dann auch alle Idiosynkrasien und Komplexe des Hofkapellmeisters zusammen, die ihn gegenüber den berühmten Mitgliedern der berühmten Hofkapelle plagten, ohne daß er sie sich hätte eingestehen wollen. Er drohte mit „Enthüllungen" über Lipinskis „Falschheit" und zog Theaterklatsch heran, den er aber dann doch nicht an Lüttichau weitergab; er muß wohl die Haltlosigkeit der Beschuldigungen eingesehen haben, er, der auf seine „von groben Charakterfehlern reine" Gesinnung verwies.[5]

Die Ursachen für die persönlichen Differenzen, die in solch authentischen Dokumenten, wie es Briefe sind, im Vordergrund stehen, lagen jedoch tiefer.

Lipinski verwahrte sich dagegen, von der Presse für Fehler Wagners gescholten zu werden. Wenn die *Armida*-Aufführung nach Schladebachs Meinung gelungen war, dann war es zumindest auch ein Verdienst der Kapelle, ohne die Wagner nichts hätte bewirken können. Und wenn Lipinski sich gegen die extremen Tempi Wagners wehrte, so tat er dies nicht aus persönlicher Eitelkeit, sondern als verantwortungsvoller Künstler.

Es gibt also zwei Ursachen für den Streit:

1. Lipinski war nicht mit der „modernen", „romantischen" Auffassung Wagners einverstanden, Mozart zu dirigieren;
2. Lipinski fühlte sich als Künstler übergangen, als Konzertmeister von der führenden Position aus der Verantwortung gedrängt.

Zu 1.: Die Frage der Tempi gilt zwar als sehr subjektiv, aber es gab – zumal in einer traditionellen Aufführungspraxis – Erfahrungswerte, mit denen Lipinski vertraut war.[6] Die Relationen zwischen Taktart, Notendauer, Themenduktus und Tempovorschrift ermöglichten es den Interpreten, eine Annäherung an das intendierte Tempo zu finden. Lipinski konnte auf langjährige Erfahrungen zurückgreifen, Wagner nicht. Er nahm die Tempi ganz subjektiv, nach seinem augenblicklichen Empfinden und gemäß seiner genialischen Natur. Klassische Aufführungspraktiken, die Weber noch beherrschte, waren ihm nicht mehr bekannt.

Zu 2.: Der Konzertmeister hatte noch zu Beethovens Zeiten eine wichtigere Funktion als der Dirigent. Als z. B. 1828 in Paris das berühmte Orchester des Conservatoire zum ersten Mal Beethovens Sinfonien aufführte, wurde es vom Konzertmeister François Habeneck am Pult der 1. Violine geleitet. Dem entsprach, daß von Beethovens Symphonien 1 bis 8 keine originalen Partiturdrucke, sondern nur Stimmenausgaben vorlagen. Die Stimme des 1. Violinisten enthielt jedoch Angaben zu Einsätzen anderer Stimmgruppen. Die kompliziertere Struktur neuerer Werke erforderte dagegen die Partitur und einen Dirigenten mit Übersicht.

Bisher hatte der Kapellmeister eine untergeordnete Funktion. Er wurde auf keinem Theaterzettel genannt. Nun emanzipierte er sich. Wagner wollte den Aufführungen durch sein Dirigat einen persönlichen Stempel aufdrücken, was Lipinski und auch die anderen Mitglieder des Kapellvorstandes, die allesamt international geachtete Solisten waren, nicht ohne weiteres hinzunehmen bereit waren. Lipinski wurde, ohne daß es ihm vielleicht bewußt wurde, zum Opfer eines sozialen Umgestaltungsprozesses, der sich überall in der Leitung der Orchester vollzog.

Nur hochqualifizierte künstlerische Arbeit konnte das Verhältnis zwischen Wagner und Lipinski dauerhaft verbessern. 1846 beabsichtigte Wagner, zum Palmsonntagskonzert die 9. Symphonie von Beethoven aufzuführen. Bisher hatte man zu diesem Anlaß immer gängige Stücke gespielt, da der Erlös dem Witwen-Pensionsfonds der Kapelle zugute kam. Beethovensche Werke zu akzeptieren, tat sich das Dresdner Publikum allerdings schwer. Reißiger hatte schon vor Jahren Teile der 9. Symphonie und der *Missa solemnis* ohne sonderlichen Erfolg aufgeführt. Die Kapelle fürchtete um ihren Gewinn. Wagner setzte seine bekannte Überredungskunst ein, stellte das Orchester zwecks besserer Klangwirkung um, arbeitete mit jedem Musiker einzeln, schrieb jedem Phrasierung und Artikulation in die Stimmen und probte wohl über hundert Mal. Durch keine „Buchstaben-Pietät“ gehindert, wie er es nannte, nahm er tiefgreifende Retuschen vor. Zu den Takten 93 bis 109 im 2. Satz, wo ihm die Holzbläser gegenüber einem rhythmisch prägnanten, vierfach oktavierten Streicher-Unisono zu schwach klangen, bemerkte er: „So ließ ich hier die Streichinstrumente bis dahin, wo sie wieder abwechselnd mit den Blasinstrumenten die Fortführung des neuen Themas aufnehmen, statt im wirklichen Fortissimo, mit nur angedeuteter Stärke spielen: das von den verdoppelten Blasinstrumenten dagegen mit möglichster Kraft vorgetragene Motiv war nun, wie ich glaube – zum ersten Male seit dem Vorhandensein dieser Symphonie – , mit bestimmender Deutlichkeit zu hören.“[7] Retuschen, wie sie jeder Dirigent aus akustischen Gegebenheiten vornimmt, propagierte Wagner stets als geniale, von ihm entwickelte und erstmals auf der Welt vorgestellte Neuerungen. Unbestritten sind allerdings Ernst und Fleiß, mit denen sich Wagner dieser Sinfonie widmete.

Das Orchester protestierte gegen alle Retuschen, die nicht in den Noten standen. „So korrigieren Sie’s, es ist falsch!“ war Wagners Anweisung. Auch Lipinski hatte anfangs Vorbehalte gegenüber Wagners Neuerungen. „Welche Freude war es dann auch, als er [= Wagner] eines Mittags ganz erschöpft nach Hause kam und erzählte: ‘Denkt Euch nur, heute hat mir Lipinsky immer voll Freude zugenickt und mich schließlich umarmt.’“[8] Die Aufführung der 9. Symphonie war zweifellos der größte Erfolg des Kapellmeisters Wagner, und Lipinski wußte diese Arbeit durchaus zu schätzen.

Wagner traute ihm indessen nie recht über den Weg. In *Mein Leben* charakterisierte er Lipinski als einen Menschen „von vielem Feuer und origineller Begabung[,] aber von der unglaublichsten Eitelkeit, welche durch den beweglichen, mißtrauischen polnischen Charakter zur bedenklichsten Ausartung verleitet wurde. Ich hatte stets viel Pein mit ihm zu überstehen, da er, so sehr belebend und belehrend er namentlich auf die technischen Leistungen der Violinisten wirkte, dennoch als Konzertmeister eines wohlgegliederten Orchesters offenbar übel am Platze war. Der sonderbare Mann bestrebte sich, das Lob des Generaldirektors *von Lüttichau*, daß man *Lipinskys* Ton stets aus dem Orchester hervorhöre, in Wahrheit zu begründen; er fiel nämlich immer etwas früher ein als die andren Violinisten und führte somit das Amt eines Vorspielers im rhythmischen Sinne aus, indem er stets etwas vorwegspielte, auch in den Nuancen insofern willkürlich verfuhr, als er leichte Inflexionen im Piano-Vortrag meist mit fanatischer Schärfe ausführte. Hierüber war es nun ganz unmöglich dem Manne etwas zu sagen, da man nur durch stärkste Schmeichelei etwas über ihn vermochte; dies hatte ich nun zu ertragen und dagegen darauf bedacht zu sein, den Schaden, welchen er den Leistungen des Orchesters zufügte, auf den gewundensten Umwegen enthusiastischer Freundlichkeit einigermaßen zu mildern. Nichtsdestoweniger konnte er es nicht ertragen, daß die Leistungen des Orchesters, sooft ich dirigierte, vorzüglicher beachtet wurden, weil er annahm, ein Orchester, in welchem er vorspiele, leiste immer gleich Vorzügliches, es möge am Dirigentenpulte stehen wer da wolle."[9]

Diese Interpretation muß im Zusammenhang mit anderen Äußerungen Wagners gesehen werden, der seine eigene egozentrische Sichtweise auch allen Personen seiner Umwelt unterstellte. Seine Urteile widersprechen vielfach nicht nur überlieferten Berichten, sondern auch nachprüfbaren Tatsachen. Da seine Ansichten gedruckt in hohen Auflagen verbreitet wurden, hielt man sie für authentisch, was um so schwerer wiegt, als Gegendarstellungen oft fehlen bzw. in ungleich geringerem Maße zur Kenntnis genommen wurden.

Dennoch: auch Wagners eigene Dirigierpraxis wurde schließlich von seiner eigenen Kompositionspraxis überholt – die Uraufführungen seiner Werke wurden ab 1851 von Dirigenten übernommen, die dafür qualifizierter als er selbst waren.

ANMERKUNGEN

1 Helmut Kirchmeyer, *Das zeitgenössische Wagnerbild*. Erster Band: *Wagner in Dresden*, Regensburg 1972, S. 609 (= *Situationsgeschichte der Musikkritik und des musikalischen Pressewesens in Deutschland* Bd. IV.1, zugleich *Studien zur Musikgeschichte des 19. Jahrhunderts* Bd. 7).

2 Kirchmeyer, *Wagnerbild*, S. 611.

3 Richard Wagner, *Sämtliche Briefe*, hrsg. von Gertrud Strobel u. Werner Wolf, Bd. 2: Briefe 1842–1849, Leipzig 1980, S. 243ff.

4 Wagner, *Briefe*, Bd. 2, S. 259.

5 Aus dem Konzept seines Briefes an Lüttichau vom 2. Mai 1847 entfernte Wagner folgende Passage, die Lipinskis „Falschheit" belegen sollte: „Nachdem Hr. Röckel [den Lipinski übrigens aufgefordert hatte, sich von Weimar aus in Dresden zu bewerben] in der Kirche mit einer Messe von Morlac[c]hi

debütirt hatte, spreche ich beim Nach-Hausegehen Hrn. Lipinski, welcher sich über diese Messe gegen mich mit diesen Worten äussert: 'Welch ein erbärmliches Machwerk! Man muss ein Kreuz darauf zeichnen, damit sie bei Seite gelegt werde[,] um nie wieder zum Vorschein zu kommen! wie kann man solches Zeug aufführen?' – Nachdem ich mich kaum 50 Schritt von Hrn. Lipinski entfernt habe, treffe ich auf Hrn. Röckel, und als ich ihm Vorwürfe mache, dass er diese Messe zu seinem Debut gewählt habe, entgegnet er mir: 'Ja, mein Gott! Gerade diese Messe hatte mir Hr. Lipinski zu meinem Antritt besonders anempfohlen?' – Was halten Ew. Exzellenz von einem solchen Manne?" Zit. nach Kirchmeyer, *Wagnerbild*, S. 615.

6 Rudolf Kolisch, *Tempo and Character in Beethovens Music*, in: *Musical Quarterly* 29 (1943), S. 169ff.

7 Richard Wagner, *Mein Leben*, hrsg. von Martin Gregor-Dellin, München 1963, S. 344; vgl. Kirchmeyer, *Wagnerbild*, S. 634

8 Gustav Adolf Kietz, *Richard Wagner in den Jahren 1842–1849 und 1873–1875*, Dresden 1905, S. 48; vgl. auch Kirchmeyer, *Wagnerbild*, S. 635.

9 Wagner, *Mein Leben*, S. 264f.

Hans-Joachim Hinrichsen

Ferdinand Hillers Dresdner Opern und Richard Wagner

Glaubt man der Darstellung in Richard Wagners Autobiographie *Mein Leben*, so wählte Ferdinand Hiller im Herbst 1844 Dresden zu seinem Wohnsitz der Oper wegen, deren Ausstrahlungskraft er, Wagner, mit dem durchschlagenden Erfolg seines *Rienzi* recht eigentlich neu begründet habe: „Seit dem unerhörten Vorgange, daß mit meinem *Rienzi* zum ersten Male das Dresdener Publikum sich durch Kreierung eines auch dort andauernden Erfolges emanzipierte, lenkte sich der Blick manches Opernkomponisten für einige Zeit nach unserem gemütlichen 'Elb-Florenz'."[1] Und mit einer gewissen Zwangsläufigkeit, so Wagners Darstellung weiter, mußte Hiller, der bis dahin zwar als Komponist und Dirigent, jedoch außer einem länger zurückliegenden Mißerfolg in Italien (*Romilda*, Mailand 1839) noch nicht als Musikdramatiker bekannt geworden war, mit dem „Versuch einer Wiederaufnahme der Chancen als Opernkomponist"[2] scheitern, so daß Hillers Weggang von Dresden im Herbst 1847 fast einer Niederlage glich: Der vollständige Mangel an dramatischem Talent habe jede Aussicht des – so Wagner – „von mir bald als durchaus nichtig erkannten Hillers"[3] auf einen in Dresden zu begründenden Ruf als Komponist deutscher Opern bereits im Ansatz vereitelt.

Diese Art der Rückschau auf Hillers Dresdner Jahre ist allerdings, wie man zu Recht bemerkt hat, „nicht Erinnerungstäuschung, sondern Gehässigkeit"[4], deren hier nicht zu erörternde biographische Gründe in späteren Jahren, lange nach der gemeinsamen Dresdner Zeit, zu suchen sind. Anders nämlich als Wagners bekannt gewordene Darstellung es will, war Hillers Übersiedlung nach Dresden für das Musikleben der Stadt von erheblicher Bedeutung, und namentlich an seine beiden in Dresden produzierten deutschen Opern knüpften die Zeitgenossen höchste Erwartungen – die sich freilich so wenig erfüllten, daß diese Werke schon kurz nach ihrem Erscheinen der bis heute dauernden Vergessenheit anheimfielen. Aber auch als gescheiterte Versuche sind sowohl sie selbst als auch ihre Rezeption eine Betrachtung wert, werfen sie doch ein bezeichnendes Licht auf die Situation der deutschen Oper am Vorabend der Märzrevolution und nahm doch, wie noch zu zeigen sein wird, kein Geringerer an Hillers Bemühungen um die Oper ernsthaften Anteil als eben der später so maliziös urteilende Richard Wagner selbst.

1

Ferdinand Hiller (1811–1886) ließ sich am 2. Oktober 1844 nach einem unsteten Wanderleben in Dresden nieder, nachdem er schon mehrere Konzertwinter hindurch sich einen Ruf als Dirigent der Leipziger Gewandhauskonzerte (in Vertretung des in Berlin tätigen Mendelssohn) erarbeitet hatte. Über die Gründe dieser Entscheidung ist weder dem Tagebuch noch der Korrespondenz etwas zu entnehmen; Wagners oben mitgeteilte Vermutung wird man immerhin nicht von der Hand weisen können, obwohl Hiller seine erste deutsche Oper *Ein Traum in der Christnacht* zunächst gar nicht in Dresden, sondern in Berlin auf die Bühne bringen wollte. Das wenig entwickelte Dresdner Konzertleben erhielt durch die musikalischen Soiréen des Ehepaars Hiller einen bedeutenden Auftrieb, und unter den künstlerisch-literarischen Salons, die das gesellige Leben Dresdens bestimmten, galt derjenige Ferdinand Hillers nach übereinstimmenden Berichten von Zeitgenossen als der interessanteste.[5] Die wohl folgenreichste Initiative ergriff Hiller gemeinsam mit Robert Schumann mit der Gründung einer Reihe von Abonnementskonzerten (im Winter 1845/46 und im Winter 1846/47), deren Finanzierung und deren musikalische Realisierung – die Musiker der Hofkapelle standen dafür nicht zur Verfügung – ein bedeutendes Maß an Organisationstalent erforderten. Diese Winterkonzerte schliefen zwar nach Hillers Fortgang aus Dresden sofort wieder ein; wohl aber fühlte sich nun endlich die Hofkapelle dazu aufgerufen, ihrerseits eine Konzertreihe anzubieten (sechs Konzerte zwischen dem 22. Januar und dem 16. Dezember 1848), deren Zustandekommen den zurückgebliebenen Freundeskreis mit Recht in Dankbarkeit an Hiller denken ließ.[6] Als Nachfolger Richard Wagners in der Leitung der Dresdner Liedertafel wurde Hiller schließlich von Wagner selbst vorgeschlagen; in dem diesbezüglichen Brief (6. 11. 1845) empfahl Wagner ihn als „einen Mann von Fähigkeit und künstlerischem Ruf"[7] – was im Vergleich zu dem späteren Blick auf Hiller selbst dann bemerkenswert bleibt, wenn man bedenkt, daß Wagner sich mit der Empfehlung Hillers eines ungeliebten Ehrenamts entledigen wollte. Diese Präsenz Hillers im Dresdner Musikleben, zu der noch der in Leipzig aufgebaute Ruf als Dirigent und Komponist hinzuzunehmen ist[8], muß man sich vor Augen halten, um die Erwartungen zu verstehen, die sich mit Hillers Dresdner Operndebüt verknüpften und auf die im folgenden etwas näher einzugehen sein wird.

Hiller brachte in Dresden zwei Bühnenwerke zur Aufführung: im April 1845 die vieraktige Oper *Ein Traum in der Christnacht* (unter der Leitung Richard Wagners) und im Oktober 1847 (unter seiner eigenen Leitung) den Fünfakter *Konradin, der letzte Hohenstaufe*. Beide Werke erlebten jeweils vier Aufführungen, konnten sich jedoch im Repertoire nicht halten und blieben – nach erfolglosen Bemühungen Hillers, sie an anderen Bühnen, vor allem in Berlin, unterzubringen – Dresdner Lokalereignisse. So ist Wagners nachträgliches scharfes Urteil über Hillers Opernschaffen scheinbar gerechtfertigt – nur scheinbar allerdings, denn Wagners Darstellung deutet die Situation aus der Retrospektive in einer Weise um, die weder in den zeitgenössischen Rezeptionsdokumenten noch in Wagners eigenem Verhalten Hiller gegenüber eine Basis hat.

Symptomatisch für die hohen Erwartungen, die sich an Hillers deutsches Operndebüt knüpften, ist die Einleitungspassage der Premieren-Rezension in der prominenten *Neuen Zeitschrift für Musik*: „Mehr und mehr fallen die Fesseln der Knechtschaft, in denen unsere deutsche Oper unter den Einflüssen der italienischen schmachtete [...]. Fast in allen Gegenden Deutschlands gilt jetzt der Oper das Streben und Schaffen so mancher theils erprobter, theils sich entwickelnder Talente, und wer sollte nicht derselben das günstigste Prognostikon stellen, wenn Männer wie Ferd. Hiller sich ihr zuwenden, er, der noch vor wenig Jahren durch ein treffliches Oratorium sich vielseitige Anerkennung erwarb?!"[9] Hillers am 2. April 1840 im Leipziger Gewandhaus uraufgeführtes Oratorium *Die Zerstörung Jerusalems* hatte seinen Ruf als einer der ersten Komponisten seiner Zeit so fest begründet, daß selbst der Mißerfolg des Erstlings *Ein Traum in der Christnacht* (beim Publikum, nicht bei der äußerst positiv reagierenden musikalischen Presse) die Hoffnung auf eine deutsche Oper Ferdinand Hillers noch nicht zerstören konnte. Ganz ähnlich nämlich wie im April 1845 wurde zweieinhalb Jahre später, wieder in der *Neuen Zeitschrift für Musik*, die Aussicht auf Hillers zweite deutsche Oper *Konradin* ausdrücklich als eine „erfreuliche" und die angebliche „Trostlosigkeit" des Dresdner Opernrepertoires beendende bezeichnet.[10]

Genau zwischen den beiden Dresdner Opern Hillers war in der *Neuen Zeitschrift für Musik* der große, über zwei Jahrgänge der Zeitschrift sich erstreckende Grundsatzartikel über *Vergangenheit, Gegenwart und Zukunft der Oper* aus der Feder des Chefredakteurs Franz Brendel erschienen, der zwar Hiller nicht erwähnt, jedoch den Erwartungshorizont, auf den seine Opern trafen, klar umreißt. Brendel, der viele der Reformgedanken aus Wagners *Oper und Drama* vorwegnimmt, sieht die Geschichte der Oper, vor allem der deutschen, „an einem Wendepunct" stehen[11]: Trotz überragender Erscheinungen wie Marschner, Spohr und – allen voran natürlich – Weber stehe der deutschen Oper ihre Erfüllung erst noch bevor, denn zu sehr habe sie sich bislang „auf rein Volksmäßiges, theils phantastisches Wesen" beschränkt.[12] Neben der Überwindung dieser stofflichen Verengung – und zwar durch Erhebung „zu der Höhe nationaler Stoffe"[13] – komme es vor allem aber auf formale Innovationen an: „Das Zerspalten des ganzen Werkes in eine Menge kleiner für sich abgeschlossener Musikstücke ist unpsychologisch und undramatisch, und größere, die einzelnen Theile in sich aufnehmende Formen, wie sie unsere Finales zeigen, müssen daher vorzugsweise zur Anwendung kommen. In der großen Oper endlich ist der Dialog schlechterdings zu beseitigen".[14] An dieser Stelle nun erklärt sich, warum Brendel, der – wovon noch zu sprechen sein wird – Hillers erste Oper eigentlich schätzte, sie gleichwohl in diesem prinzipiellen Zusammenhang nicht positiv erwähnen konnte: Alle negativen Kriterien – die stoffliche Beschränkung „theils auf rein Volksmäßiges, theils phantastisches Wesen" und die formale Zerstückelung in abgeschlossene, von Dialogen unterbrochene Einzelnummern – treffen in vollem Umfang auf sie zu. Andererseits ist es überaus aufschlußreich, daß Wagners jüngste Produktion, die ja Brendels Kriterien, zumal die formalen, positiv erfüllt, als Ziel der von Brendel skizzierten Entwicklung nicht in Frage kommt: Bei aller Einlösung der dramaturgischen und formalen Erfordernisse mangele es seinen Bühnenwerken, so Brendel, an eigentlich Musikalischem; sie seien nur der „Idee" nach richtig, „während doch auch die Musik bedeutend hinsichtlich der Erfindung und des Ausdrucks, – musikalisch möchte ich sagen, – sein muß".[15] Es ist genau dieser Einwand gegen

Wagners ästhetische Praxis (den Ferdinand Hiller zwanzig Jahre später, als Wagner mit der Abfassung seiner Autobiographie beschäftigt war, übrigens fast wörtlich wiederholte[16]), der, von einem der führenden Köpfe der musikalischen Fortschrittspartei vorgetragen, den Hintergrund für ein Diskussionsklima schuf, in dem Wagner das Gefühl haben mußte, es werde in Ermangelung einer wirklichen Alternative bewußt jemand gegen ihn ausgespielt, auf dessen musikalische Solidität sich auch die – letztlich trügerische – Hoffnung auf eine deutsche Oper gründen ließ. Wenn beispielsweise die *Neue Zeitschrift für Musik* im Juli 1847 – zu einem Zeitpunkt also, als Hillers zweite Oper *Konradin, der letzte Hohenstaufe* längst für den Dresdner Winterspielplan angenommen war[17] – „zur würdigen Darstellung der Hohenstaufen und Niebelungen"[18] riet, so ist dabei der Gedanke einer angestrengten Werbung für Hiller nicht von der Hand zu weisen. Tatsächlich nämlich ist dies die plausibelste Erklärung für das merkwürdige Schauspiel, das die zeitgenössische Rezeption der ersten Dresdner Oper Hillers dem Historiker bietet: Einem fraglosen Mißerfolg beim Publikum steht eine über die Musik enthusiastisch formulierende und zugleich (wegen der Stoffwahl) ausgesprochen ambivalente Fachkritik gegenüber, deren Verlegenheit gegenüber dem zu beurteilenden Gegenstand in unserem Zusammenhang als das eigentlich aufschlußreiche Moment erscheint.

Schon die erste Reaktion der Fachpresse – ein Bericht Julius Beckers in den Leipziger *Signalen für die musikalische Welt* – nennt den am 6. April 1845 uraufgeführten *Traum in der Christnacht* zwar ganz lapidar „rücksichtlich des musikalischen Theiles ein Meisterwerk"[19], muß aber zugleich für die Tatsache, daß bereits „bei ihrer zweiten Aufführung (am 9. April) das Haus auffallend leer" gewesen sei, eine Erklärung suchen und findet sie schließlich darin, daß in der Premiere nicht das breite Publikum, sondern lediglich „die thätige Betheiligung zahlreich versammelter Musikverständiger jenen glücklichen Erfolg herbeiführte". Andererseits wird auf eine eklatante Schwäche der Oper unverblümt hingewiesen: Das Libretto trage, wenn Hiller sich nicht noch auf „Abkürzungen und Aenderungen am Text" einlasse, „den Keim des Todes in sich". Als für die zeitgenössische Bedeutung bemerkenswerter Umstand ist hervorzuheben, daß Hillers *Traum in der Christnacht* in dem renommierten Leipziger Verlagshaus Breitkopf & Härtel (als vom Komponisten selbst gefertigter Klavierauszug) zum Druck gelangte, nachdem Hiller vorher schon die lithographierte Partitur im Selbstverlag herausgebracht hatte. Auf der Grundlage des Klavierauszugs äußerte sich Franz Brendel, wie oben bereits angedeutet, Hiller gegenüber ausgesprochen positiv: „Mit *Traum in der Christnacht* hab' ich mich nun schon vor längerer Zeit zu meiner großen Befriedigung bekannt gemacht. Vieles darin trifft mit ursprünglicher Gewalt, und ich knüpfe an Ihr neues Werk bedeutende Hoffnungen. Am Meisten überrascht hat mich das Volksthümliche, was ich am wenigsten erwartet hatte."[20] Bei den schließlich nicht erfüllten „Hoffnungen", die sich nun auf Hillers nächste Oper richteten, sollte es freilich bleiben – aber es ist ein bedeutsamer Umstand und als solcher ernstzunehmen, daß es wirkliche Hoffnungen waren.

2

Ferdinand Hillers *Traum in der Christnacht*, sein erstes und vielbeachtetes Dresdner Opernprojekt, sei im folgenden etwas ausführlicher betrachtet. Die heute wohl bekannteste Darstellung des Werkes und der Umstände seiner Aufführung dürfte, angesichts der völligen Unbekanntheit der Oper nicht weiter verwunderlich, diejenige in Richard Wagners *Mein Leben* sein[21]:

„Er [Hiller] wußte es durch seine imponierende Geschäftigkeit und den eigentümlichen Reiz, welchen der Sohn einer reichen Bankier-Familie selbst in den Augen eines Hoftheaterintendanten ausübt, dahin zu bringen, daß mein armer Freund Röckel, dem jetzt eigentlich die Aufführung seines *Farinelli* zugesagt war, seines *Christnachts-Traumes* wegen beiseite geschoben wurde. Er fand überhaupt, daß neben Reissiger und mir doch ein Mensch von größerem musikalischen Rufe, als gerade Röckel es sei, plaziert sein sollte. Herr v. Lüttichau fand jedoch, daß er an uns beiden Berühmtheiten gerade genug hatte, da wir uns namentlich so friedlich vertrügen, und behielt für Hillers Verlockungen ein taubes Ohr. Mir persönlich machte der *Traum in der Christnacht* einige Not; ich hatte davon eine Wiederholung zu dirigieren, welche vor sehr leerem Hause vor sich ging. Hiller fand nun, daß er Unrecht getan, meinem früher erteilten Rate, die Oper um einen Akt zu kürzen und den Schluß zu ändern, nicht nachgekommen zu sein, und glaubte mich jetzt mit der Nachricht erfreuen zu müssen, daß er meinen Wünschen vollständig nachkommen werde, sobald er sich einer abermaligen Wiederholung seiner Oper dadurch versichert halten dürfte. Ich brachte es wirklich dahin, daß diese zustande kam. Das Werk konnte sich aber nicht wieder erholen, und Hiller, der mein Gedicht zum *Tannhäuser* kennenlernte, fand, daß ich allerdings einen großen Vorteil hätte, indem ich mir meine Operntexte selbst machte und diese so gut ausfielen. Ich mußte ihm versprechen, bei der Wahl und Ausarbeitung eines nächsten von ihm zu komponierenden Sujets als Freund an die Hand zu gehen. Nicht lange hierauf wohnte Hiller einer Aufführung meines *Rienzi* bei, welche wiederum vor überfülltem Hause und sehr erregtem Publikum stattfand. Den Augenblick, in welchem ich nach dem zweiten Akte, um dem ungestümen Herausrufe des Publikums nachzukommen, mit der entsprechenden aufgeregten Eile mich aus dem Orchester entfernte, benutzte der auf dem Korridor harrende Hiller, um seinem flüchtigen Glückwunsche zu meinem Erfolge die hastig dringende Bitte beizufügen: ‘Geben Sie doch auch meinen Traum noch einmal’, was ich ihm, soweit es an mir läge, lachend versprach. Ob es jedoch dazu kam, ist mir nicht erinnerlich.“

Folgende Daten sind dem zunächst hinzuzufügen: Hiller hatte seine Oper unter dem Titel *Der Müllerknappe* (nach einem von Carl Gollmick eigens für ihn hergestellten Libretto auf der Grundlage von Ernst Raupachs Erfolgsdrama *Der Müller und sein Kind*) nach Ausweis seines eigenhändigen Werkverzeichnisses im September 1842 begonnen und im November 1843 „neu instrumentirt u. einiges hinzugefügt“.[22] Einige Monate vor seiner Übersiedlung nach Dresden reichte er das Werk – noch unter dem alten Titel – am 22. April 1844 bei der Berliner Hofopernintendanz ein[23]; im Januar 1845 meldeten die *Signale für die musikalische Welt*, daß Hillers Oper in Berlin einstudiert werde – übrigens mit einer abenteuerlichen, Vorlage und Bearbeitung vermischenden Entstellung des Titels (*Der Knappe und sein Kind*).[24] Dies erwies sich freilich als bloßes Gerücht; wahrscheinlich erst daraufhin hat sich Hiller um die Aufführung der Oper in Dresden bemüht. Die Proben begannen, wie aus dem Tagebuch des Ober-Regisseurs Eduard Devrient hervorgeht, am 18. März 1845[25], und am 6. April fand unter der Leitung des Zweiten Kapellmeisters Richard Wagner die Premiere, am 9. April die erste Wiederholung statt, beide Male – wenn auch beim zweiten Mal bereits mit geringfügigen Strichen[26] – als Oper in vier Akten. Nach dem bei der Wiederholung zu beobachtenden Publikumsschwund rang sich Hiller zu der einschneidenden Kürzung des Werkes um einen ganzen Akt durch. Interessanterweise schreiben sich die Ideen für diese Änderung mehrere Autoren zu: Richard Wagner bezeichnet nachträglich, wie oben zitiert, diese Idee als einen Hiller bereits „früher erteilten Rat"; Eduard Devrient andererseits notierte am 12. April 1845 in sein Tagebuch: „Hiller kam nach Tisch. Er ist etwas getröstet über den Erfolg seiner Oper, da die Blätter sich wohlwollend ausgesprochen. Wir besprachen eine durchgreifende Abänderung des Gedichtes für Berlin und Frankfurt; mir fiel eine dreiaktige Einrichtung ein, die wohl etwas helfen möchte".[27] In dieser Form, als „Oper in drei Akten", ging das Werk dann nochmals am 10. Mai und – woran Wagner sich später nicht mehr genau erinnern konnte – ein letztes Mal am 27. Mai über die Bühne.[28] „Die Form ist gut und rettet die Oper im ganzen", vermerkte Devrient in seinem Tagebuch.[29]

Daß Wagner der Bitte Hillers, ihm bei der weiteren Suche nach Opernsujets und geeigneten Textbüchern „als Freund an die Hand zu gehen", tatsächlich nachkam, zeigt der erhaltene Briefwechsel. Bereits am 10. April 1845, also einen Tag nach der wenig besuchten Wiederholungsvorstellung des *Traum in der Christnacht*, übersandte Wagner ein (nicht zweifelsfrei zu identifizierendes) Libretto: „Lieber Hiller! Statt meiner Person sende ich Ihnen für heute ein Opernbuch, welches als Grundlage unserer nächsten Unterredung dieser vorangehen möge! Lesen Sie das Buch durch!"[30] Und auch bei anderen setzte sich Wagner für Hiller ein: „Hiller sucht einen Text; sollte die verehrte Dichterin sich nicht geneigt finden lassen, sich diesem mitzutheilen?"[31] Schon vor der Premiere übrigens hat Wagner an Hillers angestrengter Sujet-Suche intensiven Anteil genommen, so in einem Brief vom 22. Februar 1845 (dessen Ton allerdings auch mit Wagners Bitte an Hiller um einen Kredit von 2000 Talern zusammenhängt): „Gott erhalte Sie und bescheere Ihnen recht bald einen famosen Operntext!"[32] Nimmt man die Beratung Hillers bei den eingreifenden Änderungen der Oper hinzu, dann wird man Wagner – ganz abgesehen von seiner musikalischen Betreuung der Aufführung, die in den Rezensionen als ausgesprochen sorgfältig gelobt wurde – eine ernsthafte und vor allem mindestens kollegiale, wenn nicht sogar freundschaftliche Teilnahme an Hillers Opernkarriere zunächst nicht absprechen können, an deren adäquater Darstellung Wagner selbst freilich später kein Interesse mehr hatte.

Nun aber zu Hillers Oper selbst. Die heutige völlige Unbekanntheit des Werkes erfordert eine knappe Inhaltsangabe (und zwar zunächst der ungekürzten ersten Fassung)[33]: Der Müller Reinhold, ein notorischer Geizhals, will sein einziges Kind Maria (in der späteren Fassung: Marie) nicht ihrem Geliebten, dem Müllerburschen Conrad, sondern einem reichen Brauerssohn vermählen. Dieser aber entsagt aus Edelmut, da er von der Liebe zwischen Maria und Conrad weiß, ohne daß dadurch der gegen alles verzweifelte Bitten seines Kindes taube Reinhold von seinem Vorsatz, die Liebesbeziehung zwischen Maria und dem als Erbschleicher verdächtigten Conrad zu zerstören, abgebracht wird (Akt I). Im Wirtshaus, in das sich auch der im Alkohol Trost suchende Conrad geflüchtet hat, findet in einer großen Ensembleszene die Weihnachtsbescherung statt. Der Totengräber John gibt eine Ballade zum Besten, die den alten Aberglauben, in der Christnacht könne man die im nächsten Jahre zum Sterben bestimmten Dorfangehörigen sich in einem mitternächtlichen Geisterzug in der Kirche versammeln sehen, aus seiner eigenen Erfahrung als wahr bestätigt. Dies läßt den verzweifelten Conrad aufhorchen, der sich über die Tragfähigkeit seiner einzigen vagen Hoffnung, den baldigen Tod des brustkranken Müllers, auf diese Weise glaubt Gewißheit verschaffen zu können. Reinhold tritt (nach Conrads Abgang) auf, um den Totengräber an sein Versprechen zu erinnern, mit ihm gemeinsam in der Christnacht die Erde eines frischen Grabes vom Kirchhof zu holen, von der er sich – ein weiteres Element des Aberglaubens – die Linderung seines Brustleidens verspricht. Der mitternächtliche Gang zum Kirchhof wird verabredet. Auf dem Kirchhof erwartet Conrad die Mitternacht; dem vor Erschöpfung Eingeschlafenen erscheint im Bühnenhintergrund die erwartete Vision. Zu seinem Entsetzen jedoch gewahrt er in dem Geisterzug nicht nur den verhaßten Reinhold, sondern auch seine geliebte Maria. Der mit einem Schreckensschrei Erwachte trifft beim Davonstürzen den eben gemeinsam mit John auftretenden Reinhold, dem durch Conrads Andeutung des eben Gesehenen sein nahes Ende zur Gewißheit wird (Akt II). Conrad bereut seine unchristliche Neugier und wird vom Chor der Dorfbewohner heftig getadelt. In einer nächsten Szene versucht der Müller, seine Reichtümer im Garten zu vergraben, um der nun kaum noch zu verhindernden Ehe seines Kindes wenigstens die materielle Basis zu entziehen. Bei diesem Geschäft von Conrad überrascht, erleidet er einen tödlichen Schreck; mit seinen letzten Worten stößt er einen Fluch über Conrad und seine Tochter aus. Maria verstößt Conrad als den am Tode ihres Vaters Schuldigen (Akt III). In einer vom Chor besungenen Sommernacht des folgenden Jahres betet Maria im Freien für die Seele ihres Vaters. Überraschend kehrt Conrad zurück und bittet erneut um die Liebe Marias. Schwankend zwischen der Erinnerung an des Vaters Fluch und dem Mitleid für den bis zur geistigen Verwirrung verzweifelten Conrad, weicht sie aus. Conrad, der die Erinnerung an seine entsetzliche Christnachtsvision nicht loswerden kann und durch Marias langes Zögern endgültig dem Wahnsinn verfällt, reißt seine Geliebte mit sich fort auf die Anhöhe und stürzt sich – zum Entsetzen des wieder auftretenden Chores – gemeinsam mit der sich heftig Wehrenden in den Abgrund (Akt IV). Die wichtigste Kürzung, die dem Werk nach der zweiten Aufführung – also zwischen dem

9. April und dem 10. Mai 1845 – zuteil wurde, besteht in der Zusammenziehung der beiden Schlußakte mit der strukturellen Folge, daß die gesamte Schlußhandlung – im Sinne einer Wahrung der drei Einheiten von Ort, Zeit und Handlung – in die Christnacht verlegt wird, und der inhaltlichen Konsequenz, daß Conrad nun nicht mehr im Wahnsinn die Geliebte mit sich in den Tod reißt, sondern ohnmächtig klagend dem Sterben der durch den Tod des Vaters ihrerseits zu Tode Getroffenen zusehen muß.

Aus heutiger Sicht erscheint diese Stoffwahl als ein kolossaler Fehlgriff. Dennoch ist einen Augenblick bei ihr zu verweilen. Ganz offensichtlich war sie von der Absicht bestimmt, an dem enormen Publikumserfolg von Ernst Raupachs Erfolgsdrama *Der Müller und sein Kind. Volksdrama in fünf Aufzügen*[34], das im süddeutschen Raum über eine ungebrochene Aufführungstradition bis ins 20. Jahrhundert hinein verfügte, zu partizipieren. Auch Hillers Wahl des Librettisten, des seinerzeit hoch angesehenen Frankfurter Musikers und Musikschriftstellers Carl Gollmick, dessen Werkverzeichnis neben vielem anderen 25 Opernbücher aufweist[35], ist immerhin in ihren Gründen nachvollziehbar. Gollmicks Libretto, obwohl immer noch zu lang, nimmt an der Raupachschen Vorlage durchaus den Routinier verratende Straffungen vor: So werden Raupachs zwei erste Akte in einen zusammengezogen, die das Stück überwuchernden Elemente des Volksaberglaubens (bei Raupach weiterhin der die Lebenserwartung anzeigende Kukkuck und der nächtliche Totenvogel) auf die für die Handlung relevanten reduziert und schließlich viele Nebenpersonen entfernt. Der Preis für diese Kürzung ist die Einschränkung psychologischer Nachvollziehbarkeit: Der Geiz des Müllers ist gar nicht mehr, der häufige Stimmungswechsel Maries nur noch unzureichend motiviert. Trotz alledem liegt der Grund des Mißerfolgs im Kern der Handlung selbst, und keine spätere Reparatur konnte daran etwas ändern.

Verfehlt bis ins Innerste ist die Dramaturgie des Stücks: Ganz offensichtlich in ihrer Mischung aus „Volksmäßigkeit" und „Phantastik" (um an Franz Brendels oben erwähnte Formulierung zu erinnern) an Webers *Freischütz* wie an einem Erfolgsrezept orientiert, ohne dessen menschliche Tiefe – das eigentlich bewegende Moment der Handlung – zu erreichen, gelingt ihm andererseits auch nicht der offenbar ebenso intendierte Anschluß an eine andere prominente Gattung: das bürgerliche Trauerspiel. Ist nämlich allein schon, wie die ausführliche Rezension des Klavierauszugs in der *Neuen Zeitschrift für Musik* vermerkt, „die innere Unwahrheit solcher poetischen Ausbeutung eines Glaubens, der nicht einmal weit genug verbreitet ist, um wirklich Volksglaube zu sein"[36], verantwortlich für den gänzlichen Mangel an überzeugender Handlungsmotivation, so muß vor allem die Exposition des handlungsauslösenden Grundkonflikts scheitern und mit ihr das eigentliche Lebenselement des Dramas: das Tragische. Bei Friedrich Hebbel, dem zur gleichen Zeit die Belebung des fast schon anachronistischen bürgerlichen Trauerspiels noch einmal gelang, findet sich der Grundsatz, dem die intendierte Tragik in Raupachs bzw. Gollmicks Handlung nicht Genüge leistet, klar formuliert: „das Tragische muß als ein von vornherein mit Notwendigkeit Bedingtes, als ein, wie der Tod, mit dem Leben selbst Gesetztes und gar nicht zu Umgehendes auftreten; sobald man sich mit einem: *Hätte er* (dreißig Taler gehabt, dem die gerührte Sentimentalität wohl gar noch ein: Wäre er doch zu mir gekommen, ich wohne ja Nr. 32 hinzufügt) oder einem *Wäre sie* (ein Fräulein gewesen usw.) helfen kann, wird der Eindruck, der erschüttern soll, trivial."[37] Eben dies aber ist bei Raupach und Gollmick der Fall, und nicht umsonst konnte der Rezensent der „Neuen Zeitschrift" die vermeintliche Tragik des Stückes mit der Empfehlung vernichten, den Lösungsweg zu wählen, den wenige Jahre Robert und Clara Schumann beschritten hatten: „Gegen solche Tollheit, die sich selbst nicht kennt, giebt es in so civilisirten Zeiten, wie die Reinhold-Raupach'schen sind, ein einfaches Mittel: den väterlichen Consens durch gerichtliche Entscheidung zu suppliren."[38] Raupachs bzw. Gollmicks Text enthält also – nach Hebbels Terminologie – nichts Tragisches, sondern bestenfalls „viel Trauriges".

Dies ist die eine Seite, und mit ihr ist der endgültige Mißerfolg des Werks hinreichend erklärt. Auf der anderen Seite aber steht die von der Fachkritik einhellig überschwenglich gerühmte Musik, und es überrascht in der Tat, mit welcher Ambition und mit welchem auf den Gesamtplan bezogenen konstruktiven Aufwand Hiller komponiert hat. Hier ist auf zwei Aspekte näher einzugehen: 1. auf die erkennbare Absicht, den Tonartenplan und Details der Harmonik in den Dienst der formalen Integration des Stücks zu stellen, und 2. auf das Bemühen, an die von Weber ein- und von Wagner fortgeführte Idee anzuknüpfen, mit wiederkehrenden handlungsbezogenen musikalischen Motiven zu arbeiten.

Für den ersten Aspekt muß ein Beispiel genügen (wieder mit Bezug auf die ungekürzte Frühfassung). Als Zentraltonart des Werkes wird E-Dur etabliert, mit dem schon die in e-Moll begonnene Ouvertüre schließt. Ihren Bedeutungscharakter gewinnt diese Tonart durch die Stellen ihrer Wiederkehr im Verlauf der Oper (in jedem Akt einmal): In E-Dur stehen das Wiedersehens-Duett der beiden Liebenden im I. Akt (Nr.5), der mittlere Teil der Weihnachtsbescherungs-Szene im II. Akt (Nr. 7) und der Schluß der Oper; im Finale des III. Akts schließlich erscheint diese Tonart in einem Kontext, die ihre inhaltliche Bedeutung noch deutlicher zeigt. Im Verhältnis zu ihr nämlich, die im weitesten Sinne die Sphäre der Liebe, der Sehnsucht und der Freude in diesem düsteren Werk signalisiert, ist jene Tonart definiert, mit der der Geizhals Reinhold das einzige Mal solistisch hervortritt: im weitestmöglichen Abstand, in der tritonusentfernten Tonart B-Dur (Nr. 2). Im Finale des III. Akts nun (Nr. 16), dessen dramatische Zuspitzung den verhängnisvollen Fluch des Müllers bringt, wird von E-Dur aus aufgebrochen (bezeichnenderweise, in diesem Akt das einzige Mal, ein knapper Wortwechsel zwischen den beiden Liebenden) zu einer weitläufigen Modulation, die schließlich auf eben jene tritonusentfernte Tonart zielt: auf einen B-Dur-Akkord. Dieser aber dient, zu Reinholds Worten „drum hört!", der unmittelbaren Vorbereitung des nun folgenden Fluchs. Der Fluch selbst – „Entehrung, Hass, Verfolgung, Trug / Sei Euer Erbe, sei mein Fluch" – endet über einem im Fortissimo-Streichertremolo lang ausgehaltenen verminderten Septakkord, der gleichsam die beiden konträren Hauptstufen des Tonartenplans als Töne in sich enthält: cis-e-g-b. In das schon erwähnte E-Dur des Opernschlusses wirkt nun schließlich diese harmonische Konstruktionsidee so hinein, daß zum Dialog der beiden Liebenden (a-Moll) zwölfmal die Turmuhr auf dem Dominantton E erklingt (Hörner, gestimmte Glocke); beim letzten E bricht der verminderte Septakkord des Fluchs hervor und führt die Schlußphase in e-Moll und E-Dur herbei. Mit diesem letzten Detail ist übrigens schon der zweite Aspekt berührt: Den verminderten Septakkord cis-e-g-b (der auch an einer früheren Stelle des umfangreichen Schlußakts schon einmal begegnete) könnte man geradezu als leitmotivischen „Fluchakkord" bezeichnen Weitere wiederkehrende Motive sind etwa die Instrumentaleinleitung zu Johns Ballade (Nr. 8), die in der Friedhofszene wiederkehrt (Nr. 11), ferner Conrads Auftrittslied (Nr. 3), das auch seinen Schlußauftritt ankündet (Nr. 19), sowie der Bläserchoral während Conrads Vision (Nr. 12), die in der Schlußszene erinnert wird (ebenfalls Nr. 19). Insgesamt dieser Idee – nun im Sinne einer Vorankündigung – ist die Ouvertüre verpflichtet. Anders etwa als die fast gleichzeitig entstandene und mehrfach im Leipziger Gewandhaus aufgeführte Konzertouvertüre d-Moll op. 32, die eine überaus klar profilierte Sonatenform ausprägt, repräsentiert die Ouvertüre zum *Traum in der Christnacht* den Typus der sogenannten „Potpourriouvertüre".[39] Bezeichnenderweise sind es vor allem die Themen und Motive, die auch innerhalb der Oper selbst ihrerseits als wiederkehrende Momente eingesetzt sind, die in der Ouvertüre gereiht und durch Übergänge vermittelt werden. Seine Form verdankt das Stück nicht einer autonomen Durchgestaltung, sondern der Logik des Dramas, dessen Ablauf die Reihung der Themen bestimmt. Es ist daher auch nicht richtig, wenn ein Rezensent von „dieser neuen, auf Weber's Vorgang mißbräuchlich gegründeten Weise der Index-Ouvertüren"[40] spricht, denn Webers Ouvertüren zeichnen sich zwar ebenfalls durch die Übernahme des Materials aus der Oper aus, gelangen aber – im Unterschied zu derjenigen Hillers – zu einer eigenständigen Formanlage: der einer „Ausgestaltung der Sonatenform zur tondichterischen Ouvertüre".[41]

Überraschend ist es nun, daß der eingreifenden Kürzung des Werks viele dieser Momente zum Opfer fallen, daß Hiller also offenbar, um das Werk durch Straffung zu retten, ausgerechnet zwei der wichtigsten Konstruktionsideen wenn nicht preisgab, so doch aufweichte. Die Wiederkehr des Auftrittsliedes Nr. 3, der Visionsmusik und des Fluchakkordes entfällt durch die Striche im Schlußakt ersatzlos, gleichzeitig damit verlieren manche Verweisungsmomente der Tonartenpolarität E-Dur / B-Dur wichtige Bezugspunkte. Daß die Umarbeitung indessen dem Werk noch auf andere Weise nicht zum Vorteil gereichte, mag eine kurze Übersicht zeigen, in der die einander entsprechenden und weitgehend unverändert gebliebenen Nummern beider Fassungen in der gleichen Zeile stehen (dabei wird die Version der in Berlin eingereichten Abschrift, die derjenigen der Dresdner Erstaufführung nahekommen dürfte, als „Fassung A", die des Klavierauszugs als „Fassung B" bezeichnet):

Fassung A	Fassung B
[Ouvertüre fehlt in der Abschrift]	Ouvertüre (e-Moll / E-Dur)
Akt I	**Akt I**
Nr. 1 Introduktion (Chor)	Nr. 1 Introduktion (Chor)
Nr. 2 Lied (Reinhold)	Nr. 2 Lied (Reinhold)
Nr. 3 Lied (Conrad)	Nr. 3 Lied (Conrad)
Nr. 4 Rezitativ und Arie (Maria)	
Nr. 5 Melodram und Duett (Conrad, Maria)	Nr. 4 Melodram und Duett (Conrad, Marie)
Nr. 6 Finale (Ensemble und Chor)	Nr. 5 Finale (Ensemble und Chor)
Akt II	**Akt II**
Nr. 7 Introduktion (Chor)	Nr. 6 Entreact und Chor
	Nr. 7 Tanz[42]
Nr. 8 Ballade (John)	Nr. 8 Ballade (John)
	Nr. 9 Chorlied
Nr. 9 Lied (John)	Nr. 10 Lied (John)
Nr. 10 Duett (John, Reinhold)	Nr. 11 Duett (John, Reinhold)
Nr. 11 Rezitativ und Arie (Conrad)	Nr. 12 Rezitativ und Arie (Conrad)
[Nr. 12 Melodram fehlt in der Abschrift]	Nr. 13 Melodram (Conrads Vision)
Akt III	**Akt III**
Nr. 13 Arie (Conrad)	
	Nr. 14 Rezitativ (Conrad)
Nr. 14 Ensemble (Chor, John, Conrad)	Nr. 15 Ensemble (Chor, John, Conrad)
Nr. 15 Duett (Marie, Conrad)	
Nr. 16 Arie und Finale (Reinhold, Conrad)	
	Nr. 16 Szene und Arie mit Chor
Akt IV	
Nr. 17 Entreact und Chor	
Nr. 18 Szene und Gebet (Maria)	
Nr. 19 Szene und Duett (Maria, Conrad)	
	Nr. 17 Arie, Melodram und Finale (Reinhold, Marie, Conrad, Chor)
[Nr. 20 Schlußchor fehlt in der Abschrift]	

Hier ist zu sehen, daß es Hiller nicht ausschließlich um eine bloße Kürzung ging. Gleichzeitig mit einer Straffung, die vor allem die Zusammenziehung der beiden letzten Akte zu einem einzigen betrifft, wird das Bemühen erkennbar, die in der Düsternis des Werkes unterbelichtete Gegensphäre auszubauen: das Moment des artifiziell Volkstümlichen nämlich, das durch zwei zusätzliche Nummern

(Fassung B, Nr. 7 und Nr. 9) im mittleren Akt eine bedeutende Stärkung erfährt. Die Proportionen verschieben sich zugunsten der Tonsatztypen Lied, Ballade, Tanz; gleichzeitig damit bricht die vorher schon prekäre Stileinheit des Werkes auseinander. In unvermitteltem Kontrast stehen der singspielartige, den Hauptanteil der Dialogmassen enthaltende zweite Akt und der nahezu durchkomponierte, gesprochene Partien allenfalls im Melodram zulassende neue Schlußakt einander gegenüber. Hiller mochte sich durch die ersten Kritiken zu dem Ausbau der Volkstümlichkeitssphäre als in seinen eigentlichen Kompetenzbereich fallend ermutigt fühlen – mit Grund, denn beispielsweise Conrads Auftrittslied (Nr. 3, Eichendorffs schon damals zum Volkslied gewordenes „In einem kühlen Grunde") ist sicherlich zu den musikalisch gelungensten Nummern des Werkes zu zählen – und zwar gerade durch seinen gelungenen Einbau in den Werkkontext, also als ein (gattungsgeschichtlich frühes) Orchesterlied, dessen Schlichtheit sich durch Details der Instrumentation – die Pianofanfaren der Trompeten bei „Ich möcht' als Reiter fliegen / Wohl in die blut'ge Schlacht" oder die Drehfigur der Bratschen bei „Hör' ich das Mühlrad gehen" – als eine nur scheinbare und höchst kunstvolle erweist. (Noch klarer wird diese bewußte Herstellung von Volkstümlichkeit im Vergleich zur Raupachschen Vorlage; dort fungierte als Conrads Erkennungsmelodie noch der von diesem auf der Flöte gespielte Choral „Wer nur den lieben Gott läßt walten"). Als Bühnenwerk dagegen war die Oper damit nicht zu retten; im Gegenteil – Hiller hatte nun das Moment verstärkt, das Eduard Devrient angesichts der neuen Fassung zu dem folgenden hellsichtigen Tagebucheintrag bewog: „Die Musik [...] enthält einzelne schöne Züge, die in andern Gattungen, im Liede, in Sonaten, Sinfonien und Kantaten sehr vorteilhaft ins Licht treten würden, im Drama aber hinter der Situation und hinter den Forderungen, die wir an Schwung szenisch-musikalischen Ausdruckes stellen, zurückbleiben. Die Musik trifft oft die Stimmung, aber erhebt sich nicht zur größeren Lebendigkeit dramatischer Stimmung. Die Wirkungen gruppieren sich nicht, haben keine Gipfelung, die Musikstücke gehen oft aus, wie sie angefangen [...]. Mir wurde diesen Abend recht klar, daß die dramatische Musik zu andrer sich ebenso verhält wie dramatische Poesie zur lyrischen. Das bequeme Ruhen in der Stimmung in der Lyrik, das Genügen bloß daran, duldet das Drama nicht."[43]

Diese privaten Bemerkungen Devrients weichen allerdings von allen öffentlich formulierten Urteilen über Hillers Musik auffällig ab. Die beiden großen Rezensionen in der *Neuen Zeitschrift für Musik* – diejenige Julius Beckers nach der Uraufführung (April 1845) und diejenige Eduard Krügers nach Erscheinen des Klavierauszugs (Juli 1847) sprechen von „seiner durchgängig geistreichen Musik" sowie von einem „reichen Fluß ausdrucksvoller Melodien"[44] und gipfeln in einem gewichtigen Gesamturteil: „Doch glaube ich in den Hauptzügen nicht zu irren, wenn ich ihn als einen der bedeutenderen Operncomponisten erkenne, dem Charakteristik der Personen, Deutlichkeit der Handlung, Lebendigkeit der Melodie zu Gebote stehen, und der sich in Manchem über die Gerühmten und Gefeierten weit erhebt."[45] Selbst den enthusiastischen Urteilen über Hillers Musik ist aber eines gemeinsam: Zum lebensfähigen Bühnenwerk mochten sie den *Traum in der*

Christnacht nicht erklären, schon allein des unrettbaren Librettos wegen nicht. Die übereinstimmende Tendenz aller kritischen Urteile erstrebt gewissermaßen einen Kompromiß – verständlich angesichts der an Zukunftsperspektiven armen Situation, in der sich auch Wagners spätere Geltung höchstens erst andeutungsweise abzuzeichnen begann: Hiller stellte mit diesem Werk noch nicht die Erfüllung, zunächst jedenfalls aber weiterhin, wie Franz Brendel ihm gegenüber brieflich formuliert hatte (s. o.), eine „bedeutende Hoffnung" für die deutsche Oper dar.

3

Hillers mit Spannung erwartete zweite Dresdner Oper bereitete dieser Situation durch ihren klaren Mißerfolg ein jähes Ende. „In der Erwartung der glücklichen Geburt des rechten neuen Opernsujets ergab sich Hiller zunächst der eifrigen Pflege der Kammermusik, wofür ihm ein schön eingerichteter Salon von besonderem Vorteil war."[46] So liest sich die lakonische Zusammenfassung der Zwischenzeit bis zu Hillers nächster Oper in der Darstellung Richard Wagners. Die lange Suche nach einem Stoff, an der sich, wie gezeigt, auch Wagner beteiligte, führte schließlich, wie von Brendel in seinem großen Grundsatzartikel empfohlen und überhaupt seit Friedrich Theodor Vischers 1844 publiziertem *Vorschlag zu einer Oper* („Ich möchte die Nibelungensage als Text zu einer großen heroischen Oper empfehlen" [47]) auch in der musikalischen Fachpresse diskutiert, zur Wahl eines „nationalen" Themas: *Konradin, der letzte Hohenstaufe*. Es handelt sich um die (wiederum nicht tragische, sondern traurige) Geschichte des letzten Staufensprößlings, eines für ein Drama wenig ergiebigen passiven Helden, der nach einem gescheiterten Versuch, den Anspruch seines Hauses auf das Königreich Sizilien kriegerisch durchzusetzen, durch Verrat seinem Gegner Karl von Anjou in die Hände fiel und mit 17 Jahren hingerichtet wurde. Als Textdichter gewann Hiller den in Dresden ansässigen Maler Robert Reinick. Angesichts der Tatsache, daß der Stoff sich in der deutschen Literatur (trotz seiner mangelnden dramatischen Eignung) einer ausgesprochenen Beliebtheit und Verbreitung erfreute – allein bis zum Entstehungsjahr von Hillers Oper sind mindestens 57 Konradin-Dramen nachweisbar[48] – mag man sich darüber wundern, daß sich Reinick und Hiller nach dem vor allem durch die Stoffvorlage verursachten Scheitern der letzten Oper ausgerechnet wieder auf eine Raupachsche Vorlage stützten, und zwar bis in die genaue Abfolge der Schauplätze und bis in einzelne Formulierungen hinein (mit dem äußerlichen Unterschied, daß Reinick das Raupachsche Drama aus vier Akten und einem Vorspiel in einen Fünfakter verwandelte). Ernst Raupachs Drama *König Konradin* erschien 1837 als letztes Stück eines sechzehn Dramen umfassenden „Cyklus historischer Dramen" mit dem Gesamttitel *Die Hohenstaufen*.[49] Am 13. Oktober 1847 unter Hillers eigener Leitung uraufgeführt und am 20. und am 31. Oktober wiederholt, gelangte die Oper – schon nach Hillers Weggang aus Dresden – am 2. Dezember 1847 ein viertes und letztes Mal, nun unter der Leitung Carl Gottlieb Reißigers, zur Aufführung.[50] Dies ist die einzige Aufführung, die Wagner, der sich vorher anläßlich der *Rienzi*-Inszenierung in Berlin aufgehalten hatte, erlebte und später folgendermaßen beschrieb[51]:

„Da er [Hiller] sich auf der Abreise nach Düsseldorf, wohin er als Konzertdirektor berufen worden war, befand, empfahl er mir sein Werk mit ungemeiner Zuversicht zur weiteren Pflege, wobei er bedauerte, mir nicht die Direktion desselben zuweisen gekonnt zu haben. Er gab zu, daß er den großen Erfolg zum Teil wohl der wunderbar glücklichen Darstellung, namentlich der Männerrolle des Konradin durch meine Nichte Johanna, zu verdanken habe; diese ließ sich mir mit gleicher Zuversicht wiederum dahin vernehmen, daß Hillers Oper ohne sie wohl nicht so außerordentlich durchgeschlagen haben würde. Ich war nun wirklich gespannt, dieses glückliche Werk und seine so erfolgreiche Darstellung kennenzulernen, was, nachdem Hiller nebst Familie Dresden gänzlich verlassen hatte, durch eine angekündigte vierte Vorstellung mir ermöglicht werden sollte. Als ich beim Beginn der Ouvertüre den Saal betrat, um meinen Sitz im Parkett einzunehmen, befiel mich ein seltsames Erstaunen, bis auf einige kaum bemerkbare Ausnahmen sämtliche Zuschauerplätze vollkommen leer zu finden. Auf dem entgegengesetzten Ende der von mir eingenommenen Bank bemerkte ich den Dichter des Sujets, den sanften Maler Reinicke [sic]. Wir rückten ungeniert gegen die Mitte des Raumes zusammen und unterhielten uns über den wunderlichen Zustand, in welchem wir uns befanden. Ich vernahm von ihm wehmütige Klagen über Hillers musikalische Ausführung seiner Dichtung; das Geheimnis des Irrtums, in welchem Hiller über den Erfolg seines Werkes geraten, ließ er offenbar in großer Bestürzung über den unwiderleglichen Fall der Oper mir selbst unaufgeklärt [...]. Während wir so dem Elend zusahen, gelang es mir, einige schon im Sujet begründete auffallende Schwächen und Fehler dem Dichter nachzuweisen; dieser berichtete darüber an Hiller, worauf ich aus Düsseldorf ein warmes Freundschaftsschreiben erhielt mit der Anerkennung des begangenen Unrechts, seinerzeit meinen Rat für das Sujet von sich gewiesen zu haben. Nicht undeutlich ward mir zugleich zu verstehen gegeben, daß es wohl noch Zeit sei, nach meinen Angaben die Oper zu verändern, bei welcher Gelegenheit ich mir das große Verdienst erwerben könnte, ein doch offenbar gut intentioniertes und in seiner Art bedeutendes Werk dem Repertoire zu erhalten – wozu es jedoch nicht kam."

Leider ist der von Wagner zuletzt erwähnte Korrespondenzvorgang auf der Grundlage vorliegender Dokumente nicht nachzuvollziehen. Reinicks Äußerungen über Hillers Behandlung seines Textes jedenfalls sind so, wie von Wagner mitgeteilt, nicht sehr wahrscheinlich – gab er doch Hiller in seinem brieflichen Bericht über diese letzte Vorstellung die Schwäche seines Librettos zu: „Aufrichtig gesagt, die letzte Aufführung des Konradin am 2. Dezember hatte allerdings auch mir die Augen über den wahren Erfolg der Oper für Dresden geöffnet, über das Mangelhafte in der Anlage des Textes waren sie es schon früher, wenn auch nicht in dem Grade."[52] Für Wagner lag die Ursache für den unzweideutigen und nun auch von der kritischen Öffentlichkeit kaum noch bemäntelten Mißerfolg dieser Oper auf der Hand: Während er, Wagner, seit der Mitte der

1840er Jahre in bezug auf seine mittelalterlichen Stoffe intensive philologische Studien getrieben und sich dabei vor allem der „von Grimm herausgegebenen deutschen Weistümer" bedient habe, sei Hiller in dieser Hinsicht unberaten geblieben. „Ferdinand Hiller, der nun auch mit Stolz zu einem Hohenstaufenschen Stoffe griff, vergaß ich damals auf meine Hilfsquellen aufmerksam zu machen; da es ihm mit seinem Werke nicht glückte, hält er mich vielleicht für tückisch, wenn er jetzt erfährt, daß ich ihm die Weistümer verschwieg."[53] In Wirklichkeit aber hätte Wagner, selbst wenn er gewollt hätte, die Gelegenheit zu dieser Beratung Hillers gar nicht gehabt: Hiller wich ihr nämlich in auffallender Weise aus. Setzten Reinick und er im Anfangsstadium der Arbeit das Libretto zwar der kollegialen Diskussion aus – so verzeichnet Devrients Tagebuch am 19. und am 20. Februar 1846 eine eingehende Diskussion mit gravierenden Änderungsvorschlägen[54] – so schien er doch das Einholen von Wagners Urteil zu vermeiden, wie Wagner wenige Jahre später, am 22. 10. 1850, an Theodor Uhlig schrieb[55]:

„Von Hiller's Conradin entsinne ich mich folgender begebenheit: – nachdem ich Hiller wegen seines *Traumes in der Christnacht* in bezug auf die wahl der dichtung die gründlichsten vorwürfe gemacht, und er endlich diese vorwürfe als gerechtfertigt zugestanden, bat er mich, bei der wahl eines neuen sujet's ihm mit meinem rathe beizustehen. Als ich später erfuhr, daß er mit Reinick über den Conradin brüte, äußerte ich ihm mein bedenken wegen dieses stoffes im allgemeinen, – bemerkte aber, daß allerdings sehr viel auf die art, wie er erfaßt und als dichtung durchgeführt werde, ankäme, weshalb ich mich ihm erbot, ihm meine weitere ansicht zu sagen, sobald er mich in den entwurf eingeweiht habe. Lange blieb ich ohne mittheilung, bis ich hörte, die verse seien fertig, und Hiller componire bereits. Ich vermuthete mistrauen gegen mich, und enthielt mich fernerer einmischung, bis mir Hiller von selbst unverhohlen versicherte: er fürchte, die dichtung werde mir nicht gefallen, und ich dürfte ihm vielleicht so begründete einsprüche dagegen machen, daß ihm, wenn er diese kenne, die lust am componiren vergehen möchte; er halte es daher für besser, im wissentlichen irrthum über sein vorhaben zu verharren, damit er überhaupt doch wieder einmal dazu komme eine oper zu componiren [...]".

Hillers eigenes Tagebuch vermerkt (am 2. März 1847) lediglich ein einziges Zusammentreffen mit Wagner, bei dem er diesem aus dem *Konradin* vorgespielt habe.[56] Mit einigem Recht also konnte Wagner später von *Konradin* als einem „während seiner Ausarbeitung vor mir verheimlichten Werke"[57] sprechen, und es scheint, daß sein abfälliges Urteil über Hiller von dieser als Mißtrauen gedeuteten Aussperrung aus Hillers Werkstatt nicht unbeeinflußt geblieben ist. Über Devrient jedenfalls schrieb Reinick später an Hiller, er sei „empfindlich, daß wir ihn während der Arbeit nicht mehr zu Rathe gezogen".[58] Allerdings wurde Wagner später doch noch in den Arbeitsprozeß einbezogen – zu spät vielleicht: Schon von Düsseldorf aus, wohin er im November 1847 umgesiedelt war, versuchte Hiller mehrfach seinen Textdichter Reinick dazu zu bewegen, für eine Umarbeitung des *Konradin* sich der Ratschläge Devrients und Wagners zu versichern (statt den Kontakt, wie Reinick ihm empfahl, selbst aufzunehmen). Nach langem Zögern kam Reinick schließlich dieser Bitte nach, und sein Bericht an Hiller (vom 15. Februar 1848) über die Arbeitssitzung mit Wagner ist darin bemerkenswert, daß er mit Wagners späterem Urteil über das Werk lebhaft kontrastiert: Wagner habe die Angelegenheit „gleich mit Wärme und Feuer" aufgegriffen, wenn auch nach Reinicks Ansicht wenig dabei herausgesprungen sei. Interessant vor allem ist aber Wagners Urteil über Hillers Musik: „Er sprach übrigens mit großer Achtung von der Musik der Oper, während er sich freilich mit Einzelheiten hie und da nicht einverstanden erklärte."[59]

Auf diesen Aspekt kann hier nicht näher eingegangen werden: Von Hillers Oper ist derzeit nur das gedruckte Textbuch auffindbar[60]; das Dresdner Aufführungsmaterial ist ebenso wie das in Berlin eingereichte Partiturexemplar verschollen, und weder die Partitur noch ein Klavierauszug wurden je gedruckt. Aus der Rezension, die die *Neue Zeitschrift für Musik* der Premiere widmete, geht hervor, daß Hiller nicht nur Brendels Ratschlag befolgt hatte, zu einem nationalen Stoff zu greifen, sondern nun auch zum formalen Mittel der Durchkomposition gegriffen hatte (bis hin zur Ersetzung der Ouvertüre durch ein kurzes, direkt in die Anfangsszene hineinführendes Instrumentalvorspiel) – daß also „die Musik jeden Act ununterbrochen fortgeht [...], sogar die Verwandlungen durch Zwischenspiele verbunden sind".[61] Dies aber, ohne das statische Prinzip geschlossener Nummern wirklich aufzugeben: „Nachdem der Verrath verübt ist, folgt ein langes Quintett mit Chor, – nach Verlesung des Urtheils singen die Verurtheilten ein Terzett, welches im Textbuche drei Seiten füllt."[62] Genau auf diesen Schwachpunkt schon des Librettos verwies Reinick später selbst mit einem Vorschlag zur Textumarbeitung, der auch einschneidende Folgen für die Komposition nach sich zu ziehen hätte: „Ich glaube, die schnelle Folge starker und überraschender Eindrücke erfordert hier eine mehr einander durchbrechende Behandlung, kurz und abgebrochen, nur nicht wieder in den Fehler aneinander gereihter lyrisch-abgerundeter Musikstücke zu fallen. NB Schuld des Dichters!"[63] Trotz langwieriger Korrespondenz blieb der Versuch zur Umarbeitung des *Konradin* ohne Resultat; durch Reinicks frühen Tod am 7. Februar 1852 wurde der Schlußpunkt gesetzt. Für Eduard Devrient waren Reinicks Text und Hillers Musik gleichermaßen indiskutabel: „Entweder Reinick hat meinen Rat damals nicht verstanden oder hat ihn nicht ausführen wollen oder nicht können. Dessenungeachtet hätte der Komponist daraus etwas machen können, aber durch die Musik ist nun gar alles in eine lange, monotone Schleppe von Orchestereffekten gekommen. Alle Melodien klingen wie Mittelstimmen. [...] Unser Freund Hiller ist doch ein Schwachmatikus, und Wagner mit seiner unmusikalischen Musik hat ihn verführt."[64] Wagner selbst griff erst Jahrzehnte später zu der selbstbewußten Formulierung, mit der er Hillers und sein eigenes Bühnenschaffen ins Verhältnis setzte: daß nämlich mit dem *Konradin* „Dichter und Komponist die Tendenzen und Effekte meines *Rienzi* mit denen meines *Tannhäuser* auf eine für Dresden besonders glückliche Weise kombiniert zu haben vermeinten".[65]

4

Hillers Dresdner Opern war kein Nachleben beschieden. Das folgenreichere – wenn überhaupt – der beiden Werke dürfte, schon allein durch seine Verbreitung als Klavierauszug und den Vertrieb der einzelnen Nummern wie auch des vierhändigen Klavierarrangements der Ouvertüre in Einzelheften, der *Traum in der Christnacht* gewesen sein. Dies bestätigt sich auf überraschende Weise in einem charakteristischen Einzelzug des Werkes, mit dem auf die Beziehung zwischen Hiller und Wagner noch einmal zurückzukommen ist. Gemeint ist der Schluß von Hillers Oper, der von der Umarbeitung am meisten betroffen war. Wie er in der ersten Fassung aussah, ist heute nicht mehr zu ermitteln, weil die letzten Seiten der Berliner Abschrift fehlen. Lediglich der Presse ist zu entnehmen, daß in der Premierenfassung nach dem grausigen Ende des Liebespaars der wieder aufgetretene Chor auf der Bühne verblieb, „dessen letzte Strophen das Ganze beruhigend schließen".[66] In der letzten Fassung dagegen – derjenigen des Klavierauszugs – ist der Schluß ähnlich wie in der Raupachschen Textvorlage von der Versöhnung der Liebenden geprägt; Marie stirbt, vom plötzlichen Tod ihres Vaters gebrochen, mit den an Conrad gerichteten Worten: „Ha dieser Schlag! mein Herz, mein Herz es bricht. / Leb'wohl, leb'wohl, ich sterbe, doch meine Liebe nicht!" Nur sechs Takte später endet die Oper; diese sechs Takte enthalten die Klagerufe des Chors („O jammervoll Geschick!") und Conrads („Marie!"). Unter ihnen erklingt im Orchester, und das ist hier das Wesentliche, eine Schlußformel, die in die Operngeschichte eingegangen ist:

Diese Kadenz – nüchtern technisch gesprochen: die Abfolge Tonika, Subdominante (Dur), Subdominante (Moll) mit obenliegender sixte ajoutée, die in die ebenfalls obenliegende Durterz des abschließenden Tonikadreiklangs weitergeführt wird – wäre vielleicht mit Hillers Werk untergegangen, hätte sie nicht in zwei Bühnenwerken Richard Wagners ihren eigentlich legitimen Ort erhalten: Auf diese Weise schließen *Tristan und Isolde* sowie auch *Der fliegende Holländer* in seiner späteren Fassung von 1860, wobei beide Abschlüsse in das jeweilige Werk durch eine ingeniöse Einbindung der Hauptmotive fest integriert worden sind. In die Wagner-Literatur ist diese Kadenz als „Tristan-Schluß" oder auch „Erlösungsschluß" eingegangen.[67] Um eine originale Erfindung Hillers handelt es sich nicht: Im Kontext eines Bühnenwerks etwa begegnet die Formel bereits in Heinrich Marschners *Hans Heiling* (zwar im Finale, aber noch nicht in der Schlußposition, bei den Worten der Königin: „Du hast der Erde Lust und Pein erfahren"), und als Schlußkadenz eines Instrumentalstücks findet man sie bei Robert Schumann (*Toccata* op. 7). Priorität jedoch kann Hiller für den spezifischen Einsatz dieser Kadenzformel beanspruchen, die sie überhaupt erst zum musiksprachlichen Topos, eben zum „Erlösungsschluß", hat werden lassen – dies allerdings bei Hiller an einem Gegenstand, der erst durch nachträgliche Eingriffe, und auch dann noch unzulänglich, auf diesen Gedanken hin zurechtgebogen erscheint. Echte „Erlösungsschlüsse" dagegen sind erst für den *Tristan* wie für den *Holländer* geradezu das konstitutive Merkmal. Ob Wagner hier mehr als ein Jahrzehnt nach Hillers Dresdner Zeit in bewußter Erinnerung an Hillers von der Öffentlichkeit schon längst vergessene Oper *Ein Traum in der Christnacht* verfuhr, ist unwichtig: In jedem Falle läßt sich ohne Übertreibung sagen, daß erst bei Wagner, dem Dirigenten der vier Aufführungen und Berater Hillers bei der Umarbeitung, dieser Topos seine ihm angemessene Stelle fand.

5

Am 17. November 1847 traf Hiller in Düsseldorf ein, um die Stelle des städtischen Musikdirektors anzutreten. Jahre später konnte er noch einmal eine alte Dresdner Verbindung nutzen, um – zum letzten Mal – etwas für seinen Ruf als Opernkomponist zu tun: Eduard Devrient, seit 1852 Leiter des Theaters in Karlsruhe, nahm Hillers letzte Oper *Der Deserteur* für den Herbst 1865 zur Aufführung an, nachdem sie im selben Jahr ihre Uraufführung in Köln erlebt hatte. Auf eigentümliche und sehr indirekte Weise kreuzten sich in Karlsruhe Hillers und Wagners Opernschaffen noch einmal: Hier war 1861 Wagners Hoffnung auf eine Aufführung von *Tristan und Isolde* gescheitert – wie Wagner meinte, durch die Schuld Devrients, mit dem es darüber zum Zerwürfnis kam. Wenn dagegen Devrient vier Jahre später Hillers letzte Oper annahm, dann geschah dies freilich auch nur aus einem Gefühl der Verpflichtung und nicht aus innerer Überzeugung heraus: „O welch eine erfindungslose Musik! Das wird ein trockener Braten!" lautet sein Tagebucheintrag nach der ersten Musikprobe, und am Tage der Aufführung selbst (17. September 1865) notierte Devrient in sein Tagebuch den prophetischen Satz: „nun wird es mit Hillers Opern wohl zu Ende sein."[68]

Hillers Laufbahn als Opernkomponist war besiegelt; Wagners große Zeit dagegen brach erst an. Die Planmäßigkeit, mit der er in seiner Lebensbeschreibung den ehemaligen Dresdner Kollegen (und Konkurrenten) samt seiner eigenen kritischen Anteilnahme nachträglich zu verkleinern suchte, erscheint wie ein später Reflex der Bedeutung, die Hiller für Wagner einst gehabt hatte. Der Darstellung Ferdinand Hillers in Richard Wagners *Mein Leben* ist es nicht um historische Gerechtigkeit zu tun; sie ist ein Stück Geschichtsschreibung aus der Perspektive des Siegers.

Anmerkungen

1 Richard Wagner, *Mein Leben*, hrsg. von Martin Gregor-Dellin, München 1976, S. 307.
2 Ebd.
3 Wagner, *Mein Leben*, S. 339.
4 Reinhold Sietz, *Aus Ferdinand Hillers Briefwechsel*, Bd. I, Köln 1958, S. 59.
5 Günter Jäckel (Hg.), *Dresden zwischen Wiener Kongreß und Maiaufstand*, Berlin 1989, S. 108 u. S. 202 (Auszüge aus den Lebenserinnerungen von Alfred Meißner bzw. von Friedrich Pecht).
6 Vgl. Sietz, *Aus Ferdinand Hillers Briefwechsel*, Bd. I, S. 74 (Brief Ernst Rietschels an Hiller vom 29. März 1848).
7 Richard Wagner, *Sämtliche Briefe*, hrsg. von Gerhard Strobel u. Werner Wolf, Bd. II, Leipzig 1970, S. 458.
8 Vgl. die Konzertstatistik bei Alfred Dörffel, *Geschichte der Gewandhausconcerte zu Leipzig*, Leipzig 1884 (Anhang, S. 28 f.).
9 *NZfM* 22 (1845), Nr. 31 (16. 4. 1845), S. 129.
10 *NZfM* 27 (1847), Nr. 35 (28. 10. 1847), S. 208.
11 *NZfM* 23 (1845), Nr. 38 (7. 11. 1845), S. 152.
12 *NZfM* 23 (1845), Nr. 31 (14. 10. 1845), S. 123.
13 Ebd., S. 124. Brendel verweist mehrfach ausdrücklich auf den Nibelungenstoff.
14 *NZfM* 24 (1846), Nr. 15 (19. 2. 1846), S. 59.
15 Ebd., S. 59 f., Fußnote.
16 Ferdinand Hiller, *Aus dem Tonleben unserer Zeit. Gelegentliches*, Bd. I, Leipzig 1868, S. 264 f.: Zur Zeit der Dresdner Uraufführung des *Tannhäuser* sei „man weit davon entfernt [gewesen], ihn [Wagner] zu einer Art von poetisch-musikalischem Messias zu machen"; dem Wagnerschen Bühnenwerk eigne grundsätzlich „ein häufiges Drangeben des wahrhaft Musikalischen zu Gunsten des Declamatorischen".
17 Wagner notierte sich Hillers *Konradin* am 17. 6. 1847 als eine der „neu f. d. Herbst einzustudierende[n] Opern" (Wagner, *Sämtliche Briefe*, Bd. II, S. 546).
18 *NZfM* 27 (1847), Nr. 1 (1. 7. 1847), S. 2.
19 *Signale für die musikalische Welt* 3 (1845), Nr. 16 (dritte Aprilwoche), S. 124 (dort auch die folgenden Zitate).
20 Sietz, *Aus Ferdinand Hillers Briefwechsel*, Bd. I, S. 68.
21 Wagner, *Mein Leben*, S. 308.
22 Staatsbibliothek zu Berlin – Preußischer Kulturbesitz, Musikabteilung; Sign.: Mus. ms. autogr. Hiller 1a. – Dieses tagebuchartig geführte Werkverzeichnis bricht nach einer Eintragung am 19. September 1844, also unmittelbar vor dem Umzug nach Dresden, ab.
23 Sietz, *Aus Ferdinand Hillers Briefwechsel*, Bd. I, S. 56.
24 *Signale für die musikalische Welt* 3 (1845), Nr. 2 (zweite Januarwoche), S. 13.
25 Rolf Kabel (Hg.), *Eduard Devrient aus seinen Tagebüchern*, Bd. I, Weimar 1964, S. 253 f.
26 Vgl. die Rezension in der *NZfM* 22 (1845), S. 130, Fußnote.
27 Kabel, *Eduard Devrient aus seinen Tagebüchern*, Bd. I, S. 258.
28 Alle Aufführungsdaten nach *Tage-Buch des Königl. Sächs. Hoftheaters vom Jahr 1845*, 29. Jg., Dresden 1846, S. 21–24. Zum eklatanten Publikumsschwund der beiden Mai-Vorstellungen vgl. den Brief des jungen Hans von Bülow an seine Mutter und an seine Schwester, in: Hans von Bülow, *Briefe und Schriften*, Bd. I, Leipzig 1895, S. 28f. und 44 (der erste Brief ist allerdings von der Herausgeberin falsch datiert). Die von Wag ner im oben mitgeteilten Zitat erwähnten *Rienzi*-Aufführungen fanden am 16. April und am 25. Mai statt.
29 Ebd., S. 260.
30 Wagner, *Sämtliche Briefe*, Bd. II, S. 424.
31 Ebd., S. 438 (Brief an Gustav Klemm, 20. 6. 1845; die im Brief erwähnte „Dichterin" ist nicht zu ermitteln).
32 Ebd., S. 420.
33 Zwar ist das Dresdner Aufführungsmaterial verschollen; erhalten hat sich aber die im April 1844 – noch unter dem Titel *Der Müllerknappe* – in Berlin eingereichte Partiturabschrift, die zahlreiche möglicherweise auf Pro-

ben zurückzuführende Bleistifteintragungen aufweist (Staatsbibliothek zu Berlin – Preußischer Kulturbesitz; Sign.: Mus. ms. 10610; ein dazugehöriger Stimmensatz, der ebenfalls auf stattgefundene Proben schließen läßt, ist seit dem zweiten Weltkrieg verschollen). An ihr ist zumindest ein Bild der vieraktigen Uraufführungsfassung zu gewinnen, auch wenn diese in manchen Details (z. B. in der Titeländerung) bereits von der Berliner Abschrift abgewichen sein mag. – Die letzte Fassung dagegen ist in der lithographierten Partitur (Dresden 1845; in der Staatsbibliothek zu Berlin ein Exemplar mit der autographen Widmung Hillers: „Der königl. Bibliothek in Berlin vom Komponisten, Ferdinand Hiller" [Sign.: Mus. 2767]) und im Klavierauszug (Breitkopf & Härtel, Verl.-Nr. 7531) repräsentiert, die sich voneinander nur in hier nicht zu besprechenden Kleinigkeiten unterscheiden.

34 Ernst Raupach, *Dramatische Werke ernster Gattung*, Bd. III, Hamburg 1835.

35 Vgl. Carl Gollmick, *Autobiographie*, III. Teil, Frankfurt / Main 1866, S. 75.

36 *NZfM* 27 (1847), Nr. 1 (1. 7. 1847), S. 4.

37 Friedrich Hebbel, *Vorwort zur „Maria Magdalena"*; in: F. Hebbel, *Sämtliche Werke. Historisch-kritische Ausgabe*, hg. v. Richard Maria Werner, Abt. I, Bd. XI, Berlin 1903, S. 62.

38 *NZfM* 27 (1847), Nr. 1 (1. 7. 1847), S. 4.

39 Hugo Botstiber, *Geschichte der Ouvertüre und der freien Orchesterformen*, Leipzig 1913, S. 174.

40 *NZfM* 27 (1847), Nr. 5 (15. 7. 1847), S. 26.

41 Wilhelm Fischer, *Instrumentalmusik von 1750–1828*; in: Guido Adler (Hg.), *Handbuch der Musikgeschichte*, Bd. III, Berlin (2)1930, S. 831.

42 Aus der Rezension der Erstaufführung geht hervor, daß dieser Tanz auch bereits in der Premierenfassung vorhanden war ; vgl. NZfM 22 (1845), Nr. 31 (16. 4. 1845), S. 138.

43 Kabel, *Eduard Devrient aus seinen Tagebüchern*, Bd. I, S. 260 f.

44 *NZfM* 22 (1845), Nr. 31 (16. 4. 1845), S. 130.

45 *NZfM* 27 (1847), Nr. 5 (15. 7. 1847).

46 Wagner, *Mein Leben*, S. 308.

47 Friedrich Theodor Vischer, *Kritische Gänge*, Bd. II, Tübingen 1844.

48 Vgl. Will Sauer, *Konradin im deutschen Drama. Eine literarhistorische Abhandlung über 94 deutsche Konradindramen*, Halle 1926 (Tabelle S. 12–17).

49 Ernst Raupach, *Dramatische Werke ernster Gattung*, Bd. VIII, Hamburg 1837.

50 *Tage-Buch des Königl. Sächs. Hoftheaters vom Jahr 1847*, 31. Jg., Dresden 1848, S. 33; *Tage-Buch des Königl. Sächs. Hoftheaters vom Jahr 1848*, 32. Jg., Dresden 1849, S. 21.

51 Wagner, *Mein Leben*, S. 368.

52 Reinhold Sietz, *Robert Reinick und Ferdinand Hiller. Dokumente einer Freundschaft*; in: Jahrbuch des kölnischen Geschichtsvereins 36/37, Köln 1960, S. 235.

53 Wagner, *Mein Leben*, S. 341.

54 Kabel, *Eduard Devrient aus seinen Tagebüchern*, Bd. I, S. 335.

55 Wagner, *Sämtliche Briefe*, Bd. III, Leipzig 1983, S. 454.

56 Sietz, *Aus Ferdinand Hillers Briefwechsel*, Bd. I, S. 58.

57 Wagner, *Mein Leben*, S. 368.

58 Sietz, *Robert Reinick und Ferdinand Hiller*, S. 237.

59 Sietz, *Robert Reinick und Ferdinand Hiller*, S. 241.

60 Staatsbibliothek zu Berlin; Sign.: Mus. Th 690.

61 *NZfM* 27 (1847), Nr. 38 (8. 11. 1847), S. 226.

62 Ebd.

63 Sietz, *Robert Reinick und Ferdinand Hiller*, S. 253 (Brief vom 17. 2. 1849).

64 Kabel, *Eduard Devrient aus seinen Tagebüchern*, Bd. I, S. 403 (Tagebucheintragung vom Premierentag, 13. 10. 1847).

65 Wagner, *Mein Leben*, S. 368.

66 *NZfM* 22 (1845), Nr. 31 (16. 4. 1845), S. 139.

67 Isolde Vetter, in: Richard Wagner, *Sämtliche Werke*, Bd. 4/1, Mainz 1983, S. VIII.

68 Kabel, *Eduard Devrient aus seinen Tagebüchern*, Bd. II, S. 469 und S. 471.

Hella Bartnig

„Der Zopf hängt ihnen hier noch gewaltig!"

Das Dresdner Hoftheater nach 1849 bis zum Engagement Ernst Schuchs

In der Dresdner Operngeschichte gelten die Jahre zwischen 1849 und 1872 als Zeit politischer Regression und künstlerischer Provinzialität, in der nach den stürmischen Tagen des Dresdner Maiaufstandes die Aura der kunstfreundlichen Elbmetropole zerstört schien. Schmerzlich registrierten Zeitgenossen wie der Maler Friedrich Pecht, daß das gesamte kulturelle Niveau der Stadt durch den Weggang von Richard Wagner, Gottfried Semper, Julius Fröbel, Ferdinand Hiller u.a. gesunken war und der vielgeschmähte „Dresdner Zopf" wieder das öffentliche Geschehen beherrschte.

Schon Richard Wagner hatte das konventionelle Klima der Residenzstadt Dresden attackiert, wie aus den Querelen zwischen ihm und der Hoftheaterdirektion hinlänglich bekannt ist. Auch Robert Schumann, seit Dezember 1844 in Dresden tätig, vermißte hier jenen Widerhall auf sein Schaffen, den er von Leipzig her gewöhnt war. Vergeblich hoffte er, das nach Wagners Flucht frei gewordene Kapellmeisteramt am Hoftheater übernehmen zu können. So ergab sich für Clara Schumann im März 1850 die Konsequenz: „Hier bleiben wir jedoch keinesfalls. Wir haben schreckliche Langeweile, es kommt einem alles so zopfig hier vor. Keinen gescheiten Menschen sieht man auf der Straße, alle sehen sie so spießbürgerlich aus! – Musiker bekommt man gar keine zu sehen!"[1]

Weniger gereizt benannte Friedrich Pecht die Gründe, die ihn ein Jahr später bewogen, Dresden ebenfalls zu verlassen: „Das Meißner Porzellan, zierlich, zopfig, glatt und kühl, ist die dem höflichen Charakter der Sachsen entsprechendste und darum heute noch nationalste Kunstform. Deswegen wächst auch der Fremde dort nie an, obwohl er immer zuvorkommend behandelt wird. Über kurz oder lang suchte darum jeder wegzukommen."[2]

Trotz oder auch wegen dieser „Zopfigkeit" waren gerade in Dresden wichtige Reformpläne entstanden, die sich mit einer neuen Bewertung der Kunst und insbesondere mit dem Gedanken an ein zu schaffendes deutsches Nationaltheater beschäftigten. Diese Pläne erhielten Aufwind durch die demokratische Reformfreudigkeit, bedeuteten zugleich auch ein Ventil in der sich krisenhaft entwickelnden Situation am Dresdner Hoftheater gegen Ende der 1840er Jahre. Die große Glanzzeit, die mit der Eröffnung des prachtvollen Semperbaues 1841 ihren äußeren Höhepunkt gehabt hatte, war vorüber. Schon 1844 wurde erstmals ein empfindliches Defizit in der Theaterkasse registriert, und in den folgenden Jahren mehrten sich Stimmen, die nicht mehr nur einzelne Tagesereignisse, sondern die Institution selbst kritisierten. Die größte Verärgerung rief der sporadische Spielbetrieb hervor, in dem nicht selten die Vorstellungen vom Morgen auf den Abend geändert werden mußten. Als Ursache hierfür wurden die Privilegien und Launen der ersten Sänger und Schauspieler genannt. Sie bestimmten nicht nur darüber, ob am Abend das vorgesehene Stück gegeben werden konnte, sie beanspruchten vielmehr auch ausgiebige, über das Jahr verteilte Urlaube, während der Gäste engagiert werden mußten. Von diesen wußte man oft nicht, ob sie pünktlich anreisen würden und welche künstlerische Leistung sie zu bieten hatten. So las man in dieser Zeit häufig Kritiken über Fehlengagements und unzureichendes künstlerisches Niveau. Desgleichen gab es Unzufriedenheit mit der in der Oper pompös, im Schauspiel dagegen eher kümmerlich gehaltenen Ausstattung und mit dem Repertoire[3], woraus sich massive Angriffe auf die Theaterleitung und den seit 1824 amtierenden Intendanten August Freiherr von Lüttichau entwickelten. Julius Schladebach, einer der notorischen Kritiker der Dresdner Theaterverhältnisse, formulierte seine Einwände in dem 1846 unter dem Pseudonym Wanderer Treumund erschienenen Buch *Dresden und die Dresdner* besonders hart: „Es ist ein Fluch, der mehr oder weniger auf allen Hofbühnen lastet, weil da gemeinhin die Leitung des Ganzen in die Hände eines Mannes gelegt wird, der davon eben gar nichts versteht.“[4] Neben den schon benannten Mängeln kritisierte der Verfasser einzelne Leistungen des Schauspieler- und Sängerpersonals, wandte sich gegen das Unvermögen der Regisseure Dittmarsch und Fischer und forderte größere Sorgfalt bei der musikalischen Einstudierung von Opern: „Die ersten Vorstellungen [...] gleichen häufig Generalproben, und das kommt daher, weil die Inhaber und Inhaberinnen der Hauptpartien ihr schweres Geld zu verthun bei weitem mehr Zeit verbrauchen, als daß sie deren hinlänglich zum Einstudiren ihrer Partien übrig hätten. [...] dürfen wir uns da wohl noch wundern, wenn die einzelnen Partien so selten zur bestimmten Zeit geistiges Eigentum der Inhaber geworden sind, zumal wenn eine untüchtige Regie dergleichen Mängel ungeahndet hingehen läßt?“[5]

Betreffs des Dresdner Theaterchores deckte Schladebach falsch verstandene Sparsamkeit auf: „Der Chor der dortigen Oper ist chamäleontischer Natur, bald gut, bald schlecht, je nachdem das Fatum einen oder den anderen Theaterdirector dorthin führt, der mit dem Köder höherer Gagen die besten Mitglieder den Dresdnern vor dem Munde wegschnappt.“[6] Da sei es kein Trost, daß es dem Ballett, dessen Figurantinnen „größtentheils Originalexemplare[n] an Ungeschick und Häßlichkeit“[7] glichen, ebenso erginge, ganz zu schweigen von der königlichen Kapelle, die für „ihren anstrengenden Dienst in Opernproben und Vorstellungen, in den Zwischenacten des Schauspiels und in der katholischen Hofkirche (letztere Dienste steigen im Jahr gewöhnlich auf die Zahl 270 bis 280) [...] die Hofconzerte und sonstige dienstliche Extrabeschäftigungen [...] ein wahres Zeisigfutter“[8] erhielten. Ähnliche Äußerungen des Mißmuts finden sich auch in anderen Publikationen; sie bezeichnen Zustände am Hoftheater, die kaum zu Unrecht mehr und mehr kritisiert wurden. Im Mai 1848 ging die Dresdner Presse[9], die bis dahin als eher provinziell denn scharfzüngig galt, offensiv gegen diese Institution des Dresdner Kulturlebens vor. So jedenfalls läßt es die Eintragung vermuten, die der Schauspieler und Dramaturg Eduard Devrient am 28. Mai 1848 in seinem Tagebuch vornahm: „Im Anzeiger[10] steht ein gemeiner Angriff gegen das Theater, ganz wie ich ihn längst erwartete. Man verlangt die Zurückziehung der Subventionen, findet das Geld verschleudert, will das Theater verpachtet haben, schilt auf die Faulheit, langen Urlaube, das Schuldenmachen der Theatermitglieder. Die Angriffe werden bald schlimmer, das heißt besser kommen.“[11] Inmitten der politischen und sozialen Konflikte stand zu befürchten, daß der sächsische König Friedrich August II. die Zuschüsse für das Hoftheater streichen und es der sächsischen Landesregierung übergeben würde. Diese konnte angesichts ihrer finanziellen Lage allenfalls an ein Pachtverhältnis denken, wodurch das ehrwürdige sächsische Theaterinstitut privatwirtschaftlich hätte weitergeführt werden müssen und kommerziellen Interessen ausgeliefert worden wäre. Es galt also, dem Theater eine Perspektive aufzuzeigen, die ihm die unverzichtbare Aufgabe als Bildungs- und Erziehungsforum der Nation zuwies.

Einer der ersten, der diese Notwendigkeit erkannte, war Richard Wagner. Unmittelbar nach der Vollendung seiner *Lohengrin*-Partitur legte er am 16. Mai 1848 dem Sächsischen Ministerium seinen *Entwurf zur Organisation eines deutschen National-Theaters für das Königreich Sachsen* vor. Darin forderte er, das Theater dem Kultusministerium zu unterstellen und es anstelle eines vom Hof eingesetzten Beamten der Führung durch einen „von sämtlichen Mitgliedern des aktiven Theaterpersonals“ sowie von den Mitgliedern eines noch zu bildenden „Vaterländischen Dichter- und Komponiervereins“[12] zu überlasssen. Jeder wußte, daß sich Wagners Forderung indirekt gegen August von Lüttichau richtete, mit dem er seit langem im Disput lag. Schon im Mai 1846 hatte Wagner in einem Brief an Ludwig Spohr provokativ die Frage gestellt: „Wen soll man mehr bedauern, diese Junker, die als Böcke zu Gärtnern bestellt sind und bei jedem Schritt sich der Lächerlichkeit bloßstellen, – oder die Künstler, die unter ihren Abgeschmacktheiten leiden?“[13] Jetzt war der Zeitpunkt gekommen, neben materiellen Aufwendungen und organisatorischen Verbesserungen auch demokratische Strukturen als Vorausssetzung für die neue Qualität des Nationaltheaters zu fordern. Wagners Konzept sah einen Verwaltungsrat vor, dem Regisseure, Dirigenten, Schauspieler, Sänger, Musiker und Beamte angehören sollten und an dem auch Dichter und Komponisten beteiligt sein müßten. Werkauswahl und Spielplan würden durch einen Ausschuß des Dichtervereins und durch den von einer Delegation des aktiven Theaterpersonals unterstützten Direktor „nach Stimmenmehrheit“[14] beschlossen werden, während in personellen Fragen ausschließlich der Direktor zu entscheiden hätte. Der Kernsatz dieses Konzepts, der später in Wagners gesammelten Schriften ausgelassen wurde, zeigte sein ganz persönliches Interesse. Er besagte, die Orchesterleitung in den Händen eines Kapellmeisters zu konzentrieren, der zugleich die Stelle des Intendanten einnehmen müsse. „Das ist des Pudels Kern“[15], vermerkte Wagners Kapellmeisterkollege Carl Gottlieb Reißiger an dieser Stelle im Entwurf, der vom Ministerium an die Theaterdirektion zur Begutachtung zurückverwiesen worden war. Die Diskussion darüber hatte sich somit erübrigt. Wagner ließ seinen Urlaub verlängern und reiste im Juni 1848 nach Wien, wo er sich größeres Interesse für sein Theaterkonzept ausrechnete.

Der sächsische Kultusminister Ludwig von der Pfordten hatte unterdessen den Schriftsteller und Dramaturgen Karl Gutzkow beauftragt, sich über eine Reform des Theaters zu äußern. Gutzkow war am 1. Januar 1847 am Dresdner Hoftheater quasi in Nachfolge Eduard Devrients engagiert worden, der im gleichen Monat sein Amt als Oberregisseur niederlegte und fortan nur noch als Schauspieler und dramaturgischer Beirat tätig war. Es gehörte ein ansehnliches Maß an Protektion dazu, um einen durch seine jungdeutsche Vergangenheit unliebsam gewordenen Literaten wie Gutzkow in ein solches höfisches Amt zu lancieren. Noch im Dezember 1846 hatte Friedrich August II. nach der Uraufführung von Gutzkows Drama *Uriel Acosta* seinem Intendanten mit dem Zensor gedroht, falls er weiterhin solche Stücke, die man als politisch provokant empfand, aufführen ließ. Doch August von Lüttichau setzte auf den neuen Kandidaten in der Hoffnung, mit ihm die dramaturgische Leitung des Theaters wieder auf ein ehedem von Ludwig Tieck erreichtes Niveau bringen zu können. Am 14. Januar 1849 legte Gutzkow in seinem *Sendschreiben an den Staatsminister von der Pfordten* seine Vorstellungen über eine künftige Organisation des Theaters dar. Seine Grundüberlegungen zielten darauf, Theater- und Kirchendienst voneinander zu trennen. Die Kapelle sollte vom Hof besoldet und vom königlichen Hausministerium kontrolliert werden, während das Nationaltheater „mit einem Zuschuß der Stände von 50.000 Thl. und unter Kontrolle des verantwortlichen Cultusministeriums“[16] geführt werden sollte. Davon ausgehend, schlug Gutzkow eine Generalintendanz vor, deren Aufgabe es sei, die Verbindung zum Hof zu halten, die Angelegenheiten der Kapelle zu verwalten, die Stücke auf einen gegebenenfalls verfänglichen Inhalt zu prüfen, den Monatsspielplan festzulegen und den Vorsitz der Verwaltung zu übernehmen. Künstlerische Fragen hingegen sollten von einer Theaterdirektion entschieden werden, deren Oberhaupt „außer der eines Dramaturgen keine sonstige Funktion ausüben darf“.[17] Diese persönliche Anmaßung verärgerte Lüttichau ebenso wie die Forderung, das Personal in Form eines gewählten Direktionsbeirates an der Verwaltung des Theaters zu beteiligen. Doch weder dieser Vorschlag noch Gutzkows wertvolle Hinweise betreffs der Auswahl der Regisseure und der Bildung des künstlerischen Nachwuchses wurden verwirklicht. Am 25. Februar 1849 erhielt Gutzkow seinen Entwurf vom Minister von der Pfordten zurück mit der Anmerkung: „Ich theile Ihre Ansichten und würde im Sinne derselben gewirkt haben, wenn ich in den Geschäften geblieben wäre.“[18] Am Tag zuvor war das nur wenig mehr als ein Jahr amtierende März-Ministerium abberufen und eine neue Sächsische Regierung unter Friedrich Ferdinand Freiherr von Beust eingesetzt worden. Gutzkow kündigte seinen Vertrag, nachdem nunmehr auch August von Lüttichau das Engagement seines Protegés nicht mehr aufrechterhalten konnte.

Ungelöst dagegen blieb weiterhin die Frage, in welcher Form das Theater weiterexistieren sollte. Neben Wagner und Gutzkow hatte auch Eduard Devrient darüber nachgedacht, nachdem ihn Lüttichau im April 1848 um seine Meinung befragt hatte.[19] Im August desselben Jahres war Devrient vom preußischen Unterrichtsminister Adelbert von Ladendorf „förmlich und ministeriell“ aufgefordert worden, „ein Gutachten über die Reorganisation der Bühne zu geben“.[20] Dieses

Gutachten legte Devrient im Januar 1849 unter dem Titel *Das Nationaltheater des Neuen Deutschland. Eine Reformschrift* vor. Er ging jedoch nicht so weit zu fordern, das Theater gänzlich dem „Protectorat der Fürsten“ zu entziehen. Vielmehr sah er als Ideal „ein vom Hof geschütztes und gestütztes, aber künstlerisch frei waltendes Kunstinstitut“[21] an. Das beinhaltete gleichzeitig die eingeschränkte Machtbefugnis des Generaldirektors, der sich „mit ästhetisch gebildetem Sinn“ ausschließlich den administrativen Aufgaben widmen sollte. In künstlerischen Angelegenheiten hingegen dürfe im künftigen Nationaltheater nur „eine von künstlerischen Vorständen gebildete, selbständig abgeschlossene, der Landesregierung verantwortliche Direction“[22] zu entscheiden haben, der ein nach dem Prinzip der Zweidrittelmehrheit gewählter darstellender Künstler vorstehen solle. Gemeinsam mit dem aus Theaterdichter, Schriftführer, einem Kapellmeister und einem darstellenden Künstler gebildeten Direktorium und den frei gewählten Vorständen von Orchester, Chor und Ballett habe er sich der Aufgaben des Nationaltheaters anzunehmen. Dazu zählte Devrient u.a. die Pflege des klassischen Repertoires, die Förderung neuer Autoren, die Verbesserung des Bühnen- und Kostümwesens sowie den Kontakt des Theaters zu anderen Künsten und Wissenschaften. Außerdem gelte es, die Anzahl der Spieltage zu verringern, die Eintrittspreise herabzusetzen und einen Reservefonds einzurichten, „damit die mannigfachen Wechselfälle, denen das Theater durch Zeitereignisse ausgesetzt ist, dasselbe niemals mittellos finden.“[23]

Das Echo auf Devrients Reformgedanken war geteilt. Die Berliner *Handel- und Spenersche Zeitung* veröffentlichte einen abschmetternden Artikel, der am 14. Januar im Dresdner Anzeiger nachgedruckt wurde. Richard Wagner reagierte darauf mit einer Gegendarstellung, worin er sich als eifriger Fürsprecher Devrients erwies.[24] Inzwischen war auch am Hoftheater eine heftige Debatte um Devrients Reformschrift entbrannt. Sein Bruder Emil stellte sich aus Prinzip dagegen, Gutzkow sah in Devrient seinen Rivalen, den er bekämpfen mußte, und Reißiger vermutete hinter dem Ganzen ein Komplott von Wagner und Devrient, dem er selbst zum Opfer fallen solle. Auch von Lüttichau war nicht zu erwarten, daß er diesem Konzept zustimmen würde, war doch darin deutlich die Eingrenzung seiner Kompetenz gefordert. In seinen *Bemerkungen über das Nationaltheater des neuen Deutschland von Eduard Devrient*, die er am 14. Januar 1849 dem König sandte, bestritt er die Fähigkeit einer „rein künstlerisch seyn sollenden Direction“, sich an den gegebenen Etat zu halten: „Ein bedeutender Mehraufwand wird die Folge sein und sogar eine Beschränkung der allgemeinen Interessen in Bezug auf Vergnügen und Befriedigung des Publikums“.[25] Der von einer solchen Führung ausgehende hohe künstlerische Anspruch an das Repertoire sei „in der Theorie ganz gut, in der Praxis aber unausführbar. Wie oft würde die Bühne geschlossen werden müssen, an Krankheiten und andere Störungen im Repertoire scheint gar nicht gedacht zu seyn. Auch sind die Hindernisse [...] nicht zu beseitigen [...], selbst wenn die Spieltage vermindert werden, was bequem für das Bühnen-Personal, für eine Residenz wie Dresden aber nicht passend ist, auch den gehofften Gewinn zur Befriedigung höherer Kunstbedürfnisse nicht fördern wird;

denn die sogenannten Lückenbüßer im Repertoire werden vor wie nach unvermeidlich bleiben; man hüte sich ja, die Möglichkeit, Einnahmen zu gewinnen, freiwillig aus der Hand zu geben."[26] Größere Bedenken brachte Lüttichau auch gegen die geforderte Mitsprache frei gewählter Vorstände auf: „Sie haben auch in der Regel keinen Begriff von der Nothwendigkeit der oder jener directorialen Verfügung und beurtheilen alles nur von ihrem Standpunkte aus, besonders wenn es ihre eigenen Interessen betrifft, was dann gewöhnlich in das Publikum übergeht und ihm so sicherer geglaubt wird."[27] Als Fazit stellt Lüttichau fest: „Das demokratische Prinzip [...] passt zu den Theaterverhältnissen nicht; das monarchische, von einem Punkt, von dem Generaldirektor aus, dürfte als das einzig haltbare vorzuziehen sein."[28] Von Lüttichau erging an den König der Rat, die Frage „ob Hof- oder Nationaltheater" mit „höchste[r] Bedenklichkeit" zu entscheiden, da eine Unterstellung des Theaters unter das Kultusministerium lediglich den Vorteil bringen würde, es unabhängiger von den oft willkürlich getroffenen Entscheidungen des Hofes zu machen. Im Hoftheater kam es indessen am 29. Januar 1849 zu einer Kampfabstimmung gegen Devrients Reformschrift. Der König ließ die diesbezüglich an ihn gerichtete Adresse unbeantwortet und bestätigte statt dessen Devrient die Lauterkeit seiner reformistischen Absichten. Dieser reagierte dennoch enttäuscht: „Es gilt auszuhalten auf spätere Zeiten, jetzt sind unsere Reformideen vorzeitig und im glücklichsten Fall Vorläufer. Ich hatte recht, daß am Schluß meines 4. Bandes[29] ihr Platz erst war, jetzt haben die Ereignisse mich damit hinausgedrängt, wo Verhältnisse und Köpfe dafür nicht vorbereitet sind."[30]

Nur ein Vierteljahr später sprach niemand mehr von Reformplänen für das Theater. Mit dem Ausbruch des Dresdner Aufstands am 3. Mai 1849 mußte das Hoftheater seinen Spielbetrieb einstellen. Am 6. Mai steckten Insurgenten das große Opernhaus in Brand, wo ein beträchtlicher Teil der Dekorationen und Kostüme des Hoftheaters gelagert war. Infolge dieser Katastrophe kündigte die Generaldirektion alle bestehenden Verträge, zumal „Se. Majestät sich noch nicht allergnädigst entschieden haben, ob das hiesige Hoftheater unter Königl. Administration fortbestehen oder gänzlich aufhören soll".[31] Bittgesuche an den inzwischen auf die Festung Königstein entflohenen sächsischen König bewirkten die Entscheidung, das „Kunstinstitut, wenn auch wie bisher mit Opfern von seiten der Civilliste, fortbestehen zu lassen, dafern nur eine derartige Beschränkung der Ausgaben, namentlich auch einiger Reduction im Personal herbeigeführt werden kann, dass dieselben nicht in zu großem Mißverhältnisse mit den infolge der Zeitumstände beträchtlich verminderten Einnahmen stehen und zumal mit den Kosten, welche die Wiederanschaffung der Garderobe verursacht, nicht bedeutende, die Kräfte unserer Civilliste übersteigende Zuschüsse erfordern. Wir sind daher hierüber eures baldigen Vortrags gewärtig, setzen jedoch dabei voraus, dass jedenfalls die vorzüglichen Talente und Kräfte des Instituts erhalten werden, behalten Uns auch überhaupt über die definitive Entlassung von Sängern und Schauspielern die eigene Entschließung vor."[32] Die Zahl der Entlassungen blieb gering. Dafür mußten viele Künstler empfindliche Einbußen bei ihren Gagen hinnehmen. Unter diesen Umständen nahm das Hoftheater am 2. Juni 1849 mit Goethes *Tor-*

quato Tasso seinen Spielbetrieb wieder auf, nachdem der über Dresden verhängte Besatzungszustand beendet worden war. Statt dessen begann mit dem Regime des neuen sächsischen Innenministers Friedrich Ferdinand von Beust eine andere Form des politischen Drucks. Sie äußerte sich in strenger öffentlicher Kontrolle und Polizeiterror. Von nun an gehörten Hausdurchsuchungen, Überwachung von Personen, Verhaftungen, Gesinnungsschnüffelei und Ahndung aller obrigkeitswidrigen Vorfälle zum Alltagsgeschäft der königlichen Polizei, die 1853 gänzlich in den Verantwortungsbereich des sächsischen Innenministeriums übernommen wurde. Auch auf das Theater griff die „Polizeiimpertinenz“ jener Tage über. In seinem Tagebuch berichtete Eduard Devrient, daß ein Schauspieler beschuldigt worden war, im Theater am Linckeschen Bade Verse von Schiller in aufwiegelnder Manier vorgetragen zu haben: „Also das Ministerium übt eine neue Art Kunstkritik, wir sollen matt und leblos spielen, wo ihr der Text bedenklich vorkommt, und Feuer und Nachdruck macht uns unter allen Umständen straffällig. Das Schreiben wirft dem Schauspieler das Hervorheben des Wortes Freiheit in Schillers Reiterlied vor. Excellent.“[33]

Im Hoftheater achtete man schon während der Proben darauf, daß solche ‘Entgleisungen’ nicht auftraten. Noch Mitte der 1850er Jahre notierte die Schauspielerin Anna Löhn-Siegel in ihrem Tagebuch: „Auf unseren Leseproben bemerkt man eine große Beflissenheit, alle Ausdrücke und Wendungen in neuen Stücken (sogar in alten) zu tilgen oder doch abzuschwächen, die Bezug haben konnten auf die erhabene Freiheitsperiode, den Völkerfrühling von 1848 und 49, oder überhaupt in freiheitlichem Sinne gedeutet werden dürften.“[34]

Das neue politische Klima, die schlecht besuchten Vorstellungen nach Wiedereröffnung des Hoftheaters sowie das allgemeine Bedürfnis, durch lockere Zerstreuung Aufruhr und Schrecken vergangener Tage zu vergessen, veranlaßten Lüttichau, vorwiegend Unterhaltsames und Seichtes im Spielplan anzusetzen. Im Schauspiel häuften sich in dieser Zeit epigonale Stücke à la Birsch-Pfeiffer und Eugène Scribe. Auf musikalischem Gebiet gab man neben den beliebten „Potpourri“- und „Mixtur“-Abenden heitere Werke wie Cimarosas *Heimliche Ehe*, Lortzings *Wildschütz* und Donizettis *Liebestrank* oder setzte auf Bewährtes wie Webers *Freischütz*, Flotows *Alessandro Stradella* und Cherubinis *Wasserträger*. Eine Oper wie Verdis *Ernani*, deren Erstaufführung in den bewegten Märztagen des Jahres 1848 untergegangen war, fehlte nun, und selbst Mozarts *Zauberflöte* und *Die Hochzeit des Figaro* wurden kaum noch angesetzt. Statt dessen konzentrierte Lüttichau alle verbliebenen Kräfte auf die Erstaufführung von Meyerbeers *Prophet*. Die pompös in Szene gesetzt Oper sollte einen festlich repräsentativen Rahmen bilden, in dem sich der unter Mühen wiederhergestellte Konsens zwischen Volk und Königshaus würdig demonstrieren ließ. Eigens dafür waren Kostüme und Dekorationen aus Paris herbeigeschafft worden. Was zusätzlich in Dresden hergestellt werden mußte, sollte die Pariser Aufführung noch übertreffen. „Die Inscenierung der Oper ließ keinen Wunsch übrig“[35], jubelten die Dresdner Kritiker nach der Premiere und befanden sich damit im Einklang mit dem begeisterten Dresdner Publikum. Schon wenige Wochen später erwuchs der Geltungspolitik der sächsischen Monarchie ein neuer Höhepunkt durch die Vermählung der Prinzessin Elisabeth mit dem Herzog von Genua. Mit aufwendigen Manövern und mehrtägigen Theaterfeierlichkeiten wurde das Fest begangen, anläßlich dessen die Künstler des Hoftheaters dichteten, komponierten, sangen und spielten. Das Hoftheater stand wieder fest unter höfischer Administration, und alle Diskussionen über dessen Umwandlung in eine nationale Anstalt waren damit vorerst beendet. August von Lüttichau plagten die Alltagssorgen und darunter vor allem die Frage, wie er die immer bedenklicher werdenden Lücken im Ensemble schließen sollte. Die einstigen Größen des Hauses, etwa die Schröder-Devrient, Johanna Wagner, Anton Mitterwurzer oder Josef Tichatschek, waren nicht mehr verfügbar oder hatten den Zenit ihrer künstlerischen Laufbahn bereits überschritten. Das Engagement von Aloysia Michalesi, Jenny Ney, Emilie Krall, Ludwig Schnorr von Carolsfeld u.a. schaffte nur bedingt einen Ausgleich. Andere Sängerinnen und Sänger wie die begabte, in Paris ausgebildete Emmy la Grua gaben in Dresden nur kurze Gastspiele. Noch 1860, als Julius Rietz sein Amt als Kapellmeister in Dresden antrat, fiel ihm auf: „Das hiesige Personal, trotz seiner numerischen Größe, ist qualitativ doch lückenhaft, der Abstand zwischen den großen Herren und denen, welche zweite und dritte Rollen machen, fühlbarer, als hier eigentlich der Fall sein sollte.“[36]

Mit dem Engagement des erfahrenen Leipziger Dirigenten Rietz sollte zunächst dem leidigen Kapellmeisterproblem Abhilfe geschaffen werden. Schon nach dem Weggang August Röckels 1848 hatte sich Lüttichau um eine Neubesetzung des freigewordenen Musikdirektorenamtes bemüht. Doch der bis dato in Hamburg tätige Ludwig Schindelmeißer zog der Dresdner Anstellung ein Engagement in Frankfurt am Main vor. Julius Rietz konnte sich damals noch nicht entscheiden, seine gesicherte Stellung als Gewandhauskapellmeister aufzugeben. So lastete der gesamte musikalische Dienst zunächst auf den Schultern von Carl Gottlieb Reißiger, der in kleineren Aufgaben vom Chordirektor Wilhelm Fischer unterstützt wurde. Im Oktober 1849 engagierte die Dresdner Generaldirektion den italienischen Opernkapellmeister Carlo Barbièri, dessen Amtszeit jedoch nur ein Jahr andauerte. Seine Position wurde ihm von dem Hamburger Kapellmeister Carl August Krebs streitig gemacht, dessen Verlobte, die Sängerin Aloysia Michalesi, die Anstellung ihres künftigen Gatten zur Bedingung ihres Vertrages gemacht hatte. Da die Michalesi die Protagonistin in Meyerbeers *Prophet* war und sich in ihrem Anliegen der Unterstützung des Komponisten sicher sein konnte, wurde Krebs im Frühjahr 1850 als zweiter Kapellmeister auf Lebenszeit, d.h., ohne das amtlich vorgeschriebene Probejahr, angestellt. Diese Entscheidung war sehr umstritten. Das *Dresdner Journal* nannte es eine „nicht eben erfreuliche Aussicht“, Krebs zu engagieren, da „derselbe nämlich schon in vorgerücktem Alter“ sei und „daher mit völlig ungeschwächter Kraft das ihm übertragene Amt nicht lange verwalten können“ werde.[37] Andere Blätter kritisierten seine Wandlung vom „freiheitsglühenden Republikaner in einen altenbundestagsfreundlichen Hofmann“[38] oder spotteten über seine Selbsteinschätzung in der von ihm verfaßten Schrift *Christern*,[39] bald aber wurde das „Krebsleiden“[40] auch in dienstlichen

Angelegenheiten festgestellt. Auf Nachfrage des Königs stellte sich Lüttichau im Sommer 1852 schützend vor seinen Protegé und ließ den König wissen, „daß wenn auch besonders am Beginn seiner Functionirung es Krebs noch hie und da nicht leicht geworden ist, sich in die ihm ungewohnten Verhältnisse zu fügen, er doch nie sich irgend etwas zu Schulden kommen lassen, was seinen Verpflichtungen entgegen oder ernstlich nachtheilig auf den königl. Dienst gewesen wäre, bei fortschreitender Zeit aber immer mehr sowohl durch Fleiß als Kenntnis und eifrigen Willen diesen Genüge zu leisten bemüht gewesen ist“.[41] Durch das Engagement von Krebs zerschlugen sich alle Hoffnungen anderer Bewerber, zu denen auch Lortzing und Schumann gehört hatten. Letzterer war von seinen Freunden bedrängt worden, sich um eine Anstellung beim Dresdner Hoftheater zu bemühen. Doch die Dresdner Öffentlichkeit wertete Schumanns Schaffen als zu ungewöhnlich und befürchtete, er könne im Amt des Hofkapellmeisters zu einem zweiten Fall Wagner werden: „So Treffliches er leistete und so bedeutungsvoll und anerkennenswerth seine und seiner Schüler Bestrebungen sind (es sind am Ende die aller wahren Künstlernaturen), so verderblich wirken sie durch eine gewisse Einseitigkeit, die fast nur das als gut anerkennt, was von ihrer Seite oder von anerkannten Classikern geleistet wird und geleistet worden ist.“[42]

Als sich Reißigers Gesundheitszustand 1853 derart verschlechterte, daß er sich ernstlich mit Rücktrittsgedanken tragen mußte, kam jedoch erneut eine ‘Künstlernatur’ ins Gespräch – Hector Berlioz. Allerdings war auch ihm Lüttichau zunächst wenig zugetan, so daß es erst des unnachgiebigen Engagements Franz Liszts und Hans von Bülows bedurfte, um Berlioz ein Gastspiel in Dresden zu vermitteln. Der unerwartet große Erfolg der vier Konzerte im Frühjahr 1854, in dem Berlioz Ausschnitte aus eigenen Werken dirigierte, ließ die Vorurteile jedoch verblassen. „Mr. de Lüttichau est encore tout à fait charmé de la personne et du génie de Mr. Berlioz comme compositeur et comme chef d’orchestre et ne renoncera sûrement point à la réalisation de son idée, d’attacher votre ami à l’institut musical de Dresde“, schrieb Bülow am 6. Mai 1845 an Liszt.[43] Noch im Juni stand Lüttichau zu seinem Angebot, Berlioz nach dem Rücktritt Reißigers dessen Amt anzutragen. Inzwischen hatte man vereinbart, Berlioz’ Oper *Benvenuto Cellini* im Herbst 1854 in Dresden aufzuführen. Dazu sollte es jedoch nicht mehr kommen, da König Friedrich August im Sommer 1854 infolge eines Unfalls verstarb. Das Opernprojekt mußte vorerst aufgegeben werden, und der sensible Berlioz entschied sich für seine Heimatstadt Paris: „Au moment de partir, une place est devenue vacante à l’Académie des beaux-arts de notre Institut, et je suis resté à Paris pour faire les démarches imposées aux candidats.“[44]

In Dresden gelangte indessen das Theater unter das Protektorat Johanns von Sachsen, der zwar als Wissenschaftler und versierter Dante-Übersetzer in die Geschichte einging, für das Theater aber weniger zu begeistern war. Die extensive und kostspielige Form kultureller Aktivitäten widerstrebte seinem professoralen und gelegentlich pedantischen Wesen, so daß sein Hausministerium die Mittel dafür knapp hielt. Für Lüttichaus letzte Amtszeit bedeutete das weiterhin Sorge um die Finanzen und den Personalbestand des Hoftheaters, das von der allgemeinen Prosperität Sachsens kaum zu profitieren schien.

Im Spielplan setzte Lüttichau noch verstärkt auf die Werke seines Freundes Meyerbeer, deren Aufführungszahlen anderswo bereits rückläufig waren. Neben den *Hugenotten* und dem *Prophet*, der bis 1861 über 90 Aufführungen erlebte, kamen 1855 *Nordstern* und 1860 *Dinorah* neu ins Repertoire. Auch nach Lüttichaus Rücktritt beschäftigten sich die Dresdner noch mit einem Meyerbeer-Projekt. Das Vorhaben, die in Paris bewunderte Oper *Die Afrikanerin* auch in Dresden aufzuführen, scheiterte jedoch an dem plötzlichen Tod Ludwig Schnorrs von Carolsfeld.

Außer Meyerbeer hatte Lüttichau, gedrängt von Tichatschek, Fischer und sogar Reißiger, auch Werke des aus politischen Gründen noch lange Zeit verfemten Wagner wieder in den Spielplan aufnehmen wollen. Den ersten Versuch stellte das Chorpensionskonzert im November 1851 dar, bei dem erstmals nach der Revolution wieder Ausschnitte aus Wagners Werken erklangen. Schon im Jahr zuvor hatte Lüttichau von Weimar die *Lohengrin*-Partitur zurückgefordert, um die Aufführung dieses Werks an der Bühne, für die es ursprünglich geschrieben war, nachzuholen. Inzwischen kam es jedoch am 26. Oktober 1852 erst einmal zur Wiederaufführung des *Tannhäuser*, der allerdings zunächst nur die bescheidene Zahl von fünf Vorstellungen erreichte. Im Hinblick auf diese Wagner-Renaissance hatte Lüttichau erneut Verhandlungen mit Johanna Wagner aufgenommen. Sie sang ab 1858 wieder in Dresden, als *Tannhäuser*, *Rienzi* und ein Jahr später *Lohengrin* auf dem Spielplan standen.

Ansonsten fehlte es in den 1850er Jahren an aufsehenerregenden Neueinstudierungen. Die Presse berichtete fast nur noch über Gastspiele, über neue Produktionen dagegen wenig anteilnehmend. Die *Allgemeine Musikalische Zeitung* konstatierte während dieser Jahre ein „gemüthliches Behagen“ in allen musikalischen Dingen, wenngleich die Leistungen der Oper und der Kapelle „im Ganzen immer edel und genussreich“[45] seien. Nur selten wurde ein Kapellmeister in den Gazetten erwähnt. Reißiger, der sich mit der Einrichtung der ständigen königlichen Sinfoniekonzerte 1858 letzte Verdienste erwarb, zog sich mehr und mehr zurück und dirigierte schließlich nur noch ältere Opern und Kirchenmusik. Er befürchtete, ein ähnliches Schicksal wie Spohr zu erleiden, den die Berliner Intendanz 1857 abrupt pensioniert hatte.[46] Krebs genoß trotz fehlender Furore das Wohlwollen der Generalintendanz und hielt als Routinier seine Stellung. Erst nach dem Tod Reißigers am 7. November 1859, als von den 20 Bewerbern um das frei gewordene Amt Julius Rietz an die Dresdner Oper berufen wurde, interessierte sich auch die Presse wieder stärker für das musikalische Niveau dieses Hauses.

Rietz, der sich in den letzten sechs Jahren seiner Leipziger Amtszeit ausschließlich den Gewandhauskonzerten gewidmet hatte, sah den neuen Opernverpflichtungen mit Skepsis entgegen: „Die großen Sänger und Sängerinnen verstehen unter einem Kapellmeister einen Accompagnateur u. Taktschläger nach ihrem Willen. Damit wäre mir schlecht gedient. [...] Schutz von oben existiert nicht u. jene [= die Sängerinnen und Sänger] dominiren eben nach allen Richtungen hin – – ich glaube nicht, daß dem Künstler in mir ein großer Gefallen geschähe.“[47] Die ersten Monate in Dresden befriedigten Rietz wenig. „Nichts rechts zu thun“, schrieb er am 4. Mai 1860 an Devrient, „als in der Kirche eine Menge alter Schrateken [sic!] tout bien que mal aufzuführen“.[48] Erst am 23. Juni übernahm Rietz mit Mozarts *Die Hochzeit des Figaro* sein erstes Operndirigat. Mit dem großen Engagement, das er dabei zeigte, überzeugte er den anfänglich noch skeptischen Lüttichau und erreichte Ende 1860 seine „definitive und unaufkündbare Anstellung“.[49] Bis September 1862 brachte Rietz neben 15 Neueinstudierungen auch die Erstaufführung von Verdis *Troubadour* am 26. Juli 1860 und von Gounods *Margarethe* am 31. August 1861 heraus. „Sie haben dem Schlendrian der Oper hier ein Ende gemacht“, lobte ihn der Dichter Heydrich bereits in einem Brief vom 20. Oktober 1860. „Dresden kann sich glücklich schätzen, einen so entschiedenen Charakter an so einflußreicher Stelle erhalten zu haben. Die Stadt der Zöpfe braucht solche Männer.“[50]

Nur wenige Jahre später wandelte sich die Situation am Dresdner Hoftheater. Adolf von Lüttichau, der das Institut fast 40 Jahre lang geführt hatte, trat am 1. April 1862 in den Ruhestand. Sein Nachfolger wurde weder der in Karlsruhe auf einen Ruf nach Dresden wartende Eduard Devrient noch der von Lüttichau favorisierte, dem Hof aber wegen seiner früheren kosmopolitischen Bekenntnisse suspekte Münchner Intendant Franz Dingelstedt. Der König berief den Oberappellationsrat Otto von Könneritz zum Generalintendanten und gab zugleich in einer neuen „Instruction für den Generaldirector der königlichen musikalischen Kapelle und des Hoftheaters“ seine Wünsche in bezug auf die Theaterleitung deutlich zu verstehen: „Der Generaldirector hat für die stets vollständige und möglichst beste Besetzung aller Fächer in der Oper und im Schauspiele, so wie für seine gute Auswahl der Stücke und Vertheilung der Rollen Sorge zu tragen und sich zu bemühen, durch rechtzeitige Anschaffung neuer Opern und Stücke das Repertoire zu bereichern und den Vorstellungen stets den Reiz der Abwechslung zu geben. Bei den zur Aufführung kommenden Stücken hat derselbe besonders darauf zu sehen, daß in denselben nichts politisch, kirchlich oder sittlich Anstößiges vorkommt und daß dieselben keine Veranlassung zu irgendwelchen Demonstrationen geben. [...] Im Allgemeinen hat der Generaldirector dahin zu wirken, daß der Aufwand für das Hoftheater nicht mehr gesteigert, sondern eher vermindert werde.“[51] Unter dieser finanziell wie administrativ eng gefaßten Maßgabe nahm Könneritz seine Tätigkeit als Generalintendant auf. Einer seiner ersten Schritte war die Wiederherstellung der alten Sitzordnung des Orchesters, die Rietz zugunsten eines geschlosseneren Blechbläserklanges verändert hatte. Außerdem lehnte er aus Kostengründen die Einführung der inzwischen verbreiteten Pariser Orchesterstimmung (a' = 435 Hz.) ab. Einige Jahre später sorgte er jedoch für die Überholung der Instrumente und erreichte eine Gehaltsaufbesserung für die Mitglieder der Königlichen Kapelle. Im übrigen aber gingen von Könneritz keine nachhaltigen Impulse für den Opernbetrieb aus. Über die Mängel seines Führungsstils notierte Rietz im April 1863 in seinem Tagebuch: „Nachgiebigkeit des Generaldirectors bezüglichen Urlaub; alle Augenblicke: das geht nicht – von Kunstzwecken nicht die Rede, nur daß dem Bedürfnis für jeden Tag genügt wird und Geld einkommt."[52]

Die Presse beklagte die Eintönigkeit des Spielplans und sah den Grund dafür vor allem im Mangel eines Solo-Tenors. Ein Tiefstand war erreicht, als Sachsen im deutsch-österreichischen Krieg von 1866 einem neuen Desaster zusteuerte. Wenige Wochen, nachdem die sächsischen Truppen ihren österreichischen Bundesgenossen im Kampf gegen Preußen zu Hilfe gekommen waren, erlag Könneritz einem Schlaganfall. Sein Nachfolger wurde auf Fürsprache Beusts 1867 Reichsgraf Julius Platen-Hallermund.

Der Zeitpunkt seines Amtsantritts war für einen kulturellen Aufschwung wenig günstig. Sachsen hatte eine Kriegsentschädigung in Höhe von 10 Millionen Talern zu zahlen und mußte seine Interessen dem Norddeutschen Bund anpassen. Zu dieser politischen Misere kam 1869 noch der Brand des Hoftheaters, der Platen viele Unannehmlichkeiten einbrachte. Dennoch gelang es ihm, unter den bescheidenen Bedingungen des noch im Dezember desselben Jahres eröffneten hölzernen Interimtheaters den Theaterbetrieb nicht nur am Leben zu erhalten, sondern ihm neue Anziehungskraft zu verleihen. Dafür hatte er sich zunächst die Verstärkung bzw. Verjüngung des künstlerischen Personals zum Ziel gesetzt. In den Hoftheaterakten finden sich Hinweise, daß Platen Ende der 1860er Jahre ausgedehnte Urlaube daran setzte, andere Theater zu besichtigen und neue Talente ausfindig zu machen. Allein 1868 engagierte er fünf Sänger (darunter den späteren Dresdner Stolzing, Leonhard Labatt), fünf Chorsänger und drei Chorsängerinnen.

Neben den personellen Entscheidungen setzte er seinen Ehrgeiz daran, das Repertoire zu erweitern. Schon wenige Wochen nach seinem Amtsantritt nahm er Verhandlungen mit Richard Wagner über eine Dresdner Aufführung der *Meistersinger* auf, worin ihn Wagners alter Freund Tichatschek unterstützte. Diesen ließ Wagner im Juli 1868 wissen, daß er Hans Richter und nicht Rietz als Dirigenten wünsche. Er hatte dem ehemaligen Gewandhauskapellmeister die Striche und Tempi der Leipziger *Lohengrin*-Aufführung von 1854 nicht verzeihen können und trug ihm diese Eigenmächtigkeiten noch 1869 in seiner Schrift *Über das Dirigieren* nach. Platen ließ sich nicht unter Druck setzen, sondern drohte seinerseits mit der Absetzung des Werkes. Daraufhin ging Wagner von seinen Bedingungen ab, Platen aber bewilligte ihm 7% Tantieme und traf damit erstmals in Dresden eine andernorts bereits übliche Urheberrechtsregelung.

Im August 1868 erhielt Rietz die Partitur der *Meistersinger* und ging anfangs widerwillig, später aber mit Sorgfalt und persönlichem Engagement an die Einstudierung des Werkes. So wurde die Dresdner Erstaufführung am 21. Januar 1869 ein großer, auch überregional vielbeachteter Erfolg. Rietz konnte sich von Fachleuten bestätigen lassen, daß er für die musikalische Interpretation angemessene elastische Tempi gefunden habe. Nur Wagner honorierte diese Leistung nicht und blieb der 1871 eigens aus Anlaß seines Dresden-Besuchs angesetzten *Meistersinger*-Vorstellung fern. Ansonsten fehlte es jedoch nicht an Publikumszuspruch. Über 5000 Kartenvorbestellungen waren eine stolze Bilanz, die den Einsatz für das Werk belohnte. Für Platen war sie jedoch kein Grund zur Zufriedenheit. Er kämpfte weiter gegen das „Zurückbleiben, welches von einem größeren Hoftheater mit so vielen Gesangskräften wie das hiesige nicht erwartet werden sollte“.[53] Ein Hauptübel sah er in den Streitigkeiten der Kapellmeister Krebs und Rietz, die er nicht hinzunehmen gewillt war. Im März 1869 wandte er sich diesbezüglich in einem Schreiben an den König: „Es gehört zu den Seltenheiten, wenn beide über ein und denselben Gegenstand übereinstimmen. Nicht immer aber ist es zu vermeiden, daß dieses an sich schon unangenehme Verhältnis einen höchst ungünstigen Einfluß auf die Thätigkeit der Kapellmeister selbst ausübt, insbesondere der an hiesiger Bühne so nothwendigen rascheren und lebendigeren Gestaltung der Oper hemmend entgegenwirkt, liegt hierfür der Beweis schon darin, daß in dem Zeitraum vom Jahre 1861 bis 1867 mit Ausnahme einiger Operetten nur 11 neue Opern gegeben und nur 39 neu einstudirt worden sind.“[54]

Platen sah in Rietz die künstlerisch bedeutendere Autorität, wenngleich „auch ihm eine gewisse Schroffheit nicht abgesprochen werden kann“.[55] An Krebs hingegen bemängelte er „eine Trägheit im Allgemeinen, insbesondere aber beim Einstudiren neuer Opern und bezüglich der dazu abzuhaltenden Proben“ und „eine, die Mitglieder der Oper und der Kapelle peinigende, aber auch seine Autorität untergrabende Unbestimmtheit“.[56] Platen scheute sich nicht, die Umstände des Krebs'schen Engagements noch einmal anzuführen und zu fordern, sowohl der Sängerin Aloysia Krebs-Michalesi als auch ihrem Gatten zu kündigen. Beide besaßen jedoch einflußreiche Freunde bei Hofe, die diesen Schritt verhinderten. Erst als im Frühjahr 1872 ein vielversprechender junger Kapellmeister ins Gespräch kam, ließen sich Veränderungen am Hoftheater anbahnen. So schrieb Platen in einer Mitteilung an das Königliche Hausministerium am 2. Mai: „In dem jungen, talentvollen Dirigenten der Pollini'schen italienischen Operngesellschaft, welche jüngst auf hiesigen kgl. Bühnen gastirte, Namens Schuch, glaube ich denjenigen Mann gefunden zu haben, welcher dem Bedürfnis und den an ihn zu stellenden Anforderungen vollkommen entsprechen dürfte.“[57] Platen drängte auf eine schnelle Entscheidung: „Ob Schuch nach Ablauf einer längeren Zeit noch zu gewinnen sein dürfte, muß deshalb bezweifelt werden, weil es ihm bei seiner Strebsamkeit und dem gezeigten Talent nicht schwer fallen wird, eine dauernde Anstellung an einer anderen Bühne zu finden.“[58] Das Hausministerium stimmte dem Engagement Schuchs zu unter der Bedingung, daß es nicht zur Gefährdung der Krebs'schen Position führen dürfe. Für eine Pensionierung von Krebs fehle es an einem gesetzlichen Grund, hieß es im Antwortschreiben des zuständigen Ministers, „da Dienstunfähigkeit ihm nicht nachgewiesen werden kann. Die Versetzung desselben in Wartegeld mit 7/10tel seines seitherigen Diensteinkommens dürfte auch nicht zulässig erscheinen.“[59] Man einigte sich schließlich auf den Kompromiß, Krebs fortan nur noch mit kirchenmusikalischem Dienst zu betrauen. Schuch wurde mit dem bescheidenen Salär von 1200 Talern zunächst als zweiter Kapellmeister auf Probe engagiert und erhielt erst im Juli 1873 eine feste Anstellung als „Königlicher Kapellmeister“. Schon in diesen wenigen Monaten zeigte sich, daß Platen eine richtige Empfehlung gegeben hatte. Schuch übernahm binnen kürzester Zeit 40 Werke des Repertoires, erntete für das Dirigat italienischer Opern ebensoviel Lob wie für seine Interpretationen von Wagners *Rienzi* und *Lohengrin* und beeindruckte auch als Dirigent in den Abonnementskonzerten der Kapelle. „Ereignisvoll ist der Eintritt des Herrn E. Schuch als Königlicher Musikdirector", konstatierte das *Musikalische Wochenblatt* im September 1872 und schöpfte daraus Hoffnung auf einen künstlerischen Aufschwung der Hofoper, die nicht enttäuscht werden sollte. Mit Schuchs Engagement endete eine lange Durststrecke in der Entwicklung der Dresdner Hofoper, in der es an politischen Hemmnissen, personellen Schwankungen und administrativen Fehlentscheidungen nicht gemangelt hatte.

Anmerkungen

1 Berthold Litzmann, *Clara Schumann. Ein Künstlerleben. Nach Tagebüchern und Briefen*, Bd. 2, Leipzig 1913, S. 213.
2 Friedrich Pecht, *Aus meiner Zeit. Lebenserinnerungen*, Bd. 2, München 1894, S. 2.
3 Vgl. Helmut Kirchmeyer, *Das zeitgenössische Wagnerbild*. Erster Band: *Wagner in Dresden*, Regensburg 1972, S. 735ff. (= *Situationsgeschichte der Musikkritik und des musikalischen Pressewesens in Deutschland*, Bd.IV,1, zugleich *Studien zur Musikgeschichte des 19. Jahrhunderts* Bd. 7).
4 Wanderer Treumund [= Julius Schladebach], *Dresden und die Dresdner oder Spiegelreflex aus Dresden's Gegenwart. Frescogemälde und Federzeichnung in niederländischer Manier*, Leipzig 1846, S. 271.
5 Treumund, *Dresden und die Dresdner*, S. 293.
6 Ebd., S. 302.
7 Ebd., S. 303.
8 Ebd., S. 305.
9 Vgl. Helmut Kirchmeyer, *Das zeitgenössische Wagnerbild*, S. 735ff., und Hans Robert Doering-Manteuffel, *Dresden und sein Geistesleben im Vormärz. Ein Beitrag zur Geschichte des kulturellen Lebens in der sächsischen Hauptstadt*, Diss. Dresden 1935.
10 Die ersten Monate des Jahrgangs 1848 des *Dresdner Anzeigers* sind Kriegsverlust der Dresdner Bibliotheken.
11 Eduard Devrient, *Aus seinen Tagebüchern*, Bd. 1, Weimar 1954, S. 439.
12 Richard Wagner, *Gesammelte Schriften und Briefe*, hrsg. von Julius Kapp, Bd. 12, Leipzig 1914, S. 109.
13 Richard Wagner, *Sämtliche Briefe*, hrsg. im Auftrag des Richard-Wagner-Familienarchivs Bayreuth von Gertrud Strobel u. Werner Wolf, Bd. 2, Leipzig 1970, S. 502.
14 Richard Wagner, *Gesammelte Schriften und Dichtungen*, Bd. 12, S. 108.
15 Vgl. Martin Gregor-Dellin, *Richard Wagner. Sein Leben. Sein Werk. Sein Jahrhundert*, München 1980, S. 236.
16 Karl Gutzkow, *Vor- und Nachmärzliches*, Leipzig 1860, S. 180 (= ders., *Vermischte Schriften* Bd. 4).
17 Ebd., S. 184.
18 Ebd., S. 185.
19 Devrient, *Aus seinen Tagebüchern*, S. 429.
20 Ebd., S. 444.
21 Eduard Devrient, *Das Nationaltheater des Neuen Deutschlands. Eine Reformschrift*, Leipzig 1849, S. 13.

22 Ebd., S. 36.
23 Ebd., S. 58.
24 Wagner, *Schriften und Dichtungen*, Bd. 12, S. 155.
25 *Acta, die Verwaltung des königl. Hoftheaters in den Jahren 1817 bis mitte 1847 und die in Frage gekommene Verwandlung desselben in ein Nationaltheater für Rechnung der Staatskasse betr. vom Mai 1848*, Ministerium des Königl. Hauses. Loc.[at] 41, Nr. 3, Bl. 79.
26 Ebd., Bl. 80.
27 Ebd., Bl. 81.
28 Ebd., Bl. 84.
29 Gemeint ist Eduard Devrients *Geschichte der deutschen Schauspielkunst*, Leipzig 1848.
30 Devrient, *Aus seinen Tagebüchern*, S. 469.
31 *Acta, das königliche Hoftheater betreffend*, Ao 1849, Ministerium des Königl. Hauses. Loc. 41, Nr. 2, Bl. 92.
32 Ebd., Bl. 103.
33 Devrient, *Aus seinen Tagebüchern*, S. 566.
34 Anna Löhn-Siegel, *Aus meinem Tagebuch vom Dresdner Hoftheater*, in: *Wissenschaftliche Beilage der Leipziger Zeitung* vom 19. März 1895, Nr. 33, S. 129.
35 *Dresdner Journal*, 2. Februar 1850, S. 261.
36 Herbert Zimmer, *Julius Rietz*, Diss. Dresden 1934, S. 121.
37 *Dresdner Journal*, 17. Februar 1850, S. 381.
38 *Neue Zeitschrift für Musik*, 12. September 1851, Nr. 11, S. 110f.
39 Carl August Krebs, *Christern. C. Krebs als Mensch, Komponist und Dirigent*, Hamburg u. New York 1850.
40 Ausdruck von Richard Wagner; vgl. Wagner, *Sämtliche Briefe*, Bd. 3, S. 246.
41 *Acta, die Kapellmeister und den Generaldirector betreffend. Ab ao 1850–1882*, Ministerium für Volksbildung, Nr. 14429, Bl. 74.
42 *Dresdner Journal*, 25. März 1850, S. 669.
43 *Briefwechsel zwischen Franz Liszt und Hans von Bülow*, hrsg. von La Mara, Leipzig 1898, S. 81.
44 Hector Berlioz, *Correspondance inédite 1819–1863*, Paris 1896, S. 214.
45 *Allgemeine Musikalische Zeitung* vom 14. Januar 1863, Nr. 3, Sp. 56f.
46 Vgl. Kurt Keiser, *Karl Gottlieb Reissiger. Sein Leben nebst einigen Beiträgen zur Geschichte des Konzertwesens ins Dresden*, Dresden 1918, S. 88.
47 Paul Alfred Merbach, *Briefwechsel zwischen Eduard Devrient und Julius Rietz. Ein Beitrag zur Geschichte des deutschen Theaters um die Mitte des 19. Jahrhunderts*, in: *Archiv für Musikwissenschaft* 3 (1921), S. 335.
48 Merbach, *Briefwechsel zwischen Devrient und Rietz*, S. 337.
49 Zimmer, *Rietz*, S. 123.
50 Ebd., S. 124.
51 *Acta, die Anstellung des Generaldirectors der königl. musikalischen Kapelle und des Hoftheaters betreffend, Ao 1862–63,* Loc. 44, Nr. 6a, Bl. 4.
52 Zimmer, *Rietz*, S. 136f.
53 *Acta, die Kapellmeister und den Generaldirector betreffend, Ab ao 1850–1882*, Bl. 74.
54 Ebd., S. 74.
55 Ebd., S. 75.
56 Ebd., S. 75.
57 Ebd., S. 94.
58 Ebd., S. 95.
59 Ebd., S. 99.

Hans John

Das Opernrepertoire am Dresdner Hoftheater zwischen dem Weggang Richard Wagners und der Berufung Ernst von Schuchs

Das Bild, das bisher von der Dresdner Hofoper in den Jahren von 1849 bis 1872 gezeichnet wurde, bedarf der Revision. Hans Schnoor z. B. charakterisierte jenen Zeitraum bereits in der entsprechenden Kapitelüberschrift seines sonst so verdienstvollen Buches *Dresden – Vierhundert Jahre deutsche Musikkultur* mit dem Schlagwort „Stillstand der Dresdner Oper".[1] Und er schlußfolgerte weiter: „Fast ein Menschenalter lang war nach Wagners Flucht das Dresdner Opernleben wie erstorben. Weimar, Wien, der deutsche Westen, die Opernstädte des Auslands, vor allem aber das München Ludwigs II. zogen die Aufmerksamkeit auf sich – in Dresden geschah nichts."[2]

Sieht man die *Tage-Bücher des Königl. Sächs. Hoftheaters*[3] der Jahre 1849 bis 1872 durch, gewinnt man sehr schnell andere Einsichten als Schnoor: Dresden gehörte nämlich auch nach dem Weggang Wagners zu den führenden Opernzentren im deutschsprachigen Raum. Die Dresdner Hofoper konnte durchaus mit Wien, Berlin, München oder Weimar künstlerisch mithalten. Das Repertoire wies im Jahresdurchschnitt 35 bis 40 verschiedene Opern auf. Pro Jahr gab es fünf bis sieben Ur- bzw. Erstaufführungen. Bis zu 15 Neuinszenierungen lassen sich in einzelnen Spielzeiten nachweisen. Für das Residenztheater einer Stadt, die im Jahre 1849 94.092 Einwohner zählte[4], ist das beachtlich. Aber ein Theater lebt auch von den Touristen. In dieser Beziehung erwies sich das Dresdner Hoftheater auch in der zweiten Hälfte des 19. Jahrhunderts als Publikumsmagnet. Die Zahl der in Dresden polizeilich gemeldeten Fremden, die längere Zeit in der Elbestadt blieben, wird im Jahre 1859 mit 48.000 angegeben. Im Jahre 1875 betrug sie 124.300 und im Jahre 1898 263.000.[5]

Der Dresdner Opernspielplan in dem Zeitraum von 1849 bis 1872 ist auffallend breit gefächert gewesen und für das europäische Opernschaffen durchaus repräsentativ. Nicht nur die wichtigsten Werke der deutschen Komponisten befanden sich im Repertoire der Dresdner Oper, sondern auch zahlreiche Werke italienischer und französischer Provenienz. Besonders intensiv war von der Elbmetropole aus der Blick nach Paris gerichtet. Der Generaldirektor des Königlichen Hoftheaters, Wolf Adolf von Lüttichau, der 38 Jahre lang die Dresdner Theatergeschicke entscheidend mitbestimmte, erwies sich als Garant für Kontinuität und künstlerische Qualität. Er förderte Morlacchi und Weber, berief Reißiger und Wagner, zerstritt und versöhnte sich mit letzterem, besaß aber auch die Noblesse, einige Opern Wagners wenige Jahre nach der Flucht des Komponisten wieder in den Dresdner Spielplan zu integrieren. Dem Dresdner Generaldirektor hatte Wagner in seinem *Entwurf zur Organisation eines National-Theaters für das*

Königreich Sachsen vom Mai 1848 übel mitgespielt. Die von Wagner veröffentlichte Druckfassung dieses *Entwurfs* nimmt sich geradezu entschärft und bieder gegenüber der Originalkopie aus, die sich heute im Besitz des Stadtarchivs Dresden befindet. Andererseits bot der zweite Hofkapellmeister Wagner seiner laxen Dienstauffassung wegen viele Angriffsflächen. Aber Lüttichau besaß Format. Er war gebildet und flexibel, gelegentlich sogar bereit, Widersachern gegenüber nachzugeben. Mit Meyerbeer persönlich befreundet, sorgte er dafür, daß Dresden vom Glanz der damaligen Welthauptstadt der Musik, Paris, etwas abbekam. So wurde die Elbresidenz zeitweilig ein Vorposten französischer Musikpflege. Lüttichau ist auch die Verpflichtung von Hector Berlioz nach Dresden zu vier Gastdirigaten im Jahre 1854 zu verdanken. Der französische Komponist brachte in Dresden von eigenen Werken *Fausts Verdammnis* zur Aufführung. Lüttichau war sogar daran interessiert, Berlioz als Hofkapellmeister für Dresden zu gewinnen.

Gänzlich unhaltbar ist Schnoors These, daß in der Elbresidenz nach 1849 nur sängerisches Mittelmaß zu konstatieren gewesen sei. Die großen Sänger der Wägner-Ära waren zum Teil bis in die 1860er Jahre noch fest verpflichtet, denken wir nur an Joseph Tichatschek und Anton Mitterwurzer. Künstler von Format wurden auch nach der Revolution von 1848/49 dem Ensemble hinzugewonnen, z. B. Ludwig Schnorr von Carolsfeld. Zudem gab es immer wieder Gastspiele prominenter Künstler aus ganz Europa.

Wagner hat nach 1849 in blindem Eifer seinen Teil mit dazu beigetragen, daß Dresden als Opernstadt diskreditiert wurde. Vergegenwärtigen wir uns nur seine Haßtiraden gegenüber den Kapellmeistern Karl August Krebs und Julius Rietz.[6] Es geht nicht an, und dieser Gefahr unterliegt Schnoor, die Dresdner Operngeschichte nach 1849 einseitig aus der Wagner-Optik zu betrachten.

Der Dresdner Opernspielplan der Jahre 1849 bis 1872 spiegelt ziemlich exakt die damalige Opernsituation wider: Es dominierte die französische Oper. Gluck war mit seinen Reformwerken repräsentativ vertreten. Der in Paris kompositorisch ausgebildete Friedrich von Flotow erlangte mit *Alessandro Stradella* und *Martha* in Dresden mehr als drei Jahrzehnte lang einen unglaublichen Erfolg. Und Meyerbeer, der damalige Musikpapst, schlug in der Elbresidenz bezüglich der Aufführungsziffern alle Rekorde, sieht man von Webers *Freischütz* ab, der absolut an der Spitze lag. Dagegen fristeten Werke von Verdi, abgesehen von *Der Troubadour*, in Dresden vor der Berufung Ernst von Schuchs nur ein Schattendasein. Vielleicht trübte die Vorliebe für Pariser Erfolgsstücke den Blick für das musikdramatische Genie Verdis.

Die Hierarchie an der Dresdner Hofoper war folgende: An der Spitze des Hoftheaters und der Königlichen Kapelle stand der Generaldirektor. Ihm direkt unterstellt waren die zwei koordinierten Hofkapellmeister und der Musikdirektor. Von 1824 bis 1862 bekleidete Wolf Adolf von Lüttichau die Position des Generaldirektors. Als Vizedirektor fungierte von 1841 bis 1856 Hofrat Carl Gottfried Theodor Winkler. Die „Musikalische Kapelle" rekrutierte sich aus zwei Korporationen, den Kirchensängern und „Ripienisten beim Kirchengesange" und dem Orchester (Kammermusiker und Aspiranten). Das Hoftheater umfaßte u.a. die

Schauspieler und die Sänger (Solisten und Choristen) sowie das Ballett-Ensemble.

Die Hofkapelle bestand um 1850 aus ca. 65 Kammermusikern und 15 Aspiranten. Als Wagner 1843 Hofkapellmeister wurde, waren insgesamt 21 Sänger-Solisten fest verpflichtet (u.a. Wilhelmine Schröder-Devrient, Henriette Wüst, Joseph Tichatschek und Anton Mitterwurzer). Bald nach Wagners Eintreffen wurde seine Nichte Johanna Wagner als Solistin für Dresden gewonnen. Der „Sänger-Chor" umfaßte 22 Damen und 21 Herren, das „Tänzer-Corps" 17 Mitglieder. Diese Personalstärke blieb bis zur Berufung von Ernst von Schuch erhalten.

Nach der Revolution von 1849 wurde der alte Spielplan zunächst nahtlos fortgesetzt. Mit Ausnahme der Opern Wagners blieben fast alle anderen Werke im Repertoire. Kurz vor dem Dresdner Maiaufstand war am 5. März 1849 *Hernani* von Verdi in Dresden erstaufgeführt worden.[7] Das Werk erzielte allerdings keine Reprisen. Als weitere Neueinstudierung kam am 10. März 1849 Méhuls *Jakob und seine Söhne in Ägypten* heraus.

Vom 3. Mai bis zum 3. Juni blieb wegen der revolutionären Unruhen das Hoftheater geschlossen. Die erste Opern-Neuinszenierung danach war *Die heimliche Ehe* von Cimarosa. Am 8. Juli 1849 gelangte *Der Wasserträger* von Cherubini in einer Neueinstudierung auf den Spielplan.

Zu den Ruhmestaten des Dresdner Hoftheaters gehörte die Durchführung der „Erinnerungsfeier an Goethe's hundertjährigen Geburtstag" am 28. und 29. August 1849, bei der u.a. die Musik zum zweiten Teil des *Faust* von Carl Gottlieb Reißiger erklang. Bei einer seperaten Veranstaltung im Saal des Palais im Großen Garten führte Robert Schumann seine Vertonung der Schlußszene zu Goethes *Faust II* mit der Hofkapelle und dem Hofopernchor auf. In derselben Festveranstaltung dirigierte Reißiger die Kantate *Erste Walpurgisnacht* von Felix Mendelssohn Bartholdy.

Im Zeitraum vom 1. Dezember 1848 bis Ende November 1849 wurden „auf dem Königlichen Hoftheater in der Stadt 294 und auf dem Theater am Linckeschen Bade 29, in Summa 323 Vorstellungen gegeben, wobei zu bemerken [ist], daß im Laufe der Sommermonate 1849 an 9 Tagen bei Vorstellungen auf dem Hoftheater in der Stadt gleichzeitig auch auf dem Theater am Linckeschen Bade gespielt wurde".[8] Im genannten Zeitraum gelangten 10 Opern und Singspiele sowie vier Ballette zur Erstaufführung.[9]

Von Mai bis Dezember 1849 finden sich u.a. folgende Werke auf dem Dresdner Spielplan: *Die Jüdin* (Halévy), *Alessandro Stradella* (Flotow), *Die heimliche Ehe* (Cimarosa), *Wildschütz* und *Zar und Zimmermann* (Lortzing), *Der Freischütz* (Weber), *Der Wasserträger* (Cherubini), *Die Hugenotten* (Meyerbeer), *Don Juan* (Mozart), *Der Liebestrank* und *Lucrezia Borgia* (Donizetti), *Ferdinand Cortez* (Spontini), *Die Familien Capuletti und Montecchi* und *Norma* (Bellini).

Die Aufführungen wurden zum überwiegenden Teil ausschließlich von hauseigenen Solisten bestritten. Lediglich sieben Gäste sind in der Zeit von Dezember 1848 bis Ende November 1849 für kurze Zeit verpflichtet worden.

Am 1. Januar 1850 trat Karl August Krebs als Nachfolger von Richard Wagner eine der Hofkapellmeisterstellen an. Die für dieses Jahr vorgesehenen Opernaufführungen beanspruchten großen Kraftaufwand. Am 30. Januar 1850 fand die Dresdner Erstaufführung des *Propheten* von Meyerbeer statt. Dieses Werk erzielte von 1850 bis 1872 in Dresden 100 Aufführungen. Damit erreichte es zwei Aufführungen mehr als *Die Hugenotten* und sechzehn mehr als *Robert der Teufel*. Nur Webers *Freischütz* erlangte in diesem Zeitraum eine größere Aufführungszahl (176 Vorstellungen).

Am 6. August 1850 wurde zum ersten Mal *Wilhelm Tell* von Rossini gespielt. Am 30. Oktober erfolgte die Neuinszenierung von Bellinis *Die Nachtwandlerin*, und am 16. November 1850 hatte in einer Neuinszenierung *Die weiße Dame* von Boieldieu Premiere. Die letztgenannte Oper brachte es bis zum Jahre 1872 auf 52 Vorstellungen.

Daß Dresden als Opernstadt attraktiv war, belegen die Gastspiele hervorragender Künstler und Ensembles. Am 15. März 1850 trat z.B. Jenny Lind im Rahmen eines Konzertes in der Dresdner Hofoper auf, und im Mai 1850 gab die italienische Operngesellschaft aus Berlin ein Gastspiel mit insgesamt 13 Vorstellungen.

Im Jahre 1851 wurden zwei Opern von Mozart neueinstudiert: *Don Juan* (5. Januar) und *Die Entführung aus dem Serail* (15. Juni). Die *Zauberflöte* von Mozart befand sich ohnehin seit Jahren im Repertoire. Am 15. Januar 1851 gelangten *Der Maurer* von Auber und am 2. März desselben Jahres *Johann von Paris* von Boieldieu auf die Bühne. *Johann von Paris* erwies sich mit 27 Aufführungen bis 1872 als nicht ganz so erfolgreich wie *Der Maurer* (42 Aufführungen).

Am 16. März 1851 kam mit *Nabucodonosor* ein weiteres Werk Verdis in das Dresdner Repertoire, aber das Dresdner Publikum reagierte recht verhalten auf dieses Meisterwerk des Risorgimento. Es ist für Dresden beschämend, daß *Nabucco* nach vier Vorstellungen wieder vom Spielplan abgesetzt wurde, wie denn überhaupt die spärliche Verdi-Pflege in den 1850er und 1860er Jahren zu den Schwachpunkten der Dresdner Operngeschichte gehört.

An entscheidenden Premieren der folgenden Monate seien genannt: *Lucia von Lammermoor* von Donizetti, *Die Vestalin* von Spontini, *Das Nachtlager von Granada* von Kreutzer, *Die Großfürstin* von Flotow, *Der Barbier von Sevilla* von Rossini und die Uraufführung der Großen Oper in vier Akten *Die letzten Tage von Pompeji* von August Papst (17. August 1851). Am 30. Oktober 1851 erlebte Aubers komische Oper *Des Teufels Anteil* ihre Dresdner Erstaufführung, und am 16. November folgte die Neueinstudierung von Marschners *Der Templer und die Jüdin*. Am 21. Dezember beschloß Webers *Oberon* die Reihe der Neuinszenierungen des Jahres 1851. Diese Oper wurde in der deutschen Textfassung von Theodor Hell (alias Theodor Winkler) gegeben. Es handelte sich am Premierenabend um die 101. Dresdner Vorstellung des musikdramatischen Spätwerks von Weber.

Die Bilanz des Jahres 1851 ist stattlich: 15 Opern wurden ur- bzw. erstaufgeführt. Bezüglich der Gastspiele sei vermerkt, daß „Herr Roger, erster Tenor der großen Oper in Paris", im September und Oktober 1851 in den Opern *Der Prophet*, *Die weiße Dame* und *Die Hugenotten* Hauptpartien sang.

Zu den bemerkenswerten Neuinszenierungen im Jahre 1852 zählen *Jessonda* von Spohr, *Fidelio* von Beethoven, *Der Schwur* von Auber und *Tannhäuser und der Sängerkrieg auf Wartburg* von Wagner (26. Oktober). Während *Tannhäuser* 1852 nur vier Aufführungen erzielte, konnte diese Oper in zwei weiteren Inszenierungen der Jahre 1858 und 1870 insgesamt 82 Aufführungen verbuchen.

An fünf Abenden der Monate April und Mai des Jahres 1852 gab die italienische Operngesellschaft aus St. Petersburg in Dresden ein Gastspiel. Unter den auswärtigen Solisten im Jahre 1852 seien Henriette Sontag und Jenny Ney besonders erwähnt.

In das Jahr 1853 fallen u.a. die Erstaufführungen bzw. die Neueinstudierungen der Opern *Hans Heiling* von Marschner (7. August), *Linda von Chamounix* von Donizetti (27. April), *Titus* (19. Juni) und *Die Hochzeit des Figaro* von Mozart sowie *Die lustigen Weiber von Windsor* von Otto Nicolai (4. Dezember). Mozarts Opern wurden durch *Idomeneus* (am 15. Januar 1854 inszeniert) noch ergänzt. Damit befanden sich ab 1854 fünf Werke von Mozart im Spielplan.

Am 25. Juni 1854 wurde Méhuls heitere Oper *Je toller, je besser* ins Repertoire aufgenommen. Mit *Zampa* von Hérold (6. Juni) und *Die Krondiamanten* von Auber (29. Oktober) erhielt die französische Oper weiteres Gewicht. Ein besonderes Ereignis dürfte die Neueinstudierung von Webers *Euryanthe* am 16. September gewesen sein. Diese oft als theaterunwirksam deklarierte „große romantische Oper" erzielte in drei Neuinszenierungen bis zum Jahre 1872 insgesamt 29 Aufführungen.

1855 fanden die Premieren zu Bellinis *Die Nachtwandlerin* und Meyerbeers *Nordstern* (Erstaufführung am 9. Februar) statt. Der *Nordstern* brachte es bis 1872 auf 19 Aufführungen. Webers *Silvana* hatte am 29. Juli 1855 erstmals in Dresden Premiere.

1856 erfolgten die Neueinstudierungen von *Fra Diavolo* (Auber) und *Orpheus und Eurydike* von Gluck (24. April).

1857 wurde *Armide* von Gluck in den Spielplan aufgenommen. Diese Oper brachte es bis 1872 auf 26 Vorstellungen. Nachdem 1866 Glucks *Alceste* inszeniert wurde, befanden sich fünf Opern Glucks im Repertoire. Damit erwies sich Dresden als eine Hochburg der Gluck-Pflege.

Am 4. Juni 1857 beging Wilhelm Fischer sein 25jähriges Jubiläum als Opernregisseur und Chordirektor. Seine Nachfolger als Opernregisseure wurden 1858 Max Schloß und Gustav Räder. Wilhelm Fischer jun. erhielt die Anstellung als Musik- und Chordirektor. Am 20. Juni 1858 fand eine weitere Premiere von Wagners *Tannhäuser* statt. Am 5. November desselben Jahres gelangte Emil Naumanns heroische Oper *Judith* in Dresden zur Erstaufführung.

Am 24. September 1858 verabschiedete sich das Dresdner Opernpersonal mit Lortzings *Wildschütz* für immer von seiner zweiten Spielstätte, dem Theater auf dem Linckeschen Bade.

Am 22. Februar 1859 wurde zum ersten Mal eine Offenbachsche Operette in Dresden inszeniert, *Die Verlobung bei der Laterne*. Bis 1872 fanden sechs weitere Operetten Offenbachs Aufnahme in das Dresdner Repertoire.

Im Jahre 1858 gab es ein Wiedersehen mit der inzwischen zur preußischen Kammersängerin avancierten Johanna Wagner. Zudem trat Pauline Viardot-Garcia als Gast in verschiedenen Opern auf.

Richard Wagners *Lohengrin* wurde am 6. August 1859 zum ersten Mal im Dresdner Hoftheater aufgeführt. Die musikalische Leitung des Werkes lag in den Händen von Carl August Krebs. Die Inszenierung hatte Wagners langjähriger Freund Wilhelm Fischer besorgt. Der *Lohengrin* erwies sich in Dresden als ein sehr erfolgreiches Bühnenwerk. Bis zum Jahre 1872 wurde er 66mal aufgeführt.

Es war für das Dresdner Musikleben ein herber Verlust, als 1859 Hofkapellmeister Carl Gottlieb Reißiger und Christian Wilhelm Fischer verstarben. Zum Nachfolger von Reißiger wurde 1860 Dr. Julius Rietz berufen.

Als großer Gewinn für Dresden erwies sich die Verpflichtung von Ludwig Schnorr von Carolsfeld im Jahre 1860. Als Lohengrin trat er zum ersten Mal am 3. Juni 1860 in Dresden auf. Der *Troubadour*-Premiere verhalf er am 26. Juli 1860 zu besonderem Glanz.

1861 gab Eugenio Merelli mit seiner italienischen Operngesellschaft an 11 Abenden im Juni stark beachtete Vorstellungen. Es scheint so, daß sich dadurch fortan in Dresden das Interesse des Publikums wieder mehr der italienischen Oper zuneigte.

Doch auch weiterhin blieb das Dresdner Hoftheater eine Domäne der französischen Oper. Am 31. August 1861 wurde zum ersten Mal die Oper *Margarethe* von Charles Gounod aufgeführt. *Der Fliegende Holländer* von Wagner erschien am 14. März 1862 wieder im Dresdner Spielplan. Allerdings erzielte dieses Werk 1862 nur drei Aufführungen.

Am 1. April 1862 trat Wolf Adolf von Lüttichau in den Ruhestand. Zu seinem Nachfolger als Generaldirektor wurde Otto von Könneritz berufen.

Am 24. Februar 1863 gelangte die lyrische Oper *Feramors* von Anton Rubinstein zur Uraufführung. Damit weitete sich von Dresden aus der Blick gen Osten. Das Werk Rubinsteins spielte gewissermaßen eine Vorreiter-Rolle für slawische Opern, die in der Schuch-Ära in Dresden als deutsche Erstaufführungen herauskamen.

1863 wurde die Oper *La Réole* von Gustav Schmidt uraufgeführt. Im selben Jahr beging Joseph Tichatschek sein 25jähriges Bühnenjubiläum. Daß zur Zeit der Doppelherrschaft von Krebs und Rietz in Dresden ein blühendes Opernleben herrschte, belegt folgende Statistik: 1864 befanden sich 46 Opern und außerdem 6 Singspiele im Repertoire.[10] Neun Opern bzw. Singspiele wurden neueinstudiert, zwei Singspiele zum ersten Mal aufgeführt.[11]

1864 beging Anton Mitterwurzer sein 25jähriges Künstlerjubiläum. Im selben Jahr verstarb der erst 29jährige Ludwig Schnorr von Carolsfeld. Sein Tod riß eine große Lücke ins Ensemble.

Wie sehr auch in den 60er Jahren des 19. Jahrhunderts der Stern Meyerbeers noch glänzte, beweist die 100. Vorstellung des *Propheten*, die am 30. Januar 1866 stattfand.

Am 6. Juni 1866 gelangte die romantische Oper *Wanda* von Franz Deppler zur Uraufführung, und am 16. November 1866 wurde die *Afrikanerin* von Meyerbeer in Dresden zum ersten Mal gegeben. Bis 1872 erzielte dieses Werk 20 Vorstellungen.

Nach viereinhalbjähriger Amtszeit verstarb am 27. November 1866 Generaldirektor Otto von Könneritz. Sein Nachfolger als Generaldirektor wurde am 7. März 1867 Julius Reichsgraf von Platen-Hallermund. Dessen Amtsführung war zielstrebiger und erfolgreicher als die seines Vorgängers. Im Engagement guter Sänger, vor allem in der Verpflichtung von Ernst von Schuch als Musikdirektor (1872) bewies er großen Spürsinn.

Am 30.Oktober 1868 wurde zum ersten Mal *Romeo und Julia* von Gounod in Dresden aufgeführt. Am 18. Dezember 1867 erzielte *Der Freischütz* von Weber seine 300. Aufführung in der Elbresidenz. Ab 1867 standen nach der erneuten Inszenierung des *Fliegenden Holländers* vier Opern Wagners auf dem Spielplan.

Laut Statistik sind 1857 52 verschiedene Opern, Singspiele und „Gesangspossen" am Dresdner Hoftheater aufgeführt worden.[12]

Am 28. März 1868 erhielt mit der Erstaufführung von *Amelia* (*Maskenball*) die Dresdner Verdi-Pflege einen weiteren Impuls. Das Werk wurde bis 1872 nur fünfmal gespielt. Am 22. Oktober 1868 fand die Uraufführung der Oper *Der Haideschacht* von Franz von Holstein statt. Das Werk blieb mit zwei Aufführungen erfolglos.

Als ein Höhepunkt ist die Dresdner Inszenierung der *Meistersinger* von Richard Wagner (21. Januar 1869) zu bewerten. Julius Rietz leitete die Aufführung. Dank des Aufgebotes großer Sänger wurde die Dresdner Premiere zu einem späten Triumph für Wagner. Das Werk erlebte bis 1872 35 Aufführungen.[13]

Am 21. September 1869 brannte das Sempersche Hoftheater ab. Die geplanten Vorstellungen wurden bis zum 1. Dezember desselben Jahres ausgesetzt. Am 2. Dezember 1869 nahm das „Interims-Theater" in der Zwinger-Anlage seinen Spielbetrieb auf. In der „Bretterbude" fanden nun die *Meistersinger* und andere Opern eine neue Heimstatt.

Am 26. Mai 1870 erfuhr Verdi durch die Neueinstudierung von *Hernani* eine späte Genugtuung.

1871 standen insgesamt 48 Opern, Singspiele und Gesangspossen auf dem Dresdner Spielplan.[14]

Im selben Jahr wurde Carl August Krebs vom Hofoperndienst entbunden. Am 1. August 1872 trat Ernst von Schuch sein Dresdner Amt als Musikdirektor an. Damit begannen neue Glanzzeiten für die Dresdner Oper.

Durch unsere Darlegungen dürfte nachgewiesen worden sein, daß von Niedergang oder Stillstand der Dresdner Oper in den Jahren von 1849 bis 1872 keine Rede sein kann. Ein Opernhaus lebt nicht nur von spektakulären Uraufführungen, Stars und stark beachteten Gastspielen auswärtiger Künstler. Wichtig und entscheidend sind die Leistungen im künstlerischen Alltag. Unter diesem Aspekt ist die Opernära, die in diesem Beitrag vorgestellt wurde, für uns heute in mancherlei Hinsicht vorbildhaft.

Anmerkungen

1 Hans Schnoor, *Dresden – Vierhundert Jahre deutsche Musikkultur. Zum Jubiläum der Staatskapelle und zur Gschichte der Dresdner Oper*, Dresden [1948], S. 209.

2 Ebd.

3 Seit 1817 herausgegeben, jeweils am 1.Januar erschienen, das vorangegangene Jahr betreffend

4 Günter Jäckel, *Dresden zwischen Wiener Kongress und Maiaufstand. Die Elbestadt von 1815 bis 1850*, Berlin 1989, S. 329.

5 *Illustrierte Zeitung. Das Königreich Sachsen. Kulturbilder aus Deutschland VIII*, Ausgabe vom 24. April, Leipzig 1913, S. 50.

6 Herbert Zimmer, *Julius Rietz*, Diss. Berlin 1943, S. 94ff.

7 Es werden hier immer die Operntitel so mitgeteilt, wie sie in den Tagebüchern des Königlich Sächsischen Hoftheaters angegeben sind.

8 *Tagebuch des Königl. Sächs. Hoftheaters vom Jahre 1849*. Schauspielfreunden gewidmet von C. Stein und R. Schmiedt, 33. Jg., Dresden, den 1. Januar 1850, S. 35.

9 Ebd.

10 *Tagebuch ... vom Jahre 1864*, 48. Jg., Dresden, den 1. Januar 1865, S. 41.

11 Ebd. S. 47 u. 51ff.

12 *Tagebuch ... vom Jahre 1867*, 51. Jg., Dresden, den 1. Januar 1867, S. 40.

13 Vgl. Arthur Liescher, *Die erste Dresdner Aufführung der Meistersinger im Jahre 1869 im Lichte der bisher unbekannten Tagebuchaufzeichnungen ihres musikalischen Leiters Julius Rietz*, in: *Neues Archiv für Sächsische Geschichte und Altertumskunde* 36 (1915), S. 278–299.

14 *Tagebuch ... vom Jahre 1871*, 55. Jg., Dresden, den 1. Januar 1872, S. 43.

Michael Heinemann

Alternative zu Wagner?

Edmund Kretschmers *Die Folkunger* in der zeitgenössischen Kritik

„Zu Mittag, wie ich hinunterkomme, spielt er aus den 'Folkunger'; und indem ich zuerst nicht weiß, was all' die Reminiszenzen bedeuten sollen bei allgemeiner Liedertafelei, gedenke ich einer Freundin, welche einst die Photographie ihrer Köchin in einem ihrer elegantesten Kleider sah!"[1] Maliziös war sie schon, die Bemerkung, die Cosima Wagner am 23. Juli 1879 in ihr Tagebuch eintrug, und doch bezeugt sie auch, daß jene Oper, mit der Edmund Kretschmer, der Organist an der Dresdner Hofkirche, in diesen Jahren Furore machte, für einige Zeit selbst Richard Wagners Aufmerksamkeit erregte. Das unvorteilhafte Urteil aber, das Cosima vier Tage später, nach einer erneuten Beschäftigung mit seinerzeit erfolgreichen Bühnenwerken, notierte – „im Ernst aber sind alle diese Dinge nicht zu besprechen"[2] – ist nicht nur ein Indiz für die Prätention des Hohen Paares, das neben den Musikdramen Richard Wagners nichts hätte bestehen lassen wollen, sondern verweist auf eine Übergangszeit, in der die Produktion deutschsprachiger musiktheatralischer Werke kaum glückte: Innovativ, so die übereinstimmende Bewertung der zeitgenössischen Kritiker wie auch der Historiker, waren weder die Opern Kretschmers noch auch vergleichbare Produktionen etwa von Carl Goldmark, Franz von Holstein, Wilhelm Kienzl und zahlreicher anderer, deren Namen in den Musikgeschichtsbüchern nur noch schlicht aufgelistet werden.[3]

Zu konstatieren ist indes die mindestens zeitweilige Konjunktur manchen Werkes, die allerdings leicht in einem Überblick über größere Zeiträume und musikhistorische Entwicklungen lediglich als Achtungs- und Augenblickserfolg einzuordnen wäre. Wer in der Musikgeschichte sich nur an den Leistungen und Errungenschaften „großer" Komponisten orientiert und bei einer Betrachtung der Geschichte der Oper – grosso modo – das letzte Drittel des 19. Jahrhunderts vom Musikdrama Wagnerscher Provenienz geprägt sieht, dem wird die Begeisterung, die ein Werk wie Kretschmers *Folkunger* bei der Dresdner Uraufführung am 21. März 1874 und auch im Anschluß bei mehr als 60 Inszenierungen an anderen Orten hervorrufen konnte[4], schwer verständlich sein. Doch verdienen in einer Problemgeschichte des Komponierens nicht nur diejenigen Beachtung, die eine pointierte, nachhaltig virulente Lösung vorgelegt haben; die Fragestellung – hier: wie um 1870 eine große deutsche Oper zu komponieren sei – kann in einem Beitrag, der im Rückblick des Historikers marginal erscheinen mag, ebenso prägnant formuliert sein, und die saisonale Resonanz einzelner Werke bestätigt, daß man Ansätze, die heute kaum mehr verzeichnet werden, mindestens als Zwischenergebnisse akzeptierte.

Beispielhaft für eine Darstellung, in der Endstationen historischer (Opern-) Entwicklungen die Kristallisationspunkte bezeichnen und die je aktuelle Situation nur unzureichend visiert wird, ist jener Passus, mit dem Hans Schnoor in seiner Studie über die Dresdener Musikgeschichte die Intention des Intendanten Ernst von Schuch diskreditiert, deutschsprachige Bühnenwerke zur Aufführung zu bringen: „Man muß es vom Standpunkt des Opernhistorikers fast bedauern, daß Schuch die Linie seiner fremdländischen Interpretationen bald ganz verlassen hat, um sich im vermeintlich echteren Glanz deutschtümelnder Novitäten zu sonnen."[5]

Zweifellos war es jedoch nicht vorrangig das Motiv, mit der Aufnahme deutschsprachiger Opern nationalistischen Strömungen jener Zeit entgegenzukommen, das Schuch veranlaßte, die *Folkunger* Edmund Kretschmers, das Erstlingswerk eines mit dem Genre Oper kaum vertrauten jungen Komponisten, zu präsentieren. Politisch ist dieses Werk nur wenig anders als im Sinne einer vordergründigen Akklamation historisch legitimierter Monarchie zu instrumentalisieren. Vielmehr ersah man in Kretschmers kompositorischem Debut im Opernfach das seit längerer Zeit erste deutschsprachige Bühnenwerk, das, wie Hermann Zopff in einer ausführlichen Besprechung der *Neuen Zeitschrift für Musik* ausführte, die erheblichen Kosten für die Kopie von Partitur, Stimmen und Textbuch wie die Mühe des Einstudierens rechtfertigen konnte, zumal konzertante (Teil-) Aufführungen möglich und lohnend erschienen.[6]

Solche theater-praktischen Aspekte berücksichtigend, versuchte Kretschmer vermutlich sehr bewußt, an Wendungen, die in Opern von Weber, Marschner wie insbesondere Meyerbeer und den Dresdner Werken Wagners ihre Wirkung nicht verfehlt hatten, anzuknüpfen. Traditionslinien fortzusetzen, die mit der lokalen Operngeschichte verbunden werden mochten, diente somit auch ihm als probates Mittel, sich in diesem Metier zu etablieren.

Dies begründete schon die Wahl des Librettos. Kretschmer, der bei Julius Otto Komposition und Johann Gottlob Schneider Orgel studiert hatte, bevor er im Alter von 24 Jahren Hilfsorganist an der Dresdner Hofkirche wurde, hatte mit groß dimensionierten Chorwerken auch überregional bereits Anerkennung gefunden, als er um 1870 die Komposition einer Oper plante. Auf Vermittlung des Dresdner Musikalienverlegers Ludwig Hoffarth wandte er sich an Moritz Mosenthal mit der Bitte, ihm eine Episode aus Edward George Bulwer-Lyttons Roman *Leila or the siege of Corinth* als Libretto auszuarbeiten. Mosenthal, der mit der Erarbeitung des Textes für Otto Nicolais *Die lustigen Weiber von Windsor* seine Qualitäten als Opernlibrettist bewiesen hatte, bot ihm seinerseits, wie Otto Schmid, Kretschmers Freund und Biograph berichtet, die *Folkunger*, eine ehedem für Giacomo Meyerbeer entworfene Dichtung, an, die dieser nicht mehr habe vertonen können. Trotz der hohen finanziellen Forderungen Mosenthals erwarb Kretschmer dessen wirkungsvoll dramatisierte Fassung eines historischen Sujets und begann sogleich mit der Komposition einer fünf Akte umfassenden großen Oper, deren Reinschrift am 8. Januar 1873 vollendet war.[7]

Der Text, den Mosenthal Kretschmer vorlegte, nimmt seinen Ausgang von geschichtlichen Ereignissen. Ihr Protagonist, Prinz Magnus Ladulas, ist eine historische Person: Er entstammt dem Geschlecht der Folkunger, die im Jahre 1250 den schwedischen Königsthron übernahmen. Nur bedingt allerdings entspricht die Erzählung, die Mosenthal in seinem Libretto vorgibt, der Historie. Lediglich das Rahmenthema, daß ein Herrscher einen Thronprätendenten zu beseitigen sucht, der seinerseits jedoch gegen die Interessen und Ränkespiele einer ausländischen Partei von der Bevölkerung zum König proklamiert werden kann, hat einen Kern historischer Wahrheit.[8]

Eine den Konventionen der Dramaturgie großer Oper entsprechende Fokussierung dieses Antagonismus politischer Kräfte in einem affektiven Zwiespalt ihrer Protagonisten versucht Mosenthal mit der Integration einer transzendentalen Dimension zu erzielen, die bei ihrer Einführung im ersten Akt der *Folkunger* ebensowenig überzeugt wie im Finale des Werks. Prinz Magnus nämlich, der nach dem Tod von König Erik und dessen ältestem Sohn zum Thronfolger und Gatten Marias, der Nichte des Königs, bestimmt ist, wird von Sten Petrick, dem Vertrauten des Kronprätendenten Bengt von Schoonen, in die einsame Berggegend der Kjölen geführt, wo er, mit einem Dolch bedroht, um den Preis seines Lebens einen Eid schwören muß, niemals seine Herkunft zu offenbaren und allen seinen Rechten zu entsagen. In einem nahegelegenen Kloster bittet Magnus sodann um seine Aufnahme in den Konvent, doch bezweifelt der Abt die Lauterkeit seines Entschlusses und fordert ihn zu einer Probe auf: Er soll eine Nachtwache übernehmen, um gegebenenfalls Verirrten Hilfe zu leisten; während er, nun alleingelassen, sein Schicksal überdenkt, heimkehrende Hirten und ein heraufziehendes Unwetter beobachtet, begegnet ihm Lars Olafson, in dem er den Sohn seiner Amme Karin erkennt. Dieser berichtet von dem verwaisten schwedischen Thron, den Bengt von Schoonen mit dänischer Unterstützung besetzen will. Gebunden an seinen Eid, hält sich Magnus zunächst zurück, fühlt dann jedoch seine patriotische Verpflichtung; ohne sich Lars zu offenbaren, geht er mit ihm fort, um gegen den Usurpator zu kämpfen. So finden ihn die Mönche, die in dem immer heftigeren Gewitter nach dem einsamen Wächter sehen wollen, nicht mehr; sie vermuten ihn unter einer am Ende dieses ersten Aktes herabstürzenden Lawine begraben.

Der zweite Akt zeigt zunächst Maria, die Nichte des Königs, auf Schloß Borgnäs am Mälarsee. Anläßlich ihrer bevorstehenden Vermählung mit Bengt von Schoonen huldigen ihr dalekarlische Frauen und Mädchen mit einem „Brauttanz“. Widerwillig läßt sie sich, alter Konvention folgend, von dem ihr verhaßten Bewerber zur „Eriksreise“, zur Königsweihe am Morastein, einladen. Währenddessen hat Lars eine Verschwörung arrangiert und stellt dem bewaffneten Volk Magnus als Bannerträger vor, der erneut, des Eides eingedenk, seine Herkunft verleugnet, als ihn Karin, seine Amme, erkennt. Doch übernimmt er die Führung des zum Kampf bereiten Volkes und ruft sie mit dem Hymnus der Bannerweihe, „Stern des Nordens“, zu vaterländischer Aktion auf.

Im Dom zu Upsala spielt der dritte Akt. Feierlich soll die Königskrönung vollzogen werden. Doch als Maria die Übertragung der Königswürde an Bengt, den neuen Herrscher, legitimieren soll, indem sie das Geschlecht der Folkunger für erloschen erklärt, sieht sie Magnus, der sich wiederum, von Sten Petrick an seinen Schwur ermahnt, trotz der Aufforderung des Volkes nicht offenbaren kann. Bengt läßt den Konkurrenten als Hochstapler verhaften, Maria aber befiehlt, ihn ins Schloß zu bringen, wo sie ihn selbst richten will. Die Krönung des Königs aber unterbleibt vorerst.

Eine Unterredung von Maria, Lars und Karin in einem Gemach des Schlosses von Upsala steht im Zentrum des vierten Aktes. Um die Identität des hartnäckig leugnenden Magnus zu ergründen, beschließen sie, ihn in ein Zimmer vor ein Bildnis seiner Mutter zu führen; dort soll Karin eine Ballade, die seine Mutter in seiner Kindheit häufig sang, anstimmen. Der Plan gelingt: Magnus, von seinen Gefühlen überwältigt, offenbart seine Herkunft. Sich des Eidbruchs bewußt werdend, stürzt er sich vom Balkon: Nur mit dem Tod sei der Frevel des Meineids zu sühnen.

Der letzte Akt spielt ebenfalls im Schloß zu Upsala. Der Kampf des Volkes gegen die dänischen Truppen droht zu eskalieren, und auch Bengt bedrängt nun mit unverhohlener Gewalttätigkeit Sten Petrick und Maria, die seine Ranküne erkennen. Das schwedische Volk eilt zu Hilfe, Bengt wird ins Meer geworfen, Magnus aber, der den Sturz unbeschadet überlebt hat, zum König proklamiert und schließlich von Abt Ansgar, der sich zuletzt in feierlichem Zug erneut mit seinen Mönchen nähert, von seinem Eid entbunden.

Gerade diesen Schwur erkannten schon die Zeitgenossen als „Achillesferse" der Dichtung, und nur schwer erscheint insbesondere seine Auflösung durch Abt Ansgar, gleichsam ein „geistlicher Deus ex machina"[9], motiviert, zumal schon in der zentralen Krönungsszene des dritten Aktes im Dom zu Upsala mit dem Erzbischof von Kned ein geistlicher Würdenträger bereitgestanden hätte, am Kulminationspunkt der Ereignisse eine ähnliche Lösung herbeizuführen. Kaum weniger kritisch äußerte sich auch Hermann Zopff in der *Neuen Zeitschrift für Musik* über das Libretto: „Abschwächend auf das dramatische Interesse wirkt es, daß der Held des Stückes zu so reservirter Haltung verurtheilt ist, haltlos unentschlossen zwischen Vaterlandsliebe und dem ihm abgenommenen Eide schwankt. Viermal verleugnet er sich vor unsern Augen, bis ihn ein glücklicher Zufall und die Entbindung von seinem Eide durch einen Abt (Beides recht nichtssagend für unsre Anschauung) erlöst. Auch die Königin vermag uns kein wärmendes Interesse einzuflößen. Verhältnißmäßig am meisten fesseln die beiden Intriganten, auch die Amme und deren Sohn sind gut aus dem Leben gegriffene gesunde Gestalten."[10] Lediglich Eduard Hanslick vermochte rücksichtlich der „bescheidenen poetischen Ansprüche, die man heutzutage an deutsche Textbücher zu stellen sich gewöhnt hat", Mosenthals Libretto „als eine der geschicktesten und wirksamsten Arbeiten dieser Art" zu bezeichnen: „Die Exposition spannt die Erwartung des Zuschauers auf glücklichste Weise, der dramatische Verlauf entwickelt sich, ohne gewagte Sprünge und lästige Stockungen, klar und verständlich. [...] Genug, daß hier in einer zusammenhängenden Handlung eine Reihe effectvoller Bilder aufgerollt ist."[11] In der Tat bot das Libretto mit Gewitterszenen und Lawinensturz, Hirtenmusik und schwedischen Volksgesängen und -tänzen, Krönungsmarsch und Mönchschor, Orgelklängen und Balladen reiche Möglichkeiten zur musikalischen

Gestaltung, die Kretschmer sehr geschickt aufgriff; dabei habe er es auch verstanden, „seine erste Oper von allem Ballast frei zu halten, der aus einem durch den Stoff nicht gebotenen Prunken mit contrapunktischen und anderen Künsten des polyphonen Stils resultieren würde.“[12]

Ebenso übereinstimmend aber, wie insbesondere Kretschmers Kunst der Instrumentation neben seinem handwerklich sauberen Tonsatz gelobt wurde, sprach man ihm in seinem Erstlingswerk nahezu jegliche Originalität ab. Drastisch formulierte etwa Eduard Hanslick: „Die ‘Folkunger’ sind eine achtbare, gewandte Arbeit ohne einen Funken Genialität. Der Componist der Folkunger schwankt fortwährend zwischen Wagner, Meyerbeer, Weber und Marschner, ja bei manchen Effectstellen (Schluß der ‘Bannerweihe’, Allegro des Liebesduetts etc.) drückt er auch Bellini und Donizetti die Hand. Wir wollen nicht sagen, daß er entlehne, aber er erinnert. Directe Reminiscenzen wären uns fast willkommener als diese Melodien, bei denen, wie auf stark abgegriffenen Münzen, gar kein Gepräge mehr zu erkennen ist. ‘Weß’ ist das Bild?’ Ich weiß es nicht, aber ich weiß, daß ich Kretschmer’s Bilder schon hundertmal gesehen zu haben glaube.“[13] Kretschmers Originalität äußere sich, so Hanslick, noch am ehesten in einer vierstimmigen „Männergesang-Vereins-Sentimentalität“, und wo er sich solchem „Liedertafelstil“ nähere, werde „ihm und auch uns am wohlsten“. Umso vernichtender aber gerät seine Kritik des ersten und vierten Aktes, „da will bei Kretschmer nichts Originelles keimen und nichts echt Dramatisches aufkommen, desto mehr sentimentale Phrasen. Man höre gleich Anfangs das Arioso des Abtes Ansgar: ‘Auf dieser Höh’, in diesen Schlünden’ – wird da nicht die schreckliche Erhabenheit des ‘ewigen Eises’ zur sächsischen Schweiz abgeplattet?“[14] Doch jenseits solcher Polemik benennt er im folgenden manche Entlehnung sehr konkret: „Die langweilige Violin-Figuration zu der Liedstrophe ‘Keine Thräne’“ im Anfange des zweiten Actes stammt direct von der Romanze Raoul’s in den ‘Hugenotten’, und vor der ‘Bannerweihe’ kommt sogar ein Lüftchen vom Manzanillobaum [aus Meyerbeers *Afrikanerin*] in Gestalt eines Geigen-Unisonos auf der G-Saite herangeweht.“[15]

Analytisch ungleich differenzierter belegte Hermann Zopff mit zahlreichen Notenbeispielen jene Passagen in den *Folkungern*, die Kretschmer seinen Vorgängern nachempfunden habe; schon zum ersten Thema der Ouvertüre vermerkt er, es sei „fast ganz im Charakter der Eingangsmelodie zu v. Holstein’s ‘Haideschacht’ gehalten, das zweite mehr gangartig sich weiterschiebende lehnt sich an Motive aus ‘Freischütz’ und den ‘Meistersingern’, während das dritte in überwiegend Marschner’scher Weise freudig aufjubelt.“[16] Neben „Meyerbeerismen“ weist er eine Vorbildfunktion von Passagen aus Opern von Spohr, Gounod und Verdi auch für etliche andere Wendungen nach,[17] und seine Auflistung wäre mühelos zu erweitern, da man nicht nur für Details von Instrumentation und Harmonik Modelle in verschiedenen, schon den Zeitgenossen originärer erscheinenden Werken finden kann, sondern auch das im dritten Akt verwendete Verfahren eines kurzgliedrigen Wechsels zweier, auch musikalisch deutlich geschiedener Ebenen – der sakralen Sphäre der Königskrönung mit Orgel- und Chorklängen kontrastiert die Unruhe der erregten Volksmenge – in Meyerbeers *Le Prophète* eine berühmte Vorlage hat.

Übereinstimmend wird dagegen die geschickte Behandlung des Orchesters gelobt, die Vielfalt der Klangfarben und eine reiche Ausnutzung jenes Kolorits, das der Text nahelegte. So ist letztlich der Tenor aller Rezensionen erstaunlich freundlich: Man bescheinigt dem Komponisten, um die Bühnenwirksamkeit musikalischer Effekte sehr genau zu wissen, sollten sie auch in Werken dritter vorgebildet sein, fordert ihn aber auf, in etwaigen weiteren Opern sich von solch allzuleicht zu erkennenden Mustern freizuhalten.

Das trotz mitunter harscher und eingehend begründeter Kritik vorteilhafte Gesamturteil überrascht ebenso wie die Ausführlichkeit, mit der man sich dem ersten Werk eines als Kirchenmusiker etablierten Opernkomponisten widmete. Die umfangreiche und differenzierte Argumentation zielt jedoch nicht darauf, diese offensichtlich noch als wenig eigenständige erkannte Oper Kretschmers als epigonales Machwerk zu diskreditieren; vielmehr erscheint er als ein Komponist, den es zu ermuntern galt, ausgehend von allgemein akzeptierten, von Meyerbeer und Wagner bis zur Mitte des Jahrhunderts entwickelten Verfahren der Gestaltung großer Opern neue, individuelle Wege zu erschließen: „Soll sich freilich eine solche Hoffnung [einer Entfaltung größerer Individualität] erfüllen, so muß Kretschmer den Muth haben, sich auf eigene Füsse zu stellen, natürlich nicht in der Weise der schon von Göthe bespöttelten jugendlichen Originalgenies, die da meinen, dass sie den Vorfahren nichts zu verdanken und von der Schule nichts zu lernen haben. Das ist ja das Unglück einer solchen extremen Richtung, wie sie Wagner in der Kunst vertritt, dass sie auch das wirkliche Talent, anstatt ihm das Gebiet zu eröffnen, auf dem ihm unerschöpfliche Hülfsquellen fliessen würden, in Sackgassen oder auf den dürren Anger treibt, wo die alle naiven, frischen Kunstblüthen mit ihrem Hauche erstickenden Schicksalsschwestern hausen, die sich Tendenz und Speculation nennen."[18]

Eine solche Distanz gegenüber kompositorischen Trends und Moden, wie sie die Ausführungen von Emil Naumann zu Kretschmers *Folkungern* in der *Neuen Berliner Musikzeitung* durchdringt, fehlt hingegen im Kommentar Ludwig Hartmanns zur Dresdner Premiere: „Das Merkwürdige der verschiedenen Eindrücke war mir: überall tritt das Bestreben dramatischer Charakteristik neuerlich in den Vordergrund. Und was auch über Verdi's Stillosigkeit, seine bum-bum-Einfälle und Verlodderung von der deutschen Zunftkritik vorgebracht wird: eines übersehen oder verschweigen die Herren, das sieghafte Durchdringen der Wagner'schen Reformideen auch im Ausland."[19] Auch Kretschmer nennt er einen Schüler Wagners: „Durchaus deutsch und durchaus Wagnerisch und durchaus idealistisch ist diese Musik, und es versteht sich von selbst, dass, wenn die Italiener und Franzosen es für anderzeit halten, Wagner's Ideen zu adoptiren und dies an Aeusserlichkeiten haften bleiben muss, der deutsche Tondichter dagegen tiefer in die Wesenheit des Musikdramas einzudringen vermocht hat, wenn er sich überhaupt dem neudeutschen Einfluss erst einmal hingab."[20]

Neben Wagner – ja zu diesem Zeitpunkt ihm nicht nur vergleichbar, sondern fast als Alternative – erscheint Kretschmer als weiterer, willkommener Garant erneuter Dignität deutscher Oper, und gleichsam in einem Übergangsstadium wollte man auch in seinen *Folkungern* trotz aller epigonaler Momente zukunftsweisende Grundzüge musikdramatischer Gestaltung erkennen; eine freilich erforderliche, gleichwohl wenig spezifizierte Kultivierung dieser Anlagen indes leistete Kretschmer in seinen folgenden Opern nicht. So ist die ephemere Konjunktur seiner *Folkunger*, begründet und getragen von einem nicht nur unterschwellig auch in der zweiten Hälfte des 19. Jahrhunderts stets präsenten Wunsch nach einer großen deutschen Oper, die Kehrseite einer noch mangelnden Akzeptanz der jüngeren Wagnerschen Musikdramen; umgekehrt bewirkte deren zunehmender Erfolg, daß Kretschmers Beiträge zu diesem Genre obsolet wurden.

Anmerkungen

1 Cosima Wagner, *Die Tagebücher*, hrsg. von Martin Gregor-Dellin u. Dietrich Mack, Bd. 3, München [2]1982, S. 385.

2 Cosima Wagner, *Tagebücher*, Bd. 3, S. 388.

3 Vgl. Hans Schnoor, *Dresden – Vierhundert Jahre deutsche Musikkultur. Zum Jubiläum der Staatskapelle und zur Geschichte der Dresdner Oper*, Dresden [1948], S. 239, sowie Ludwig Schiedermair, *Die deutsche Oper. Grundzüge ihres Werdens und Wesens*, Leipzig 1930, S. 281.

4 Vgl. zur Uraufführungen sowie den Folgeinszenierungen der *Folkunger* besonders Otto Schmid, *Edmund Kretschmer. Sein Leben, Schaffen und Wirken*, Dresden 1890, S. 41ff. und passim.

5 Schnoor, *Dresden*, S. 239.

6 Hermann Zopff, *Edmund Kretschmer's „Folkunger"*, in: *Neue Zeitschrift für Musik*, Bd. 71 (1875), S. 73–75, 85–87, 93–96 u. 118–120, ferner die Besprechung der Dresdner Uraufführung im voraufgehenden Jahrgang, Bd. 70 (1874), S. 157f.

7 Vgl. zur Entstehungsgeschichte der *Folkunger* Schmid, *Kretschmer*, S. 33ff.

8 Vgl. Schmid, *Kretschmer*, S. 106, sowie A. R. Myers, *Europa im 14. Jahrhundert*, in: Golo Mann (Hrsg.), *Propyläen Weltgeschichte*, Bd. 5, Berlin 1963, S. 591.

9 Nach einer Rezension von Dr. Schelle in der Wiener *Presse*, wiedergegeben bei Schmid, *Kretschmer*, S. 110.

10 Zopff, *Kretschmer's „Folkunger"*, S. 74.

11 Eduard Hanslick, *„Die Folkunger"*, in: ders., *Musikalische Stationen. Der Modernen Oper II. Theil*, Berlin 1885, S. 306f.

12 Emil Naumann, *Die Folkunger*, in: *Neue Berliner Musikzeitung* Nr. 28 vom 24. Mai 1874, S. 161.

13 Hanslick, *Folkunger*, S. 307f.

14 Ebd., S. 308.

15 Ebd., S. 310.

16 Zopff, *Kretschmer's „Folkunger"*, S. 85.

17 Ebd., S. 94 und passim.

18 Naumann, *Folkunger*, S. 163.

19 Ludwig Hartmann, [*Musikbriefe*], in: *Musikalisches Wochenblatt* 5 (1874), S. 256.

20 Ebd., S. 256.

Gerhard Allroggen

Die Tetralogie *Homerische Welt* von August Bungert

Als der fünfzigjährige August Bungert am 12. Dezember 1896 zum ersten Mal mit einem Bühnenwerk an die Öffentlichkeit trat, hatte er sich bereits durch Klavier- und Kammermusik, mit Orchesterwerken, insbesondere aber mit Liedern einen gewissen Namen erworben. Sein Klavierquartett in Es-Dur op. 18, das bei einem Kompositionswettbewerb von den Preisrichtern Johannes Brahms und Robert Volkmann als bestes Kammermusikwerk ausgezeichnet worden war, wird neben den *Veränderungen und Fuge über ein eigenes Thema* op. 13 zu seinen gelungensten Instrumentalwerken gezählt. Größere Popularität gewann er freilich erst durch die Lieder, die er auf Gedichte Carmen Sylvas schrieb, jener überaus fruchtbaren Schriftstellerin, die ihn seit 1889 protegierte. Hinter diesem Pseudonym verbarg sich die 1843 in Neuwied am Rhein als Tochter des Prinzen Hermann von Wied und der nassauischen Prinzessin Marie geborene Königin Elisabeth von Rumänien, seit 1869 Gattin des Prinzen, späteren Königs Carol von Rumänien.[1] Sie beherbergte Bungert häufig auf ihrem Schloß Monrepos bei Neuwied, wo beide in enger Zusammenarbeit eine Unzahl von Liedern schufen, deren beste durch die Interpretation der Sängerin Lilli Lehmann Eingang ins Konzert-Repertoire fanden.[2]

Bungert war 1846 in Mülheim an der Ruhr geboren und hatte sich gegen den väterlichen Willen als Musiker ausbilden lassen, zunächst am Kölner Konservatorium, dann 1862–1868 in Paris. Nach kurzer Tätigkeit als Chorleiter in Kreuznach studierte Bungert 1873–1881 in Berlin bei Friedrich Kiel Kontrapunkt. Zu Beginn der achtziger Jahre hatte er sich seinem Lebenswerk, der *Homerischen Welt*, zugewandt, das er als eine Folge von zunächst sieben Musiktragödien geplant hatte: drei Abende mit Opern nach Homers *Ilias*[3] und vier mit Opern nach der *Odyssee*. Später schrumpfte der Plan der *Ilias*-Opern auf zwei Abende zusammen.[4]

Vollendet wurden nur die vier *Odysseus*-Opern, zunächst das im Zyklus an dritter Stelle stehende Werk, *Odysseus' Heimkehr*, das am 12. Dezember 1896 in Dresden Premiere hatte. Es folgte gut ein Jahr später, am 29. Januar 1898, das erste Werk der Reihe, *Kirke* mit dem Vorspiel *Polyphemos*. Das zweite Stück des Zyklus, *Nausikaa* mit dem Vorspiel *Die Sirenen und Odysseus' Strandung*, wurde am 20. März 1901 aufgeführt, und das Schlußstück *Odysseus' Tod* folgte schließlich am 30. Oktober 1903.[5]

Alle Uraufführungen haben an der Dresdner Hofoper stattgefunden, die auch als einzige Bühne den gesamten Zyklus gespielt hat. Initiatoren der Aufführung waren der Intendant, Graf Seebach, und der Generalmusikdirektor Ernst von Schuch.[6] Max Chop schreibt gewiß nicht zu Unrecht: „Keine Bühne Deutschlands wäre für ein solches Unternehmen geeigneter gewesen [als die Dresdner

Hofoper] sowohl in Rücksicht auf ihre erstklassigen musikalischen Kräfte, wie auch bezüglich ihrer technischen Ausrüstung."[7] Die Möglichkeiten der Sächsischen Hofoper waren in jenen Jahren in der Tat imponierend. Das künstlerische Personal umfaßte 1901 außer einer Vielzahl namhafter Solisten den aus 48 Damen und 46 Herren bestehenden Chor sowie die Sächsische Hofkapelle, in der neben den 90 Orchestermusikern (als ordentlichen Mitgliedern) 21 Aspiranten und nicht etatmäßige Kapellmitglieder sowie 14 Theater- und Bühnenmusiker wirkten.[8] Von den bühnentechnischen Anforderungen kann man leicht eine Vorstellung gewinnen, wenn man – ohne die zahlreichen mit außergewöhnlichen Problemen behafteten speziellen Effekte überhaupt ins Auge zu fassen – nur die Abfolge der ersten drei Dekorationen des zuerst aufgeführten Werks, der *Heimkehr des Odysseus*, betrachtet: Der Ort des Vorspiels ist die Küste Ithakas; zum ersten Akt muß während eines kurzen, nur 2 ½ Seiten im Klavierauszug umfassenden Orchesterzwischenspiels in eine andere ebenfalls am Meeresufer gelegene Szenerie verwandelt werden, und der zweite Akt spielt im Innern des Palastes von Ithaka, wobei für den Ab- und Aufbau wiederum nur die Zeit der 4 Seiten des Klavierauszuges füllenden Verwandlungsmusik zur Verfügung steht.[9] Alle Berichte über die Dresdner Aufführungen stimmen darin überein, daß die enormen musikalischen Schwierigkeiten von den Sängern und der Hofkapelle unter der meisterhaften Leitung Ernst von Schuchs fast vollständig bewältigt wurden und Bühnenbildner und Regisseur wahre Wunderwerke vollbracht haben.
Der Erfolg der Erstaufführung war grandios. Max Chop spricht von „einem wahren Taumel des Entzückens. Das festliche Haus war voll besetzt von einem erstklassigen Publikum, das sich von Aufzug zu Aufzug mehr hingerissen fühlte, so daß es jede Zurückhaltung vergaß, in Jauchzen ausbrach, dem dutzendfach gerufenen Meister mit Taschentüchern zuwehte und ihn nicht eher abtreten ließ, bis er sich mit vor Erregung zitternder Stimme bedankt und den Wunsch ausgesprochen hatte, den anderen Kindern seiner Muse möge eine ähnliche Aufnahme zu Teil werden."[10] Dies wird durch die Berichte der Dresdner Tagespresse in den wesentlichen Punkten bestätigt.[11] „Gestern wurde 'Odysseus Einkehr' gefeiert und ein unsichtbarer Pakt geschlossen", schreibt Ludwig Hartmann,[12] nämlich alle sechs Stücke, die vier Teile der *Odyssee* und zwei *Ilias*-Opern, zu spielen.

Es wurden in Dresden zwar alle vier *Odysseus*-Opern Bungerts aufgeführt, aber der Erfolg blieb ihnen nicht treu. Das erste Stück erlebte im ersten Jahr in Dresden noch 24 Aufführungen, *Nausikaa* nur noch acht (zwischen dem 20. März und dem 22. Mai 1901), und *Odysseus' Tod* wurde nach der Premiere am 30. Oktober 1903 bloß ein einziges Mal wiederholt (am 2. November).

Odysseus' Heimkehr wurde sowohl in Berlin als auch am Hamburger Stadttheater nachgespielt, in beiden Städten mit großem Erfolg. In Berlin freilich setzte man das Werk nach „einem Dutzend ausverkaufter, bejubelter Aufführungen" vom Spielplan ab, angeblich, um der feindseligen Presse ein Zugeständnis zu machen.[13] *Kirke* wurde dann nur noch vom Stadttheater Hamburg übernommen. Dort im „kühlen Hamburg spielten sich [...] Huldigungsscenen so spontaner Art ab, daß man in der Musikgeschichte selbst der heißblütigen Italiener vergeblich nach einem Seitenstück sucht".[14] Zu weiteren Aufführungen von Teilen der *Homerischen Welt* ist es nicht mehr gekommen.

Die Keimzelle des Bungertschen Zyklus ist der Text der *Nausikaa*, der schon 1887 bei Friedrich Luckhardt in Berlin im Druck erschienen war.[15] Dieses Stück folgt denn auch der homerischen Vorlage am engsten, nimmt allerdings auch wichtige Motive des Dramenentwurfs von Goethe, darunter das der kompromittierenden Liebe und des Todes der Nausikaa, auf. In Bungerts Version freilich ist Nausikaas Sterben ein Sühneopfer, das Odysseus den Weg in die Heimat frei macht. Bungert stellte dieser entsagenden, opfervollen Liebe in der *Kirke* die leidenschaftliche Glut selbstvergessenen Genießens gegenüber. Vor der endgültigen Gestaltung der *Nausikaa* und der Konzeption der *Kirke* schrieb Bungert Text und Musik des zuerst aufgeführten Teilstücks, *Odysseus' Heimkehr*. Versetzt man sich in die Lage eines damaligen Theaterbesuchers, der den dritten Teil der Tetralogie hörte, ohne die übrigen zu kennen, kann man verstehen, warum die Dresdner Presse vorab das Gesamtprojekt Bungerts vorstellte und dringend empfahl, zuvor das mit einem erläuternden Vorwort versehene Textbuch zu lesen.[16] Die Haupthandlung dieser Oper konzentriert sich nämlich auf die bei Homer vorgegebenen Motive der Heimkehr des zunächst unerkannten Odysseus, der List der treuen, die Freier hinhaltenden Penelope, des Wettkampfs um den Bogen des Odysseus, des Freiermords und der Wiedervereinigung des Königspaares. Die von Bungert vorgenommene Einführung von neuen, der Odyssee Homers fremden Personen und Motiven erscheint bei isolierter Betrachtung nur dieser einen Oper überflüssig und willkürlich.

Ihr Sinn erschließt sich erst im Zusammenhang der gesamten Tetralogie, für die Bungert nicht nur auf Homer, sondern auch auf die nachhomerische Telegonie zurückgegriffen und darüber hinaus die für das Schlußstück wichtige Figur der Despoina eigenständig hinzugefügt hat. „Odysseus, weltwandernd verloren, im Dunkel das Licht suchend, gelangt vom Polyphemos, dem Sohne des Poseidon, den er blendete, zu Kirke, der strahlenden Heliostochter. Das Sonnenkind verzehrt sich im Sehnen nach Schatten und Dunkel heraus aus der Einsamkeit göttlicher Sphären. Beide begegnen sich in ihrem glühenden Verlagen, und der Liebe Flammen schlagen über ihnen zusammen. Erst im Dunkel des Hades unter der Schatten mahnender Stimme findet Odysseus seine Thatkraft wieder. Er verläßt Kirke, die ein Kind von ihm unter dem Herzen trägt (es ist Telegonos) mit dem Fluche der Heliostochter. So verfolgt den Vieldulder der Zorn zweier Gottheiten, des Poseidon und des Helios. Poseidon peitscht die Wogen auf gegen den auf schwarzer Salzflut Dahinrudernden und schickt die Buhlerin Despoina nach Ithaka; Helios trifft mit der Sonne Pfeilen und entsendet Telegonos, der später den von ihm unerkannten eigenen Vater tötet."[17] Dieses Schicksal wird dem Dulder Odysseus bei Bungert im Hades von dem thebanischen Seher Teiresias geweissagt:

„Glückliche Heimfahrt suchst du, Odysseus,
göttlicher Dulder, erhabener Held!

Von Leiden zu Leiden noch wirst du irren,
dir zürnt Poseidon der Herrscher des Meers!
Einst indes nach unsäglichen Opfern
siehst du die Heimat, lacht dir das Glück!
Nur durch erhabnes Dulden der Leiden
versöhnst du die Gottheit, sühnst deine Schuld!
Dann, wenn du einstens in fremde Lande
den Pflug und die Sitte, das Recht gebracht hast;
wenn du eignes Irren und Fehlen an Andern
sühntest durch Wohlthat am ganzen Geschlecht:
dann wird vom Meere her durch Götterwille,
ganz dich vollendend, dir nahen der Tod.“ (*Kirke*, II, 5)

Dieser fast penetrante Anklang an Goethes *Faust* wird von Bungert schon zu Beginn des Vorspiels zur *Kirke* motivisch und sprachlich vorbereitet. Wir sehen dort auf dunkler Bühne einen vom Meer umspülten Gebirgsrücken. „Die Form des Höhenzuges, die allmählich deutlicher wird, bietet das Bild einer ungeheuren Frauengestalt, der Gäa. Die Formen der nackten Gestalt werden blaugrünlich beleuchtet, so, daß sie ab und zu in hellerem Lichte erscheint. Mehrere Quellen, die vom Gebirgsrücken herunterfließen, erscheinen gleichsam die silberweißen Strähnen ihres Haares.“[18] Gäa, gesungen von einem Chor von Baßstimmen, läßt sich folgendermaßen vernehmen:

„Gäakinder! Auserwählte!
Weltüberwinder, Leidgestählte!
Elendes armes Menschengeschlecht!
Aus dem Dunkel geboren,
strebst du zum Licht!
Weltwandernd verloren,
dir alles gebricht!

Dein Sehnen nicht findet,
was du erstrebst;
du bist erblindet,
so lang du lebst!
Dann, wenn voll Spottes
vollendet dein Lauf,
geht das Auge des Gottes
in dir auf!

In leidvoller Klage
erkennst du die Bahn!
Da schwankt die Waage:
es ist getan!

Gäakinder! Auserkor'ne!
Sonnenhelden, Raumverlor'ne!" (*Kirke*, Vorspiel, 1)

Keineswegs jedoch kann man sagen, daß es Bungert gelungen sei, seine Dichtung stilistisch einheitlich zu gestalten. Neben diesen *Faust*-Parodien finden sich Nachahmungen des homerisch-vossischen Tonfalls ebenso wie Bibel-Anklänge, etwa das wie ein roter Faden die Tetralogie durchziehende, der *Geheimen Offenbarung* entlehnte und abgewandelte Motto des Chors der Menschheit „Zeus ist, Zeus war, Zeus wird sein!" Unfreiwillig Triviales – wie Kirkes Worte (I, 1): „Götter möchten sie alle sein! Doch in ihrem Sinnenwahn ist der Geist bald abgetan und es bleibt nur noch das Schwein!" oder des Odysseus erstaunliche Feststellung, als er (I, 2) vor dem Palast der Kirke der dort aufgestellten Sphinx ansichtig wird: „Eine Sphinx hier! Hohe Brüste, Rauschgieraugen! Tigertatzen! Trinkst du dieser Brüste Lüste, werden dich die Tatzen kratzen. Ew'ges Rätsel dieses Lebens: Trinkst du nicht, lebst du vergebens!" – steht neben solch hochgemuten Versen, in denen Kirke über den Abstand zwischen ihr und Odysseus reflektiert: „Was ist Menschsein als das Sehnen, sich zur Gottheit aufzuschwingen, und im Arme höhrer Wesen Menschenleides zu genesen, höhres Dasein zu erringen, reinern, höh'ren Tons zu klingen, um im Kampf auf dunkler Erden seliger Übermensch zu werden! – Was ist Gottsein als das Sehnen, sich im Menschen zu ergründen und im holden Menscherkennen eig'nes Ebenbild zu finden, hold aus tiefen Menschenaugen Erdenlust und Schmerzen saugen, und in seligem Vereinen einmal weinen wie die Menschen weinen!" Wiederum im krassen Gegensatz dazu stehen die hymnenartig freien Rhythmen, in denen Despoina den Bericht ihrer Amme über ihre Herkunft wiedergibt.[19]

Es waren freilich weniger derartige Fragen nach dem Stil der Dichtung – obwohl deren Schwächen durchaus gerügt wurden, die das letztlich ablehnende Urteil der Dresdner Tageszeitungen begründen – als vielmehr die Verquickung der antiken Epen mit modernen Problemen, die als unglücklich und nicht überzeugend empfunden wurde.

So schreibt der Kritiker der *Dresdner Zeitung* nach der Aufführung der *Nausikaa*, Bungerts Odysseus sei ein gefühlvoller, sentimentaler, von Gewissensbissen und Erlösungsideen gequälter moderner Mensch; Nausikaa werde beim ersten Anblick von leidenschaftlichster Liebe befangen und biete sich dem Helden öffentlich vor versammeltem Volke an.[20] Schon nach der ersten Aufführung der *Kirke* hatte Otto Schmid die Frage gestellt: Ist Bungerts Odysseus „ein in voller Tatkraft Siegender, der in unserer angekränkelten, auf der einen Seite sich maßlos überschätzenden, auf der anderen muthlosen und verzagten Zeit (Ibsen, Zola, Hauptmann) herzerquickend, erhebend und läuternd" wirkt?[21] Und Friedrich Brandes befand nach der letzten Bungert-Aufführung: „Die 'homerische Welt' wird unter seinen dramatisierenden, richtiger theatralisierenden Händen zu einer Anzahl von Rührstücken mit süßlich sinnlichem und populär philosophierendem Beigeschmack, ja diese 'Welt' hat von Homer kaum mehr als die äußere Szenerie und Göttermaschinerie übernommen und ist durch Bungerts Erfindung des Hyperion und der Despoina, die die eigentlich treibenden Faktoren sind, eine moderne Theaterwelt geworden, der sich die 'griechischen' Menschen anzupassen hatten."[22] Am kritischsten gegenüber dem Dichter Bungert ist unter den Dresdner Rezensenten H. Poppe, der in *Odysseus' Heimkehr* dessen Selbständigkeit rühmt, aber zu bemängeln hat, daß das Werk sich erst nach dem Vorspiel und der ersten Hälfte des ersten Aktes aus den Fesseln des Rhapsodischen freimachen und zu dramatischer Gestaltung finden könne. Bungerts Sprache hüte sich namentlich im Ausdruck des Lyrischen nicht vor Schwulst.[23] Nach der *Kirke* konstatiert Poppe einen starken Abfall, was das menschliche Nahebringen der Charaktere angeht. Ob ein echter Dichter den epischen Stoff hätte bewältigen können, bleibe fraglich. Starke Einwände erhebt Poppe gegen die „beispiellose Ausdehnung und Unverhülltheit der Erotik" und gegen die „Vergewaltigung der deutschen Sprache". Wagners Venusberg sei eine „Apotheose der Keuschheit" gemessen an Bungert. Der *Kirke*-Text sei weit unter dem Niveau der ersten Oper, wo der Autor wenigstens „eine gewisse aus Bildung und Belesenheit stammende Geschicklichkeit" bewährt habe.[24]

Zur Leistung August Bungerts als Komponist hat unter den Rezensenten der Dresdner Tageszeitungen nur Otto Schmid von Anfang an eine eindeutige Haltung eingenommen. Er schreibt nach der Aufführung von *Odysseus' Heimkehr*, man müsse den Autor an seinem hohen Anspruch messen: „Die Frage, ob es Bungert gelungen sei, die selbstgestellte Aufgabe zu lösen, ist unbeschadet der Achtung, die das Werk abnötigt, und unbeschadet des Wunsches, auch das Übrige auf der Bühne zu sehen, zu verneinen."[25] Auch er übt Kritik am Gesamtplan des Werkes, dessen verfehltes Konzept nur durch den Wechsel der dem Zuschauer vorgeführten Bilder kaschiert werde, der auch dem Komponisten aufhelfe; dessen Musik sei ein sekundärer Faktor, bloß farbengebend, nicht selbstgestaltend.[26] Von den übrigen Dresdner Kritikern wird dieser Gedanke, daß Bungerts Musik für das Werkganze nur von untergeordneter Bedeutung sei, erst bei den späteren Teilen der Tetralogie hervorgehoben. Einig ist man sich von Anfang an darüber, daß Bungert ein bemerkenswertes Talent, jedoch kein Genie sei, dessen Stärken im Lyrischen, Liedhaften liegen. Das Deklamatorische habe Vorrang vor dem eigentlich Dramatischen; man bemängelt, daß kontrastreiche Ensemble-Sätze in der Partitur viel zu selten seien.

Daneben spielt die Diskussion um Bungerts Fähigkeiten im Kontrapunkt eine wichtige Rolle. Manche Kritiker haben ihm Defizite auf diesem Gebiet der Satzkunst angekreidet, und Bungert war unklug genug, sich gegen diesen Vorwurf zu verwahren mit dem Hinweis, die Herren Rezensenten sollten erst selbst einmal Kontrapunkt studieren, bevor sie sich zu diesem Thema zu Wort meldeten. Tatsächlich ist das Urteil, Bungert vermöge keinen Kontrapunkt zu schreiben, nicht zu halten. Die Rezensenten zielten aber mit ihrer Kritik auf etwas anderes, nämlich die Leitmotiv-Technik. Sie hatten Wagners prägnante, wandlungsfähige, in fast jedem neuen Zusammenhang neu kombinierbare Motive im Ohr und vermißten ähnliche Wirkungen bei Bungert, dessen Leitmotive eigentlich Leitmelodien genannt werden müßten. Diese – mit wenigen Ausnahmen sehr weit ausgesponnenen – melodischen Phrasen werden von Bungert mit hoher satztechnischer Kunst miteinander kontrapunktiert[27], gewinnen aber im Bewußtsein des Hörers kein charakteristisches Relief, das ihre Funktion als Leit-Motive gewährleisten könnte.

Im übrigen hält man Bungert für einen talentierten Eklektiker, der sich selbstverständlich in seiner Tetralogie an Wagner orientiert – an wem auch sonst: vielleicht an Mascagni, Auber oder Arthur Sullivan?[28] Sein Eklektizismus sei natürlich kein Stil, aber schließlich haben ganze frühere Epochen unter der Herrschaft des Eklektizismus gelebt.[29]

Im weiteren Verlauf der Auseinandersetzung mit Bungerts Werk ändern sich die Argumente grundsätzlich nicht mehr, und dennoch tritt ein entscheidender Wandel in der Beurteilung ein. Wichtig ist dabei, daß der zunächst allein von Otto Schmid eingeführte Gedanke, die Musik sei lediglich ein sekundärer Faktor des Werkganzen, inzwischen Gemeingut der Dresdner Kritik wird. Es fällt nicht schwer, sich vorzustellen, daß das Dresdner Publikum gegenüber den Reizen der Bungertschen Kunst abstumpfte, daß man im gleichen Maße, in dem man sich an die optischen Effekte gewöhnte, kritischer gegenüber der Musik wurde. Dies ließe sich aus dem Umstand schließen, daß in den Besprechungen die kritischen Bemerkungen zur Musik, die zunächst wie ein winziger Wermut-Tropfen in einem großen Festpokal wirken, immer größere Bedeutung gewinnen. Dabei verschärft sich der Tonfall mehr und mehr.[30] Hatte man zunächst sich damit begnügt festzustellen, Bungert sei ein Talent, aber kein Genie, so heißt es nun, der Komponist kenne seine Grenzen nicht.

Zu dieser Entwicklung trugen gewiß zwei Umstände entscheidend bei. Zum einen die musikgeschichtliche Entwicklung: Als *Odysseus' Tod* in Dresden nach nur zwei Aufführungen abgesetzt wurde, kam die inzwischen dort uraufgeführte Oper *Feuersnot* von Richard Strauss wieder auf den Spielplan. Zum andern hat sich Bungert selbst geschadet durch unvorsichtige öffentliche Briefe und Äußerungen eines naiven Selbstbewußtseins.[31]

In diesem veränderten Klima brachte der Plan, am Rhein ein Bungert-Festspielhaus zu errichten, für das die Gemeinde Godesberg gegenüber dem Drachenfels bereits ein Grundstück angekauft und auch Erschließungskosten investiert hatte, den Komponisten vollends in ein schiefes Licht. Damit saß er gewissermaßen zwischen den Stühlen: für die Wagnerianer war dieser Plan ein Indiz für die Hybris des Komponisten, und den Nicht-Wagnerianern gab sich Bungert damit der Lächerlichkeit preis. In den Dresdner Tageszeitungen wurde die Idee des Godesberger Festspielhauses vergleichsweise gelassen diskutiert. Die *Dresdner Zeitung* meint am 22. März 1901, dieser Gedanke sei aus dem Wesen seiner Werke nicht begründbar; er sei kein Pfadentdecker, bringe nichts Neues: „Bungerts wahre Natur ist einfach und ziemlich volksthümlich." Im gleichen Blatt hatte es knapp drei Jahre zuvor, am 23. Januar 1898, ironisch geheißen, wenn Bungert eine Sextalogie [sic!] schreibe, müsse er ein Festspielhaus bauen lassen, denn sein Zyklus zerstöre jedes Opern-Repertoire.

Die von Bungerts getreuem Paladin Max Chop geäußerte Hoffnung[32], die Kontroverse werde keinen ungünstigen Einfluß auf das gebildete Publikum haben, sondern höchstens dessen Urteil schärfen und einen Heilungs-Prozeß einleiten, der die Unklarheit des Bungert feindlichen Zeitgeistes beseitigen könne, war eine auf falschen Voraussetzungen beruhende Illusion. Nach dem Fehlschlag des letzten Teils der Tetralogie, *Odysseus' Tod*, war von August Bungert nicht mehr die Rede.[33]

Zehn Jahre vor seinem Tod hat Bungert in einem privaten Brief seiner Enttäuschung und Verbitterung Luft gemacht. Er schreibt am 9. März 1905 aus seinem Landhaus in Pegli bei Genua an die Pianistin Laura Rappoldi-Kahrer[34]; er dankt ihr eingangs für den Anteil, den sie an seinem Werk nimmt, indem sie als erste nach Friedrich Kiel und Franz Liszt seinem Schaffen Interesse entgegenbringt, und berichtet vom Fortgang seiner Arbeiten, die er nach einer Krankheit wieder aufgenommen hat. Er fährt dann fort: „Diesmal ist es keine Oper, die zunächst erscheinen wird. Ich warte ab, bis sich die Clique in Dresden, die gegen meine Werke, die sich gegen die Aufführung des Riesenwerks sich wehrt, daß es geradezu komisch ist, sich ausblamiert hat! Wie werden die Leute noch darüber stolpern! Die Armen! und Kleinen! Nach solchen Taten – solche Erbärmlichkeit. Und gerade das bedeutendste Werk 'Odysseus' Tod' ist ihnen natürlich am meisten verschlossen geblieben. Während sie tun, als existierten die 3 ersten Werke über die sie jubelten (und die nebenbei gesagt nach Wagner die größten Kassenerfolge hatten) gar nicht in der Welt! Aber gedruckt sind sie – und tot geschlagen oder giftig totgeschwiegen können sie nicht werden! Abwarten! Nach solchen Taten – solche Erbärmlichkeit! Die Variationen[35] haben 20 Jahre warten müssen."

ANMERKUNGEN

1 Zu ihrem Leben und Wirken vgl. Hildegard Emilie Schmidt, *Elisabeth Königin von Rumänien, Prinzessin zu Wied, „Carmen Sylva". Ihr Beitrag zur rumänischen Musikkultur von 1880 bis 1916 im Kulturaustausch zwischen Rumänien und Westeuropa*, Diss. Bonn 1991; siehe zu den Vertonungen ihrer Lieder durch August Bungert hier S. 222–268.

2 Vgl. den Brief Bungerts an den ihm befreundeten Schriftsteller Max Chop, den der Adressat in seiner monographischen Studie (*August Bungert, ein deutscher Dichterkomponist*, Leipzig 1903, S. 14) auszugsweise wiedergibt. Es heißt dort u.a.: „Zeitweise mein' ich, ich könnte, wenn ich an einem Tage zehn bis zwölf Lieder niederschreibe, fünfzig ebensogut zu Papier bringen. Und wunderbarer Weise steht jedes Lied fast stets im Kopf und Herzen vollendet oder annähernd vollendet vor mir. [...] So entstanden unzählige Lieder der Königin [= Carmen Sylva], ich am Flügel sitzend, sie die Gedichte niederschreibend auf den Block; dann abgerissen die Blätter auf das Flügel-Notenpult noch naß hingestellt, so sang ich schon den Anfang, indessen Carmen Sylva das Gedicht zu Ende schrieb."

3 *Hector und Achilleus*, *Achilleus' Tod* und *Klytemnestra*.

4 *Achilleus* und *Klytemnestra*.

5 Die Klavierauszüge erschienen im Commissions-Verlag C. F. Leede in Leipzig in der gleichen Reihenfolge, nämlich Nr. 3 1896, Nr. 1 1897, Nr. 2 1900 und Nr. 4 1902.

6 In der Rezension der *Kirke* in der *Dresdner Zeitung* vom 1. Februar 1898 wird die Anekdote kolportiert, der Anlaß der Aufführungen sei eine Notiz der *Dresdner Zeitung* im September 1896 gewesen, derzufolge der Sänger und spätere Darsteller des Odysseus, Karl Scheidemantel (1859–1923), ein Ölbild mit einer Odyssee-Darstellung des Malers Friedrich Preller (1804–1878), in dessen Weimarer Haus er aufgewachsen war, gekauft habe. Bungert habe daraufhin die Partitur von *Odysseus' Heimkehr* nach Dresden geschickt. Es ist allerdings mehr als unwahrscheinlich, daß die Prüfung der Partitur, der Entschluß zur Annahme des Werks und die Vorbereitung der Aufführung am 12. Dezember 1896 in so kurzer Zeit erfolgen konnten. Max Chop spricht von „monatelangen Proben"; Chop, *Bungert*, S. 18.

7 Chop, *Bungert*, S. 17.

8 Vgl. Tagebuch des Kgl. Sächsischen Hoftheaters für das Jahr 1901, Sächsische Landesbibliothek, Sign. Hist. Sax. G 942.

9 Die entspechenden Bühnenanweisungen lauten folgendermaßen: „Vorspiel. Bühne fast ganz dunkel. In der Höhe ziehen Wolken, in denen schwebend Athene, von rechts nach links sich bewegend, erscheint. Eine Lichtspur umfließt sie. Sie trägt Lanze und Schild. Wenn die Bühne nachher etwas heller wird, bemerkt man den Meeresstrand und einen Teil des Palastes des Odysseus links. Das Meer dann leise bewegt. 1. Akt: Eine vorspringende Landzunge in einer Meeresbucht der Insel Ithaka im Vordergrunde, links die Grotte der Najaden. Dieselbe ist so gestaltet, daß der Zuschauer durch die Grotte hindurch einen ferneren Theil der Küste sehen kann. Auf der Grotte, in der Höhe, etwas tiefer im Hintergrunde, die Hütte des Eumäos, des Verwalters der Güter des Odysseus. In der Nähe eine Quelle und mehrere Ölbäume. [...] Vor der Hütte windet sich über die mittlere Ausdehnung der Bühne ein Pfad nach der rechten Seite der Küste hin. Hier, rechts, das Meer, das sich zwischen mehreren Felsenzerklüftungen wieder darbreitet. Im Hintergrunde das Gebirge und besonders vorgerückt das Neritonhaupt, von dem hinunter ein Pfad führt. [...] Es ist ein Abend im Frühling. 2. Akt. Das Innere eines Saales von Odyssens Palast. Nach der rechten Seite hin ein Portal, durch welches, später geöffnet, man einen Blick in die anderen Räume des Hauses hat. Im Vordergrunde links eine Terrasse, die auf das Meer hinaus geht, das links über die Terrasse hin sichtbar ist. Hier ein Webstuhl, an demselben Penelopeia. Morgengrauen."

10 Chop, *Bungert*, S. 19.

11 Ludwig Hartmann spricht in der *Dresdner Zeitung* vom 15. Dezember 1896 von einem gewaltigen äußeren Erfolg nach einer trotz der Striche 3 ½ Stunden dauernden Aufführung, die aber keine Sekunde der Ermüdung gezeigt habe, und zählt 20 jubelnde Herausrufe. Tags zuvor hatte schon H. Poppe im *Dresdner Journal* von einer glanzvollen Aufführung und einem enthusiastischen Publikum berichtet. Otto Schmid (*Dresdner Neueste Nachrichten* vom 15. Dezember 1896) berichtet ebenfalls von exzeptionellem Enthusiasmus des allerdings keineswegs ausverkauften Hauses.

12 *Dresdner Zeitung*, 15. Dezember 1896.

13 Chop, *Bungert*, S. 19.

14 Ebd., S. 20.

15 Damals hatte der Autor eine Gliederung des Werks in vier Tragödien (*Das Opfer der Iphigeneia in Aulis*, *Orestes und Klytemnestra*, *Nausikaa* und *Odysseus' Heimkehr*) ohne die Teilung in einen Ilias- und einen Odyssee-Zyklus im Sinne. Die spätere Disposition, die allein für die *Odyssee*-Tragödien vier Abende vorsah, hatte eine Modifizierung auch des *Nausikaa*-Textes zur Folge. Der Druck von 1887 stimmt also nicht völlig mit der vertonten Bearbeitung von 1900 überein. Vgl. dazu *Nausikaa. Musiktragödie von August Bungert, textlich und musikalisch erläutert von Max Chop*, Leipzig [1900], S. 6f.

16 *Dresdner Zeitung* vom 9. Dezember 1896.

17 *Odysseus' Heimkehr, Musik-Tragödie von August Bungert, textlich und musikalisch erläutert von Max Chop*, Leipzig 1900, S. 5.

18 *Kirke*, Vorspiel, 1. Szene, Bühnenanweisung.

19 *Odysseus' Tod*, I,5. – Die betreffende Passage lautet: „'In schwarzer Nacht, sieh dort! dem Meer entstiegen, wandelt's dahin, noch triefend seine Mähne, die Nüstern schnaubend, seine Augen leuchtend, das Haupt voll Wollustgier, ins Dunkel spähend halb Roß, halb Mensch erscheint es deinem Blick! Und weiter wallt es, weiter stürmt es, da plötzlich steht es festgewurzelt, wiehernd, schaudernd vor einem Weib geheimnisvoll und schön, das, aus der Erde wachsend, schien darob zu schweben! Goldene Ähren, rot und braune Kyanen wallten ihr am Gürtel und Haar! Entsetzensvoll gewahrt es die Gestalt, die Brüste wogend, wie vor nahem Unheil, graunvoller Schrei entringt sich ihrer Kehle! In wildem Wiehern rast es gen das Weib, mit seinen Gliedern jauchzend es umschlingend und stöhnend laut und weinend wie ein Kind, die Glieder zuckend, wie in wildem Krampf, sank hin das Weib, die Blumen all begrabend! Geheimnisvolles Rauschen tönt im Hain; die Eule schrie, die Vöglein all verstummten; die Winde schlugen kläglich ihre Flügel, Irrlichter tanzten in den Sümpfen. Schaudernd reckte sich das Baumgeäst! Ein heiß Erzürnen hob der Erde Busen, wie wild Empören gegen stärkern Zwang, verhaltnen Schreis und doch wollüstig trunken gesättigter, und ungewollter, grausiger schöner Lust! Die Erde zuckt' und wurde grau, und wie ein Weinen ging's durch die öde Welt! Und jenes schöne, geheimnisvolle Weib, das gestern strotzend blüht', und wollüstig den Atem ausströmt in die trunknen Lüfte: das lag erstarrt nun, ausbreitend seine nackten, schönen Arme; gleich wie ein offner Kelch die Blütenblätter, wenn neuer Samen ihm im Marke schwillt! Die Brüste hart, doch tief im Innern atmend! Und auf den Lippen stand ein weißer Schaum, wie auf der Erde Busen sammelt sich der Schnee! Und niemand wußt es, daß es Götter waren! Poseidaon und Demeter Persephoneia! In solcher dunklen Nacht, da ward geboren das Kind der Nacht: die Herrscherin! Despoina! Nun wieg ich dich in diesen dürren Armen und sing dir dieses Lied als Trost für Glück, das du nicht haben wirst, doch suchen wirst in Lust, die, ach, das Glück nicht gibt, so wenig, wie deine Mutter es in Lust empfand!' Die Amme starb. Ach! Und ich ward Priesterin, in Poseidons heiligem Haine! Da kam des Wegs daher Hyperion, Orakel fragend, heilgen, frommen Sinns! Zitternd die Lippe, die kein Glück noch kannt! 'Zieh hin nach Ithaka!' so lautete der Ausspruch, 'geh hin noch heut, dort harre des Geschicks!' Und wie er aufhorcht, senkt sich sein Aug in meines, und wie ein Grausen gings durch mein Gebein! Mein Auge sah nur trunken schwimmende Welt! Und selig scheidend lacht' ihm rings der Hain, und Baum und Blume wollten ihn liebkosen. Mit Furienqual trieb Eros mich ihm nach! Den Dreifuß ließ ich, stürzte aus dem Hain, ihm nach! Und wie im Strome die Furche dem Schiffe, so folgt ich ihm nach Ithaka! Dort lag er bald, den andern gleich, zu Füßen des ewig verhaßten Weibes, deiner Mutter, in Sehnen und Brunst um Liebe flehend! Das trug ich nicht! Da ward ich Buhlerin! Und mußt' nach Männern gehn wie nach dem Scheit die Flamme! Gleich wie die Erinnys lechzt nach warmem Blut! Mein ferneres Geschick, das weiß der Buhlerin einst reingeborner Sohn! Telemachos! Was noch geschieht, liegt in der Gottheit Hand!"

20 *Dresdner Zeitung* vom 22. März 1901; die Rezension ist mit „S" gezeichnet.

21 *Dresdner Neueste Nachrichten* vom 29. Januar 1898.

22 Rezension von *Odysseus' Tod* im *Dresdner Anzeiger* vom 31. Oktober 1903.

23 *Dresdner Journal*, Abendausgabe des 14. Dezember 1896.

24 *Dresdner Journal* vom 31. Januar 1898.

25 *Dresdner Neueste Nachrichten* vom 15. Dezember 1896.

26 Er legt dar, Bungert mache den Versuch, dem antiken Epos das Allgemein-Menschliche abzugewinnen und es in der Sprache des Tristan und der Nibelungen auszudrücken. Er dachte nicht wie Gluck daran, die Marmorbilder der Antike lebendig zu machen, er ging auch nicht wie Goethe „zu den Müttern", um das Urmotiv, den Urkeim nochmals zu heben und erneut zum Treiben zu bringen, sondern er begnügte sich damit, seiner Dichtung durch Hineinverweben moderner Probleme ein Relief zu geben. Zwar konnte auch Wagner nur im Loge ein klares Bild von dem geben, was er eigentlich wollte, aber bei ihm versöhnt der große gewaltige Zug, die hohe Begeisterung, vor allem aber die Originalität und Größe der Auffassung – und das scheidet ihn von Bungert.

27 So beispielsweise im Orchestervorspiel von *Odysseus' Heimkehr*, wo nacheinander die Hauptmotive der Oper übereinander geschichtet werden.

28 So die *Dresdner Zeitung* am 1. Februar 1898, gezeichnet mit „L.H." (= Ludwig Hartmann?)

29 Ebd.

30 Vgl. H. St. (= Hermann Starcke?) in den *Dresdner Nachrichten* vom 31. Oktober 1903: „'Odysseus' Tod' ist eine Musiktragödie mehr, nichts anderes als der Schlußteil eines, in der Hauptsache uns bereits bekannten geist- und talentvollen, an effektivem Kunstwert aber weniger bedeutungsvollen großen und umfangreichen Werks, dessen Schwerpunkt in den Äußerlichkeiten der Vorgänge und den Wirkungen einer meist dekorativen, in der Technik meisterlich behandelten Musik liegt."

31 So die *Dresdner Zeitung* vom 22. März 1901.

32 Chop, *Bungert*, S. 20.

33 So erwähnt Paul Bekker den Komponisten in seiner 1909 in Stuttgart erschienenen Schrift *Das Musikdrama der Gegenwart. Studien und Charakteristiken* nur beiläufig. Nachdem er ausführlich Richard Strauss, Hans Pfitzner und Max Schillings gewürdigt hat, wendet sich Bekker einer „Anzahl mittlerer Talente" zu (S. 69), als deren Führer Engelbert Humperdinck figuriert. Bei dieser Gruppe werden „inhaltslose Großsprecher wie August Bungert oder von flüchtigen Tagesströmungen begünstigte Bänkelsänger wie Wilhelm Kienzl" ausdrücklich übergangen.

34 Sächsische Landesbibliothek Dresden, Mscr. Dresd. App. 503 II 64.

35 Gemeint sind die *Veränderungen und Fuge über ein eigenes Thema* op. 13, die Frau Rappoldi-Kahrer trotz der technischen Schwierigkeiten in ihr Konzert-Repertoire aufgenommen hatte.

HELMUT LOOS

FELIX DRAESEKES DRESDNER OPERNSCHAFFEN NACH DEN „LEBENSERINNERUNGEN" DES KOMPONISTEN

Die große Dominanz des musikdramatischen Schaffens, das Richard Wagner von Dresden ausgehend entfaltete, verurteilte eine ganze Generation von Opernkomponisten zu einem Schattendasein. Nicht nur das Musikleben richtete sich zeitweise stark auf Wagner als Protagonisten der Operngeschichte des 19. Jahrhunderts aus, auch die Musikgeschichtsschreibung war zunächst ganz auf ihn als „Heroen der Tonkunst" ausgerichtet. Unter der zeitgemäßen Prämisse des Originalgenies standen das Einzigartige des schöpferischen Künstlers im Vordergrund der Betrachtung, nicht seine möglichen Vorbilder oder seine Konkurrenten. Dieser Konvention entgegnete Theodor Kroyer, indem er 1919 erstmals wissenschaftlich das kompositorische Umfeld der Oper um Wagner in einem Überblick zusammenstellte; er prägte darin die im folgenden geläufige Bezeichnung der „Circumpolaren" um Wagner. Zu diesen zählte er auch Felix Draeseke, er galt ihm als einer von „den Dichtermusikern der Wagner-Schule", dieser „Gemeinde nach Stamm und Bekenntnis"[1], als „der 'Recke', trotz seinem neudeutschen Bekenntnis vom Geist des Widerspruchs besessen, Dichtermusiker, wie die meisten Wagnerianer älteren Stils".[2]

Tatsächlich ist die Oper die von Draeseke am wenigsten erfolgreich vertretene musikalische Gattung. Haben seine instrumentale Kammermusik, seine Symphonik – vor allem seine *Tragica* –, seine Lieder und besonders die geistliche Musik ihm zu Lebzeiten und über seinen Tod hinaus eine breite Anerkennung eingebracht, so scheiterte er mit seinen Opern immer wieder. Das Urteil Theodor Kroyers verdeutlicht die Einschätzung; er kritisiert Draesekes Libretti scharf („Alltagssuppe"), bescheinigt aber: „Als Musiker steht Draeseke hoch über seinen Dichtungen".[3]

Einen begeisterten Fürsprecher fanden die Opern sowie Draeseke als Komponist und Persönlichkeit insgesamt in dem Musikwissenschaftler Erich Roeder. Als Gründer und Vizepräsident einer Felix-Draeseke-Gesellschaft (Vorsitz Hermann Stephani[4]) war er Motor einer Draeseke-Pflege, die ganz ins Fahrwasser des nationalsozialistischen Staates einmündete und Draeseke als Vorkämpfer der Bewegung und Propheten des erlösenden Führers darstellte. 1935 fanden zum 100. Geburtstag Draesekes große Feierlichkeiten in Dresden und Coburg statt, zahlreiche Konzerte wurden gegeben, die von Kammermusikabenden über Sinfoniekonzerte bis zur Aufführung von Teilen des großbesetzten Oratoriums *Christus* ein breites Spektrum des kompositorischen Schaffens darboten. Allein zur Aufführung einer Oper kam es nicht, im Sinfoniekonzert am 17. November 1935 in Dresden (Vereinshaus, Zinzendorfstraße) erklang lediglich die Ouverture der Oper *Gudrun*. Dies ist um so erstaunlicher, als gerade die Opern Draesekes mit ihren heldischen germanischen Stoffen von Roeder immer wieder zum Beleg des nationalsozialistischen Vorkämpfertums Draesekes herangezogen wurden. In zwei Bänden veröffentlichte er 1932 und 1937 die bis heute grundlegende Biographie Draesekes[5]; die angesprochene Tendenz findet sich vornehmlich im zweiten Band, in dem auch mit einer Ausnahme alle Opern behandelt sind.[6]

Angesichts dieser Tatsachen ist es kaum verwunderlich, daß nach dem Zweiten Weltkrieg keine weitere Auseinandersetzung mit Draeseke[7], zumal seinen Opern, stattfand. Daß sie musikhistorisch und kulturgeschichtlich interessante Zeugnisse über die Stadtgeschichte Dresdens hinaus darstellen, mag schon den einleitenden Anmerkungen entnommen worden sein.

„Ich schwinge immer noch die Palme der Erfolglosigkeit".[8] Diesen bitterselbstironischen Satz gebrauchte Draeseke gern, bevor er sich recht spät erst in Dresden etabliert hatte. So sehr er Franz Liszt damit imponierte, der dies gerne zitierte[9], so sehr müssen ihn vor allem die Fehlschläge seiner Opern getroffen haben, denn einer Oper verdankte er sein eigentliches künstlerisches „Erweckungserlebnis". Als mäßiger und recht aufmüpfiger Student des Leipziger Konservatoriums pilgerte er Pfingsten 1852 nach Weimar, um dort eine Aufführung des *Lohengrin* von Richard Wagner zu besuchen. Hier begegnete er einer neuen Kunst, die sonst nirgends in Deutschland zu finden war. Liszt hatte als Hofkapellmeister die Oper des steckbrieflich gesuchten Revolutionärs Wagner am 28. August 1850 in Weimar uraufgeführt. Sie berührte ihn so tief, daß er fortan glühender Wagner-Anhänger war, beseelt von dem Wunsch, dramatischer Komponist zu werden. Noch 1852 faßte er den Plan, eine *Sigurd*-Oper nach Emanuel Geibel zu verfassen. In seinen Aufzeichnungen notierte er in diesem Jahr „Sigurd-Embryo". Es sollte fünf Jahre dauern, bis der Plan zur Ausführung kam. Charakteristisch sind die Hartnäckigkeit und Zähigkeit, mit denen Draeseke sein Ziel verfolgte, obgleich ihm zum Zeitpunkt des Entschlusses die künstlerischen Mittel zur Ausführung noch in keiner Weise zur Verfügung standen. Inzwischen hatte er Hans von Bülow als Freund gewonnen und sich dem Weimarer Kreis der Neudeutschen Schule um Franz Liszt angeschlossen.

Bei zwei Besuchen auf der Altenburg im Jahre 1858 war Draesekes Oper *Sigurd* Gegenstand musikalischer Durchsicht und Erörterung. Liszt zeigte sich von dem Erstlingswerk begeistert und erwog eine Aufführung in Weimar. Es sollte als nächste Novität nach Peter Cornelius' *Barbier von Bagdad* auf die Bühne kommen. Mit dem bekannten Skandal dieses Werkes und Liszts daraufhin eingeleitetem Abschied von Weimar waren auch Draesekes Zukunftsträume zerstoben, der *Sigurd* wurde nie aufgeführt. Draeseke ging nach Wagners Vorbild in das (allerdings selbst gewählte) Exil in die Schweiz. Von Opernplänen ist nicht mehr die Rede.

„Verlorene Jahre" nannte Draeseke seinen Aufenthalt in der Schweiz, verloren für die Oper, aber für ihn als Künstler sicher Jahre der Besinnung und Reifung. Um so bemerkenswerter, daß ihn nach seiner Rückkehr nach Deutschland sogleich wieder ein Opernprojekt fesselte.

„Elbflorenz", eine nicht nur von den Neudeutschen gerne verwandte Bezeichnung Dresdens, wählte Draeseke 1876 zur neuen Heimat; er lebte dort bis zu seinem Tode 1913. Die Bedeutung Dresdens als Kunststadt war sicher eine unabdingbare Voraussetzung dieser Wahl, welche näheren Beweggründe sonst eine Rolle spielten, ist nicht bekannt. Nicht einmal seinen *Lebenserinnerungen*, die er in den Jahren ca. 1908 bis 1911 seiner Frau Frieda diktierte[10], ist ein entsprechender Hinweis zu entnehmen.

Bezeichnenderweise sind gerade die Schweizer Jahre und alles, was damit zusammenhängt, ganz kurz und beiläufig abgetan. Um so interessanter werden die Aufzeichnungen für die Dresdner Zeit, indem sie viele persönliche Erlebnisse, Ansichten und Einschätzungen gerade auch des dortigen Musiklebens wiedergeben. Wie nicht anders zu erwarten, steht die Sympathie des Komponisten für die Personen und besonders die Musiker, mit denen er zusammentrifft, in einem unmittelbaren Zusammenhang mit dem Engagement, das sie seinen Werken entgegenbringen. Gerade die Authentizität der autobiographischen Quelle gewährt aber so viele Einblicke in die Hintergründe bestimmter Ereignisse, daß eine ungekürzte Wiedergabe der wichtigsten, Draesekes Opern betreffenden Passagen nicht uninteressant sein dürfte.

Dresdens Ruf als Opernmetropole hat sicher bei Draesekes Wahl seines zukünftigen Wirkungsorts eine Rolle gespielt. Denn die erste Enttäuschung hatte Draesekes Ehrgeiz als Opernkomponist offenbar nicht ausgelöscht. Bis zum Ende seines Lebens komponierte er in Dresden folgende Opern[11]:

Herrat. Große Oper in drei Akten. WoO 13. Fertigstellungsdatum im Partiturautograph „19. Febr. 79", Uraufführung am 10.3.1892 in Dresden unter Ernst von Schuch. Erstfassung „Dietrich von Bern" WoO 12 (1877) verschollen.

Gudrun. Große Oper in drei Akten. WoO 14. Fertigstellungsdatum im Partiturautograph (überklebt) „1882", Uraufführung am 5.11.1884 in Hannover unter Franz Herner (Intendanz Hans von Bronsart).

Bertran de Born. Große Oper in drei Aufzügen. WoO 22. Fertigstellung 1893/94, keine Aufführung.

Fischer und Kalif. Komische Oper mit Tanz in einem Aufzug. Nach einem Märchen aus 1001 Nacht. WoO 24. Fertigstellungsdatum nach Partiturautograph „9. Februar 1895". Uraufführung am 15.4.1905 in Prag unter Egon Pollak.

Merlin. Oper in drei Aufzügen. Nach Immermanns Mythe frei bearbeitet. WoO 30. Fertigstellungsdatum nach Partiturautograph „22. Mai 1905". Uraufführung am 18.4.1913 in Gotha unter Alfred Lorenz.

Zur Zeit seiner Umsiedlung nach Dresden Ende August 1876 arbeitete Draeseke an einem weiteren Bühnenwerk. Er beschäftigte sich mit der Dramatisierung des Märchens *Das kalte Herz* von Wilhelm Hauff, das er 1882 als Volksstück *Der Waldschatzhauser*, WoO 17, vertonte. Zunächst jedoch blieb das Textbuch liegen, und ein anderes Sujet fesselte sein Interesse.

Herrat

Als Sproß einer sehr angesehenen und hochgebildeten protestantischen Pfarrersfamilie waren für Felix Draeseke Kenntnis und kritischer Umgang mit der Literatur, Klassikern wie aktuellen Zeitgenossen, eine Selbstverständlichkeit. Die geistige Richtung, der er sich persönlich verbunden fühlte, ist schon mit dem Autor jener Textvorlage angedeutet, auf dem sein Opernerstling *Sigurd* fußte: Emanuel Geibel. Als Haupt der sogenannten „Münchner Schule" vertrat Geibel künstlerisch eine klassisch-romantische Auffassung vom Ideal des formal „Schönen", politisch einen national-konservativen Standpunkt in scharfem Gegensatz zu den sogenannten „Jungdeutschen". In einigen Werken, etwa der Nibelungentragödie *Brunhild* (1857), huldigte Geibel bereits einer „nationalen und germanistischen Germanenromantik" (Fritz Martini), die bei dem in seinem Umkreis verkehrenden Felix Dahn zu voller Ausprägung kam. *Ein Kampf um Rom* (1876) wurde mit seinem Erscheinen von einem begeisterten Publikum, darunter Draeseke, aufgenommen im Sinne eines staatsprägenden Nationalbewußtseins. (Historische und mythologische Sujets trafen sich in diesem Punkte.) Wenn Draeseke nun den Gedanken einer Heldenoper wieder aufgriff und als Vorlage Karl Simrocks Übersetzung des *Amelungenliedes* (1849) wählte, so leitete ihn dabei ein nationalromantisches Gefühl[12], das in den Übersetzungen der altdeutschen Dichtungen der germanischen Mythen durch Simrock – schon 1827 legte er eine Neufassung des *Nibelungenliedes* vor – reiche Nahrung fand. Dies stand ganz im Zeichen starker Zeitströmungen; auch Wagner hatte mit seinem Konzept des „Gesamtkunstwerks" den Mythos als das „Reinmenschliche" und den Festspielgedanken im Anschluß an das attische Drama als Ausdruck einer nationalen Kultur verstanden. *Der Ring des Nibelungen* ist eine künstlerische Ausprägung dieser Ideen. Die erste Gesamtaufführung im Festspielhaus von Bayreuth Mitte August 1876 hatte Draeseke soeben besucht.

Die Eindrücke, die Draeseke in Bayreuth empfangen hatte, wirkten in ihm ähnlich stark wie die des *Lohengrin* 1852 in Weimar. Allerdings war er nun in seinen Anschauungen gereifter und verarbeitete die Eindrücke sehr kritisch. Er kam zu dem Ergebnis, kompositorisch einen eigenen Weg einschlagen zu müssen.[13] Weiterhin glaubte er, daß Wagner mit dem Mythos das einzig richtige Sujet für die moderne Oper bestimmt habe.[14]

Draeseke konnte immerhin in Anspruch nehmen, kein unselbständiger Nachahmer Wagners zu sein, da sein *Sigurd* die erste vollständige musikdramatische Verarbeitung des *Siegfried*-Themas war.

Daß Draeseke nun das *Amelungenlied* dem *Nibelungenlied* vorzog, begründete er bezeichnenderweise national. Dies geht auch aus den *Lebenserinnerungen* hervor, in denen er zur Oper *Herrat* schreibt:

[S. 132:] „So ließ ich vor der Hand das Requiem [op. 22] liegen und begann meine Augen auf das Theater zu richten, indem das vor kurzem in meinen Besitz gekommene Amelungen-Lied mir Aussicht auf eine Fülle behandelnswerter Stoffe geboten hatte. [S. 133:] Ich erwählte die schöne Sage der beiden Dietriche, da der große Amelungenheld kaum je auf der Bühne erschienen war und in seinem ganzen Wesen mir die Eigentümlichkeiten des deutschen Wesens noch treuer widerspiegelte als Siegfried, der Recke der Nibelungensage. Denn Dietrich ist nach seines Weibes Tod kleinmütig geworden, hat, an der eigenen Kraft verzweifelt, sich in Etzels Dienst begeben, ist trotz treuer Dienste, die er getan, mit Undank belohnt worden, verrichtet aber schließlich so herrliche Taten, daß die Undankbaren, die ihn verkannt, beschämt vor ihm die Augen niederschlagen müssen.

Die Dichtung war in fünf Tagen fertig, was entschieden zu schnell war, erntete aber bei den Freunden große Lobsprüche. Vorzüglich gelungen erscheint mir noch heute der erste Akt, an dem auch die Darsteller später nichts zu ändern gewußt haben, wogegen ich im zweiten, dem bedeutendsten des Werkes, die Kampfszenen viel zu lang ausgedehnt hatte, sodaß sie tatsächlich undarstellbar erschienen. Am wenigsten war mir der dritte Akt gelungen, der nachher große Umwandlungen erfahren hat, weil ich für ihn einen selbständigen Schluß erfinden mußte. Im Amelungenliede selbst verläuft sich die Sache gewissermaßen im Sande und Etzel vergißt schließlich die Bedrohung der Helge, (die er erst aufrecht erhalten hatte,) weil zu viel Zeit darüber hingegangen ist.

An die Komposition der 'Herrat' ging ich mit großem Mißtrauen gegen mich selbst, versuchte Einzelheiten in Musik zu setzen, war aber zweifelhaft, ob es mir gelingen würde, etwas mich selbst Befriedigendes herauszubringen.

In fast noch schlimmerer Weise wiederholte sich dies übrigens [S. 134:] später, als ich das Buch zur 'Gudrun' fertig hatte, indem ich es tatsächlich über zweieinhalb Jahre habe liegen lassen, ehe ich mich an die Komposition wagte.

Von der 'Herrat' wurde zuerst fertig die siebente Szene des I. Aktes, in der Dietrich der Reuße auftritt und die mir, als sie vollendet war, unendlich unfertig vorkam und mich sehr wenig befriedigte. Doch hatte ich von da ab Fuß gefaßt, erfand bald darauf den Einzungsmarsch und die Einzelgesänge der Helke und bekam mehr und mehr Mut und Selbstvertrauen, je mehr durch die Bereicherung des melodischen Inhaltes das musikalische Material anwuchs und mir größere Mittel gewährte. Nach dreizehn Monaten hatte ich die Oper in Partitur vollendet, zum großen Erstaunen der Dresdner Musiker und meiner alten Freunde.

[S. 137:] Während des ganzen Jahres beschäftigte mich naturgemäß einzig und allein die Herrat-Musik. Auf einem kleinen Ausflug, den wir von Coburg aus nach Vierzehnheiligen unternahmen, erlebte ich in dem Walde hinter der Wallfahrtskirche ein paar gute Inspirationen, die mich veranlaßten, die gesamte Liebesszene des II. Aktes von Grund auf umzuarbeiten.

[S. 138:] Nach Ostern 1879 war die 'Herrat' fertig geworden. Meine Freunde hatten die Musik sehr schön gefunden, und ich legte sie zuerst Schuch[15] vor, weil dieser meine F-Dur-Symphonie dirigiert hatte, und ich beabsichtigte, die Oper einzureichen. Nach seinem Benehmen und seinen Aussprüchen zu urteilen, gefiel ihm der musikalische Teil nicht allein außerordentlich, sondern imponierten ihm einzelne Partien, so besonders der Schluß des II. Aktes, in ungewöhnlichem Grade. Doch teilte er mir, als ich den III. Akt vorspielte, schon mit, daß das Textbuch zwei ganz verschiedene Beurteilungen erfahren habe, indem der Schauspielregisseur Marx, ein feiner, gebildeter alter Herr, sich dafür interessiert habe, während es von dem Opernregisseur Eichberger als unmöglich bezeichnet worden sei. Allerdings hatte ich, unsicher wie ich mich in jener Zeit noch auf diesem Gebiet fühlte, [S. 139] mich sehr peinlich an das Tatsächliche der Sage gehalten und infolgedessen, wie ich später erfahren mußte, ganz besonders bei dem Intendanten Anstoß erregt. In der Sage erschlägt Dietrich von Bern Dietrich den Reußen, birgt das Haupt in seinem Helm und bringt es nach dem Schloße Sabens, wo Herrat es zu ihrem Schreck entdeckt. Dergleichen durfte man damals unserem Publikum allerdings nicht zumuten.[16] Ich hatte mir ausbedungen, auch Wüllner[17] die Partitur vorlegen zu dürfen. Dieser hatte aber durch Herrn von Michalowitsch, der um dieselbe Zeit eine von Adolf Stern gedichtete Oper anzubringen suchte, die später auch aufgeführt worden ist, erfahren, daß meine 'Herrat' bei Schuch läge. Als ich ihm erklären wollte, wie dies gekommen sei, bemerkte er mit recht niederträchtigem Ausdrucke, daß ihm durchaus gleichgültig sei, welchem von beiden Kapellmeistern ich die Ehre erweisen wolle, sich mit dem Werke zu beschäftigen. Bei alledem ließ er sich die Hauptsachen vorspielen, sagte sogar, man könne sich dafür interessieren, scheint aber nachdrücklich gegen das Werk eingewirkt zu haben. Denn kaum war ich nach Coburg gekommen, wohin ich mich gewöhnlich im Sommer zu begeben pflegte, so erhielt ich Nachricht, daß das gesamte Opernmaterial mir wieder zugestellt worden sei.

Hierdurch fühlte ich mich allerdings für den Moment außerordentlich niedergedrückt und die Tatsache der Ablehnung selbst wurmte mich noch viel mehr als die wenig verbindlichen Redensarten, von welchen die Rücksendung begleitet war. Unter diesen Umständen trübte sich meine Stimmung sehr bedeutend, und um dieselbe nutzbringend zu machen, warf ich mich mit voller Kraft auf die Kompo- [S. 140:] sition des Requiems."

Die Oper *Herrat* blieb dreizehn Jahre lang unaufgeführt. Dies hinderte Draeseke nicht daran, weitere Bühnenwerke zu komponieren. Bereits Ende 1879 entwarf er das Libretto der Heldenoper *Gudrun*. Schon am 5. November 1884 wurde sie in Hannover uraufgeführt; Ende Oktober 1882 vollendete er die Komposition seiner schon fertigen Dichtung *Der Waldschatzhauser*, die unaufgeführt blieb.[18] Wie wichtig für Draeseke nach langen Jahren des Wartens die Uraufführung seiner *Herrat* am 10. März 1892 in Dresden war, ist seinen ausführlichen Schilderungen der Begebenheiten deutlich anzumerken.

[S. 232:] „Nachdem in den Winter 1891 schon einige Herrattöne hineingeklungen waren, dachte man in Dresden nun ernstlicher an eine Aufführung. Herr Geheimrat Bär, dem die Intendantengeschäfte zugewiesen waren, wollte allerdings lieber die 'Gudrun' geben, weil die für die Oper von Michalowitsch einige Jahre zuvor beschafften Dekorationen für diese Oper gerade zu verwenden gewesen wären. Denn irgend welche Kosten durfte mein Werk nicht verursachen. Er ließ sich [S. 233:] übrigens für die 'Herrat' umstimmen. Ich erhielt einen auf dieses Opus bezüglichen Kontrakt und wartete nun des Kommenden, hätte aber, wenn es auf Schuch allein angekommen wäre, wahrscheinlich bis auf den heutigen Tag die 'Herrat' nicht zu sehen bekommen. Aber die Sache gewann plötzlich eine günstige Wendung, und am Neujahrstag 1892 erhielt ich ganz unerwartet die Nachricht, daß die Proben sofort beginnen würden. Die Baronin Blome, die im Winter schon einige Privatstunden bei mir genommen hatte, war erfolgreich für mich bei Geheimrat von Bär eingetreten. Dieser hatte die Theaterkräfte um sich versammelt und ihnen mitgeteilt, jetzt befehle er diese Oper, worauf Schuch gleich das Nötigste verfügte und die Sache energisch in Angriff genommen wurde. Im Anfang hieß es, daß Fräulein Malten die Herrat, Frau Wittich die Helke singen solle und wenn es dabei geblieben wäre, würde die Geschichte dieser Oper sich wohl anders gestaltet haben. Der Intendanturrat Koppel-Ellfeld beglückwünschte mich geradezu, indem er darauf hinwies, daß bei einem Zusammenwirken dieser beiden Sängerinnen das Haus stets gefüllt sei. Aber plötzlich erfuhr ich, daß Fräulein Malten die Rolle zurückgesandt habe, Frau Wittich äußerte in Gegenwart von Schuch, der es bestätigte, daß die Partie schwerer als die der Isolde sei, und Schuch selbst klagte über die Zumutungen ans Orchester, die ihn zu enormen Proben nötigten, während ich später von Kapellmitgliedern erfuhr, daß erstaunlich wenig Proben nötig gewesen seien. Und dies begreift sich auch leicht, [S. 234:] wenn man bedenkt, daß die an und für sich auf sehr hoher Stufe stehende Kapelle mit den unendlich viel schwierigeren Aufgaben, die der 'Ring des Nibelungen' stellt, sich vertraut gemacht hatte. (Der Tenorist Gritzinger konnte Frau Wittich nicht leiden, und diese hatte vor ihm einen wirklichen Widerwillen, während Schuch sich weidlich über ihn lustig machte und ihn öfters als ein 'Untier' bezeichnete.) Perron, der sich bei den Besuchen, die ich gemacht, hatte verleugnen lassen, schien sich aber für seine Partie zu interessieren und sagte mir später auch, daß er einiges aus ihr gelernt hatte. Auch Nebuschka, der die kleine, aber wichtige Rolle des Saben inne hatte, verhielt sich freundlich und Gritzinger gab sich mit seinem Dietrich von Bern die möglichste Mühe; leider verursachte ihm als einem Dalmatiner die Aussprache der 'L' Schwierigkeiten, sodaß ich im zweiten Akt, wo ich mit dem hohen A eine Stelle 'Liebst Du mich' beginnen ließ, ganz schnell eine Punktierung vornehmen mußte, über die ich mich noch heute ärgere, weil sie bei der Veröffentlichung der Oper nicht ausgemerzt worden ist. Im übrigen wurde mir mit Änderungszumutungen so zugesetzt, daß ich einer hochgesteigerten Nervosität verfiel und mir wohl denken konnte, daß Alban Förster, Hofkapellmeister in Strelitz, dessen 'Lorle' man kurz vorher dargeboten, in eine Nervenanstalt hatte überführt werden müssen. Insbesondere fielen die guten Leute über den Text her und verurteilten denselben so schmählich, daß ich mich in meinem Innersten weidlich amüsierte. Denn fast alle Aussetzungen, die sie mir machten, galten dem Amelungenlied und seiner schönen Sage von den beiden Dietrichen, die sie nicht kannten. Einer der poetischsten Züge derselben beruht auf der Annahme des schla- [S. 235:] fenden Dietrich von Bern, die ihn pflegende Herrat sei seine verstorbene Gemahlin Gotelinde, durch deren Tod er dem Trübsinn und Kleinmut verfallen war. Da Herrat natürlich später hierüber Aufklärung verlangt, ist er genötigt, von dem Zwergenkönig Goldemar zu erzählen, der ihr nachstellt und von ihr ungesehen, sie so unaufhörlich verfolgt hat, daß sie sich schließlich zu Tode härmte. Hierfür waren vier kurze Verse benötigt worden, die das Publikum ohne die geringste Opposition aufgenommen. Schuch gebärdete sich aber, als ob dieser Goldemar alles zu Fall bringen könnte. ‘Niemand weiß, wer das ist’, sagt er mir, ‘sogar den Dr. Lindau hob’ ich g’fragt, ober der hat auch nix g’wußt.’ Mich von diesem Herrn über das Amelungenlied belehren lassen zu sollen, hatte ich mir allerdings nicht eingebildet. Eine ganz infame, mit der größten Perfidie abgefaßte Kritik hat sich der ersichtlich von Schuch inspirierte Paul Lindau aber bei dieser Gelegenheit geleistet. Jedoch erwies sie sich schon deswegen weniger schädlich, als sie ungeheuer lang ausgefallen war und durch den enormen Raum, den sie in der Vossischen Zeitung einnahm, jedenfalls bewies, daß das besprochene Werk unmöglich etwas bedeutungsloses sein könne. Der Name Herrat erschien den meisten vollkommen fremd. Manche erinnerten sich der afghanischen Hauptstadt Herat und schrieben ihn ähnlich wie diese mit einem R. Als ich mich einmal bei Rühle über diese ungebildeten Leute lustig machte, brauste ein anwesender Kritiker heftig auf und schrie mich an: ‘Ich gehöre auch zu desen ungebildeten Leuten! und sehe gar nicht ein, warum ich nicht Herat schreiben solle!’ ‘Weil die Jungfrau im Amelungenlied Herrat heißt und mit zwei R geschrieben wird!’ ‘Was geht mich das Ame-[S. 236:] lungenlied an?’ Ja, das ist dann etwas anderes, dachte ich mir und schwieg. Da sie aber bekanntlich auch im Nibelungenlied bei der Ankunft Kriemhilds in Heunenland zweimal und zwar mit Auszeichnung erwähnt wird, hätte ich besser getan, den weisen Referenten auf dieses, ihm wohl nicht gänzlich unbekannte Werk zu verweisen. Außerordentlich überrascht wurde ich später durch das Urteil meines Freundes von Bronsart[19], der mir sagte: ‘Mache die Herrat weniger blutig, und ich führe sie Dir in Weimar auf.’ Da er hierbei den kurzen Kampf im zweiten Akte nicht im Auge hatte, konnte nur die Bedrohung der Helke in Frage kommen, aber eigentlich auch diese nicht, denn da es zur Ausführung des Blutbefehls nicht kommt, sondern sich alles friedlich löst, erscheint es mir wunderbar, daß diese Handlung für blutig befunden wurde. Ich erinnerte an den Schluß der Hugenotten [von Giacomo Meyerbeer], mußte aber schweigen, als Bronsart, der bei einer Menge der vorzüglichsten Eigenschaften sich doch auch sehr rechthaberisch zeigen konnte, mir kurz antwortete: Die Hugenotten seien eine Farce. Nachdem von der Dichtung hier so viel die Rede gewesen, will ich gleich hinzufügen, daß ich ihrer Mängel, besonders was die Diktion anbelangt, mir wohl bewußt gewesen bin, wenn ich auch glaubte, daß sie vor den mir zu Gesicht gekommenen neueren Operntexten sich durchaus nicht zu verkriechen brauchte. Der dramatische Bau ist sogar von mehreren Schriftstellern gelobt worden, und nur der Schluß des dritten Aktes wollte mich selbst nie vollständig befriedigen. Einen besseren und zwar tragischen Schluß habe ich erst 1907 gefunden, ihn auch sogleich dichterisch und musikalisch ausgeführt und bin begierig zu erleben, welche Wirkung er äußern wird.

[S. 237:] Im ersten Akt brauchte ich durchaus nichts zu ändern, wohl aber im zweiten, besonders bei der viel zu langen Kampfszene, und am Schluß des dritten. Das große Ensemble am Ende der Oper beunruhigte Schuch, sodaß als wir ziemlich vor der Aufführung standen, ich aufgefordert wurde, eine recht große

Umarbeitung, die auch eine teilweise Neudichtung erforderte, vorzunehmen. Hierfür sollte mir aber [nicht eben] viel Zeit gelassen werden, nämlich von Mittwoch Mittag bis Sonnabend früh. Natürlich arbeitete ich sofort und auch in Rühles Weinstube und wo dies verschiedene Stammgäste nicht wenig überraschte. Allerdings nahm ich auch die Nacht dazu, wurde aber, als Schuch schon Donnerstag früh den Kapelldiener zu mir schickte, um zu fragen, ob alles fertig sei, doch ganz gehörig unwillig und ließ dem Herrn Hofrat sagen, hexen könne ich nicht. Bei alledem habe ich das Verlangte vor dem gestellten Termin, nämlich schon am Freitag morgen abliefern können. Der Kapelle hatte ich meine Tragische Symphonie gewidmet und später dem Tonkünstlerverein, dessen ausführende Kräfte zu übergroßer Mehrheit der Kapelle angehören, meine Serenade. Aber die erlauchte Körperschaft erwies sich mir in der Mehrzahl durchaus ungünstig, insbesondere mein ehemaliger Schüler Gunkel[20], von dem übrigens bald nachher eine Oper 'Attila' aufgeführt wurde, benahm sich geradezu feindlich und auch die Konzertmeister zeigten nichts weniger als freundliche Mienen. Wolffermann, Wilhelm und einige andere waren fast die einzigen, von denen ich ein paar gute Worte zu hören bekam. Von den Darstellern erwiesen sich recht liebenswürdig Frau Wittich und Fräulein van Chavanne, während die mit untergeordneten Rollen betrauten Damen (Löffler und Reggenberger) sich durchaus der Sphäre [S. 238:] gemäß benahmen, der ihre Rollen sie zuwiesen. Frau Wittich erschien etwas temperamentlos, geriet aber am Schluß des zweiten Aktes mehr ins Feuer und sah im dritten wunderschön aus. Fräulein von Chavanne, jung und gutmütig, gab sich ersichtliche Mühe, ebenso wie Gritzinger, der mit seiner sechs Fuß hohen Gestalt als Dietrich von Bern ganz pompös aussah. Perron imponierte ganz hervorragend in der Rolle des Etzel, und auch die nicht unwichtigen Rollen des Hildebrand, Saben, besonders aber des Reußen-Dietrich waren mit Decarli, Nebuschka und Anthes in guten, ja vortrefflichen Händen. Schuch nahm einige Tempi viel zu rasch, dirigierte im übrigen aber sehr schwungvoll und schien innerlich das Werk doch nicht so sehr zu verachten, als er vorher sich den Anschein gegeben hatte. In der Generalprobe war ich aufgefordert, zu sprechen und hatte eine längere Anrede gehalten, in welcher ich aller Mitwirkenden gedachte. Schuch wollte sich zwar totlachen, daß ich so viel Worte gemacht. Aber wie ich später erfuhr, soll es gar nicht von Übel gewesen sein und besonders den nicht gut gesinnten Chor wesentlich günstiger gestimmt haben. Letzterer hatte keine leichte Aufgabe zu bewältigen, dieselbe aber unter der Leitung von Riccius ganz erstaunlich gelöst. Die Kapelle spielte vortrefflich und entwickelte einen hohen Klangreiz. Dagegen gefiel mir die Bühnenmusik weniger, wenn es mich auch keineswegs erfreute, daß Schuch sie aus eigener Machtvollkommenheit im dritten Akt vollständig weggelassen hatte. Doch war es mir unrätlich erschienen, dagegen zu remonstrieren, weil ich überhaupt keine Idee hatte, wie die Sache ablaufen würde. Die Regie hatte, wie ich mich überzeugte, besonders im zweiten Akt mit keineswegs unbedeu- [S. 239:] tenden Schwierigkeiten zu kämpfen. Der Regisseur Überhorst, der sich als vielseitig gebildeter Mann sehr überlegen dünkte und gebärdete, erschien hier stets so rat- und hilflos, daß ohne das Eingreifen Anderer, insbesondere auch Schuchs, diese Regieproben wohl nicht so schnell erledigt worden wären.

Die vielen Änderungen, die ich hatte machen und so manches Unliebsame, das ich hatte hinunterschlucken müssen, waren natürlich auf meine Nerven nicht ohne Einfluß geblieben, zudem waren einige Geschwister und Verwandte angelangt, so war es kein Wunder, wenn ich am Nachmittag des Aufführungstages, an welchem ein recht talentvoller Klavierspieler, mein Schüler Johannes Schubert beerdigt wurde, schwer erregt war, daß ich bei Rühle nur ein Glas Selterwasser genießen konnte. Einen beruhigenden Einfluß äußerte auch Rollfuss nicht, der als ich ihm auf dem Nachhauseweg begegnete, mich schon im Voraus zu trösten suchte. Allerdings scheint recht stark gegen mich gewühlt worden zu sein, da, wie mir später erzählt wurde, sogar ein wegen seines charmanten Humors beliebter Rechtsanwalt geäußert haben soll: 'Heut abend wird ein toter Schulmeister begraben'. Früher als ich den Ruf des engagiertesten Zukunftsmusikers besaß, hatte ich immerhin als genialer, mit seiner Begabung allerdings unverantwortlich hausender Kerl gegolten. Nachdem ich mich aber geklärt und sehr viele Kenntnisse mir angeeignet hatte, besaß ich plötzlich gar keine Begabung mehr und war ein trockener Schulmeister geworden. Da war es mir denn tröstlich im Theater zu hören, daß bereits einige Kränze abgegeben und auch durch meinen guten Rommels in meiner Zuversicht gestärkt zu werden, der mir versicherte, daß viele [S. 240:] gute Freunde sich im Theater zusammengefunden hatten. Um im Anfang möglichst unerkannt zu bleiben, hatte man mir einen Platz in einer Parkettloge gegeben, und hier hatte ich die Fürstin Carolath, deren Bekanntschaft ich schon früher gemacht, in Begleitung von Kluge angetroffen. Außerdem war die Loge mit Herren und Damen von jedenfalls vornehmer Herkunft angefüllt. Von einer dieser Damen über die auf dem Vorhang angebrachten Komponistenportraits befragt, konnte ich über dieselben Auskunft geben und war erfreut zu bemerken, daß meine Nervosität vollkommen geschwunden, und ich wieder ganz ruhig geworden war.

Das Vorspiel wurde sehr schön gespielt, aber das Publikum verhielt sich stillschweigend, und mit dem fröhlichen Geplauder der Mägde, das sich über mein Erwarten flott abspielte, begann die Oper. Es machte sich alles vortrefflich. Nach dem Einzug Etzels hatte sich ein sehr reiches Bühnenbild entfaltet. Anthes als Dietrich der Reusse bewirkte seine Flucht auf höchst glaubhafte Weise und Gritzinger setzte mich bei der schwierigen Szene, wo der schwerkranke Dietrich sich vom Lager erhebt und sich die Rüstung anschnallen läßt, durch sein Spiel geradezu in Erstaunen. Auch der Aktschluß, kurz vor welchem alle Anwesenden auf Verfügung der Regie wie beim Gebet in die Kniee sanken, wirkte sehr günstig. Doch hatte ich nur eben hiervon noch Kenntnis genommen und mich ehe der Vorhang fiel, schon hinter die Kulissen begeben. 'Nicht kommen, Draeseke,' rief mir Schuch zu, 'nicht schon jetzt!' 'Ist denn kein Beifall gewesen?' frug ich, und 'Sechsmal sind sie gerufen!' war die Antwort. Sehr beruhigt kehrte ich in meine Loge zurück, wo die Fürstin mich herzlich beglückwünschte und ich hierdurch auch [S. 241:] die Aufmerksamkeit der andern Logeninhaber erregte.

Im zweiten Akt kam mir die estnische Burg etwas trübselig und Frau Wittich im Anfang einigermaßen leblos vor, doch wirkte die mit dem Abgang Herrats und Dietrichs im Schloß endende Szene immerhin so sehr nach, daß das Orchesterzwischenspiel lautlos und mit größter Aufmerksamkeit angehört wurde. Beim Vorspielen 1879 hatte der Schluß der Liebesszene auf Schuch einen sehr bedeutenden Eindruck hervorgebracht und demnach auch ich viel von demselben erwartet. Die Haupttonart der lang ausgedehnten Liebesszene ist F-Dur, und der Steigerung wegen war ich schließlich nach Fis-Dur aufgestiegen. Doch erwies sich diese Lage für die Sänger zu hoch, und ich mußte alles nach F-Dur zurücktransponieren. Als dann jedoch die Ausführenden trotzdem noch sich beschwerten und den Schluß der Szene nach E verlegten, sodaß statt der Steigerung ihr Gegenteil erzeugt wurde, wäre es mir ganz begreiflich erschienen, wenn hier die erwartete große Wirkung ausgeblieben wäre. Doch schadete dies [der großen Wirkung] des gesamten Aufzuges nicht im mindesten. Denn als das Publikum unter den sehr glänzenden Klängen des Schlußchores Frau Wittichs und Gritzingers imposante Gestalten auf Schildern hochgehoben neben einander stehen sah, erhob sich ein Jubel, wie ich ihn nach einem Werke von mir noch nie erlebt hatte, waren ja die Darsteller schon zehnmal gerufen worden, ehe ich die Bühne erreichte und mußte ich doch mit meinen Lorbeerkränzen, von denen ich einen noch dazu dem Publikum verkehrt präsentiert haben soll, noch eine Menge Male hervortreten und danken. Die Stimmung im Theater war hoch gehoben. Viele gute Freunde schwammen in Wonne, aber von den Meinigen bekam ich absolut niemand zu sehen. Mein alter [S. 242:] Fritz Weiß saß im Parkettkorridor auf einem Stuhl und weinte. Aber auch die alte Frau von Bünau hatte Tränen im Gesicht, und die Inhaber meiner Loge, sehr erfreut, einer so aufregenden Premiere beigewohnt zu haben, beglückwünschten mich aufs herzlichste. Gräfin Usedom war außerordentlich entzückt und bezeigte mir dies auch in offenherzigster Weise, was bei ihrer hohen und imposanten Gestalt vom Publikum natürlich wohl bemerkt wurde. Es herrschte ein freudiges Wogen auf dem Theaterkorridor und dauerte sehr lange, ehe der Vorhang sich wieder hob und mit dem dritten ziemlich kurzen Akt die Oper ihr Ende fand. Auch nach diesem wollten die Hervorrufe nicht aufhören und konnte ich mich nicht genug verneigen. Dieser Beifall freute mich am meisten, weil ich der Schlußwirkung dieses Aktes nie recht getraut und mich auch der Überzeugung nicht verschloßen hatte, daß ein besserer Schluß möglicherweise nicht zu finden sein dürfte. Auf dem Wege nach Stadt Gotha, wohin sich Schuch begeben wollte, erhielt ich die herzlichsten Glückwünsche, ebenso beim Betreten des Lokales, wo unter anderem Anton Erl [?] mir gratulierte zu meinem Erfolge, der echt und in keiner Weise gemacht gewesen sei. Es dauerte eine geraume Zeit bis der Allmächtige kam, sodaß ich sehr wohl Zeit gehabt hätte, wenigstens noch ein halbes Stündchen mit den Meinigen zusammen zu sein, mit denen ich den Abend vielleicht in gemütlicherer Weise beschlossen hätte.

Donnerstag, den 10. März [1892] war die erste Aufführung gewesen, und am Sonntag den 13. sollte die zweite folgen. Decarli sagte mir: 'Heute abend wird sich die Hauptsache entscheiden', welche Worte mir einen kleinen, aber für diesmal unnötigen Schreck einjagten, [S. 243:] denn der Jubel war fast ebenso groß wie am Donnerstag und ich wurde fast ebenso oft gerufen. Nach der Aufführung waren die Mitwirkenden von mir zu Kneist eingeladen worden. Frau Schuch, die zu meiner Rechten saß, war schon bei der ersten Aufführung sehr freundlich gewesen und hatte mir gesagt, das ihr alles ganz vortrefflich gefallen habe. Meine Begrüßungsrede gefiel ihr ebenfalls und verfehlte auch bei den anderen Gästen nicht ihre Wirkung. Die höchste künstlerische Belohnung erfahre, so hatte ich gesagt, ein Komponist, wenn die auf dem Papier stehenden kalten und starren Noten sich belebten und durch die Hülfe genialer Künstler die Partitur sich in eine Reihe warmer und farbiger Bilder umwandle. Diese Freude hätte man mir bereitet und zwar nicht einfach oder doppelt, sondern fünf-, ja zehnfach. Denn ich hätte die erste Pflicht eines deutschen Komponisten noch nicht erfüllt, ich befände mich nämlich noch am Leben. Schuch antwortete dann in Versen, darauf anspielend, daß er nach einer Press[e]bemerkung das schon dreizehn Jahre schlummernde Dornröschen erst jetzt wachgeküßt habe, indem er darauf hinwies, daß er erst alle die Dornen hätte beseitigen müssen, was eine heillose Mühe gekostet habe. Doch schloß er mit einem Toast auf meine Unsterblichkeit, die mit drei wundervoll klingenden Hochs beantwortet wurde[n], denn unter den Gästen waren so viel künstlerisch geschulte Sänger und Sängerinnen mit schönen Stimmen, daß ich allein daran meine helle Freude haben konnte. Nach dem Souper gesellten sich noch andere von Schuch Aufgeforderte zu unserer Gesellschaft, unter ihnen der damals modische Liederkomponist Meyer Hollmund, von dem bald nach der Herrat eine Oper in Szene ging, und der Chef der Firma Schott, an die ich [S. 244:] mich für den Verlag hatte wenden wollen, Herr Strecker[21], welchen auf meine Bitte Schuch vom Termin der zweiten Aufführung benachrichtigt hatte. Ich war möglichst liebenswürdig mit ihm, erhielt jedoch nicht das ersehnte Versprechen, sondern nach wenigen Tagen einen recht geschraubten Brief, der mir bedeutete, schwerwiegende Bedenken (ich möchte wissen, was für welche, nach zwei solchen Erfolgen) hätten sich dermaßen gemehrt, daß es der Firma unmöglich sei, mir zu willfahren. Auch später hat sich dieselbe immer abweisend gegen mich benommen, sodaß ich mir wohl erklären kann, wie selbst Wagner mit ihr auseinander kommen konnte. Auch die dritte Aufführung war gut besucht und der Beifall ließ nichts zu wünschen übrig, sodaß ich mit vollem Vertrauen der Zukunft entgegensah. Aber das Unglück, welches mein ganzes künstlerisches Leben hindurch nicht von mir gewichen ist, machte auch diesen großen Erfolg insoweit zunichte, als die Wirkung nach außen hin, auf die ich sicher gehofft, durchaus versagte. Frau Wittich erklärte[,] die Partie, weil sie sie zu sehr anstrenge, nicht mehr singen zu wollen, und so wurde die Oper, da auch die theaterlose Karwoche schon mit hineinspielte, während einer Pause von fünf Wochen nicht gegeben. Dies scheint insoweit verhängnisvoll für das Werk geworden zu sein, als die andern deutschen Bühnen annehmen mußten, es sei doch kein wirklicher Erfolg gewesen, da keine weiteren Wiederholungen verfügt worden waren und die Oper mit der dritten Aufführung vorläufig begraben worden sei. König Albert[22] hatte in gnädigster Weise die Oper für seinen Geburtstag, den 23. April [1892], ansetzen lassen und der ‘Herrat’ dadurch nicht nur wieder ein volles, sondern auch festliches und wohlgestimmtes Publikum für die zustande gekommenen Aufführ-[S. 245:] rungen verschafft. Auch war er bei der dritten Wiedergabe des Werkes zugegen gewesen, und ich konnte bemerken, daß die Stelle in Etzels Rede: Ich will, daß hier zulanden man Königs Worten glaubt, ihn sympathisch berühren mochte, denn er schlug nochmals die Seite im Textbuch zurück, um die Stelle zu lesen. Der vierten sind dann bis März 1894 noch fünf andere Aufführungen gefolgt, aber wie man mir sagte, soll der Geheimrat Bär sich zuletzt immer gescheut haben, die Oper anzusetzen, da fortwährende Absagen einliefen. Auf das übrige Deutschland machten diese nachfolgenden Herrat-Aufführungen leider keinen Eindruck mehr, und die Firma Felix Blochs Erben in Berlin, welcher ich die Oper zum Vertrieb übergeben, nach dem ich aus eigenen Mitteln den Klavierauszug hatte stechen und die Partitur autographieren lassen, war während fünf Jahren, so lange dauerte der Kontrakt, unvermögend gewesen, mir auch nur eine einzige Bühne sichern zu können. Diese Herrat-Erlebnisse haben mir und auch meinem körperlichen Befinden einen nachhaltigen Stoß gegeben, den ich eigentlich niemals verwunden habe. Vorher konnte ich auf eine Reihe von schönen Erfolgen zurücksehen, die 1883, wo die Requiemaufführung so großes Aufsehen erregte, begann und die ganzen achtziger Jahre hindurch andauerte. Das plötzliche Abspringen Kistners[23] erschwerte natürlich mein Vorwärtskommen, aber die begeisterte Aufnahme der Herrat hatte mich mit der frischesten Hoffnung erfüllt. Als ich mehr und mehr einsah, daß ich auch um diese wieder betrogen sein sollte, ging es um so rascher mit mir bergab, als ich überhaupt das denkbar einsamste und trübste Leben zu führen begann und wahrscheinlich, wenn sich dies nicht bald geändert hätte, vollkommen versumpft, vertrocknet und eingegangen wäre.

[S. 248:] Bei Gelegenheit der vorläufig letzten neunten Herrat-Aufführung, der Hauptmann Möller beiwohnte und die wieder glänzend verlief, sagte er mir, die Oper würde mit jedem Akt schöner. Auch Herr von Liliencron[24] äußerte sich befriedigt und ich hätte, wenn ich gewollt, mich mehrfach zeigen können. ich war aber bereits außerhalb des Theaters und erfuhr erst von der Gräfin Usedom, daß Schuch ganz nervös herumgelaufen sei und gesagt habe: ‘Pubblikum gibirdet sich wie wohnsinnig’. Einige Tage später begegnete sie mir auf der Bürgerwiese und verkündete, daß die Herrat wieder angesetzt sei, doch kam es leider nicht dazu, da Gritzinger entlassen wurde und darauf eine mehrjährige Tenor-Not in Dresden herrschte. So ist denn die eben erwähnte bis 1905 die letzte Aufführung geblieben und hat für mich auch dadurch Bedeutung gehabt, daß der Amtsantritt des Grafen Seebach[25] als Intendanten, der dem 90jährigen Geheimrat Bär gefolgt war, hiermit zusammenfiel. Der Graf verlangte mich zu sehen und sprach äußerst verbindlich und glückverheißend zu mir. Doch sind diesen Worten leider niemals Taten nachgefolgt.

[S. 347:] Abends [7. Oktober 1905, Draesekes 70. Geburtstag] fuhren wir nach dem Opernhaus, wo mein liebes Fritzle zum ersten Mal und zwar unter Schuchs Direktion [die Herrat] hören sollte. Herr von Bary spielte und sang den Dietrich vortefflich. Auch der Darsteller des Reussen und Plaschke als Hildebrand wirkten sehr sympathisch, und Frau Wittich bot als Herrat wieder eine prachtvolle Erscheinung. Mein Fritzle, die das Werk genau kannte und der nichts von der Darstellung und den immerhin sehr deutlich zu spürenden Wirkungen entging, war begeistert. Das volle Haus kargte keineswegs mit seinem Beifall und schon nach dem ersten Akte wurde ich zehnmal gerufen, nach dem zweiten erhielt ich eine Reihe mächtiger Lorbeerkränze, und am Schluß der Oper wurde ich mit Schuch stürmisch hervorgerufen und der Beifall wollte kein Ende nehmen. [S. 348:] Wenn die Herrat nach einer einmaligen Wiederholung gleich [S. 349:] wieder vom Spielplan verschwand, mag dies hauptsächlich der fieberhaft einstudierten 'Salome' von Richard Strauss zuzuschreiben sein, die hier ihre erste Aufführung erleben sollte und für sich und ihr Erscheinen die bisher ungewohntesten Rücksichten und Opfer gefordert hatte."

Gudrun

Besonderer Beliebtheit im 19. Jahrhundert erfreute sich unter den germanischen Sagen der *Kudrun*-Stoff, gerade auch bei Opernkomponisten.[26] Er ist zu unterscheiden von den Gudrun-Heldenepen aus dem altisländischen Werk *Edda*, das den Stoff inhaltlich mit der Nibelungensage verknüpft. *Kudrun* ist die Heldin eines mittelhochdeutschen Versepos aus dem 13. Jahrhundert, das sprachlich und formal an das Nibelungenlied anknüpft. Der Inhalt allerdings ist in „bewußter Entgegensetzung" dazu von einem „Versöhnungswillen" christlicher Lebenshaltung geprägt, der im Unterschied zu dem heroischen Fatalismus des Nibelungenlieds, „in dem das Gesetz der Rache alles andere zum Schweigen bringt" (Ludwig Wolff), den Weg aufzeigt, „Friede zu stiften aus Zerstörung" (Hugo Kuhn). Eine so feine Unterscheidung war allerdings der Germanenschwärmerei des 19. Jahrhunderts noch fremd, die Epen wurden insgesamt unter dem Aspekt des Heldischen rezipiert. Nach Adelbert Keller (1840) hatte Karl Simrock eine Übersetzung der *Kudrun*, nun als *Gudrun*, 1843 herausgebracht, die noch in zahlreichen weiteren Ausgaben erschien. Hier fand Draeseke ebenso wie bei dem *Amelungenlied* offenbar seine Anregung.

Die Handlung der *Kudrun* gliedert sich in die Geschichte dreier aufeinanderfolgender Generationen, die letzte und längste betrifft unsere Heldin. Kudrun, Tochter Hetels und Hildes, des Königspaares der Hegelingen, wird von Hartmut und seinem Vater Ludwig, König der Normandie, gewaltsam entführt. Ihr Verlobter Herwig von Seeland verfolgt gemeinsam mit Hetel die Entführer, unterliegt aber in der Schlacht auf dem Wülpensande. Kudrun wird in das Land der Normannen verschleppt und von Hartmut umworben. Dessen Mutter Gerlind unterstützt ihn und versucht, Kudruns Widerstand zu brechen, denn Kudrun bleibt ihrem Verlobten Herwig treu. Gemeinsam mit ihrer Gefährtin Hildburg muß sie als Magd niedere Dienste verrichten. Nach Jahren erst kann Herwig es mit Kudruns Bruder Ortwin wagen, den Kampf zur Befreiung Kudruns aufzunehmen. Die Hegelinge erstürmen die Normannenburg, Gerlind versucht, Kudrun zu töten, wird aber von Hetels Gefolgsmann Wate erschlagen. Dem Sieg der Hegelinge folgt eine große Versöhnung, die in dreifacher Hochzeit gipfelt: Kudrun und Herwig, Hildburg und Hartmut, Ortrun (Hartmuts Schwester) und Ortwin. Fester als durch diese familiären Bande kann der dauernde Friede zwischen Hegelingen und Normannen kaum besiegelt werden.

Genau in diesem Punkte ändert Draeseke die Vorlage. Hartmut, tödlich verwundet, rettet Gudrun vor der bösen Gerlind, die Gudrun mit dem Beil zu erschlagen versucht und sich schließlich selbst in die Flammen der brennenden Stadt stürzt. Herwig befreit Gudrun, die daraufhin dem sterbenden Hartmut den mitleidsvollen und ehrerbietigen Abschiedskuß nicht verweigert. Der völkerverbindende Versöhnungsgedanke des von christlichem Gedankengut geprägten mittelalterlichen Versepos, der übrigens für die Geschichten aller dreier Generationen leitend ist, wird auf das Schicksal dreier edler und heroischer Einzelpersonen umgeschrieben. Die heldische germanische Reckenoper kann offenbar der Tragödie zumindest eines unerbittlichen Schicksals nicht entbehren, es bleibt bei der Einteilung in Sieger und Besiegte. Weiter wird der Gedanke der Befreiung Gudruns von Draeseke zu einem primären Rachefeldzug zugespitzt, da die Retter eigentlich davon ausgehen müssen, daß Gudrun bei den Kämpfen der Entführung durch einen Sturz ins Meer umgekommen ist. Auch der unerbittliche Rachegedanke stimmt nicht mit dem christlichen Grundzug des Epos überein. Dagegen gewinnt der Gedanke der Treue eine absolute und überragende Bedeutung.

Bei den Vorbereitungen zur Aufführung seiner Oper hatte Draeseke endlich einmal Glück, alte Verbindungen zu Freunden aus der „neudeutschen“ Zeit halfen ihm zur Durchsetzung des Werks. Hans von Bronsart, 1867 bis 1887 Intendant des Königlichen Theaters in Hannover, beförderte das Werk zur Uraufführung, nachdem diese in Dresden, für das es zunächst vollendet worden war, nicht zustande gekommen war. Näheres zu Entstehung und Umständen aus der subjektiven Sicht des Hauptbetroffenen ist wieder Draesekes *Lebenserinnerungen* zu entnehmen.

[S. 143:] „1879 hatte ich mich auch an die Behandlung der Gudrunsage gewagt, mir ein Drama von Julius Grosse[27] geben lassen, um zu sehen, wie er es als Schauspiel behandelt habe[,] und daraus allerdings entnommen, daß ich es total anders angreifen müsse. Beinah lachen machte mich ein Operntext von Klughardt[28], der mir ebenfalls in die Hände gekommen war und ich konnte einige Jahre später, als die Klughardtsche Gudrun am Dresdner Theaterhimmel auftauchte, allerdings ohne gegeben zu werden, Schuch mit gutem Gewissen sagen, daß dieser Text von der eigentlichen Gudrunsage so wenig enthalte, daß man das Stück wohl auch die Bartholomäusnacht nennen könnte. Die hier ganz mangelnde Treue gegen die deutsche Sage hatte ich gerade bei Wagners großem Nibelungenwerke auf das höchste bewundert, [S. 144:] und da Wagner hierauf Wert legte, mir auch persönlich einmal gesagt hatte, daß kein Zug in dem ganzen Gedicht, selbst die Abstammung Hagens von Alberich nicht ausgenommen, sich vorfinde, für den es in der Sage keinen Beleg gebe, war es auch mir als Pflicht erschienen, gleichfalls diese Treue zu bewahren. Daß eine solche Gesinnung von vielen und zwar vornehmen Künstlern nicht geteilt wurde, bewies mir freilich später die Äußerung des Hans von Bronsart, die Sage sei vollständig einerlei, und was darin stünde, kümmere ihn weiter nicht, eine Äußerung, die mich geradezu erschreckte und die ich bis auf den heutigen Tag für durchaus unberechtigt halte.

So stand es für mich unverbrüchlich fest, daß Gudrun und Hildburg am Strande waschen müßten, und ich hatte die Genugtuung, als die Oper aufgeführt wurde und am Anfang des II. Aktes der aufgehende Vorhang das Bild der waschenden Mädchen zeigte, eine allgemeine Befriedigung beim Publikum zu bemerken. Große Schwierigkeiten hatte mir der erste Akt bereitet, insofern ich nicht darauf verzichten mochte, den Raub der Gudrun in die Handlung mit hineinzunehmen. Die Schlacht am Wulpensande, wo bekanntlich die Normannen von den nachgeeilten Hegelingen eingeholt und zur Schlacht gezwungen werden, ließ sich nicht so leicht darstellen, sodaß die 1883 beendete Partitur im ersten Akt später große und einschneidende Änderungen erfahren mußte. Ebenso schwierig zeigte sich die Darstellbarkeit der charakteristischen Episode, die ich mir ebenfalls durchaus nicht entgehen lassen wollte, wo König Ludwig durch Gudruns Trotz in Wut versetzt, sie in die Flut wirft und Hart- [S. 145:] mut als Retter auftritt. Da zugleich Wate diesen Vorgang sehen, ihn zu hindern aber nicht imstande sein soll, weil er durch einen Meeresarm getrennt ist, mußte ich mich entschließen, den Wulpensand überhaupt aufzugeben und eine mit Felsklippen versehene Szene zu wählen. Über verschiedene weitere Änderungen werde ich berichten, wenn ich zur Darstellung der Aufführung komme, möchte hier aber doch erwähnen, daß ich die Normannen von den Hegelingen erreicht annehme, daß diese, um freie Hand für die Schlacht zu bekommen, die Mädchen am Strande landen, was Gudrun veranlaßt, an eine mögliche Befreiung durch die Ihrigen zu glauben, Hartmut dagegen ihr in eindringlichster Weise mit Liebeswerbungen zu nahen und in diesen Szenen somit eine Exposition zu geben von allem, was der auf dem Theater dargestellten Handlung früher vorausgegangen ist. Die Schlacht wird dann kritisch, König Ludwig befiehlt, die Mädchen wieder einzuschiffen und in der Flucht das Heil zu suchen. Es folgt nun die vorher erzählte Episode von Gudruns Rettung durch Hartmut, die von Wate nicht mehr gesehen wird, da er, sowie er sie hat stürzen sehen, hinauseilt. Die Hegelingen betreten darauf den Strand. Wate sucht Herwig und Ortwin, die auf sofortige Verfolgung dringen, hiervon abzuhalten, doch gelingt ihm dies erst, nachdem er ihnen mitteilt, daß Ludwig Gudrun in die Flut gestürzt habe, und zu dieser Trauerbotschaft noch die andere dazukommt, daß der Führer des Heeres, König Hettel, im Streite gefallen ist. Dies gab Gelegenheit zu einem großen Rachehymnus, mit dem später im dritten Akte die Sieger in die Burg von Cassian einziehen.

[S. 146:] Der II. Akt stellt Gudruns schimpfliche Behandlung durch die Königin Gerlind dar. Mit ihrer Feindin Hildburg muß sie am Strande Linnen waschen. Nachdem sie eine nochmalige Werbung des Hartmut abgelehnt hat, werden die beiden ihrer Oberkleider und dem rauhen Winterfrost preisgegeben. Die schöne Scene mit der Meerminne, die sie mit Hoffnung erfüllte, hatte ich gleich an den Anfang des Aktes verlegt. Mit Einbruch der Dunkelheit treten Ortwin und Herwig auf, welche lange in Ungewißheit verbleiben über die Persönlichkeit der am Strande Waschenden, bis dann Erkennung und höchster Jubel erfolgt. Der sofortigen Flucht widersetzt sich Ortwin und weiß schließlich die andern gleichen Sinnes zu machen. Die Recken nehmen Abschied. Gudrun, in herrlichem Stolz, wirft die Wäsche ins Meer und antwortet mit Hildburg den aus der Ferne ein Lebewohl Rufenden.

Im III. Akt sind Gudruns Mädchen wütend über ihre Herrin, weil diese, um sich Mißhandlungen zu entziehen, scheinbar eingewilligt hat, Hartmuts Gattin zu werden. Es wird ein Bankett gefeiert, das ich später durch ein hinzukomponiertes Ballett etwas erweitert habe und nach welchem Gudrun den sie verkennenden Mädchen sich in ihrer wahren Gesinnung kundgibt. Hergart, eine derselben, die schon früher zur Verräterin geworden war und mit der Hand eines Edlen belohnt werden sollte, wird von Gudruns Getreuen energisch zurückgewiesen und macht Gerlind mißtrauisch gegen die angebliche Gesinnungsänderung der Gudrun. Zum Spionieren auf das Dach des Hauses gesendet, war Hergard mit Gudrun auf der Treppe zusammengetroffen und von dieser eingeschlossen worden. Hildburg hat währenddessen aber vom Dache aus die gewaltigen Scharen der Hegelingen [S. 147:] erschaut und ihre beglückende Kunde gibt Gudrun und den Mädchen Anlaß zu einem leisen, verhaltenen Jubelgesange. Dann ertönen plötzlich wilde Hornrufe, da die nahenden Feinde auch von den Normannen bemerkt worden sind, und König Ludwig wie Hartmut ziehen mit ihren Scharen zum Kampf hinaus. Gerlind, die zurückgeblieben ist, sinnt Böses gegen Gudrun für den Fall daß die Hegelingen siegen. Dies hat freilich anfangs nicht den Anschein. Gudrun glaubt sogar bemerkt zu haben, daß Herwig und Ortwin erschlagen sind und ist in voller Verzweiflung. Plötzlich beginnt aber die Stadt Cassian zu brennen, schlimme Nachrichten werden gebracht und Gerlind, in höchster Verzweiflung und Wut, droht Gudrun mit dem Beil zu erschlagen. Es wird ihr jedoch von dem auf den Tod verwundeten Hartmut aus der Hand gerissen, der unmittelbar darauf zusammenbricht. Während Gerlind neben ihrem Sohne hoffnungslos zu Boden sinkt, ertönt aus der Tiefe der Rachegesang der Hegelingen, der auch den ersten Akt beschlossen hatte. Die Sieger kommen die Treppe herauf und begrüßen Gudrun und die gefangenen Mädchen. Vor dem wilden Wate wird die verräterische Hergard geschützt, während Gerlind sich durch einen Sprung ins brennende Cassian seiner Rache entzieht. Da Gudruns Schmerz um den irrig geglaubten Fall ihres Verlobten und ihres Bruders durch deren Ankunft auf der Szene ebenfalls in Freude verwandelt worden ist, steht der Heimkehr der Sieger und der befreiten Jungfrauen nichts mehr im Wege. Der sterbende Hartmut nimmt mit ergreifenden Worten Abschied von Gudrun, die er so heiß geliebt und Herwig bedeckt den gefallenen Gegner mit seinem Schild, während aus der Tiefe der Gesang der abziehenden Sieger [S. 148:] heraufschallt.

Wie schon gesagt konnte ich mehrere Jahre keine mir passende Musik für irgend einen Teil dieser Dichtung finden, sodaß ich sie bis 1882 liegen ließ.

[S. 157:] Nachdem durch den Erfolg des Requiems[29] mein Mut wieder erstarkt war, hatte ich die Gudrun-Dichtung wieder zur Hand genommen, den ersten Akt wesentlich umgearbeitet und mich dann auf die Komposition gestürzt, die in der Lößnitz, wohin ich mich für einige Zeit zurückgezogen hatte, schnell gefördert wurde. [...] Schuch, der auch die Lößnitz bewohnte, hatte von meinem Plane Kenntnis genommen, die Dichtung für gut befunden und mir Mut für eine Aufführung gemacht. Insbesondere trieb er mich an, die Ouverture, die ich im großen Stile ausführen wollte, noch vor Beginn September [1882] zu vollenden und ihm für die Kapellkonzerte einzureichen. Ich, obwohl von der Komposition nichts als eine harmonielose Melodieskizze existierte, setzte meinen Stolz darein, in einer Woche, von Sonntag auf Sonntag, das sehr große Stück in Partitur fertigzustellen. Natürlich hatten auch die Nächte in Anspruch genommen werden müssen, doch war mir die Genugtuung geworden, daß Schuch von der schnellen Vollendung der großen Ouverture sich wirklich überrascht zeigte. Sie ist dann im darauf folgenden Winter auch von der Kapelle ausgeführt worden, aber leider unter Wüllners Direktion, da Schuch zur betreffenden Zeit sehr krank war. So brachte sie nicht die von mir erwartete Wirkung hervor, wenn ich auch mit dem Erfolg ganz zufrieden sein konnte. Überhaupt bin ich in diesen beiden Jahren, besonders im Winter 1883, außerordentlich fleißig gewesen. Die Gudrun wurde in zehn Monaten vollständig beendet, und ich warf mich dann mit großem Eifer auf meine kontrapunktistischen Arbeiten

[S. 159:] Mit der Gudrun erlebte ich eigentümliche Schicksale. Von Schuch ermutigt und angetrieben, sie schnell zu beenden, hatte ich mein möglichstes getan, seinem Wunsche zu entsprechen, begegnete dann einer gewissen Lauheit, über die ich erst später durch Fritz Weiß aufgeklärt worden bin. Der Dessauer Kapellmeister Klughardt hatte in jener Zeit viel von sich reden machen und in Dresden eine Symphonie mit Erfolg aufgeführt, die dem Hof wohlgefallen hatte. Er sollte auch Aussichten auf eine Kapellmeisterstelle in Dresden haben, was Schuch, der nicht Komponist war, jedenfalls sehr unangenehm berührt hätte. Klughardt suchte damals seine Oper Gudrun auf die Bühnen zu bringen und deswegen sollte ihm in Dresden eine andere Gudrun entgegengestellt werden. Als meine Oper fertig war, war aber auch die Kapellmeistergefahr längst beseitigt und Schuch dachte in keiner Weise daran, sie aufzuführen. Ich wäre überhaupt nie auf der Dresdner Bühne mit einem dramatischen Werke erschienen, wäre Schuch allein maßgebend gewesen, denn die später erfolgte Aufführung der 'Herrat' ist gegen seinen Willen durchgesetzt worden.

[S. 168:] Anfang Oktober [1883] rüstete ich mich zur Reise nach Hannover und erkältete mich im Leipziger Bahnhof-Hotel, wo ich abgestiegen war, so furchtbar, daß ich in einem recht elenden Zustande an meinem Reiseziel anlangte. Bronsart kam mir sehr freundlich entgegen, nahm mich bei Theaterabenden mit in die Intendantenloge und klärte mich über verschiedene wissenswerte Dinge auf. Im übrigen verlangte er aber ziemlich einschneidende Änderungen im I., Kürzungen im II. und III. Akte [der Oper Gudrun] und war auch hinsichtlich der Besetzung unsicher, wie alles zu regeln sein werde. Ein sehr ungenügender Tenor stand der vortrefflichen Thoma-Börs als recht schwächlicher Admet in der Alceste [von Chr. W. Gluck] zur Seite und ließ in der Tat für den Hartmut nicht viel erwarten.

Da auch Excellenz von Hülsen noch befragt werden mußte, erfuhr ich somit vor der Hand nichts Bestimmtes. Doch glaubte mein Freund, mir gute Aussichten machen zu dürfen, und ich kehrte in beruhigter Stimmung nach Dresden zurück.

[S. 176:] Da das neue Schuljahr Mitte August [1884] nach den großen Sommerferien begann, mußte ich wegen der bevorstehenden 'Gudrun'-Aufführ- [S. 177:] rung sehr bald einen kleinen Urlaub nehmen. Am 21. Oktober reiste ich nach Hannover ab, wo ein neuer Tenorist trotz seiner etwas abgebrauchten Stimme als Sänger und Darsteller doch viel Besseres leistete als sein Vorgänger und Bronsart die Möglichkeit einer Gudrun-Aufführung gab. Der Hofkapellmeister F[rank][30], ein recht unangenehmer, höchst intriganter Herr, der bei meinem früheren Besuch in Hannover mich von dem völligen Unwert meines Werkes zu überzeugen versucht hatte, sollte die Aufführung nicht leiten. Sie wurde dem Musikdirektor [Fritz] Herner, einem durchaus liebenswürdigen Herrn, der aber meine Musik eigentlich nicht recht begriff, anvertraut. Einzelheiten, wie die große Erkennungsszene im II. Akt, für die er viel Sympathie empfand, wurden übrigens recht lebendig zur Darstellung gebracht und das Orchester tat in anerkennenswerter Weise durchgängig seine Schuldigkeit. Zu großem Dank verpflichtete mich Fräulein Thoma-Börs, die mit einer großen, wenn auch nicht besonders schönen Stimme begabt, in allen Rollen äußerst sympathisch wirkte durch die ehrliche und volle Hingabe an ihre Aufgabe, die ihrem Gesang eine wohltuende Wärme und ihrer Darstellung eine überzeugende Kraft verlieh. Ebensowenig wie gemütvolle Innigkeit fehlte ihrer Gudrun der Stolz und die Hoheit des Königskindes. Gleicherweise aufopfernd wie diese Künstlerin erwies sich meinem Werke gegenüber Fräulein von Hartmann, die in ihrer Jugend wunderschön gewesen sein muß, und der hier sowohl die Rolle der teuflischen Gerlind wie die der Meerminne anvertraut war. Da Gerlind kurz vor dem Auftreten der Meerminne auf der Szene tätig ist und bald nach deren Abgang die Bühne wieder betritt, war für den Toilettenwechsel ihr so wenig Zeit gegeben, daß es mir schier unmög- [S. 178:] lich schien, so etwas von einer einzigen Darstellerin zu erwarten. Aber beide Rollen waren in den besten Händen, und besonders die Meerminne-Szene begeisterte den jungen Verleger Gurkhaus bereits in der Probe dermaßen, daß ich ihr wohl hauptsächlich den bald darauf erfolgenden Stich der Partitur verdanke. Fräulein Außenegg war eine recht sympathische Hildburg, der das Werk sichtlich zu gefallen schien. Entweder täuschte ich mich darin oder sie ließ sich durch ihr Wohlgefallen nicht abhalten, mir einen recht schlimmen Streich zu spielen. Herr Müller fand sich mit dem Hartmut in höchst anerkennenswerter Weise ab, während ich Herrn von Milde etwas mehr Wärme und geschmeidigere Darstellung als Herwig, Gudruns Verlobten, gewünscht hätte. Sein Partner Ortwin, von Herrn Emge gegeben, gab sich viel Mühe und war mir und dem Werke sichtlich zugetan, was sich auch von der in ihrem Wesen sehr bescheidenen Darstellerin der Hergart sagen läßt. Den Wate, im I. Akt von großer Wichtigkeit, sollte erst Herr Elmblad darstellen, doch wurde er später durch einen recht wohlmeinenden, aber seine Aufgabe doch nicht richtig erfassenden Künstler ersetzt, der bei der Bestattung des gefallenen Königs Hettel nicht stolz und aufrechten Hauptes, wie es nordischen Helden geziemen würde, sondern mehr in der Haltung eines salbungsvollen Predigers dem Zug voranschritt und dadurch das Bild, das mir vorgeschwebt, in unerwünschter Weise änderte.

Die vierzehn Tage vor der Aufführung waren sorgenvolle und sehr aufregende gewesen. Ich mußte in einem fort ändern und manchmal auch gegen meine Überzeugung. Aber der Wunsch auf die Bühne [S. 179:] zu kommen und wegen Einzelheiten nicht die Hauptsache gefährdet zu sehen, machte mich zu meinem eigenen Erstaunen fügsam und nachgiebig. Leid tut es mir bei alledem, daß ich diese Oper mit Beibehaltung aller Hannoverschen Änderungen stechen ließ und auch bei der später erfolgten Veröffentlichung der Herrat ein gleiches Verfahren einhielt. Eine gewisse Bequemlichkeit, der aber die spätere Reue nicht erspart blieb, mag daran schuld gewesen sein. Bronsart war freilich im übrigen die Liebenswürdigkeit selbst. Er forderte mich auf, die Änderungen bei ihm in der Wohnung herzustellen und führte mir, als er hörte, daß ich eine Vorliebe für die 'Weiße Dame' [Fr.-A. Boieldieu] habe und auch für den Mennoniten von Wildenbruch, für den er sehr kräftig ins Zeug gegangen, gern gesehen hätte, beide Stücke vor. Auch ließ er auf einem Theaterzettel, der allerdings nur in vier Exemplaren hergestellt wurde, drucken: 'Zu Ehren der Anwesenheit des Herrn Felix Draeseke Die weiße Frau' und freute sich unbändig über meine natürlich sehr starke Überraschung. Die Proben waren für mich auch recht anregend, und einer Klavierprobe mit Herner, Fräulein Börs und Fräulein Außenegg erinnere ich mich mit ganz besonderer Freude, da alle ganz lebhaft bei der Sache waren und diese selbst ihnen recht zu gefallen schien. Ebenso habe ich die erste Gesamtprobe des Werkes mit Orchester in lebendiger Erinnerung, die bei völliger Finsternis des Zuschauerraumes stattfand und mich ganz außerordentlich aufregte. Denn ein so großes, den ganzen Abend füllendes Werk hatte ich noch nie von mir zu hören bekommen, und da es bereits ziemlich fertig studiert war und einen schönen künstlerischen Eindruck machte, wurden die [S. 180:] Wirkungen so stark, daß ich mich herzlich der Finsternis freute.

Zum zweiten Akt war eine sehr hübsche Dekoration gemalt worden, die einen in das Meer mündenden Bach, eine Bucht darstellte, sowie links vom Zuschauer eine Landzunge und rechts hoch aufragend die Burg Cassian, von deren niedrigstem Vorsprung man die handelnden Personen auf- und absteigen sehen konnte. Zur Generalprobe war bereits der junge Gurkhaus anwesend sowie mein alter Studiengenosse vom Leipziger Konservatorium, Wilhelm Langhans, der nachher recht eingehend und sympathisch über das Werk berichtet hat. Die erste Aufführung war auf einen Sonntag gelegt worden, und wir hatten, wie Bronsart mitteilte, ein ganz volles Haus gehabt. Auch hörte ich, daß von auswärts verschiedene Personen zugereist waren. In dem kleinen, dem Theater schräg gegenüberliegenden, von Tichatscheks Schwiegersohn, dem früheren Tenoristen Rudolf geführten Hotel, wo ich wohnte und Bronsart mir für meine vierzehntägige Anwesenheit Pensionspreise ausgemacht, hörte ich zu meinem großen Schrecken an dem kleinen Mittagstisch der Pensionäre, daß ein Hindernis sich eingestellt habe und die Aufführung nicht stattfinden werde. Doch wurde bald nachher diese Meldung widerrufen. Ich begab mich nach Tisch auf den Bahnhof, Leßmann, der von Berlin kam, abzuholen, und dieser freute sich sehr, im Bahnhof den Theaterzettel der Gudrun ausgehängt zu finden. Aber die Hoffnung auf eine ungestörte Aufführung erwies sich als trügerisch, denn Fräulein Außenegg, wahrscheinlich durch den Kapellmeister Franck [sic!] veranlaßt, hatte sich krank gemeldet und die zugereisten Herren, zu denen sich auch Ludwig Hartmann gesellt hatte, waren sehr wenig erbaut von der veränderten Sachlage. Langhans und Gurk- [S. 181:] haus, die bis zur ersten Aufführung dableiben wollten, brachten am Abend mit mir die andern zugereisten Herren auf die Bahn. Hier trafen wir den [?] Kapellmeister Franck [sic!], der zur Aufführung seiner eigenen Oper nach Berlin reiste und dem gegenüber ganz ruhig zu bleiben ich mir schon einige Gewalt antun mußte. Bronsart war ganz außer sich, daß man ihm dies angetan, da bei vollem Hause am Sonntag ein möglicherweise großer Erfolg in Aussicht gestanden hatte, der jetzt sehr gefährdet schien.

Am folgenden Mittwoch ging die Oper in Szene, und als nach dem Fallen des Vorhangs schon Beifall erscholl, sagte mir mein Freund ganz vergnügt: 'Jetzt sind wir schön heraus.' Beim Beginn des II. Aktes merkte ich, daß das Bild der waschenden Mädchen sehr gut wirkte, alles übrige, das Erscheinen der Meerminne und was folgt, schien auch zu interessieren, wogegen die große Erkennungsszene, auf die ich mir als dramatischer Komponist noch heute sehr viel einbilde, das Publikum kalt zu lassen schien. Dagegen wirkte der Schluß des Aufzugs ganz bedeutend und ich mußte mehrere Male mich dem Publikum zeigen. Der dritte Akt ist außerordentlich dramatisch gehalten und spielt sich infolgedessen so rasch ab, daß ein paar Freunde, die sich in einer späteren Zeit die Oper ansahen, mir versicherten, der ganze Aufzug sei ihnen wie eine Szene von höchstens fünf Minuten Zeitdauer vorgekommen. Die Wirkung war aber schwächer, wie ich sofort ersah, was ich auf den Schluß des ganzen Werkes zurückführen möchte, der tatsächlich den von mir erstrebten und gewünschten Eindruck nicht hervorgebracht hatte. Wäre mir vergönnt gewesen, dasselbe öfter zu hören [S. 182:] und zu sehen, so wäre mir vielleicht etwas eingefallen, was dem Ganzen sich nützlich hätte erweisen können. Andererseits drängte aber Gurkhaus auf die baldige Herausgabe des Werkes, und ich, hoch erfreut, daß die Partitur gestochen werden sollte, fügte mich gern seinen Wünschen und ließ das Ganze, so wie es in Hannover zur Darstellung gekommen war, veröffentlichen. In der Nacht nach der Aufführung reiste ich ab, da ich das Konservatorium nicht gar so lange vernachlässigen wollte und habe nur eine spätere Wiederholung der Oper wieder miterlebt, die mir durch die Gegenwart verschiedener Freunde verschönt wurde.

Leider bekam ich nach dieser Vorstellung Fräulein Börs wie Fräulein v. Hartmann nicht mehr zu sehen, lernte aber den mit Bronsart befreundeten Maler Hermann Kaulbach kennen und sah zu meiner Freude, daß die Gudrun ihm einen sichtlichen Eindruck gemacht hatte. Frau von Bronsart äußerte sich wesentlich gleichgültiger über meine Oper, nämlich ungefähr so, als ob es ein Durchschnittswerk sei, das man eben mitschwimmen lassen könne. Freilich komponierte sie selbst Opern und zwar in einem von dem meinigen sich sehr unterscheidenden Stil. Mein Freund hat die Gudrun sechsmal aufführen lassen und mir bezeugt, daß, von der zweiten nicht so günstig verlaufenen Wiedergabe derselben abgesehen, das anwesende Publikum sich stets beifällig verhalten habe. Als ich der zuvor erwähnten späteren Wiederholung im Jahre 1886 beiwohnte, war ich genötigt worden, auch nach dem zweiten Akte mich zu zeigen. Aber zugkräftig hat sich das Werk nicht erwiesen, und wenn Pollini zufälligerweise die zweite Aufführung mit angehört hat, in der manches [S. 183:] weniger gelungen sein soll als in den übrigen, so erscheint es mir begreiflich, daß er hinsichtlich der 'Herrat' plötzlich kopfscheu geworden ist und keine Anstalten machte, ihre Aufführung zu betreiben. Im Winter 1884/85 erhielt ich dann auch meine auf Wunsch eingesandten Stimmen wieder zurück. Bei alledem hatte ich erreicht, mein Werk auf der Bühne zur Darstellung gebracht zu sehen und die Fülle von Erfahrungen einzuheimsen, dessen wir nur durch ein solches Erlebnis teilhaftig werden können.

[S. 187:] So war das Jahr 1886 herbeigekommen, das mich zunächst zu einer Aufführung der Gudrun nach Hannover führen sollte, welcher wie schon erzählt, verschiedene Freunde, unter ihnen Buchmayer, Remmele sowie Fritz Weiß und der ehemalige Arione [Sänger] Jugel, der mittlerweile sich zum Theatersänger ausgebildet hatte, beiwohnte. Bronsart empfing die Herren sehr freundlich und gab sich besonders Weiß gegenüber, den er vom Ritterschen Hause her kannte, in einer mich höchst angenehm überraschenden Weise herzlich, erfreute mich aber noch mehr durch die zu Buchmayer und Remmele geäußerten Worte, nach denen Draesekesche Musik eine Jugendliebe von ihm gewesen sei."

Obgleich Draeseke die Ouverture einige Zeit vor der Oper fertiggestellt hat, enthält sie doch wichtige Themen und Motive, die in der Oper Schlüsselfunktion haben. Dies sind in ihrer Reihenfolge:

- ein Quintenmotiv „Mässig bewegt, ein wenig schleppend", das später die Szene des Wäschewaschens im kalten Meer musikalisch charakterisiert, das Wäschemotiv;
- das Thema von Hartmuts Liebeswerben;
- das Thema des Rachegesangs der Hegelingen;
- das Wäschemotiv;
- das Thema der Meerminne, Verheißungsthema;
- der Werbegesang des Hartmut (1. Akt, 1. Szene, S. 23ff.[31]) mit dem Thema des Liebeswerbens (S. 26f.);
- fugierte Durchführung des Rachegesangs („Im Zeitmaß");
- der Werbegesang des Hartmut mit dem Thema des Liebeswerbens;
- Verheißungsthema;
- das Wäschemotiv;
- der Rachegesang der Hegelingen;
- Verheißungsthema;
- Rachegesang (Dur-Apotheose).

Deutlich wird in der Ouverture der Weg Gudruns aus der tiefsten Erniedrigung (Wäschemotiv) zu Sieg und Glück (Rachegesang) vorgezeichnet. Die Themen, die dabei vorgestellt werden, durchziehen die gesamte Oper. Zwei Arten der kompositorischen Verwendung sind zu unterscheiden. Zunächst der situationsgebundene Einsatz im Sinne eines musikalisch charakterisierenden Erinnerungsmotivs:

1. Das Wäschemotiv eröffnet den 2. Akt (S. 63), es schildert die harte Arbeit in eisiger Kälte und kehrt an entsprechenden Stellen wieder (z.B. 2. Akt, 9. Szene, S. 144ff.); aber auch bei der Erinnerung an die erlittene Demütigung durch die um Gnade flehende Verräterin Hergard (3. Akt, 15. Szene, S. 219f.) erklingt es wieder:

2. Der Rachegesang der Hegelingen beherrscht die Schlußszene des 1. Akts (S. 53ff.), da der Raub Gudruns wegen der Schwäche der Hegelingen gelingt. In aller Breite wird er wieder aufgegriffen beim Sturm der Burg Cassian durch die Hegelingen am Schluß des 3. Akts anläßlich der gelungenen Rache (S. 215ff.); und schon bei der Ankündigung der Rache durch Ortwin (2. Akt, 10. Szene, S. 142) klingt aus dem Orchester verheißungsvoll das Rachethema:

3. Mitten im größten Elend werden Gudrun und Hildburg durch die Verheißung der Rettung getröstet, die ihnen eine Meerminne, eine übersinnliche Erscheinung, überbringt (2. Akt, 3. Szene). Dieser Szene liegt ein musikalisches Thema zugrunde, das sie schon einleitet (S. 76) und auf dem Höhepunkt von der Meerminne gesungen wird „Gudrune, du Getreue..." (S. 84f.):

Noch häufiger tritt das Verheißungsthema auf, etwa in dem Augenblick, da Herwig und Ortwin Gudrun und Hildburg noch einmal verlassen (S. 149).
Alle drei Themen bzw. Motive erfüllen gerade auch mit der jeweils zuletzt genannten Verwendung die Funktion eines Erinnerungsmotivs über die Situationsbezogenheit hinaus in vollem Umfang. Noch weiter geht Draeseke mit zwei anderen Themen, die er noch häufiger in die Partitur der ganzen Oper einstreut, auch kompositorisch stärker verarbeitet und somit fast schon leitmotivisch einsetzt. Sie kommen in erster Linie in den beiden großen Aussprachen zwischen Gudrun und Hartmut zum Tragen (1. Akt, 1. Szene und 2. Akt, 6. Szene):
4. das Thema von Hartmuts Liebeswerben um Gudrun und
5. Gudruns Treue-Thema (nicht in der Ouverture enthalten).
Hier handelt es sich um den Grundkonflikt der Oper. Eigentlich nimmt die Titelfigur eine passive Haltung ein, ihre Leistung besteht in der Treue, die sie Ihrem Verlobten über zehn Jahre hält. Diese Leistung wird besonders ehrenvoll hervorgehoben durch den edlen Charakter des werbenden Hartmut, dem Gudrun vor ihrer Verlobung zumindest nicht gleichgültig gegenüber-

gestanden hat. Der Konflikt wird musikalisch transformiert in zwei Themen, die in durchaus symphonischer Form exponiert und verarbeitet werden. Sie werden zunächst vorgestellt in der 1. Szene des 1. Akts, der ersten Werbung Hartmuts. Gudrun begegnet Hartmuts Worten mit einem klaren „Wohl weißt du, daß dem Herzen mein Herwig allein soll ewig treuer sein" (S. 23f.), was im Orchester mit dem Treuethema („Melodie markirt") unterstrichen wird. Hartmuts Werbegesang gipfelt schließlich im gesungenen Thema des Liebeswerbens „in meiner Brust lebst du allein" (S. 26f.).

Wie wenig das Begehren Hartmuts durch die zehnjährige vergebliche Wartezeit abgenommen hat, wird im 2. Akt deutlich. Die große Aussprache zwischen Gudrun und Hartmut (6. Szene) stellt eine dramatische Steigerung dar und wird musikalisch durch eine entsprechend dichtere thematische Arbeit umgesetzt. Wieder bestürmt Hartmut Gudrun mit seiner Liebe und sucht ihre Treue zu Herwig zum Wanken zu bringen. Das erste musikalische Thema singt Gudrun am Schluß der voraufgegangenen Szene zu den Worten „Nichts wird mich je von Herwig scheiden", es eröffnet instrumental die 4. Szene (S. 92) und kehrt auf dem Höhepunkt der Szene (S. 104) im Orchester zu Gudruns Worten „eh' statt des Liebsten ich jemand minne" wieder. Diesem wird gleich zu Szenenbeginn im 3. Takt das andere Thema gegenübergestellt (S. 92, siehe erstes Notenbeispiel), das Hartmut etwas später (S. 95, siehe zweites Notenbeispiel) zu den Worten singt „Und mächt'ger wächst die Glut in mir".[32] Die Durchflechtung der Szene mit diesen beiden Themen, besonders dem zweiten, im Instrumentalpart ist nichts anderes als eine symphonische Darstellung des inhaltlichen Grundkonflikts:

1.

Gerlind.
Etwas drängend.
Gudrun.
Du hörst. Hartmuth (unwillig)
Her - - wig schei - - - den!
Lasst, Mut-
Etwas drängend.
f
Gerlind (schneidend)
- ter, uns allein! Da hilft nichts, die ist fest wie Stein!
(Gerlind mit Gefolge nach links ab, ebenso Hildburg).
p
sfp

2.

Drängend.
nur Hass im Her - - zen trage ich dir!
leidenschaftlich (für sich)
Und mächt' - ger,
Drängend.
sf
p
p sosten.
Hartmuth.
Nachlassend.
Ziemlich ruhig.
mächt'ger wächst die Glut in mir. Ver - gas - sest du
p

Noch zusätzlich wird gerade diese Szene von einer weiteren musikalischen Bezugnahme gerahmt. Die höhnische Feststellung Gerlinds „Du kennst die deutsche Art nicht so wie ich“ (S. 90) exponiert ein charakteristisches Motiv, das zu folgenden Worten wieder aufgegriffen wird: (Gerlind, S. 91) „Versuchs denn du, stich dich am Dorn“, (Gudrun, S. 105) „Das sprach Gerlind“, (Gerlind, 7. Szene, S. 106) „stach der Dorn?“ und später in Anspielung an jene Szene (Hartmut, 3. Akt, S. 200) „Nun möget ihr Gudrun mit Wäschediensten plagen“.

Die Auseinandersetzung Gudrun-Hartmut stellt genau die Mitte des Dramas und die Peripetie der Entwicklung dar. Dies wird musikalisch angemessen umgesetzt. Von hier ausgehend, werden die beiden Themen bei beziehungsreichen Gelegenheiten verwendet. Das Thema von Hartmuts Liebeswerben etwa bei Gudruns Verhöhnung der Gerlind (instrumental) „[Erdenk' nur eine neue Plage...] zu erfreun den Sohn“ (S. 112), bei ihrem Bericht über ihre Bedrängnis „Wohl jeder weiß in Hartmuts Heer, wie Königin Gerlind mich so sehr und Hartmut selber mich geheißen, ich sollt ihn minnen“ (S. 133, sogleich S. 134 mit dem Treuethema beantwortet), beim scheinbar versöhnlichen Auftritt Gudruns an Hartmuts Seite (S. 160) oder in Hartmuts Sterbeszene (S. 229). Gudruns Treuethema erklingt beispielsweise zu ihren Worten „Niemand soll am Leibe mein jemals Männerkleider schauen“ (S. 122), „würd' er [Herwig] mir die Freiheit geben“ (S. 127), „dem, den ich liebt“ (S. 134, s.o.), „nichts soll mich von Herwig scheiden“ (S. 222, bedeutungsvolle Wiederholung von Worten und Weise durch Wate).

Anders als in der vorangegangenen Oper *Herrat* hat Draeseke in der *Gudrun* ein sehr viel ausgebreiteteres musikalisches Themengeflecht über seine Oper ausgebreitet. Dennoch ist es in keiner Weise mit Wagners Leitmotivtechnik zu vergleichen, sondern findet seine Entsprechung in einer Kompositionsweise, die in der europäischen Oper jener Zeit verbreitet war. Das Vorbild Wagners ist viel eher in der durchgehenden dramaturgischen Anlage ohne Nummerneinteilung und der hochchromatischen Harmonik der Komposition zu erkennen, nicht zu übersehen die Wahl des Sujets aus dem Bereich der germanischen Mythologie. Wie wichtig Draeseke dies war, geht aus seinen Lebenserinnerungen hervor (S. 143f., s.o.), ja dies ist für ihn eine Frage der Treue! In diesem Punkte ist auch die Brükke vom Werk zur Lebenseinstellung seines Schöpfers zu finden. Die Treue, die Draeseke in seinen beiden Opern so heroisch besingt, war für ihn kein beliebig zu bearbeitender Stoff, sondern eine zutiefst verinnerlichte moralische Maxime der menschlichen Existenz. Damit formuliert er in den Opern keinen künstlerischen Stoff im Sinne einer „l'art pour l'art“, sondern moralische Grundsätze. Wie unerbittlich er diese selbst im persönlichen Verkehr mit Bekannten und sogar künstlerischen Vorbildern befolgte, wurde mit seinem Verhalten Richard Wagner gegenüber schon angedeutet. Damit waren für Draeseke seine Opern eben keine inhaltsfreien Kunstprodukte, sondern Bekenntniswerke mit einem starken sozialen, politischen Engagement.

Bertran de Born

Wenn die ersten großen Heldenopern Draesekes als künstlerische Dokumente eines starken deutschen Nationalbewußtseins und seiner Begeisterung für germanische Heldenepen verstanden werden dürfen, so bleibt davon in dem folgenden Werk lediglich die Mittelalterbegeisterung tragend, allerdings eine abendländisch geprägte, übernational bestimmte. Allerdings ist dies auch nur ein sekundärer Aspekt, der gegenüber einem anderen hintansteht: Der Künstler als faustischer Held steht im Mittelpunkt der neuen Oper. Titelperson ist der historische Troudadour Bertran de Born (etwa 1140-1215), der mit seinen politischen und satirischen Liedern, seinen Sirventes, eine namhafte Rolle in den Auseinandersetzungen Heinrichs II. von England mit seinen Söhnen gespielt hat. Kriegerische Poesie und Zeitsatire waren die Stärken Bertrans, für die er berühmt-berüchtigt wurde. Schon Dante schildert ihn in seiner *Divina Commedia* im achten Höllenkreis, wo er zur Strafe für die Zwietracht, die er gestiftet hat, seinen Kopf an den Haaren „wie eine Lampe“ neben sich hertragen muß. Ludwig Uhland und Heinrich Heine haben über ihn Balladen geschrieben, vor allem das Gedicht des ersteren war sehr verbreitet. Im Jahre 1879 erschienen Bertrans Lieder (es handelt sich nur um die Texte[33]) in einer Ausgabe von Albert Stimming. Draeseke muß sie gekannt haben, denn er verwendete Originaldichtungen Bertrans in seinem Libretto ebenso wie Originalverse Uhlands, die noch heute als *Geflügelte Worte* (Büchmann) geführt werden. Wieder dokumentiert Draeseke damit seine Belesenheit, gleichzeitig sind solche beziehungsreichen Zitate ein typisches Beispiel für die Bildung, die Draeseke von seinen Hörern erwartete. Wie er entsprechendem Mangel höchst unwirsch begegnete, zeigte schon seine Schilderung der Unwissenheit um die *Herrat*, ihre Verwechslung mit der afghanischen Hauptstadt „Herat“ (siehe oben, Lebenserinnerungen, S. 235), zeigt auch seine selbstbewußte Berufung auf Uhland und Dante, was den Bertran-Stoff angeht (siehe unten, Lebenserinnerungen, S. 252).

Die Begebenheiten um die Entstehung der Oper schildert Draeseke wie folgt:

[S. 246:] „Einen ungünstigen Einfluß muß dieses traurige Vegetieren [nach den Enttäuschungen der *Herrat*, siehe Lebenserinnerungen, S. 245] auf meine Arbeit geäußert haben, denn der Bertran de Born, dessen Dichtung auch Sterns Beifall fand, wurde in den beiden ersten Akten, die für die musikalische Behandlung sich allerdings bedeutend weniger günstig erwiesen als der dritte, durchaus nicht das, was ich mir erhofft hatte[,] und nur der Schlußakt entsprach infolge seiner großen Wärme meinen Erwartungen. Dieser aber dermaßen, daß ich ihn noch heute zu meinen allerbesten Leistungen, die ich als dramatischer Komponist aufzuweisen habe, zählen möchte. Die beiden ersten Akte haben dann, wie schon früher die Dichtung, eine sehr eingreifende Umarbeitung erfahren[,] und auch jetzt noch spüre ich[,] wie außerordentlich viel günstiger sich die Sage für die Oper erweist, als die oft zu prosaische Weltgeschichte[,] und wie auch in diesem Punkt Wagner sich wieder als der richtige Wegweiser bewährt hat. Was würde er zu den heut beliebten veristisch naturalistischen Opernstoffen sagen.

[S. 252:] Kurz nach unserer Verheiratung [16. Mai 1894] wurde ich vom Grafen Seebach, bei dem ich meine Oper 'Bertran de Born' eingereicht hatte, aufgefordert, ihm dieselbe vorzuspielen. Wie schon erzählt, hatte der Intendant bei der letzten Herrat-Aufführung durch seine auffallend freundliche Ansprache mich mit großen Hoffnungen erfüllt[,] und ich glaubte besser zu tun, ihn direkt anzugehen, als mich von Schuch wieder endlos hinhalten zu lassen. Die erste Fassung des Buches, in welcher noch zu viel Politik stecken geblieben war und die Marietta, die ich als eine Art Heilbronner Kätchen gestaltet hatte, unfreundlich gedeutet wurde, gefiel seinerzeit Schuch nicht[,] und ich hatte den Bertran umgearbeitet und in der neuen, jetzt der Komposition zu Grunde liegenden Fassung dem Grafen vorgespielt. Der geistreiche Regisseur Überhorst, von dessen Regiekunst schon die Herrat mir keinen günstigen Begriff gegeben, und der über Wagners wundervollen Entwurf 'Wieland der Schmied' sich aufs unverständigste geäußert hatte, brachte es fertig, mir die Belehrung zu erteilen, daß Bertran de Born keine Persönlichkeit sei, für die man sich interessieren könne. Uhland und Dante scheinen freilich das Gegenteil zu beweisen, denn sie haben ihn mit sichtlichem Anteil behandelt. Ein Mann, der wie ich ihn aufgefaßt, den [S. 253:] Kronprinzen von seinem Vater abwendig, die Königstöchter sich geneigt macht und trotz dieser Frevel schließlich selbst den alten König so bezaubert, daß er ihm verzeiht, soll also nicht imstande sein, uns zu interessieren! Als es zum Vorspielen beim Grafen kam, bemerkte ich, daß dieser mir gegenüber eine kalt reservierte, seiner wirklich freundlichen, von früher widersprechende Haltung behauptete und Schuch sich geradezu feindselig benahm. So erhielt ich denn die Oper mit dem üblichen Bedauern zurück und sandte sie später nach Stuttgart. Vor Stuttgart war die Oper, da das Buch den Intendanten Bürklin in Karlsruhe interessiert hatte, beim dortigen Theater eingereicht worden und natürlich auch Mottl übergeben worden. Ich hatte dringend um Durchsicht des dritten Aktes gebeten, dessen Musik meiner Ansicht nach die der Herrat und Gudrun an Wärme und ergreifender Gewalt übertrifft. Doch hatte er vorgezogen, den Anfang des zweiten Aktes, der ziemlich bedeutungslose Recitative enthält, anzusehen und auch mehrere mich in Erstaunen setzende Korrekturen darin angebracht. In seinem ersten Briefe hatte er für sich beansprucht, auf das Textbuch aufmerksam gemacht zu haben, im zweiten bedauerte er, daß mit dieser Musik kaum auf eine Wirkung zu hoffen sei und schickte mir das Material zurück. Da er später von München aus, wo man den Merlin ausdrücklich verlangt hatte, mir denselben Streich spielte, freue ich mich, diesem Kollegen niemals persönlich begegnet zu sein, von dem ich außerdem erfahren sollte, daß er sich nicht geschämt, in Paris die ganze deutsche Kunst zu beschimpfen mit den Worten: [S. 254:] 'Ich versichere Sie, es gibt im Fache der Komposition absolut nichts, gar nichts Wertvolles in Deutschland.' Steckt man allerdings den Kopf in den Busch, so kann man nichts sehen."

Bertran ist in Draesekes Oper als Künstler der große Held und Magier der Handlung, er steht in der Tradition des Hans Sachs aus Wagners *Die Meistersinger von Nürnberg* und übertrifft diesen als Zentralfigur. Allerdings ist er nicht eine ähnliche integre und moralische Person wie Hans Sachs, sondern vollkommen selbstherrlich und egozentrisch. Er handelt gegen Recht und Gesetz, nur dem eigenen Trieb folgend, den eigenen Vorteil im Auge. Aber durch die Macht und den Zauber seiner Persönlichkeit bleiben seine Taten ohne juristische Folgen, die Vergebung, die König Heinrich dem Verräter gewährt, wird noch in den Schatten gestellt von der bedingungslosen Hingabe der beiden Frauen, die Bertran lieben. Marietta, Bertrans Nichte, liebt ihn verzweifelt ohne entsprechende Erwiderung, sie ersehnt und findet den Tod für Bertran, daran kann nicht einmal die Liebe des Königssohnes (Jung-) Heinrich etwas ändern. Dagegen gewinnt Bertran spielend die Liebe der Königstochter Helena, die ihm folgt und gegen ihren Vater bis zur letzten Konsequenz treue Gefolgschaft leistet, ihn schließlich durch Androhung des Selbstmords sogar rettet. Immer aber bleibt es letztendlich Bertran selbst, der des Schicksals Gang bestimmt. Zwar versucht Helena, durch ihre Selbstmorddrohung Gnade für Bertran zu erwirken, er aber zwingt sie durch seine Geisteskraft, von ihrem Vorhaben abzulassen und zu ihrem Vater zurückzukehren, und diese edle Haltung erst bestimmt den König dann zur Milde. Bertran macht eine Läuterung durch, die in dem freiwilligen Verzicht auf Helena und seinem Entschluß, Büßer und Gottesstreiter zu werden, gipfelt. Die faustische, amoralische Natur des Helden, der die Grenzen seiner Möglichkeiten ohne Rücksicht auf Konvention und Sitte erprobt, wird so in christlichem Sinne zum Guten gewendet und findet einen versöhnlichen Ausklang. Bertran bringt sich selbst wieder ein in das soziale Gefüge seiner Zeit, dieser freiwillige Akt der Unterwerfung und Selbstdisziplinierung war ein wesentlicher Zug der Wagnerschule. Diese Grenze wurde ganz bewußt von Richard Strauss in seiner Oper *Guntram* überschritten und damit infolge einiger Nietzsche-Studien der Bruch mit Bayreuth vollzogen.[34] Draeseke bleibt noch im Rahmen von romantischer Genieästhetik und Künstlerkult, er vollzieht nicht den letzten Schritt zur Darstellung des „Übermenschen". Übrigens kannte Richard Strauss die Oper *Bertran de Born*, er hat sie 1895 einmal selbst durchgesehen.[35]

Kompositorisch vollzog Draeseke keine weitere Annäherung an das musikalische Drama, er restituierte vielmehr in noch stärkerem Maße die Erinnerungsmotivik. Die vier Hauptfiguren der Oper erhalten eigene Motive, die ihre Person und ihr Auftreten kennzeichnen, aber nicht im Sinne symphonischer Verarbeitung weiterentwickelt werden und den tragenden Grund der Komposition bilden, wie dies passagenweise in *Gudrun* zu finden war. Damit strebt Draeseke wieder Plastizität der Charakterisierung an, die vervollständigt wird durch eine Gesangslinie, die sich häufig in einer zuvor fast peinlich vermiedenen Weise an den Text anlehnt und dann einen sich dem Rezitativ annähernden Sprechgesang darstellt. Dies wird ergänzt durch lyrische, fast liedhafte Passagen.

Fischer und Kalif

Eine für ihn ganz neue Sphäre betrat Draeseke mit seiner nächsten Oper, die heitere Welt der *Entführung aus dem Serail*. Wie Peter Cornelius' *Der Barbier von*

Bagdad entstammt der Stoff den Märchen aus *Tausendundeiner Nacht*, genauer der 273. bis 289. Nacht. Diese Märchen galten, ungeachtet der großen Verschiedenheit ihrer Herkunft und ihres Inhalts, wegen ihrer Übersetzung aus dem Arabischen als dem Bereich des „Türkischen" zugehörig, die Werke deshalb als heitere Türkenopern in der Nachfolge von Mozarts erfolgreichem Singspiel. Alle drei Stücke schöpfen aus dem selben Vorrat von Charaktertypen, die dieser Gattung eigen ist, aber obgleich bei Cornelius und Draeseke der jugendliche Liebhaber Nureddin heißt, sind doch die inhaltlichen Parallelen bei Mozart und Draeseke noch enger.

Nureddin, Edelmann von vornehmer Herkunft, ist mit seiner Geliebten, der schönen Sklavin Zobeide, auf der Flucht. Zobeide war für den König des Landes bestimmt gewesen, hatte sich jedoch von Nureddin gewinnen und entführen lassen. Beide verstecken sich zur Rast in dem Lustgarten des Kalifen Harun. Zur gleichen Zeit entdeckt auch der Fischer Kerim die offene Gartentür und schleicht sich ein, um Fische zu stehlen. Das Liebespaar wird von dem Gartenaufseher Scheich Ibrahim entdeckt, der jedoch, von Zobeides Reizen bezaubert, auf eine Bestrafung verzichtet, Essen herbeischafft und sich als Herr des Gartens ausgibt. Trotz des Alkoholverbots wird auch Wein besorgt und der widerstrebende Ibrahim zum Trinken verführt. Der Kalif Harun trifft mit seinem Vezier Giaffar ein. Er findet den betrunkenen Ibrahim und ergreift den diebischen Fischer. Zobeide belauscht er unbemerkt beim Gesang und ist ebenfalls bezaubert. Mit Hilfe der Kleider des Fischers macht er sich unkenntlich und nähert sich, ein Abenteuer erhoffend, mit den Fischen Zobeide. Auf ihr Verlangen backt er die Fische und erfährt von Nureddin die Geschichte der Flüchtigen. Da er Beziehungen zum König der Heimat Nureddins hat, schreibt er ihm einen Brief und schickt Nureddin damit weg. Nachdem Nureddin fort ist, gesteht Harun als Kalif Zobeide seine Liebe, sie aber bleibt standhaft. Nureddin ist von der Polizei aufgegriffen worden und wird vor den Kalifen gebracht. Als er hört, daß der Kalif in dem Brief befohlen hat, ihn zum König seines Heimatlandes zu erheben, gelobt er ihm treue Gefolgschaft. Der Kalif verlangt als Gegengabe Zobeide. Diese aber widersetzt sich und droht mit Selbstmord. Gerührt läßt Kalif Harun nun Milde walten und erhebt Zobeide zur Gattin Nureddins und Königin. Alle stimmen das Lob des gütigen Herrschers an.

Die Güte des Herrschers, die Dummheit und Trunkenheit des Aufsehers, der Sieg des jungen über den alten Liebhaber, die Standhaftigkeit der Geliebten, alle diese Topoi erinnern natürlich an Bassa Selim, Osmin, Belmonte und Konstanze; sie sollten aber vorrangig im Zusammenhang der Gattungstradition gesehen werden.

Musikalisch hat Draeseke in diesem Werk ähnlich wie in der *Gudrun* mit einigen Hauptmotiven gearbeitet, die sich durch die Komposition hindurchziehen. Auf die musikalische Charakteristik einzugehen, die das Wesen einer komischen Oper ausmacht, ist schwierig und kann anhand der Noten nur unzulänglich nachvollzogen werden. Selbstverständlich sind einzelne tonmalerische Effekte wie die Klage des Ibrahim über seine Kopfschmerzen, die Wirksamkeit des Komischen in der Musik kann aber nur vermutet werden, sie bedarf der praktischen Prüfung. Daß Draeseke über einen scharfen Wortwitz verfügte, hat er in vielen Situationen bewiesen, einige seiner Dikta sind sehr schnell sprichwörtlich geworden, und seine Harmonielehre in Versen[36] ist ein echtes Kabinettstück der Musiktheorie.

Wenig berichtet Draeseke in den Lebenserinnerungen über die Oper selbst, dafür um so mehr über Entstehung und Begleitumstände der Uraufführung.

[S. 254] „Die Dresdner Zurücksendung dieser Oper [*Bertran de Born*], die am 5. Oktober [1894] erfolgte, gab mir Veranlassung, von Schuch auch die eines Textbuches zu erbitten, das ich früher verfaßt und ihm dann zur Verfügung gestellt hatte, falls er es komponieren wolle: das reizende Märchen aus Tausendundeiner Nacht, die schöne Perserin betitelt, hatte mich schon früher gefesselt, doch war ich erst nach verschiedenen, vorhergegangenen dramatischen Arbeiten dazu gekommen, dasselbe zur Operndichtung umzugestalten, hatte ihm aber bisher nicht musikalisch beikommen können.

Im neuen, traulichen Heim waltete über Fischer und Chalif, wie ich die einaktige Oper taufen wollte, endlich ein segensreicher Stern, und ich begann am 12. Oktober an einer ziemlich bedeutungslosen Stelle, für die ich ein zusagendes Motiv gefunden. Doch hätte ich beinahe gleich wieder aufgehört, da mein liebes Fritzle, die das Entstehen einer Schöpfung wohl noch nicht erlebt hatte, mir als Reminiscenzenjägerin dazwischen trat und die ganze Stimmung verdarb. Hierfür bekam sie eine ganz gehörige Predigt zu vernehmen, die sehr großen Eindruck gemacht [S. 255:] haben muß, denn beim Schaffen hat sie mich nie wieder gestört, wohl aber gefordert und ermutigt durch ihr liebevolles Eingehen selbst auf die geringsten Einzelzüge und ihr nie ermüdendes Anteilnehmen und Anhören gegenüber all meinen musikalischen Einfällen, und grade dies hatte mir so sehr gefehlt. Ich hatte so gehungert nach der begleitenden Teilnahme und der Freude am Gelungenen, daß ich mich auch in dieser Hinsicht wie im Paradiese fühlte und zwar um so mehr, als ich bald genug erkannte, welch feinen musikalischen Geschmack und welch richtiges Urteil mein liebes Frauchen besaß. In den Zug kam ich außerordentlich rasch mit dieser komischen Oper, die eigentlich nur Schönheit anstreben und Liebenswürdigkeit entfalten sollte, von den neuesten Greuel-Idealen der modernen dramatischen Kunst also durch die denkbarste Kluft getrennt war. Gewohnt, nur die melodische Erfindung zu notieren, diese dann mit provisorischer spärlicher Begleitung zu versehen, die nach erfolgter Prüfung des Niedergeschriebenen reicher gestaltet wurde, setzte ich aufs Geratewohl in Musik, was mich im Moment fesselte und schrieb alles auf kleine Zettelchen, wie ich sie ebenfalls im Moment erhaschte, sodaß wir oft die tollste Mühe hatten, in dieser Konfusion uns zurechtzufinden und dazu auch erst nach Numerierung der Papierchen gelangen sollten. Die Komposition, nämlich die Festlegung der sogenannten melodischen Umrisse, war bereits in neun Tagen fertiggestellt, die definitive Ausarbeitung der Skizzen erforderte höchstens drei Wochen und die Partitur wurde in drei bis vier Monaten vollendet. Hätte ich geahnt, welch eine Fülle von Ärger und widerwärtiger Aufregungen mir aus diesem so durchaus freundlichen Werke erwachsen [S. 256:] würde, so wäre ich vielleicht vor der immerhin

keineswegs unansehnlichen Arbeit zurückgeschreckt. Guter Erwartungen voll, freute ich mich aber ganz unbändig über das so schnell Vollbrachte, und wie ich glaube, auch gut Gelungene und bin bis jetzt noch zufrieden, daß das Produkt bei alledem existiert und vielleicht trotz aller Hindernisse noch einmal zu vollem Leben erwachen wird. Auch diese Oper mußte ich einmal dem Grafen und Schuch vorspielen. Als letzterer sich verabschiedet hatte, sagte mir Graf Seebach: 'Ich werde sie natürlich geben' und begreiflicherweise erfreute mich dieser unerwartete Ausspruch ganz bedeutend, auch bedankte ich mich hierfür aufs lebhafteste, aber leider ohne jeglichen Grund.
[S. 338:] Fischer und Kalif war mittlerweile in Prag für den 12. März [1905] festgesetzt worden. Zu meinem Erstaunen hatte ich aber erfahren, daß nicht Leo Blech, wie wir bestimmt erwartet hatten, dirigieren werde, sondern die Oper dem Kapellmeister Pollak übergeben worden sei. Dieser, ein liebenswürdiger und geschickter Mann, schrieb mir einen sehr freundlichen Brief, in dem freilich von Strichen, deren Notwendigkeit ich nicht einsah, die Rede war. Doch konnte ich ein gewisses Mißtrauen nicht los werden, da wir den Grund für Blechs Zurücktreten nicht begriffen und auch nachher niemals Klarheit darüber erlangt haben. Eigentümlich berührte mich, als ich [S. 339:] durch Dr. Batka erfuhr, daß man der Oper einige Tage früher ein vorbereitendes Konzert vorhergehen lassen und er dabei eine kleine Einführungsrede halten werde. Am 8. März reiste ich also mit Frida nach Prag, wurde von Dr. Batka und dem Sekretär des Dürerbundes mit großer Freundlichkeit empfangen und nach dem Blauen Stern geführt. Von Prag sahen wir an diesem Nachmittag nur wenig und begaben uns abends nach dem Konzertsaale. Dr. Batka hielt eine ganz hübsch zusammen gestellte, gut gemeinte Einführungsrede, in der, so schmeichelhaft sie im Einzelnen abgefaßt war, er ziemlich deutlich aussprach, daß die dramatische Kunst eigentlich nicht meine Sache sei. Erschien dies schon wenig zweckmäßig, indem der veranstaltete Konzertabend doch auf die Oper vorbereiten sollte, so fand ich es andererseits und angesichts der sechs von mir komponierten Opern recht voreilig, ein derartiges Urteil zu fällen, wenn bis dahin dem Betreffenden keine Note dieses Werkes zu Ohren gekommen war. Für das Konzert hatten sich Leo Blech und Frau, zudem ein vortrefflicher Sänger namens Zador, Baritonist Boos, Frau [?] Langendorf, ein Cellist und ein Klarinettist zur Verfügung gestellt und war eine Auswahl meiner Kompositionen getroffen worden, die mich den Pragern als sehr friedlich gesinnten Tonsetzer darstellte. Wir saßen auf der ersten Galarie seitwärts, wo mich Blech, den ich persönlich noch nicht kannte, während der Pause aufsuchte, und nach Schluß des Konzertes zeigte ich mich dem sehr freundlich gestimmten Publikum und bedankte mich herzlich bei den liebenswürdigen Mitwirkenden. Hierauf verabredete ich mit Blech ein späteres Zusammensein nach der Oper, wobei ich aber zu meinem Erstaunen be- [S. 340:] merkte, daß er die meisten darin beschäftigten Sänger ausgeschlossen und eigentlich nur die am Konzertabend Beteiligten bevorzugt wünschte. Ich bedauerte sehr, den Dirigenten Pollak an diesem Abend nicht habe[n] sprechen [zu] können. Im übrigen fühlten wir uns im-

merhin befriedigt und traten voll angenehmer und vertrauensseliger Stimmung in derselben Nacht unsere Rückreise nach Dresden an.

Bald genug [13.3.1905] maßen wir denselben Weg zurück, stiegen wieder im Blauen Stern ab und wohnten der Generalprobe bei [14.3.1905]. Angelo Neumann hatte seiner erschütterten Gesundheit halber den Süden aufsuchen müssen[,] und ich war somit auf den Regisseur und die Kapellmeister angewiesen. Wir saßen in der Loge des Direktors und hier begrüßte uns das sehr anmutige Fräulein Fröstel, das soeben ein Gastspiel in Breslau erledigt hatte[,] und gewann sich im Sturm unsere lebhaftesten Sympathien. In der Generalprobe entzückte sie uns beide, fanden sie aber in der Aufführung nicht ganz so gut disponiert. Die Besetzung des Kalifen und des Ibrahim schien recht Gutes zu versprechen, während der Darsteller des Nureddin schauspielerisch zu wünschen übrig ließ. Die Dekorationen entsprachen im wesentlichen meinen Wünschen[,] und besonders bot sich ein reizender Anblick, als die aus dem Kiosk befreiten Tänzerinnen den Garten erfüllten. Gleichwohl mußte ich bemerken, daß die keineswegs sehr komplizierte Handlung wegen Mangels der Textbücher nicht recht begriffen wurde[,] und erfuhr dies auch am Aufführungsabend [15.3.1905], als ich meinen Dresdner herübergekommenen Freunden am Gesicht ablas, daß auch sie von der Handlung der Oper keine genügende Anschauung erhalten hatten. Von Batka erhielt ich auf meine Frage, ob ich den Pragern nicht hübsche Musik geboten hätte, die eigentümliche Antwort: ‘Zu- [S. 341:] viel schöne Musik’, was mir im Moment unverständlich blieb. Ich sah dem Abend mit wachsender Sorge entgegen. Letztere war genährt worden durch den Umstand, daß meinem Werke vorhergehend das eines englischen Musikers, Leoni, welches mir bodenlos langweilig erschien und sich musikalisch wohl kaum über Dilettantismus hinausgehoben hat, das Interesse der Hörer für eineinhalb Stunden in Anspruch nahm, wohl auch ermüdete, gleichzeitig aber doch für die Hauptsache angesehen wurde, da Blech dieselbe dirigierte. Angelo Neumann schien mit der Aufführung dieses Rührstükkes einer Verpflichtung gegen hochgestellte Personen entsprochen und infolgedessen auch seinen ersten Kapellmeister mit der Direktion betraut zu haben. Die Ouverture meiner Oper wurde von Pollak brillant herausgebracht, fand aber keinen Applaus und wenn ich auch am Schluß der Oper einige Male hervorgerufen wurde, so hatte ich doch das Gefühl, die Oper sei nicht zu einer solchen Wirkung gekommen, wie sie unter Schuchs Leitung jedenfalls hätte erleben können. Frida war besonders wenig davon erbaut, daß alle charakteristischen Züge dermaßen abgetönt und gemildert waren, daß man nichts mehr von ihnen bemerken konnte, eine mir höchst unsymphatische Manier, die in der Neuzeit, der der Sinn für kräftigen Humor vollkommen zu fehlen scheint, sich recht häufig bemerkbar macht. Erfreulich war mir aber, daß der Darsteller des Kalifen sich an diesem Abend sehr hervortat, wie er mir auch ein freundlichen Andenken bewahrt zu haben scheint, denn nach Jahresfrist mit meinem Schüler Ehrenberg zusammengetroffen, hat er mit diesem mir einen liebenswürdigen Gruß aus München geschickt. Im [S. 342:] Hotel angekommen, wurde ich durch Lorbeerkränze von unheimlicher Größe, mit schmeichelhaften Inschriften versehen, von Blech und einer vom Dürerbund gestiftet, überrascht, durch die Servilität der überbringenden Dienstmänner, die uns das Gewand küssen wollten, aber in unangenehmster Weise an den Orient gemahnt. Wir fanden unsere Soupergäste, zu denen die Sängerinnen Förstel, Langendorf, Herr und Frau Blech, Pollak, Zador, Regisseur Stern zählten und denen sich später noch Herr von Struve und Urbach zugesellten, bereits im Vorzimmer versammelt. Blech versuchte mir klar zu machen, warum er nicht habe dirigieren können, ohne daß es ihm vollständig gelungen wäre. Batka hatte nicht teilnehmen wollen, Fräulein Förstel und Zador zeigten mir aber großes Interesse und benahmen sich sehr lieb und freundlich. Auch der ganz tüchtige, noch recht junge Regisseur erwies sich sehr zutunlich [sic!], verdrängte aber leider Fräulein Förstel von dem Platz an meiner Seite. Es war ein recht gemütliches Zusammensein, doch empfahlen sich Blechs schon um ein Uhr, während wir noch etwas länger in heiterster Stimmung zusammenblieben und dann mit Herrn von Struve noch nachts heimfuhren."

Merlin

Die religiöse Wendung, die in der Oper *Bertran de Born* zu beobachten war, kennzeichnet eine insgesamt stärkere Zuwendung Draesekes zu geistlichen Stoffen im Alter. Herausragendes Beispiel ist ein vom Komponisten selbst als dramatisch verstandenes Stück, das große oratorische Werk *Christus. Ein Mysterium in einem Vorspiel und drei Oratorien*. Bewußt als Gegensatz zu Wagners *Ring*-Tetralogie angelegt, sprengt es in gewisser Weise die Grenze zwischen Bühnenmusik und Kirchenmusik.[37] Die christliche Botschaft wird darin mit Hilfe alter und neuer Kunstmittel verkündet: ausladende Kontrapunktik vor allem in den ausgedehnten und höchst anspruchsvollen Chorpartien, plastische orchestrale Tonmalerei in einzelnen bewegten Szenen sowie leitmotivische Arbeit im gesamten Werk (drei Kernmotive). An eine szenische Aufführung dachte Draeseke zwar keineswegs, aber er sieht auch ohne dies mögliche Bedenken gegen eine Aufführung bestimmter Teile in der Kirche, die er sich wünschte, da sie zu weltlich, sinnlich verführerisch wie in einer Oper gestaltet seien. Er suchte sie zu zerstreuen, und all dies läuft auf eine Aufhebung der Gegensätze zwischen Kirche, Konzertsaal und Bühne im Sinne einer weltanschaulichen Versöhnung hinaus. Dafür ist Draesekes letzte Oper *Merlin* ein weiteres wichtiges Exempel. Eine direkte Beziehung zwischen Oratorium und Oper stellt Draeseke sogar durch Übernahme musikalischer Motive aus *Christus* in *Merlin* her. Damit ist ein äußerster Gegensatz erreicht zu Draesekes antichristlicher Schlußgestaltung in der *Gudrun*.

Über Inhalt und Komposition des *Merlin* äußert sich Draeseke ausführlich in den *Lebenserinnerungen*:

[S. 231:] „Eine besondere Liebe hat mir Immermann eingeflößt, und zwar mit seinem gesamten Münchhausen, nicht nur dem 'Oberhof', der von ungebildeten Buchhändlern dem deutschen Publikum als alleinig wertvoll angepriesen wird. Über seine [S. 232:] höchst interessante, tiefe Gedanken bergende Mythe

'Merlin' werde ich mich bei der Besprechung meiner gleichnamigen Oper ausführlich äußern. Außerdem hatten mich die Dramen 'Gismonda', 'Andreas Hofer', insbesondere aber 'Alexis' sehr gefesselt und ich muß lebhaft bedauern, daß man die beiden ersten Dramen dieser Trilogie unserm Theaterrepertoire nicht einverleibt hat, da sie tatsächlich sehr Wertvolles enthalten und nach Grabbes Wort 'wie aus Erz gegossen' einen gewaltigen Erfolg erzielten.

[S. 304:] Ich selbst aber faßte den Plan, Immermanns Merlin, den Hans von Bülow früher als Opernstoff für sich erwählt, aber nicht einmal dichterisch ausgeführt hatte, auf seine Brauchbarkeit hin zu prüfen und mich eventuell ernsthaft damit zu befassen. Hinsichtlich des Reichtums und der Tiefe der Gedanken zählt dieser Mythus, wie der Dichter ihn nennt, zu seinen bedeutendsten Schöpfungen. Aber erfüllt von der Romantik der Sage, hat er der Versuchung nicht widerstehen können, fast alles, was in Beziehung zur Hauptperson, oder auch nur zur Gralssage steht, in dies Gedicht hereinzuziehen. Dadurch ist es mit einer Menge Ballast beschwert worden, die wieder entfernt werden mußte, sollte eine allgemein verständliche und besonders eine einheitliche Handlung geschaffen werden. Die ganze Vorgeschichte, die Immermann als geschehen an uns vorüberziehen läßt, dürfte, da Merlin selbst schon in Gestalt eines hochberühmten Zauberers vor unsere Augen tritt, als einer weit zurückliegenden Vergangenheit angehörend, nur erzählend berücksichtigt werden. Aber auch Klingsor erschien mir nicht nötig, da er von Merlin überwunden, in die Haupthandlung nicht eingreift, und noch störender berührten mich die ohne irgend etwas dramatisch Förderndes zu bewirken, bei mehreren Gelegenheiten auftretenden Hauptpersonen der Gralssage Titurel, Parsifal und Lohengrin. Für ganz unmöglich [S. 305:] mußte ich Lanzelot vom See erklären, der auch bei Immermann, obwohl dieser augenscheinlich an kein Bühnendrama gedacht hat, störend wirkt, und dessen Liebe zur Königin Ginevra mit der Handlung der Merlin-Geschichte absolut nicht das geringste zu tun hat. Es galt also vieles zu überlegen und bei energischem Streichen des Überflüssigen auch darauf zu sehen, daß nicht etwas Wesentliches oder fürs Ganze Nützliche aus Versehen mit dem andern zugleich beseitigt wurde. Satan hat Gottvater ein Paroli bieten wollen, indem er mit einer reinen Jungfrau einen Sohn erzeugte, der die durch das Christentum abwendig gemachten Erdenbewohner ihm wieder zuführen sollte und verliert sein Spiel, da Merlin, durch Nynianens teuflische Zauberkünste verführt und an der Erfüllung seiner Pflicht gehindert, sich doch von der Natur seiner Mutter stärker beeinflußt erweist, als von der Satans und im entscheidenden Moment ihm die Gefolgschaft versagt. Dies ist Immermanns Grundgedanke, an den ich mich streng gehalten und der bei der andern mir bekannt gewordenen Merlin-Dichtung durchaus nicht zu Tage tritt, ja sogar wesentlich entstellt erscheint. Goldmarks Viviane wird schließlich zu einer Art Senta, die Merlin erlöst und von Satans Gewalt ist gar nichts zu spüren, während Immermanns Nyniane mit ihrer unvergleichlichen Anmut Merlin so bezaubert, daß er über sie alles vergißt und den König Artus mit den Seinen führerlos in der Wildnis verkommen und verschmachten läßt. Dieser Artus und sein Hof war demnach für die Handlung absolut notwendig, und da er in keiner bekannten Oper bereits dargeboten worden, reizte es mich natürlich, ihn mit allem möglichen Glanz auszustatten. Unmöglich erschien mir aber, daß Artus mit den Seinen den Gral erobern [S. 306:] wollte. Wenn derselbe nach dem sündigen Amfortas durch göttliches Eingreifen den Parsifal zum König erhalten und dieser auch schon seinen Sohn Lohengrin als Gralsritter in die Welt hinausgeschickt hatte zum Schutze der Bedrückten und Verleumdeten und [sic!] da kam mir bei der Erinnerung an Richard Wagners letztes, feierliches Werk und dem dort auftretenden Amfortas der glückliche Gedanke, daß es für mein Drama, das ja in einer recht unbestimmten, nach Belieben vor- oder zurückzulegenden Zeit spielen würde, sich viel günstiger erweisen möchte, wenn Parsifal und Lohengrin als noch gar nicht bekannt aus dem Spiele blieben und das Leiden des unheilbaren Amfortas die Gralsritter sonach mit Sehnsucht nach einer Änderung des bestehenden Zustandes erfüllte. Bei einer derartigen Sachlage konnte es begreiflich erscheinen, wenn Merlin und Artus auf den Gedanken kamen, den Gral zu erobern und ersterer am Hofe des Königs wegen seiner alles faszinierenden Persönlichkeit wie ein Gott angestaunt, Artus und seine Tafelrunde mit dieser Aufgabe betraute und sie dahin zu führen verspricht. Nach solchen Vereinfachungen erschien es leichter, eine übersichtliche Handlung herzustellen, wenn auch noch manche Schwierigkeiten poetischer und szenischer Art zu überwinden waren. Denn im Drama muß alles motiviert werden[,] und so bedurfte ich einer ersten Begegnung Nynianes mit Merlin, um ihn durch den Zauber, den sie ausübt, an Artus Hof zu locken. Damit das Königspaar uns auch menschlich interessiere[,] ließ ich Ginevra in Unmut geraten über die stets sich wiederholenden, ihr Inneres nicht befriedigenden Festlichkeiten, wodurch der König sich zum Bekenntnis gedrängt fühlt, daß er gleiches empfunden, er Klingsors Rat gesucht habe und auf dessen Spruch, durch das Kind [S. 307:] ohne Vater würde ihm Heil beschert werden, Nyniane nach dem Kind ausgeschickt habe. Die mit dem Zauberwesen ihrer Schwester vertraute Königin erhält hierdurch Gelegenheit, dieselbe in wahrem Lichte zu schildern und Artus, der sein Vertrauen zu ihr bereut, zu veranlassen, daß er ihr vom Gral und seinem Plane, ihn zu erobern, erzählt. Sowie er die Worte ausgesprochen, 'Mag das Kind ohne Vater kommen, mag`s nicht, Artus werde der Gral...' konnte ich von dem vielfach bewährten dramatischen Mittel, das auch Wagner beim ersten Auftreten des Lohengrin, besonders aber dem des Parsifal benutzt hat, Gebrauch machen und Merlin erscheinen lassen, der eben das Kind ohne Vater ist. Auch wurde es mir möglich, die bei Immermann dem Artus zugeteilten Worte: 'Auf Eure Kniee, hier steht ein Gott', erst aussprechen zu lassen, wo Merlin sich selbst als dieses Kind bezeichnet. Ich fand es besser, Nyniane in Abhängigkeit von Satan befindlich, durch diesen auf das verhängnisvolle Wort hinweisen zu lassen, das sie Merlin zu seinem Verderben entlocken soll, und ihr, der so überaus Anmutigen vor seiner grauenvollen Verwandlung, die sie sich nicht so schrecklich gedacht, doch ein paar Töne des Mitleids zuzuteilen, um ihr Bild einigermassen zu erhellen.

Szenische Schwierigkeit wurde mir hauptsächlich bereitet durch die Verwandlung Merlins, die auf Jahre hinaus andauern und doch im selben Akte auch wieder ihr Ende finden sollte und der ich durch den siebenmal wiederholten Reigen der Jahreszeiten, die mit ihren Attributen und von charakteristischer Musik begleitet, die Bühne betreten, in, wie ich hoffe, ausreichender und glücklicher Weise begegnet bin. Fertig gestellt wurde das Gedicht im Sommer 1900; [S: 308:] und zur Komposition kam ich erst 1903.

[S. 342:] Der 'Merlin' war inzwischen seiner Vollendung entgegengegangen und am 13. Mai [1905][38] konnte ich auch die Partitur abschließen, der nur noch das bis jetzt unkomponierte Instrumentalvorspiel fehlte. Die Herstellung dieses Druckes sollte meinem Sommeraufenthalte vorbehalten bleiben, den wir uns im nahen Bärenfels erwählt hatten. Wir hatten im Kaiserhof ein schönes Zimmer mit Balkon und Aussicht auf das Kipsdorfer Tal erhalten und erfreuten uns trefflicher Verpflegung, die wir zu unserer Freude selbst Mittags an kleinen [S. 343] Tischen genießen konnten. Der Wald war vom Gasthof aus schnell und leicht zu erreichen[,] und hier fühlte ich mich bei einem einsamen Spaziergang eines Tages aufgelegt, das Instrumentalvorspiel zum Merlin ins Auge zu fassen und war ganz glücklich, mit der Hauptsache in der kurzen Zeit von drei Tagen fertig zu werden. Meiner Technik in Bezug auf Form und Satzbau konnte ich so sicher sein, daß ich zu unternehmen wagte, von allen bekannten Formen abzusehen und nur das hinzuschreiben, was ich zur Darstellung bringen wollte. Und dies war die Geburt Merlins, wie sie von Immermann in seiner Mythe erzählt ist. Satans und Candidas Themen wurden gleich im Anfang sich gegenübergestellt, während das für Merlin bestimmte erst verhältnismäßig spät, dann aber mit starker Betonung zur Erscheinung kam und der Schluß des Vorspiels sich mit dem der Oper deckte. Die Instrumentation wurde ebenfalls sehr bald, nämlich am 13. Juli und mit ihr zugleich auch die eigentliche Komposition der gesamten Oper beendigt.

[S. 349:] Ende März [1906] beendete ich dann die Komposition des 'Merlin', die späterhin freilich noch manche Änderung erleiden sollte, und las kurz darauf in engstem Zirkel die Dichtung vor. Meine englische Schülerin, die auch zugegen, mich sehr eingenommen für meinen Satan und lebhaft auch mit seinen Lebensansichten sympathisierte, erweckte auch bei mir sehr sympathische Regungen, insoweit als sie vortrefflichen Wein, ja sogar Champagner mitgebracht hatte, um meine vollendete Oper zu feiern. Nach der Lektüre spielte ich die zweite Liebesszene des III. Aktes bis zur Verwandlung Merlins in die Tiergestalt, wo ich weislich aufhörte, da ich der Darstellung auf dem Klavier allein mich nicht gewachsen fühlte."

Die ausführlichen Angaben, die Draeseke in den *Lebenserinnerungen* zu seiner Oper *Merlin* macht, erlauben einige Sicherheit in der Interpretation seiner kompositorischen Absichten. Drei Themen seiner Komposition nennt Draeseke, die Themen Satans, Candidas und Merlins. Im Sinne einer Symphonischen Dichtung verarbeitet Draeseke diese drei Themen in der Ouverture, er nennt sie „Instrumental Vorspiel".[39] Vater und Mutter Merlins werden in ihren Themen vorgestellt (S. 3[40]):

Dem drängenden Satansthema wird mehrfach das ruhige Candidathema gegenübergestellt. Das Merlinthema wächst aus diesen heraus (ab Ziffer 7), es setzt sich gegen das Satansthema durch und überwindet es in kanonischer Führung (S. 8, Ziffer 9):

Der Sieg des Guten wird am Ende des Vorspiels wie auch der gesamten Oper repräsentiert durch das Candidathema. Zweimal tritt in der Oper das Erlösermotiv aus dem Oratorium *Christus* auf: zum ersten Mal, als Merlin von der Auferstehung Christi zur Erlösung der Menschen spricht (S. 34f.), zum zweiten Mal am Ende der Oper zum Zeichen der Erlösung Merlins (S. 242).

Weitere Themen treten hinzu, die Partitur enthält ein durchgehendes leitmotivisches Gewebe: das Thema der Nyniane und das Thema des Grals, die beide größere Verbreitung haben, sowie situativ begrenzte Themen wie das der inbrünstigen Liebe etc. Wie plastisch Draeseke die Partitur insgesamt gestaltet, wird auch durch Tonmalereien deutlich, wie sie im 19. Jahrhundert noch am ehesten aus der Kirchenmusik bekannt waren (S. 51): „Was jetzt trübe am Boden kreucht, stolz empor strebts in die Luft“ oder (S. 127) „Fallt nieder“, beides durch den Melodieverlauf abgebildet. Damit wird in der Komposition die Nähe von Oper und Kirchenmusik nochmals deutlich, wie sie schon durch Übernahme des Christusmotivs angezeigt wurde.

Unverkennbar ist in *Merlin* auch der Anschluß an Wagners *Parsifal*, nicht nur in der Stoffwahl, sondern auch in der Erlösungsthematik. Zwar spricht Draeseke nicht ausdrücklich von einem „Bühnenweihfestspiel“, doch gehen seine Intentionen in genau diese Richtung. Daß der *Parsifal* für ihn zur Kirchenmusik gehört, geht aus einem Ausspruch hervor, den er nach einem Konzert mit dem *Parsifal*-

Vorspiel und Verdis *Requiem* gemacht hat und in den *Lebenserinnerungen* mitteilt (S. 152): Das ganz neue Parsifal-Vorspiel sei die einzige Kirchenmusik gewesen, die er an diesem Abend zu hören bekommen habe.

✶

Auch die letzte Oper *Merlin* beweist wieder, wie stark Draeseke sein musikdramatisches Schaffen unter dem Aspekt des Weltanschaulichen, Religiösen betrachtete. War es zunächst in den germanischen Reckenopern der nationale Gedanke gewesen, der grundlegend war, so hat sich dieser in Draesekes letzter Schaffenszeit stark ins Religiöse verlagert. In jedem Fall aber sind es für Draeseke die elementaren Grundfragen des Lebens, die er in einer erhabenen Weise zur Sprache bringt und seinen Hörern als moralische Erbauung darbietet. Dem Künstler kommt damit eine große soziale Verpflichtung und wichtige Aufgabe im Gemeinwesen zu, die eines Erziehers und Repräsentanten eines Volkes oder gar der Menschheit. Das Künstlerbild des 19. Jahrhunderts, wie es sich vielleicht am deutlichsten in der Beethoven-Rezeption widerspiegelt[41], ist für Draeseke hier in vollem Umfang in Betracht zu ziehen.

Nur unter diesen Prämissen sind dann die Ernsthaftigkeit und Verbissenheit zu erklären, mit der Draeseke in seinem Aufruf *Die Konfusion in der Musik* 1906 gegen die *Salome* von Richard Strauss – ohne sie direkt zu benennen – polemisiert. Er sieht in der modernen Kunst den „Zusammensturz des Bestehenden“, die „aufs Höchste getriebene Negation“, wo doch „nur der positive Aufbau eine Berechtigung“ habe, „nicht die fortgesetzte Zerstörung“. „Die Tonkunst ist das unbestrittenste Gut des deutschen Volkes gewesen und geblieben; [...] Wahre dir dein teuerstes Gut, deutsches Volk, und laß dich nicht verblenden von Umstürzlern, die nicht den Fortschritt wollen, sondern den Umsturz!“[42]

Zwar muß als persönlicher Anlaß berücksichtigt werden, daß die Wiederaufführung der *Herrat* zum 70. Geburtstag Draesekes 1905 in Dresden von den Vorbereitungen zur Uraufführung der *Salome* in den Schatten gestellt, die Oper nach wenigen Aufführungen abgesetzt und somit Draesekes letzte Hoffnung, als Opernkomponist zu reüssieren, zerstört wurde, doch ist der tiefere Grund der Auseinandersetzung in den weltanschaulichen Aspekten zu sehen. Die hehren Ideale, die Draeseke wichtig waren, etwa die Treue, die er so häufig beschworen hatte, galten stets der Einbindung der Menschen in eine humane Gesellschaft. Auf dieser Ebene war auch die Formulierung germanisch-nationaler und christlicher Ideen ähnlich wie zuletzt andeutungsweise bei Wagner durchaus vereinbar. Richard Strauss hatte sich nach seiner frühen Bayreuth-Begeisterung mit der Formulierung des *Guntram*-Schlusses bewußt und deutlich von dieser Haltung entfernt und die Eigenständigkeit des Menschen unabhängig bestimmter sozialer und weltanschaulicher Bindungen betont. Seine kirchenfeindliche Haltung etwa hatte er ja schon in der Tondichtung *Also sprach Zarathustra* musikalisch zum Ausdruck gebracht, ebenso seine Bewunderung der Gedanken Friedrich Nietzsches. Daß Strauss nun in seiner Oper *Salome* eine so unmoralische Geschichte komponierte, sich dabei der moralisierenden Deutung enthielt, obgleich doch ein biblischer Stoff zugrunde lag, mußte Draeseke geradezu als Blasphemie und Verrat an der Sendung des Künstlers zur sittlichen Hebung der Menschen dünken.

Draeseke traf mit der Kritik einen Nerv seiner Zeit, eine große Diskussion setzte nach dem Aufruf ein, offenbar in dieser Größe die letzte gesamtgesellschaftliche Diskussion um Fragen der aktuellen Musikproduktion. In der historischen Betrachtung hat diese Auseinandersetzung stets eine ganz einseitige Beurteilung erfahren. Der Dresdner Fortschrittspartei galt Draeseke nur noch als „Drecksäcke", Erich Roeder dagegen stilisierte ihn zum nationalsozialistischen Vorkämpfer in dunkler Zeit hoch, „die deutsche Heldenjungfrau" Herrat muß „der perversen Orientalin" Salome weichen.[43] Es wird nicht einfach sein, heute eine ausgewogenere Bewertung zu finden, denn es handelt sich bei den zugrundeliegenden Fragen am wenigsten um „reine" Musik, sondern um politische Grundsätze, die in der Gegenwart noch aktuell sind.

Anmerkungen

1 Theodor Kroyer, *Die circumpolare Oper. Zur Wagnergeschichte*, in: *Jahrbuch der Musikbibliothek Peters für 1919*, S. 20.

2 Ebd., S. 27.

3 Ebd., S. 28.

4 Hermann Stephani, *Felix Draeseke. 1835–1913*, in: *Zeitschrift für Musikwissenschaft* 17 (1935), S. 426–428.

5 Erich Roeder, *Felix Draeseke. Der Lebens- und Leidensweg eines deutschen Meisters. Umfassende Darstellung seines Entwicklungsganges unter Berücksichtigung der Familiengeschichte, des Schaffens und des zeitgenössischen Musiklebens*, Dresden o.J.; Erich Roeder, *Felix Draeseke. Der Lebens- und Leidensweg eines deutschen Meisters*, Bd. II: Schlußband (1876–1913). Mit einer Einführung in sämtliche Werke, Berlin 1937.

6 Noch vor Roeder beschäftigte sich mit den großen vokal-instrumentalen Werken Otto zur Nedden, *Die Opern und Oratorien Felix Draesekes und ihre geschichtliche Stellung*, Diss. Marburg 1926.

7 Eine Internationale Draeseke-Gesellschaft wurde 1986 gegründet.

8 Albert Gutmann, *Aus dem Wiener Musikleben. Künstler-Erinnerungen 1873–1908*. Bd. 1, Wien 1914, S. 55.

9 Gutmann, *Aus dem Wiener Musikleben*, S. 55: „Liszt sagte des öfteren, wenn von Künstlerambition die Rede war: 'Es will nicht nur jeder der Erste – sondern auch der Einzige sein!' Gerne zitierte er im Gegensatz dazu, gewissermaßen als Pototyp der Bescheidenheit, einen Ausspruch des Komponisten Draeseke, der ihm besonders gefiel."

10 Felix Draeseke, *Lebenserinnerungen*. Typoskript, Stadtarchiv Coburg (Stadtbücherei, Coburgica Nr. XI.30). Zur Textübertragung: Nur eindeutige Fehler und Satzzeichen wurden verbessert, „ss", wo notwendig, zu „ß" sowie große Umlaute (Ae, Ue) korrigiert, da offensichtlich keine entsprechenden Typen auf der benutzten Schreibmaschine vorhanden waren. Die vom zunächst vorgesehenen Herausgeber angebrachten Kürzungen und stilistischen Verbesserungen sind rückgängig gemacht worden zugunsten des ursprünglichen Textes. Sprachliche Unebenheiten, die bei dem Musikschriftsteller Draeseke sonst nicht zu finden sind, gehen wahrscheinlich auf die Form des Diktats zurück. Die Niederschrift ist vom Autor offenbar keiner eingehenden Überarbeitung unterzogen worden. Sie soll nicht nachträglich versucht werden, sondern um der Eigenart der Quelle willen unterbleiben. Die

Seitennumerierung wird nach der handschriftlichen Paginierung des vorgesehenen Herausgebers angegeben.

11 Angaben nach Martella Gutiérrez-Denhoff, *Felix Draeseke. Chronik seines Lebens*, Bonn 1989 (= *Veröffentlichungen der Internationalen Draeseke-Gesellschaft. Schriften*, Bd. 3).

12 Draeseke beschreibt dies in scharfer Abgrenzung zu Franz Liszt noch in seinen *Lebenserinnerungen*, S. 174 (anläßlich eines Treffens von Draeseke und Liszt 1884): „Zu all dem kam seine kaum in irgend einer Weise verhüllte Abneigung gegen Deutschland und deutsches Wesen, die mich als glühenden Patrioten in höchstem Grade verletzte, während seine Verehrer und nicht nur die fanatischen, wie Gille und andere, sondern auch Riedel und sogar Stern diesen Zug seines Wesens gleichgültig übersahen."

13 Vgl. Helmut Loos, *Felix Draeseke als Opernkomponist: „Herrat"*, in: *Deutsche Oper zwischen Wagner und Strauss*. Symposion Dresden Mai 1993, hrsg. v. Sieghart Döhring, Hans John u. Helmut Loos, in Vorbereitung (=*Veröffentlichungen der Internationalen Draeseke-Gesellschaft. Schriften*, Bd. 6).

14 Künstlerische Anschauung und persönliche Beziehungen trennte Draeseke ganz streng voneinander. So sehr er sich der Kunst Richard Wagners verbunden fühlte, so konsequent mied er jeden persönlichen Kontakt, seit Wagner Cosima, die frühere Frau seines Freundes Hans von Bülow, geheiratet hatte.

15 Ernst von Schuch (1846–1914), seit 1873 Königlicher Hofkapellmeister der Dresdner Hofoper.

16 Anspielung auf Richard Strauss' *Salome*.

17 Franz Wüllner (1832–1902), 1877 bis 1884 Königlicher Hofkapellmeister und künstlerischer Direktor des Konservatoriums in Dresden.

18 Mit *Der Waldschatzhauser* als Märchenspiel leistet Draeseke einen Beitrag zu einem eigenen, der Romantik entstammenden Bereich der Oper, den in der nachwagnerschen Zeit Engelbert Humperdinck mit *Hänsel und Gretel* erfolgreich fortgesetzt hat.

19 Hans Bronsart von Schellendorf (1830–1913), Komponist, Dirigent, Pianist, Schüler Liszts, eng befreundet u.a. mit Hans von Bülow.

20 Adolf Gunkel (*1866), seit 1884 Violinist der Dresdner Hofkapelle.

21 Ludwig Strecker (1853–1943), Inhaber und Leiter des Musikverlags B. Schott's Söhne, Mainz.

22 König Albert von Sachsen (1828–1902).

23 Kistner & Siegel, deutscher Musikverlag in Leipzig, Hauptverleger Draesekes. Draeseke verhandelte zunächst noch mit Karl Gurckhaus (1821–1884), der seit 1866 Inhaber des Verlags war, dann mit seinem Sohn Ludwig Gurckhaus (1862–1918).

24 Rochus von Liliencron (1820–1912), trat gemeinsam mit Draeseke 1883 für eine lateinische Kirchenmusik ein.

25 Nikolaus Graf von Seebach (1854–1930), leitete 1894 bis 1919 das Hoftheater in Dresden.

26 Zu weiteren Verarbeitungen des Kudrun/Gudrun-Stoffes s. Alan Krueck, in: *Deutsche Oper zwischen Wagner und Strauss*, in Vorbereitung.

27 Julius Grosse (1828–1902), Schriftsteller.

28 August Klughardt (1847–1902), Kapellmeister in Posen, Lübeck, Weimar und Hofkapellmeister ab 1873 in Neustrelitz, ab 1882 in Dessau. Seine Oper „Gudrun" wurde 1882 in Neustrelitz uraufgeführt.

29 Aufführung durch die Dreyßigsche Akademie am 26. und 30. Oktober 1881 im Brühlschen Theater zu Dresden.

30 Ernst Frank (1847–1889), Kapellmeister u.a. in Würzburg, Mannheim und Frankfurt, wirkte ab 1879 als Nachfolger Bülows in Hannover.

31 Die Angabe der Seitenzahlen bezieht sich immer auf den Klavierauszug der Oper: *Gudrun. Große Oper in 3 Acten*. Text und Musik von Felix Draeseke. Leipzig, Fr. Kistner o.J.

32 Thema instrumental auch am Schluß der 7. Szene, S. 109.

33 Die Melodien entsprachen häufig bekannten Kanzonen. Die Melodie eines Gesangs Bertrans ist inzwischen in der Handschrift Paris BN fr. 22543 entdeckt worden. S. Higino Anglès, *La música a Catalunya fins al segle XIII*, Barcelona 1935 (= *Biblioteca de Catalunya. Publications del departament de música*, Bd. 10).

34 Willi Schuh, *Richard Strauss. Jugend und frühe Meisterjahre*, Zürich 1976.

35 Roeder, *Felix Draeseke*, Bd. 2, S. 283.

36 Felix Draeseke, *Die Lehre von der Harmonia in lustige Reimlein gebracht, mit serieusen Exemplis und Aufgaben ausgestattet und denen eifrigen Schülern zur Stärkung des Gedächtnisses eindringlich empfohlen*, Leipzig usw. 1883, 3. Auflage ebd., o.J.

37 Vgl. Helmut Loos, *Christus-Oratorien im 19. Jahrhundert*, in: *Zum Schaffen von Felix Draeseke: Instrumentalwerke und geistliche Musik.* Tagungen 1990 in Coburg und 1991 in Dresden, hrsg. von Helmut Loos, Bonn 1994, S. 239–256 (= *Veröffentlichungen der Internationalen Draeseke-Gesellschaft. Schriften*, Bd. 5).

38 Das Datum differiert leicht von den im Autograph angegebenen.

39 Zum Umgang Draesekes mit diesen Termini und Formen vgl. Helmut Loos, *Felix Draesekes Symphonische Vorspiele*, in: *Draeseke und Liszt. Draesekes Liedschaffen.* Tagungen 1987 und 1988 in Coburg, hrsg. v. Helga Lühning u. Helmut Loos, Bad Honnef 1988, S. 77–100 (= *Veröffentlichungen der Internationalen Draeseke-Gesellschaft. Schriften*, Bd. 2).

40 Die angegebenen Seitenzahlen verweisen auf den autographen Klavierauszug des Werkes, im Selbstverlag herausgebracht: *Merlin. Nach Immermanns Mythe frei bearbeitet für musikalisch-dramatische Darstellung*, Gotha 1913.

41 Vgl. Arnold Schmitz, *Das romantische Beethovenbild. Darstellung und Kritik*, Berlin 1927, Reprint Darmstadt 1978; Hans Heinrich Eggebrecht, *Zur Geschichte der Beethoven-Rezeption. Beethoven 1970*, Mainz 1972; Rainer Cadenbach, *Mythos Beethoven.* Ausstellungskatalog, Laaber 1986; *Beethoven und die Nachwelt. Materialien zur Wirkungsgeschichte Beethovens*, hrsg. v. Helmut Loos, Bonn 1986.

42 Vgl. dazu *„Die Konfusion in der Musik". Felix Draesekes Kampfschrift von 1906 und ihre Folgen*, hrsg. v. Susanne Shigihara, Bonn 1990, S. 61 (= *Veröffentlichungen der Internationalen Draeseke-Gesellschaft. Schriften*, Bd. 4).

43 Roeder, *Felix Draeseke*, Bd. 2, S. 413.

Hella Bartnig

Ernst von Schuch und die Dresdner Hofoper

Schuchs Anfangsjahre in Dresden

„Ereignisvoll ist der Eintritt des Herrn E. Schuch als Königlicher Musikdirektor. [...] Er hat erstmalig den Lohengrin dirigiert, außer Hans von Bülow macht ihm diese Leistung schwerlich jemand nach. Sichere Klarheit nicht nur – denn diese Dirigiertugend hatte er beim Gastspiel der italienischen Oper hinlänglich bewiesen – sondern vor allem das liebliche Erfassen des Kunstwerkes, die zarte Schmiegsamkeit, im Affekt die Übertragung der eigenen Begeisterung auf das Orchester und das Publikum, all' das macht einen höchst sympathischen Eindruck."[1]

Als das *Musikalische Wochenblatt* am 19. September 1872 mit dieser Meldung über das Engagement Ernst Schuchs erschien, zählte der „Newcomer" des sächsischen Musiklebens gerade 25 Jahre. Es dürfte ihn nicht ganz ohne Stolz gelassen haben, mit dem hochangesehenen Pianisten und Dirigenten Hans von Bülow, der die Münchner Uraufführungen von Wagners *Tristan und Isolde* und *Die Meistersinger von Nürnberg* geleitet hatte, verglichen zu werden. Zumindest deutete sich damals bereits an, was dem Dresdner Publikum in den folgenden 40 Jahren an ihrem später geadelten Hofkapellmeister lieb und teuer werden sollte – sein temperamentvolles, stets emotionsgeladenes und in einer höchst subjektiven Weise geprägtes Dirigat. Während die Dresdner Presse nicht müde wurde, diese Tugenden zu honorieren, nahmen Fachkreise, die mehr auf lexikalische Werktreue achteten, daran Anstoß. Der mit Schuch verglichene Hans von Bülow, der selbst einen Hang zu effektvoller Präsentation musikalischer Werke besaß, soll gesagt haben, er zähle Schuch nicht zu den Musikern.[2] Richard Strauss kritisierte Schuch 1890 im *Musikalischen Wochenblatt* als „Routinier, der keinen Sinn für die Musik der Zukunft hat"[3], nicht ahnend, daß dieser später neun seiner insgesamt fünfzehn Opern in Dresden zur Uraufführung bringen würde. Gustav Mahler, für dessen Werk sich Ernst Schuch in den Programmen der Dresdner Kapellkonzerte sehr engagiert hatte, schrieb 1884 nach dem Besuch einer Dresdner *Tristan*-Aufführung an Friedrich Löhr: „Über die Vorstellung selbst kann ich Dir sagen, daß sie 'vortrefflich zusammenging', und daß mich die Darstellung der 'Isolde', Frl. Malten, geradezu zur freudigsten Begeisterung hinriß. – Das ist leider auch alles, so gut und für mich geradezu verblüffend Schuch den Taktstock zu führen weiß, so wenig befriedigend war für mich seine Intention."[4] Selbst wenn man mutmaßt, daß Mahler, der damals als Kapellmeister für Dresden im Gespräch war, sich gegen den dortigen Kollegen ausweisen wollte, so war er sich doch mit anderen darüber einig, daß sich Schuch in seiner feurigen Art zu dirigieren über manche Details der Partitur hinwegsetzte und den Begriff der Werktreue oft allzu freizügig interpretierte. Bekannt ist die Verärgerung von Richard und Cosima Wagner über Schuchs Praxis der Streichungen. Noch zu Zeiten der glorreichen *Rosenkavalier*-Uraufführung kam es zum Streit mit Richard Strauss, als Schuch das Werk um mehrere Minuten kürzen wollte.[5] Man kann Schuch sicher keinen gedankenlosen Umgang mit Kunstwerken unterstellen. Daß aber in Zeiten schwankenden Interesses für die Oper die Gunst des Publikums erobert sein wollte, mag eine Erklärung für manchen der Kurzweile dienenden Eingriff sein. Nicht zu vergessen ist, daß sich damals der Opernspielplan nicht mehr aus rasch hintereinander abgespielten Novitäten zusammensetzte, daß andererseits das Repertoiretheater modernen Stils noch nicht etabliert war. Das Ambiente des nach der Brandkatastrophe von 1869 bis zur Eröffnung der zweiten Semperoper 1879 als Spielstätte dienenden, hölzernen Behelfstheaters von 1869 trug darüber hinaus nicht zu einem gesteigerten Verlangen bei, einen ausgedehnten Opernabend dort zu verbringen. Selbst nach der Eröffnung des neuen Prachtbaus fanden Kürzungen der Stücke und Verringerungen der Pausenzeiten, wie sie 1886 für die Aufführung der *Götterdämmerung* vorgenommen wurden, wohlwollende Resonanz beim Publikum.

Angesichts der nur vier Vorstellungen pro Woche, in die sich Schuch anfänglich mit dem Kapellmeister Rietz und dem Chordirektor Riccius teilte, mußte ein junger Dirigent sich anstrengen, sein Publikum zu gewinnen, auch wenn er wie Schuch bereits einigen Vorschußlorbeer für seine „Dirigiertugend"[6] bei den Aufführungen italienischer und französischer Opern während der Gastspiele der Pollinischen Operngesellschaft in Dresden gesammelt hatte. Schuch setzte eine wirkungsvolle musikalische Strategie ein für die auf dem Spielplan befindlichen Werke sowie für Neuproduktionen, die er sich in einem zeitweise zähen Kleinkrieg mit seinen Kapellmeisterkollegen ertrotzte. Vielleicht war es seine ehrgeizige Wesensart, die es der Dresdner Theaterleitung angeraten erscheinen ließ, bei der Übertragung von künstlerischer Verantwortung auf Schuch nicht zu rasch vorzugehen.

Der in Graz geborene, in Wien ausgebildete, an den Theatern Breslau, Würzburg, Graz und Basel sowie bei der reisenden Operngesellschaft des Herrn Bernhard Pollini ins Berufsleben eingetretene Dirigent ging am 1. August 1872 sein Dresdner Engagement als zweiter Kapellmeister neben Julius Rietz ein. Seine nachweislich erste Amtshandlung war eine Probe zu Meyerbeers *Hugenotten*. Bei der Aufführung von Donizettis *Lucia di Lammermoor* am 17. August 1872 trat er zum ersten Mal an das Pult der Dresdner Hofoper. Wenige Wochen später wurde Schuch auch in die Gesamtdirektion der Abonnementskonzerte einbezogen und bekam erste Konzertdirigate übertragen. Der nächste Schritt folgte dann erst am 10. Juni 1873, als Schuch, nach einem knapp einjährigen „Probejahr" also, der Titel „Königlicher Kapellmeister" verliehen wurde, was gleichbedeutend mit einer festen Anstellung war. Bis zur Ernennung zum „Etatmäßigen Kapellmeister", wodurch er mehr Einfluß auf die Spielplangestaltung gewann, vergingen weitere vier Jahre. Vielleicht hatte Schuchs Interesse, bei der Einweihung des Bayreuther Festspielhauses zugegen zu sein, den Dresdner Intendanten Graf von Platen hellhörig werden lassen, war man doch inzwischen auch anderweitig auf den jungen, tatfreudigen Dirigenten aufmerksam geworden. Bereits in der Mitte der 1870er Jahre hatte die Wiener Operndirektion einen ersten Versuch unternommen, Schuch für ihr Opernhaus zu gewinnen – ohne Erfolg. Schuchs Bindung an Dresden war durch die Heirat mit der in Dresden engagierten Koloratursopranistin Clementine Procházka und durch den am 27. Juni 1876 geborenen Sohn Ernst auch privat besiegelt. Dennoch zögerte von Platen, Schuch als Nachfolger für den am 12. September 1877 verstorbenen Generalmusikdirektor Julius Rietz einzusetzen. Stattdessen berief er den Münchner Dirigenten Franz Wüllner nach Dresden, mit dem er bereits zu Lebzeiten von Rietz in Verhandlungen gestanden hatte. Um Zwistigkeiten, wie sie zwischen Schuch und Rietz bestanden hatten, zu vermeiden, engagierte er Wüllner in koordinierter und gleichberechtigter Stellung zu Schuch. Als Uraufführungsdirigent von Wagners *Rheingold* und *Walküre* ging Wüllner ein guter Ruf voraus, den er in Dresden jedoch nicht einlösen konnte.

Verglichen mit dem Heißsporn Schuch, wirkten seine Dirigate bedächtig und blutleer. Platens Konzept von einer musikalischen „Gewaltenteilung" ging nicht auf, sondern führte zu einem erbitterten Konkurrenzkampf, der sich in Aussicht auf die Eröffnung des neuen Semperschen Opernhauses noch verschärfte. Umstritten war vor allem die Vergabe von Novitäten, woran sich das Publikum damals noch sehr interessiert zeigte. Von Platen sah sich schließlich gezwungen, eine Entscheidung zu fällen. Er wollte nicht weiter zusehen, wie die Disharmonie, die zwischen Schuch und Wüllner herrschte, dazu beitrug, „daß die Opern nicht herauskommen und das Institut dadurch geschädigt wird", und gab im Oktober 1878 Schuch von Salzau aus zu verstehen: „Ich komme ja bald zurück, dann soll die Sache bald anders werden. Sie bleiben wie immer mein guter Schuch."[7]

Ein Jahr später, am 13. Oktober 1879, wurde Schuch zum „Ersten Kapellmeister" der Königlichen Hofoper in Dresden ernannt und gewann damit maßgeblichen Einfluß auf die Gestaltung des Spielplans und die Auswahl seiner Dirigate. Kurz darauf bahnte sich noch einmal eine scharfe Auseinandersetzung zwischen Schuch und Wüllner an, als die Entscheidung anstand, wer die Dresdner Erstaufführung von Wagners *Tristan* und *Ring* leiten solle. Wüllner, der die Aufführungsrechte erworben hatte, glaubte, darauf eine Option zu besitzen, während Schuch das ihm eingeräumte Recht der ersten Wahl geltend machte. Von Platen entschied sich für Ernst Schuch. Wüllner wurde 1882 per amtlicher Verfügung auf den Dienst in der Hofkirche verwiesen. 1884 verließ er Dresden und nahm ein Engagement beim Gürzenich-Orchester in Köln an. Von nun an lag die musikalische Verantwortung für das Operninstitut unangetastet in den Händen Ernst Schuchs. Die menschliche wie künstlerische Bilanz seiner über 40 Dienstjahre in Dresden ist schon zu Lebzeiten Schuchs zur Legende geworden. Sie ließ die Reibungspunkte der Anfangsjahre verblassen und vermittelte das Bild einer glanzvollen Opernepoche – der Ära Schuch in Dresden.

Schuchs Beitrag zur Profilierung des Dresdner Musiklebens

„Herr Schuch dirigierte ungemein sorgsam und die Königliche Kapelle leistete an Discretion fast Unglaubliches.

Möge die Oper, für deren endliche Darstellung die Verwaltung Dank verdient, einige Zeit sich den gesunden Beifall erhalten. Die Opern eines Verdi, der jetzt zu Werken wie Aida und Requiem gelangt ist, dürfen nicht todtgeschwiegen werden.“[8]

Diese versteckte Aufforderung des Rezensenten der *Traviata*-Aufführung am 11. November 1875 blieb nicht unerhört, denn bereits am 8. Januar 1876 erlebte Verdis *Requiem* unter Schuchs Leitung seine Dresdner Erstaufführung. Das Jahr klang aus mit der Premiere von *Aida*. Später folgten *Don Carlos* (1885), *Falstaff* (1894) und *Othello* (1898). Damit hatte Ernst Schuch zielstrebig dem italienischen Opernmeister Verdi in Dresden zu noch größerer Popularität verholfen, als es durch die Erstaufführung von *Ernani* (1849), *Nabucco* (1851) und *Troubadour* (1860) früher der Fall gewesen war.

Ein vergleichbares Verdienst erwarb sich Schuch um die Popularisierung der Werke Giacomo Puccinis in Dresden. Am 20. Oktober 1902 kündigte die *Dresdner Zeitung* an: „Morgen findet, wie schon mehrfach erwähnt, die Uraufführung in deutscher Sprache von Puccinis ‘Tosca’ statt. Der Komponist ist am Sonnabend Abend aus Mailand eingetroffen und wird der Aufführung beiwohnen.“[9]

Am Tag nach der Aufführung berichtet der *Dresdner Anzeiger*: „Die Aufführung unter der feurigen und anschmiegsamen Leitung des Herrn Geheimen Hofraths von Schuch und in der vortrefflichen Besetzung mit Frau Abendroth in der Titelrolle, Herrn Burrian als Cavaradossi und Herrn Scheidemantel als Scarpia verlief glänzend und brachte sowohl den genannten Darstellern wie auch dem herzlich gefeierten Dirigenten und dem anwesenden Komponisten, der schon nach dem 2. Akte mehrfach erscheinen konnte und am Schlusse der Oper zehnmal gerufen wurde, stürmische Anerkennung. Alles in allem 28 Hervorrufe!“[10]

In gleicher Weise fanden die Aufführungen von *La Bohème* 1904 und *Madame Butterfly* 1909 große Anerkennung.

Aber nicht nur die italienische Oper hatte in Ernst Schuch einen kompetenten Fürsprecher, auch russische und slawische Opern sowie Werke, die weniger günstig aufgenommen wurden bzw. heute längst in Vergessenheit geraten sind.

Nicht immer hatten sich Schuchs Prognosen dabei als richtig erwiesen, aber die Zahl der Mißerfolge ist durch das Verdienst, der Wegbereiter vieler Meisterwerke der Opern- und Konzertliteratur zu sein, mehrfach aufgewogen worden. So verhalf Ernst Schuch Dresden zu dem Ruf, ein „Dorado für Uraufführungen“ zu sein, ohne dabei die Werke des traditionellen Repertoires zu vernachlässigen.

Auch als Konzertdirigent erwies er sich als sorgsamer Sachwalter des Erbes und unermüdlicher Förderer neuer Werke. Nachdem ihn der Vorstand der Kapell-Abonnementskonzerte am 27. September 1872 offiziell aufgefordert hatte, sich an der musikalischen Direktion der Kapelle bei diesen Konzerten zu beteiligen, debütierte Schuch noch im gleichen Jahr mit Hector Berlioz’ *Symphonie fantastique* als Dirigent der Dresdner Kapell-Konzerte. Berlioz gehörte wie Liszt, Bruckner, Reger, Rubinstein, Debussy, Ravel, Borodin, Skrjabin, Dvorák, Smetana, Strauss und Sibelius zu der langen Reihe der Komponisten, deren Werke durch Ernst Schuch beispielhafte Verbreitung fanden. Noch wenige Monate vor seinem Tod brachte er Regers Ballettsuite op. 130 zur Erstaufführung. Im gleichen Konzert dirigierte er mit *Tod und Verklärung* zum letzten Mal ein Orchesterwerk von Richard Strauss, dessen Tondichtungen noch vor den großen Uraufführungen seiner Opern durch Schuch in Dresden bekannt geworden waren.

Von Gustav Mahler führte Schuch 1897 Sätze aus der zweiten und dritten Sinfonie erstmals in Dresden auf, wozu er Mahler eingeladen hatte. Die Freundschaft beider Künstler vertiefte sich in den folgenden Jahren durch das Interesse, das Schuch dem Schaffen Mahlers entgegenbrachte. Noch im Herbst 1909, kurz vor seiner Abreise nach New York, empfahl Mahler seine letzten Sinfonien nach Dresden.

Die Vielseitigkeit und Qualität des Schuchschen Wirkens in Dresden war auf das engste verknüpft mit dem fruchtbaren und schöpferischen Zusammenwirken dieses Dirigenten und der Dresdner Hofkapelle. Dennoch darf nicht übersehen werden, daß Schuch trotz seiner sprichwörtlichen Treue zu Dresden vielfach auch in anderen Städten und in vielen Ländern Europas sowie in Amerika bekannt und gefeiert worden war. Insbesondere nach dem *Tristan*-Erfolg von 1884 häuften sich Einladungen und Reisen u.a. nach Neapel, Rom und Madrid. Schuch war ein gefragter Juror bei musikalischen Wettbewerben in Coburg, Kassel und München, dirigierte mehrfach bei den Musikfestspielen in Wiesbaden, reiste 1900 zu einem Gastspiel im Metropolitan Opera House nach New York, folgte der Einladung Alexander Silotis nach St. Petersburg, gastierte 1904 in Paris und 1905 im „Jan Kubelik's Jubilee Concert" in der Queen's Hall in London. Es ist kaum zu entscheiden, ob diese verstärkten auswärtigen Aktivitäten Ursache oder Folge der um 1890 verschiedentlich einsetzenden Kritik an Schuchs Dresdner Spielplan- und Personalpolitik waren. Mit besonderer Aufmerksamkeit registrierte man die Angebote, die Schuch von anderen Theatern erhielt. So wiederholte die Wiener Hofoper nach dem Weggang Felix Weingartners ihre Offerte an Schuch. Kurz zuvor hatte ihn Berlin als möglichen Nachfolger Hans von Bülows auf die Kandidatenliste für die Leitung der Philharmonischen Abonnementskonzerte gesetzt. In München wurde er als Nachfolger Felix Mottls diskutiert, nachdem er dort in den Akademiekonzerten mehrfach überzeugt hatte. In Dresden bahnte sich unterdessen durch den ohne Zustimmung Schuchs vorgenommenen Umbau des Orchestergrabens eine Krise an. Die Presse beobachtete, daß Schuch von September bis Dezember 1911 der Oper ferngeblieben war, und verbreitete das Gerücht, Schuch habe sein Abschiedsgesuch eingereicht. Diese Behauptung wurde durch die Dresdner Generaldirektion energisch dementiert, und am 6. Dezember 1911 konnten die Zeitungen wieder vermelden: „Ernst von Schuch erschien gestern abend zu der Vorstellung von 'Tristan und Isolde' nach einer Pause von etwa zwölf Wochen zum ersten Male wieder als Leiter einer Opernvorstellung am Dirigentenpult und wurde vom Publikum gleich beim Erscheinen herzlich begrüßt.

Die Besucher des Parketts erhoben sich von ihren Plätzen und applaudierten stehend unserem Generalmusikdirektor, um ihrer Freude darüber Ausdruck zu geben, daß der Mann, in dem wir den künstlerischen Führer unserer Oper verehren, Dresden erhalten geblieben ist."[11]

Damit verknüpfte sich die Hoffnung, daß der Spielplan nunmehr wieder abwechslungsreicher werden würde, „und daß auch neue Taten bald in ausreichender Menge zu verzeichnen sind, so z. B. die Königskinder Humperdincks, Debussys Pelleas und Melisande, Opern Pfitzners und Siegfried Wagners. Man kann zu den einzelnen Werken stehen, wie man will: allen diesen künstlerischen Äußerungen kann sich ein erstes Operninstitut nicht gänzlich verschließen. Die Hofoper hat jetzt eine Krise durchgemacht, die ernsteste seit einem halben Jahrhundert. Neues Leben mag nun aufsprießen! Auch in diesem Sinne und nicht nur aus Freude darüber, daß wir den großen Künstler wiedergewonnen haben, begrüßen wir den Tag, an dem Schuch jetzt wieder als Operndirigent erschien, aufs herzlichste und hoffen nun auf fette Jahre nach den mageren Monaten."[12]

Am Abend darauf begann mit *Rheingold* eine neue zyklische Aufführung von Wagners *Ring*-Tetralogie, und das neue Jahr brachte neben der Premiere von Strauss' *Ariadne auf Naxos* die Erstaufführung von Charpentiers *Louise* und Humperdincks *Königskinder*.

Ernst Schuchs Verdienste um das Werk Richard Wagners

Im Juni 1875 wandte sich Ernst Schuch im Auftrag der Sächsischen Hoftheater an Richard Wagner in Bayreuth mit der Bitte, dessen Musikdrama *Tristan und Isolde* in Dresden aufführen zu dürfen. Dieses Vorhaben signalisierte den Beginn einer neuen Beziehung der Dresdner zu dem Mann, dessen künstlerische Laufbahn durch die Uraufführung von *Rienzi*, *Der fliegende Holländer* und *Tannhäuser* in ihrer Stadt beheimatet war, bis die politischen Ereignisse von 1848/49 ihm jegliche weitere künstlerische Betätigung hier unmöglich gemacht hatten. Obgleich die Werke Richard Wagners seit 1858 in Dresden wieder gespielt wurden, blieben Vorurteile gegen den einst „wegen wesentlicher Theilnahme an der in hiesiger Stadt stattgefundenen aufrührerischen Bewegung"[13] steckbrieflich Verfolgten noch lange erhalten.

Als Richard Wagner 1873 zusammen mit Cosima Dresden besuchte, wurde ihm zu Ehren im Königlichen Belvedere ein festliches Bankett veranstaltet, über das die Presse berichtete: „Wie andernorten so auch hier hat sich Wagner durch sein liebenswerthes und wahrhaft bescheidenes Auftreten und die Macht seiner genialen Begabung zu den alten viele neue Freunde gewonnen. Es schied mancher als Paulus, der als Saulus gekommen war. Auch zum tieferen Interesse an den Bayreuther Aufführungen im nächsten Jahr wird Wagner's Hiersein angeregt haben."[14]

Was die Aufführungen von Wagners Werken in Dresden anbetraf, befand man sich damals in einem langwierigen Tantiemen-Streit um die frühen Wagner-Opern und verhielt sich neuen Projekten gegenüber eher zurückhaltend. Vielmehr wurde seitens der Generalintendanz sogar befürchtet, daß etwa die Aufnahme der *Ring*-Tetralogie eine einseitige Überfrachtung des Spielplanes zur Folge haben würde. In dieser Situation war es hauptsächlich der Initiative Ernst Schuchs zu danken, daß das Dresdner Publikum am 21. Mai 1884 nach langwierigen Verhandlungen die Erstaufführung von *Tristan und Isolde* erleben konnte. Noch im gleichen Jahr begann unter der musikalischen Leitung Schuchs die Einstudierung der *Ring*-Tetralogie, die mit der Erstaufführung der *Götterdämmerung* am 2. Juni 1886 abgeschlossen war.

Allen Widersprüchen zum Trotz hatte Schuch mit dem *Tristan* „nicht nur sein bedeutendes Dirigiertalent, sondern auch eine schöne und edle Begeisterung für das große Werk glänzend bewährt“.[15]

Dennoch mischte sich in diese Erfolgsmeldung des *Dresdner Anzeigers* vom 23. Mai 1884 auch Kritik, die besonders die moralischen Qualitäten der Wagnerschen Liebestragödie in Frage stellte: „Es herrscht das erotische Element in sehr bedenklicher Weise vor und es wird das um so gefährlicher, als gerade diese Momente mit besonderer Schönheit illustriert sind. Wohin kommen wir aber, wenn das so fortgeht? Gegen dergleichen muß man doch entschieden Verwahrung einlegen. Dazu ist die Kunst nicht da.“[16]

Und auch Wagners reich begründete Dramenauffassung schien nicht jedermann deutlich geworden zu sein: „Der bei dieser Auffassung der Sage verhältnismäßig kleine Stoff ist über Gebühr in die Länge und Breite gezogen. Endlose Expectorationen einzelner Personen halten die Handlung oft in geradezu ermüdender Weise auf. Am schlimmsten steht es in dieser Beziehung um den zweiten Akt. In diesem – er spielte genau gezählt achtundsechzig Minuten – geschieht eigentlich gar nichts.“[17] Dem damaligen Theatergeschmack entgegenkommend, ließ sich Schuch auf Kürzungen der Wagner-Werke ein, die ihm die Mißbilligung des Hauses Wahnfried einbrachten. Schon 1873, als Richard und Cosima Wagner unter Schuchs Leitung eine Aufführung des *Rienzi* in Dresden erlebt hatten, konnte Wagner sein Bedauern nicht unterdrücken, daß ihm auch hier sein frühes Werk nur „als gerupfte Henne“[18] vorgeführt worden sei. Und Cosima notierte am 13. Januar 1873 in ihr Tagebuch: „Rienzi hier besser als in Wien, interessiert mich wieder, nur die absurden Striche im 4ten Act entfernen uns!“[19] Weitaus ungünstiger fiel acht Jahre später das Urteil über den von Schuch dirigierten *Fliegenden Holländer* aus. Hatte Wagner bei seiner ersten Begegnung mit dem Dresdner Kapellmeister noch den Kalauer geprägt: „Dies ist der einzige Schuch, der mich nicht drückt“[20], so kam es diesmal vor allem in Fragen der Tempi zu Meinungsverschiedenheiten. Nach der Rückkehr aus Dresden beklagte sich Wagner in einem Brief an den bayrischen König Ludwig II. vom 19. September 1881 über die Aufführungspraxis seiner Werke: „Wie schlecht es hiermit steht, habe ich vor einiger Zeit in Wien, und ganz kürzlich in Dresden wieder erfahren; was hat es genützt, dass hier Weber und ich ihren Geist den Aufführungen ihrer Werke eingepflanzt hatten? Alles war vergessen und in schmachvollste Routine herabgezogen.“[21]

Demgegenüber schien Schuchs *Tristan*- und *Ring*-Auffassung dem Bayreuther Stil Mitte der 1880er Jahre angepaßter gewesen zu sein. 1887 schrieb Cosima an Hermann Levi: „Auch von einer merklich von den anderen sich unterscheidenden Aufführung des Tristan in Dresden habe ich vernommen, und glaube es gern, da Malten und Gudehus wohl die Stimmung unseres Hauses hier nicht gehabt haben werden, aber doch das Charakteristische ihrer hiesigen Leistung wohl beibehielten. Auch hörte ich, daß Schuch seine Tempi merklich den Bayreuthern nachgebildet hätte."[22]

Ein Jahr später besuchte Schuch als Zuhörer die Bayreuther Festspiele, und für 1889 hatte Cosima den Dresdner Kapellmeister als Dirigenten einer *Parsifal*-Vorstellung vorgesehen, wofür ihm Dresden angeblich keinen Urlaub erteilt hatte. Cosima sah darin eine „Malice gegen Bayreuth".[23]

Daß es auch später nicht zu einem Dirigat Schuchs in Bayreuth gekommen ist, mag an prätentiösen Stimmen in Bayreuther Kreisen gelegen haben. Ein Brief an Cosima Wagner zeigt Schuchs Reaktion darauf: „Hochverehrte gnädige Frau! Verzeihen Sie, wenn ich Ihre kostbare Zeit für einige Augenblicke in einer persönlichen Angelegenheit in Anspruch zu nehmen mir erlaube. Es ist mir selbstverständlich nicht unbekannt, daß unter den zahlreichen Kunstfreunden, die sich in jedem Festspieljahr um das Panier des Meisters scharen, viele sind, die ich, um mich ganz vorsichtig auszudrücken, nicht zu meinen Freunden zählen darf. Ich weiß auch, daß von diesen Personen meine künstlerischen Qualitäten recht gering von denen eines begabten Dilettanten bis herab zu denen eines Kunstbanausen bewertet werden. Alle diese Be- und Verurteilungen kenne ich seit Jahr und Tag und habe sie mit der Gelassenheit ignoriert, mit der ein Mann, der über 30 Jahre künstlerisch tätig ist, Kunsturteile über sich ergehen zu lassen gewohnt ist.

Nun scheint man sich aber nicht mehr damit begnügen zu wollen, mich in künstlerischer Hinsicht abzutun, man möchte mir auch die Qualitäten eines wohlerzogenen Menschen absprechen. Frau Schumann-Heink berichtete mir nämlich, in Bayreuth würde erzählt, ich hätte die unglaubliche Taktlosigkeit begangen, mit brennender Zigarre die Bühne des Festspielhauses zu betreten.

Sie, hochverehrte gnädige Frau, werden über die ungeheuerliche Behauptung gelacht haben wie ich. – Ich hätte daher auch keinen Grund, auf die groteske Verleumdung näher einzugehen, wenn sie nicht meiner Meinung nach auf die Art und Weise, auf die ich in Bayreuth mißkreditiert werden soll, von typischer Bedeutung wäre. Und nur deshalb muß ich feststellen, daß für jeden nicht durch Böswilligkeit verblendeten Menschen die über mich ausgesprengte Behauptung den Stempel lügnerischer Erfindung an der Stirn tragen muß, und zwar aus folgenden, sehr einleuchtenden Gründen:

1. stehe ich dreißig Jahre im Theaterdienst und bin daher nicht nur über das Abc aller Theaterhausgesetze in feuerpolizeilicher Hinsicht genau unterrichtet, sondern auch gewohnt, sie überall genau zu erfüllen, und zwar in Zittau und Görlitz ebenso genau wie in Dresden, Wien und Berlin. Daß ich mit dem Festspielhaus in Bayreuth eine Ausnahme machen könnte, sollten auch die schlimmsten meiner Feinde nicht glauben, geschweige denn behaupten;

2. rühmen mir auch die erbittertsten Gegner nach, daß ich ein wohlerzogener Mensch bin. – Daß ein derart von seinen Feinden charakterisierter Mann diejenigen gesellschaftlichen Formen zu verletzen imstande sei, die jeder bessere Hausknecht instinktiv befolgt, sollten auch seine blindwütigsten Gegner nicht zu behaupten wagen;
3. rauche ich überhaupt keine Zigarren und bin, wenn man von einer Zigarette absieht, die ich aller halben Jahre einmal rauche, überhaupt Nichtraucher. Von der mir angedichteten brennenden Zigarre, bleibt also im Lichte der Wahrheit nicht einmal ein Stäubchen Asche übrig. – An diese kleine Geschichte werden Sie vielleicht denken, wenn Ihnen wieder einmal eine der über mich kolportieren Ungeheuerlichkeiten hinterbracht werden sollte. Derartige Gerüchte werden mich dann in Ihren Augen nicht herabsetzen, Sie werden vielmehr davon überzeugt sein, daß es für einen Mann, dessen höchster Stolz es ist, seit 30 Jahren an der Stelle stehen zu dürfen, an der vor einem halben Jahrhundert der Meister gestanden hat, keinen höheren Ehrgeiz gibt, als des Meisters unsterbliches Erbe mit allen Kräften, die ihm Gott verliehen und mit der ganzen Begeisterung, deren er fähig ist, heilig zu halten und zu pflegen. –
Ihr aufrichtig ergebener Ernst Schuch
Dresden, am 10. 9. 02".[24]

In Dresden folgte der Erstaufführungsserie von Wagner-Opern eine kontinuierliche Pflege der Werke im Repertoirebetrieb. Kurz nachdem die *Ring*-Tetralogie herausgekommen war, kündigten die Zeitungen eine Wiederaufnahme des *Tannhäuser* in neuer Dekoration und Besetzung an, und für den Herbst 1886 war ein Wagner-Zyklus mit der chronologischen Abfolge aller im Spielplan befindlichen Wagner-Werke vorgesehen. Tatsächlich begann die Saison mit der dreimaligen, in kurzen Abständen aufeinanderfolgenden Aufführung des *Ring des Nibelungen* an jeweils vier Abenden, die durch *Rienzi*, den *Fliegenden Holländer*, *Tannhäuser* und *Lohengrin* ergänzt wurden. Auch in den folgenden Jahren sorgte Ernst Schuch dafür, daß Wagners Opern und Musikdramen in Dresden häufig aufgeführt wurden. Ihm stand dafür ein Sängerensemble zur Verfügung, um das ihn Bayreuth beneidete.

Schuchs Begeisterung für die Werke des großen deutschen Musikdramatikers hielt bis in seine letzten Lebenstage an. Wenige Wochen vor seinem Tod brachte er am 24. März 1914 unmittelbar nach dem Freiwerden der Aufführungsrechte Wagners Bühnenweihfestspiel *Parsifal* zur Dresdner Erstaufführung. Das Weltabschiedswerk des Bayreuther Meisters war somit auch zum Vermächtnis des Dresdner Hofkapellmeisters geworden, dem sich die Dresdner Wagner-Tradition in Nachfolge Ernst von Schuchs verpflichtet fühlte.

Die ersten Opern von Richard Strauss in Dresden

„Strauß war mein Gegner, er hat einmal einen Artikel gegen mich in dem Leipziger Musikalischen Wochenblatt geschrieben. Darin stand: 'in Dresden sitzt ein

Routinier, der keinen Sinn für die Musik der Zukunft hat' – ich weiß wohl, warum er das schrieb: Sein Freund und Lehrer Alexander Ritter hatte eine Oper – Der faule Hans – komponiert. Die sollte ich aufführen. Die Sache zog sich in die Länge und die Oper wurde erst später mit Erfolg gegeben. Meine Entgegnung auf den Strauß'schen Angriff war die Aufführung seiner frühen Orchesterwerke. – Und eines Tages erschien Strauß bei mir mit der Skizze einer Oper unterm Arm. Es war die Feuersnot..."[25]

Das künstlerische Bündnis, das sich seit der Uraufführung dieser Oper 1901 zwischen Ernst von Schuch und Richard Strauss ergeben hatte, war also keine Liebe auf den ersten Blick. Zwar hatte Schuch bereits 1884 die Konzertouvertüre des damals erst 18jährigen Strauss in ein Konzertprogramm aufgenommen, aber es wäre verfehlt, dies bereits als den zielgerichteten Auftakt zu jener langjährigen Zusammenarbeit zu werten, die für die Dresdner Operngeschichte so bedeutsam werden sollte. Keines der wichtigen Strauss'schen Orchesterwerke aus den folgenden beiden Jahrzehnten wurde durch Ernst von Schuch aus der Taufe gehoben, wenngleich er sich bemühte, die in Weimar, Eisenach, Köln oder Frankfurt am Main uraufgeführten sinfonischen Dichtungen bald darauf auch in Dresden erklingen zu lassen. Selbst hierbei ließ er sich von seinem Konkurrenten Jean Louis Nicodé ausbooten, der so gewichtige Werke wie *Also sprach Zarathustra* und *Ein Heldenleben* mit seinem Orchester zur Dresdner Erstaufführung brachte. Selbst auf dem Gebiet der Oper glückte die Zusammenarbeit sozusagen erst im zweiten Anlauf, nachdem Strauss die Uraufführung seiner ersten Oper *Guntram* infolge ergebnisloser Verhandlungen mit München und Karlsruhe – Schuch hatte kein Interesse für dieses Werk gezeigt – schließlich selbst in Weimar zur Uraufführung gebracht hatte.

Die Uraufführung der erst sechs Jahre später fertiggestellten zweiten Strauss-Oper bedeutete ein künstlerisches Wagnis, dessen sich Ernst von Schuch durchaus bewußt war: „Trotzdem ich bereits bei flüchtigem Lesen des Textes große Schwierigkeiten voraussah – das erloschene Feuer wurde auf gar zu merkwürdige Weise wieder angezündet – nahmen wir es doch auf uns, diese übermütige Satire auf Münchner Hofbräukunst vor die Leute zu bringen. Stand doch Strauß als Sinfoniker damals an erster Stelle und seine Feuersnot konnte zur Feuertaufe dieses großen und eigenartigen Musikdramatikers werden."[26]

Die Schwierigkeiten, die Schuch seitens des Publikums fürchtete, blieben aus. Strauss selbst bezeichnete später die Aufnahme seines Frühwerks in Dresden als einen „guten Erfolg"[27] und hob besonders das Engagement Ernst von Schuchs hervor. Dennoch konnte Schuch schon bei dieser ersten gemeinsamen Opernproduktion den Komponisten auch von einer weniger angenehmen Seite kennenlernen.

„In Eile

Lieber Freund u. Geheimrat!

Also 1500 M ist auch noch zu viel! O dieses Theater! Der Teufel hol das Operncomponieren! Ja, was wollt Ihr denn noch? Ich soll Euch wohl noch was dazuschenken? Vielleicht eine Feuerspritze? Um für Feuers-geld-not etwas zu löschen?

Ich soll die Erstaufführung Euch verschreiben u. Ihr wollt gar nichts dafür thun? Ich finde 1500 M wirklich nicht zuviel. Übrigens mag Fürstner thun, was er will. Geht eben die Sache nicht, dann wandre ich eben nach Wien zu Mahler, der Alles thun will, wenn ich ihm die Erstaufführung gebe. Ich werde mich Ricardo Straussino umtaufen u. bei Sonzogno verlegen, dann bewilligt Ihr alles!

Übrigens war's in Dresden sehr nett und gemütlich!

Schönsten Gruß Ihr R. Strauss".[28]

Die gemütliche Atmosphäre war sicher nicht ausschlaggebend für Strauss' Entscheidung, auch die Uraufführung seiner *Salome* an die Dresdner Hofoper zu vergeben. Vielmehr ist zu vermuten, daß der temperamentvolle und emotionsgeladene Dirigierstil Schuchs dem Komponisten für seine Opern in weit größerem Maß geeignet erschien als für seine sinfonischen Werke. Außerdem hatte er sein Durchsetzungsvermögen kennenlernen können, das für das folgende Projekt noch unentbehrlicher wurde.

„Nachdem der prächtige Schuch den Mut hatte, 'Salome' ebenfalls zur Aufführung anzunehmen, begannen die Schwierigkeiten auf der ersten Leseprobe am Klavier, zu der alle Solisten versammelt waren, um dem Dirigenten ihre Partien zurückzugeben, alle bis auf den Tschechen Burrian, der, zuletzt befragt, antwortete: 'Ich kann es schon auswendig.' Bravo! –

Nun schämten sich die anderen doch, und die Probenarbeit begann tatsächlich. Auf den Arrangierproben streikte die hochdramatische Frau Wittich, der man wegen der anstrengenden Partie und wegen des dicken Orchesters die 16jährige Prinzessin mit der Isoldenstimme – so etwas schreibt man nicht, Herr Strauss: entweder – oder – anvertraut hatte, ab und zu mit dem entrüsteten Protest einer sächsischen Bürgermeistersgattin: 'Das tue ich nicht, ich bin eine anständige Frau', und brachte den auf 'Perversität und Ruchlosigkeit' eingestellten Regisseur Wirk zur Verzweiflung!"[29]

Noch im Oktober 1905, knapp anderthalb Monate vor der Uraufführung, zeigte sich Strauss beunruhigt, daß über dem angestrengten Debattieren um Inhalt und Musik der *Salome* die Einstudierung in Verzug geraten könnte.

„Armer Freund!" schrieb er am 23. Oktober 1905 an Schuch. „Könnten Sie nicht Ihren Sängern etwas die Leviten lesen, daß sie bei der neuen Oper altgewohnten Lamentationen über die unerhörte Schwierigkeit des Werkes etwas für sich behielten u. die auf Kritikerinterviews verwendete Zeit lieber auf das Studium ihrer Partitur verwenden möchten. Dieses Geschreibe vor der Aufführung ist mir zuwider u. ich mag diese dummen Notizen nicht immer dementieren. Nach der Aufführung kann jeder sagen, ob ihm das Werk gefällt oder nicht, schimpfen, so viel er Lust hat. Aber bis dahin: Maul halten!

Nehmen Sie mal in diesem Punkte Frau Wittich aufs Korn: dieselbe hat sich bei Frau Wagner schon beklagt, daß sie solches Zeug lernen muß. Wenn sie keine Lust hat, soll sie es eben bleiben lassen; es muß ja nicht sein!

Herzliche Grüße in Eile

Ihr treuergebener Dr. Richard Strauss".[30]

Eile war auch bei der Vorbereitung der Uraufführung geboten, denn inzwischen hatten Gustav Mahler in Wien und Arthur Nikisch in Leipzig dringliches Interesse an diesem Werk angemeldet. Am 9. Dezember 1905 hob sich in Dresden der Vorhang zu Strauss' *Salome*, die Ernst von Schuch wiederum mit Erfolg auf ihren weltumspannenden Weg brachte. Ihr folgte 1909 *Elektra*. Während man sich trotz weiterer Aufführungen in Wien, München, Berlin, Hamburg und Graz noch um die Machbarkeit dieser neuen Strauss-Oper stritt, arbeitete Strauss bereits an seinem nächsten, wiederum für Dresden vorgesehenen Werk. Diesmal schienen die Verhandlungen jedoch auf einen Konflikt hinauszulaufen, der sich an der von Strauss gewünschten, von der Dresdner Generalintendanz aber nicht vertraglich garantierten Aufführungszahl entzündet hatte. „Daß diese Spottgeburt aus Dreck und Feuer (nämlich der Dresdner Vertrag) noch nicht das Licht der Welt erblickt hat, dafür kann sich der Graf Seebach ausschließlich bei Ihnen bedanken. Säße nicht ausgerechnet Schuch da am Dirigentenpult, Dresden hätte mich zum letzten Mal gesehen..."[31]

Der Beschwerde folgten indessen ein genauer Vorschlag für die Erarbeitung des neuen Werkes und die Forderung: „Also Uraufführung – Rosenkavalier 10. Dezember 1910."[32]

Dieser Termin verschob sich auf den 26. Januar 1911, da inzwischen auch personelle Probleme eingetreten waren. Noch in den letzten Probentagen hatte Strauss Max Reinhardt als Regisseur hinzugezogen und den Unwillen Dresdner Berufskollegen herausgefordert, denen schon der mit der Ausstattung der Oper beauftragte Wiener Bühnenbildner Alfred Roller nicht gerade willkommen war. „Habe soeben an Excellenz Seebach geschrieben u. ihm Ihre Beobachtung über die passive Resistenz der Herren Toller-Fanto mitgeteilt u. ihn gebeten, selbst energisch einzugreifen, daß die Herren, wenn sie auch nicht begreifen, daß sie von dem Herrn Reinhardt u. Roller noch etwas lernen können, doch wenigstens ihre Pflicht tun", schrieb Strauss am 30. November an Schuch und beschloß den Brief mit einer Stoßseufzer: „Wenn Sie (!!!) nicht wären, könnte mir das ganze Dräsden gestohlen werden. Ärger von Anfang bis zum Ende."[33]

Zu Beginn des Jahres 1911 überließ Strauss die Dresdner Uraufführungsvorbereitungen ganz den zuverlässigen Händen Schuchs und begab sich auf Erholungsurlaub nach St. Moritz. Von dort aus kündete er Schuch seine Ankunft in Dresden an: „Ich bin am 16ten früh 8 Uhr in Dresden, Hotel Europa. Bin sehr gespannt und freue mich kolossal."[34]

Mit starkem auswärtigen Interesse wurde die Uraufführung des *Rosenkavalier* am 26. Januar 1911 verfolgt. Oscar Bie sprach im *Berliner Börsencourier* von einem „Welterfolg" und führte weiter aus: „Es ist eine musikhistorische Wendung zum wieder selbständigen Gesang und einer Ensemblekunst mit ganz neuen leichten, klingenden Mitteln. Für Strauss ein Fortschritt von größter Tragweite. [...] Schuch dirigierte in unglaublicher jugendlicher Frische. Regie und Kostüme und Dekoration sind von solcher erlesener Kunst, wie wir sie wohl noch nie sahen. Das war Weltstadt – das führende Dresden."[35]

Die *Prager Bohemia* hob besonders die Leistung des Dresdner Opernensembles hervor: „Von der Aufführung kann man nur mit den Ausdrücken allergrößter Bewunderung sprechen. [...] Man wurde vor eine szenisch und musikalische vollendet abgestimmte Vorstellung gestellt, die in jeder Beziehung an die Glanztage der Mahler-Zeit erinnerte."[36]

Der Dresdner Korrespondent der *Neuen Freien Presse* ließ es sich nicht nehmen, den Premierenjubel ausführlich zu beschreiben: „Der dritte Akt, der das wundervoll instrumentierte Terzett enthielt, versetzte das Haus geradezu in einen Taumel der Begeisterung. Strauß! Hofmannsthal! Schuch! ruft das Publikum. Zuerst erschienen die Bühnenmitglieder vor der Rampe. Autoren und Dirigent ließen sich noch lange bitten, ehe sie auf die Bühne treten. Zunächst zeigt sich Strauß allein, dann kommt er mit Hofmannsthal, dann wieder in Gemeinschaft mit den Darstellern. Allen wird jedesmal jubelnder Applaus gespendet. Achtmal muß sich der Vorhang heben, ehe Schuch auf der Bühne sichtbar wird. Nun wiederholen sich die Szenen. Bravos durchhallen den Raum und erst, nachdem sich der Vorhang 21mal gesenkt hatte, begibt sich das Publikum ins Foyer."[37]

Dieser glanzvollen Premiere folgte am 14. November 1912 noch einmal eine neue Strauss-Aufführung unter Schuchs Stabführung. Die Dresdner erlebten die Aufführung der *Ariadne auf Naxos*, die wenige Wochen zuvor in Stuttgart uraufgeführt worden war, die den Erfolg des *Rosenkavalier* jedoch nicht überbieten konnte.

Am 1. März 1914 beging Graf Nikolaus von Seebach sein zwanzigjähriges Intendanten-Jubiläum. Die Glückwünsche der Königlichen Hofoper und der Königlichen musikalischen Kapelle überbrachte Ernst von Schuch, der in seiner Festansprache auch den eigenen in Dresden zurückgelegten Weg resümierte: „Wenn ich abends auf meinem Pult sitze und zum ersten Taktschlag aushebe, so muß ich mich allemal selbst glücklich preisen: 'Ja, so hab ich mir's gewünscht.' Auf dem Pult sitzt der alte Schuch und schwingt den Taktstock – wie vor 20 Jahren, hinter mir sitzt Frau Clementine Schuch, die ich mir mit dem Taktstock erobert habe, und gestern sang und trillerte ins jubelnde Haus hinein unser jüngstes Mädel Liesel Schuch – und die ganze Kapelle unter mir, da geigt's und klingt's, und da droben all' das ewig junge Volk, das singt und springt und es jubelt der ewig unvergängliche Zauber der Kunst."[38]

Nur wenige Wochen später, am 26. April 1914, stand Ernst von Schuch zum letzten Mal am Opernpult und dirigierte Rossinis *Barbier von Sevilla*. Am 11. Mai erreichte die Dresdner die Nachricht, daß ihr Generalmusikdirektor Ernst von Schuch verstorben sei: „Gestern nachmittag, als in der Dresdner Hofoper das Hohelied der deutschen Kunst begann, hauchte einer unserer besten deutschen Musiker, der Mann, dessen stürmendes Temperament unzählige Male mit diesem Hymnus auf die deutsche Kunst uns begeistert und entflammt hat – hauchte Ernst von Schuch seine Seele aus. Nicht nur in Dresden, nicht nur in Deutschland und Österreich, nein: in der ganzen Welt wird diese Trauerkunde widerhallen, wird sie Mitfühlen und Mittrauern erwecken."[39]

Einer der vielen Nachrufe wurde von Richard Strauss aus Paris übermittelt: „Ich glaube nicht, daß es viele Menschen gibt, denen Schuch das gewesen ist, was er mir war. Als mir Ernst von Schuch, ganz vor kurzem, das letzte Mal die Hand drückte, ahnte ich nicht, daß es ein Händedruck auf ewig war. – Was er der deutschen Oper allgemein, was er dem Dresdner Königlichen Institut war, hat man ja dieser Tage in allen Zeitungen lesen können. Was er mir war? Ich mag heute noch nicht darüber sprechen. Freund, Förderer, Schützer. – Meinen Werken ist er ein Mitschöpfer geworden durch die unbegrenzte Einfühlung, die er ihnen bei der Einstudierung angedeihen ließ. Er verstand, unausgesprochen, jede meiner Bitten; ein Blick genügte in der Regel. Wir sahen uns in den Proben an, ich nickte mit dem Kopf – oder er, je nachdem – und das Verstehen war da. Gott gebe, daß der Mann gefunden werde, der die Lücke, die sein Scheiden gerissen, ausfüllt."[40]

Zum Gedächtnis Ernst von Schuchs wurde am 16. Mai 1914 in der Katholischen Hofkirche in Dresden ein Requiem von Luigi Cherubini aufgeführt. Die Beisetzung fand im engsten Kreis der Familie und Freunde auf dem Friedhof in Kötzschenbroda unter den Klängen des Trauermarsches aus Wagners *Siegfried* statt.

Eine große Zeit war zu Ende ...

Anmerkungen

1 *Musikalisches Wochenblatt*, Leipzig, vom 19. September 1872, Jg. 3, Nr. 38, S. 600.

2 Vgl. Friedrich von Schuch, *Richard Strauss, Ernst von Schuch und Dresdens Oper*, Leipzig 1953, S. 33.

3 *Schuch über Richard Strauss und den Rosenkavalier*, in: *Dresdner Anzeiger* vom 31. März 1911, Archiv der Sächsischen Staatsoper, *Sammlung Otto Sohrmann*, Januar 1961, Teil I., Bl. 13.

4 Gustav Mahler, *Briefe*, hrsg. von Mathias Hansen, Leipzig 1981, S. 71.

5 Vgl. Schuch, *Strauss, Schuch und Dresdens Oper*, S. 102ff.

6 Vgl. *Musikalisches Wochenblatt* vom 19. September 1972, S. 600.

7 Schuch, *Strauss, Schuch und Dresdens Oper*, S. 32.

8 *Dresdner Nachrichten* vom 13. November 1875, Jg. 20, Nr. 317, S. 2.

9 *Dresdner Zeitung* vom 20. Oktober 1902, Archiv der Sächsischen Staatsoper, *Sammlung Otto Sohrmann*, Oktober 1969, ohne Blattangabe.

10 *Dresdner Anzeiger* vom 22. Oktober 1902, Jg. 173, Nr. 292, S. 3.

11 *Dresdner Anzeiger* vom 6. Dezember 1911, Jg. 182, Nr. 338, S. 4.

12 Ebd.

13 *Dresdner Anzeiger* vom 19. Mai 1849, o. Jg., Nr. 139, S. 1.

14 *Dresdner Nachrichten* vom 1. Januar 1873, Archiv der Sächsischen Staatsoper, *Sammlung Otto Sohrmann*, Oktober 1969, ohne Blattangabe.

15 *Dresdner Anzeiger* vom 23. Mai 1884, Jg. 154, Nr. 144, S.15.

16 Ebd.

17 Ebd.

18 Dresdner Nachrichten vom 16. Januar 1873, Archiv der Sächsischen Staatsoper, *Sammlung Otto Sohrmann*, Oktober 1969, ohne Blattangabe.

19 Cosima Wagner, *Die Tagebücher*, hrsg. von Martin Gregor-Dellin und Dietrich Mack, München 1976, Bd. 1, S. 635f.
20 Schuch, *Strauss, Schuch und Dresdens Oper*, S. 33.
21 *König Ludwig II. und Richard Wagner. Briefwechsel*, bearbeitet von Otto Strobel, hrsg. vom Wittelsbacher Ausgleichsfond u. Winifred Wagner, Bd. 3, Karlsruhe 1936, S. 224.
22 Cosima Wagner, *Das zweite Leben*, hrsg. von Dietrich Mack, München 1980, S. 93.
23 Ebd., S. 195.
24 Paul Adolph, *Vom Hof- zum Staatstheater*, Dresden 1932, S. 200ff.
25 *Schuch über Richard Strauss und den Rosenkavalier,* Bl. 13.
26 Ebd.
27 Richard Strauss, *Betrachtungen und Erinnerungen*, Zürich u. Freiburg 1949, S. 223.
28 Schuch, *Strauss, Schuch und Dresdens Oper*, S. 61.
29 Strauss, *Betrachtungen und Erinnerungen*, S. 225.
30 Schuch, *Strauss, Schuch und Dresdens Oper*, S. 68f.
31 Ebd., S. 91.
32 Ebd., S. 93.
33 Ebd., S. 97.
34 Ebd., S. 101.
35 *Dresdner Neueste Nachrichten* vom 28. November 1911, Archiv der Sächsischen Staatsoper, *Sammlung Otto Sohrmann*, Januar 1961, Teil II, Bl. 38 a + b.
36 Ebd.
37 Ebd.
38 *Tagebücher der Königlich Sächsischen Hoftheater vom Jahre 1914*, Dresden 1915, S. 87.
39 *Dresdner Anzeiger* vom 11. Mai 1914, Archiv der Sächsischen Staatsoper, *Sammlung Otto Sohrmann*, Oktober 1969 ohne Blattangabe.
40 *Dresdner Nachrichten* vom 20. Mai 1914, Archiv der Sächsischen Staatsoper, *Sammlung Otto Sohrmann*, Oktober 1969 ohne Blattangabe.

Bernardo Bellotto, gen. Canaletto (1721-1780): Der ehemalige Zwingergraben in Dresden (Sächsische Landesbibliothek Dresden, Abt. Deutsche Fotothek / Kramer). Ausschnitt: Langgalerie mit Kronentor des Zwingers, dahinter das Dach des Opernhauses am Zwinger (Pöppelmann) und das Dach der Sophienkirche.

Innenansicht des Saales des Opernhauses am Zwinger in Dresden anläßlich des am 24. Mai 1812 aufgeführten „Großen Concerts der Königl. Hofcapelle" zu Ehren von Napoleon Bonaparte. Kolorierter Stich von Emil Köhler (Sächsische Landesbibliothek Dresden, Abt. Deutsche Fotothek / Kramer).

Christian Gottfried Körner (1758–1831). Ölgemälde von Anton Graff (Sächsische Landesbibliothek Dresden, Abt. Deutsche Fotothek / Kramer).

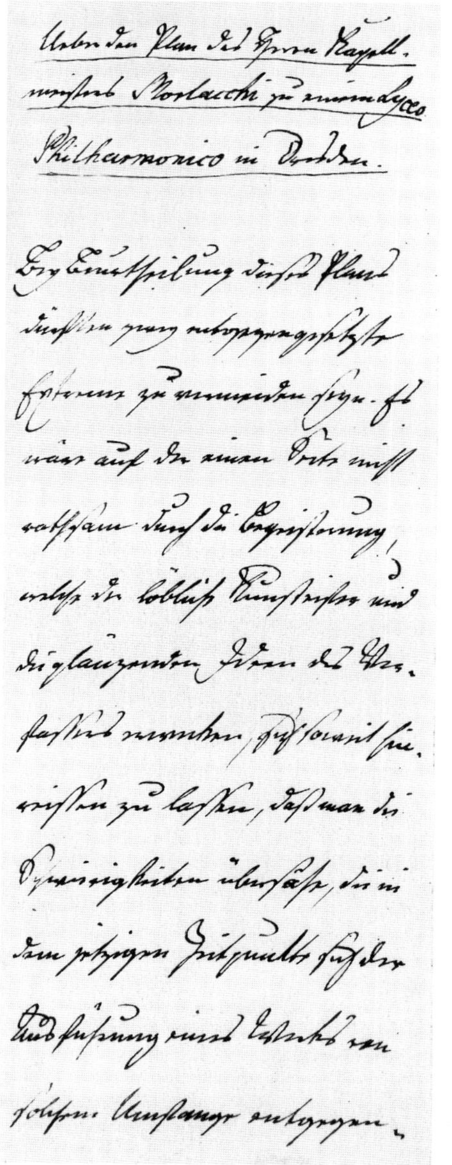

Ueber den Plan des Herrn Kapell-
meisters Morlacchi zu einem Lyceo
Philharmonico in Dresden.

Die Beurtheilung dieses Plans
dürfte ganz entgegengesetzte
Extreme zu vermeiden seyn. Es
wäre auf der einen Seite nicht
rathsam durch die Begeisterung,
welche der löbliche Künstler und
die glänzenden Ideen des Ver-
fassers [illegible] [illegible] hin-
reißen zu lassen, daß man die
Schwierigkeiten übersähe, die in
dem jetzigen Zeitpuncte sich der
Ausführung eines Instituts von
solchem Umfange entgegen-

Christian Gottfried Körner: *Ueber den Plan des Herrn Kapellmeisters Morlacchi zu einem Lyceo Philharmonico in Dresden* (Sächsische Landesbibliothek Dresden, Körner-Nachlaß, Mappe 26).

Ferdinando Paer. Lithographie von C. F. Riedel, Leipzig 1802 (Staatsbibliothek zu Berlin Preußischer Kulturbesitz, Musikabteilung).

Francesca Riccardi-Paer. Lithographie von Sasso, um 1805 (Staatsbibliothek zu Berlin Preußischer Kulturbesitz, Musikabteilung).

Das Morettische Theater im Italienischen Dörfchen. 1754/55 in Holz erbaut, 1761 und danach mehrfach baulich verändert und in Stein ausgeführt. Nach Eröffnung des ersten Hoftheaters Gottfried Sempers abgerissen. – Radierung von Carl Beichling (Sächsische Landesbibliothek Dresden, Abt. Deutsche Fotothek).

Das Innere des alten Hoftheaters (Moretti-Theater). Zeichnung von F. A. K. (Sächsische Landesbibliothek Dresden, Abt. Deutsche Fotothek / Loos).

Bild oben links: Francesco Morlacchi. Lithographie von L. Rados, um 1820 (Staatsbibliothek zu Berlin Preußischer Kulturbesitz, Musikabteilung). – Bild oben rechts: Carl Gottlieb Reißiger. Anonyme Lithographie. Dresden, um 1840 (Staatsbibliothek zu Berlin Preußischer Kulturbesitz, Musikabteilung).

Gasparo Spontini. Kopie von einem unbekannten Künstler nach Friedrich Wilhelm Ternite (Dresden, Stadtmuseum).

Bild oben: Das Königliche Hoftheater in Dresden (Erster Semper-Bau). Federzeichnung von Christian Gottlob Hammer, um 1845 (Sächsische Landesbibliothek Dresden, Abt. Deutsche Fotothek). – Bild unten: Zuschauerraum des ehemaligen Hoftheaters in Dresden (Erster Semper-Bau). Kolorierter Stich von Johann Carl August Richter (Sächsische Landesbibliothek Dresden, Abt. Deutsche Fotothek).

Bild oben: Bühnenbild zu *Der Fliegende Holländer* von Richard Wagner. Uraufführung: Dresden, 2. Januar 1843 (Dresden, Archiv der Sächsischen Staatsoper). – Bild unten: Bühnenbild zu *Tannhäuser* (II. Akt) von Richard Wagner. Uraufführung: 19. Oktober 1845. Aquarell von Peter Bernhard und Wilhelm Heine (Sächsische Landesbibliothek Dresden, Abt. Deutsche Fotothek / Heinrich).

Bild links: Joseph Tichatschek. Stahlstich von Richter, Leipzig, um 1840 (Staatsbibliothek zu Berlin Preußischer Kulturbesitz, Musikabteilung). – Bild rechts: Wilhelmine Schroeder-Devrient. Portrait von Cramolini, 1835 (Staatsbibliothek zu Berlin Preußischer Kulturbesitz, Musikabteilung).

Karol Lipinski. Nach der Lithographie von Joseph Kriehuber, 1837. (Staatsbibliothek zu Berlin Preußischer Kulturbesitz, Musikabteilung).

Bild oben: Ruinen des Großen Opernhauses (1719) und des Zwingers nach der Revolution, Mai 1849. Lithographie von W. Bässler nach einer Zeichnung von Franz Brauer (Sächsische Landesbibliothek Dresden, Abt. Deutsche Fotothek / Richter).

Bild unten: Das Theater auf dem Linckeschen Bade, Dresden 1858. Lithographie (Sächsische Landesbibliothek Dresden, Abt. Deutsche Fotothek / Möbius).

Bild oben links: Carl August Krebs. Nach einer Lithographie von H. Kitzerow, um 1835 (Staatsbibliothek zu Berlin Preußischer Kulturbesitz, Musikabteilung). – Bild oben rechts: Aloysia Michalesi-Krebs. Stich von Auguste Küssner nach einem Gemälde von Ed. Ratte, um 1850 (Staatsbibliothek zu Berlin Preußischer Kulturbesitz, Musikabteilung).

Julius Rietz. Nach einer Lithographie von H. Schlick, Leipzig 1859. (Staatsbibliothek zu Berlin Preußischer Kulturbesitz, Musikabteilung).

Bild oben: Das Interimstheater 1869–1878. Aquarell von Walther (Sächsische Landesbibliothek Dresden, Abt. Deutsche Fotothek / Möbius). – Bild unten: Das Zweite Opernhaus Gottfried Sempers. Ansicht von Osten, um 1880. Zeitgenössischer Stich nach einer Zeichnung von Manfred Semper (Sächsische Landesbibliothek Dresden, Abt. Deutsche Fotothek / Möbius).

Ernst von Schuch. Nach einer Aufnahme von Hahn Nachfolger, Dresden, um 1900 (Staatsbibliothek zu Berlin Preußischer Kulturbesitz, Musikabteilung).

Bild unten links: August Bungert. Lithographie von Adolf Eckstein, Berlin, um 1870 (Staatsbibliothek zu Berlin Preußischer Kulturbesitz, Musikabteilung). – Bild unten rechts: Edmund Kretschmer. Stahlstich von A. Weger, Leipzig, um 1875 (Staatsbibliothek zu Berlin Preußischer Kulturbesitz, Musikabteilung).

Szene aus dem 3. Akt von *Nausikaa*, Musiktragödie von August Bungert. Nach der Uraufführung im Königlichen Hoftheater zu Dresden gezeichnet von E. Limmer (1901) (Dresden, Archiv der Sächsischen Staatsoper).

Szenenbild aus *Feuersnot* von Richard Strauss. Uraufführung am Königlichen Hoftheater zu Dresden 1901 (Dresden, Archiv der Sächsischen Staatsoper).

Während einer Probenpause vor der Uraufführung des *Rosenkavalier* von Richard Strauss. Photographie, Dresden 1911.

1. Reihe (von links nach rechts): Generaldirektor Nikolaus Graf von Seebach, Richard Strauss, Ernst von Schuch.

2. Reihe: Operndirektor Max Hasait, Hoftheatermaler Otto Altenkirch, Regisseur Max Reinhardt. Hugo von Hofmannsthal, Bühnenbildner Alfred Roller, Vorstand des Kostümwesens Leonhard Fanto und Oberregisseur Ernst Toller (Dresden, Archiv der Sächsischen Staatsoper).

Register